遂溪年鉴

2022

《遂溪年鉴》编纂委员会 编

SUIXI NIANJIAN

遂溪年鉴

方志出版社

图书在版编目（CIP）数据

遂溪年鉴. 2022 / 《遂溪年鉴》编纂委员会编. —
北京 : 方志出版社, 2022.10
ISBN 978-7-5144-5304-1

Ⅰ. ①遂… Ⅱ. ①遂… Ⅲ. ①遂溪县－2022－年鉴
Ⅳ. ①Z526.54

中国版本图书馆 CIP 数据核字（2022）第 228066 号

责任编辑：高孟君
责任校对：刘玉霞
责任印制：梅中英
出 版 者：方志出版社
地　　址：北京市朝阳区潘家园东里 9 号（国家方志馆 4 层）
邮　　编：100021
网　　址：http://www.zgfzcb.cn
发　　行：方志出版社图书营销中心（010-67110500）
印　　刷：东莞市比比印刷有限公司
开　　本：889 毫米 ×1194 毫米　1/16
印　　张：26.5
字　　数：687 千字
版　　次：2022 年 10 月第 1 版
印　　次：2022 年 10 月第 1 次印刷
定　　价：220.00 元

《遂溪年鉴》编纂委员会

主　任：刘　剑

副主任：黄少娥

成　员：陈康保　许华荣　陈　波　陈连虹　李裕宏　王华强　李国庆　邹　良
罗明秋　陈　德　文小林　曹　跃　黄家宝　张　国　陈文阁

《遂溪年鉴》编辑部

主　　编：刘　剑

副 主 编：黄少娥

执行主编：黄家宝

执行副主编：张　国　陈文阁

内容编辑：曹锡洪

工作人员：潘海霞　周小桃　黄扬媚　彭建宏　王绮珊

编　　务：曹锡洪

《遂溪年鉴（2022）》撰稿人

王育聪　王　睿　支伟才　卢晓慧　冯　益　冯玉华　吕志强　刘一平　刘东宁
刘岱川　刘　活　刘　强　苏文茂　苏思婷　苏慧林　邹志斌　李小林　李晓玉
李雪鸥　李雪晓　吴广文　吴文珊　何海英　何　娉　何　琴　余启思　余巨涛
冷晓飞　宋华军　严　红　杨海燕　杨越桂　陈土君　陈小玲　陈　壮　陈宇琦
陈志林　陈苑媚　陈思青　陈　逦　陈丽娟　陈堪非　陈太杰　林华利　林淑珍
欧春英　欧彩云　罗志梅　罗国前　罗康灵　庞燕飞　郑杰斌　赵鸿斌　钟兰珍
钟湖源　段绍军　洪三河　唐婷婷　莫碧泉　黄月君　黄晓玲　黄俊杰　黄　茂
戚斯詠　梁子晴　梁　秋　梁晓雯　梁培元　温伟国　曾思谕　谢白玉　雷广平
廖洪粤　蔡春慧　蔡　珂　樊桂明　潘宇彤　戴志淳　戴　奇

编辑说明

一、《遂溪年鉴》以马克思列宁主义、毛泽东思想、邓小平理论、“三个代表”重要思想、科学发展观、习近平新时代中国特色社会主义思想为指导，坚持辩证唯物主义和历史唯物主义的立场、观点和方法，全面、准确、客观、系统地记载遂溪县经济社会改革与发展的基本情况，为社会各界人士了解和研究遂溪提供基本资料。

二、《遂溪年鉴》是由中共遂溪县委、遂溪县人民政府主管，《遂溪年鉴》编纂委员会编纂的地方综合性年鉴。于2008年开始编纂出版，每年出版一卷，以出版年份为卷号。

三、《遂溪年鉴（2022）》采用分类编辑法编纂，以类目、分目、条目组成结构主体，以条目为表现内容的基本形式。条目的标题以黑体字加【】表示，“大事记”类目中“△”表示“同日”。少数包含多方面资料的条目则在文内用楷体标题刊印。

四、《遂溪年鉴（2022）》主要记载2021年遂溪县的基本情况。全书设专记、总述、大事记、中国共产党遂溪县委员会、遂溪县人民代表大会、遂溪县人民政府、中国人民政治协商会议遂溪县委员会、中共遂溪县纪律检查委员会　遂溪县监察委员会、民主党派·工商联、群众团体、法治、军事、城乡建设、生态环境、交通·邮电、经济管理监督、金融、农业·农村、工业·民营经济、商贸流通·旅游、教育·科学技术、文化、卫生·体育、社会·民生、应急管理、镇、人物·荣誉、经济社会统计资料、文献选编等类目29个，分目155个，条目985个。

五、《遂溪年鉴（2022）》刊载的资料、图片主要由各行政机关和企事业单位提供、审核，部分资料由编辑部收集整理，文献选编按原文刊出。全县经济社会发展统计数字，由县统计局提供，统计部门没有的，由相关部门提供。全书由于统计口径不一，若个别数据出现相互不一致的情况，使用时以统计部门公布的数据为准。

六、《遂溪年鉴（2022）》配备双重检索系统：书前刊有目录、书后配有索引。索引采用主题分析法，款目按汉语拼音字母顺序排列。

遂溪名片

- 广东省“双拥”模范县
- 广东省林业生态县
- 广东省“八五”交通建设先进县
- 广东省电子商务进农村综合示范县
- 广东省产粮大县
- 广东省粮油糖先进单位
- 广东省水产品生产先进县
- 广东省实验室建设先进县
- 广东省规范收费示范县
- 广东省扫除文盲县
- 广东省农村教育综合改革试验县
- 广东省推进教育现代化先进县
- 广东省第一批实现普及九年义务教育先进县
- 广东省教育先进县
- 广东省教育强县
- 广东省文化先进县
- 全国绿色小康县
- 全国渔业百强县
- 全国体育先进县
- 全国海域管理百县示范县
- 全国农村信息化基地县
- 全国教育综合改革县
- 全国义务教育发展基本均衡县
- 中国最美县域
- 中国醒狮之乡
- 中国第一甜县
- 国家级生猪调出大县
- 国家级无公害蔬菜示范县
- 国务院农村电子商务激励县
- 国家级电子商务进农村综合示范县
- 国际长寿养生基地
- 赛迪顾问乡村振兴百强县

遂溪数字·2021

- 土地面积 2131.63 平方千米
- 林地面积 5.17 万公顷
- 辖镇 15 个
- 村（居）民委员会 350 个
- 村（居）民小组数 2117 个
- 自然村数 1997 个
- 年末户籍人口 112.47 万人
- 城镇人口 34.19 万人
- 农村人口 78.28 万人
- 户籍出生人口 15647 人
- 户籍人口出生率 13.77‰
- 地区生产总值 415.49 亿元
- 第一产业增加值 141.55 亿元
- 第二产业增加值 90.08 亿元
- 第三产业增加值 182.86 亿元
- 第一、第二、第三产业构成 34.1 ∶ 21.9 ∶ 44.0
- 人均地区生产总值 40347 元
- 固定资产投资总额 98.49 亿元
- 外贸进出口总额 22.9 亿元
- 城镇居民人均可支配收入 28454 元
- 农村居民人均可支配收入 21596 元
- 城乡居民医疗保险参保 94.96 万人
- 养老保险参保 40.2 万人
- 社会消费品零售总额 141.31 亿元

江洪仙裙岛　　　　　　（罗锦屏／摄）

2021 年，遂溪县立足打造市域副中心城市崭新定位，紧扣“一核三区”工作思路寻求突破，挖掘“滨海城镇”发展建设进位优势。以“创建省文明城市”为重点目标，城市整体面貌明显改善。

①
②

① 遂溪新貌（2021） （罗锦屏 / 摄）

② 遂溪县城区 （袁伟强 / 摄）

①
②
③

①② 玥珑湖　　　（县志办/供图）

③ 新中心市场　　　（县志办/供图）

① 遂溪孔子文化城（罗锦屏/摄）

② 全丰中央广场（县志办/供图）

③ 遂城干道（县城综局/供图）

① 遂城街景　（县城综局 / 供图）

② 遂城街道一角　（县城综局 / 供图）

③ 2021 年 6 月 28 日，遂溪县举行 2021 年第二季度重点项目集中开工、竣工活动　（谢白玉 / 摄）

2021 年，遂溪县加快推进城乡公共文化服务体系一体化建设，完善公共文体设施，建成县文化中心，启动万年桥湿地文化公园建设，创新实施文化惠民工程，大力开展新时代文明实践活动，支持醒狮、粤剧、曲艺等领域文艺精品创作。大力发展体育竞技，广泛开展全民健身活动，全力备战广东省第十六届运动会，建设“活力遂溪”。

①
②③

① 2021 年 6 月 29 日，遂溪县举行“遂溪县乐民河大桥项目通车仪式”，连接港门镇与乐民镇的遂溪县乐民河大桥竣工通车 （港门镇政府 / 供图）

② 下洋村 （县文化广电旅游体育局 / 供图）

③ 下洋东征革命史馆 （县文化广电旅游体育局 / 供图）

①②
③

① 2021 年 3 月 25 日，遂城第十三小学奠基　　（县教育局 / 供图）

② 2021 年 4 月 15 日，遂溪县举行公共卫生医院建设项目奠基仪式　　（县卫健局 / 供图）

③ 2021 年 9 月 1 日，广东医科大学附属医院遂溪医院举行揭牌仪式　　（县人民医院 / 供图）

①②③

① 2021年11月3日，中医药文化健康科普大讲堂在遂溪孔子文化城儒家讲堂内举行 （县旅游投资有限公司/供图）

② 2021年12月12日，广东医科大学附属医院遂溪医院慢病管理中心挂牌成立，成为广东省首家县域慢病管理中心 （县人民医院/供图）

③ 2021年12月30日，遂溪县举行县妇幼保健院门诊综合楼开业仪式 （县卫健局/供图）

①
②
③

① 2021年4月9日，遂溪县第三届“陌上阳光”敏捷梦想书屋读书节暨献礼中国共产党成立100周年系列活动启动

（团县委/供图）

② 2021年5月13日，遂溪县举办“传承红色基因，争做时代新人”中学生演讲比赛 （县教育局/供图）

③ 2021年5月16日，遂溪县组团参加“灯塔工程”——“演绎红色经典 赓续精神血脉”湛江市少先队献礼中国共产党成立100周年红色儿童剧目展演活动

（团县委/供图）

①
②
③

① 2021年12月10日，遂溪县举行中国醒狮之乡　国家级非遗——遂溪醒狮传承与发展研讨及培训活动

（县文化广电旅游体育局/供图）

② 北坡游鱼灯　　（彭　伟/摄）

③ 2021年5月4日，由遂溪县文学艺术界联合会主办，县舞蹈家协会、县旅游投资有限公司、县上上艺术中心协办的“奋斗百年路　启航新征程”庆祝中国共产党成立100周年纪念五四运动文艺晚会在遂溪孔子文化城举行

（县旅游投资有限公司/供图）

①
②

① 2021年12月28日，遂溪县举办信息进村入户工程项目益农信息社信息员培训班

（县农业农村局/供图）

② 稻薯种植基地 （县农业农村局/供图）

① 收获辣椒 （林建中/摄）

② 草潭渔市 （李天统/摄）

③ 深海网箱金鲳鱼养殖基地

（县农业农村局/供图）

①
②

① 火龙果采购 （欧留养/摄）

② 番鸭养殖 （周　龙/摄）

① 官湖村 （县志办 / 供图）

② 正大集团种猪场 （县农业农村局 / 供图）

① 

② 

③ 

① 2021年2月2日，共青团遂溪县委员会下乡开展“青春情暖”慰问活动暨“两帮两促”精准助学活动

（草潭镇 / 供图）

② 2021年3月6日，遂溪县市场监督管理局开展普法宣传

（县市场监督管理局 / 供图）

③ 2021年3月12日，遂溪县消费者委员会会同县市场监督管理局等7个政府职能部门，在遂溪县生活垃圾填埋场集中销毁一批假冒伪劣产品

（县市场监督管理局 / 供图）

①
②
③

① 2021 年 3 月 15 日，湛江幼儿师范专科学校授牌仪式在遂溪孔子文化城举行

（县投资旅游公司 / 供图）

② 2021 年 4 月 29 日，遂溪县在县第四小学举行遂溪县壹基金儿童平安小课堂（2021）项目启动仪式

（团县委 / 供图）

③ 2021 年 4 月 15 日，共青团遂溪县委员会联合黄学增纪念中学开展“争当护河志愿者　助力遂溪河更美”护河志愿行动

（团县委 / 供图）

① 2021 年 5 月 14 日，湛江市遂溪商会在“全国助残日”到遂溪残疾人康复中心慰问残疾儿童 （何　琴 / 摄）

② 2021 年 5 月 28 日，遂溪县直属机关工作委员会在孔子文化城开展“学党史悟思想 · 我为群众办实事”志愿活动 （县旅游投资有限公司 / 供图）

③ 2021 年 2 月 1 日，共青团遂溪县委员会、县志愿服务联合会、县汽车运输总站联合开展 2021 年服务春运“暖冬行动” （团县委 / 供图）

④ 2021 年 5 月 29 日，共青团遂溪县委员会组织志愿者服务队助力新冠疫苗接种 （团县委 / 供图）

①
②
③

① 2021 年 6 月 3 日，遂溪县 2021 年度“学习雷锋　爱心助考”活动在遂溪孔子文化城举行

（县旅游投资有限公司 / 供图）

② 2021 年 7 月 13 日，遂溪县党员干部廉政教育丛书《清风颂》发行仪式在县委第一会议室举行　（莫托夫 / 摄）

③ 2021 年 8 月 18 日，共青团湛江市委员会、广州医科大学附属第一医院、共青团遂溪县委员会联合在县少年宫举办湛江市“救心行动”义诊活动（遂溪专场）

（团县委 / 供图）

① 2021 年 9 月 17 日，遂溪县市场监督管理局在新中心市场开展全国质量月消费品现场咨询活动 （县市场监督管理局 / 供图）

② 2021 年 9 月 10 日，中共遂溪县委政法委员会、遂溪县人民法院举办“平安之星下农村·石养哥讲民法典”宣讲活动 （县法院 / 供图）

③ 2021 年 9 月 10 日，遂溪孔子文化城举行辛丑年遂溪孔庙祭孔大典仪式 （县旅游投资有限公司 / 供图）

①
②
③

① 2021年9月16日，广东省中西医结合医院与遂溪县中医院签订合作意向书

（县科协/供图）

② 2021年9月28日，遂溪县税务局在各镇开展“我为群众办实事，掌上缴费进万家”税收服务活动

（县税务局/供图）

③ 2021年9月28日，乌塘镇湛川村惠农服务点暨乌塘镇扶贫产品专馆开业

（张韵怡/摄）

①
②
③

① 2021 年 11 月 7 日，遂溪县在县体育馆举办跑步三级社会体育指导员培训班
（县文化广电旅游体育局 / 供图）

② 2021 年 12 月 29 日，遂溪县工商业联合会赴岭北产业园开展“暖民企，促和谐”慰问活动 （县工商联 / 供图）

③ 2021 年 12 月 15 日，广东医科大学附属医院、广东医科大学附属医院遂溪医院联合遂溪县北坡镇新城社区在北坡镇新城区文化广场开展乡村振兴首次社区“大党委”主题活动日医疗帮扶——基层慢病与健康一体化管理暨“构建遂溪县域 100 分钟健康圈”拓展义诊活动
（县人民医院 / 供图）

目录

专记

总述

大事记

中国共产党遂溪县委员会

遂溪县人民代表大会

遂溪县人民政府

中国人民政治协商会议遂溪县委员会

中共遂溪县纪律检查委员会
遂溪县监察委员会

民主党派·工商联

群众团体

法治

军事

城乡建设

生态环境

交通·邮电

经济管理监督

金融

农业·农村

工业·民营经济

商贸流通·旅游

教育·科学技术

文化

卫生·体育

社会·民生

应急管理

镇

人物·荣誉

经济社会统计资料

文献选编

索引

专记

党史学习教育

2021年，遂溪县将党史学习教育走深走实。将党史学习教育活动作为贯穿全年的重大政治任务抓紧抓实，教育引导全县党员干部学党史、悟思想、办实事、开新局。全面落实“第一议题”制度，深入学习贯彻习近平总书记系列重要讲话特别是“七一”重要讲话精神、十九届六中全会精神，全年累计召开县委常委会（扩大）会议46次、县委理论学习中心组学习会11次，全县各级党组织召开理论学习中心组学习会1000多场。举办庆祝中国共产党成立100周年系列活动8943场，创作红色主题文艺作品1755个。打造下洋东征革命史馆等一批党史教育阵地。开展“我为群众办实事”实践活动。通过“学思悟行”全面发力，全县党员经受一场全面深刻的政治教育、思想淬炼和精神洗礼，各级党组织的创造力、凝聚力、战斗力显著提升。

加强组织领导，高位推进工作。成立县委党史学习教育领导小组，下设办公室，强化工作“主心骨”。印发《中共遂溪县委印发〈关于开展党史学习教育的实施方案〉的通知》等文件，明确全县工作任务，建强制度依据。召开全县党史学习教育动员大会、全县学习贯彻习近平总书记在庆祝中国共产党成立100周年大会上重要讲话精神干部动员大会、全县传达学习贯彻党的十九届六中全会精神干部大会、县党史学习教育办公室会议等会议，深化工作研究部署。指导订购、使用党史学习教育指定学习资料和重要参考资料，强化学习保障。编发工作简报32期，其中被市级平台录用11期，搭好亮点展示、跟踪激励的“桥梁”。开展党史学习教育创新案例征集，向上级推荐案例7个，激发示范引领。通过发布通报、发函提醒、公布成效等方式进行督导。完成县委党史学习教育巡回指导组两轮实地指导，着力督办“我为群众办实事”民生实事。

突出以点带面，感悟思想伟力。紧紧抓住感悟思想伟力这个首要，引导党员干部系统深入学习党的历史和党的创新理论，不断提高政治判断力、政治领悟力、政治执行力。领导带头学。以县委常委会、县委理论学习中心组学习会等载体着重抓严科级以上领导干部这个“关键少数”的学习，其中组织收听收看中央宣讲报告会，邀请湛江市委宣讲团成员到遂溪县宣讲19次，举办县委理论学习中心组暨科级主要领导干部党史学习教育专题研讨班、全县科级主要领导干部学习贯彻党的十九届六中全会精神专题研讨班，县处级领导干部围绕学习贯彻习近平总书记在庆祝中国共产党成立100周年大会上重要讲话精神、“七一”重要讲话精神和党的十九届六中全会精神等专题党课100余次，撰写学习体会50余篇；机关、村（社区）等基层单位主要负责人宣讲党史超过2800次。丰富形式学。责任单位广泛着眼“覆盖面广、重点突出、形式多样、特色鲜明”组织活动，以重要传统节日、重大节庆和纪念日、党日、团日、队日为重要契机，开展理论宣讲、读书研讨、理论征文、座谈会、陈列参观、文艺展演、演讲比赛、知识竞赛、诵读比赛、故事会、图书展、礼敬缅怀先烈、重温入党誓词、党务技能大赛、志愿服务、工作调研、工作交流、窗口服务等独立或兼容形式主题活动8943场，参与910096人次，其中，成立由县老干部方言宣讲团、理论工作者宣讲团、百姓宣讲团共25人组成的县委宣讲团，备课36门，采取单位“点单”、宣讲团“接单”方式到机关、企业、学校、各镇、农村等基层单位宣讲380多场，服务4万人次。抓好“娃娃”学。在中小学校开展“党史进校园”系列活动等主题教育实践超过1477场，服务师生724515人次。

用好红色资源，彰显特色新意。绘好“红色地图”。新增下洋东征革命史馆、杨柑镇党史讲习所暨老麦村革命史展览馆等教育平台和2021年广东省红色革命遗址保护利用项目1个，构建以市级爱国主义教育基地为代表的“七星共明、群星灿烂”的红色教育平台矩阵，遂溪县入选《湛江市红色文化名片》的阵地有10个，为全市最多。依托县图书馆设置有图书2600多册，是向读者免费开放的“红色书屋”。通过编印《黄学增——从海娃到农民领袖》《韩盈　钟竹筠——碧血铸美魂的红色革命伉俪》等9本辅助读物，推出县融媒体中心《遂溪红色印记》专栏、“红色遂溪”平台，借力上级线上展览平台等方式讲述遂溪党史，引导民众就便学习。拓展“红色文艺”。以遂溪革命史为主要题材，创作大型舞台剧剧本《红色遂溪》，1个原创作品入选“百剧庆百年”广东省少先队喜迎中国共产党成立100周年红色儿童剧展演活动获奖作品，出版纪实文学集《黄学增》《竹魂》等，向318个农家书屋发放《竹魂》。发展红色旅游。推出遂溪南路革命及人文乡村旅游线路、粤桂边革命发源地红色休闲旅游线路，建成、开放孔子文化城“红色文化之路”主题景点，升级、投用螺岗小镇红色历史广场，培训讲解员30人，促进红色教育与旅游休闲相辅相成。

赓续百年初心，深入为民服务。把“我为群众办实事”实践活动作为突出抓手。县四套班子领导分别牵头实施一批重点民生项目。围绕就业、教育、医疗、养老、住房等突出问题，征集确立民生实事项目323个，完成201个。抓好落实18个重点民生项目，完成17个，遂城镇老旧城区基础设施改造提升工程完成。

注重学以致用，推动高效发展。坚持把提升营商环境作为重要手段，聚焦17个方面64点具体任务，推进“1+3+6”行动计划，为建设湛江市域副中心城市夯筑基础。2021年1—10月，遂溪县完成规模以上工业增加值23.58亿元，比上年同期增长11.6%；规模以上工业总产值达161.07亿元，增长17.1%；固定资产完成投资82.83亿元，增长17.9%。全年全县安排重点建设项目60个，总投资382.26亿元，年度计划投资76.6亿元。遂溪大道工程、天地壹号遂溪产业项目、湛江市综合利用多循环环保项目、湛江市润阳联合智造有限公司装配式建筑构件厂项目等续建重点项目加快建设，遂溪同畅环保科技船舶废物处理利用中心项目、遂溪县公共卫生医院建设项目、广东博海新建环保设备（一期）项目等新开工重点项目有序推进。

做强正面宣传，营造浓厚氛围。多形式开展主题宣传，营造凝心聚力开新局的热烈氛围。利用广播、电视、网络、LED显示屏、宣传栏等载体设置公益广告、标语5634处（次）。创作并运用县融媒体中心等平台广泛播出“唱支山歌给党听”闪唱活动视频、六集纪录片《黄学增》等专题视频471处（次）。运用“直播”“追溯”等形式通过大众传媒讲述遂溪故事1947篇次，其中15个作品获“学习强国”学习平台录用；县融媒体中心设有《党史学习教育》《百年党史　红色遂溪》《红色村庄》等专栏。

（县委宣传部）

新冠肺炎疫情常态化防控

新冠病毒肺炎疫情发生以来，遂溪县深入贯彻落实习近平总书记重要指示精神，严格落实党中央国务院，省委、省政府和市委、市政府的部署要求，始终把人民群众生命安全和身体健康放在第一位，统筹协调做好经济社会发展和疫情防控工作。

一、疫情防控总体情况

2021年，遂溪县未出现确诊病例，疑似病例和排查病例已全部清零。新冠肺炎疫情发生以来，公安部门推送重点疫情地区来遂人员线索数5678条，上门排查到2406人；累计采取健康管理集中监测疫情重点地区来遂返遂人员191人、密切接触者9人，均解除观察全部离开；对各疫情防控联合检查站旅客开展医学检测660792人；对重点人群核酸检测应检尽检；加强农贸、海鲜市场等重点场所管理，累计采集标本422份。全县开展核酸筛查8.3万份。

二、主要做法及工作成效

加强领导，组织保障有力。县成立疫情防控指挥部，县委书记任第一总指挥，县长任总指挥，成员包括县相关分管领导和相关部门、各镇领导，下设办公室，同时设8个工作小组，制定完善各项工作措施，加强疫情防控领导和落实具体工作。各镇各单位相应成立工作小组，落实责任到具体人员。全县形成县到镇到村疫情防控网络化管理。

县委、县政府领导高度重视疫情防控工作，到疫情防控一线指导和慰问一线人员，召开疫情防控工作会议40多次，部署疫情防控工作。先后10余次到县指挥部办公室专题调研，破解疫情防控重点难题，提出解决方案；指示县财政优先解决疫情防控经费，累计投入防控经费800多万元。

压实责任，确保实效。压实各镇各单位管理责任，落实联防联控措施，深入做好网格化防控工作。成立县、镇两级“三人组”管理，并组织全县346个村（社区）、2074个综治网格员，联合辖区镇村干部、派出所干警、医护人员开展异地返乡重点群体网格化排查管控工作。卫健、宣传、市场监管、公安、交通、教育、科工贸等部门按各自职责，加强宣传、防控、救治等方面工作，形成合力，做好疫情防控工作。

持续强化重点领域防控。严格落实农贸市场、超市、冷库等重点场所管控措施，对售卖、存储进口食品、生鲜食品、冷冻食品的批发市场、农贸市场、超市、餐饮场所以及储存场所等，全面开展日常清洁和消杀，并规定对相关从业人员进行核酸检测，对环境和物品进行抽样检测。对经检验发现问题的要立即报告，并按照相关要求，第一时间采取管控处置措施；加强食品安全监管，对高风险国家和地区进口商品进行全链条检疫查验，阻断涉疫风险货物进入渠道，切实把好进口食物防疫安全关。加强旅游景区、网吧、文化娱乐场所、游艺娱乐场所、电影院等场所的疫情防控，做好星级酒店的环境整治和清洁、消毒通风等防控措施，落实好人员体温监测和信息登记。精准做好校园疫情防控，建立完善疫情联防联控机制，做好防疫物资储备和校园环境卫生整治，严格日常管理，严格把好校门，严格活动管控，落实对师生员工的健康监测。持续做好公安监所、精神卫生机构、养老院、福利院、残疾人康复机构等特殊场所的防控工作，进一步强化源头管控，扎实做好对监管场所重要部位、关键环节、重点人员的管理防控工作，确保监管场所人员健康、安全和稳定。

加强秋冬季疫情防控能力建设。加快推进发热门诊和发热诊室建设。遂溪县人民医院发热门诊规范化建设工程在2020年9月底完成建设并投入使用；城月镇中心卫生院（遂溪县第二人民医院）开工建设。全县有14家镇卫生院、县中医院、县妇幼保健院开展发热诊室建设，均完成建设并投入使用。全面提升核酸检测能力。县人民医院、县疾控中心核酸实验室建设完成并投入使用，检测能力达1350份／天。根据省、市要求，遂溪县核酸检测能力要求达到4300份／天，其中县人民医院2000份／天、县疾控中心800份/天、县中医院200份/天、县妇幼保健院500份/天、城月镇中心卫生院800份/天。推进县中医院、县妇幼保健院、城月镇中心卫生院核酸检测实验室建设。完成预防接种门诊标准化建设。全县15个镇卫生院、厂场医院共有21个预防接种门诊进行标准化建设，已完成并投入使用。做好应急物资储备工作。各医疗卫生机构对照应急物资种类和数量进行储备，所储备物资均能满足1个月用量需求。

加大督查督办力度。对全县15个镇、县城各大楼盘及旅店商场、火车站、汽车站、敬老院、全县各级医疗机构等单位或重点场所进行检查。建立问题台账清单，实行销号制度，累计督查单位811间次、发现存在问题663个，督促落实整改644个、继续督促整改的有19个。

开展爱国卫生运动。将爱国卫生运动与常态化疫情防控相结合，广泛开展爱国卫生运动，推动环境卫生网格化管理，把环境治理措施落实到社区、单位和家庭中。根据县委、县政府统一安排，从8月起，全县开展为期4个多月的爱国卫生统一行动，进一步加强“城中村”、城边村、城乡接合部、老旧居民区、学校等重点场所治理，从源头上切断疾病传播途径。

加强对农贸市场、海鲜市场的疫情防控工作。在持续强化进口肉制品和水产品冷库、冷链物流企业的直接接触人员、产品和环境核酸检测每周全覆盖基础上，进一步加大检测力度，对冷库、冷链物流企业等贮藏的进口冷冻肉制品和水产品每批必检；继续强化其他经营此类产品的农贸市场、商场超市等场所直接接触人员、产品和环境核酸检测。强化对使用进口冷冻肉制品和水产品的食品生产加工企业开展场所、相关产品、直接接触人员的核酸检测每周全覆盖，切实做到“三强化三覆盖”。累计核酸检测人员3078人次，产品样本378份，环境样本550份。按省、市专班要求完成每周全覆盖检测任务，结果均为阴性。

抓好重点人群防控工作。通过公安大数据推送、“三人组”排查和群众举报等途径，加强疫情重点地区来遂人员监控工作。根据当前疫情形势发展，按照上级疫情防控要求，加强中高风险地区来遂返遂人员健康排查，纳入社区健康管理（四个一：发放一份健康告知书，开展一次健康问询，查验一次健康码，同时开展一次核酸检测）。

推进新冠疫苗紧急使用工作。遂溪县高度重视新冠疫苗接种工作，要求各部门各行业，做好行业（系统）重点人群的宣传告知、摸底登记和组织疫苗接种工作，制订好接种方案和医疗保障工作方案，增设3个新冠疫苗预防接种点，稳妥有序组织好接种工作。全县应接种的重点人群共有6366人，完成接种2845人，未接种3521人，未接种的主要原因是疫苗紧缺导致无法接种。AEFI累计报告1起，最后判断为偶合症（为16日报告的14日受种人员于次日晚餐进食竹虫后发生的荨麻疹）；无严重AEFI个案报告。

做好预检分诊和院感防控。加强组织领导，成立由副县长黄小平任组长的新冠肺炎医疗机构感染防控和发热门诊规范化管理工作专班，研究和部署全县新冠肺炎医疗机构感染预防与控制工作任务，推动发热门诊规范化建设。制订工作方案，印发《遂溪县新冠肺炎院感防控主体责任清单（第一版）》，全面对照责任清单要求，实行台账管理，一个项目一份表、一套材料，明确责任名称、具体措施、工作流程、责任主体等，逐项逐件分解落实到人，及时落实到位。强化督导检查，组织对各级各类医疗机构院感防控、预检分诊、发热门诊工作开展日常监督和指导，排查风险、堵塞漏洞，督促全县各级各类医疗机构全面落实预防和控制医疗机构感染各项措施，严防院感事件发生。加强人员培训，累计组织新冠肺炎感控专家课堂活动41期，培训人员覆盖医疗机构所有人员。对加强发热门诊、住院病人及其陪护人员核酸检测，共开展核酸筛查7.8万份，其中住院及陪护人员核酸检测7.1万份，发热门诊0.7万份。

（县卫生健康局）

乡村振兴

2021年，遂溪县坚持以习近平新时代中国特色社会主义思想为指导，深入贯彻中共十九大和十九届历次全会以及中央农村工作会议精神，坚持把解决好“三农”问题作为全盘工作的重中之重，加强党对“三农”工作的领导，巩固拓展脱贫攻坚成果同乡村振兴有效衔接，全面推进乡村振兴，促进农业高质高效、农村宜居宜业、农民富裕富足。

一、强化党的全面领导，筑牢乡村振兴政治保障

遂溪县不断健全党领导农村工作组织体系、制度体系、工作机制，把党的领导的政治优势转化为重农强农、推动乡村振兴的行动优势。高位推动抓落实。及时调整充实县委实施乡村振兴战略领导小组，县委书记、县长分别担任组长、常务副组长，县委常委、副县长担任副组长或成员；县委、县政府主要领导定期研判全县乡村振兴工作态势，全年深入基层开展乡村振兴专题调研62次，亲自主持专题会议研究部署乡村振兴工作25次；县委常委会、县政府常务会议共研究乡村振兴议题27个；县委全会报告、县党代会报告、县政府工作报告均专项提出要优先发展农业农村，并将全面推进乡村振兴作为首要工作任务，把方向、谋大局、定政策、促改革。系统谋划明方向。制订《遂溪县全面推进乡村振兴加快农业农村现代化的实施意见》《关于实现巩固拓展脱贫攻坚成果同乡村振兴有效衔接的实施方案》，明确全县乡村振兴实施路径。开展“三进一建”活动，完善抓党建促乡村振兴发展规划，岭北镇获评为湛江乡村振兴十大“金点子”镇街。多方联动强责任。落实县四套班子领导成员和县各单位挂点工作责任制，建立乡村振兴战略月度考核机制，纪检、组织、两办督查部门形成监督合力，把整治形式主义、官僚主义作为践行“两个维护”重要抓手，强化对贯彻落实习近平总书记关于“三农”工作的重要论述和各级“三农”决策部署情况监督检查。

二、强化“三大支撑”，夯实乡村振兴高质量发展根基

遂溪县持续推动人才、资金和土地资源要素向乡村集聚，不断开创“三农”工作新局面。强化人才支撑。新提拔熟悉“三农”工作领域的科级以上干部100名，其中在基层一线提拔重用82人进入镇党政领导班子，从“五方面人员”中选拔乡镇领导班子成员15名。深入实施“头雁”工程，顺利完成农村“两委”干部换届选举工作，助推102名村级干部学历、能力“双提升”，选派53名优秀村（社区）“两委”干部及村级后备干部参加2021年高素质农民（农业经理人）培训班，对全县1300多名党组织书记和2165名新任村（社区）党组织书记就乡村振兴开展全员培训。全县“三支一扶”在岗人员18名。培训“粤菜师傅”“南粤家政”相关工种学员5565人；举办农村电商各类培训班42班次，培训学员611人次；建立农村电商服务站10个，开展高素质农民培育培训多达91人，有效带动农民就近就业。大力实施“百企兴百村”行动，累计发动103家企业对接帮扶113个村庄，投入帮扶资金逾5.2亿元。其中，广东恒兴集团帮扶的河头镇油河塘村被评为“全国文明村”，广东壹号食品有限公司帮扶的遂城镇官湖村被评为“广东省名村”，并荣获市首届美丽乡村电视大赛一等奖。强化“三农”投入支撑。全县一般公共预算农林水支出86468万元，较往年支出略有增长。2021年，上级下达遂溪县2021年省级涉农资金44774万元，已支出41911.82万元，支出进度93.61%，资金使用效率明显提升。地方政府新增专项债券5亿元优先用于县人居环境整治（农村生活污水治理）项目，为全县乡村振兴建设提供大额资金支持。全县涉农贷款余额972057.27万元，比上年增长24.09%。遂城镇、城月镇获评为广东省“移动支付”示范镇。全县政策性农业保险规模12371.34768万元，农业保险深度达0.9%。强化土地要素支撑。全县新增建设用地总面积87.93公顷（1319.63亩），乡村振兴建设用地28.37公顷（425.48亩），占新增建设用地计划指标

的32.2%。全县完成“房地一体”权属调查宗地数301076宗、房地测量301076宗，完成率100%。

三、聚焦现代化农业发展，促进农业高质高效

遂溪县聚焦“一保一升三建设”方面重点任务，不断推进农业现代化发展。保障粮食和重要农产品有效供给。全县全年粮食作物面积4.68万公顷（70.16万亩），总产量24.68万吨，生猪存栏67.66万头，蔬菜、花生、水果种植面积均有不同程度增长。强化耕地保护，提升耕地质量水平。对在农村乱占耕地建房问题月报中挂账的10宗新增农村乱占耕地建房问题整改到位。如期完成2020年度高标准农田0.28万公顷（4.26万亩）建设任务。全县存量撂荒耕地复耕复种率达50.84%，连片1公顷（15亩）以上可复耕撂荒耕地全面完成复耕复种。完成垦造水田项目立项工作，项目建设总规模57.78公顷（866.69亩），预算总投资6446.39万元。建设现代农业产业体系。火龙果、生猪省级现代产业园引领带动种养领域实现园区化，成功创建1家国家级、3家省级水产健康养殖和生态养殖示范区、1个省级特色农产品优势区、1个省级农业标准化示范区，遂溪县获评为省级水产健康养殖和生态养殖示范县，农、牧、渔三大领域形成亿级特色优势农业产业带。新增“一村一品、一镇一业”项目14个、省级专业村镇5个，带动农户1750人、贫困户359人。推荐申报遂溪百越绿养休闲游路线，引导培育乡村红色旅游发展，推动下洋东征文化村景区建设。完成8家畜禽养殖标准化示范场创建任务和畜禽规模养殖比例任务，遂溪县生猪规模化率89%。上线“遂溪数字农村”微信小程序，探索推行乡村治理数字化管理模式。推进“遂溪火龙果大数据周报”数字农业建设。建设现代农业生产体系。完成省下达遂溪县的种质资源保护和收集任务。全县推广主导品种49个、主推技术28项，主推技术到位率97.8%。水稻耕种收综合机械化水平达78.69%。启动首批“平安渔港”建设，申报2021年湛江市遂溪县江洪一级渔港升级改造项目。农产品“12221”市场体系建设成效明显，获广东荔枝“12221”市场体系建设“我为荔农办实事”优秀政务服务奖，在全国各地举办遂溪优质农产品推介活动11场次，举办中国（广东）香蕉网络文化节，建成广东遂溪县RCEP香蕉国际采购交易中心。逐步推进农产品质量安全网格化管理体系建设，加强动植物疫病防控，全县重大动物疫情和畜禽产品安全事故均为“零”发生。建设现代农业经营体系。全县进行工商登记农民合作社458家，工商登记家庭农场100家。支持引导民宿业发展，岭北镇螺岗小镇被评为首批省乡村民宿示范点。计划完成不少于29个田头小型仓储冷藏保鲜设施建设任务。全县建成县级物流服务中心1个、镇级物流服务站点15个（覆盖100%的镇）、村（社区）级物流服务点282个（覆盖80.8%的村），其中省定贫困村电商服务站（点）35个。建有2个物流仓储配送中心、1个邮政寄递配送中心，190个物流站（点）。完成年度生产托管服务12.65万亩目标任务，共服务小农户面积0.47万公顷（7.0万亩）。农业品牌创建成效明显，水产养殖领域新增1家“粤字号”，农产品领域新增3个“国字号”。推动扶贫产品与消费帮扶产品衔接，全县有消费帮扶产品43个。

四、聚力美丽乡村建设，促进乡村宜居宜业

遂溪县全域推进农村人居环境整治，持续推进厕所、垃圾、污水“三大革命”，加强和改进乡村治理，农村面貌持续改善。巩固人居环境整治。全县完成“三清理、三拆除、三整治”环境整治任务，基本建立农村人居环境基础设施管护机制。全面完成问题厕所摸排整改工作，无害化卫生户厕基本普及，基本建立农村公共厕所长效管护机制。全县2001个自然村均有保洁员及垃圾收集点，村庄保洁覆盖面达100%。生活污水管网收集率90.2%，终端治理率82.31%，如期完成农村生活污水治理民生实事任务。基本完成全县15个镇环境基础整治任务，并制定人居环境基础设施长效管理机制。持续推进乡村风貌提升。重点推进

遂城、黄略镇农房管控和乡村风貌提升示范带建设，辐射带动全县乡村风貌提升。顺利推进遂溪河全长14.8千米碧道建设。创新开展“四小园”试点创建工作。完成超50%房屋安全隐患整治目标。沿线连片完成存量农房微改造3059户。建设现代乡村治理体系。深化乡镇（街道）体制改革，新增建设3个省级民主法治示范村及完善2个镇级公共法律服务示范工作站和15个村级公共法律服务工作室。常态化推进扫黑除恶斗争，建立防范和打击“村霸”长效机制，实行村“两委”干部人选县级联市机制。推动全县15个镇、350个村（社区）完成综治中心升级改造。实现农村主要路口、重点部位和要害地段视频监控全覆盖。全县农村（含流动渔民）不发生大规模疫情，不发生涉农群体性事件，不发生重大涉农负面舆情。

五、聚焦农民稳步增收，促进农民富裕富足

遂溪县持续巩固拓展脱贫攻坚成果，不断提升乡村基础设施建设和公共文化服务水平，推进移风易俗，引领乡风文明新风尚。巩固拓展脱贫攻坚成果。严格落实“四个不摘”要求，全县“三保障”及饮水安全、产业、就业、兜底保障等主要政策优化调整到位。截至2021年年底，遂溪县有监测对象共184户805人。其中，脱贫不稳定户151户657人（有劳动能力脱贫不稳定102户499人，无劳动能力脱贫不稳定49户158人），边缘贫困人口21户97人，突发严重困难户12户51人。省直、广州市越秀区、湛江市等15个乡村振兴驻镇帮镇扶村工作队共297人全部到位。“6•30”广东扶贫济困日活动期间，发动全县各镇各单位定向捐款到账金额653.9090万元，已拨付使用574.2629万元，有效助力乡村振兴。促进农民收入稳定增长。2021年，全县农村居民人均可支配收入21595.8元，增长10.8%，农村居民人均可支配收入增速高于当地区城镇居民人均可支配收入1.0个百分点。发展新型农村集体经济。全县实现农村集体经济收入达到10万元以上的行政村112个，比上年增长9.8%。推进基础设施提档升级。全县15个镇实现通二级以上公路，镇通畅率100%，农村公路实现全面硬底化和等级化。在全市率先实现农村集中供水全覆盖。完成2021年大中型灌区农业水价综合改革0.84万公顷（12.6万亩）。实现20户以上自然村光纤宽带网及4G网络全覆盖，新增建设5G物理基站344座，累计建成729座。完成低电压台区整治308个任务指标。推进公共服务优化提升。全县新建及改扩建公办幼儿园8所，增加公办学前教育学位约1140个；新增普惠性民办学前教育学位约1680个，全县常住人口规模4000人以上行政村都建有规范化普惠性幼儿园；持续提升寄宿制学校办学条件。全面完成229个一体化行政村“一村一站”规范化公建民营卫生站建设任务并投入使用。开展紧密型县域医共体建设，完成总医院、各分院挂牌、出台工作方案和成立管理委员会。超额完成市下达遂溪县城乡居民医疗保险参保人数88.2万人的任务指标。全年为建档立卡贫困、低保特困户等22126名困难群众代缴城乡居民养老保险265.51万元；按时完成民生实事提标任务。完成2021年度实施“广东兜底民生服务社会工作双百工程”工作目标，全县建立15个镇级社工站、41个村（居）社工点并挂牌运作，在职在岗社工180人。强化乡风文明建设。全县664个文明实践平台有效运转，有覆盖县镇村（社区）的志愿服务队伍477支、注册志愿者43592人；打造32个新时代文明实践示范所（站），建成2个镇文明实践示范所，引领提升全县357个新时代文明实践所（站）水平；产生市、县文明村分别为108个、29个，县级以上文明村镇占比达97%，省定贫困村全部基本达到文明村创建标准。完成全县350个村（居）民委员会村规民约的修订完善工作。

六、持续深化农村综合改革，激发乡村发展活力

遂溪县深入推进农村综合改革，农业农村发展活力持续增强。深化农村集体产权制度改革。全县土地流转面积5.08万公顷（76.19万亩），土地流转率52%。全县集体林权确权发证面

积2.91万公顷（43.62万亩），流转林地林木面积0.16万公顷（2.35万亩）。推进宅基地改革。在前期以杨柑镇作为市农村宅基地审批工作试点稳步推进农村宅基地审批工作的基础上，全面启动全县15个镇农村宅基地审批试点工作，全县审批宅基地总宗数618宗，总占地面积7.35公顷（110.2亩）。推进县域内城乡融合发展体制机制创新。以缩小城乡发展差距和居民生活水平差距为目标，以县城扩容提质、拓展产业发展空间、稳步提升城镇化发展水平为抓手，探索建立美丽小城镇发展机制、健全村改社区管理机制、搭建城乡产业协同发展平台、建立城乡基础设施一体化发展体制机制和科技成果入乡转化机制，完善组织、资金等保障措施，把遂溪建设成为经济繁荣、乡村振兴、农业农村现代化的城乡融合发展先行示范区。

七、亮点成效

遂溪圣女果入选广东农产品“12221”市场体系建设“十大优秀案例奖”，以“市场驻村”模式实现一颗圣女果造就一个“亿元村”的做法，得到省委主要领导的高度肯定；助力2021陕粤特色农产品（广州）宣传推介活动并获广东省农业农村厅表扬；创新式实行“一站多区＋全域性乡村振兴人才驿站”建设模式，建成全市一流县级人才驿站，县、镇两级人才驿站实现全覆盖。

（县农业农村局）

营商环境优化

2021年，遂溪县深入学习习近平新时代中国特色社会主义思想、党的十九大精神以及习近平总书记关于党史学习教育、优化营商环境重要论述，结合开展党史学习教育，切实提高优化营商环境思想自觉和行动自觉。采用灵活多样形式，坚持问题导向，在全县重点开展审批流程再造专项整治、简政放权专项整治、信息孤岛专项整治、诚信体系专项整治、司法执法环境专项整治、不作为乱作为专项整治、项目落地推进专项整治、平安遂溪专项整治等8项专项整治。同时坚持目标导向。对标北上广深杭，打造营商环境高地。以“放管服”改革、“数字政府”建设为牵引，着力减流程、减时间、减成本、优服务，针对开办企业、劳动力市场监管、办理建筑许可、政府采购、招标投标、获得电力、获得用水用气、登记财产、获得信贷、保护中小投资者、知识产权创造保护和运用、跨境贸易、纳税、执行合同、办理破产、市场监管、政务服务、包容普惠创新等18个营商环境评价最核心要素补短板，建设便捷高效政务服务体系。遂溪县在2021年度营商环境专项考核得分排名全市第二，遂溪县“一门式”改革在湛江市“四个全面”单项考核中排名榜首，受（办）理业务、并联审批业务、颁发电子证照三项数据均居全市前列。重大工业产业项目达产增效计划考核排名全市第二，平安建设考评排名全市第二，食品安全指数并列排名全市第一，遂溪县“12345政务服务便民热线”连续四年被评为湛江市优秀成员单位。

坚持“一把手亲自抓、分管领导具体抓”。组建以县委主要领导任组长、县政府主要领导任第一副组长、相关县领导任副组长、各单位主要负责人为成员的营商环境提升工作领导小组，明确各项工作进度要求和目标节点，实施全程督查、长效督查和节点督查，推动提升营商环境各项任务做实做细，取得成效。

打造在线政务服务总枢纽。实现全县依申请事项网办率97%，累计开通77种电子发证服务，制发电子印章235个。依托省大数据中心、省政务服务网，实现卫健、住建、水务、应急等4个单位61个事项部分材料线上免提交，公安、教育、人社、社保等单位7个事项跨省通办，发改、社保、医保、市场监督管理等单位30个事项省内通办，政务服务大厅事项网上可预约率达100%。推广使用“粤系列”平台。全县粤省事实名用户约73.5万人，粤商通注册用户31454户。在全县行政村部署“粤智助”政府服务自助机315台，可办理120项业务。实行开办企业“一网通办、一窗通取”模式。设置企业开办一窗通办窗口，整合企业登记、公章刻制、发票和税控设备申领、社保缴费登记、住房公积金企业缴存登记5个事项所需填报的表单，实现企业开办只需“一网、一窗”，0.5个工作日办结，并提供免费刻制行政公章、发票章各1枚的印章服务。优化企业注销流程，依托企业注销网上服务专区，实现企业注销“一门通办”。推动涉税业务事项线上办理。开通V-Tax远程可视化办税服务，可网办涉税事项269项，覆盖95.3%涉税业务；统一优化纳税申报表格，将企业缴纳税费时间压缩至100小时以内，切实减轻纳税人、缴费人申报负担，降低办税成本。

持续改革优化，力争服务最全。大力推进审批服务事项“一门办”，将自然资源、住建、农业农村等职能部门949个依申请政务服务事项进驻政务服务大厅。审批和服务事项实现“应进必进”，建立起“全链条、一站式”涉企服务平台。多维整合提升，力争办事最快。设立投资审批绿色通道服务站，在开办、立项、报建、验收等阶段，为投资企业和重点项目提供全程帮办、特事特办的快捷服务，不断优化服务流程，行政许可事项缩减时间95.66%，即办率97.26%，实现依申请“最多跑一次”政务服务事项达到100%。工程建设项目涉及的14个单位61项依申请政务服务事项实现并联审批、联合验收，目前政府投资类项目主线业务压缩至45个工作日内完成，社会投资类项目主线业务压缩至33个工作日内完成，社会投资简易低风险项目主线业务压缩至21个工作日完成，电水气外线工程项目实行申办事项全部并联审批，5个工作日内完成。持续提升企业满意度和获得感，2021年，绿色通道服务站优质服务获得企业表扬锦旗10余幅。贴近企业群众需求，让服务更优。深化企业住所和名称登记改革，全县除教育培训、餐饮服务、网吧、危险化学品经营等行业外，其他各类市场主体实行住所信息自主承诺申报制。为市场主体提供水电、燃气等业务的上门服务、网上办理、移动支付，实现“业务线上申请、信息线上流转、进度线上查询”。在政务服务大厅开设高层次人才服务站区窗口，为各类人才创新创业、办事提供政策咨询、协办帮办、特事特办等“保姆式”服务。

服务创新水平加快提升。完成国家级电子商务进农村综合示范县（一期）建设，建成粤西最大电商产业园，立足县域特色优势产业，服务企业提升创新能力，全县44家企业获国家高新技术企业认定，不断打造百亿级农副食品加工产业集群。深入实施创新驱动发展战略，2021年获得省级科技项目立项6项，市级19项。积极推动各项金融政策措施落实落细，出台小微企业贷款专项优惠政策，全县小微贷款余额32.83亿元、中小企业信用贷款余额7.79亿元，有效缓解全县小微企业融资难、融资贵问题。2021年办理普惠小微企业贷款延期支持工具和信用贷款支持计划两项直达实体经济的货币政策工具申请分别为8901万元、2119.4万元，惠及个体工商户、小微企业等逾百家。推广应用“粤信融”、中征应收账款平台，拓宽企业融资平台和渠道，全县累计注册粤信融1436户，融资金额52027.7万元，注册中征应收账款平台56户，融资金额22479万元。

依法保护市场主体权益。制定《遂溪县人民法院“两个一站式”建设实施方案》，设立投资者服务中心，为投资者提供一站式诉讼服务；建立“投资者诉讼绿色通道”，由专门立案窗口负责将保护股东知情权、利益分配权、优先购买权等股东代表诉讼案引入诉前联调机制，投资者可通过多渠道、低成本维权。提升执行合同、办理破产质效。推广诉讼档案电子化。深入推进司法公开，全县审判流程有效公开率为97.27%（省院要求为85%），裁判文书公开率为41.85%（省要求为60%），庭审直播率为60.84%（省要求为35%）。缩短民商事审执时间，民商事案件平均审理时长为99.09天，平均执行时长为66天。依托“广东法院诉讼服务网推荐平台”，实现法官、调解员、当事人三方“在线调解+司法确认”。成立金融审判合议庭，提高金融审判工作效率。全面规范破产案件审理程序，设立综合审判庭负责先行审查机制，设立专门的立案通道，

遂溪县市场监督管理局实施多渠道提升企业开办便利度

（县市场监管局／供图）

对“僵尸企业”进行合并审查、同步立案，符合立案条件的立即办理“破申”或“强申”立案手续。加强劳动力市场监管。建立以调解为主，仲裁保障、执法强制、信访解难、行政调解与劳动争议调解仲裁相衔接的多元化解矛盾纠纷案件制度，2021 年总处理案件 289 件。推动争议调解机构服务范围向基层延伸，全县共设有 15 个镇级劳动人事争议调解中心，专（兼）职调解员 51 名，受理劳动争议案件调解率达到 100%。探索建立工业园区、重点企业、重点项目的涉企联合执法检查的机制。实行县四套班子领导挂点服务重点工业企业工作制度，推进“一企一策”，以点带面带动行业加快发展；推进重点项目“一周一会商”，全力扩大项目有效投资；推进涉企联合执法检查，把涉企的执法部门纳入联合执法范围，确保联合执法精准聚焦，降低行政成本，不增添企业负担，做到联合执法不扰企，为企业发展营造良好的法治化营商环境。同时加强涉企执法部门行政执法检查的监督，规范行政执法行为。促进社会和谐稳定。常态化扫黑除恶成效显著，2021 年实现刑事警情、治安警情、交通事故“三降”目标，全县安全生产形势总体平稳，有效防范化解重大安全风险。

构建政务服务线上诚信体系。依托省市信用信息平台，推动跨部门、行业信用信息归集共享，上线“广东政府采购智慧云平台”，实现政府采购信息全程公示，进一步加强政府采购诚信体系建设。构建招投标领域诚信体系。在招标投标领域及时了解和掌握招标代理机构信用情况，完善招标代理信用档案，纳入信用信息平台实时管理。构建市场监管领域诚信体系。将市场监管和企业信用信息平台延伸至基层监督一线执法人员，多次组织全县“双随机”成员单位系统操作培训，利用湛江市“双随机、一公开”综合监管平台开展抽查工作。构建纳税诚信体系。落实纳税信用修复、纳税信用复核等服务举措，引导纳税人及时、主动纠正失信行为，完成 2020 年度纳税信用评价工作。构建知识产权领域诚信体系。实施知识产权强县战略，积极开展知识产权强县试点县申报工作，完善市场主体知识产权诚信档案“黑名单”制度，建立知识产权重复侵权、故意侵权企业名录社会公布制度，健全失信联合惩戒机制，完善案件移送要求和证据标准，制定证据指引，顺畅行政执法和刑事司法衔接，加强对知识产权侵权假冒行为的源头追溯，强化对电子商务领域知识产权监管，实现对民营企业知识产权全链条保护。

（县行政服务中心）

总述

县情概貌

【地理位置】 遂溪县位于广东省西南部，雷州半岛中北部，北纬21°00′～20°31′、东经109°40′～110°25′，北接廉江市，东邻麻章区，南连雷州市，西临北部湾。县境东西最长75.75千米，南北最宽57千米，总面积2131.63平方千米。县城遂城镇距省城广州市359千米，与湛江市区毗邻。

【建置沿革】 据《雷州府志》记载，“遂溪”是取“溪水合流，民利遂之”之意。遂溪先民很早就在这片土地上劳动、繁衍生息。

秦至清朝时期建置 遂溪地战国时为百越南境。秦始皇三十三年（公元前214年），平南越，置象郡，遂溪属象郡。秦末汉初属南越。汉元鼎六年（公元前111年），置合浦郡，遂地属该郡徐闻县。三国时初属蜀，蜀失荆州后入吴。南朝齐永明中属齐康郡乐康县（后改为齐康县）。梁时遂地设扇沙县、椹县（一说是南齐时置），属合州，梁武帝太清元年（547年），合州改为南合州，属南合州（南合州于隋开皇九年去“南”字复称合州）。隋开皇十八年（598年），改椹县为椹川县，大业初改合州为合浦郡，并椹川县入扇沙县。唐武德四年（621年），复置南合州，复置椹川县。唐贞观元年，改南合州为东合州。唐贞观二年（628年），省椹川、扇沙入铁杷县，属东合州。天宝二年（743年），改铁杷县为遂溪县［一说唐武德初省扇沙，复置椹川县，天宝元年（742年），并椹川、铁杷二县，改置遂溪县］，属海康郡，县址设今麻章区旧县村，此为遂溪得名之始。南汉乾亨元年（917年），遂溪属古合州。北宋开宝四年（971年），省遂溪入海康县，属雷州军。南宋绍兴十九年（1149年），复置遂溪县，县治设今遂城。遂溪元时属雷州路，明、清属雷州府。据清道光二十八年（1848年）《遂溪县志》记载，当时县境，除含今遂溪全境外，还包括今湛江市赤坎区、霞山区、麻章区（硇洲岛除外）、湛江经济技术开发区，雷州市纪家镇、沈塘镇，以及今北海市涠洲岛（含斜阳岛），面积3499平方千米，大于今县境。

法占广州湾时期建置 清光绪二十五年（1899年），法国侵占广州湾，清政府卖国求和，把广州湾划给法国为租界，当时属遂溪的租界地包括今赤坎区、霞山区、湖光镇、太平镇以及东海岛等地，面积1310平方千米。

民国时期建置 民国2年（1913年），遂溪县属高雷道。民国15年（1926年），属南路行政委员会公署。民国21年（1932年），属南区绥靖公署。民国25年（1936年），属第八行政区督察专员公署。民国32年（1943年）3月，日本侵略军侵占广州湾。民国34年（1945年）8月，日本投降，9月，中国政府收回广州湾，翌年改称湛江市至今。民国38年(1949年9月30日止)，遂溪县属第十四区公署，其县治已于民国37年（1948年）10月迁往城月。

中华人民共和国时期建置

遂溪县1950年2月属南路地区，3月县治从城月迁回遂城，9月属高雷专区。1951年10月，将湛江市通平区（今麻章区太平镇）划归遂溪县辖，为遂溪第八区。1952年，遂溪县归粤西行政公署辖；1月，遂溪县三区东山乡划归湛江市辖。1956年，属湛江专区；1月，遂溪县沈塘区15个乡和纪家区11个乡，划归海康（今雷州市）管辖。1958年11月，遂溪与廉江、海康南渡河以北合称雷北县，县址设廉城镇，将原属遂溪县钢铁公社麻章大乡（除茅源小乡外）划归湛江市郊区管辖。1959年8月，县址迁遂城。1960年，雷北县改名为雷州县。1961年重分，复置遂溪县，属广东省湛江专区专员公署。1961年3月29日，恢复廉江、遂溪、海康三县，分县时将原属遂溪太平公社（今太平镇）16个大队、205个生产队划归湛江市管辖。1978年9月，属广东省湛江地区行政公署。1983年8月6日，海康县沈塘公社的吴村、平衡、坑仔、高明、吴西、文章、朝栋、乾塘8个大队划归遂溪县城月公社管辖。1983年9月，隶属湛江市。

【行政区划】 2021年，遂溪县辖遂城、黄略、岭北、建新、洋青、界炮、杨柑、草潭、城月、乌塘、北坡、港门、河头、乐民、江洪15个镇，有村（居）民委员会350个、村（居）民小组2117个。县境内还有雷州林业局、广前糖业发展有限公司和碧丽华模压木制品有限公司等驻遂单位。

【地形地貌】 遂溪县地处内陆延伸海南岛的过渡地带，全县80%的土地为海拔20～45米的低台地，坡地为5°以下。地势东高西低，北高南低，中、东部属玄武岩台地，东北部低丘与平原相间，北、西、南三面为广阔平坦的平原。东北有小片砂页岩低丘突起，乌蛇岭海拔135.5米，马头岭海拔89米；中部起伏较大，坡度5°～15°，海拔60～233米，最高螺岗岭233米，其次城里岭184米，笔架岭176米。

【气候特点】 2021年，遂溪县气温偏高，年平均气温24.0℃，比历年平均偏高0.8℃。最高温度36.5℃；总降水量1923.8毫米（历年1723.2毫米），比历年偏多11.6%；日照总时数1846.9小时（历年1882.5小时），比历年偏少35.6小时，偏少1.9%。受第3号台风“小熊”（热带风暴）外围环流影响，6月12—13日，遂溪县普降中到大雨，有效缓解前期的旱情。

【水文水情】 2021年，遂溪县平均降雨量1398.2毫米，比正常年份同期平均降雨量偏少，年底水库蓄水总量2540万立方米，与正常年份同期蓄水总量基本持平。遂溪县各地降雨量相对均匀，没有出现严重旱涝灾害。7月19—22日，受第7号台风“查帕卡”外围环流影响，有中到大雨，局地有暴雨和大暴雨，港门镇104.8毫米、草潭镇80.1毫米、乐民镇80.2毫米、杨柑镇72.3毫米，并伴有强雷暴。受第9号台风“卢碧”（热带风暴）和热带辐合带共同影响，8月1—6日，遂溪县连续出现中到大雨，局部暴雨到大暴雨，并伴有雷雨大风。1日洋青镇出现8级大风（20.2米/秒）；2日暴雨到大暴雨，乐民镇177.0毫米、河头镇118.5毫米、江洪镇146.4毫米、北坡镇64.4毫米、港门镇62.6毫米、草潭镇59.6毫米、城月镇54.5毫米；4日遂城镇55.8毫米、建新镇50.7毫米，建新镇出现8级大风（18.3米/秒）；5日界炮镇61.4毫米、遂城镇57.1毫米、乐民镇50.4毫米，港门镇出现8级大风（20.6米/秒）。9月12日，受第13号台风“康森”（强热带风暴）外围环流影响，有中到大雨，遂城镇有9级大风（21.6米/秒）。10月9—11日，受第17号台风“狮子山”（热带风暴）影响，遂溪县9日暴雨、10日大暴雨、11日暴雨，阵风8级到9级。8日20时至11日20时，各站点录得雨量如下：遂城289.1毫米、洋青273.2毫米、黄略236毫米、岭北235.7毫米、建新200.9毫米、界炮183.6毫米、港门177.7毫米、河头171.2毫米、城月170.4毫米、乌塘165.1毫米、乐民159.3毫米、江洪159毫米、杨柑148.3毫米、北坡136.3毫米、草潭130.2毫米。10月13—15日，受第18号台风“圆规”（台风）影响，遂溪县普降大雨到暴雨，阵风8级到9级。12日20时至15日20时，各站点录得雨量如下：江洪139.2毫米、河头135.4毫米、乐民103.1毫米、港门97.6毫米、界炮90.4毫米、岭北79.4毫米、乌塘73.1毫米、北坡72.5毫米、杨柑72毫米、城月71.9毫米、洋青71.2毫米、草潭69.9毫米、遂城68.8毫米、建新66.6毫米、黄略51.2毫米。

【土地资源】 2021年，遂溪县土地总面积213163.07公顷，其中农用地面积170288.2公顷（占陆域空间的79.89%），建设用地面积27079.93公顷（占陆域空间的12.70%），未利用地面积15794.94公顷（占陆域空间的7.41%）。

【矿产资源】 遂溪县境内发现矿产资源有金属和非金属。金属矿产主要有铁、钨、锰等。铁矿主要分布于黄略镇乌蛇岭周围。非金属矿产主要有高岭土、瓷土、石英砂（石）、玄武岩、花岗岩、玻璃砂矿、泥炭土等。高岭土有粒度、白度好和具滑感等优点，开采价值高，适宜制砖瓦、陶器，还可以做高级纸的填充料及提炼氢氧化铝的原料，储量为4392万立方米，分布于全县15个镇，其中遂城（原附城乡片）、杨柑、建新等镇较多；玻璃用砂矿总储量约2500万吨，含硅量94%～99%，主要分布于沿海的乐民、草潭、江洪等镇，用于搪瓷、热水瓶胆、矽酸钠和铸造等；泥炭土主要分布于草潭（原下六片）及杨柑镇协和中间村、龙眼山垌一带，面积133.33公顷以上，深度1～3米，矿层厚度20米左右，储量约2000万吨，可提炼汽油、煤油、轻重柴油、沥青、重油、腊苯等产品，其储量及质量在国内居首位；玄武岩资源丰富，有致密玄武岩、橄榄玄武岩和普通玄武岩3种，是高档建筑物的装饰材料；瓷土资源储量大，质地优，发展陶瓷生产潜力较大。建筑石料矿矿区区块面积16.2293平方千米，估算储量总量15990.43万立方米，主要分布于洋青镇、遂城镇、岭北镇、建新镇；天然石英砂矿矿区区块面积231.10277平方千米，估算储量总量126026.27万立方米，主要分布于洋青镇、界炮镇、遂城镇、城月镇、港门镇、河头镇、江洪镇。

【水资源】 遂溪县位于雷州半岛西北部，东接湛江市区，西临北部湾，北与廉江市接壤，属热带、亚热带季风气候，日照时间长，雨少、雷多、台风多，具有典型的滨海气候特征，多年平均降雨量1759.44毫米，降雨时空分布不均匀，降雨量年内分配不均匀，东北部多、西南部少，大多集中在汛期的6—9月，降雨量占全年降雨的60%以上。遂城镇、黄略镇等镇降雨量比正常年份偏多，其中降雨量最多的遂城镇达1939.3毫米。

水资源量　水资源分为地表水和地下水资源。根据2003年1月发布的《广东省湛江市江河流域综合规划报告书》，遂溪县境内多年平均降雨量1801.8毫米，多年平均径流深672毫米，年总径流量13.23亿立方米，青年运河径流量2.3亿立方米。遂溪县水资源总量16.74亿立方米，其中，地表水资源总量16.24亿立方米，地下水资源总量4.52亿立方米，全年各类各行业用水总量控制指标在4.8亿立方米以内，其中地下水1.33亿立方米。

遂溪河　（县旅游投资有限公司/供图）

河流　遂溪县河流弯曲而短少，其中聚雨面积100平方千米以上的河流有6条，分别是遂溪河、杨柑河、乐民河、城月河、江洪河、通明河。遂溪河发源于廉江市牛独岭，全长80千米，流经遂溪县63.6千米，流域面积926.6平方千米，其中遂溪境内516平方千米，河段落差11.54米，平均坡降0.00065；杨柑河发源于廉江市油丰塘，全长36.2千米，流域面积487.2平方千米，河段落差32.7米，平均坡降0.0066；乐民河发源于北坡镇老周洋，全长31千米，流域面积323.8平方千米，河段落差19.4米，平均坡降0.00068；城月河发源于城月镇大塘村，全长33.7千米，流域面积293.5平方千米，河段落差22.8米，平均坡降0.00094；江洪河又名北草河，发源于河头镇三马岭坡仔村附近，全长20千米，流域面积163平方千米，河段落差23.13米，平均坡降0.001；通明河起源于雷州市莲塘湾，全长28.1千米，流域面积225平方千米，遂溪境内有155平方千米。

【动植物资源】　遂溪县陆地野生动物主要有鸟类、蛇类等50多种，近年呈逐渐减少趋势。陆地饲养牛、猪、羊、狗、猫、兔和“三鸟”等，产量高，品质好。粮食作物以稻谷、番薯为主。经济作物以甘蔗、花生为主。农作物产量较高，供应充足。蔬菜、水果、林木、竹、植物药材、花卉、草、食用菌、水生植物种类丰富，产量较大。

【海洋资源】　遂溪县海岸线长150.2千米，管辖海域面积20万公顷。其中滩涂面积8376公顷，10米等深线以内浅海面积6.89万公顷。西部沿海为平原海岸线型，岸线平直、单调，湾小水浅，浅滩多，潮间带宽。遂溪县海域辽阔，有天然渔场，如东海湾渔场、北部湾渔场；有江洪、草潭、石角、北潭、乐民等8处天然渔港。渔业资源丰富，盛产各种名贵海产品，常见的鱼类有100余种，其中经济价值较高的有斑鱼、中华青鳞、兰园（池鱼）、大斑石鲈（头鲈）、金带细（黄齐）、蛇鲻（九棍）、金线（红三）、鲱鲤（单、双线）、红鱼、软唇、石斑、赤鱼、马鲛、鸡笼鲳、白鲳、黑鲳、沙钻、赤鼻、地鱼、龙舌等，还有泥丁、沙虫和各类螃蟹，以及珍珠贝、白蝶贝、马氏贝、东风螺、香口螺、沙螺、牛耳螺等贝类。2021年，渔业总产量35.24万吨。此外，还有乐民盐灶、下六镇旧庙等盐场，其中乐民盐灶盐场是广东省较大盐田之一，其盐色度美，纯度和产量高，年产量2万吨。

遂溪海产品　（曹素华/摄）

【旅游资源】

遂溪孔子文化城　遂溪孔子文化城是遂溪县AAA级旅游景区，位于遂城西南方，与县城隔河（西溪河）相望，国道207线从旅游区南门通过，交通便捷。孔子文化城总规划用地面积1200公顷，其中第一期占地面积86.7公顷，第二期占地面积106.7公顷。建设格局古朴、恢宏、大气、厚重。首期规划十大片区：孔庙区、文昌阁区、水体游乐区、森林休闲区、百花山区、鲁国街、叹炭坡、世界文化区、传统经典文化区及大门区。旅游景区于2016年6月28日开门迎客。

仙裙岛　位于湛江市遂溪县西南部的江洪镇渔港，呈长条形，南北走向，全岛面积30多公顷，与江洪镇渔港码头隔港相望。岛上风景秀丽，空气清新，绿树成荫，沙滩洁白柔软，海水清澈见底，狭长的地貌为数百艘渔船撑起一道天然屏障，平缓的海岸线是“驴友”们公认的北部湾最美观赏日落点，是一个休闲度假的好地方。仙裙岛沙滩延绵数里、平缓开阔、沙质细腻，无论长度、宽度、落差等条件都位居粤西沙滩之首，是湛江市最美沙滩之一。

遂溪孔子文化城　（县文化广电旅游体育局/供图）

江洪镇仙裙岛　（锡　洪/摄）

马六良“农家乐”旅游区　（县文化广电旅游体育局/供图）

下洋村粤桂地区人民解放军东征支队东征始发点　位于遂城镇下洋村。1947年冬，国民党重兵围剿南路游击区。为减轻高雷革命游击区压力，粤桂边区地委决定抽调高雷主力组成2支部队，从不同方向，跳出外线作战。一支挺进粤桂边区的十万大山地区；一支挺进茂（名）信（宜）和粤中地区。1948年2月中旬，东征支队组成，由中共粤桂边区地委委员、粤桂边区中国人民解放军政治部主任欧初任司令员兼政委。全支队指战员800人集中遂溪北区整训。1948年4月4日，东征支队进驻下洋村整编，司令部设在下洋村朝东公祠。4月5日夜，东征支队在朝东公祠誓师出发，完成进军粤中地区的战略转移任务后，并在粤中地区创立新区。

螺岗岭生态农庄　位于遂溪县岭北镇，是遂溪县旅游局携手南方种苗基地及螺岗岭生态农庄打造的集商务会议、休闲娱乐、科普教育、观光体验于一体的旅游休闲胜地。

马六良“农家乐”旅游区　位于遂溪县遂城镇马六良村，距遂溪县城7千米，距湛江市区26千米，是湛江市著名的农家乐旅游区。马六良村既是湛江最美丽的村庄，又是社会主义新农村建设示范村，绿色循环经济模式闻名省内外。景区为迎合回归自然热和体验农家热的潮流，把绿色循环经济模式与新农村建设及“农家乐”旅游相结合，通过推行“畜一沼一鱼、菜、花、果”绿色循环经济发展模式，发展“造血型”经济带动新农村建设，开发城郊“农家乐”生态休闲旅游，采用“绿色循环经济+社会主义新农村+农家乐”的新型“农家乐”旅游模式。景区先后修建游客服务中心、农民会所、农家餐厅、生态小公园及相关的农家乐旅游配套设备设施。游客在风景如画的景区内品尝原汁原味的农家饭菜，在烧烤区烧烤和打鸡瓮，到田园摘瓜种菜，坐牛车游马六良迷人风光，在土特产购买中心选购农家土特产，可以体验乡村特色的农家旅馆等各种休闲娱乐。

金龟岭休闲农庄　遂溪县金龟岭休闲农庄是湛江市绿保现代农业的下属产业，并由湛江市绿保现代农业发展有限公司投资经营。金龟岭休闲农庄规划面积133.3公顷，是集有机农业种养、农业观光、养生御膳、休闲娱乐、亲子教育等于一体的综合性休闲农业，以“生态、休闲”为经营理念打造乡村旅游点。农庄位于遂溪县遂城镇社坛村与草塘村之间，距湛江市26千米，距遂溪县城8千米，距廉江市12千米，距省道287线700米，距沈海高速和兰海高速出口10千米，处于湛江市旅游规划的生态观光旅游板块，自然条件和地理位置优越，交通便利。

金龟岭休闲农庄　（县文化广电旅游体育局/供图）

建新镇苏二村　遂溪县建新镇苏二村位于遂溪县城东南方向33千米处，毗邻湛江市湖光岩风景区、城月镇官田水库流牛滩景区，粤海铁路在村旁而过。苏二村保存有较好的古建筑群、几百年老树、千年古井，还有“状元拜猪槽”历史故事。苏二村原名荔枝村，该村更名源于一个传说。北宋苏轼从惠州谪迁海南时，慕名走进盛产荔枝的荔枝村，可惜荔枝成熟时节已过。村长老告诉他，“要尝荔枝佳果味，待到来年五月时”。后来，苏轼遇赦北归，再经过遂溪时正逢五月，他踏进荔枝村，村长老捧出味道最美的荔枝王——“双袋子”来招待他，他终于如愿以偿。村民为纪念苏东坡两次走进荔枝村，便把村名改为“苏二”，意即苏东坡二进荔枝村。苏二村古民居建筑群，是粤西地区保存较好的古建筑之一。全村有40多栋明清时期的古民居。均以石砖结构为主，木雕、石雕、砖雕丰富多彩。其中代表建筑是一座有50多间房屋的“拦河大屋”，屋中有保存完好的枪口和炮口，屋顶古墙蜿蜒盘曲，气势恢宏，有门口100多个，一座民居就占地一条街。2014年，苏二村被住房和城乡建设部和国家文物局评为“中

建新镇苏二村　（县志办/供图）

还砚亭　　（县志办 / 供图）

调丰古官道　　（县志办 / 供图）

国历史文化名村”。

河头镇双村　双村位于遂溪县河头镇西北部，乃北宋大文豪苏东坡为琼州刺史陈讳公之后人择定卜族开基之地。其风情万千，引人入胜，存有古民居、陈氏宗祠、翰墨生辉的还砚亭，传说神奇的叮咚井，古树老藤遮天蔽日的原始林带等景点。村南存有清末时期的建筑群，保存较完好的有10多座，如宜庐第、尚志斋等。宜庐第坐北朝南，呈长方形，南北长60米，东西宽30米，三进二厅，大小厅房30间，全是优质泥砖砌墙，泥瓦盖顶，桁檀皆为杉木，屋脊突起，屋面向西、南两方倾斜，且每一屋脊的东、西两端必翘起两角，似龙角之状，既具当地特色风格，又美观隽拔。正厅皆雕梁画栋，檐廊间画着各种珍禽异兽、奇花名卉。四周高墙上巧设几十个排水水槽。陈氏宗祠建于宋宣和年间（1119—1125年），几经重修，后扩建为宾兴式保存至今。全祠呈长方形，由北至南75米，由东至西24米，占地面积1800平方米，至今已有940多年。二楼建有东坡阁，记载有陈梦英与苏东坡相遇逸事。别离时，苏东坡曾赠一稀世珍宝——方汉石渠阁瓦砚给陈梦英。至民国中期，该砚已遗失近百年。民国19年（1930年），时任广东省警察局局长的何荦意外得到该砚并奉还双村，族人为志其义举，建“还砚亭”以纪念。

调丰古官道　位于遂溪县仲建路岭北镇调丰村路段调丰桥东面，长60米，宽2.1米。据《雷州府志》《遂溪县志》记载，古时有一条途经古遂溪南北要塞的“三十里官道”，“官道”南起庄家渡，北至调丰村，是古代官方军需物资运输、军队调防、官员谪迁、信件传送等的驿道。调丰千年古官道是古代南下雷州府，北上遂溪郡的必经路段，为遂溪南北要塞的“三十里官路”。调丰这段具有千年历史的官道，是高脚牛车车轮碾出来的两道石辙，其深处70多厘米，宽13厘米；牛脚踩出的石印，深达8厘米。这在粤西、广东乃至全国都极为罕见。

鲤鱼墩贝丘遗址　位于遂溪县江洪镇东边角村的田垌之中，因该墩由贝壳堆积而成，形似鲤鱼而得名。该墩遗址东西长80米，南北宽35米，面积1500平方米。20世纪80年代初，东边角村村民常常在村边拾到石砧、石斧和经过打磨的动物骨骼、贝类等。1982年，遂溪县开展文物普查时发现此墩，经广东省文物考古研究所申请国家文物局批准，于2002年11月至2003年1月由广东省文物考古所、湛江市博物馆和遂溪县博物馆联合组队发掘。经考古专家论证，鲤鱼墩遗址是距今7000～8000年前新

江洪镇鲤鱼墩贝丘遗址　　（县志办 / 供图）

流牛滩　　（县志办 / 供图）

石器时代的人类居住遗址，是雷州半岛最早有人类居住的地方，被称为雷州半岛第一村。考古工作队在遗址的东部布探方25个，揭露面积629平方米，发现新石器时代文化层5层，房子2座，屈肢墓葬8个，陶、石、蚌器一批。除表土层外，第2～6层全是新石器时代的文化层，从文化层看，该遗址的遗存年代早，文化面貌富有特色。出土文物除大量的贝壳外，还有用于煮食的夹砂陶器碎件，敲砸贝类的石锤、石砧，小型的磨光穿孔石器，陶纺轮及牛、鹿等野生动物的骨和角，磨制成环形的鱼脊椎骨、贝壳等饰物。

流牛滩　位于遂溪县官田水库南面，其瀑布由泉水和官田水库溢出的水共同形成。民间流传一个美丽的传说。一个美丽的新娘在回娘家的路上，在此被突发的洪水阻隔，忠心的水牛为救主而被洪水冲走，故名“流牛滩”。流牛滩瀑布景区约1平方千米，由河谷、飞瀑、深潭等组成。水潭四周岩石壁立，树石相生，相映成趣，潭水清澈，浮光掠影。滩上青石板上串串牛蹄印，仿佛诉说着传奇的故事。

庞乙潭　位于遂溪县城东南约7千米处，属遂城镇仙凤行政村辖区，面积3000平方米左右，潭水灰中泛绿，深不可测。据传有人听说潭底有宝藏，于是用数台抽水机狂抽10多天还是未能见底。民间传说该潭与大海相连，还说有地下泉水涌出，故该潭能保持长年不枯。庞乙潭瀑布有两个：一个位于潭西，由三股水帘并排从近10米高岭顶飞流而下；一个在潭东，于绿树掩映之下的断崖之间喷射而下，有“回风溅沫湿冠缨”之势，潭水从西北方向地势低落处流出。峭壁以青石为主，崖壁怪石嶙峋，形态各异，有的似神童献宝，有的如一把巨椅。处身其中，凉风阵阵，令人流连忘返。

雷州青年运河东海河大渡槽　雷州青年运河东海河大渡槽（又称遂溪天桥，也称天河），1960年始建，1962年建成。位于遂溪县城东北郊，距湛江市区18千米。凌空飞架于遂溪县城东郊的西溪河上。两河一上一下，纵横交错，犹如双龙夺珠，气贯长虹，“桥外桥、河外河”的美景

雷州青年运河东海河大渡槽　（县志办 / 供图）

历史名桥——万年桥　（县志办 / 供图）

清光绪二十四年（1898 年），遂溪人民奋起抗击法国侵略场景图　（县志办 / 供图）

相映成趣。该渡槽是雷州青年运河上工程最浩大、跨度最大、气势最雄伟的天桥建筑，吸引众多来自世界各地的游客，当年前来参观考察的党和国家领导人有朱德、贺龙等，是湛江著名的景点之一。天桥全长 1200 米，分 40 跨，每跨 30 米，由 80 个用青石和水泥钢筋建成的桥墩支撑，最高桥墩高 29.5 米。天桥桥面（河面）宽 5.5 米，桥身（河槽）高 3.2 米，40 吨位的船只可从水面通过。渡槽每年向下游输水上亿立方米，是雷州青年运河通往湛江市区的重要工程。

南方国家级林木种苗示范基地　位于湛江市遂溪县岭北镇茶亭，坐落于螺岗岭东南侧，始建于 1999 年，2002 年建成，占地面积 200 多公顷，总投资 7000 多万元，是中国国家级林木种苗示范基地之一。基地距湛江市区 30 千米，极具南亚热带风情景致。主要从事苗木生产，建有智能化温室 5 座、电控育苗荫棚 12 座，有法国全自控温室（荫棚）5 万余平方米，瑞典轻型育苗基质加工和全自动装播扦插生产线 1 套，以及植物克隆工厂、自动控制中心、分析检验中心等。基地内苗木品种繁多，培育绿化植物多达 200 余种，是一个珍稀植物基因库。南方国家级林木种苗示范基地已逐步发展成为集特色生态旅游、现代农业观光旅游和科普教育于一体的观光休闲生态风景区。先后获“全国林业科普教育基地”“广东省少年科技教育基地”等称号。

万年桥　是遂溪县著名的抗法纪念桥。它见证了遂溪人民抗击法国殖民主义斗争的历史，与湛江现存唯一一座抗法纪念桥——寸金桥齐名。该桥原名乐善桥，清同治六年（1867年），由一名摆渡者为方便群众出行而建。清光绪二十四年（1898年），法国侵占广州湾（今湛江市区大部分），妄图将租界西线扩至乐善桥。激起遂溪人民义愤，在知县李钟珏支持下，奋起抗击，最终迫使法国将租界西线退至赤坎“文章桥”。为纪念该次抗法壮举，当地人民将“文章桥”更名为“寸金桥”，“乐善桥”更名为“万年桥”，并请举人陈乔森题“万年桥”3个字，刻作石碑，立于桥西，以示祖国山河千秋万代不容侵犯。1961年，被新建石拱桥替代。2018年，又改回“万年桥”。

【环境质量】　2021年，遂溪县环境空气优良率为98%，环境空气质量优良稳定。雷州青年运河建设路运河桥断面水质均值达到Ⅱ类标准，遂溪河罗屋田断面水质为Ⅳ类水。

水环境质量　遂溪县集中式饮用水水源主要是以雷州青年运河为主。2021年，雷州青年运河遂溪县城饮用水取水水源水质符合《地表水环境质量标准》（GB 3838—2002）Ⅱ类标准，水质保持良好状态，达到水质保护目标。饮用水水源地的定类项目为氨氮、总磷、高锰酸盐指数等3个项目，其余24个监测项目均达到（GB 3838—2002）Ⅰ类水质标准。遂溪县集中式饮用水水源水质与2020年相比，2021年整体质量保持良好，状态平稳。

地表水　遂溪县地表水水质综合污染指数均值范围0.19～0.52，水质受到不同程度污染。其中遂溪河、乐民河（海山桥断面）、江洪河（北草桥断面）水质受到轻度污染，城月河（官田桥断面）、杨柑河（建国砂场断面）水质状况清洁。遂溪河除受到工业企业污染外，还受到县城生活污水与禽畜养殖的影响。乐民河和江洪河主要受到沿河禽畜养殖业的污水影响。遂溪县近岸海域功能区（雷州半岛西部沿海养殖区江洪港）水质综合污染指数3.88，该断面水质尚清洁。

声环境质量　2021年，遂溪县声环境整体质量基本稳定在较好水平。全年平均各类区的等效声级达到《声环境质量标准》（GB 3096—2008）的标准。区域环境噪声和道路交通噪声年均值均达到《声环境质量标准》（GB 3096—2008）标准要求，达标面积和达标路段覆盖率保持在较高水平。

【人口、语言】

人口　2021年，遂溪县户籍总人口1135040人，新出生人口15647人，出生率13.77‰，自然增长率9.02‰，出生人口性别比112.77。2021年，遂溪县有华侨、华人、归侨、侨眷侨属4.2万人，其中海外华侨、华人2.08万人，主要分布在东南亚国家和地区。港、澳、台同胞3.05万人，眷属5.1万人。

语言　白话（粤语）、黎话（雷州方言）是县内主要方言，个别居民点讲偃话（客家话）。

【民族】　2021年，遂溪县有壮族、苗族、黎族、布依族、白族等少数民族31个，以壮族、布依族、瑶族、苗族等人口为主。主要是婚嫁迁来，大部分务农，流动人口主要在当地经营个体、务工和务农。

【宗教】　2021年，遂溪县宗教登记在册的寺庵教堂（固定处所）有16处，分布在遂城、城月、黄略、河头、乐民、建新、岭北7个镇，其中遂城镇有护国寺、玉泉庵、龙华庵、福善庵、仁慈庵、三元寺、东华山禅寺，城月镇有天华庵、严乘庵，黄略镇有玉泉寺，河头镇有河源寺，乐民镇有乐城庵、圣弥额尔堂，建新镇有天源庵，岭北镇有正觉庵、嵩山庵等。有宗教团体（县佛教协会）1个。

【社会团体】　至2021年年底，遂溪县办理登记的社会团体64个，按社团性质和宗旨划分：科技研究类7个，卫生类2个，文化类5个，体育类6个，工商业服务类2个，宗教类1个，农业及农村发展类4个，社会服务类5个，其他32个。

【民办非企业单位】 至2021年年底，遂溪县民政部门核准登记的民办非企业单位215个，按行（事）业分：教育类193个，科技研究类4个，文化类4个，社会服务类3个，其他11个。

【历史文化】

醒狮传统 遂溪醒狮源远流长，历史悠久，是一门独具特色的民间传统艺术。舞狮起源于秦汉，成熟于南北朝，发展于唐朝。秦以后，北方战事频繁，中原汉人南迁，把狮子文化和舞狮带入遂溪。汉武帝时期，在雷州半岛开辟海上“丝绸之路”，狮子文化随海上丝绸贸易往来传入当地。北宋末年，佛教文化开始在遂溪传播，舞狮随之在民间流行。在遂溪县，每逢重要节日，皆有醒狮表演、醒狮巡游活动。每当开业、庆典，必有舞狮。民间舞狮有一套庄严的俗规，叫“点睛开光”。

出狮（外出舞狮）前一般先设案参拜，称“祈神”，舞狮的中心内容是采青。采青程式为：寻青、探索、采青、护青、疑青、玩青、试青、吞青、碎青、吐青。遂溪醒狮根据表演程式，又分传统狮和高桩狮。传统狮以地上和凳、桌、梯上表演为主。高桩狮则在传统套路上，加以提升发挥，在制作的一条长15米、高3米的高低错落的桩柱上表演，更显惊险高难。传统狮套路程式有醒狮、眨眼、抹眼、搔首、舔毛、洗面、饮水、戏水、过桥、上山、采青、吞青、下山、回桥、收式。高桩狮套路程式有醒狮、出洞、起步、环步、探桩、上桩、过桩、越桩、采青、吞青、碎青、吐青、回桩、下桩、拜谢、回洞、收式。套路名称是根据地方特色、套路编排和难度技巧确认的主题命名。传统狮称为：桥底寻宝、步步高升、驱邪纳福、五谷丰登等。高桩狮称为：迎风搏浪展英姿、无限风光在险峰、攀崖飞涧竞风流、追星赶月采灵芝。2003年12月，遂溪县被中国民间文艺家协会命名为全国唯一县级“中国醒狮之乡”；2004年4月，被批准成立中国民间文艺家协会醒狮艺术专业委员会；2005年6月，“遂溪醒狮”分别被国务院和广东省人民政府批准列入首批“国家级非物质文化遗产名录”和“省级非物质文化遗产保护名录”，进入联合国教科文组织数据库。

遂溪舞鹰雄 舞鹰雄是广泛流传于雷州半岛的汉族民俗舞蹈，据说在清咸丰年间（1851—1861年）雷州半岛就有舞鹰雄活动。相传以前雷州半岛北部有座大山，山高林密，飞禽走兽众多，其中鹰（为山鹰）、雄（为传说中的一种瑞兽）常在一起嬉

遂溪醒狮表演（县志办/供图）

遂溪舞鹰雄表演（县志办/供图）

戏觅食。一天，鹰、雄因猴子挑衅而恶斗，互不相让，后经大肚佛相劝言和。人们观之，甚是有趣，皆觉鹰、雄能驱邪镇妖，带来好运气，于是人们便模仿鹰、雄嬉戏相斗情景，创造舞鹰雄这一舞蹈形式。久而久之，舞鹰雄也逐渐成为当地一种民俗活动，逢年过节当地群众都要舞鹰雄。舞鹰雄集舞蹈、武术、杂技于一体，由2人舞雄、2个单鹰、1个大肚和尚、1个猴子，6人组成表演队。表演内容为鹰、雄因猴子挑衅而恶斗，鹰腹顶6米高杆，展翅冲天而上，技艺险难，扣人心弦，后经大肚佛相劝，鹰、雄息战言和。“舞鹰雄”属大道具类舞蹈，鹰的造型特征是尖嘴宽翅利爪，机灵勇猛；雄做成龙头凤尾，金钱豹身，麒麟角，显得强悍威武。表演的套路大致为“醒鹰雄”“格斗四门”“洗脸漱口”“过桥”“采地青”“采天青”等，其中“采天青”动作惊险，难度最大，是整个舞的高潮。雄的基本动作有摇头摆尾、豹子卧洞、风点头、犀牛望月、乌龙铲地、举人燎天、猛雄点水、昂首喷水、金猫洗脸、龙舟飞步、仙人景观、侧首抖云等动作套路。

遂溪飘色　“飘”是指脱离地面，尽展凌空之美；“色”(原意是饰)是精心巧妙的伪装。所谓“飘色”，即是由若干人推着一座装饰华丽的“色板”，色板上安排好固定姿势的人物形象。据说广东飘色最早起源于明末清初珠海斗门乾务镇，先后经历“转色”“板色”两个阶段。“飘色”最大的亮点就是“色仔”“色女”，他们装扮和演示的水平、精神状态直接影响到整个活动的水平。飘色的核心是色梗制作，色梗是支撑“色仔”“色女”的支架，一般用钢枝制成。飘色(抬阁)起源于2000多年前的春秋战国时期，安阳曲沟一带战乱频繁，被人称为“干戈沟”。有一年，孔子周游列国途经此地，有感于当地民风淳朴，便用老家曲阜之“曲”代替“干戈”，将其更名为“曲沟”，不仅希望两地结缘，同时希望曲沟远离战争。孔子临行时，村民们击鼓相送，并选择唱歌好的男童、女童，由众人抬到高桌上，边行边唱，以让远去的孔子能回望到高桌上的歌舞。后来，村民们在喜庆自娱时，仍沿用这种歌舞形式。因为是抬着歌舞，故名“抬歌”。经过传承演变，后来，艺人们将高桌装饰成亭台楼阁样式，给人以空中楼阁、云里雾里的感觉，故更名为“抬阁”。又因在高台上演出，也称“台阁”。

遂溪鱼龙舞　遂溪北坡游鱼习俗起源于清朝康熙年间，至今已有300多年历史。其寓意深刻，“北坡老圩属旱坡地，常患旱灾，游‘鱼’带水，祈求来年农业生产风调雨顺、年年有余（鱼）”。当地广为流传鲤鱼公主从天而降下嫁农夫黄昱的神奇传说。据说，心灵手巧的鲤鱼公主下嫁后看到村民们早出晚归两头摸黑，便用竹篾扎成鱼形灯笼为村民们照明，取名“鱼灯”。自此，村民们为纪念鲤鱼公主，每逢大年初三一过，便家家户户备竹篾制作各式鱼灯，并绕村游行。北坡鱼灯经后期发展，样式已非常丰富，衍生出有鱼灯、虾灯、青蛙灯和生肖灯等100多种。北坡鱼灯不仅制作时工艺讲究、样式丰富，而且舞动时形态优美、栩栩如生，

北坡鱼龙舞　（县文化广电旅游体育局/供图）

游鱼时场面生动、喜庆欢快，深受群众喜爱。北坡游鱼代代相传，游鱼活动越办越大，越办越好。2013年，“北坡游鱼”参加第十一届山花奖民间灯彩大赛获银奖，2016年以其为主要内容的新编大型民俗节目《海国英风》搬上舞台，受到欢迎，并被评定为广东省非物质文化遗产。

民间戏曲　粤剧。中华人民共和国成立前，广东粤剧戏班分“广府班”和“下四府”（廉、高、雷、琼）。遂溪属雷州府，开发较迟。历史上粤剧几次遭难，艺人们均避身“下四府”。清咸丰四年（1854年），粤剧艺人李文茂领导“红船子弟”起义失败，“广府班”的马师曾、薛觉先、红线女等艺术家先后率团到遂溪一带演出，还有大批省艺人也纷纷逃亡到粤西组团演粤剧。当年薛觉先曾作诗云：自由还我至堪欣，风物般般异见闻。小住遂溪初献技，张巡杀妾飨三军。这些著名艺人的到来，使遂溪粤剧进入鼎盛时期，也培养了一批艺术上较为出色的粤剧艺人。民国32年（1943年），雷州半岛沦陷后，遂溪粤剧演出逐渐不景气。中华人民共和国成立前，遂溪民间建有一批粤剧戏班和粤剧木偶戏班，即日月星班（为“下四府”一级班，班主老丁九）、大荣华、胜利年和界炮的芒溪班、下六的东港班等。这些戏班多为家庭班、兄弟班，以辈分或艺术之长者为班主，长期在乡间演出，亦称为“过山班”。其中，每年农历正月有做年例“赶春班”的习俗。以演出武生、小武担纲的正本戏为主，始终使用戏棚官话。表演艺术具有火爆炽烈、古朴粗犷的风格，擅长“过山吊索”“手桥真军”（真刀枪实打）等特技。清末民初，多有全男班、男女班，花旦都由男的扮演，时人编有“男人扮作女人头，洞房花烛假风流”的顺口溜。中华人民共和国成立后，1953年12月，由花旦班底自由组成艺新粤剧团，以遂溪县城作基地到各镇及邻县演出。1959年并县后，该团大部分人员并入粤西粤剧团，小部分并合雷北剧院二团。1961年分县后，重组国营遂溪粤剧团，主要演员有丁锦图、郭影浓等。“文化大革命”期间，该团解散，部分演员调归县文艺宣传队。1978年年底该团恢复后，除在县属城乡演出外，足迹还遍及湛江所属各县（市、区）及佛山、惠州、肇庆、广州等地。

雷剧。是在雷州民歌——雷歌的基础上发展起来的，是雷州半岛文艺百花园里的一枝奇葩，它盛行于雷州、徐闻、遂溪一带，在遂溪县深受群众的喜爱。雷歌基本形式为每句七字，每首四句，正常读法都作四三读，颇似诗的七绝，讲韵律，易传易唱易记。雷歌的起源没有文字记载。从明朝末期起，雷州半岛各地就设有赛歌台，凡附近知名歌手都云集一起，即兴而唱，随问随答。后来民间艺人开始自由组合，组成“对歌班”。有些女歌手也加入这些对唱班，群众称之为“姑娘歌班”。“姑娘歌班”表演比较简单，不化妆，没戏服，不分场地，唱词临时编造，也没有道具和音乐伴奏，可以说是雷歌班的雏形。到清朝雍正年间，雷歌爱好者越来越多，农村业余歌手便自由组合凑成班子，称之为“百歌班”。歌班一般以歌手的村名或班主的名字来命名。最古老的歌本是《断机教子》。从那时起，雷州歌由单纯口头传播转入有本演唱。从此，雷州歌剧得到广泛迅速发展。后来，雷州歌班把粤剧的表演形式、服装、道具、锣鼓和演出剧本等移植过来，加上说白、白榄。从此雷州歌成了“地方戏曲”的形式，这是雷剧的前身。中华人民共和国成立后，雷州歌曲调有所创新，初步形成自己的独特格调，雷歌和雷剧得到较大发展。现在雷剧的唱腔主要分为“高台”“雷讴”两大类。群众中流行的唱腔主要有抒怀腔、对腔、雷腔、怒腔、悦腔、激腔、愁腔等四五十种。伴奏有雷胡、琵琶、扬琴、笛子、二胡、唢呐、笙等。

黎戏。是遂溪县黎话地区独有的一种古老小戏剧，用雷州话演唱。其句格不受字数所限，但分上下句，讲究平仄。上句“尺”下句“土”，演到激昂时有长拉腔，现场全体演员、各种乐手一齐伴唱，伴奏乐器是有“退古”头制的硬弓胡弦，锣鼓点简单，唱腔单一，没有自己独有的剧本。20世纪80年代，只用于“小木偶”戏或木偶剧中间插唱一段，会唱的艺人已不多。

民间文物　鱼草纹鎏金盅（南朝）。1985年遂溪县遂城镇边湾村出土。口径8.4厘米、高7.2厘米、腹围27.5厘米。铜鎏金，圆形尖底。敛口，深弧腹，器表通体錾刻花纹，从口沿至底可分为五组环绕花带，饰弦纹、篦纹、卷叶纹、朱雀、人首鸟身、鱼、莲花纹等。纹饰精细，线条流畅，器体内外鎏金，是一罕见珍品。

波斯银币（南朝）。1985年遂溪县遂城镇边湾村出土。直径2.9厘米，银质，圆形，正面中为王像。王冠前为新月，后为六芒星，王像左右两边各有一飘带，右角有铭文，周围为单一连珠圆圈。背面正中是波斯教祆教祭坛，祭火坛座为三级，坛上火光熊熊，火光左右两角为一星一新月，祭坛两边各立一人像，人像两边有缩写铭文，周围环绕连珠圆圈一周。

十二生肖瓷板（宋代）。1990年遂溪县杨柑镇那略仔村出土。十二生肖瓷板1套12件，瓷质，规格一致（长20～21厘米、宽12.513厘米、厚2厘米）。正面印有双手执朝笏的女吏，神态严肃，如人如神，女吏造型分别由三个模具印制，代表鼠、虎、兔、龙、蛇5件，人物脸向右，人物造型同一印模，动物均在人物右足边。代表牛、马、鸡、猴、狗、猪6件，人物脸向左，人物造型同一印模，动物亦都在人物左足边。另一件“羊”的人物造型也是脸向左，动物也是在人物左足边。代表十二生肖的动物分别用浮雕手法刻制，均采用半截前身露出表达。板面施青釉，个别在人物衣着施褐色釉。

镂空波折纹魂坛（宋代）。1992年遂溪县河头镇廖村出土。高25.3厘米、口径9.2厘米、底径10.8厘米，陶质，敛口，宽肩，斜直身，平底。肩部堆塑镂空围栏，镂空部分呈新月、橄榄、长条形。围栏顶、腰、底部饰波折纹。盖顶堆塑镂空围栏2道，镂空部分呈长条形。围栏顶部及中部饰波折纹。

十二生肖瓷板（宋代）　　（县博物馆/供图）

群星纹银手镯（南朝）。1985年遂溪县遂城镇边湾村出土。直径8.5厘米、重271.5克，银质，环形，有一接合口，断面近圆形，器身厚重，器表镌六周群星纹。

陶棺（清朝）。1985年遂溪县界炮镇金围村出土。高36.5厘米、底长94.3厘米，陶质，长筒形，头大尾小，底部平。陶棺上面开两长方形口，饰贴菊花纹、“寿”字纹。头部饰贴“寿”字及阴线纹。

陶屋（唐代）。1991年遂溪县乐民镇黄宅村出土。纵35.5厘米、横43.5厘米、高26.9厘米，陶质。陶屋形制为长方形，一进三间，歇山顶，台式底，前门横眉为对称三阶拱弧形，陶质灰黑色。

青黄釉乳钉耳瓮（唐代）。1985年遂溪县界炮镇西边山出土。高47厘米、口径34.6厘米、底径19.2厘米，陶质，侈口、平唇、窄肩束颈，斜弧腹，平底。唇面堆饰连珠纹两圈，横置8个圆筒式身，肩部横置4个桥式大耳，瓮身堆饰4条四足蛇，两侧饰小花各一朵。

青釉四耳罐（唐代）。1994年遂溪县乌塘镇湛川村采集，陶质。口微侈，厚唇、短颈。腹微鼓，平底。肩置四横身，施青釉。

青釉执壹（宋代）。1983年

遂溪县下六镇东港仔采集，高16厘米、口径8.9厘米、底径9.7厘米，瓷质。侈口、直颈，微鼓腹，实足平底，肩置细长流，扁形曲把，施青釉。

青釉盖罐（元代）。1992年遂溪县乌塘镇湛川村对面岭采集，高18.7厘米、口径12.5厘米、底径8.3厘米，陶质。敞口，短颈，溜肩，圈足撇，尖顶盖，施青釉。

圆雕石神像（清代）。1992年遂溪县岭北镇菠萝园村采集，高27厘米，玄武岩质。头戴高冠，长圆脸，双耳下垂，身着圆领广袖袍，左手托玉带于胸前，右手扶膝，端坐于高椅上。

鲤鱼墩贝丘遗址。位于江洪镇东边角村东南田垌的小墩处。1982年发现，是距今7000～8000年前的新石器时代人类生活遗址。出土有陶片、石器、骨器及同期的墓葬。1991年6月20日，被公布为市级文物保护单位。

新埠古窑址。位于遂溪县杨柑镇新埠村委会茅塘村。东西长597米，南北宽约70米，分布面积4.7万平方米，为宋代遗存，该窑群以烧制青釉瓷器为主，是遂溪古代烧制青瓷器的最大窑口，也是中国南方古代陶瓷生产及外销的重要实物资料。1991年6月20日，被公布为市级文物保护单位。2015年12月10日，被公布为广东省文物保护单位。古窑遗址被列入湛江申请海上丝绸之路世界文化遗产名单。

圆雕石神像（清代）　　（县博物馆/供图）

下山井古窑址。位于杨柑镇下山井村西至薄寮村东一带，是宋、元两代遂溪陶瓷主要生产基地之一。曾出土有元大德九年（1305年）的碗模。1991年6月20日被公布为市级文物保护单位。

东港仔古窑址。该窑址属宋、元两代窑口，是遂溪古代陶瓷生产的主要基地之一。1991年6月20日被公布为市级文物保护单位。

石龟。县境内至今发现3座。最大的是乐民城内的龟趺（碑座），长近2米，宽1米，碑高约2米，碑首刻有“清虚道院碑记”6个篆体字。此龟趺石碑建造于明天顺七年（1463年），碑文因年久风化，已不易辨认。其次是万山岭戴慈生墓右傍的石龟，长1米多，宽0.6米，其造型古朴，线条粗犷，原墓是宋代安葬，后经复修，碑文已被毁，无准确年代。再次是遂城镇楼下村石龟，长仅0.8米，造型不及上两座，龟首、脚、尾向内收缩，单独存在，年代无法考证。

乐民城。位于乐民圩北1千米。城墙依地形而筑，呈不规则四边形，高5米，厚2米，周长1797米，面积约19万平方米。分置东、西、南、北四道城门，门宽2.8米，高2.7米，进深约9米，较完整的城门尚存东、西、北三门。墙原为砖土合筑，现砖已拆走，仅存土墙。城南存文明书院1间，城北存明天顺七年（1463年）建的长约2米、宽1米的一只石龟，龟背负有高2米的《清虚道院碑记》石碑。该地原为沿海集镇，盛产珍珠，为防海盗抢劫，明洪武二十七年（1394年），朱元璋指派当朝大臣安陆侯吴杰监建。清康熙八年（1669年）重修。现城内住有200多人。为县级文物保护单位。

文明书院。为纪念北宋文学家苏东坡路过兴廉村而建。位于乐民镇乐民城内，长13米，宽8米，是一进二层高8米的阁楼，正厅墙上镌嵌着苏文忠公石刻遗像。清道光二十九年（1849年）《遂溪县志》记载："宋元符三年（1100年），苏公轼南迁。由儋（海南儋州）徙廉（廉州），道经双村（兴廉村，今之乐民城），宿净行院，四顾山川，谓乡民陈梦英曰：斯地景胜，当有文明之祥。既去月余，瑞芝（灵芝草）生其地，诸儒即其地建书院，匾曰：文明。"该书院建于宋徽宗初年，是当时遂溪三大书院之一。后多次重修，现存书院是民国2年（1913年）遂溪县知事张以诚重修的。

洪周氏节孝坊。位于遂城南30千米的库竹渡北岸。系三间四柱牌楼式石牌坊，宽6.7米，高4.85米，正匾题刻"洪周氏节孝坊"，左匾刻文记述周氏节孝事迹，右匾载联名报请立坊者姓名，背面刻字"玉壶冰清""清标彤管""瑶池雪白"，二层正中正反两面均刻"奉旨恩荣"4个大字。该坊于清道光三年（1823年）为潭畔村洪屏之妻周氏而建。是县级文物保护单位。

笔架岭战役阵亡烈士纪念碑。该纪念碑在笔架岭上，是为纪念南路人民解放军在笔架岭战役中牺牲的48位烈士于1957年11月而建。1999年9月15日，被公布为市级文物保护单位。

文明书院旧址　（县志办/供图）

陈式垣烈士墓。该墓在笔架岭上。始建于民国20年（1931年）7月，碑石刻有"为革命战争阵亡上校陈式垣之墓"，落款为"孙小文"。1979年，遂溪县人民政府拨款重修。1999年9月15日，被公布为市级文物保护单位。

黄学增纪念馆。该馆位于乐民镇墩文村黄学增故居前。黄学增烈士是南路党组织和农民运动的主要领导者，又是西江和海南岛武装起义的领导者。该纪念馆始建于1962年。2003年12月27日，被公布为市级文物保护单位。

钟竹筠故居。钟竹筠是广东南路地区最早的女共产党员之一，是南路妇女解放运动的先驱，是中共防城县第一支部——东兴支部的创建者。该故居位于杨柑镇老陆村委会祝君村。2014年12月，被定为湛江市党史教育基地。2016年9月，被定为湛江市爱国主义教育基地。

石狗文化　雷州石狗是雷州半岛民间信仰中的"守护神"，雷州百姓用石头雕刻狗的形象，安放在村口、路边、巷头、门旁、水口、坟前、庙侧，以驱邪治魔、保境安民，被称为散布汉族民间的"雷州兵马俑"。在整个雷州半岛，石狗分布不均匀，呈现沿海多、内陆少，西部多、东部少的特点。主要分布在徐闻县、雷州市、廉江市、遂溪县等地乡村。雷州石狗文化对周

铁耙溪畔的石狗（县志办/供图）

边地区也有辐射，在广西（主要是横县、上林一带）、海南、云南、广东（东莞、南海）等地甚至越南、新加坡等国家也有石狗发现，但这些地方的石狗造型比较单一，雕刻手法写实，体态瘦小，远远没有雷州半岛的石狗造型丰富、形态多样、富有神韵。

【民俗风情】

传统节日　春节。遂溪人俗称为新年。正月初一，家家户户拜祭祖先。早餐吃素，人人穿着光鲜，长辈给家里小孩发“利是”钱，相见互道“恭喜发财”。大年初一，不扫地，不杀牲，不向别人讨债，不说不吉利话，出嫁女不住娘家等。大年初二，清早祀“财神”，俗叫“做初二”。除夕至大年初三每夜灯火长明不熄。大年初三天一亮，各家各户扫地清洁卫生。正月初一至初五，叫“大新年”，正月十二至十五日，称“小新年”。正月初十有的地方上年出生男丁的农户“吊灯”设宴招待亲戚朋友，称为饮“吊灯酒”。春节期间，全县各地各种文化活动丰富多彩，有的村庄请雷剧、粤剧、木偶剧等剧团来演出，有的举行篮球、排球、乒乓球、拔河等比赛。

元宵节。农历正月十五日为“元宵”，亦称“上元”“元夕”。据传，元宵节源于西汉，已有2000年历史。湛江地区的闹元宵活动很丰富。《遂溪县志》这样记载：“上元张灯结彩，舞狮象杂剧游戏，作‘火树’放花炮烟火，打秋千，猜灯谜，士庶欢游达旦，曰庆元宵。”此节时间各地有异，有十五、十六、十七、二十八日。每逢元宵，城乡各地举行游神赛会，白天舞狮、舞龙，列队依次出游。游灯完毕，燃放花炮。20世纪90年代后，城镇增添五花八门的彩灯供人们观赏。

舞龙　（县志办/供图）

端午节。遂溪人也称“五月节”。农历五月初五日，农村家家户户在大门两侧插艾叶，以示驱邪避灾。当天村民用去刺的勒古叶条包粽子，取料糯米、豆角丸、猪肉、蛋黄等，分甜粽、咸粽2种。还杀牲煮肉祭祖先。沿海地方有赛龙舟习俗。

七月节。农历七月十四日是七月节，俗称“鬼仔节”，又叫“中元节”，有的地方人们以猪肉为礼品拜祭祖先，有的地方以鸭为供品拜祭祖先，家家户户杀鸭过节，家人聚餐。

中秋节。农历八月十五日为中秋节，也称“团圆节”。其意是天上月圆，人间亲人团圆。农历七月中旬后，城镇饼家悬挂“中秋月饼”彩旗、灯饰，亲朋好友互赠月饼，外出的人都回来过节、团圆赏月，也有年轻女子兴“浮针”问身世。中秋节当日，民众家家户户设宴聚餐，晚上吃月饼、水果、饮茶共度佳节。

重阳节。农历九月初九日为重阳节。农村平淡，城镇活跃。机关、企事业单位召集退休人员开座谈会，请老人聚餐或赠送纪念品，有的单位组织老人外出旅游。

冬至。冬至在农历十一月，阳历则固定在12月22日。农村有“冬至”大过“年”的说法。是日，大村大族杀猪、羊，做糕饼拜祭宗祠，按男丁分享祭品，女人无份。家人设猪肉等供品拜祭自家祖宗后，聚餐饮宴。

除夕。农历一年最后一天为除夕，俗称廿九晚或三十晚。除夕前的农历十二月二十五日进行大扫除，叫“打屯”。家家户户备好猪肉、鸡、鱼、生蒜等年货。除夕傍晚贴门神、春联、年画。换过炉灰，点香，设礼品，祀先祖及灶神，叫“围炉”。晚上全家大小一起会餐，叫“吃年饭”，中老年人给年幼儿孙发“利是”，亦叫“压岁钱”。晚上厅房皆点灯至天亮。除夕时，设果品供于“堂阁”，叫作“摆年”。城镇机关、企事业单位挂灯笼或节日灯饰。是夜，家里人集中在家“守岁”，观看春节文艺晚会，辞旧迎新。

江洪龙舟文化节。每年农历五月初五端午节，江洪都要举行龙舟赛。起初，赛龙舟是为了驱赶邪恶，祈求平安和丰收，后来发展成为一项群众性体育运动。进入21世纪后，龙舟活动逐渐形成一种文化活动，被赋予新的内涵和时代意义。除传统的赛龙舟外，还增加书画展览、文艺晚会、篮球比赛等活动，吸引成千上万的外地游客前来观看。龙舟活动已成为推介江洪、宣传江洪的一项活动，龙舟文化也成为江洪镇的一大文化品牌。

遂溪民俗　婚姻。旧时，男女一般在六七岁时便订了婚，也有二三岁订婚的“鸡对仔”，甚至有指腹为婚者。有“合命”、写“日子书”、哭嫁、打扇头、梳头、拜堂等习俗。洞房之夜，一些地方还有“做二房”习俗。中华人民共和国成立后，婚嫁仪式逐渐从简。

寿庆。辛亥革命前后，做生日或寿庆之风盛行。青少年时生日，习惯吃顿好饭好菜，且必有一个鸡蛋。逢31岁、41岁生日，亲友送来鸡、肉、酒或米担等物，如是婚后男子，岳家必送衣服或布料，主家设宴招待。逢51岁、61岁生日做大寿（也有50岁、60岁便做大寿的），如此依此类推，仪式较为隆重。

新居入伙。中华人民共和国成立前，只有家境富裕者才建新居择良时吉日入伙。入伙仪式一般是当天黎明前举行。主人家提着火种，点亮油灯，由老至少带着发糕、糖饭等物依次列队进宅，宅内大大小小房间都放置一盏油灯照明，房门全部贴上横批及对联，然后鸣炮庆贺。

江洪龙舟赛　　（李卫强/摄）

【民间艺苑】

北坡老圩“游鱼”制作　北坡老圩“游鱼”最早起源于清康熙年间（1662—1722年），至今已有300多年历史，“游鱼”制作工艺精湛，别具一格，鱼灯制作分扎鱼、糊纸、彩绘、组装等工序。制作者先模仿鱼、虾、蟹、蛤、龙等动物的形态，用竹篾或铁线扎制其外形，然后拿纸或布糊裱，用彩色颜料涂色、绘制鱼鳞，并在其腹下安装一根长1.5米的木柄作为把手，游鱼者可手持木柄将鱼举在空中游行。同时在鱼“肚”下留一孔，留待装灯之用。在游“鱼”开始前，制作者在“鱼”腹内点上蜡烛或灯具，让“鱼”在黑暗中舞动时变得光亮起来。

遂溪醒狮制作　遂溪醒狮色彩斑斓，形象传神，工艺讲究。民间扎狮已有2000多年历史，工艺流程大致经四道工序，即扎、扑、写、饰。先由制狮艺人按构思好的不同规格的狮头艺术造型、类别拟出大样，用精选加工过的竹片、篾条、藤丝、铁线、麻绳等搭架。框架扎好后，用砂纸、绸布进行多层糊贴，压面造型，且必须及时晒干。若遇阴雨或潮湿天气还得用炭炉慢火烘烤，其中过浆工序甚为讲究，稠稀调配要处理恰当。否则，就会在“写”狮时出现“拖色”或“化色”的现象。接下来是“写”，狮头写画的图案，色泽一般按狮型类别、地方特色或客户要求而作，以红、黄、绿等原色为主，以黑色作基色调和，彩绘的传统斑纹式样有如意纹、太极纹、波浪纹、螺旋纹、花草纹等，对狮头的角、额、须、鼻、耳、眼、口等部位的着色彩绘更要讲究传统图案或顺应更新变化。最后工序为“饰”，即运用马尾、兔毛、金边、彩带、花球、亮片等原材料进行上须、缀毛、装眼、上镜（正额“照妖镜”）、贴片、修饰等。醒狮头一般规格为宽 0.55 米，高 0.5 米、长 0.7 米，若传统狮即可按此比例扩大，重量 2.5～5 千克，另外，在狮头的眼、耳、口等部位系上细绳，舞狮时可用手拉启动。至此，一只色彩斑斓、凸现神韵、喜庆吉祥的醒狮便应作而生。狮头的形态和色泽也各具特色，分文狮和武狮。以黄、红、黑、白、蓝分别代表刘备、关公、张飞、赵云、黄忠，意喻为：黄彩狮，仁慈瑞祥、长者风范；红彩狮，红额凤眼、气宇轩昂；黑彩狮，骁勇忠烈、刚直不阿；白彩狮，风华正茂、英姿焕发；蓝彩狮，宝刀未老、雄风犹存。其中黄、白、蓝为文狮，红、黑为武狮。狮头制作样式还有虎斑狮、马装狮、鹤装狮、佛装狮、麒麟狮等 10 多个品种。狮角（独角）制作样式繁多，为狮的形态亮点，通常有鹰角、尖角、拳角、星角、鳌鱼角、象鼻角、虎头角、花球角等。狮披（狮身）与狮头色泽一致，长 2.1 米，宽 1.26 米，配以绒毛和金线亮片制成，呈水波纹流畅图案。舞狮队员服饰为文化衫（上写狮班名称），彩绸裤，与狮披用料和色泽一致，扎红布腰带，脚蹬装饰绒毛的狮爪便鞋。

北坡“游鱼”　　（县文化广电旅游体育局／供图）

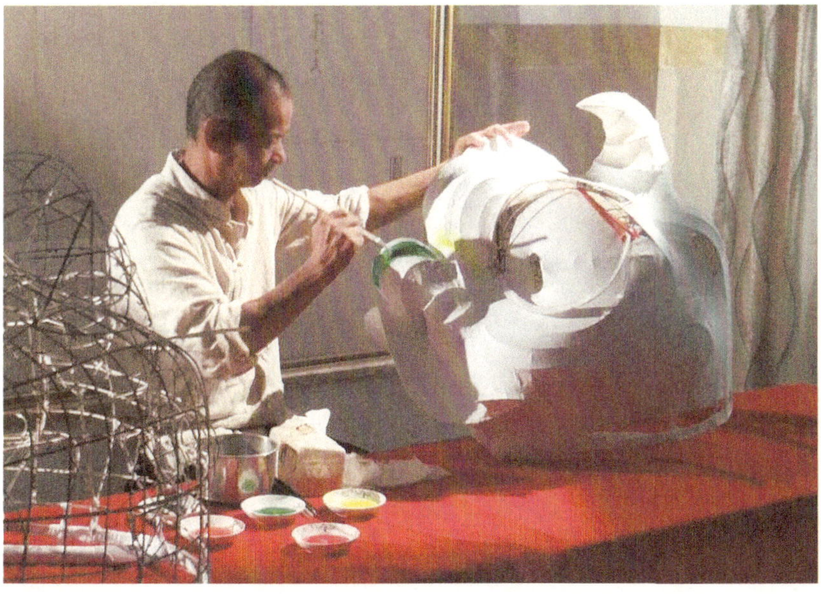

醒狮制作　　（锡　洪／摄）

【遂溪特产】

遂溪广藿香　据《中药临床应用》中记述：“藿香、广藿香，为唇形科植物的全草（广东用广藿香），也有单用其茎枝者，称

遂溪广藿香　（乌塘镇/供图）

藿香梗。味辛，性微温。叶和茎含挥发油，油中主要成分为甲基胡椒酚。另含鞣质、苦味质。”广藿香药用价值非常高。加工出来的藿香油可作为日用化工的香料，是著名的定香剂，广泛用于制作高级香水，如法国香水。由广藿香枝加工成的中成药，曾是预防非典型肺炎的良药。遂溪广藿香产于享有“南药之乡”称誉的遂溪县乌塘镇。清光绪年间，遂溪群众开始种植广藿香；1960年，乌塘镇群众大量种植；1980年后，遂溪广藿香药材加工厂、乌塘镇藿香油厂和香料厂先后建成投产。由乌塘广藿香加工的藿香油和香料畅销全国。2002年，乌塘镇通过与广东省中医药研究所、广州中医药大学和广州香雪股份有限公司合作开发“乌塘广藿香（油）质量标准提炼”项目，开发建设广藿香GAP产业化种植基地。2005年至2007年，广东省人大“一乡一品”项目落户乌塘镇。2009年，乌塘广藿香种植生产走上“多品种、优质量、高价值”的科学化、产业化种植路子。乌塘镇及乌塘周边广藿香种植面积扩展至300多公顷，所产的遂溪广藿香质优价廉，含醇率比肇香、牌香高出20%～30%。加工出来的产品销售全国各地，出口欧美等国家。近年来，遂溪广藿香种植基地多次作为省、市、县各级领导的参观考察点。2016年，遂溪广藿香被广东省人大列入岭南第一批受保护的八种中药材之一。2018年11月21日成功注册“遂溪广藿香”（31类：新鲜植物广藿香）地理标志证明商标；2019年9月28日成功注册“遂溪广藿香”（5类：药用广藿香）地理标志证明商标。

下六沙虫　（县市场监督管理局/供图）

下六沙虫　沙虫，其名不美、貌不雅，但其营养、味道及医药与食疗价值都不亚于其他名贵海产珍品，素有“海洋虫草”的美誉，沙虫肉质白净，吃法因人因地不同，有清蒸、白灼、爆炒、生滚、熬粥等等。如韭黄炒沙虫、白灼沙虫、生滚沙虫汤、菜胆炒沙虫等，而蒜蓉清蒸沙虫，肉厚油肥鲜嫩且有嚼头，愈嚼愈鲜。草潭镇的下六沙虫是沙虫中的优良品种代表。下六沙虫因产于原下六镇旧庙村和南洪村一带的海滩涂而得名。草潭镇南洪、旧庙、路塘沿海一带的浅海滩涂非常适宜沙虫繁殖栖息，有三四万亩的养殖空间，其产出的下六沙虫质优味美、营养价值高，深受广大消费者青睐。随着当地沙虫养殖专业合作社的成立，养殖产业化得到进一步加强，下六沙虫在市场上逐渐成为抢手货，新鲜沙虫及加工制成的沙虫干均远销“北上广深”等大城市，产品供不应求。市场上每市斤鲜品批发价40元，每市斤干品批发价650～700元。

遂溪下六番薯　遂溪下六番薯因产地为遂溪县草潭镇下六行政村而得名。下六行政村北临北部湾，与广西壮族自治区沙田镇遥遥相对，距遂城镇44千米。因围海造田，浅海沉积物发育的黄赤土壤，富含海生物的多种元素与轻淡碱质，土层较厚，村民发现在这片土地上种植出来的番薯与其他地方出产的番薯味道不同，别有一番特色风味，于是广为传开。改革开放以后，在“两水一牧”政策的推动下，遂溪县委县政府重视下六番薯的种植和推广，种植面积有1000公顷。据清嘉庆《雷州府志·卷二·地里土产》记载：“番薯有红皮、白皮、黄皮数种，可以酿酒，可以代粮。种者甚多，随种随收，约四阅月一熟。”下六村民历来有种植番薯的习惯，种植的薯种有大叶红薯、小叶红薯、天鹅薯、女儿红薯、香芋薯等。种出的生鲜薯光滑无皱痕，少凹陷、少虫皮，质地水润细腻甜脆。尤其是女儿红薯，表皮呈紫红色，光滑无皱痕，无虫害，成薯重量0.4～0.5千克，煮熟时薯皮半裂散开，露出红色的薯肉，发出诱人的香味；香芋薯表皮呈暗红色，光滑无皱痕，无虫害，成薯重量0.3～0.4千克，薯心呈紫绿色，不仅有薯的香味，还有芋的香味，煮熟时薯皮微裂开，易剥离，香甜浓醇，肉质鲜美，入口甜滑无比，无渣无根，薯香诱人，含有丰富的钙、镁、铁等人体所需的微量元素，对人体健康有诸多益处，且对改善肠胃有一定的功效，深受大众喜爱。遂溪下六番薯的食法很讲究，女儿红薯适宜水煮、煲番薯粥、煲糖水，香芋薯则宜于用微波炉烘或用炭火煨，隔水蒸也可。吃之香、粉、爽三味俱佳，有“绿色食品”“湛江特产”“遂溪三宝”等称号。从2014年5月起，遂溪县开展相关申报工作，2016年12月21日，经国家质检总局审查批准，“下六番薯”获国家地理标志产品。

遂溪海红香米　遂溪海红香米主要产于建新镇。该镇地势平缓，土壤多属玄武岩发育成的赤土，且风化程度较高，有机质含量较丰富。耕地面积有2250多公顷，以种植水稻为主，其生产的高产长毛黏是制作海红香米的主要原料。据清光绪《石城县志·舆地物产谷品》记载：“稻有十余种，白壳仔米白；早毛黏米赤，种宜坡；早黏米白；黑壳仔米赤，宜种田皆早熟稻也。黄黏米白，铁米赤，种宜埇田；碱黏宜潮田，水芮宜水田。九月黏宜洋田；长毛黏壳末有芒，长寸许，种多瘠土，米俱赤，皆晚熟稻也。邑中谷更有大糯、小糯、坡黎、香秔诸种，究以黄黏为上品，米白而长，性润滑，炊熟多饭，故其价常昂于凡谷。”遂溪海红香米以建新镇卜巢、溪北两村生产的为最佳，色粉、味甘、性温，质如糯，米粒细长，口感馥郁清爽而润滑，显得格外珍贵。又由于是种植于赤泥土壤中、遵循原生态耕作、水稻生长周期长，从而使其富含植物蛋白质，是人体难得的滋补佳品；遂溪海红香米含锌、铜、铁、碘、钼、钙、锰等，比普通稻米高0.5～3倍，遂溪海红香米成功注册“遂溪海红香米”（30类：红香米）地理标志证明商标。

遂溪岭北甜薯　岭北镇位于遂溪县东南部，距遂城镇14千米。属玄武岩台地，地势北高南低，为玄武岩发育的赤红壤，肥力较高，种植的甜薯质粉甘香，远近闻名。遂溪岭北甜薯种植历

遂溪岭北甜薯（县志办/供图）

史悠久，据清嘉庆《雷州府志·卷二·地里土产》记载："薯种不一，小者如鹅鸭卵，曰甘薯，曰翻上薯；大者白，一、二觔至十余觔不等，有紫有白，曰猪肝薯、曰黎峒薯，俗称柴头薯，皆不以代谷。"岭北土质属古代火山灰土发育的砖红壤，富含矿物质元素，对甜薯生长很有利，生产出的甜薯皮毛光亮，无凹陷虫皮，肉质粉甘香口；煮熟后，皮微稍开，露出洁白肉色，香味扑鼻，是人见人嗜的美食。

遂溪沙古萝卜　洋青镇沙古地距遂城镇西北18千米，北与廉江市交界。境内地势平坦，大部分属浅海沉积物发育成的黄赤砂质土壤。沙古村民自古有种植萝卜、腌制萝卜的习惯，主要有打铁塘、深沟塘、黑须塘等村。相传南宋年间被贬海南儋州的苏东坡，途经遂溪境内古官道时，因长途跋涉，食滞体虚，当地百姓赠予土制腌萝卜配米粥，顿觉口舌生津，大开胃口，倍觉精神，苏东坡品尝萝卜甜香爽脆，膳后消滞顺气，赞不绝口，称其为"菜中头名"，故民间称其为"菜头"，一直至今。据清光绪《石城县志·舆地物产蔬品》记载："萝蔔，一名莱菔，有红白二种，解麦毒。洞微志云：齐州有人病狂梦见红裳女子引入宫中，歌云：五灵楼阁晓玲珑，天府由来是此中。惆怅闷怀言不尽，一丸萝蔔火吾宫。旁一道士云君犯大麦毒，小女心神，小姑脾神，萝蔔制麦毒，故曰：火吾宫也。醒而食萝蔔遂愈。"萝蔔即是萝卜。沙古萝卜，个大结实，表面光滑，肉质雪白，清脆甜口，无空心，无开裂。沙古腌制萝卜干保持着传统的工艺，全人工操作，盐是日晒的粗海盐，泥土是烧窑后的熟泥，不加任何化学成分，乡土气味十足。腌制的萝卜，金黄晶莹，嫩滑软熟，没有粗纤维；品其味，咸中甘香清甜；嚼其肉，爽脆润液盈口。可生食或伴肉炒、煎、蒸、炖皆可，或萝卜炒蛋、萝卜炖腩肉，营养丰富，美味一品。萝卜干做菜食，具有健胃消食，清热行气之效，故沙古的村民称之为"土人参"。改革开放后，遂溪沙古萝卜经传统技艺精密加工，包装精美，产品远销珠三角和香港等地，成为沙古一大品牌，越来越受青睐，市场前景广阔。

遂溪草潭珧柱　俗称"瑶柱"。草潭镇地处北部湾东岸，地濒大海漫长的海岸线，渔业条件优越，盛产大虾、鱿鱼、乌贼鱼等海鲜，特产瑶柱素为宴席珍品，是湛江市最大的瑶柱产区之一，俗称"草潭瑶柱"。据清光绪《石城县志·舆地物产介品》记载："江瑶柱，安南异物名记江珧如蚌而稍大，肉腥而韧，惟四肉柱佳。柱寸许，圆半之，甘鲜脆美，又名海月。"遂溪草潭瑶柱属蚌类，因其形如牛耳，称牛耳螺，壳薄肉厚，肉质鲜、嫩，美味可口，是海中珍品。遂溪草潭瑶柱制成的干品，味醇、无渣、爽口，味道甚佳。瑶柱则是蚌类中的"智者"和"懒汉"，它不像其他蚌类游动猎食海生物，而是尖端向下插入淤泥中，仅露出2～3厘米，张口向上摄食，任凭风吹浪打，稳坐守定老窝。瑶柱生长环境优越、方式独特，其质优良，其味鲜美，蛋白质含量高，营养丰富。

江洪鱼露　江洪鱼露，当地人称之为"鱼巨"，其历史悠久，是江洪镇的特色产品，也是遂溪一大农副产品名牌，在湛江市民

江洪鱼露　（县文化广电旅游体育局/供图）

中口碑良好。江洪鱼露的做法是将生猛的北部湾青鳞鱼置于卤化过的瓷瓶中，经用生盐搓腌、密封瓶口长时间发酵、深埋、人为改变温差等系列处理而成。虽然原料价格低廉易得，但是经过特殊处理后，营养丰富，功效卓著，口感极佳。以前，当地很多贫家的子女都是凭着一瓶“鱼巨”而健康成长，往往脸上血色很好，当地人将其形容为“血滴滴”，意即健康状况、营养状况非常好。

遂溪红心火龙果　遂溪县地处雷州半岛中北部，年平均气温23.5℃，土地资源丰富，地势东高西低，北高南低，大部分耕地是火山灰地质，除了具有水源充足、有机质含量高的优点之外，还含有丰富的硒、锌微量元素，非常适宜种植火龙果。20世纪90年代，群众零星种植白心火龙果，但由于白心火龙果果小价低，群众没有信心。2006年，杨柑镇布政村村民开始引进种苗小面积试种红心火龙果，结果大获成功，效益可观。百姓尝到甜头，激发了积极性，火龙果种植逐步在全县铺开。为把这一产业抓好，政府和职能部门及时提供技术指导和产前、产中、产后服务，在抓好金都一号、台农二号、红宝龙、桂红龙和四五〇等优良品种引进的同时，发动专业院校、科研部门、农业公司研究开发新品种、新技术提供给果农种植和使用。美辰生物科技有限公司自主培育的红心火龙果品种MC-728和无土小分子气雾栽培育苗技术，以上品种自花结实，深受种植户欢迎。全县红心火龙果广泛使用病虫害综合防治、节水滴灌、水肥一体化等先进技术，特别是创新栽培技术，应用补光反季节生产技术，推动火龙果高质量发展，实现全年上市。全县15个镇均有种植，杨柑、洋青、建新等镇种植已形成规模化、基地化、专业化。遂溪红心火龙果果色红艳，含糖量高，天然醇厚、汁多味美、品质上乘，被纳入“全国名特优新农产品”名录。产品通过公司、电商平台等远销国内外。广东美辰生物科技有限公司在建新镇创办火龙果加工厂，生产出火龙果酵素、果汁、酒、化妆粉、香皂等34个产品，销路较好。新引进培育的黄皮白心火龙果（燕窝果），市场价格高，销量广，桥红农业公司已将其进行种植和推广。

杨柑万亩火龙果基地　（严余昌／摄）

遂溪红糖　甘蔗是遂溪县的主要经济农作物之一，具有悠久的种植历史。遂溪县是全国最大的产糖县，产糖量曾居全国各县第一，被列为国家级糖蔗生产基地，素有“中国第一甜县”之美誉，所产红糖更是远销海内外。遂溪县属亚热带海洋性气候，夏季高温多雨，土壤肥沃，水资源丰富，优越的地理环境非常适合甘蔗的生长，充足的光照有利于光合作用，能促进甘蔗内部糖分的积累和转化。遂溪甘蔗汁多味甜，皮软少纤维，是产糖的上乘原料。遂溪红糖制法乃千百年来所传承之技艺。师傅们采用传统的手法，先将收割下来的甘蔗切碎碾轧，轧出来的汁液过滤分离出泥土、纤维等杂质，接着经验丰富的师傅掌握着火候，用小火熬煮5～6小时，并不断搅拌。随着水分慢慢蒸发，糖的浓度越来越高，逐渐变得绵软浓稠，颜色加深。经过冷却之后，高浓度的糖浆凝固，最后成为固体块状的红糖，前后需18道工序才能熬制而成。熬制出来的红糖自然甘香，咬一口，口感绵密，甜而不腻，泡水汤色清丽，空气中都弥漫着清新的味道，让人心旷神怡。遂溪红糖制法古朴、天然醇香，从田间到舌尖全程无添加物，几乎保留蔗汁中的全部成分，保留对人体有益的各种天然成分和微量元素。除了总糖分超过 85% 外，还含有维生素和铁、锌、锰、铬等微量元素，营养成分比食糖高很多。

遂溪桑葚　遂溪县各镇都有种植桑葚的习惯。桑葚是属桑科桑属多年木本植物的果实，性味凉甘、酸、甜，中国医学认为，桑葚具有补肝益肾、生津润肠、乌发明目的功效。每年 3 月桑葚成熟之时，人们往返于桑葚园间，采摘肥硕黝黑的桑葚果，或直接食用，或泡酒，或加工成桑葚原浆等。遂溪县地势辽阔平坦，广袤的土地适合桑树连片生长，属亚热带海洋性气候，生态环境优越，高温多雨，热量和水资源丰富，是桑葚果生长的“天堂”。每年 1—3 月的挂果期，日照充足，有利于桑葚果实的糖分积累。在政府推动下，种植桑葚成为遂溪县的一项扶贫项目。桑葚又名桑果儿，椭圆形，表面多褶皱，刚开始呈绿色，逐渐生长变为白色、红色，成熟后呈紫红色或者紫黑色。因桑果具有天然生长无污染的特点，所以桑葚又被称为“民间圣果”。《本草新编》有“紫者为第一，红者次之，青则不可用”的记载。成熟的桑葚饱满油润，酸甜多汁，药用功效最好。

遂溪金鲳鱼　遂溪县位于中国南大陆的雷州半岛北部，南与海南岛、西与广西壮族自治区北海市隔海相望，海岸线长，港湾多，海产丰富。遂溪县海域辽阔，既有天然渔场，如东海湾渔场、北部湾渔场，又有江洪、草潭、石角、北潭、乐民等渔港。渔产品资源丰富，常见鱼类有 100 多种，金鲳鱼就是其中之一。金鲳鱼学名卵形鲳鲹，地方名称黄腊鲳、金鲳，属硬骨鱼纲，鲈形目，鲹科，鲳鲹属，是名贵的食用鱼类。遂溪县海洋水质清爽，水质环境相对稳定，非常有利于金鲳鱼的生长。渔民使用仿野生的方法进行养殖，这样环境下长大的金鲳鱼肥壮个大，肉质滑嫩，是餐桌上一道不可多得的美味。遂溪金鲳鱼鱼鳍为金黄色，个头肥大，口感细腻，入口即化，很多市民都是它的忠实“粉丝”。遂溪县海域天然少污染，这里盛产的金鲳鱼，除了新鲜现吃，智慧的渔民们还研究出另一种既能保留鱼的鲜美与营养，还能长期保存的办法——淡晒鱼干。将新鲜的金鲳鱼去掉内脏，用天然海盐腌制一个半小时，再用清水冲淡盐味，最后在晴朗通风的环境下晾晒，1.5 千克新鲜金鲳鱼只能晒回 0.5 千克的鱼干。经过腌制晾晒的金鲳鱼干吃起来又是别有一番滋味，肉厚刺少，嫩滑中又带有韧性。遂溪金鲳鱼富含蛋白质，同时还有其他多种营养成分。

建新蟛蜞汁　蟛蜞，又称磨蜞、螃蜞。学名相手蟹。甲壳纲，方蟹科。头胸甲略呈方形，体宽 2～3 厘米。雄性螯足较大，雌性螯足较小，螯足没毛，步足有毛。多栖息于江河堤岸、沟渠等处的洞穴中。在遂溪县建新镇卜巢村前的海湾滩涂上，蟛蜞随处可见，当地村民用蟛蜞和海盐制成蟛蜞汁的历史悠久。卜巢蟛蜞汁清香可口，具有下气化痰，去积腻，助消化功效，是当地村民喜爱的佐餐酱品小吃和调味品，也是馈赠远方亲友极富地方风味的珍稀礼品。

遂溪虾米　遂溪海域辽阔，渔业条件优越，盛产大虾。《遂溪县志》［清道光二十八年（1848 年）续修］中《物产志》提到介之产为类二十有五，虾为其一。虾在遂溪历史悠久，因其鲜美甘甜、肉质肥厚，是遂溪人餐桌上必不可少的食材。古时打回来的虾往往吃不完，容易变质，造成很大的浪费。为了长时间保存和方便携带，智慧的遂溪人研究出另一种保存方法——晒虾米。将鲜虾剥皮取肉，去掉头部部分，放在太阳底下晾晒，等虾肉内水分蒸发掉，便可放到干燥通风处保存待用。由鲜虾晾晒而成的虾米很好地保存了海虾的鲜味与营养，嚼起来特别有韧劲，别有一番风味。虾米具有开胃化痰，补气壮阳，益气通乳之效，深受当地人喜爱。手工晒虾米作为一种传统的加工工艺一直留存至今。悠久的加工历史和丰富优质的原材料形成了遂溪虾米亮白透红，盐轻身干、营养价值高的优良品质。当地人除了自己享用，遂溪虾米还作为当地特色礼品馈赠远方亲友。随着人们生活质量的提高，海味作为一种珍稀佳肴被市场追捧。越来越多的人争相购买虾米，遂溪虾米一时供不应求。为了满足庞大的市场需求，近十几年，遂溪县一大批水产养殖龙头企业迅速崛起，建起规模庞大的微生态水质改良虾场，大大补充了虾米的原材料来源。遂溪虾米生产及加工已实现规范化和产业化，产品远销广东珠三角、海南、广西、福建、浙江等地区和越南等国家。

遂溪鱿鱼干　遂溪鱿鱼干，是遂溪县优质海产加工产品，制作历史悠久。因其味道鲜美浓香，营养丰富，历来被视为是名贵的海味，送礼的佳品，也是遂溪人逢年过节餐桌上必不可少的一道美味佳肴。遂溪县地处雷州半岛中北部，海岸线长150.2千米，遂溪县海域辽阔，既有天然渔场，如东海湾渔场、北部湾渔场，又有江洪、草潭、石角、北潭、乐民等8处天然渔港，渔业资源丰富，盛产鱿鱼等海产品，为遂溪鱿鱼干的制备提供了充足的原料。遂溪县委、县政府抓住市委、市政府打造海洋强市战略决策，确立建设海洋经济强县的战略目标，发挥海洋资源的优势，推动海洋经济发展方式转变，不断培育壮大临港产业，打造遂溪“蓝色经济”新引擎，其中草潭、江洪、北潭、石角等渔港发挥服务功能，改善遂溪鱿鱼干的产、供、销问题，为遂溪鱿鱼干产业持续发展起到重要作用。

遂溪香蕉　遂溪地处热带、亚热带季风气候，阳光充足，雨量充沛，年均降水量1759.4毫米，终年无霜；且土地平坦，全境地势几乎是一马平川，特别是特殊的火山岩灰土壤条件，有发展热带水果不可多得的“地利”优势，良好气候条件和土壤环境特别适合香蕉生产。遂溪种植香蕉历史悠久，积累了丰富经验。特别是近年来，推进农村土地流转，香蕉种植逐步实现规模化。全县15个镇均有发展香蕉产业，并形成以遂城、岭北、洋青、杨柑、城月镇等为核心的优势主产区，全县种植面积3.33公顷以上的种植大户有106户、6.67公顷以上的有55户，是遂溪富民兴村产业之一。遂溪作为县域，香蕉种植面积和总产量领先广东省大部分地级市。近几年，广东香蕉种植面积较稳定，产量平稳增长，2019年年末，全省香蕉种植面积近11.13万公顷（167万亩），产量近465万吨。湛江是广东最大的香蕉产区，遂溪是湛江的核心产区。遂溪近几年结合市场需求和通过农业供给侧结构性改革后，香蕉种植面积逐步增加，从2018年的3333.3公顷（5万亩）增至到2020年的4366.7公顷（6.55万亩），总产量21.62万吨。2020年12月30日，广东香蕉国际网络文化节在遂溪举行，遂溪成为广东香蕉国际贸易交易中心，也成为湛江面向全球、对接东盟以及推动广东香蕉“走出去”的桥头堡。

遂溪番薯　遂溪县地处热带、亚热带季风气候地带，阳光充足，雨量充沛，终年无霜，一年四季均可种植番薯。遂溪番薯种植历史悠久，比其他地方的番薯香、甜、粉、滑，质地水润、细腻、甜脆。煮熟时薯皮微裂开，易剥离，香甜浓醇，肉质鲜美，入口甜滑，无渣无根，薯香诱人，食之留香、回味、怀念。在遂溪番薯中，“下六番薯”属佼佼者，2016年获得地理标志产品保护。遂溪番薯主要分布在北坡、草潭、港门、杨柑、河头等农业大镇。截至2020年年底，遂溪番薯种植面积2.3万公顷（35万亩），产量11.9万吨。县主要领导在3月通过直播带货销售番薯，吸引平台228万人观看。

遂溪圣女果　圣女果，又称小西红柿、小番茄果、樱桃番茄等。遂溪县气候属于热带季风气候，温和湿润，年平均气温22℃左右，非常适宜圣女果的大面积种植工作。遂溪圣女果皮薄，肉软酸甜，水分充足。遂溪圣女果2018年最初在界炮种植，后扩展到北坡、遂城、乌塘等镇种植。截至2020年年底，遂溪圣女果种植面积500多公顷（8000亩）。

遂溪冰糖红心木瓜　遂溪红心木瓜被称为“冰糖木瓜”，遂溪位于北回归线以南，充足的日照，较大的日夜温差，全年无霜冻，高温多雨的气候特别适合木瓜的生长，使得美味的木瓜一年四季都出产。土壤为典型第四季火山岩风化砖红土壤地貌。火山岩砖红壤富含丰富的二氧化硅、硒、硅酸盐铁质、氧、磷。优质的气候、土壤条件使结出的木瓜皮薄肉甜、口感甜润、厚实细致、清甜香浓、软滑多汁，造就了遂溪红心木瓜的稀有品质，非比寻常的口感。2019年以来，通过“一村一品、一镇一业”项目的带动，遂溪冰糖红心木瓜逐渐在遂城、城月、洋青等镇种植。截至2020年年底，遂溪冰糖红心木瓜种植面积300多公顷（5000亩）。

（县市场监管局）

经济建设

【概况】 2021年，遂溪县地区生产总值415.5亿元，比上年增长8.8%；规模以上工业增加值28.8亿元，增长10.5%；一般公共预算收入9.3亿元，税收收入增长16.8%；固定资产投资98.5亿元，增长16.6%；社会消费品零售总额141.3亿元，增长9.4%；居民人均可支配收入24003元，增长10.1%；能耗总量增长控制在8.3万吨以内。单位生产总值能耗比上年下降3.1%。

【现代农业】 2021年，遂溪县加快补齐补强“三农”（农业、农村、农民）领域短板弱项，农业农村发展呈现“新面貌”。全县农林牧渔业总产值234亿元，比上年增长12.6%，新增土地流转面积0.29万公顷（4.3万亩），粮食生产实现面积、产量“双增”。新增高标准农田0.31万公顷（4.7万亩）、撂荒耕地复耕复种0.12万公顷（1.8万亩），垦造水田、拆旧复垦158.8公顷（2383亩），为乡村振兴“输血”近10亿元。火龙果、生猪省级现代产业园引领带动种养领域实现园区化，新增全国名特优新农产品3个，成功创建1家国家级、3家省级水产健康养殖和生态养殖示范区，1个省级特色农产品优势区，1个省级农业标准化示范区，获评为省级水产健康养殖和生态养殖示范县、省级专业村镇5个，省市级重点农业龙头企业10家，农、牧、渔三大领域形成亿级特色优势农业产业带。农产品“12221”（建立1个农产品的大数据，以大数据指导生产引领销售；组建销区采购商和培养产区经纪人2支队伍；拓展销区和产区2大市场；策划采购商走进产区和农产品走进大市场2场活动；实现品牌打造、销量提升、市场引导、品种改良、农民致富等一揽子目标）市场体系建设成效明显，获广东荔枝“12221”市场体系建设“我为荔农办实事”优秀政务服务奖。投入2.6亿元改善农村人居环境，新建“四好农村路”62千米，农村无害化卫生户厕基本普及，在全市率先实现农村集中供水全覆盖，北坡、岭北、杨柑等镇获评为“省卫生镇”，官湖村获市首届美丽乡村电视大赛一等奖，美丽宜居村和乡村风貌提升示范带建设成效初显。把握“核+副中心”深度合作契机，借助越秀区对口帮扶“东风”，推动“新三高”农业发展稳步开局。农业对外开放不断深化，遂溪县RCEP香蕉国际采购交易中心入选首批农产品国际采购交易中心，1家企业获RCEP原产地证书，“正大菠萝猪”高铁专列将生猪省级产业园辐射效应扩至湾区市场。全面开展驻镇帮镇扶村，全域覆

港门镇北灶村委会火龙果种植基地 （肖弋珺/摄）

盖15个镇、345个行政村，新一轮遂溪—融安协作取得新进展。

【现代工业】 2021年，遂溪县新增规模以上企业17家，总数达115家，完成率排名全市第一。工业增加值占GDP比重提高2.3个百分点，规模以上工业增加值增长10.5%，连续4年保持双位数增长。农副食品加工产业集群产值首次突破百亿元；初步形成“一园六区”发展格局，用地规模扩增至0.17万公顷（2.6万亩），园区规模以上工业总产值比上年增长28.1%。15家企业获国家高新技术企业认定、总数达44家，累计获省市认定高新技术产品154个，2家企业成功揭榜市“揭榜挂帅”制人才团队项目，涌现出恒润机械、五洲药业、汇通等一批行业“单打冠军”企业。全年安排重点建设项目60个，总投资382.26亿元，全年完成投资51.87亿元；工业投资比上年增长90.4%。全年完成固定资产投资98.5亿元，比上年增长16.6%。

【第三产业】 2021年，遂溪县现代服务业发展“提速提质”，建成粤西最大电商产业园，占地面积2.48万平方米的园区物流仓储中转中心启用；全域旅游深入推进，孔子文化城、御唐府生态农庄、螺岗小镇民宿分别被评为省科普教育基地、省级休闲农业与乡村旅游示范点、省乡村民宿示范点，全年旅游接待人数116.4万人次，旅游收入14.3亿元；全县金融机构存、贷款余额分别比上年增长4.8%、17.9%，存贷比达56%，比上年提高6个百分点，资金利用率进一步提高。

【对外开放】 2021年，遂溪县对外交流合作持续拓展，把握“核+副中心”深度合作契机，借助越秀区对口帮扶“东风”，推动产业、公共服务等领域合作稳步开局。农业“走出去”步伐加快，举办遂溪优质农产品推介活动11场次，遂溪县RCEP香蕉国际采购交易中心获批创建，是全国首批6个RCEP农业贸易基地之一，1家企业获授RCEP原产地证书。遂溪—融安协作持续深化。以跨境电商为引领促进外贸发展，完成进出口总额22.9亿元。

（县府办）

政治建设

【概况】 2021年，遂溪县学习宣传贯彻中共十九大和十九届二中、三中、四中、五中全会精神和中央经济工作会议精神，学习宣传贯彻习近平总书记出席深圳经济特区建立40周年庆祝大会和视察广东重要讲话、重要指示精神。统筹推进疫情防控和经济社会发展。加强法治政府建设，推进社会体制和司法体制改革，为遂溪县夺取疫情防控和经济社会发展“双胜利”提供重要保证。

【从严治党】 2021年，遂溪县持续推进全面从严治党，提升党组织战斗力。

毫不动摇加强政治建设。旗帜鲜明讲政治，切实增强“四个意识”（政治意识、大局意识、核心意识、看齐意识），坚定“四个自信”（中国特色社会主义道路自信、理论自信、制度自信、文化自信），坚决做到“两个维护”（坚决维护习近平总书记党中央的核心、全党的核心地位，坚决维护党中央权威和集中统一领导）。全面落实第一议题制度，坚持用党的创新理论“铸魂”，把学习贯彻习近平新时代中国特色社会主义思想作为头等大事和首要政治任务，与党史学习教育相结合，引导广大党员干部坚定理想信念，践行初心使命。严格执行省委坚决落实“两个维护”十项制度机制，建立健全闭环落实机制，切实把总书记、中共中央集中统一领导落实到遂溪工作各方面。坚决把政治纪律和政治规矩挺在前面，严格执行民主集中制，落实“三会一课”（定期召开支部委员会、党小组会、支部党员大会，按时上好党课）、民主生活会等制度。支持县人大常委会依法履行决定权、任免权、监督权。支持县政府履职尽责，打造阳光数字政府，深化行政体制改革。保证县政协依法履行政治协商、民主监督、参政议政职能，各民主党派切实担当协商民主建设参与者、实践者、推动者的角色。发挥工青妇等群团组织作用，激发人民群众的巨大创造力。扛起党管武装政治责任，管大政方针、管政治思想、管组织建设。落实意识形态工作责任制，持续涵养风清气正的良好政治生态。

全面夯实基层党建根基。坚持把抓基层打基础作为固本之举和长远之计，实施新一轮基层党组织建设三年行动计划，深化南粤党员先锋工程，深入推进基层党建“五个+”工程，探索“党建+产业”“党建+合作社”“党建+基层治理”“党建带关键”等模式，提升基层党建工作质量。推进“头雁”工程，选培村（社区）党组织书记储备人选，选准配强基层党支部书记，加强村民小组队伍建设、管理和培训，提升队伍整体素质。实施“人才下乡、干部返乡、能人回乡”等，发挥党建对扫黑除恶专项斗争、乡村振兴、关心下一代工作、新冠肺炎疫情防控等引领作用。持续扩大“两新”党组织覆盖面，完善社会组织“源头孵化”五同步工作模式，统筹推进农村、城市、机关、事业单位、国企、“两新”组织等各领域党建工作全面提升、全面过硬。

严管厚爱锻造过硬队伍。坚持党管干部原则，贯彻新时期好干部标准，突出政治标准，强化党组织的领导和把关作用，真正把忠诚干净担当的干部选出来、用起来。优化领导班子和干部队伍结构，注重提拔重用在党的建设、经济发展、乡村振兴、社会治理等重点工作中表现突出的干部，重视优秀年轻干部、基层干部的培养使用。完善精准科学选人用人机制，推进干部管理信息化建设，利用大数据手段，对干部信息、班子运行、调整配备等实施科学精准管理。加强综合研判机制，完善评价考核体系，持续做好公务员职务与职级晋升工作，完善“四个全面”差异化绩效考核，探索建立及时奖励制度，建立容错纠错机制，坚决为改革者鼓劲、为实干者撑腰、为担当者担当、为负责者负责。不断深化人才发展体制机制改革，用活现有人才资源，加大招才引智力度。建设一站多区式人才驿站，积极构建人才标准服务体系，跟进落实“海洋产业人才振兴计划”，为遂溪发展提供强大智力支撑。

驰而不息正风肃纪反腐。把严的基调长期坚持下去，推进党风廉政建设和反腐败斗争。持之以恒落实党中央八项规定精神，不断巩固拓展作风建设成效，持续纠治形式主义、官僚主义，坚决防止“四风”反弹回潮，切实为基层减负。持续治理关键环节突出问题，紧盯权力集中、资金密集、资源聚集的重要部门和岗位，加大查处力度。坚持无禁区、全覆盖、零容忍，坚决整治群众身边腐败和不正之风，一体推进不敢腐、不能腐、不想腐，拓展标本兼治成果。严格落实“三个区分开来”（把因缺乏经验先行先试出现的失误与明知故犯行为区分开来，把国家尚无明确规定时的探索性试验与国家明令禁止后的有规不依行为区分开来，把为推动改革的无意过失与为谋取私利的故意行为区分开来），精准实践监督执纪“四种形态”。不断深化政治巡察，构建协同高效监督体系。持续防治“灯下黑”，打造政治过硬、本领高强、敢于斗争的纪检监察铁军。

（县委办）

【依法行政规划】 2021年，遂溪县印发《遂溪县2021年依法行政工作要点》和《遂溪县全面推行证明事项告知承诺制工作实施方案》，明确全年依法行政工作的目标和具体措施，进一步加快转变政府职能，深化“放管服”改革，优化营商环境，激发市场主体发展活力和社会创造力，从制度层面解决企业和群众办证多、办事难等问题，全面推进依法行政工作和法治政府建设再上新台阶。

【行政执法案卷评查】 2021年，遂溪县把行政执法案卷评查纳入依法行政考核中，按照《广东省行政执法案卷评查标准》及相关法律法规，从执法主体、执法内容、执法程序、法律适用、裁量权基准的执行、文书制作及案件执行和案卷整理归档等方面进行综合评查，反馈评查问题清单，要求各执法部门统一按照广东省行政执法流程与执法文书范本明确执法流程及规范执法文书制作，规范行政执法、提高依法行政的水平。各执法部门及时整改落实，进一步规范执法工作。

【依法行政考评】 2021年，遂溪县制发《遂溪县法治政府建设（依法行政）考核方案》《遂溪县2021年度法治政府建设（依法行政）考核相关指标评分表》，细化考核指标，突出考核指标的针对性和指导性。对全县25个行政执法部门和15个镇的法治政府建设（依法行政）工作进行考核。主要从全面落实中共中央、国务院关于法治政府建设的决策部署、落实行政规范性文件合法审核制度、依法履行重大行政决策程序、依法开展行政执法及依法行政能力建设进行考评，促进各部门严格规范公正文明执法。考核结果与年度“四个全面”绩效考核中的专项考核挂钩，通过考核发现问题，改进不足，发挥考评的导向作用，以问题导向落实考评各项要求，推进全县依法行政工作。

【行政执法行为监督】 2021年，遂溪县按照国务院和省市人民政府关于全面推行行政执法公示制度、执法全过程记录制度、重大行政执法决定法制审核制度（以下简称“三项制度”）的部署，并将“三项制度”推行情况纳入法治政府建设（依法行政）考核体系。全县40个行政执法主体的行政执法信息统一在省行政执法信息公示平台公开，促进行政执法标准化、信息化、规范化。落实行政执法人员持证上岗和资格管理制度，组织开展全县镇级综合行政执法人员培训班，对全县各镇行政执法人员进行集中培训，进一步加强基层行政执法队伍建设，提高执法能力和执法水平，促进基层依法行政能力。组织开展1期行政执法人员综合法律知识网上考试，参加考试人员360人，全年办理行政执法证件485件，规范行政执法队伍管理。推进行政执法“两平台”湛江市级执法办案平台建设，力争实现移动办案全覆盖，实现行政执法主体的执法程序网上流转、执法信息自动采集、执法活动网上监督和执法情况网上查询。

（县司法局）

文化建设

【概况】 2021年，遂溪县推进县文化中心建设，完善县文化馆、图书馆总分馆制建设，建成文化馆分馆15个，村服务点45个，图书馆分馆15个，村服务点45个。推进螺岗小镇粤书吧、下洋村和墩文村基层综合文化服务中心和旅游咨询中心融合试点建设。完成县文化馆及镇文化站定级工作。镇文化站全部达到省二级站或以上标准。做好县“非遗”中心展示厅开放展览工作。擦亮“中国醒狮之乡”文化品牌。遂溪木偶戏和遂溪海味腐乳制作技艺2项县级“非遗”目录被评为第八批市级非物质文化遗产名录。开展文化惠民活动。全县专业团体和公益性文体单位送戏下乡演出406场次，惠及群众50多万人次。举办各类免费培训班30多期次，惠及学员1500多人次。县图书馆接待进馆读者30多万人次，各项展览活动6次，参观人数12000多人次。县博物馆举办展览6期，累计有4万多人进馆参观展览。县体育馆提供场地免费开展体育活动共接待群众5万多人。2021年8月，遂溪县被评为2021—2023年度广东省民间文化艺术之乡（遂溪醒狮）称号。龙湾醒狮基地及陈正华分别获评为全国群众体育先进单位及个人称号。

（县文化广电旅游体育局）

【精神文明建设】 2021年，遂溪县扎实推进文明城市创建。坚持常态长效，完善创建工作机制。健全创文网格化管理，发挥考核“指挥棒”作用。完善“月检查、季考评、年考核”推进机制。每季度召开创文工作通报会，坚持“先进单位谈经验、后进单位作表态”制度，兑现奖惩，营造奋勇争先、不甘落后的创建氛围。坚持价值引领，深化社会文明养成。围绕培育社会主义核心价值观、“文明健康 有你有我”等宣传内容，通过各类宣传阵地常态化刊播公益广告作品，营造浓厚创建氛围。选树先进典型。举办先进模范现场交流、基层巡演等活动，鼓励引导社会各界群众践行道德规范，感受道德力量。开展文明家庭、文明单位、文明校园、文明村镇创建活动，深化全域文明创建。坚持综合整治，改善城乡环境面貌。深入开展公共环境卫生整治，坚持“周末卫生日”专项整治行动，城乡人居环境有效改善。持续开展交通秩序整治行动，重拳出击整治涉摩、涉电交通违法行为，城市交通更为顺畅。建强志愿队伍，深化实践活动。成立遂溪县志愿服务联合会，组建县、镇、村三级志愿服务队，开展各类文明实践活动。全县产生市、县文明村各为108个、29个，县级以上文明村镇占比达97%，省定贫困村全部基本达到文明村创建标准；产生市、县文明单位各为15个、18个；产生广东百户“最美家庭”2个、市“最美家庭”21个，农村星级文明户和县级“最美家庭”创建有序开展；产生市、县文明校园各为20所、21所，启动2021年遂溪县文明校园创建提质活动。扩展阵地队伍，筑牢教化基础。指导建设文明创建点位一批，建成文明实践平台664个，其中，新时代文明实践中心1个、所15个、站342个、点7个，打造新时代文明实践示范所2个、站30个。有下洋村志愿者家园等志愿服务站点25个、覆盖县镇村（社区）的志愿服务队伍477支、志愿者至少43592人，其中县级志愿服务分队呈“8+2”结构，开展湛江市志愿服务骨干人才培训班等培训，评出2020年县级“最佳志愿服务组织（团体）”10个、“最佳志愿服务站”2个。加大宣传力度，营造文明氛围。指导设计、刊播、发放“文明健康　有你有我”等主题公益广告、《遂溪县市民文明手册》等文明宣传资料超过27万处（次、份），实现行政村百分之百制订公布村规民约。指导开展新时代文明实践活动8521场，参与893166人次，其中，通过“网络收看＋现场观看”方式主办“气象大讲堂——主播说节气”讲座10场，将中华优秀传统文化与气象科学等知识宣传相结合，服务22万人次。指导选树先进模范。全县产生“湛江好人”2人、“湛江新乡贤”1名、湛江市“新时代好少年”2人，评选表彰县级“最佳志愿者”68人、道德模范5人、“身边好人”8人和“新时代好少年”10人；通过表彰慰问、宣传褒扬、生活帮扶、医保帮扶等形式礼遇帮扶“广东好人”、湛江市道德模范、“湛江好人”、遂溪县道德模范、“遂溪好人”35人。

【文化艺术创作】　2021年，遂溪县组织参加“百歌颂中华”歌咏活动。4月2日至5月9日开展“永远跟党走　逐梦新时代——广东省第十四届‘百歌颂中华’”歌咏活动。从各单位选拔46名艺术专业人员，组织1支合唱队伍、1个组合（男声四重唱）、1个独唱，参加市决赛，获合唱组的三等奖、小组唱和独唱优秀奖及优秀组织奖。举办“红色遂溪——庆祝中国共产党成立100周年”主题征文大赛。遂溪红色资源丰富，为挖掘本土资源，丰富党史学习教育活动内容，4月15日至6月30日举办“红色遂溪——庆祝中国共产党成立100周年”主题征文大赛，共收到红色征文近200篇（首），经过评委会初评、复评几轮严格评选，评出成人组一等奖1名、二等奖6名、三等奖32名；学生组高中一等奖1名、二等奖3名、三等奖4名；初中一等奖1名、二等奖3名、三等奖3名、优秀奖5名。“七一”期间在县文化馆举办各文艺门类主题活动。举办“颂党恩・庆华诞”——遂溪县庆祝中国共产党成立100周年美术作品展活动，入展美术作品100幅，在县博物馆展示30天。举办“同心向党・百年华章”——庆祝中国共产党成立100周年书法作品展，全县广大书法爱好者积极响应和踊跃参与。经专家组评审，评选出82幅（组）入展作品。举办庆祝中国共产党成立100周年摄影作品展，全县评选出80幅（组）作品入展。开展校园文艺活动。5月13日，在县体育馆举办“传承红色基因，争做时代新人”遂溪县中学生演讲比赛。比赛对象为全县初、高中生，有36名选手角逐一、二、三等奖和优秀奖。6月下旬，举办全县中小学“童心向党”歌咏比赛，举办“童心童绘颂百年”书画展。

（县委宣传部）

社会建设

【概况】 2021年，遂溪县有各级各类学校586所，其中完全中学1所、高级中学2所、职业学校1所、初级中学37所、小学271所、特殊教育学校1所、幼儿园273所。全县各类学校在校生166363人，其中高中学生11826人、职业技术学校学生882人、初中学生30434人、小学学生81677人、在园幼儿41404人、特殊教育学校学生140人。全县有各类医疗卫生机构484家；其中，医院11家、基层医疗卫生机构462家、专业公共卫生机构5家、中小学保健所1家、计划生育服务站1家、血液透析中心2家。各类医疗机构拥有床位3469张，文化馆1座，公共图书馆1座，博物馆1座。

【城乡建设】 2021年，遂溪县拉开城市发展大框架，“一核三区”（一核指主城区，三区指滨河新区、滨海新区、北部湾区）建设迈出“新步伐”。高标准编制国土空间总体规划，打造“一核三区”空间格局，推动城市向东向海发展。县域交通体系逐步完善，交通建设投资4.5亿元，遂溪大道完成主体工程量85%，起点至县人民中医院路口段试通车，国道207、208线穿城路段改扩建工程开展前期工作，配合推进调顺跨海大桥建成通车。以创文为抓手实施城市更新行动，完成“三旧”改造面积19.6公顷（294亩），投入超亿元重拳整治主城区“脏乱差”现象，新中心市场打造成为“网红流动摊贩经营点”，城市面貌明显改善，“中国醒狮之乡”城市文化元素韵味更足。28.49平方千米滨河新区建设加速推进，初步完成规划编制，城市交通、教育、医疗、绿廊、水、电、气、通信等公共服务配套设施不断完善，吸引文化、商业、企业等要素和实体加快向城市集聚。划定20.42平方千米滨海新区城镇开发边界，以“五个一”工作模式推动北部湾滨海旅游新区资源整合开发扎实起步。

【民生保障】 2021年，遂溪县财政民生类支出40.84亿元，占一般公共预算支出的85.31%。城镇居民人均可支配收入28454元，农村居民人均可支配收入21596元，分别比上年增长9.8%和10.8%；城镇新增就业3859人，城镇失业人员实现再就业2309人，登记失业率2.08%，城镇登记失业率控制在3.5%以内；城乡居民医疗保险参保94.96万人，城乡居民养老保险参保402045人。

【社会事业发展】 2021年，遂溪县基本完成“营商环境提升年”64项目标任务，获市“四个全面”（全面建设社会主义现代化国家、全面深化改革、全面依法治国、全面从严治党）绩效考核营商环境专项政务服务单项第二名。“放管服”（简政放权、放管结合、优化服务）改革取得新进展，工程建设项目审批时间最多缩短55个工作日，企业开办只需“一网一窗”、实现0.5天办结。“数字政府”建设成效显著，县政务服务大厅服务事项增至809项、最多跑一次率99.94%，率先实现政务服务事项省内通办，依申请事项网办率、“12345”热线满意率分别达97.6%、99.4%。新增市场主体4691家，总量突破3万家，新登记企业比上年增长34.84%。

开展“我为群众办实事”实践活动，县十大民生实事基本完成。城镇新增就业3859人，失业再就业2309人，登记失业率2.08%，低于3.5%控制目标。建成县级人才驿站。低保、特困人员等困难群众生活保障标准再提标。基础教育高质量发展全面提速，新增公办学前教育学位780个、义务教育阶段学位5445个，动工建设遂城第十三小学，县职业技术学校升级为湛江卫生中医药高级职业学院，“双减”（有效减轻义务教育阶段学生过重作业负担和校外培训负担）工作扎实推进，中高考再创佳绩。疫情防控持续保持“零感染”、全人群全程接种覆盖率超过72%，县妇幼保健院整体搬迁升级建设项目投入使用，县人民医院、县人民中医院基本建成，广东医科大学附属医院成功托管县人民医院、实现出院人次及次均费用“一增一降”。太极拳全民健身硕果累累，遂溪县入选省民间文化艺术之乡，龙湾龙狮团获评为全国群众体育先进单位。完成县信访超市建设，扫黑除恶专项斗争深入推进，有效防范化解重大安全风险，实现刑事警情、治安警情、交通事故“三降”目标，省摩电交通安全问题挂牌整治重点地区如期“摘牌”，全县安全生产形势总体平稳。省级“双拥”模范县创建工作扎实推进，星级服务站比例达 67%。完成第七次全国人口普查。县老干部局获评为全国老干部工作先进集体。

（县府办）

生态文明建设

【概况】 2021 年，遂溪县功能区噪声、道路交通噪声、区域环境噪声均符合相关标准要求，大气中二氧化硫、二氧化氮、可吸入颗粒物年日平均值均达到国家《环境空气质量标准》（GB 3095—2012）二级标准；饮用水水源水质达标率 100%，地表水水质达到国家《地表水环境质量标准》（GB 3838—2002）III类以上标准。建成国内首个以生物质能为主题的环境教育基地。遂溪河流域水质提升工程完成 70%，罗屋田省考断面水质持续改善。所有镇区基本建成污水处理厂和配套管网设施，自然村雨污分流管网收集率、污水处理率分别提高到 85.7%、46%，农村无害化卫生户厕实现全覆盖。空气质量优良天数比例 98.6%。

【水源地环境保护】 2021 年，遂溪县实施雷州青年运河饮用水水源地问题整治。加强对雷州青年运河的监控，在洗衣物、洗澡、倾倒垃圾入河分布较多，人群活动比较频繁及交通穿越，以堤为路存在严重风险隐患的位置设置监控，加强巡查、执法，制止并依法查处在雷州青年运河洗衣物、洗澡、倾倒垃圾入河等违法行为。定期组织保洁员进行保洁工作。加强河长制和爱河护河宣传教育，提高群众环保意识。全年雷州青年运河建设路运河桥断面水质均达到II类标准。开展镇及以下（千吨万人）饮用水水源地环境问题整治。将北坡镇、黄略村 2 个达千吨万人规模的集中式水源地及河头、江洪、岭北、南亭、泉水、山内、杨柑、洋青等 8 个未达千吨万人规模的集中式水源地划入保护区管理。遂溪县 11 个典型镇饮用水水源地水质除 pH 值外，其他指标均达到《地下水质量标准》（GB/T 14848—93）III类标准。

【镇村生活污水处理】 2021 年，遂溪县开展农村生活污水综合治理。全县 2001 个自然村中，完成农村生活污水管网建设的自然村 1802 个，完成率 90%；完成农村生活污水处理设施建设、纳入镇区污水处理厂、资源化利用的自然村合计 1646 个，完成率 82.26%；1508 个自然村生活污水处理设施正常运行，正常运行率 91.62%。推进农村生活污水处理设施运维管理。印发《遂溪县农村生活污水处理设施运行维护管理规定》《遂溪县农村生活污水治理实用工艺技术指引》，加强指导各镇建立农村生活污水治理运维管理机制和工作制度。强化农村生活污水处理设施监督。全年，组织各镇对 158 个自然村农村生活污水设施及管网情况进行抽查，同时，配合省第三方检查组对 848 个自然村进行全覆盖核查，针对发现的问题建立问题清单，制订整改方案，推动问题整改，确保整改一个、销号一个。推进省民生实事农村生活污水治理。制订《遂溪县 2021 年省民生实事新增完成农村生活污水治理工作方案》，完成全县 10 个民生实事自然村生活污水治理管网及处理设施建设，并通过省委托第三方评估。

【节能降耗】 2021 年，遂溪县以提高资源利用率为目标，以重点用能企业为主战场，完善能源管理机制，突出重点领域，抓措施落实，加强综合协调，各单位按职责做好相关节能工作，全县节能降耗保持良好态势。加强宣传发动。将节能降耗宣传纳入重大主题宣传活动，组织辖区内大型商贸企业对《中华人民共和国节约能源法》进行学习。落实节能降耗责任，到大型商贸企业进行节能降耗宣传，加快形成节约环保型生产方式和消费方式。在“节能宣传周”和“全国低碳日”活动中，各部门利用悬挂巨幅标语等多种形式，对节能降耗进行宣传。强化监督，考核重点用能企业节能降耗，各企业建立节能目标责任制。全县有12家企业列入国家、省、市重点用能监管企业，其中大华糖业北坡公司、广丰糖业公司、金丰糖业公司列入省重点耗能监管企业。开展能源审计，编制节能规划。聘请市有关专家组成专家组，对12家重点耗能企业年度节能目标完成情况进行考核。多措并举促进节能降耗工作深入推进。年用能在3000吨标煤以上重点用能企业实行能源消耗情况季报制度。重点推进节能技术改造。以重点用能企业为重点，结合推进能耗标准，对相关商业设施进行改造建设，推广高效节能绿色照明灯具、节能型冷藏设备和节能型空调系统等设施设备和相关技术。加强对重点用能企业和大型商业设备设施节能检查，落实节能降耗措施。推进电机能效提升计划。成立全县电机能效提升工作领导小组，制订《遂溪县电机能效提升工作实施方案》《遂溪县电机能效提升任务分解表》。组织专项动员工作会议，宣传贯彻电机能效提升有关政策，按要求做好调查摸底工作，按时保质报送辖区电机使用企业情况。经市节能中心核准，全县完成任务2.63万千瓦，低效电机淘汰643台，数量居湛江市前列，提前一年超额完成市下达遂溪县电机能效提升任务。引导企业实施清洁生产、推行能源审计。把企业清洁生产、能源审计作为发展循环经济、节能降耗的一项突出工作来抓。组织企业领导和有关管理人员反复学习《中华人民共和国清洁生产法》《广东省清洁生产企业验收管理办法》，以及清洁生产认定申报知识。组织企业参加湛江市举办的培训班，及时跟踪、落实、布置企业开展能源审计。全县有五洲药业有限公司、大华北坡糖业有限公司、大华河头糖业有限公司、吉城电力有限公司、金岭糖业有限公司、湛江之荣木业有限公司等10多家企业获省“清洁生产证书”，数量居湛江市首位。

（县发改局）

组织机构及负责人（2021年）

【中国共产党遂溪县委员会】

书记：余庆创（任至8月）
　　　骆华庆（8月起任）
副书记：骆华庆（任至8月）
　　　　陈　升（8月起任）
　　　　柯　俊（任至7月）
　　　　林　挺（7月起任）
　　　　沈东宇（3月起任）
常委：吕汉武（任至3月）
　　　陈正中（任至7月）
　　　吴秋文（任至11月）
　　　黄国华（任至11月）
　　　朱良富（任至7月）
　　　陈　照（任至7月）
　　　何　江（7月起任）
　　　刘　喜
　　　陈　辉（任至9月）
　　　庞　宇
　　　许阮锋（3月起任）
　　　曹欣荣（7月起任）
　　　黄堪远（9月起任）
　　　陶　媚（12月起任）

中共遂溪县委办公室
主任：庞　宇（任至10月）
　　　黄堪远（10月起任）

县委国家安全委员会办公室
主任：庞　宇

中共遂溪县委组织部
部长：吴秋文（任至11月）

中共遂溪县委宣传部
部长：刘　喜（任至10月）
　　　黄堪远（10月起任）

中共遂溪县委统一战线工作部
部长：陈　照（任至10月）
　　　刘　喜（10月起任）

中共遂溪县委政法委员会
书记：柯　俊（任至10月）
　　　张振宇（10月起任）

中共遂溪县直属机关工作委员会
书记：王华强

中共遂溪县委机构编制委员会办公室
主任：何志良

中共遂溪县委老干部局
局长：沈　保

中共遂溪县委党校（行政学校）
校长：吴秋文（任至11月）
常务副校长：李志鸿

中共遂溪县委党史研究室
主任：程哲鸣

县机关事务局
局长：曾伟强

中共遂溪县委机要（保密）局
局长：曹　跃

【中国共产党遂溪县纪律检查委员会】

书记：陈正中（任至8月）
　　　何　江（8月起任）

副书记：王志坚（任至9月）
戴林竹（任至8月）
周金光（9月起任）
何日保（9月起任）
常委：吴　民（任至6月）
黄　弄　林国球
周金光（任至9月）
陈　翅（9月起任）
卜永佳（9月起任）

【遂溪县监察委员会】
主任：陈正中（任至8月）
何　江（11月起任）
副主任：王志坚（任至11月）
戴林竹（任至8月）
何日保（11月起任）
周金光（11月起任）
委员：吴　民（任至8月）
林国球　林益炳　陈汉林
二级主任科员：欧彩云

【遂溪县人民代表大会常务委员会】
主任：苏　琛
副主任：江　涛（任至11月）
黄　洁（任至11月）
姚　德　陈日胜
孔　波（任至11月）
韩永红（任至11月）
陈　辉（11月起任）
陈林英（11月起任）
揭　盛（11月起任）
翟亚辉（11月起任）
遂溪县人民代表大会常务委员会办公室
主任：杨靖华
监察和司法工作委员会
主任：陈　霖
财政经济工作委员会
主任：苏广培（任至4月）
农村农业城镇建设环境与资源保护工作委员会
主任：陈　达
教育科学文化卫生华侨民族宗教工作委员会
主任：陈　珍
选举联络人事任免工作委员会
主任：欧学雄
社会建设工作委员会
主任：陈华兴

【遂溪县人民政府】
县长：骆华庆（任至11月）
陈　升（11月起任）
常务副县长：吕汉武（任至4月）
许阮锋（4月起任）
县委常委、县政府党组成员：
陈　照（任至8月）
县委常委，县政府党组成员、副县长：黄国华（任至11月）
廖建昌（任至2月）
陶　媚（12月起挂任）
庞　宇（11月起任）
副县长：黄志坚（任至8月）
黄小平（任至11月）
梁虎泉　张闽英
陈光提
方乐羽（7月起挂任）
揭　琅（8月起任）
窦兴伟（8月起任）
刘桂兴（11月起任）
遂溪县人民政府办公室
主任：黄彦彤
遂溪县金融工作局
主任：朱家燕
遂溪县科工贸和信息化局
局长：陈　波（任至11月）
李裕宏（11月起任）
遂溪县发展和改革局
局长：叶志军（任至6月）
邹　良（6月起任）
遂溪县公安局
局长：梁虎泉
遂溪县教育局
局长：翟凯频
遂溪县财政局
局长：卢　旺（任至11月）
陈　波（11月起任）
遂溪县自然资源局
局长：刘桂兴
遂溪县人力资源和社会保障局
局长：樊　标
遂溪县社会保险基金管理局
局长：周攀峰
遂溪县农业和农村工作局
局长：李　强
遂溪县司法局
局长：许　保（任至8月）
戴林竹（8月起任）
遂溪县住房和城乡建设局（县人防办）
局长：郑　辉
遂溪县市场监督管理局（县知识产权局）
局长：陈赵成
遂溪县卫生健康局
局长：袁　臻
遂溪县交通运输局
局长：庞佑仔（任至4月）
郑高科（4月起任）
遂溪县民政局
局长：伍里祺

遂溪县水务局
局长：陈开林
遂溪县文化广电旅游体育局
局长：余　良
遂溪县城市管理和综合执法局
局长：胡建县
遂溪县应急管理局
局长：符仲谋
遂溪县医疗保障局
局长：黄远志（任至4月）
　　　叶志军（4月起任）
遂溪县信访局
局长：何日保（任至12月）
　　　苏立贤（12月起任）
遂溪县退役军人事务局
局长：何　毅
遂溪县审计局
局长：陈三永
遂溪县政务数据管理局
局长：李裕宏（任至11月）
　　　王惠秀（11月起任）
遂溪县工业园区管理委员会
主任：陈康保
遂溪县统计局
局长：陈　德
遂溪县人民政府地方志办公室
主任：黄家宝
遂溪县行政服务中心
主任：李裕宏（任至5月）
　　　王惠秀（5月起任）
遂溪县招商局
局长：陈丽珺
遂溪县市场物业管理局
局长：郑健锋
遂溪县档案馆
馆长：文小林
遂溪县供销合作联社
主任：赵杰森
遂溪县影剧院
经理：卜永信
遂溪县商业贸易总公司
总经理：姚中丞
遂溪县国有资产经营公司
董事长：邓雄东
遂溪县融媒体中心（遂溪县广播电视台）
主任：卜　品

【中国人民政治协商会议遂溪县委员会】
主席：欧　卫（任至8月）
　　　潘汝权（8月起任）
副主席：马成志（任至2月）
　　　杨江峰（任至11月）
　　　陈林英（任至11月）
　　　黄小平（11月起任）
　　　姚博允　李和清
　　　陈丽珺
　　　庞佑仔（4月起任）
　　　李实秋（11月起任）
党组成员、秘书长：
　　　郭志诚（11月起任）
政协遂溪县委员会办公室
主任：郭志诚（10月起任）
调研综合办公室
主任：谭碧英
农业和农村委
主任：全　君
提案文史室
主任：杨　贰

【遂溪县人民法院】
院长：李非白

【遂溪县人民检察院】
检察长：李建明（任至11月）
　　　李德斌（11月起任）

【群众团体】
遂溪县总工会
主席：韩永红（任至12月）
中国共产主义青年团遂溪县委员会
书记：陈春燕（任至7月）
　　　黄永杰（7月起任）
遂溪县关心下一代工作委员会
主任：林　彬
遂溪县妇女联合会
主席：卜小明
遂溪县归国华侨联合会
主席：李实秋
遂溪县工商联第十一届执委会
常务副主席：陈　尚
遂溪县文化艺术联合会
主席：苏振华
遂溪县残疾人联合会
理事长：叶华景
遂溪县科学技术协会
主席：王月美

【民主党派】
中国民主同盟遂溪县委员会
主任委员：杨江峰（任至4月）
　　　崔凯旭（4月起任）
中国民主促进会遂溪县支部委员会
主委：欧彩云

【属省、市垂直管理单位】
遂溪县税务局
局长：何宏球
湛江市生态环境局遂溪分局
局长：岑国强

遂溪县烟草专卖局（分公司）
局长、经理：王　宁
广东电网有限责任公司湛江遂溪供电局
党委书记、副总经理：郑里程
遂溪县公路事务中心
局长：李国庆
湛江市住房公积金管理中心遂溪办事处
主任：黄振明
广东省盐业湛江有限公司遂溪分公司
经理：黄　瑶（任至1月）
　　　吴　军（1月起任）
中国人民银行遂溪县支行
行长：李　明
中国银行遂溪支行
行长：李少云
中国工商银行遂溪县支行
行长：李　斌
中国农业银行遂溪县支行
行长：祝伟军（任至7月）
　　　李春龙（7月起任）
中国建设银行遂溪县支行
行长：张东辉
中国农业发展银行遂溪县支行
行长：林景鹏（任至4月）
　　　何永强（4月起任）
广东省遂溪农村商业银行股份有限公司
党委书记、董事长：朱雪飞
广东南粤银行遂溪县支行
行长：肖　贵
中国人民财产保险股份有限公司
副总经理（主持工作）：陈华就
中国人寿保险股份有限公司遂溪支公司
总经理：陈康金
中国邮政储蓄银行遂溪县支行
行长：朱伟健
中国邮政集团公司遂溪县分公司
副总经理（主持全面工作）：
　　　詹国钧
中国电信股份有限公司遂溪分公司
总经理：魏迎春
遂溪县移动分公司
总经理：周焕宝
遂溪县联通分公司
副总经理（主持全面工作）：
　　　黄志鹏
中国石化遂溪石油分公司
副经理（主持全面工作）：
　　　何　俊
遂溪县气象局
局长：周炳辉
遂溪县汽车运输总站
总站长：林　春

【驻遂溪单位】
广前糖业发展有限公司
党委书记、董事长：王兴全
遂溪县火车站
站长：杨少东

【其他单位】
湛江幼儿师范专科学校（岭南师范学院基础教育学院）
校长：李晓培
遂溪县教师发展中心（遂溪县开放大学）
主任：陈华永
遂溪县第一中学
校长：邹　婵
遂溪县大成中学
校长：陈华强
黄学增纪念中学（遂溪县第二中学）
校长：邓毅方
遂溪县第三中学
校长：周兴仲
遂溪县职业技术学校（遂溪县第四中学）
校长：陈恩林
遂溪县食品总公司
总经理：卜永信
遂溪粤海水务有限公司（遂溪县自来水公司）
总经理：雷奕荣
广东医科大学附属医院遂溪医院
党委书记：林　颢
院长：邓烈华
遂溪县中医院
院长：程　迢
遂溪县妇幼保健院
院长：杨达夫
遂溪县疾病预防控制中心
主任：陈　耀
遂溪县卫生监督所
所长：刘来新
遂溪县地方公路管理站
站长：王永华
遂溪县物资总公司
负责人：苏益多
遂溪县就业服务管理中心
主任：林　贤
遂溪县外贸总公司
总经理：陈　廉
遂溪农场
场长：卜康界
遂溪县水生态投资有限公司（遂溪县交通投资建设有限公司）
总经理：王华锋

遂溪县旅游投资有限公司
总经理：曹　庆

【遂城镇】
县委常委、遂城镇党委书记：
陈　辉
人大主席：陈荣庆
镇长：陈泽和
纪委书记：吴　丰（任至6月）
卜永佳（6月起任）

【黄略镇】
书记：陈华夺（1月起任）
人大主席：王颖斌
镇长：陈华夺（任至6月）
吴旭忠（6月起任）
纪委书记：李永谕（任至6月）
许　多（6月起任）

【岭北镇】
书记：谢伟清（1月起任）
人大主席：杨　昌（任至3月）
彭锦春（3月起任）
镇长：谢伟清（任至4月）
杨　昌（4月起任）
纪委书记：庞小平（任至6月）
李文杰（6月起任）

【建新镇】
书记：陈　柳
人大主席：陈光豪
镇长：王惠秀（任至5月）
陈春燕（5月起任）
纪委书记：袁秀光（任至6月）
李永谕（6月起任）

【洋青镇】
书记：陈　武
人大主席：吴华球
镇长：梁文涛
纪委书记：张珠流（任至6月）
谭立宇（6月起任）

【界炮镇】
书记：詹仲茗
人大主席：林志平
镇长：岑志东
纪委书记：林春来（任至6月）
黄妙玲（6月起任）

【杨柑镇】
书记：罗明秋
人大主席：黄松青
镇长：蒋　养
纪委书记：张　强（任至6月）
李思聪（6月起任）

【草潭镇】
书记：梁　盘
人大主席：庞亚生（任至6月）
黄　德（9月起任）
镇长：陈耀明（任至6月）
卜英忠（9月起任）
纪委书记：卜雄华（任至7月）
何晓文（7月起任）

【城月镇】
书记：黄晓毅
人大主席：陈怀东
镇长：王武庆
纪委书记：陈秋壮

【乌塘镇】
书记：梁李兴
人大主席：庞建华
镇长：陈燕清
纪委书记：林　强

【北坡镇】
书记：王　丰（任至9月）
人大主席：陈莲梅
镇长：洪文泽
纪委书记：陈国伟（任至6月）
李小珊（6月起任）

【港门镇】
书记：陈泽武
人大主席：庄　宁
镇长：罗允升
纪委书记：庞　生（任至7月）
林玲英（7月起任）

【河头镇】
书记：邹　良（任至5月）
黄彬恩（5月起任）
人大主席：李炳仁
镇长：黄彬恩（任至6月）
陈伟文（6月起任）
纪委书记：陈兰芳（任至6月）
钟景坤（6月起任）

【乐民镇】
书记：谭彤煜
人大主席：陈　启
镇长：林　立
纪委书记：陈玮琛

【江洪镇】
书记：郑高科（任至6月）
陈耀明（6月起任）
人大主席：袁　庆
镇长：伍华勇
纪委书记：陈永联

大事记

1月

7日　湛江市退役军人工作暨双拥模范表彰大会召开，遂溪县第六次获“广东省双拥模范县”。

12日　遂溪县许海龙醒狮团队受中央电视台科教频道（CCTV-10）《跟着书本去旅行》节目组邀请，参与春节特别节目《书本里的年味儿》录制。

14日　遂溪县召开2020年度各党（工）委书记抓基层党建述职评议会议。

△　遂溪县在县委第二会议室召开县政府民生实事候选项目征求意见会。县发改局、县教育局、县公安局等有关单位参加。

△　遂溪县总工会在县体育馆召开学习贯彻全国、全省和全市劳模表彰大会精神会议。广东省先进集体广东汇通乳胶制品集团有限公司代表、广东省劳动模范代表赵思明、湛江市劳动模范代表陈龙分别在会上发言。

15日　晚，中央电视台科教频道《探索·发现》栏目《家乡至味·冬季篇（五）》播出对遂溪红薯（番薯）的报道。

22日　中共遂溪县委十三届六次全会召开。

△　遂溪县召开冬春季新冠肺炎疫情防控工作会议。

26日　遂溪县召开关工委成立20周年纪念大会，表彰一批市、县关心下一代工作先进集体和先进个人。

27日　遂溪县委宣传部走访慰问遂溪县孝老爱亲模范陈洪和“湛江市第一届道德模范”“广东好人”黄三。

28日　遂溪县慰问界炮镇、城月镇2020年立三等功现役军人及军属。

2月

1日　遂溪县举办农业产业化合作签约仪式暨乡村振兴培训学校揭牌仪式，乡村振兴培训学校成立。

2日　遂溪县委领导班子召开2020年度民主生活会暨省委第十三巡视组巡视整改落实专题民主生活会。

△　广东省遂溪县与陕西省富县再次连线，举办“遂溪县—富县”专场直播，就遂溪火龙果、富县苹果、直罗贡米、鄜州蜂蜜4个产品进行推介。遂溪县人民政府副县长张闽英、延安市富县人民政府副县长许新选出席该次直播。

3日　遂溪县召开2021年度县委议军会议暨2020年度党管武装工作述职会议。

7日　遂溪县开展春节前安全检查。

△　遂溪县召开2021年全县人力资源社会保障工作会议暨根治农民工欠薪推进会。

20日　湛江市生态环境局遂溪分局、县应急管理局、县城市管理和综合执法局、县市场监督管理局、遂城镇政府、遂城派出所、遂溪机场派出所等部门联合开展烟花爆竹专项检查行动。

23日　湛江市委书记郑人豪率队前往遂溪县，调研乡村振兴、县域经济发展、交通基础设施建设及营商环境优化等工作。

25日　遂溪县委召开县委十三届第155次常委会（扩大）会议。

△　政协第十届遂溪县委员会常务委员会召开第二十四次会议，审议县政协十届六次会议有关报告和事项。

26日　遂溪县第十六届人大常委会召开第五十八次会议，会议听取和审议县人民政府关于提请审议撤销遂城镇设立遂城街道和附城镇方案的议案等，并审议决定人事任免事项。

△　遂溪县公安局在全丰中央广场开展两会安保应急处突实战模拟演练。

3月

1日　遂溪县召开生产安全事故分析警示会，全县工矿商贸规模以上企业、危化品生产企业、烟花爆竹储存经营企业、建筑施工企业、交通运输企业主要负责人参加会议。

△　遂溪县在县委第一会议室召开2021年村（社区）团组织、妇联换届工作会议。

2日　遂溪县召开2021年县委政法工作会议暨“平安创建”集中打击清源百日行动动员部署会。

3日　由湛江市委宣传部、市妇女联合会主办、市广播电视台、遂溪县妇女联合会承办的湛江市各界妇女“学党史 颂党恩 办实事 做党的好女儿”教育实践活动在遂溪县杨柑镇革命烈士钟竹筠故居举行。

△　遂溪县人大常委会召开表彰会，表彰2020年度优秀代表议案建议6件、先进办理单位9个。

△　政协第十届遂溪县委员会第六次会议在县影剧院开幕。

4日　遂溪县第十六届人民代表大会第七次会议在县影剧院开幕。

△　遂溪县举行“平安创建”集中打击清源百日行动誓师大会。

6日　遂溪县在全丰中央广场、遂城新中心市场开展“传承雷锋精神　献礼建党百年”为主题的学雷锋志愿服务广场活动。

8日　2020年度湛江市安全生产责任制及消防工作现场考核组到遂溪县考核安全生产及消防工作。

△　遂溪县召开2021年全县财税专题会议。

△　遂溪县女企业家协会成立大会召开，选举产生第一届理事会。

9日　遂溪县召开全县政法队伍教育整顿动员部署会。

△　遂溪县在湛江市国防综合训练基地召开2021年上半年“双合格”应征青年役前教育训练开训动员大会，部署和动员应征青年进行役前训练。

11日　遂溪县召开全县党史学习教育动员大会。

12日　湛江市关工委“学党史、感党恩、培育时代新人”主题教育活动推进会在遂溪县召开。各县（市、区）关工委主任参加会议。

△　遂溪县文联在乌塘镇芳流墩作家村召开2021年工作会议。

15日　遂溪县消费者权益保护委员会在全丰中央广场举行纪念“3·15”国际消费者合法权益日宣传活动。

16日　遂溪县农村生活污水管网及终端设施建设推进现场会在北坡镇召开。

△　遂溪县召开组织系统工作会议。

△　广东省农业农村厅组队到遂溪县草潭镇北拉村委会调研农村承包地流转工作。

△　遂溪县高位池养殖整治推进现场会在港门镇老吴塘村召开。

17日　湛江市发展和改革局会同市“十四五”规划编制组，对遂溪县服务业发展情况开展调研。

18日　遂溪县召开2021年宣传思想文化工作会议。

△　遂溪县召开“营商环境提升年”活动动员大会。

△　遂溪县召开镇、村级河长履职能力培训会。

19日　遂溪县第十六届人大常委会在县委第五

会议室召开第五十九次会议。会议审议通过《遂溪县人大常委会2021年工作要点》《遂溪县人大常委会2021年会议议题安排》《遂溪县人大常委会2021年监督工作计划》。

△ 遂溪县组织收看收听党史学习教育中央宣讲团宣讲报告会。

△ 《遂溪县全域旅游发展总体规划（2020—2035年）》通过专家评审。

△ 遂溪县举行政法队伍教育整顿新闻发布会，通报全县开展政法队伍教育整顿情况。

△ 遂溪县召开文化广电旅游体育工作会议。

23日 遂溪县召开“她健康 家幸福”百万女性健康公益行动工作会议。

△ 遂溪县邀请中量工程咨询有限公司政府决策与前期咨询事业部总监杨旋到遂溪开展地方政府专项债券申报业务培训。

△ 遂溪县举行倡导绿色生活反对铺张浪费暨创文宣传活动。

△ 遂溪县召开退役军人事务工作会议。

24日 湛江市妇联到遂溪县黄略、洋青、城月等镇走访慰问新中国成立前入党的女党员。

25日 遂溪县召开十三届县委第十轮巡察工作动员部署会。

△ 遂溪县遂城第十三小学新建项目举行开工奠基仪式。

26日 遂溪县召开新冠疫苗接种工作会议。

△ 遂溪县召开爱国卫生工作会议。

27—28日 由中国领导科学研究会副会长、《中国领导科学》杂志总编辑曾业松，农业农村部农村经济研究中心党组书记、副主任贾广东，中国社会科学院农村发展研究所党委书记、研究员杜志雄，中国人民大学农业与农村发展学院二级教授、中国合作经济研究院院长、农村发展研究所所长孔祥智，中国农业大学中国县域经济研究中心副主任、高级经济师贾大猛等组成的专家组到遂溪县考察指导，为遂溪县乡村振兴“把脉开方”。

28日 杨柑镇党史讲习所暨老麦村革命史展览馆举办开讲仪式。

29日 遂溪县举行全县政法队伍英模及先进典型事迹报告会。

30日 遂溪县召开农业产业项目研讨会。

△ 遂城镇联合县自然资源局等部门到铺塘村委会水车村依法拆除占用耕地违法建筑7栋。

△ 遂溪县召开政法队伍警示教育大会。县委书记余庆创为全县政法干警上专题党课。

4月

1日 遂溪县召开稳投资和重点项目建设暨统计工作会议。

△ 遂溪县青少年活动中心揭牌成立，免费对外开放。

△ 遂溪县召开金融运行分析暨金融系统营商环境整治提升启动会。

2日 遂溪县召开全县系统防范化解道路交通安全风险攻坚推进会暨清明节期间安全防范工作誓师大会。

△ 遂溪县召开党史学习教育宣讲活动工作部署会。

6日 湛江市人大常委会到遂溪县开展乡镇人大代表中心联络站建设验收工作。

8日 广西壮族自治区融安县人大常委会主任、党组书记梁太福率人大考察组到遂溪县考察交流乡村振兴工作。

9日 遂溪县在县委第五会议室召开第十六届人大常委会第五十九次会议。会议审议县人民政府县长骆华庆《关于提请审议许阮锋、吕汉武同志职务调整的议案》《关于提请审议胡建县等同志职务任免的议案》，并表决通过有关人事任免事项。

△ 中共遂溪县第十三届纪律检查委员会第六次全体会议在县影剧院召开。

12日 暨南大学融合传播训练营遂溪队成员到遂溪县遂城镇产业振兴示范建设地下洋村进行调研。

△ 遂溪县人大常委会组织11位市、县人大代表，对突发公共事件卫生应急指挥体系、疾病预防

控制体系、医疗救治体系、卫生执法监督体系等建设情况开展调研。

13日　遂溪县召开《中国共产党遂溪县组织史资料（第三卷）》征集编纂工作会议。

△　遂溪县委组织部召开全县重点大学毕业生（研究生）年轻干部座谈会，来自全县不同单位的10名重点大学毕业（研究生）年轻干部代表参加会议。

14日　遂溪县遂城镇下洋村“推进下洋村乡村振兴”部署会在村游客阅览室召开。

15日　遂溪县举行公共卫生医院建设项目开工奠基仪式。

△　共青团遂溪县第十五届委员会第八次全体（扩大）会议召开。

16日　湛江市系统防范化解道路交通安全风险工作（市县片区）座谈会在遂溪县召开。

△　遂溪县召开2021年度民兵工作培训会，对民兵工作有关业务进行培训。

17日　遂溪县举办“走进红色基地　传承红色基因”为主题的文学采风活动。

18日　遂溪县委宣传部、县融媒体中心、县音乐家协会等单位联合在遂城镇下洋村举行庆祝中国共产党成立100周年——《唱支山歌给党听》闪唱活动。

20日　湛江市有关调研组到遂溪县调研优势产区产业园项目建设工作。

△　遂溪县知识产权宣传周活动组委会在全丰中央广场开展“全面加强知识产权保护 推动构建新发展格局”为主题的知识产权宣传周活动。

△　遂溪县残联组织医生、志愿者到城月镇开展评残办证活动。

△　湛江市委副书记、市长曾进泽率队到遂溪县检查调研“三防”、道路交通安全和基础教育等工作。

△　广东省老区建设促进会副会长谭世勋、谢树兴率领该会第四调研组到遂溪县杨柑镇开展新时代支持革命老区振兴发展专题调研。

△　遂溪县妇联联合县财政局、中国人民银行遂溪县支行、广东遂溪农村商业银行召开2021年遂溪县实施广东省妇女创业小额担保贷款贴息项目工作会议。

21日　遂溪县召开《遂溪县优先发展教育行动方案》征求意见座谈会。

22日　湛江市生态环境局、市农业农村局、市水务局、市住建局、市政府督查室等部门有关领导到遂溪县开展污染防治和环保督察整改事项指导工作。

△　“中国流动科技馆”广东省巡展遂溪站活动在遂溪县气象局启动。

△　遂溪县委召开县委十三届第160次常委会（扩大）会议。

23日　遂溪县召开加强基层党组织建设工作会议。

△　遂溪县县镇领导班子换届工作会议召开。

24日　由中山大学肿瘤防治中心、广东医科大学附属医院、广东省农垦中心医院组织开展的“癌症早诊早预防御意健康伴你行之遂溪健康长寿探索之路”活动在遂溪县人民医院举行。

25日　中国民主同盟遂溪县第六次盟员大会召开。会议总结审议第五届县民盟委员会工作报告，投票选举产生民盟遂溪县第六届委员会。

25—26日　广州医科大学附属第三医院联合广东省卫生健康委、广州医科大学团委、遂溪县卫生健康局、河头镇卫生院在遂溪县开展主题为“传承梁碧儿大医精神 锤炼新征程有为青年”的梁碧儿医德教育基地建设暨“五四”青年节“团干训练营”活动。

26日　遂溪县委副书记、县长骆华庆率队调研城市更新（“三旧”改造）工作。

28日　遂溪县2021年伏季休渔暨渔业安全生产工作会议在县委党校综合楼八楼报告厅召开。

29日　遂溪县邀请广东海洋大学马克思主义学院院长、教授巩建华做主题为“深入开展党史学习教育，开启现代化国家新征程”的专题宣讲报告。

△　遂溪县委理论学习中心组暨科级主要领导干部党史学习教育专题研讨班开班。

△　由湛江市委宣传部、市直机关工委、市委党史研究室、市委教育工委主办，市委讲师团和

各县（市、区）党委宣传部承办的“学党史 感党恩 听党话 跟党走”——湛江市庆祝中国共产党成立100周年百场党史百姓宣讲活动走进遂溪县遂城镇下洋村。

△ 遂溪县第十六届人大常委会第六十一次会议在县委第五会议室召开。会议听取和审议县人民检察院关于贯彻落实认罪认罚从宽制度情况的报告，表决通过县人大常委会《关于贯彻落实认罪认罚从宽制度情况报告的审议意见》。

30日 遂溪县委理论学习中心组暨科级主要领导干部党史学习教育专题研讨班结业。

5月

8日 遂溪县下洋村乡村振兴工作推进会召开。

10—16日 遂溪县总工会举办“学党史·工运史”知识有奖竞答活动。

11日 2021年全县污染防治攻坚及环保督察整改督导工作动员会召开。

11—13日 遂溪县乌塘镇的美味荔枝“抢鲜购+拍卖”活动上线。

13日 遂溪县召开2021年十大民生实事项目督办工作会议。

△ 中国农业国际交流协会、广东省农业农村厅调研组到遂溪县调研香蕉产业。

14日 湛江市遂溪商会会员看望慰问遂溪县特殊教育学校学生。

△ 遂溪县县长骆华庆一行到深圳市遂溪商会调研。

15日 “乡村振兴 美荔乌塘”——遂溪县乌塘镇湛川河谷荔枝文化节在湛川村开幕。

16日 在遂溪县影剧院举办“演绎红色经典 赓续精神血脉”红色儿童剧目展演。

△ “灯塔工程”——“百剧庆百年”红色儿童剧目在遂溪县影剧院上演。

17日 遂溪县杨柑镇与广东深圳遂溪商会、联大农业有限公司共同打造电商销售服务平台——杨柑镇扶贫产品专馆暨深遂商联大电商服务中心在布政村揭牌。

17—18日 广西壮族自治区柳州市融安县委副书记郭建鹏率考察组到遂溪县考察学习乡村振兴工作做法和经验。

19日 遂溪县党组织书记年度轮训开班。

△ 广西壮族自治区融安县融媒体中心的记者们走进遂溪县乌塘镇湛川河谷荔枝街，用镜头拍下河谷荔枝优质特点和丰收的画面，促进两地特色农产品交流，助力乌塘镇湛川河谷荔枝品牌推广。

△ 湛江市优势产区产业园建设工作座谈会在遂溪县举行。

△ 遂溪县在县委第一会议室召开2021年县人大代表建议和政协委员提案交办会。

20日 遂溪县召开农房管控和乡村风貌提升示范带建设暨涉农资金工作会议。

21日 广西壮族自治区融安县党政考察团到遂溪县开展协作交流活动。柳州市人大常委会副主任、融安县委书记陈宏，融安县委副书记、县长陈文敏，融安县人大常委会主任梁太福，融安县政协主席肖素清，遂溪县委书记余庆创，县委副书记、县长骆华庆，县人大常委会主任苏琛等领导出席会议。

23日 遂溪县妇联、县文明办、县教育局、团县委在县体育馆联合举办“少年儿童心向党 亲子诵读传家风”系列活动。

25日 遂溪县召开统战工作会议。县各民主党派主委参加会议。

△ 广东省农业农村厅兽医与屠宰管理处组队到遂溪县开展农资打假、打击违法屠宰行为和非洲猪瘟假疫苗等执法工作检查。

26日 广东医科大学附属医院托管遂溪县人民医院签约仪式在县委第一会议室举行。

27日 遂溪县召开未成年人思想道德建设工作会议。

△ 遂溪县“双百工程”整合人员岗前培训班开班。湛江市、遂溪县民政局有关领导及全县116名经过省、市确认的“双百工程”整合人员参加开班仪式。

31日 遂溪县妇联、县残联和县女企业家协会会员先后到县特殊学校、县残疾人康复中心和遂城第三幼儿园看望慰问少年儿童。

△　遂溪县举行2021年民兵应急连集中点验暨授旗仪式。

6月

1日　湛江市红火蚁防控工作现场会在遂溪县召开。现场观摩红火蚁防控示范，详细了解红火蚁的危害性、红火蚁蚁巢的形态特征以及防控方法。

△　遂溪县委党史学习教育领导小组办公室第四次会议召开。

2日　湛江市委书记刘红兵率队到遂溪县，走访企业、政务服务大厅、交通项目建设现场，深入调研遂溪经济社会发展情况和营商环境整治提升工作。

△　湛江市科协联合遂溪县科协到遂溪孔子文化城和湛江现代种业研究中心举行广东省科普教育基地授牌仪式。

3日　遂溪县乡村振兴局挂牌。

△　遂溪县委副书记、县长骆华庆率队到县体育馆新冠疫苗大型临时接种点调研督导新冠疫苗接种工作。

△　国际中医药联盟专家委员会主任委员周鑫教授到遂溪县指导传统中医治疗医院建设。

△　遂溪县召开稳投资和重点项目建设暨国家统计督察情况反馈意见整改工作会议。

4日　遂溪县在县委第五会议室召开第十六届人大常委会第六十二次会议。会议听取和审议县人大常委会主任会议《关于提请确定遂溪县新一届镇级人民代表大会代表名额的议案》，表决通过县人大常委会《关于确定遂溪县新一届镇级人民代表大会代表名额的决定》，决定遂溪县新一届镇级人民代表大会代表的名额为1378名。

6日　魅力遂溪·乡村振兴“正大杯”摄影大赛开镜。

△　吴川市发现1例本土新型冠状病毒无症状感染者后，遂溪县迅速集结县人民医院、县中医院、县妇幼保健院等15家医疗卫生单位101名医护人员，携带一大批医疗物资驰援吴川。

7日　遂溪县召开新中医院建设工作推进会。有关职能部门负责人，设计方、施工方代表参加会议。

10日　遂溪县驰援吴川核酸采样的100多名医护人员完成任务，平安返遂。

△　遂溪县生态环境保护委员会第一次会议召开。

16日　遂溪县人大常委会召开进一步推进扩大基本医疗保险门诊特定病种范围民生实事项目落到实处座谈会。

△　遂溪县“开展爱卫运动，助力疫情防控”活动周启动。

17日　遂溪县—广东海洋大学人才合作座谈会在遂溪召开。

21日　遂溪县召开新冠肺炎疫情接种工作推进会。

22—23日　由遂溪县委组织部主办，县融媒体中心承办的“我为群众办实事”党务技能大赛举行参赛作品评审会，经过评委评审，评选出18个优秀作品。

23日　遂溪县委书记余庆创到部分镇开展突击检查，督导新冠肺炎疫苗接种工作。

24日　遂溪县四套班子成员前往杨柑镇钟竹筠故居，开展革命传统教育暨县委理论学习中心组专题会。

25日　由遂溪县禁毒委员会、县文化广电旅游体育局、县卫生健康局联合举办的主题为“迎百年华诞　创无毒遂溪”——遂溪县“6·26”国际禁毒日微电影发布会在县体育馆举行。

△　全国政协委员、广东省委原常委、省纪委原书记黄先耀率调研组到遂溪县开展乡村振兴课题调研。

28日　遂溪县第十六届人大常委会第六十三次会议在县委第五会议室召开。会议听取和审议县人民政府关于2020年度审计查出突出问题整改情况的报告、关于2020年度国有资产管理情况的报告、关于《中华人民共和国公共文化服务保障法》《广东省公共文化服务促进条例》实施情况的报告，表决通过县人大常委会《关于2020年度审计查出突出问题整改情况报告的审议意见》《关于2020年度国有资产管理情况报告的审议意见》《关于〈中华人民共和国公共文化服务保障法〉及〈广东省公共文化服务促进条例〉实施情况报告的审议意见》。

△ 遂溪河碧道项目举行开工仪式。

△ 作为湛江市、遂溪县2021年第二季度重点项目的广东五洲药业有限公司生物医药科技产业园项目、广东汇通乳胶医用丁腈橡胶检查手套项目集中开工、竣工。

△ 遂溪县第十六届人大常委会召开第六十三次会议。

29日 《黄学增》《中共南路革命先驱黄学增》《竹魂》等红色书籍出版发布会在遂溪县乌塘镇芳流墩作家村举行。

△ 遂溪县乐民河大桥竣工通车。

△ 遂溪县委书记余庆创，县委副书记、县长骆华庆到碧桂园城市之光、遂城第十三小学调研道路基础设施建设工作。

△ 遂溪县纪委监委举行仪式，为7名党龄达到50周年、表现一贯良好的党员颁发“光荣在党50年”纪念章。

△ 南路革命名将唐才猷生平事迹展在遂溪县城月镇吴村唐才猷故居举行。

30日 遂溪县召开“两优一先”表彰大会。

△ 遂溪县召开政法队伍教育整顿总结大会。

7月

1日 遂溪最美巾帼风采展在县城琴苑公园展出。

2日 遂溪县召开公共品牌创建工作推进会议。

△ 由遂溪县委组织部主办，县融媒体中心承办的“我为群众办实事”党务技能大赛举行获奖作品表彰会。

5日 遂溪县委副书记、县长骆华庆以“学党史 强党性 奋楫笃行开新局”为题，为县政府办公室全体党员干部职工讲授党史学习教育专题党课。

6日 遂溪县召开乱占耕地建房专项整治工作会议。

△ 广东省道安办、省公安厅交管局验收组到遂溪县开展解除挂牌整治摩托车电动自行车道路交通安全问题实地验收工作。

7日 广东省人大代表、湛江市人大常委会党组书记、代主任邓振新率队到遂溪县草潭镇开展“更好发挥人大代表作用”主题活动。

8日 湛江市委换届风气巡回督查（遂溪）见面会召开。

9日 遂溪县召开政法队伍教育整顿第二次新闻发布会，通报全县政法队伍教育整顿查纠整改环节工作成果及“我为群众办实事”实践活动情况。

13日 遂溪县有关领导到广州市遂溪商会举行驻外商会座谈会。

△ 遂溪县纪委监委在县委第一会议室举行党员干部廉政教育丛书《清风颂》新书发行仪式。

19日 广西壮族自治区来宾市政协副主席兰筱斌率领调研组一行到遂溪县开展“完善农业特产电商销售体系，助推农民增收”主题调研。

20日 广东省乡村振兴课题调研组到遂溪县乌塘镇芳流墩作家村开展乡村振兴调研。

△ 遂溪县在县公安局举行“团圆行动”认亲活动。

21日 下洋村“红色村”暨乡村振兴示范点建设推进会在遂城镇下洋村召开。

22日 遂溪县召开全县安全生产大排查大整治推进会暨事故警示会。

△ 遂溪县第十六届人大常委会召开第六十四次会议，会议审议通过县人大常委会关于县镇人民代表大会换届选举的决定、审议决定人事任免事项等。

23日 遂溪县召开乡村振兴工作研讨会。

24日 由遂溪县科协与县气象局联合举办的“科普自由行·遂溪流动科技馆及气象科普体验活动”在县气象局启动。

△ 岭南师范学院化学化工学院一行8人，到广

东五洲药业有限公司进行调研交流，校企双方就人才培养、科研开发等方面达成合作意向。

26日 遂溪县第十六届人大常委会第六十四次会议在县委第五会议室召开。会议审议通过县人大常委会《关于县镇人民代表大会换届选举的决定》，决定遂溪县的县、镇人民代表大会代表统一选举日为2021年9月16日。

△ 遂溪县委书记余庆创以人大代表身份到遂城镇铺塘村人大代表联络站，开展“更好发挥人大代表作用”主题活动。

△ 广东医科大学附属医院遂溪医院干部任职大会召开。林颢任遂溪医院党委书记，邓烈华任遂溪医院院长，黄红兵任遂溪医院总会计师。

28日 遂溪县召开县、镇人大换届选举工作会议。

29日 湛江市人大常委会副主任伍文兴率市人大常委会执法检查组到遂溪县检查《广东省气象灾害防御条例》实施情况。

8月

2日 遂溪县委副书记、县长骆华庆到县信访局开展接访活动。

11日 遂溪县举办学习贯彻习近平总书记“七一”重要讲话精神专题宣讲报告会。

2021年8月11日，遂溪县学习贯彻习近平总书记“七一”重要讲话精神专题宣讲报告会举办

（县委宣传部/供图）

12日 湛江市委书记刘红兵率队到遂溪县调研“数字+”农业工作，

△ 遂溪县召开创建全国科普示范县动员会。

16—18日 广西壮族自治区融安县委副书记、副县长、代县长于福坚率队到遂溪县开展协作交流活动。

18日 遂溪县渔政大队在草潭镇红莳地村红树林处将搁浅的海龟和海豚放生大海。

19日 是第四个“中国医师节”，广东医科大学附属医院遂溪医院举行2021年“中国医师节”集体宣誓活动。

△ 遂溪县召开县、镇人大换届选举遂城镇机关选区工作会议。

20日 2021南国书香节遂溪分会场暨遂溪书展在遂溪新华书店举行。

24日 遂溪中医药发展促进会筹备工作座谈会召开。

25日 下洋东征革命史馆揭牌仪式在遂溪县遂城镇下洋村举行。

27日 遂溪县第十六届人大常委会第六十五次会议在县委第一会议室召开。会议听取和审议县人民政府关于2020年县级预算执行和其他财政收支审计工作的报告、关于2020年县本级财政决算草案的报告，表决通过县人大常委会《关于2020年县级预算执行和其他财政收支审计工作报告的审议意见》《关于批准2020年县本级财政决算的决议》。

△ 中央环保督察组驻粤期间遂溪县迎检保障工作会议召开。

△ 遂溪县在县文化广场开展新冠肺炎疫情大规模核酸检测演练。

31日 遂溪县委党史学习教育领导小组办公室第六次会议召开。

9月

1日 遂溪县人民检察院举行“12309”检察服务中心暨未成年人法治教育基地及法治宣传教育基

地揭牌仪式。

△ 广东医科大学附属医院遂溪医院揭牌。

2日 遂溪县在县体育馆四楼会议室召开创建全国科普示范县工作推进会暨2021年全国科普日活动部署会议。

3日 遂溪县召开临港产业园规划工作汇报会。

4日 湛江市市长曾进泽率队到遂溪县调研督导第二轮中央生态环境保护督察交办案件办理情况。

6日 遂溪县第十六届人大常委会第六十六次会议在县委第一会议室召开。会议听取和审议县人民政府《关于提请审议陈升同志任职的议案》、县人大常委会主任会议《关于提请审议决定陈升同志为遂溪县人民政府代理县长的议案》，听取和审议县人大常委会《关于接受骆华庆同志辞去遂溪县人民政府县长职务请求的决定（草案）》《关于陈升同志为遂溪县人民政府代理县长的决定（草案）》，并表决通过有关人事任免事项。

8日 湛江市科协学习贯彻习近平总书记“七一”重要讲话精神暨科普工作能力提升专题培训班在遂溪县举办。

9—10日 2021年广东遂溪香蕉精准产销对接活动举办。

10日 遂溪县举行庆祝2021年教师节暨优秀教师表彰大会。

△ 晚，由遂溪县委政法委、县人民法院主办的“我为群众办实事——平安之星下农村 石养哥讲民法典”宣讲活动走进北坡镇赵屋村委会北山洋村。

13日 遂溪县人大常委会召开县、镇人大代表换届选举工作会议。

△ 遂溪县召开牛蛙养殖场整治工作会议。

14日 湛江市委书记刘红兵到遂溪县开展调研。

15—17日 遂溪县科协与县委组织部、县委宣传部等多个单位联合开展“汇聚科技力量 助力乡村振兴”广东省科学家遂溪行科技志愿服务活动。

16日 遂溪县委审计委员会召开第三次会议，审议通过《中共遂溪县委审计委员会成员单位工作协调推进机制》《中共遂溪县委审计委员会办公室有关重要事项和重要文稿报送制度》《中共遂溪县委审计委员会办公室会议制度》。

△ 遂溪县新一届县、镇人大代表同步选举。

17日 遂溪县召开固定资产投资和重点项目建设暨招商引资专题研究会。

18日 遂溪县在遂城镇头岭村“遭日军屠杀死难者纪念墙”广场举行纪念“九一八”事变90周年活动。

△ 遂溪县召开各镇新一届人民代表大会第一次会议工作部署会。

△ 遂溪县召开2021年中秋节、国庆节期间疫情防控和安全生产工作部署会议。

23日 “百年再出发，迈向高水平科技自立自强”——遂溪县2021年全国科普日暨科普“大篷车”进校园活动启动仪式在遂城第九小学举行。

27日 广东省应急管理厅督导组到遂溪县督导森林防灭火工作。

27—29日 中国共产党遂溪县第十四次代表大会在县影剧院召开。28日，中国共产党遂溪县第十四次代表大会完成各项预定议程后闭幕。29日，中国共产党遂溪县第十四届委员会召开第一次全体会议，选举产生新一届县委领导班子。骆华庆当选为中国共产党遂溪县第十四届委员会书记，陈升、林挺当选为中国共产党遂溪县第十四届委员会副书记。

29日 中国共产党遂溪县第十四届纪律检查委员会召开第一次全体会议，选举产生新一届县纪委常委、县纪委副书记、县纪委书记。卜永佳、何江、何日保、陈翅（女）、林国球、周金光、黄弄当选为中国共产党遂溪县第十四届纪律检查委员会常务委员。何江当选为中国共产党遂溪县第十四届纪律检查委员会书记。何日保、周金光当选为中国共产党遂溪县第十四届纪律检查委员会副书记。

30日 遂溪县召开森林防灭火暨推进遂城镇火灾隐患重点地区整治工作会议。

10月

8日 遂溪县委书记骆华庆到城月镇坡头村委会

贺嘉祉村，对中央生态环境保护督察组交办的信访案件进行现场调研和督导。

9日　遂溪县委全面依法治县工作会议暨依法治县委员会第三次会议召开。

12日　遂溪县启动“九九重阳节 浓浓敬老情”爱心慰问活动。

15日　湛江市国防教育讲堂（遂溪）专场在遂城镇开讲。

18日　遂溪县2021年下半年科级干部和中青年干部培训班开班。

20日　遂溪县召开全面开展清理涉渔“三无”船舶专项整治工作会议。

△　遂溪县政数局与遂溪农商银行联合印发《关于做好“粤智助”政府服务自助机覆盖全县行政村的工作方案》，在全县部署“粤智助”政府服务自助机312台。

22日　遂溪县第十六届人大常委会第六十七次会议在县委第一会议室召开。会议听取和审议遂溪县第十六届人民代表大会常务委员会代表资格审查委员会关于遂溪县第十七届人民代表大会代表资格审查的报告，表决通过县人大常委会《关于遂溪县第十七届人民代表大会代表资格审查报告的决议》。会议听取和审议县人民检察院《关于提请审议陈德斌同志任职的报告》《关于提请审议免去欧四同志检察员职务的报告》，听取和审议县人大常委会主任会议《关于提请审议决定陈德斌同志为遂溪县人民检察院代理检察长的议案》，听取和审议县人大常委会《关于接受李建明同志辞去遂溪县人民检察院检察长职务请求的决定（草案）》《关于陈德斌同志为遂溪县人民检察院代理检察长的决定（草案）》，并表决通过有关人事任免事项。

△　由遂溪县委组织部、县直机关工委、县委党史研究室、县关工委主办的“红色遂溪百年历史图片巡回展”启动仪式在黄学增纪念中学举行。

25日　遂溪县举办2021年领导干部党章党规党纪教育培训班。

△　中共遂溪县委召开退役军人事务工作领导小组第一次全体会议。

29日　遂溪县第二届道德模范和第四届“遂溪好人”事迹发布会在县体育馆举行。

△　遂溪县召开宣布遂溪县人民武装部党委第一书记任职决定大会，骆华庆任遂溪县人民武装部党委第一书记。

△　遂溪县基层人民武装部政治教导员、副部长任职命令大会召开。

△　晚，遂溪县举办遂溪县平安建设暨群众安全感、满意度“双提升”主题宣传活动。

31日　由广东省医师协会心力衰竭专业医师分会主办，广东省医疗行业协会心血管疾病管理分会、南方医科大学南方医院心衰中心协办的广东基层医师内儿科诊疗技术系列培训项目——心力衰竭专业医师分会2021湛江培训班暨心力衰竭和心血管疾病规范化诊治会议在广东医科大学附属医院遂溪医院举办。

△　遂溪县百岁老人爱心服务站挂牌。

△　广州市遂溪商会举行第三届理事会就职典礼。为新当选的广州市遂溪商会第三届理事会会长、名誉会长、创会会长、轮值会长、监事长等颁发证书、牌匾。

11月

2日　广东省委宣传部调研组到遂溪县调研红色革命遗址保护利用工作。

3日　遂溪县召开干部座谈会。县委组织部有关领导，各镇、县直单位有关干部、研究生代表参加座谈会。

△　中医药文化健康科普大讲堂在遂溪孔子文化城儒家讲堂内举行。

5日　遂溪县第十六届人大常委会第六十八次会议在县委第五会议室召开。会议听取和审议县人民政府关于实施乡村振兴战略情况的报告，表决通过遂溪县人大常委会《关于实施乡村振兴战略情况报告的审议意见》。会议讨论和修改县人民代表大会常务委员会工作报告，表决通过遂溪县人大常委会

《关于召开遂溪县第十七届人民代表大会第一次会议的决定》《关于列席和邀请列席遂溪县第十七届人民代表大会第一次会议人员的决定》，会议审议通过拟提交县第十七届人大第一次会议通过的有关文件（草案）。

8日 遂溪县第十六届人大常委会第六十九次会议在县委第五会议室召开。会议听取和审议遂溪县第十六届人大常委会代表资格审查委员会关于个别代表资格审查的报告，表决通过遂溪县人大常委会《关于个别代表资格审查报告的决议》。

△ 2021年遂溪县“119”消防宣传月启动仪式暨乡镇专职消防队技能大比武在孔子文化城举行。

9—11日 政协第十一届遂溪县委员会第一次会议在县影剧院召开。11日，政协第十一届遂溪县委员会第一次会议完成各项议程后闭幕。大会通过无记名投票选举政协第十一届遂溪县委员会主席1名、副主席6名、秘书长1名、常务委员42名。潘汝权当选为县政协主席。

9—12日 遂溪县第十七届人民代表大会第一次会议在县影剧院召开。会议选举产生新一届县人大常委会领导班子、县人民政府领导班子。苏琛当选为县人大常委会主任，陈升当选为县人民政府县长。

11日 佛山市遂溪商会和顺德区遂溪商会向当地民政部门申报注册。

16日 召开2021年遂溪县镇级团委换届工作动员会。

△ 遂溪县在草潭镇恒利渔船修造厂召开涉渔“三无”船舶集中拆解现场会。

17日 遂溪县委书记骆华庆主持召开县委理论学习中心组专题学习会议。

18日 在遂溪县人民法院执行指挥中心举办执行案款集中发放日活动。

△ 遂溪县召开全面加强农村人居环境整治工作现场会。

18—19日 遂溪县委副书记、县长陈升率队到广西壮族自治区融安县开展2021年度粤桂乡村振兴协作交流活动。

19日 首届湛江电商节遂溪分会场新电商产业园招商对接暨湛江名优电商产品展销会在遂溪县白坭坡名邦商贸物流城举行。

△ 湛江市赤坎区人大组队到遂溪县交流学习人大代表联络站建设和代表票决制工作经验做法。

23日 湛江市副市长陈峻华率队调研督导遂溪县2021年前三季度土地卫片执法违法用地整治工作。遂溪县委副书记、县长陈升，副县长窦兴伟，副县长、县自然资源局局长刘桂兴等陪同调研。

△ 遂溪县召开2021年创建广东省文明城市工作推进会，总结创文工作。

26日 遂溪县召开2021年创建广东省文明城市工作汇报会。

2021年11月9日至12日，遂溪县第十七届人民代表大会第一次会议在县影剧院举行 （县人大办/供图）

12月

1日 遂溪县科级主要领导干部学习贯彻党的十九届六中全会精神专题研讨班举行结业式。

3日 遂溪县召开2021年土地卫片执法工作会议。

4日 遂溪县第十七届人大常委会第一次会议在县委第五会议室召开。会议听取和审议县监察委员会关于开展反腐败国际追逃追赃工作情况的报告，听取和审议县人民政府关于开展“七五”普法工作情况的报告、关于民生实事项目实施情况的报告、关于县十六届人大七次会议代表建议办理工作情况的报告，表决通过遂溪县人大常委会《关于县监察委员会开展反腐败国际追逃追赃工作情况报告的审议意见》《关于遂溪县“七五”普法工作情况报告的审议意见》《关于民生实事项目实施情况报告的审议意见》《关于县十六届人大七次会议代表建议办理工作情况报告的审议意见》。会议听取县人民政府关于营商环境提升情况的报告。

△ 广东省青年企业家联合会轮值会长、深圳市成星自动化系统公司总经理彭立基率省青年企业家联合会考察团到遂溪县考察投资环境和投资政策。

7日 遂溪县召开固定资产投资和重点项目建设工作推进会。

8日 遂溪县举行第三批社区志愿者应急救援队启动暨物资发放仪式。全县各镇建起15支社区志愿者应急救援队。

9日 遂溪县召开专题会议，重点研究推进遂城镇行政区划变更工作。

△ 遂溪县人大常委会召开推进2021年民生实事项目建设督办会。

10日 湛江市全润新能源有限公司遂溪县杨柑镇100万瓦农光互补光伏发电项目开工暨“百企兴百村”签约仪式在杨柑镇举行。遂溪县政协主席潘汝权参加签约仪式并宣布项目开工。

11日 东莞市遂溪商会第二届理事会就职典礼在东莞市举行，选举产生新一届商会会长、名誉会长、执行会长、副会长和监事长。

12日 遂溪县政协赴东莞市走访调研遂溪商会会员企业。

15日 共青团遂溪县委员会在县青少年宫举办“共青团与人大代表、政协委员面对面”座谈会，以《关于构建社会化的青少年心理健康服务机制的调研报告》开展调研探讨。组织科普志愿者开展科普“大篷车”进校园活动，该活动被省科协评为优秀活动。

17日 湛江市人大常委会举办第十五届人大代表履职学习培训班。

20日 湛江市浙江商会到遂溪县社会福利院开展“浙商情暖 与爱同行”慰问活动。

22日 遂溪县36家企业到杨柑镇举行民营企业招聘月“送岗下乡”暨乡村振兴现场招聘会。

△ 遂溪县创文办、县市场监督管理局、县城市管理和综合执法局、遂城镇人民政府、县公安局等单位联合对遂城镇南门田A区和城内市场周边进行创文综合大整治行动。

23日 越秀区—遂溪县驻镇帮镇扶村联席会议召开。

△ 遂溪县委书记骆华庆会见全国城市农贸中心联合会监事会主席、中国阿拉伯联合商会副主席、全国农产品购销标准化技术委员会副秘书长黄海，双方就如何推动数字赋能乡村振兴，加快构建现代农产品流通体系，助推遂溪农业高质量发展进行深入交流。

24日 遂溪县第十七届人大常委会第二次会议在县委第五会议室召开。会议听取和审议《遂溪县人民政府关于提请审议2021年度收支预算调整方案的议案》，表决通过县人大常委会《关于批准遂溪县2021年度收支预算调整方案的决议》。会议审议县人民政府《关于提请审议陶媚同志挂职的议案》和县人民法院《关于提请审议武丹莉同志挂职任命的报告》。

△ 遂溪县召开第三届国家机关普法履职报告评议暨贯彻“八五”普法规划动员部署会。

28日 湛江市第十二次党代会第二场记者招待会召开，遂溪县委书记骆华庆出席，总结遂溪过去五年经济社会发展成果、经验和未来五年发展计划。

29日 遂溪县人才驿站、遂溪县乡村振兴人才驿站揭牌投入使用。

31日 遂溪县乡村治理数字化管理项目启动。

△ 广东恒兴集团有限公司恒兴海洋食品工业园项目开工仪式在遂溪县白坭坡工业园举行。

△ 晚，遂溪县众成志愿者协会妇女联合会举行成立大会暨第一届代表大会，大会选举产生协会妇联第一届执行委员会委员和妇联主席、副主席。

中国共产党遂溪县委员会

综述

【概况】 2021年，中共遂溪县委员会（以下简称“遂溪县委”）将党史学习教育活动作为贯穿全年重大政治任务抓紧抓实，教育引导全县党员干部学党史、悟思想、办实事、开新局。全面落实“第一议题”制度，深入学习贯彻习近平总书记系列重要讲话特别是“七一”重要讲话精神、中共十九届六中全会精神，全年累计召开县委常委会（扩大）会议46次、县委理论学习中心组学习会11次，全县各级党组织召开理论学习中心组学习会1000多场。举办庆祝中国共产党成立100周年系列活动8943场，创作红色主题文艺作品1755个。打造下洋东征革命史馆等一批党史教育阵地。开展“我为群众办实事”实践活动，截至12月，完成民生实事项目257个，县四套班子认领实施完成重点民生项目75个。通过“学思悟行”全面发力，全县党员经受一场全面深刻政治教育、思想淬炼和精神洗礼，各级党组织创造力、凝聚力、战斗力明显提升。

【党的建设】 2021年，遂溪县牢牢抓住党建“牛鼻子”，严格执行省委坚决落实“两个维护”十项制度机制。完成县、镇、村三级领导班子换届工作，实施新一轮基层党建三年行动计划，深化拓展“基层党建+”工作，乐民镇墩文村纳入全国红色美丽乡村先行试点。建立健全“一站多区+全域性乡村振兴人才驿站”建设模式，在1月24日市委人才工作会议上作为全市唯一县（市、区）代表作交流发言。驰而不息正风肃纪反腐，精准运用“四种形态”严管厚爱各级干部。在全市率先实现9件自办追逃案件全部清零。做好省委巡视反馈问题整改，高质量有序推进巡察工作。县委老干部局获“全国老干部工作先进集体”称号。精神文明再上台阶，意识形态责任制全面落实，保密工作规范化标准化水平进一步提高。坚持和加强党的全面领导，支持人大依法监督、政府依法行政、政协民主监督、司法机关公正司法，不断巩固和发展爱国统一战线，支持各人民团体、各民主党派和工商联开展工作，贯彻落实党的民族宗教政策。党管武装以及各部门工作都取得新进步。

【疫情防控】 2021年，遂溪县坚持“外防输入、内防反弹”总策略和“动态清零”总方针不动摇，把握“物理隔离+闭环管理+人物环境同防”三个关键，加强隔离场所管理，严格管控重点场所、重点环节，切实加大对“三非人员”（非法入境、非法居留、非法就业的人）、走私货物等打击力度，保持“三人小组”（1位医护人员搭配+2名扫码、登记工作人员）高效运转，强化重点地区来遂返遂人员排查管理。持续推进新冠疫苗大规模接种，全县累计接种疫苗125.41万剂次。开展新冠疫情应急处置演练和大规模核酸筛查演练，加强核酸检测与大筛查能力、医疗救治队伍建设、应急物资储备体系建设等，牢牢守住“四无”（无确诊病例、无疑似病例、无聚集性疫情、无医务人员感染）战果。

【经济发展】 2021年，遂溪县地区生产总值415.5亿元，比上年增长8.8%，增速排名全市第二，规模以上工业增加值28.76亿元，增长10.5%，连续4年保持双位数增长。居民人均可支配收入24003元，比上年增长10.1%。实施重点项目挂图作战，重大工业产业项目达产增效计划考核排名全市第二。产业集聚效应持续凸显，形成九大支柱产业体系，集聚天地壹号、海螺水泥、五洲药业等一批各行业支柱龙头企业。产业发展迸发新活力，坚持创新驱动，搭建“研究院所＋企业研发机构”创新平台，建立专精特新培育库，涌现出恒润机械、汇通等一批行业“单打冠军”。粤西最大电商产业园落户遂溪，电商产业新业态新模式发展势头强劲。

【产业发展】 2021年，遂溪县新增规模以上工业企业17家，任务指标完成率位列全市第一，立足遂溪县优势特色产业，聚焦“大项目—产业链—产业集聚”思路，成功打造百亿级农副食品加工产业。工业园区提质增效明显，规划建设北潭港工业园，初步形成“一园六区”（遂溪县产业转移工业园，草潭港区、北潭港区、洋青园区、燕子窝园区、白坭坡园区、北部湾产品流通综合示范园区）发展新格局，推进配套基础设施建设，提升园区项目承载能力。

【农业农村】 2021年，遂溪县农林牧渔业总产值234亿元，比上年增长12.6%，增速排名全市第二。引导农村土地经营权规范有序流转，累计流转土地4.28万公顷（64.16万亩），占全县耕地总面积的51%。粮食生产实现面积、产量“双增”。特色农业加快发展，火龙果、生猪省级现代产业园带动特色农业产业集群加速形成，成功创建遂溪火龙果省级特色农产品优势区，湛江市深海网箱养殖优势产区产业园基本建成。香蕉国际大数据中心建设加快推进，农业数字化初见成效。传统农业加速转型升级，新增3个全国名特优新农产品，成功创建1个国家级、3个省级水产健康养殖和生态养殖示范区。

【营商环境】 2021年，遂溪县农产品“12221”（建立1个农产品的大数据，以大数据指导生产引领销售；组建销区采购商和培养产区经纪人2支队伍；拓展销区和产区2大市场；策划采购商走进产区和农产品走进大市场2场活动；实现品牌打造、销量提升、市场引导、品种改良、农民致富等一揽子目标）市场体系建设成效显著，获广东荔枝“12221”市场体系建设“我为荔农办实事”优秀政务服务奖。招商引资成效显著，全年签约优质项目20个，签约额61.12亿元，超额完成招商项目签约额和到位资金年度任务。推进审批服务“三集中、三到位”（指部门许可职能向一个股室集中、审批股室向政务大厅集中、审批事项网上办理集中，做到事项进驻大厅到位、审批授权窗口到位、电子监察到位），助推企业、群众线下办事实现“只进一扇门”，在2021年湛江市“四个全面”绩效考核中营商环境专项考核得分排名全市第二。

【城镇建设】 2021年，遂溪县立足打造市域副中心城市崭新定位，紧扣“一核三区”（“一核”指县城主城区，“三区”指滨海新区、滨河新区、北部湾旅游新区）工作思路寻求突破，挖掘“滨海城镇”发展建设进位优势。以“创建省文明城市”为重点目标，重拳整治城市“脏乱差”现象，城市卫生面貌得到明显改善。国道重点路段及县城城区完成路灯改造建设，群众夜间安全出行条件有力改善。滨河新区建设已现雏形，滨海新区城市规划加紧编制，北部湾旅游新区开发稳步推进。

【乡村振兴】 2021年，遂溪县谋实谋细巩固拓展脱贫攻坚成果同乡村振兴工作衔接，着力补短板、强弱项，守牢不发生规模性返贫底线，建立健全返贫监测、扶贫资产管理、驻镇帮镇扶村等相关工作机制，持续推进“广东扶贫济困日”活动，全面深化新一轮遂融协作。乡村振兴战略加速推进，下洋村、墩文村成为全市基层党建引领乡村振兴典型。率先在下洋等村探索推进“数字+”乡村治理模式，官湖村、高明村、布政村3个特色乡村通过市级验收，遂城镇官湖村获市首届美丽乡村电视大赛一等奖。乡村建设迈出坚实步伐。在省农村人居环境整治三年行动检查验收中获评为“优秀”等次，2001个自然村基本完成人居环境基础整治任务。农村无害化卫生户厕基本普及，自然村集中供水实现全覆盖，建制村及自然村100%实现水泥路连通。

【生态建设】 2021年，遂溪县建成国内首个以生物质能为主题的环境教育基地，抓实遂溪河罗屋田省考断面水质达标攻坚各项工作，开展饮用水水源保护区定界立标和水质监测工作，确保饮用水水源地水质稳定达标。1817个自然村建成污水管网、1667个自然村建成污水处理设施终端，大幅提高自然村雨污分流管网收集率。空气质量优良天数比例达98%，北坡、岭北、杨柑镇被评为“广东省卫生镇”。

【社会事业】 2021年，遂溪县全面实施“县管校聘”，实行全县教师“一盘棋”管理。高考、中考成绩刷出新纪录，中考县（市）总分平均分连续2年居五县（市）第一，遂溪一中教育质量实现新跃升。深入推进文化惠民，村级综合性文化服务中心建设覆盖率100%。进一步推进敬老院公建民营改革，社会事务、慈善福利事业各项工作有序开展。

【社会治理】 2021年，遂溪县持续推进安全生产专项整治三年行动，深化推进事故预防“减量控大”工作，常态化开展扫黑除恶斗争，持续加大对电信网络诈骗等网络犯罪打击治理力度。全面加强和规范镇村综治信访维稳中心建设，平安建设暨推进市域社会治理现代化试点工作取得新成效。全年全县刑事案件立案数比上年下降10.6%，全县重大刑事治安案件、重大群体性事件“零发生”。

【全域旅游】 2021年，遂溪县旅游接待116.4万人次，比上年增长21.12%；旅游收入14.3亿元，增长8.4%。年内，深挖红色旅游资源，精心打造下洋东征革命史馆、孔子文化城“红色文化之路”等红色主题景点，开发推出遂溪南路革命、粤桂边革命发源地休闲旅游线路等红色“游学路线”。打造区域特色文化品牌，长寿文化、醒狮文化、儒家文化、滨海文化等旅游特色品牌日益凸显，入选2021—2023年度“广东省民间文化艺术之乡”，“遂溪醒狮”成为亮眼名片。

（县委办）

重要会议

【中国共产党遂溪县第十四次代表大会】 于2021年9月27—29日在遂溪县影剧院召开。大会应到代表384名，实到会代表376名，符合法定人数。全会高举习近平新时代中国特色社会主义思想伟大旗帜，深入学习贯彻中共十九大和十九届二中、三中、四中、五中全会精神及习近平总书记重要讲话精神。全会听取中共遂溪县委第十三届委员会工作报告。报告以“一城拓升三区联动六园赋能，全力谱写遂溪高质量发展新篇章”为主题，回顾总结过去五年工作，研究部署今后五年工作。并科学分析当前国际国内形势，明确提出当前及今后一个时期推动遂溪发展指导思想和主要任务，系统描绘遂溪全力实施“1+3+6”行动计划，建设产业兴旺、生态文明城市宏伟蓝图。会议最后通过《中国共产党遂溪县第十三届委员会报告的决议》《中国共产党遂溪县第十三届纪律检查委员会工作报告的决议》。

【县委常委会会议】 2021年，中共遂溪县委常委会召开常委会会议58次，围绕县委中心工作，学习政策理论，听取汇报和通报，审议工作议题。

主要学习以下内容：习近平总书记重要指示批示精神；习近平

总书记在中央政治局第二十五次集体学习会议上重要讲话精神；《习近平总书记关于新发展阶段、新发展理念、新发展格局重要论述摘编》；习近平总书记关于统计工作的重要指示批示精神；习近平总书记关于安全生产的重要论述；习近平总书记在庆祝中国共产党成立100周年大会上的重要讲话精神；习近平总书记对档案工作的重要批示精神、习近平总书记在中央党校（国家行政学院）中青年干部培训班开班式上的重要讲话精神；习近平总书记在中央人才工作会议和在纪念辛亥革命110周年大会上的重要讲话精神；习近平总书记在中央人大工作会议上的讲话精神、习近平总书记对老龄工作作出的重要指示精神；《习近平论全面依法治国（2021年）》；习近平总书记在中共中央政治局第三十五次集体学习时的重要讲话精神；中共十九届六中全会精神；中央经济工作会议精神；全国两会会议精神；《中华人民共和国安全生产法》；党史学习教育中央宣讲团宣讲报告会会议精神；省委书记李希在2021年广东省委党校春季学期中青年干部培训班开班式讲话精神；省委书记李希对珠海在建隧道工地透水事故作出的重要指示精神；中国共产党广东省第十二届委员会第十二次全体会议精神；省委常委会会议精神；中国共产党广东省第十二届委员会第十三次全体会议精神；省委常委会会议暨省新冠肺炎防控领导小组（指挥部）会议精神；省十三届人大四次会议精神和省政协十二届四次会议精神；全省党史学习教育动员大会会议精神；广东省党委（党组）意识形态工作责任制实施细则；十二届省纪委六次全会精神；省党政代表团赴广西、贵州考察对接东西部协作工作有关精神以及市委常委会会议精神；全省、全市加强基层党组织建设工作会议精神和《广东省加强党的基层组织建设三年行动计划（2021—2023年）》文件精神；广东省委财经委员会会议精神；全省、全市安全防范工作会议精神；中共广东省委十二届十四次全会；中国共产党湛江市第十一届委员会第十一次全体会议精神；市委组织部有关开展领导干部个人事项报告专题学习的通知精神；市长曾进泽赴遂调研有关指示批示精神；中共湛江市委十一届十三次全会精神；中央全面深化改革委员会第二十三次会议精神等。

主要听取以下工作汇报和通报：中共遂溪县人民法院党组关于开展扫黑除恶专项斗争的情况；共青团遂溪县委员会2020年工作；中共遂溪县人大常委会党组工作；中共遂溪县人民法院党组2020年工作；十三届县委第八轮巡察综合情况汇报；遂溪县2020年巡察工作总结及2021年巡察工作计划；遂溪县2021年第一季度安全生产工作；遂溪县2020年党的建设工作和2020年县管党费收缴、使用和管理情况；遂溪县党史学习教育工作前期进展情况；遂溪县2021年第一季度消防工作情况；遂溪县营商环境优化工作；遂溪县2021年上半年燃气安全工作；中共遂溪县人民法院党组2021年上半年工作报告；遂溪县环保督察整改和迎检工作情况；遂溪县农村乱占耕地建房整改情况；中央环保督察涉嫌非法填海案件整改情况；遂溪县疫情防控工作；遂溪县安全生产工作；遂溪县违法用地整治工作；遂溪县2021年意识形态工作情况汇报；遂溪县2021年未成年人思想道德建设工作汇报等。

主要研究审议以下议题：遂溪县党群机关落实“四个全面”绩效考核评价实施方案（2020修订版）；遂溪县各镇落实“四个全面”绩效考核评价实施方案（2020修订版）；遂溪县2020年绩效考核奖励方案；关于开展党史学习教育的实施方案；关于构建执行联动机制切实解决执行难问题的实施意见；遂溪县推进农房管控和乡村风貌提升工作实施方案；遂溪县进一步落实退役军人相关政策工作方案；2021年县政府民生实事候选项目建议方案；关于撤销遂城镇设立遂城街道和附城镇的方案；遂溪县国民经济和社会发展第十四个五年规划和二〇三五年远景目标纲要；遂溪县科协系统深化改革实施方案、遂溪县创建2021—2025年度全国科普示范县工作实施方案；遂溪县农业水价综合改革水价实施方案；遂溪县农房管控和乡村风貌提升示范带建设工作方案；遂溪县贯彻落实《广东省自然灾害防治能力建设行动方案》的分工方案；遂溪县国家级电子商务进农村综合示范县项目实施方案；遂溪县贯彻落实《广东省加强党的基层组织建设三年行动计划（2021—2023年）》的实施方案；全省“两优一先”初步推荐对象名单；遂溪县人民医院托管合作协议；中共遂溪县委2021年政党（会议协商）计划；“我为群众办实事”实践活动实施方案和重点民生项目清单；下洋村乡村振兴三年行动计划（2021—2023年）；遂溪县2021年农村人居环境整治提升工作方案；关于建设遂溪人民中医院的实施意见；遂溪县人民政府2021年度重大行政决策事项目录和重大行政决策事项听证目录；关于成立遂溪县实施“1+3+6”行动计划指挥部的通知；遂溪县2021年度财政预算草案；遂溪县2021年度收支预算调整方案等。

【中国共产党遂溪县第十三届委员会第六次全体会议】 于2021年1月22日在遂溪县影剧院召开。十三届县委委员、候补委员出席会议。不是遂溪县委委员、候补委员的县人大常委会、县政府、县政协领导，遂溪县人武部部长，遂溪县纪委副书记、常委，县监委委员；各镇党委书记、镇长，遂溪县人大各工委、县政协机关各室主要领导；遂溪县直副科以上单位、驻遂溪单位主要领导，部分县十三次党代会代表，遂溪县创建广东省文明城市工作领导小组办公室、遂溪县扫黑除恶专项斗争领导小组办公室、遂溪县扶贫开发领导小组办公室、遂溪县新冠肺炎疫情防控办公室各1名负责人；部分商会会长和重点企业家代表列席会议。全会深入学习贯彻中共十九届五中全会精神，深入贯彻落实习近平总书记出席深圳经济特区建立40周年庆祝大会和视察广东重要讲话、重要指示精神，全面落实省委十二届十二次、十三次全会和市委十一届十一次、十二次全会精神，听取和讨论遂溪县委常委会工作报告，审议通过《中共遂溪县委关于制定遂溪县国民经济和社会发展第十四个五年规划和二〇三五年远景目标的建议》，书面听取遂溪县委常委会2020年政治要件贯彻落实情况及党建工作专题情况的报告。

全会充分肯定“十三五”规划时期遂溪县经济社会发展取得的显著成就。一致认为，过去五年，遂溪县委坚持以习近平新时代中国特色社会主义思想统领遂溪一切工作，团结带领全县干部群众全面贯彻落实习近平总书记对广东系列重要讲话精神和重要指示批示精神，认真落实“6+1”行动计划，推动决胜全面小康、决战脱贫攻坚取得决定性成就。坚持创新驱动，经济发展提质升级；坚持统筹协调，城乡融合赋能加速；坚持以民为本，社会事业稳步发展；坚持改革开放，营商环境持续优化；坚持政治统领，党的建设全面过硬。“十三五”规划目标任务即将如期完成，为开启全面建设社会主义现代化国家新征程奠定坚实基础。

全会提出遂溪县到2035年的远景目标：与全国同步基本实现社会主义现代化，实现与湛江同城化发展，经济综合实力和竞争力位于全市前列，基本建成环北部湾城市群重要的交通与特色农产品商贸物流枢纽，粤西绿色发展示范县，湛江都市圈门户与副中心城市，宜居、宜业、宜游的滨水生态城市，成为湛江加快建设“省域副中心城市”，打造“现代化沿海经济带重要发展极和全国交通枢纽”的重要引擎。

全会明确“十四五”规划时期遂溪县经济社会发展的指导思想、必须遵循原则和主要目标。坚持党的全面领导，坚持以人民为中心，坚持新发展理念，坚持改革开放，坚持系统观念。强调要统筹推进经济建设、政治建设、文化建设、社会建设、生态文明建设总体布局，坚持稳中求进工作总基调，全面落实省委、市委战略决策，大力实施“绿色经济建县、协调发展兴县、创新驱动强县”战略，融入湛江同城化发展，加快建设现代化经济体系。到2035年，经济发展取得新成效，改革开放迈出新步伐，社会文明程度得到新提高，生态文明建设实现新进步，民生福祉达到新水平，社会治理效能得到新提升。

（县委办）

决策部署

【概况】 2021年，中共遂溪县委员会优先发展农业农村，描绘乡村振兴新画卷。培育区域特色优势产业集群，打造遂溪农海产品区域公共品牌。推进数字农业建设，高质量发展电商产业，培育一批线上营业额超亿元电商龙头企业。当好全国农村电子商务经济示范县，高标准建设国家级电子商务产业园。推进广东香蕉国际交易中心建设，促进农产品国际交易合作。紧抓现代农业产业园创建机遇，创新实施“1+N”农业经营模式，推进一、二、三产业融合发展，构建现代农业发展新格局。以发展下洋村乡村振兴遂溪模式为重点，探索国有资本与农村集体经济合作模式，高效推进农业经营体系改革。推进农村土地所有权、承包权、经营权三权分置改革，发展适度规模经营。全面提升新型农民职业化水平。实施“千村示范、万村整治”工程，统筹推进村内道路硬化、生活垃圾分类处理和生活污水治理工作，推进农房管控和乡村风貌提升示范带建设。创新提升乡村治理体系，推动农村全面协调发展。

【民生福祉改善保障】 2021年，中共遂溪县委员会保障改善民生福祉，共享社会发展新成果。完善学前教育办园体制，着力扩大学前教育资源供给，促进义务教育优质均衡发展。新建湛江卫生中医药职业学院，促进普通高中和中职学校多样化特色优质发展。打造新时代高素质教师队伍，实施“县管校聘”制度，全面提升教育教学质量。以县域医共体为重要抓手，持续深化医药卫生体制改革，健全县镇村一体化医疗卫生服务体系。着力提升县域医疗卫生服务水平，持续完善县级公立医院整体搬迁项目，不断深化县人民医院、县第二人民医院与广东医科大学附属医院托管合作。将遂溪人民中医院打造成为传统中医治疗医院。完善疾病预防控制体系和重大疫情防控体制机制，坚持不懈抓好常态化疫情防控，保障人民群众健康安全。深入实施“粤菜师傅”“广东技工”“南粤家政”3项工程，推进“农村电商”“乡村工匠”重点工程。常态化推进扫黑除恶，坚持和发展新时代“枫桥经验”，开展“平安创建”集中打击清源百日行动，不断提升“综治中心＋网格化＋信息化”效能，切实增强人民群众安全感。进一步完善应急管理系统，坚决遏制重特大安全事故发生。

【经济发展新格局开创】 2021年，中共遂溪县委员会贯彻“1+3+6”（1是主城区，3是滨河新区、滨海新区、北部湾新区，6是岭北工业园区、白坭坡工业园区、洋青工业园区、燕子窝工业园区、城月工业园区、北潭港工业园区）行动计划，开创经济发展新格局。坚持将遂溪主城区作为高质量发展核心引擎、重点发展优势区域和高品质生活宜居区，着力提升主城区承载力，打造居者心怡、来者心悦的产业兴旺、生态文明新遂溪。发挥主城区前沿阵地优势，优化城市功能布局，启动县城主要道路“白改黑”升级改造工程、县城95条街道硬底化建设等项目，建设旧中心市场文体商业一条街，完善提升孔子文化城品质。推进城市治理智慧化，促进大数据、物联网、云计算等现代信息技术与城市管理服务有机融合。完善城市总体规划编制，强化风貌管控，扎实推进创文。加强特色小镇建设，全力抓好城月、北坡、杨柑等中心镇建设，发挥中心镇辐射集聚功能，开展中心镇、镇中村、镇郊村改造建设。打造三大特色片区，挖掘遂溪发展新动力。谋划滨海新区，实现线路共组、要素共建、品牌共塑、客源互动，推动产业升级。发展滨河新区，重点推进贸易互通、金融投资、人文交流、产业转移及体制机制等领域开放发展。着力建设北部湾旅游新区，以江洪、乐民、港门、草潭、杨柑、界炮沿海镇为重点，建成西海岸购物中心、曲水湾、阳光沙滩、度假公寓、湿地公园五大区域。坚持把发展经济着力点放在实体经济上，规划六大功能园区，明确园区定位，培育发展战略性新兴产业，推动产业基础高级化、产业链现代化，提高县域经济核心竞争力。

【交通基础设施建设推进】 2021年，中共遂溪县委员会打好交通基础设施建设硬仗。加快遂溪大道建设，持续推动河东大道建设，优化提升遂溪城区、滨河新区城市交通格局，辐射带动途经镇、村发展。重点规划国道207、228线遂溪穿城段改线工程，国道207线至下泊靶场战备公路、省道545线里光至港门段改建工程，广东滨海旅游公路遂溪段。支持合湛高速铁路建设规划，完善建设渝湛高速、玉湛高速、沈海高速等快捷交通系统，规划建设覆盖遂溪县城、黄略镇、洋青镇、岭北镇、建新镇、城月镇等地区高速公路，西部规划雷州半岛西线高速公路和东海岛至雷州高速公路西延线2条高速公路。运用大数据打造新型“智慧遂溪”。构建横向到边、纵向到底、全程闭环的新型智慧城市治理模式，实现县域范围“一网感知态势、一网纵观全局、一网决策指挥、一网协同共治”。加强动态感知、联动指挥、辅助决策等支撑能力，基本建成宽带、泛在、融合、安全的城市信息化基础设施，建成资源整合、协同联动的遂溪智慧城市指挥中心。推进“互联网+政务服务”平台的运用和数据共享，不断优化政务服务“一张网”，建设产业兴旺、生态文明的新型数字化遂溪。

（县委办）

综合党务

【概况】 2021年，中共遂溪县委督查突出“三个重点”，紧扣“四个全面”，开展督促检查：突出上级专项督查，抓实事。全年市委督查室共交办35项重点工作，年内完成26项。突出县委、县政府重大决策和重要部署，抓大事。全年县委、县政府安排重点项目和重点工作13项，年内完成9项。突出领导批示和交办事项，抓难事。收到市、县领导批示件11件，办结率100%。

【办文办会】 2021年，中共遂溪县委健全县委办收发文登记制度，明确责任，逢文必核，保证发文规范性。全年制发文件346批次，办理收转文件及综合资料等487份，办理会务100多场次。

【新闻信息】 2021年，中共遂溪县委向市委上报《遂溪信息》172期，73条被采用。向省委办公厅报送《遂溪信息（直报）》3期。

【政策调研】 2021年，中共遂溪县委调研室参与各类调研、视察活动50多次，撰写调研报告6篇，向上级政研部门报送调研材料3篇，参与起草、修改领导讲话稿、会议纪要、综合材料等100多份。协助上级部门在遂调研工作，按时报送调研资料。协助做好上级部门对遂溪县“放管服”改革评估，协助做好市委联合调研组在遂溪开展各项调研工作。

（县委办）

组织工作

【概况】 2021年，遂溪县有中国共产党地方委员会1个，基层组织1403个，其中基层党（工）委32个，党总支部96个，党支部1275个。党员总数35496人，其中女党员8681人，少数民族党员53人，35岁以下党员8620人，大学专科以上学历党员15347人。是年，遂溪县按照“控制总量、优化结构、提高质量、发挥作用”总要求，严把党员发展关，加大发展力度，把更多优秀分子及时吸纳到党内来，不断改善党员队伍结构和分布。细化发展党员流程和材料归档要求，实行每月一报制，强化跟踪督导。适时开展业务培训，促进基层党组织发展党员规范提质。全年全县发展党员705人，其中35岁以下498人，占全县新发展党员数的70.64%；大专以上学历462人，占全县新发展党员数的65.53%；产业工人31人；农牧渔民339人；非公有制企业和社会组织42人，占全县新发展党员数的5.9%。党员队伍年龄、文化结构进一步优化，党的覆盖面进一步扩大。

【干部选拔培养】 2021年，遂溪县任免科级干部共629人次，其中提任正科职干部9人，副科职干部78人；平级交流调整44人，其中正科级7人、副科级37人。开展年轻干部调研摸底、分析研判，对乡村振兴、疫情防控、项目建设等一线88名优秀年轻干部进行跟踪培养；召开2期共40人参加的干部座谈会，发现、物色“苗子”。以乡镇领导班子换届为契机，优化干部队伍年龄、性别、专业、经历、能力结构。从乡镇事业编制人员、优秀村党组织书记、到村任职过的选调生、第一书记和驻村工作队员等基层一线干部中选拔乡镇领导班子成员，共选配“五方面人员”15名。全县乡镇党政正职中，35岁以下的共5名，比换届前增加4名；具有2年以上乡镇领导工作经历或3年以上乡镇工作经历的占100%；镇党委书记曾任乡镇镇长的占93.33%。35岁以下优秀年轻干部占镇领导班子成员总数的30.20%，平均每个镇至少有1名30岁以下年轻干部；镇领导班子成员中，具有本科以上学历的占62.37%。统筹调配38名素质好、业务能力强的干部投身服务遂溪县“1+3+6”行动计划（以围绕1个主城区，打造滨海新区、滨河新区、北部湾旅游新区3个特色片区，规划岭北工业园区、白坭坡工业园区、燕子窝工业园区、洋青工业园区、城月工业园区、北潭港工业园区6个功能产业园为抓手，贯彻大交通、大数据发展理念）。

【市管、县管干部年度考核】 2021年，遂溪县配合市委组织部抓好县市管领导班子和市管干部2020年落实“四个全面”绩效考核工作，通过开展民主测评、民意调查、个别谈话、配合统计有关考核数据、收集年度考核表等工作，按25%的比例评出市管干部“优秀”等次6名，“不定”等次0人。做好县管干部2020年年度考核审批工作。下发开展年度考核工作通知，对全县15个镇、83个县直科级、副科级机关、事业单位的736名科级干部进行考核，共评定领导干部“优秀”等次128人，“称职（合格）”等次592人，“不称职（不合格）”等次0人，不定等次16人。

【机关及参公管理单位年度考核】 2021年，遂溪县开展2020年公务员年度考核，根据干部管理权限，公务员二组负责全县股级及以下公务员的年度考核。严格执行《关于受党纪处分的党政群机关工作人员年度考核有关问题的意见》《公务员考核规定（试行）》《关于印发〈广东省公务员考核办法（试行）〉的通知》和《中共中央纪委机关　中共中央组织部　人力资源和社会保障部　国家公务员局关于受党纪处分公务员年度考核有关问题的答复意见》有关规定，以及通过县政法委、县委纪委、县卫健局等部门了解全县股级及以下公务员是否有因违法违纪被处分或被立案人员，按要求完成全县股级及以下公务员2020年度考核审批工作。全县股级及以下公务员共1947人，实际参加考核1945人，不参加考核2人，其中优秀267人，称职（合格）1597人，基本称职2人，不称职5人，不定等次74人（试用期51人、处分期11人、立案期间12人），优秀比例13.72%。

【公务员职务职级并行】 2021年，遂溪县持续推行公务员职务职级并行制度。全县科级干部职级晋升58人，其中晋升三级调研员1人，晋升一级主任科员24人，晋升三级主任科员33人；任免部管干部20人。

【公务员招录与管理】 2021年，遂溪县招录公务员244人（不含公检法司），其中选调生24名。公务员转正定级49人；公务员登记109人，其中1名为通过调任方式到机关任职的人员。做好公务员转任、调任工作，办理公务员转任98人，其中县内调动35人，调往县外56人，县外调入7人；办理调任1人。

【干部信息管理】 2021年，遂溪县开发使用干部信息管理系统，探索运用信息化理念和大数据技术对干部进行立体画像、精准研判，上线干部信息管理、年度考核、监督惩戒等6个功能模块，输录干部信息1292人，新增、修改干部信息92721条。利用“三步审核法”（一查二看三记录）指导维护好全县1403个基层党组织、35496个党员基础信息，完成55张党员统计报表报送。完成全县在职干部统计，其中公务员（含参公群团、参公事业）3013人，女性公务员820人，少数民族16人，中共党员2179人，35岁以下1192人，大专学历以上2945人。召开全县干部人事档案专项审核全覆盖工作业务培训专班。整理2200多份干部人事档案材料归入档案，实现档案数字化1332人，因工作查考利用档案800多人次，受理300多次相关单位查阅、借阅和转递干部人事档案事项。

【干部监督】 2021年，遂溪县委组织部结合县委巡察、政法教育整顿，开展选人用人专项检查2轮，共检查县直机关企事业单位11个。开展对“裸官”治理情况评估工作。严肃换届纪律、加强换届风气监督。宣传换届纪律“十严禁”（严禁结党营私、严禁拉票贿选、严禁买官卖官、严禁跑官要官、严禁个人说了算、严禁说情打招呼、严禁违规用人、严禁跑风漏气、严禁弄虚作假、严禁干扰换届）、组工干部“八不准”（不准自行其是、不准擅自表态、不准说情干预、不准跑风漏气、不准弄虚作假、不准打探消息、不准借机谋私、不准吃请收礼）等换届纪律政策要求。对反映违反换届纪律问题举报及时受理、优先办理、尽早反馈。成立换届风气联合督导组，开展3轮巡回督查。持续深入滚动排查换届风气风险隐患。建立一周一报、一月一判、重案即处换届风险排查及化解机制。制订网络舆情应对方案，及时关注换届舆情动态。

【基层党组织建设】 2021年，遂溪县贯彻落实《广东省加强党的基层组织建设三年行动计划（2021—2023）》，加强党的基层组织建设，助力乡村振兴工作开展。推进“三进一建”活动，组织指导各镇制定完善抓党建促乡村振兴发展规划，提出发展“金点子”进行比选，推荐岭北镇和杨柑镇参加全市抓党建促乡村振兴“新书记开新局”擂台比武，其中岭北镇获全市抓党建促乡村振兴十大“金点子”镇街第三名。优化基层党建阵地，完成7个新建村级办公用房建设，累计完成299个村（社区）党群服务中心整改验收，下拨镇村（社区）党群服务中心建设工作经费448.5万元。推动全县33个行政村党建示范点建设和乐民镇墩文村建设红色美丽乡村试点工作开展。打造“党组织——自治管理和经济组织党组织——党员户”村（社区）党组织体系，整合建立一级网格350个、二级网格804个、三级网格8761个。制定下发《关于做好遂溪县村（社区）党组织书记县级备案管理工作的通知》，规范化开展村（社区）党组织书记县级备案管理工作；严格落实县级联审机制，共完成672名村（社区）“两委”（村党支部委员会、村民委员会）干部人选联审工作。完成349个村（社区）“两委”换届工作，选举产生2023名村（社区）“两委”干部，实现村（社区）“两委”班子“高学历”“年轻化”既定目标。实施“头雁工程”，推出“头雁赋能”工程新举措，动员组织53名优秀村干部参加2021年广东省农业经理人培训，锻造基层党组织优秀“带头人”。开展扶贫驻村第一书记驻村期满考核工作，由县委组织部联合县农业农村局，对省直单位及佛山市三水区派驻遂溪县各省定贫困村第一书记及干部进行期满考核，考核评定驻村第一书记优秀32人，驻村工作队员优秀1人。选优配强驻村第一书记和乡村振兴驻镇帮镇扶村工作队。全县15个乡村振兴驻镇帮镇扶村工作队共297人，其中省直中直驻粤帮扶人员6名、广州越秀区帮扶人员16名、湛江市帮扶人员47名、遂溪县帮扶人员96名、驻村第一书记39人，“三支一扶”人员13名、农村科技特派员50名、高校毕业生志愿者15名、金融助理15名，各驻镇帮镇扶村工作队队长于2021年9月全部完成挂任相应镇党委副书记。

【组织生活规范】 2021年，遂溪县各级党组织坚持以习近平新时代中国特色社会主义思想为指导，聚焦新一轮基层党建三年行动计划，开展形式多样、丰富多彩的组织生活。组织开展庆祝中国共产党成立100周年系列活动，下发《关于进一步开展好党史学习教育暨庆祝中国共产党成立100周年系列活动的通知》，全覆盖组织流动党员开展“一起学党史”等活动，向流动党员下发开展党史学习教育一封信；建立流动党员台账准确把握流转动向，开展流入党员党课宣讲等，多措并举让党员流动不流学，不断提高党性修养。开展“我为群众办实事”党务技能大赛，各级各领域党组织赛技能、破难题、强党建、促工作，带动群团组织开展群众性主题宣传活动，全县形成“学党史、悟思想、办实事、开新局”浓厚氛围。建立健全“三会一课”学习指引机制，落实“第一议题”学习制度指引，细化每月学习要点内容，每月将学习内容指引传达到每个支部、每名党员。全年下发学习要点12期共102条学习内容。深化“党课开讲啦”活动，组织开展精品党课评选展播、优秀党史教育辅导员解说员评选活动。全面提升镇委党校培训教育水平，持续推进场地建设标准化建设，建立健全党校设置；收集各镇委党校培训课程设置建议清单173条，更新镇委党校师资库279人，实行动态管理。投入600多万元高标准建设镇委党校，将镇委党校每年5万元工作经费纳入财政预算，加强镇委党校专项经费监督管理，适时组织开展镇委党校专项经费检查。

【城市基层党建】 2021年，遂溪县印发《遂溪县建立社区“大党委”工作机制实施方案》，全面推行社区“大党委”工作机制，进一步加强社区党建联席会议制度。通过组织联建、党员联管、资源联用、服务联办等形式，形成以社区党组织为核心，辖区单位党组织、报到单位党组织、“两新”组织党组织及报到党员共同参与的区域化党建工作新格局。进一步加强社区与驻区单位党建工作互联互动、共建共享，促进“两新”组织深度参与城市党建共建、基层治理，凝聚社区辖区各领域资源和力量，增强党建引领基层治理实效。截至年底，县直机关事业单位党组织80个、学校党组织26个、驻遂溪单位党组织20个、“两新”组织党组织17个入网入格驻社区，共3902名党员干部回社区报到。

【“两新”组织党建】 2021年，遂溪县继续发挥“双同步”工作专班力量，县委组织部、县人社局、县市场监管局、县民政局、县税务局等部门加强联动，集中力量开展新一轮“双同步”工作，经综合摸排，全年新纳入摸排“两新”（新经济组织和新社会组织）组织28家，新增有党员的“两新”组织4家，新建“两新”组织党组织4个，新发展党员42名。截至年底，全县有“两新”党组织104个，其中非公有制企业党组织84个、社会组织党组织20个，共有党员833名。5月，举办遂溪县“两新”党组织书记培训班，全县“两新”党组织书记、企业中高层领导约120人参加。重点打造遂溪县电子商务产业园、广东新邦乐科技有限公司、洋青镇康发混凝土有限公司、遂溪县个体劳动者协会界炮分会、湛江燕塘澳新牧业有限公司5个“两新”党建示范点，逐渐形成一批台账完善、阵地规范、战斗力强先进党建示范点。结合工作实际，在全市范围内率先出台《遂溪县“两新”党建指导员考核办法》，规范管理，量化考核，增强工作科学性、实效性，强化激励保障，建设高水平“两新”党建指导员队伍，发挥“两新”党建工作指导员在“两新”组织党建工作中作用，进一步提升党的组织和党的工作覆盖力量，助推遂溪“两新”组织党建稳步发展。

【村级干部队伍建设】 2021年，遂溪县委组织部联合纪检、公安、民政、财政、人社、法院等部门对正常离任村干部信息进行审核。注重提升村级干部综合素质，举办2021年村（社区）党组织书记轮训班，实现全县350名村（社区）党组织书记全覆盖式培训。组织开展遂溪县2021年乡村振兴专题培训班，分批次实现村（社区）其他“两委”干部、驻镇帮镇扶村工作队全体成员、驻村第一书记及其他相关业务工作人员共2165人全覆盖式培训。开展遂溪县2021—2023年村（社区）党组织书记学历提升工作，共102

名学员入学开展学习。落实落细村（社区）工作激励考核机制。县委组织部组织开展2020年度村（社区）工作激励考核工作，累计确定遂城镇礼村村等74个村（社区）为遂溪县2020年度村（社区）激励考核优秀村（社区），并给予全县通报表扬；同时，对陈成森等76名非镇下派的优秀村（社区）党组织书记予以绩效奖励金。

【干部政治理论培训】 2021年，遂溪县用好各级党校、远程教育平台、干部在线学习中心等线上线下平台，用好省市级红色村、党性教育基地等红色资源，推进党员干部学习贯彻习近平总书记视察广东重要讲话、重要指示批示精神和中共十九届五中、六中全会精神，高质量举办科级以上领导干部专题研讨和轮训班，全面提高全县领导干部理论水平和“七种”能力（政治能力、调查研究能力、科学决策能力、改革攻坚能力、应急处突能力、群众工作能力、抓落实能力）。牵头举办好2期党校主体班，组织科级干部和中青年干部到深圳市宝安区委党校开展“重走学增路”体验式教学。针对不同类别、不同层次、不同岗位干部特点，突出针对性，通过“头雁带学”方式，全覆盖开展党员干部分类、分批、分专题学习。

【干部在线学习】 2021年，遂溪县纳入湛江市干部在线学习考核的单位97个，学员干部2939人，其中市级平台54人、县级平台2885人。处级干部年度学分要求160分，科级及以下干部年度学分要求140分，约95%的参学干部按时按质完成年度学习任务。

【人才队伍政治引领】 2021年，遂溪县坚持党管人才原则，做好各项人才项目跟踪落实和联系服务。推进领导干部联系优秀人才制度，确定县四套领导班子成员联系服务县62名高层次人才。强化对人才政治引领，结合党史学习教育邀请92名高层次人才开展“弘扬爱国奋斗精神，建功立业新时代”观影活动，组织23名高层次人才开展高层次人才国情研修班，组织全县50名选调生参加2021年度选调生能力提升培训班，引导广大人才坚定理想信念、增进政治认同。

【人才工作支持】 2021年，遂溪县从提升人才服务环境、打造人才平台载体和落实重大人才项目工作入手。加大人才平台载体建设力度，以“一站多区＋全域性乡村振兴人才驿站”建设模式，投入270万元建成县级人才驿站（乡村振兴人才驿站），规划布局15个镇级乡村振兴人才驿站，并在年底实现县级人才驿站（乡村振兴人才驿站）揭牌运营，人才对接渠道进一步拓宽，人才服务环境进一步优化。深入实施“扬帆计划”项目，遂溪县对虾种业产业人才发展项目获得市“海洋产业人才振兴计划”第一等次，获批专项资金80万元，围绕项目引进行业领军人才4人，研发管理人才51人。

（县委组织部）

宣传工作

【概况】 2021年，中共遂溪县委宣传部坚持以习近平新时代中国特色社会主义思想武装头脑，激发干事创业热情。县委理论学习中心组先后围绕习近平总书记重要指示批示精神、党史学习教育动员大会精神、中央政治局会议精神、《习近平新时代中国特色社会主义思想学习问答》、《论中国共产党历史》、习近平关于革命传统的重要论述、习近平总书记在庆祝中国共产党成立100周年大会上的重要讲话精神、习近平总书记关于“四史”的重要论述、党的十九届六中全会精神和《党委（党组）意识形态工作责任制实施方案》等专题进行11次集中学习。围绕“庆祝中国共产党成立100周年”“党的十九届六中全会”和“开展党史学习教育”这几条主线，坚持读原著、学原文、悟原理，组织全县党员干部自觉主动学、及时跟进学、联系实际学、笃信笃行学，不断在学懂弄通做实上下功夫，切实增强“四个意识”、坚定“四个自信”、做到“两个维护”，自觉用习近平新时代中国特色社会主义思想武装头脑、指导实践、推动工作，在全县掀起学习新热潮，以优异成绩庆祝中国共产党成立100周年。全县参加学习的党组织1163个，党员人数35155人，购买指定教材发放数量2万本（册）。其中参加学习的县处级以上党员干部人数40人。坚持围绕中心、服务大局，推动全县意识形态工作取得成效。县委常委、宣传部部长肩负直接责任，经常带队到镇和机关部门进行调研和督查指导意识形态工作。围绕庆祝中国共产党成立100周年主题，县委宣传部先后发出《关于近期党史学习教育舆情风险点的提醒函》《“七一”前后建党100周年庆祝活动和党史学习教育风险点提示》《关于防范制止借党史学习教育之名搞商业化庸俗化行为的通知》等文件，召开全县意识形态研判工作会议3次，及时分析当前形势，提前做好评估预案，坚决防范经济社会领域风险向意识形态领域传导。组织做好《县域巡礼之遂溪》专题采访拍摄工作，对县委书记骆华庆进行长达9分13秒的专题访谈，具体阐释“1+3+6”行动计划深刻内涵，并围绕今后五年遂溪如何谋发展进行深入解读。10月19日，《县域巡礼之遂溪》在湛江电视台《湛江新闻》播出后反响热烈，发动全县各镇各单位利用线上线下宣传平台转载传播。《县域巡礼之遂溪》线上观看已超11万人次，“南方+”、“遂溪融媒”App、“腾讯新闻”、“凤凰新闻”、“今日头条”、“新浪湛江”以及各镇各单位工作群、公众号、宣传栏转载200余次。围绕县委、县政府中心工作及重大突发敏感事件，在网上各大新闻网站做正面舆情引导，强化部门联动，封堵有害信息。县“扫黄打非”办联合县委网信办、县公安局、县文广旅体局、县市场监督管理局等单位开展常态巡查，严格执法，同步促进五大专项行动，推动“护苗”“净网”等专项行动，全县文化市场经营秩序有明显好转。开展文艺活动，献礼党的百年华诞。加强统筹协调，推进精神文明创建活动。深化国防教育宣传工作，筑牢爱党爱国爱军精神长城。

2021年3月11日，遂溪县县委理论学习中心组暨科级主要领导干部党史学习教育专题研讨班举行 （县委宣传部/供图）

【理论学习】 2021年，遂溪县抓住关键少数，持续推进党委（党组）理论学习中心组学习工作。印发《2021年遂溪县党委（党组）理论学习中心组专题学习重点内容安排》，县委理论学习中心组先后围绕习近平总书记重要指示批示精神、党史学习教育动员大会精神、中央政治局会议精神及《习近平新时代中国特色社会主义思想学习问答》《论中国共产党历史》、习近平关于革命传统的重要论述、习近平总书记在庆祝中国共产党成立100周年大会上的重要讲话精神、习近平总书记关于“四史”的重要论述、党的十九届六中全会精神、《党委（党组）意识形态工作责任制实施方案》、习近平总书记“七一”重要讲话精神等专题进行集中学习11次。增强思想认同，掀起党员干部学习新热潮。紧紧围绕“庆祝中国共产党成立100周年”“党的十九届六中全会”和“开展党史学习

2021 年 8 月 11 日，遂溪县学习贯彻习近平总书记“七一”重要讲话精神专题宣讲报告会召开（县委宣传部 / 供图）

教育”多条主线，坚持读原著、学原文、悟原理，组织全县党员干部自觉主动学、及时跟进学、联系实际学、笃信笃行学，不断在学懂弄通做实上下功夫，切实增强“四个意识”、坚定“四个自信”、做到“两个维护”，自觉用习近平新时代中国特色社会主义思想武装头脑、指导实践、推动工作，在全县掀起学习新热潮，以优异成绩庆祝中国共产党成立 100 周年。全县参加学习的党组织 1163 个，党员 35155 人，发放教材 2 万本（册）。其中参加学习的县处级以上党员干部 40 人。

【意识形态工作】 2021 年，中共遂溪县委员会始终把意识形态工作作为一项极其重要的工作摆上重要议事日程，用习近平总书记重要讲话精神统领全县的意识形态工作。县委主要领导始终把第一责任人职责抓在手上。深入贯彻落实《党委（党组）意识形态工作责任制实施办法》，3 月 12 日，组织召开第 157 次县委常委会学习全国全省全市宣传部长会议精神，召开相关会议研究部署遂溪县 2021 年意识形态工作，多次强调单位“一把手”要切实负起意识形态第一责任人职责，并结合党史学习教育工作，深入基层调研，强调要增强意识形态工作履职自觉性，强调主体责任，强调直接责任和“一岗双责”。分管领导始终把直接责任人职责扛在肩上。县委常委、宣传部部长肩负直接责任，经常带队到镇和机关部门进行调研和督查指导意识形态工作。围绕庆祝中国共产党成立 100 周年主题，县委宣传部先后发出《关于近期党史学习教育舆情风险点的提醒函》《“七一”前后建党 100 周年庆祝活动和党史学习教育风险点提示》《关于防范制止借党史学习教育之名搞商业化庸俗化行为的通知》等文件，召开全县意识形态研判工作会议 3 次，及时分析当前形势，提前做好评估预案，坚决防范经济社会领域风险向意识形态领域传导。县委班子其他成员认真履行“一岗双责”，结合分管领域工作同步抓好意识形态工作。

【理论宣传活动】 2021 年，遂溪县抓好线上宣传，宣传产品亮点纷呈。策划制作群众喜闻乐见的宣传视频。拍摄制作《唱支山歌给党听》闪唱活动宣传视频，在各大商超、孔子文化城等城市地标播放，刊播 1000 余次。利用纸质媒体讲述遂溪县继承红色基因，为遂溪人民谋幸福、凝心聚力谋发展的故事。组织撰写《红色遂溪绽放时代光芒》2 个整版内容，于 6 月 25 日在《湛江日报》刊登。7 月 1 日，遂溪县分别以“红色遂溪”“兴农遂溪”“智造遂溪”“宜居遂溪”“幸福遂溪”为主题，在《湛江日报》“百年百刊”系列刊登 5 个版面大文章。自 4 月 30 日起，遂溪县实行党史学习教育宣传报道情况公布制度，发动、引导全县各镇各单位开通进驻号，及时上传本单位党史学习教育情况，已公布《遂溪县党史学习教育宣传报道情况汇总表》30 期，推动全县党史学习教育新闻报道全面开花。“遂溪融媒”App 开设《党史学习教育》专栏，广播电视开设《奋斗百年路　启航新征程》专栏，多角度、全方位、多频次深入宣传报道，为党史学习教育营造浓厚舆论氛围。开设《遂溪红色印记》专栏，以红色革命遗址为依托，深入挖掘遂溪红色故事，厚植爱国爱党情怀，栏目总发布量70期。播出纪录片《黄学增》6集。在县电台、“遂溪融媒”App开设《乡村进行时》栏目，推出《走进红色村庄》版块，通过主持人走进红色村庄，现场采访等形式，推介本土红色村庄的革命历史、特色文化、生态建设、经济发展等情况，推出节目3期。推动线下宣传，营造浓厚社会氛围。为庆祝中国共产党成立100周年，在全社会营造浓厚庆祝氛围和学习氛围，全县各镇各单位利用户外T牌、LED显示屏、单位宣传栏等宣传阵地积极刊发庆祝中国共产党成立100周年主题宣传画和党史学习教育主题宣传画2000多次。制作安装主题鲜明、造型美观的“庆祝建党100周年”主题宣传牌景观造型20多套、宣传牌600多个，张贴公益宣传画60多幅，将中国共产党成立100周年庆祝活动标识融合到县城重要公共场所中，营造“见景学史”的浓厚热烈氛围，共庆建党百年华诞。深度参与遂溪新一轮大发展，为遂溪实现高质量、跨越式发展宣传造势。推出可视化宣传产品。10月19日，《县域巡礼之遂溪》在湛江电视台《湛江新闻》播出后反响热烈，发动全县各镇各单位利用线上线下宣传平台转载传播，把县委、县政府的声音传递到基层。策划撰写大文章。组织撰写《一城拓升三区联动六园赋能　全力谱写遂溪高质量发展新篇章》8800余字大文章，于11月19日在《湛江日报》刊登。高站位、宽视野解读遂溪“1+3+6”行动计划，从“遂溪乡村振兴装上发展引擎”“围绕一个主城区　擘画幸福新遂溪”“打造三大特色片区 挖掘遂溪发展新动力”“规划六大功能园区　激活园区建设‘一盘棋’”“连点成线　绘出遂溪发展新蓝图”五大方面。搭建“大舞台”，聚焦改革发展丰硕成果，提升遂溪美誉度。通过重大媒体刷屏报道。国家级、省级、市级媒体多次对遂溪县经济社会发展进行报道，国家级媒体新华网以《喜报！遂溪河谷荔枝基本售罄，漂亮传递广东荔枝营销第一棒！》为题，《人民日报》以《湛江遂溪官湖村：从“光棍村”到别墅村》为题，省级媒体广东卫视《从农场到餐桌》栏目以《来遂溪解锁夏日限定的甜蜜，实现今夏荔枝兹有！》为题分别进行报道。

【网信工作】　2021年，遂溪县多部门联动，构建清朗网络安全空间。围绕县委、县政府中心工作及重大突发敏感事件，县委网信办和县公安局开展网上巡查工作。

【“扫黄打非”工作】　2021年，遂溪县加强部门联动，深入开展“扫黄打非”专项整治工作。县“扫黄打非”办联合县委网信办、县公安局、县文广旅体局、县市场监督管理局等单位常态巡查，严格执法，形成高压态势，同步促进五大专项行动，推动“护苗”“净网”等专项行动。于3月、11月先后2次开展“扫黄打非·护苗”专项行动，坚决清查含有色情低俗、暴力恐怖等有害内容的出版物及印刷品，严密防范自编自印、盗版盗印非法教辅出版物行为，坚决取缔无证销售出版物的游商摊点。开展突击检查109次、夜间巡查7次、联合执法行动13次，累计出动执法人员1321人次，检查经营单位294家次，行政处罚案件4宗，立案查处违规经营13家次，收缴违法音像制品800盘（盒），关闭取缔无证经营KTV歌厅7家，全县文化市场经营秩序有明显好转。

（县委宣传部）

统一战线工作

【概况】　2021年，中共遂溪县委统一战线工作部以习近平关于统一战线工作重要指示精神和中共十九届历次全会精神为指导，以《中国共产党统一战线工作条例》作为推动新时代统战工作基本遵循，贯彻落实党中央、省委、市委和县委关于统一战线工作重大决策部署。成立由县委书记任组长，县委常委、统战部部长任副组长，县委办公室等27个单位领导为成员的遂溪县统一战线工作领导小组，会同县委组织部制定《遂溪县县镇人大代表候选人、县政协委员候选人人选考察审查工作方案》《县委组织部 县委统战部关于政协遂溪县第十一届委员会人事安排问题的意见》，做好党外政协委员推荐考察工作。

【民主党派工作】 至2021年底，遂溪县有民主党派4个，即中国民主同盟遂溪县委员会（以下简称“民盟遂溪县委”）、中国民主促进会遂溪县支部（以下简称“民进遂溪县支部”）、中国农工民主党遂溪县支部（以下简称“农工党遂溪县支部”）、中国致公党遂溪县支部（以下简称“致公党遂溪县支部”）。民盟遂溪县委有盟员152名，其中主委1名、副主委2名、委员4名；民进遂溪县支部有会员13名，其中主委1名、副主委1名、委员1名；农工党遂溪县支部有党员14名，其中主委1名、副主委1名、委员3名；致公党遂溪县支部有党员11名，其中主委1名、副主委1名、委员1名。

政党协商 制定印发《中共遂溪县委2021年政党（会议协商）计划》，召开遂溪县民主党派和无党派人士代表座谈会、遂溪县民主党派调研选题协商座谈会，各民主党派发挥资源优势，加强对全县经济社会发展重点问题和重点项目调研。

政治安排 推荐4名党外人士为市第十四届政协委员、5名党外人士当选为县第十七届人大代表，推荐35人为县第十一届政协委员，县政协委员中民主党派人士人数为历届最多。

公益慈善 新冠肺炎疫情防控期间，县致公党党员为政府提供抗击疫情隔离观察点，县农工党党员主动申请参加疫情防控工作；县农工党支部和民盟遂溪县委分别在洋青镇和草潭镇开展送医送药义诊活动，为村民提供健康咨询和医疗指导。

【非公有制经济领域统战】 2021年，遂溪县统战部门做好非公有制经济领域统战工作。

参政议政平台 遂溪县民营经济人士中11人当选为市第十五届人大代表、14人当选为县第十七届人大代表、53人推荐为县第十一届政协委员。

联络服务 1月，县委领导到湛江市遂溪商会会员企业湛江恒润机械有限公司、湛江恒兴养殖技术服务有限公司、广东双湖食品有限公司走访调研。5月，县委领导走访广州市遂溪商会、深圳市遂溪商会，调研商会建设、乡村振兴、产业发展等情况，共同探讨促进家乡经济发展良策。6月，县工商联对遂溪民营企业营商环境做专题调研，了解6家会员企业生产经营情况和发展计划。

基层商会脉络 1月，湛江市遂溪商会被评为2019—2020年度全国工商联“四好”商会。10月，广州市遂溪商会召开第三届会员代表大会暨就职典礼活动。12月，东莞市遂溪商会召开换届会议。“6·30”广东省扶贫济困日

2021年12月，遂溪县委统战部在遂城镇社区开展2021年遂溪县民族团结进步宣传进社区活动 （宋海玲/摄）

期间，各商会捐款2000多万元。

【港澳台工作】 2021年，遂溪县委统战部做好港澳台工作。

对台工作 春节期间，遂溪县委领导走访慰问湛江统实企业有限公司、湛江福茂陶瓷有限公司等台资企业，了解企业生产经营、疫情防控、员工工作生活等情况及生产经营中遇到的困难。7月，省委台办领导到遂溪县调研惠台政策执行情况和海峡两岸乡村融合发展工作进度，与台商代表交流座谈。11月，台湾农业技术培训班在遂溪县岭北镇举办，技术专家向种植户推广台湾良种良法、先进农业管理水平和成熟产销经验，推进海峡两岸乡村融合发展试验区建设工作。

遂港工作 传统节日期间，走访慰问部分旅港同乡会骨干在遂溪亲属，送去慰问品和节日祝福。指导遂溪旅港同乡会规范社团建设管理，7月同乡会完成换届工作，选优配强新一届社团骨干。

【侨务工作】 2021年，遂溪县委统战部在春节期间，开展"暖侨心送温暖"活动，到遂城、黄略、岭北和界炮等镇走访慰问8户贫困、高龄、失能归侨侨属。建立完善遂溪籍海外高层次人才信息库，协助县人社局做好海外高层次人才引进工作，不定期向海外人才发送招商合作信息、人才政策、重大活动方案。

（潘宇彤）

机构编制

【概况】 截至2021年年底，遂溪县有机关事业单位810个，其中党政群部门89个（党委9个、政府25个、人大1个、政协1个、民主党派1个、群众团体8个、工业园区管委会1个、部门下设机关43个），镇15个和事业单位706个。全县机关事业单位有编制18419名，在职14993人。事业单位事业编制15395名，在职12575人。通过严控编制、盘活编制资源等方式，实现行政类编制不突破下达总量，事业编制自2013年以来全县共核减2149名，确保事业编制总额比2013年年底统计数只减不增阶段性目标。全县各类编制总体没有超编，没有超职数配备领导干部。

【党政机构设置、职能配置和编制配备】 2021年1月7日，遂溪县委办增设负责日常工作副主任1名，正科级。增设后，县委办主任1名，由县委领导兼任，副主任4名，其中分管日常工作副主任1名。1月7日，县纪委监委增设纪检监察干部监督室，并设主任1名、副主任1名，所需人员编制内部调剂解决。1月7日，县住房和城乡建设局增设消防股，增加正股级领导职数1名。消防股主要职责：负责全县建设工程消防设计审查、验收、备案和备案抽查工作。5月25日，遂溪县公安局森林分局整建制划归县公安局，名称调整为遂溪县公安局森林警察大队，作为县公安局副科级内设机构。5月25日，县公安局增设县公安局指挥中心公共关系股，正股级。10月22日，明确县乡村振兴局有关机构编制事项。不再保留县扶贫开发领导小组，将其职能并入县委农村工作领导小组（县委实施乡村振兴战略领导小组）。将县扶贫开发办公室更名为县乡村振兴局，仍在县农业农村局加挂牌子，由县农业农村局统一领导和管理。县乡村振兴局主要负责巩固拓展脱贫攻坚成果、统筹推进实施乡村振兴战略等工作。县乡村振兴局局长由县农业农村局局长兼任。将县委农办、县扶贫办常务副主任1名（正科级）调整为县委农办常务副主任、县乡村振兴局常务副局长1名（正科级），将县委农办、县扶贫办专职副主任1名（副科级）调整为县委农办专职副主任、县乡村振兴局副局长1名（副科级）。核增督查专员职数2名（正股级），用于加强乡村振兴督查指导工作力量。10月22日，县财政局增设资源环境股，正股级。设股长1名，人员编制从县财政局内部调剂。10月22日，核定县委组织部部务委员职数2名（副科级）。12月30日，调整县海洋综合执法机构。广东省渔政总队遂溪大队更名为遂溪县海洋综合执法大队，不再加挂中国海监广东省总队遂溪大队、中华人民共和国广东渔业船舶检验局遂溪检验站牌子，作为县农业农村局管理的行政执法机构，副科级。负责集中行使辖区海洋监察、海岛管理、海洋环境保护、渔政管理、渔港监督、渔船监督检验等涉海涉渔综合执法职责。实行双重管理，以县管理为主，干部任用和人事调动须听取湛江市农业农村局党组意见。广东省渔政总队遂溪大队江洪中队、广东省渔政总队遂溪大队石角中队、广东省渔政总队遂溪大队草潭中队、广东省渔政总队遂溪大队杨柑中队、广东省渔政总队遂溪大队北潭中队5个中队分别更名为遂溪县海洋综合执法大队江洪中队、遂溪县海洋综合执法大队石角中队、遂溪县海洋综合执法大队草潭中队、遂溪县海洋综合执法大队杨柑中队、遂溪县海洋综合执法大队北潭中队，不再加挂中国海监广东省总队遂溪大队江洪中队、中国海监广东省总队遂溪大队石角中队、中国海监广东省总队遂溪大队草潭中队、中国海监广东省总队遂溪大队杨柑中队、中国海监广东省总队遂溪大队北潭中队牌子，作为遂溪县海洋综合执法大队直属单位，正股级。

【民生事业领域机构编制保障】2021年1月7日，遂溪县北坡镇兴文学校并入北坡中学，在兴文学校校址开办北坡镇第二小学。界炮初中并入界炮中学，在界炮初中校址举办界炮镇第二小学。黄略初中并入戊戌中学，校址设在原黄略初中。黄略镇文车初中与文车小学合并，更名为黄略镇文车学校，为九年义务教育一贯制学校，正股级。遂城镇豆村初中与豆村小学合并，更名为遂城镇豆村学校，为九年义务教育一贯制学校，正股级。黄略镇平石初中与平石小学合并，更名为黄略镇平石学校，为九年义务教育一贯制学校，正股级。1月7日，设立城月镇第二幼儿园，为公益一类事业单位，副股级。核定事业编制25名，人员经费按财政补助一类拨付。1月7日，县社保局下属县城乡居民医疗保险结算中心（正股级公益一类事业单位）划转到县医疗保障局管理，并更名为遂溪县医疗保障服务中心，并增加8名事业编制，增编后县医疗保障服务中心事业编制20名。1月7日，核定镇退役军人服务站事业编制62名，其中遂城9名（设站长1名、副站长2名），城月、黄略、杨柑各5名（设站长1名、副站长1名），界炮、草潭、北坡、乐民、洋青各4名（设站长1名、副站长1名），岭北、建新、乌塘、港门、河头、江洪各3名（股级职数1名），人员经费按财政补助一类拨付。所需人员从各镇计划生育中队连人带编划转，由各镇根据实际情况灵活调配，相应核减各镇计划生育中队编制。1月7日，各镇卫生院加挂“××镇疾病预防控制中心”牌子，实行“两块牌子、一套人马”管理，增加相应疾病预防控制职能。设置公共卫生科室3个（免疫规划室、传染病防控室、慢性非传染病防控室）。1月7日，按编制总数8163名（其中117名单列管理）重新调整全县各中小学校编制。其中高中971名、初中2348名、小学4844名。各初高中、九年一贯制学校、县城小学、中心小学为核编单位，不再下达编制到中心小学管辖的面上小学。1月7日，撤销县社保局待遇核发股和基本医疗保险股，新设立企业职工待遇核发股、城乡居民基本养老股2个股室。调整后县社保局有内设机构8个，共配备股级职数16名。5月25日，增加县招商局事业编制6名。增编后，县招商局共有事业编制15名，其中局长1名、副局长3名（新增1名）。内设机构由原来3个（办公室、招商联络股、项目股）调整为4个（办公室、招商股、联络股、服务股），配股级职数4名。5月25日，增加县无偿献血采血站3名事业编制，从县计划生育技术服务站调剂解决。编制调整后，县计划生育技术服务站事业编制15名；县无偿献血采血站事业编制6名，其中站长1名、副站长1名。5月25日，成立遂溪县遂城第十三小学，为县教育局下属公益一类事业单位，正股级。5月25日，将教学研究工作任务从遂溪县教师发展中心剥离，独立设置遂溪县教育局教学研究室，为县教育局下属公益一类事业单位，正股级；核定事业编制25名，其中主任1名、副主任3名；人员经费按财政补助一类拨付。5月25日，增加县审计直属所事业编制7名，增设股级职数1名。增编后该所共有事业编制15名，其中所长1名、副所长2名。5月25日，成立遂溪县第四幼儿园，为县教育局下属公益一类事业单位，正股级，校址位于遂城镇沙坡小学，同时撤销遂城镇沙坡小学。5月25日，成立遂溪县科技馆，加挂遂溪县科普中心牌子，为遂溪县科协下属公益一类事业单位，正股级。核定事业编制4名，其中馆长1名、副馆长1名。经费按财政补助一类拨付。5月25日，核定遂溪县民营企业投诉中心事业编制2名，设股级职数1名，为公益一类事业单位。人员经费按财政补助一类拨付。9月30日，增加县教育局教学研究室事业编制18名（其中从县教师发展中心调剂10名，连人带编划转7人）。增编后，教学研究室共有编制43名，设主任1名、副主任3名。编制调整后，县教师发展中心事业编制24名。9月30日，成立遂溪县界炮镇第二幼儿园，为县教育局所属公益一类事业单位，副股级。暂核定事业编制10名，其中园长1名、副园长2名。9月30日，成立遂溪县港门镇第二幼儿园，为县教育局所属公益一类事业单位，副股级。暂核定事业编制12名，其中园长1名、副园长2名。9月30日，整合界炮镇后塘仔小学和北潭初中成立界炮镇北潭学校（九年一贯制学校），为县教育局所属公益一类事业单位，正股级。原后塘仔小学和北潭初中在编教职员划入界炮镇北潭学校。核定界炮镇北潭学校编制24名，其中小学12名、初中12名。

【日常机构编制事项办理】 2021年，遂溪县机构编制委员会办公室加强日常机构编制事项管理，确保无超编进人情况。

筹备县编委会事宜 全年，审核各单位上报机构编制事项报县编会讨论研究，召开编委会3次，解决机构编制事项21项。

编制使用和进人入编事项 按规定办理1169人入编事项，没有超编进人情况。

（县委编办）

机关党建

【概况】 中共遂溪县直属机关工作委员会（以下简称“遂溪县直工委”），是中共遂溪县委领导县直机关党的工作派出机构。2021年，县直机关有党组织350个，其中机关党委13个、党总支22个，党支部295个，党员5552名（其中在职在岗党员3247名，离退休党员2305名）。

【主体责任制落实】 2021年，遂溪县直属机关工作委员会研究制定《2021年遂溪县直工委工作计划》，细化分解党建工作任务；落实基层党建工作分片联系制，3名工委委员带队，每组联系38个县直机关企事业单位；常态性到基层调研解难题，指导整顿软弱涣散党支部，对工作靠后党组织负责人进行约谈提醒，促推工作任务落实。

【党员教育管理】 2021年，遂溪县直属机关工作委员会举办入党积极分子、党务干部培训班9期，培训900多人次；各党组织集中学习1468次，发放资料1万多册，培训党员18812人次；邀

2021年7月27—29日，遂溪县直属机关工作委员会在县教师发展中心一楼大会议室举办2021年县直机关入党积极分子培训班　（县直工委/供图）

请市领导、专家学者、党校教师、退休老领导开展党史、廉政、传统文化等8场专题宣讲会；与宣传部联合表彰一大批学习“学习强国”先进单位和个人，掀起一股比学赶超热潮，让打卡“学习强国”成为一种新风尚。县直工委书记带头深入机关企事业单位党组织讲党课8场，发挥“头雁”示范带动作用。

【党建基础建设】 2021年，遂溪县直属机关工作委员会围绕基层党建三年行动计划，夯实党建基础，形成坚强组织合力。优化理顺机关党组织设置。2021年换届、调整撤并及成立120个党组织，任免党组织班子成员300多人，配齐配强班子。抓好市县党代表推荐，组织选举产生64名县党代表，支持搞好大换届。严抓发展党员工作。加大业务培训力度，编制发展党员工作指导资料，科学规范做好发展党员工作。全年发展党员108名，转正预备党员73名，培养入党积极分子252名。抓好党费收缴工作。全年收缴党费154万元，全部按时上缴县委组织部。强化阵地堡垒建设。下拨12万元支持部分机关单位党组织建起标准化党员活动室，提升机关党组织凝聚力和战斗力。

【机关作风整治】 2021年，遂溪县直属机关工作委员会深化机关作风整治，强化服务能力，提升营商环境。组织各单位推进“我为群众办实事”实践活动，解决群众“急难愁盼”问题一批；召开县机关作风整治组领导小组成员单位会议4次，研究推进深化机关作风整治工作，多次到市直工委探讨学习，联合县委党史学习教育巡回指导组采取“查看听”方式开展2次全覆盖督导工作，抽样调查3次，对个别工作滞后单位进行谈话提醒主要领导，到镇七所八站和部分村委会明察暗访，督查机关作风情况，指导各镇各单位做好相关资料台账。联合县融媒体中心，开辟宣传专栏，加强舆论引导。抓党建引领，示范带动。在上年抓模范机关创建基础上，再选树一批示范单位，坚持抓好佩戴党员徽章、亮身份、当表率。充分发挥党员先锋模范作用。开展“我是党员我当先”活动，打造“党员先锋岗”，以点带面，全面推广经验，深化模范机关创建。

【中国共产党成立100周年系列活动】 2021年，遂溪县直属机关工作委员会策划中国共产党成立100周年100场宣讲会，支持编印《乐民起义》连环画，联合编写《革命先驱黄学增》和百年遂溪图片展，牵头编写《榜样的力量》。组织发动县直机关12个单位建设关工委，组织参加党务技能大赛，县直工委等3个机关单位获一等奖；组织机关单位参加市直机关第四届改革创新大赛，5个机关单位获二等奖；连续4年被评为省市先进单位；推荐提名省委、市委、县委“两优一先”（在基层党组织和党员中开展评选表彰出的优秀党务工作者、优秀共产党员和先进基层党组织）等先进典型人选，省级1人，市级10人，县级46人，市级先进党组织4个，县级先进党组织16个，表彰一批县直机关“两优一先”典型代表。带头走访慰问党龄50年以上老党员，其中百岁党员1名。开展遂溪县直机关党组织书记“讲党课公开课”活动，建立第一批党性教育基地，为县

2021年3月6日，遂溪县文明办、县直工委、团县委、县志愿服务会、遂城镇政府联合在全丰中央广场开展2021年“3·5”学雷锋志愿服务活动

（县直工委/供图）

福利院、县气象局、县旅投公司、县新华书店4个机关单位授牌，创建县直机关党员志愿者服务队，与团县委等合办“‘3·5’全丰中央广场学雷锋志愿服务活动”、开展“美丽遂溪”环保志愿活动等，带动引领创文热潮。是年，县直工委创文工作连续多次获县创文工作考评奖励。

【党风廉政建设】 2021年，遂溪县直属机关工作委员会严格履行党风廉政建设主体责任，带头遵守“六大纪律”（政治纪律、组织纪律、工作纪律、廉政纪律、群众纪律、生活纪律），坚持民主集中制原则，坚持“三重一大”（重大事项决策、重要干部任免、重大项目投资决策、大额资金使用）决策制度；把反腐倡廉教育列入党员教育培训计划和党建考核要点，纳入“三会一课”（“三会”是指定期召开支部党员大会、支部委员会、党小组会，“一课”是指按时上好党课）内容，开展谈话提醒25人次，督促党员干部进一步强化廉洁意识；严格落实中央八项规定精神，注重家风教育，如实报告个人有关事项。

【社区“大党委”建设】 2021年，遂溪县直属机关工作委员会深入推进机关与企业、社区党建融合；倡导党政机关与企业、机关与社区之间深度融合，继续开展“党建翼联”“税企和创”“政企联办”等形式多样共建共创活动，深化党建与业务融合，推动落实社区“大党委”工作机制，助推全县党建引领城市基层治理体系开创新格局；县直机关300个党组织2816名在职党员到社区报到。

（陈苑媚）

党校工作

【概况】 2021年，中共遂溪县委党校升级改造教学报告厅，打造红色文化研究室、党员活动室、党员谈心谈话室、党务实训室（图书室）。是年，中共遂溪县委党校获得2021年湛江市直机关第四届改革创新大赛决赛二等奖、湛江市党校系统“科研组织奖”、遂溪县2021年度党务技能大赛二等奖等，先后被评为遂溪县“先进基层党组织”“学习强国”优秀学习组织、“学习强国”优秀推广组织等。

【干部教育培训】 2021年，中共遂溪县委党校举办主体班、专题研讨班、干部轮训班、能力提升班等各类班次共8期，培训1541人次。其中，遂溪县2021年上半年科级干部和中青年干部培训班，参训学员72人；遂溪县2021年下半年科级干部和中青年干部培训班，参训学员62人；遂溪县2021年度选调生能力提升班，参训学员50人。在2021年遂溪县村（社区）党组织书记轮训班中，引入智慧党教会议系统（天翼云会议系统）平台，采用云直播培训各镇村（社区）党组织书记、各镇党建工作分管领导、各镇党建指导员470人。加强对镇委党校培训指导，帮助15个镇委党校完善办学机制，形成地方办学特色和办学格局。干部培训践行“理论+实训+体验”模式，构建干部教育培训师资库，以党支部为平台开发党组织标准化规范化建设系列实训课程，采用情景式

2021年10月18日，遂溪县2021年下半年科级干部和中青年干部培训班在县委党校开班

（县委党校/供图）

教学、案例模拟演练、体验式教学、结构化研讨、无领导小组研讨、读书分享会、知识竞赛、演讲比赛、学员论坛等教学形式。在培训中开展破冰拓展、八段锦健身活动，引导学员自行组织篮球排球友谊赛、“唱红歌、颂党恩”活动等。培训后进行教务日常工作和学员档案分类归档。

【教师科研】 2021年，中共遂溪县委党校围绕县委、县政府重大决策部署，聚焦中国共产党成立100周年、基层经济社会发展、本土红色资源挖掘保护利用等社会热点难点问题，为全市党校系统“庆祝中国共产党成立100周年”理论研讨会报送6篇论文，其中2篇论文分别获得理论研讨会征文一等奖、三等奖，被中共湛江市委党校授予“科研组织奖”。2020—2021年度湛江市党校系统课题结项，形成《湛江市加强镇街党校建设问题研究——以遂溪县为例》科研成果。全体教职工在公开刊物发表文章6篇，其中黄景平、黄毅娟在《湛江研究》发表《创新网格化管理思路　提高基层社会治理水平》，在《湛江通讯》发表《新时代提升遂溪县干部教育培训质量的路径探究》；程哲鸣、黄毅娟在《湛江研究》发表《中共遂溪早期地方党组织的创建历程及其经验》；黄毅娟在《湛江通讯》发表《学史增信　推动遂溪乡村振兴开新局》；谢景玲在《湛江研究》发表《中国共产党成立百年视域下遂溪巾帼人物研究》；骆永强在《湛江研究》发表《优化行政后勤服务 提升党校科学管理水平》。是年，出版红色教学书刊《遂溪学习》，出版2期共20多万字。

【党史学习教育宣讲】 2021年，遂溪县委党校以中国共产党成立100周年为契机，结合“我为群众办实事”，打造党史理论宣讲品牌，县委党校选派5名骨干教师成立党史学习教育宣讲团，编研《在中国共产党百年逐梦的经验启示中汲取前进的智慧和力量》《百年辉煌，砥砺初心向复兴——学习贯彻习近平总书记“七一”重要讲话精神》《学习“七一”讲话，弘扬伟大抗美援朝精神》《中国共产党在新民主主义革命时期的奋斗历程及经验启示》《党的十八大以来的历史性变革和历史性成就》等10门精品党课，在全县20多个机关、企事业单位开展巡回宣讲，累计宣讲40余场次，惠及党员干部2000多人次。

（陈太杰）

老干部工作

【概况】 2021年，遂溪县有离退休干部6872人，其中县管离休干部84人，退休干部6788人：处级离退休干部78人，科级离退休干部1215人，股级以下退休干部5579人。省市管单位离休干部18人，外地安置回遂溪居住离休干部1人（处级）。

【老干部品牌建设】 2021年，中央组织部和人力资源和社会保障部授予遂溪县委老干部局“全国优秀老干部先进集体”称号。县老干部方言宣讲团紧扣党史学习教育主题，结合遂溪丰富红色文化资源优势，到机关企事业单位、农村、校园等场所，开展宣讲活动141场，受众18000人。实现全县15个镇及所有村（社区）全覆盖，解决宣讲工作“上热下冷”困难，打通党的重要思想理论政策宣传“最后一公里”。基层党组织老干部党建指导员发挥长者智慧，迎难解决乡村问题，为基层党组织开展党建工作提供强有力支撑，激发基层党建新动能。发挥县关工委、县老游击战士联谊会、县老促会、县老体协、县长寿养生研究会5个老年团体作用，引导老干部为党和人民的事业增添正能量。通过老干部团体联合医疗机构、民间中医开展中医养生合作方式，推进“医养结合”服务养老模式试点工作，推广养生长寿理念，增强老干部养生长寿意识，全县百岁寿星增至274人，每10万人口拥有25名百岁老人。每年定期组织送春联、公益慈善、助学创业、关爱孤残儿童、维护青少年合法权益等各类主题活动，引导老干部继续助力党的各项事业发展，为实现第二个百年奋斗目标和中华民族伟大复兴贡献智慧和力量。

【老干部政治待遇落实】 2021年，遂溪县党政主要领导向老干部通报工作情况，听取老干部意见和建议，在重要节日开展慰问老干部活动。组织老干部深入学习贯彻中共十九届六中全会以及习近平总书记“七一”讲话重要指示批示精神，引导广大离退休干部树牢“四个意识”、坚定“四个自信”、做到“两个维护”，自觉在思想上、政治上、行动上与以习近平同志为核心的党中央保持高度一致。为老干部订阅《秋光》《南方日报》《湛江日报》《老人报》《新老年周刊》等学习资料7000多份。全县组织老干部参加会议和活动共11次，其中学习报告会6次，通报工作会2次，征求意见和座谈会3次，开展活动1次。县委、县政府和县老干部局举办老干部座谈会、通报会2场次，老干部参加人数200人次。

【老干部生活待遇落实】 2021年，遂溪县落实老干部生活和医疗待遇。根据文件为符合条件的离休干部提高护理费，同时报批10名抗日战争时期参加革命工作的离休干部提高到享受副省（部）长级医疗待遇，为76名解放战争时期参加革命工作的离休干部提高到享受副厅局级医疗待遇。

【老干部党支部建设】 2021年，遂溪县有老干部党支部41个，离休干部党员58人，退休党员干部3426人。组织开展“不忘初心、牢记使命”主题教育和党史学习教育活动，引导老干部珍惜光荣历史、不忘革命初心、永葆政治本色。着力提升离退休干部党组织组织力，在全县41个老干部党支部选优配强党支部书记和党支部班子，组织离退休干部党支部书记和老干部党务工作者参加上级或本级举办的业务培训。开展庆祝中国共产党成立100周年“3个100”（“百年百部”创作计划，遴选100部近年来新创优秀舞台艺术作品，进行重点创作扶持）活动，向上级推送优秀故事稿5篇、精品党课5篇、最美老党员事迹5篇，其中林洁如被评为广东省“最美老党员”，赖权的《学党史 记使命 为乡村振兴贡献力量》党课被评为广东省“精品党课”。多渠道开展老干部红色文化教育，营造浓厚的红色文化氛围，传承红色基因。依托遂溪县红色文化资源，按照“七个一”（打造一个标志性小景观、建立一个老党员驿站、编写一套学习资料、培养一支金牌讲解员队伍、建设一个在线学习平台、录制一段宣传视频、编写一篇微信公众号推文）标准建设下洋村老干部红色教育基地。维修界炮镇老马村革命烈士纪念碑和老马起义遗址，修建遂城镇头岭杀人沟爱国主义教育基地，组织编纂《遂溪县革命老区发展史》，拍摄《红色遂溪口述史》专题片。全年举办离退休干部党支部书记、委员及党员培训班3期，共培训106人次。下半年组织9名离退休干部党支部书记和老干部工作部门党务工作者参加湛江市离退休干部党支部书记和老干部工作部门党务工作者培训班。定期对老干部党支部进行考察、评比，树立典型，发挥老干部党支部“领头雁”作用和离退休党员干部先锋模范作用。

【老干部服务管理】 2021年，遂溪县委老干部局针对离休干部“双高期”实际，增加上门探访次数。分别在春节、“七一”和重阳节期间对县城及各镇所有接管离休干部进行上门探访，并为县改制企业离休干部管理服务中心接管的17名企业离休干部发放“光荣在党50年”纪念章。根据老干部特点和需要，县老干部活动中心在春节、中秋节、重阳节等重要时间节点举办书画、朗诵、舞蹈等系列主题活动，不断丰富老干部文化生活，持续倡导老干部延续好家风新风尚。开展“孝敬寿星模范家庭”评选表彰活动，开展“传承好家风、共筑中国梦”主题活动，举办“传承家风家训弘扬中华美德”诵读国学晚会，开展“中华魂”主题教育和禁毒宣传教育活动等。

【老干部信息化管理】 2021年，遂溪县根据市委老干部局文件通知精神，下发《关于2021年校核广东省离退休干部服务管理系统数据的通知》，并督促各镇、县直副科（机关企事业）以上单位离退休干部工作部门落实系统更新维护。截至年底，全县各镇、县直副科（机关企事业）以上单位已按照要求完成逐级搭建并添加对应管理员，全县离退休干部信息录入完成。

（县委老干部局）

关心下一代工作

【概况】 2021年，遂溪县关心下一代工作委员会（以下简称“关工委”）有成员109人，其中名誉主任7人，顾问16人，主任、副主任10人，副秘书长2人，委员74人。至2021年年底，遂溪县关心下一代组织552个，其中乡镇、行政村（社区）基层关工组织294个，中学校关工委21个，民营企业和非公组织关工委8个，县直属机关和企事业单位关工委18个。参加县关工委组织“五老”（老干部、老战士、老教师、老专家、老模范）3415人，“五老”参加县老干部方言宣讲团活动12人，“五老”担任法治副校长15人，校外辅导员617人，网吧义务监督员72人。

是年，遂溪县关工委以开展党史学习教育活动为契机，以“学史明理，学史崇德，学史增信，学史力行”统领县关工委各项工作。3月12日，市关工委在遂溪县召开学党史主题教育活动推进会。3月19日，县关工委在河头镇召开全县党史学习教育活动工作会议。在5月、6月举办县关工委全体成员党史学习教育推进会和创业青年党史学习教育主题培训班。各级关工委通过各种形式掀起党史学习教育活动热潮。10月21日，县关工委和县委组织部、县委党史研究室、县委县直工委等单位制作“红色遂溪百年历史”图片70幅并在16所中学巡回展出。年内县关工委“五老”到基层宣讲60多场，全县各级关工委和中小学校开展50人规模以上的党史学习教育活动300多场次，参加活动3万多人次。调整充实各级关工组织，及时调整充实各镇关工委成员，县直机关成立关工委组织7个。加强关工宣传工作。年内被《秋光•关心下一代》采用稿件2篇，省关工委《信息展播》采用稿件15篇，《湛江日报》采用稿件3篇，《湛江关工通讯》采用稿件15篇，《湛江市关工委工作管窥》采用稿件15篇。另外，遂溪电视台播出关工新闻10条。县关工委党支部被县直工委评为“2021年先进党支部”。

【遂溪县关工委成立20周年纪念活动】 2020年是遂溪县关工委成立20周年。2021年1月26日，县关工委在县委第一会议室召开遂溪县关工委成立20周年纪念大会，会议传达学习习近平总书记对关心下一代工作的重要指示和纪念中国关工委成立30周年暨全国关心下一代工作表彰大会以及省、市关工委成立20周年大会精神，表彰一批关心下一代工作先进集体和先进个人。其中，市级先进集体7个，县级先进集体10个，市级先进工作者12名，县级先进工作者12名，市级贡献奖1名，县级荣誉奖5名。县有

2021年10月21日，由中共遂溪县委组织部、县委直属机关工委、县委党史研究室、县关工委主办的“红色遂溪百年历史图片巡回展”启动仪式在黄学增纪念中学举行

（县关工委／供图）

关单位领导及各镇关工委主任和先进工作者代表出席大会。编辑纪念遂溪县关工委成立20周年《托起朝阳·文集》和《托起朝阳·影集》。文集、影集收集大量有代表性历史资料，记录20年来各级领导对关心下一代工作的重视和对“五老”的关怀，展现“五老”奉献精神及青少年健康成长风貌，宣传关心下一代工作意义。

【青少年关爱服务】 2021年，遂溪县关工委发挥“大关工”工作机制，协同各方共同创新青少年关爱帮扶工作，营造青少年健康成长良好环境。开展留守儿童和困境儿童关爱服务行动，县关工委年内联合有关单位先后到县福利院、遂溪文化艺术学校、黄略镇冷水村初阳幼儿园、特殊教育学校和岭北镇田体小学留守儿童之家等开展困境儿童慰问活动10多次。开展社会主义核心价值观教育活动。在“用青春拥抱时代”主题征文活动中，收到选送征文作品338篇，分别评出小学组、初中组和高中组一、二、三等奖和优秀奖，并挑选30篇优秀作品送省参评，经复审终评遂溪县4名学生作品获奖。其中，一等奖1名（岭北中学陈慧琳获“初中组一等奖”），优秀奖3名（戊戌中学李灵蕊获“初中组优秀奖”，遂城第四小学陈嘉琪、遂城第八小学陈海滔获“小学组优秀奖”）。在全国“中华魂”主题教育活动中，遂城第四小学获“先进集体奖”，遂城第四小学教师梁秋武获“优秀辅导员奖”。助推青少年校外教育基地建设。10月19日，市、县关工委在遂溪孔子文化城联合挂“青少年校外教育基地”牌匾。全县建立关工委青少年教育基地23个。开展青少年法治教育，向县内10多所禁毒教育示范学校赠送《珍爱生命·远离毒品》《为青春护航》《青春密码》共计3000多册，开展“珍爱生命·远离毒品”青少年禁毒宣教活动。县关工委获评“2021年度湛江市公益普法活动先进单位”。

【农村创业青年培训】 2021年，遂溪县关工委重视引导创业青年在政治上不断争取进步，加强创业青年联谊会党组织建设。6月上旬成立县创业青年联谊会党支部，指导该党支部举办1期党史学习教育培训班。搭建创业青年思想政治进步平台，向有关方面推荐优秀创业青年进入各级党代表、人大代表、政协委员候选名单。联谊会有县党代表3人、县人大代表5人、县政协委员15人，另有市政协委员1人和市人大代表3人。抓好培训和跟踪服务。年内县关工委举办2期农村创业青年培训班。选送2名创业青年参加省关工委农村青年创业致富带头人高级培训班，坚持深入基层调研走访，了解农村青年创业情况，帮助创业青年排忧解难。

（县关工委）

2021年12月16日，遂溪县关工委、团县委、县妇联、县人社局、县农业农村局、县科工贸和信息化局联合举办农村创业青年“领头雁”经验交流会暨创业青年联谊会年会

（县关工委/供图）

遂溪县人民代表大会

综述

【概况】 2021年，遂溪县有县、镇人民代表大会16个，其中县人民代表大会1个、镇人民代表大会15个。各级人大代表1765人，其中全国人大代表1人，省人大代表4人，市级人大代表53人，县级人大代表344人，镇级人大代表1363人。县第十六届人大常委会组成人员30人，其中主任1人、副主任6人、委员23人。县第十七届人大常委会组成人员34人，其中主任1人、副主任6人、委员27人。

是年，遂溪县人大开展党史学习教育。按照中央部署和省、市、县委要求，认真组织开展专题学习、培训、红色现场教育和党课等系列活动，落实学习教育各项要求，举办“学党史、守初心、开新局”征文评选活动，开展“光荣在党50年”纪念章颁发和走访慰问老党员活动，深入推进“我为群众办实事”实践活动，推动解决安全饮水、教育、医疗等民生领域突出问题，做到学思用相结合。把握人大宣传舆论工作主动权，强化人大通讯员队伍建设和培训，定期通报信息报送采用情况，召开人大新闻宣传工作表彰会议，对先进集体和优秀通讯员进行表彰。抓好人大新闻采编工作，全年发布新闻信息910篇。其中，获省级媒体采用7篇、市级媒体采用97篇，获评“湛江人大新闻奖”二等奖2件、三等奖3件。县融媒体中心播出民生实事专题栏目7期，为推进遂溪县新时代人大工作营造良好舆论氛围。坚持人大工作“一盘棋”思想，主动接受市人大常委会工作指导，配合开展履职活动。完善县人大常委会领导挂点指导各镇人大工作制度，加强对镇人大工作特别是换届选举、例会和民生实事票决等工作的指导，推动遂溪县2021年十大民生实事项目督办工作，定期召开县镇人大工作会议，提升县镇两级人大依法履职能力。构建监督调研、代表履职上下协同机

2021年5月13日，遂溪县人大常委会召开遂溪县2021年十大民生实事项目督办工作会议

（县人大办／供图）

制，通过专项会议、履职培训、工作联动、日常指导等方式，推动县镇人大密切联动、同步增效。

【政治引领人大工作】 2021年，遂溪县人大常委会自觉把政治建设摆在首位，坚定不移把坚持党的全面领导作为最高政治原则，确保人大工作正确方向。

始终强化理论武装。坚持落实“第一议题”制度，以开展党史学习教育为主线，把理论学习贯穿始终。全年开展党组理论学习中心组和常委会集体学习16次，全面学习中共十九届六中全会和习近平总书记“七一”重要讲话精神，系统学习中央和省委人大工作会议精神，深刻认识把握党的百年奋斗重大成就和历史经验，深刻领会“两个确立”（确立习近平同志党中央的核心、全党的核心地位，确立习近平新时代中国特色社会主义思想的指导地位）的决定性意义，切实做到“两个维护”（坚决维护习近平总书记党中央的核心、全党的核心地位，坚决维护党中央权威和集中统一领导）。

坚决落实县委决策。贯彻落实县第十四次党代会精神，把县委主张通过法定程序转化为全县人民共同意志，作出决议决定36项，任命国家机关工作人员34人次，免去职务29人次。坚持重大事项向县委请示报告，全年向县委请示报告23次，确保县人大工作与县委中心工作同频共振、同向发力。注重发挥人大常委会党组作用，高站位谋划推进决定、任免、监督、代表等工作，力促县委关于新时代人大工作的部署要求落地见效。

完成换届选举。坚决贯彻各级换届选举部署，依法完成县、镇两级人大换届选举工作。进行多层次培训，全过程指导，会同相关部门严把代表“入口关”、选举“组织关”和程序“监督关”，确保换届选举依法有序、风清气正。依法选举产生新一届市人大代表53名、县人大代表344名、镇人大代表1363名。

（县人大办）

2021年8月13日，遂溪县人大常委会召开遂溪县县镇人大换届选举骨干培训会

（县人大办/供图）

重要会议

【遂溪县第十七届人民代表大会第一次会议】 2021年11月9—12日在遂溪县影剧院召开，出席大会代表332人。会议听取和审议代县长陈升所作的遂溪县人民政府工作报告；听取和审议县人大常委会主任苏琛所作的遂溪县人民代表大会常务委员会工作报告；听取和审议县法院院长李非白遂溪县人民法院工作报告；听取和审议县检察院代检察长陈德斌所作的遂溪县人民检察院工作报告；会议作出关于遂溪县人民政府工作报告的决议、关于遂溪县人民代表大会常务委员会工作报告的决议、关于遂溪县人民法院工作报告的决议、关于遂溪县人民检察院工作报告的决议。会议选举苏琛为遂溪县人大常委会主任，陈辉、陈林英、姚德、陈日胜、揭盛、翟亚辉为遂溪县人大常委会副主任，卜小明、卜永信、王兴全、王磊、叶华景、叶志励、朱月明、许慧、杨靖华、吴益、邹婵、陈达、陈华兴、陈春花、陈珍、陈翅、陈浩、陈超铭、陈霖、林军、林建慧、欧学雄、黄

永杰、黄远志、黄珍、黄高梅、曾伟强为遂溪县人大常委会委员；选举陈升为遂溪县人民政府县长，许阮锋、庞宇、梁虎泉、张闽英、陈光提、揭琅、窦兴伟、刘桂兴为遂溪县人民政府副县长；选举何江为遂溪县监察委员会主任；选举李非白为遂溪县人民法院院长；选举陈德斌为遂溪县人民检察院检察长（报请湛江市人大常委会批准）。会议通过遂溪县第十七届人民代表大会社会建设委员会组成人员名单：主任委员陈华兴，副主任委员黄珍，委员叶华景、李强、黄永杰。

【县人大常委会会议】 2021年，遂溪县人大常委会召开常委会会议14次。分别是：

遂溪县第十六届人大常委会第五十八次会议 2021年2月26日在遂溪县委第五会议室召开。会议听取和审议县人民政府关于提请审议撤销遂城镇设立遂城街道和附城镇方案的议案，表决通过县人大常委会关于同意县人民政府撤销遂城镇设立遂城街道和附城镇方案的决议。会议讨论和修改县人民代表大会常务委员会工作报告。会议审议通过县人大常委会关于表彰优秀代表议案建议和先进办理单位的决定、关于召开县第十六届人大第七次会议的决定、关于列席县第十六届人大第七次会议人员范围的决定、拟提交县第十六届人大第七次会议通过的有关文件（草案）。会议听取和审议县人民政府代县长骆华庆《关于提请审议郑辉同志任职的议案》、县人民法院《关于提请沈建平等同志职务任免的报告》、县人大常委会《关于接受林洪泽同志辞去县第十六届人大代表职务的决定（草案）》，并表决通过有关人事任免事项：任命郑辉为遂溪县住房和城乡建设局局长，任命沈建平为遂溪县人民法院刑事审判庭副庭长，任命林景华为遂溪县人民法院综合审判庭副庭长，任命李康君为遂溪县人民法院立案庭（诉讼服务中心）副庭长，任命庄丽清为遂溪县人民法院立案庭（诉讼服务中心）副庭长，接受林洪泽辞去县第十六届人大代表职务的请求。会议听取和审议代表资格审查委员会关于代表变动情况及新当选代表资格审查的报告，表决通过关于代表变动情况及新当选代表资格审查的决议，确认骆华庆、陈正中、陈燕清、洪文泽、王武庆、罗允升、岑志东、陈怀东、袁庆9人的县第十六届人大代表资格有效。

遂溪县第十六届人大常委会第五十九次会议 2021年3月19日在遂溪县委第五会议室召开。会议审议通过《遂溪县人大常委会2021年工作要点》《遂溪县人大常委会2021年会议议题安排》及《遂溪县人大常委会2021年监督工作计划》。会议表决通过县人大常委会《关于接受梁广仁同志辞去县第十六届人大常委会委员和县人大代表职务请求的决定》，接受梁广仁辞去遂溪县人大常委会委员和遂溪县第十六届人大代表职务的请求。

遂溪县第十六届人大常委会第六十次会议 2021年4月9日在遂溪县委第五会议室召开。会议审议县人民政府骆华庆县长《关于提请审议许阮锋、吕汉武同志职务调整的议案》《关于提请审议胡建县等同志职务任免的议案》，并表决通过有关人事任免事项，决定任命：许阮锋为遂溪县人民政府副县长，胡建县为遂溪县城市管理和综合执法局局长，叶志军为遂溪县医疗保障局局长；决定免去：吕汉武的遂溪县人民政府副县长职务，叶志军的遂溪县发展和改革局局长职务，庞佑仔的遂溪县交通运输局局长职务，黄远志的遂溪县医疗保障局局长职务。

遂溪县第十六届人大常委会第六十一次会议 2021年4月29日在遂溪县委第五会议室召开。会议听取和审议县人民检察院关于贯彻落实认罪认罚从宽制度情况的报告，表决通过县人大常委会《关于贯彻落实认罪认罚从宽制度情况报告的审议意见》。会议听取和审议县人民政府关于生猪养殖产业发展情况的报告、关于突发公共卫生事件卫生应急体系建设情况的报告，听取县人民政府关于2020年环境状况和环境保护目标完成情况的报告、关于现代渔业发展情况的报告、关于村委（社区）换届工作情况的报告，表决通过县人大常委会《关于突发公共卫生事件卫生应急体系建设情况报告的审议意见》《关于生猪养殖产业发展情况报告的审议意见》。会议审议县人大常委会主任会议《关于提请审议黄珍等同志职务任免的议案》、县人民检察院《关于提请审议陈诚同志任职的报告》，并表决通过有关人事任免事项：任命黄珍为遂溪县人大常委会社会建设工作委员会副主任，任命陈超铭为遂溪县人大常委会办公室副主任，任命陈诚为遂溪县人民检察院检察委员会委员；免去黄珍的遂溪县人大常委会办公室副主任职务。

遂溪县第十六届人大常委会第六十二次会议　2021年6月4日在遂溪县委第五会议室召开。会议听取和审议县人大常委会主任会议《关于提请确定遂溪县新一届镇级人民代表大会代表名额的议案》，表决通过县人大常委会《关于确定遂溪县新一届镇级人民代表大会代表名额的决定》，决定遂溪县新一届镇级人民代表大会代表的名额为1378名。会议听取和审议县人民法院《关于提请林子渊等同志职务任免的报告》、县人大常委会《关于接受蔡海养辞去县第十六届人大代表职务请求的决议（草案）》，并表决通过有关人事任免事项：任命林子渊为遂溪县人民法院副院长，免去其遂溪县人民法院民事审判一庭庭长职务；任命朱爱春为遂溪县人民法院副院长，免去其遂溪县人民法院审判监督庭庭长职务；任命卢乐为遂溪县人民法院民事审判一庭庭长，免去其遂溪县人民法院城月人民法庭庭长职务；任命吴建峰为遂溪县人民法院城月人民法庭庭长，免去其遂溪县人民法院杨柑人民法庭副庭长职务；任命陈调为遂溪县人民法院北坡人民法庭庭长，免去其遂溪县人民法院民事审判一庭副庭长职务；接受蔡海养辞去县第十六届人大代表职务的请求。

遂溪县第十六届人大常委会第六十三次会议　2021年6月28日在遂溪县委第五会议室召开。会议听取和审议县人民政府关于2020年度审计查出突出问题整改情况的报告、关于2020年度国有资产管理情况的报告、关于《中华人民共和国公共文化服务保障法》及《广东省公共文化服务促进条例》实施情况的报告，表决通过县人大常委会《关于2020年度审计查出突出问题整改情况报告的审议意见》《关于2020年度国有资产管理情况报告的审议意见》《关于〈中华人民共和国公共文化服务保障法〉及〈广东省公共文化服务促进条例〉实施情况报告的审议意见》。会议听取县人民政府关于办理未成年人违法犯罪案件情况的报告，听取县人民法院关于开展环境资源保护审判工作情况的报告。会议听取和审议县人民政府骆华庆县长《关于提请审议邹良同志任职的议案》、县人民检察院《关于提请审议免去黄伟民同志检察员、检察委员会委员职务的报告》，并表决通过有关人事任免事项：任命邹良为遂溪县发展和改革局局长，免去黄伟民的遂溪县人民检察院检察员、检察委员会委员职务。

遂溪县第十六届人大常委会第六十四次会议　2021年7月26日在遂溪县委第五会议室召开。会议审议通过县人大常委会《关于县镇人民代表大会换届选举的决定》，决定遂溪县的县、镇人民代表大会代表统一选举日为2021年9月16日；遂溪县第十七届人民代表大会第一次会议于2021年11月15日前召开。会议听取和审议县人大常委会主任会议《关于提请任命遂溪县县、镇选举委员会组成人员的议案》，表决通过县人大常委会《关于任命县选举委员会组成人员的决定》《关于任命各镇选举委员会组成人员的决定》。会议听取和审议县人民政府县长骆华庆《关于提请审议方乐羽等同志任职的议案》，并表决通过有关人事任免事项：任命方乐羽为遂溪县人民政府副县长；任命郑高科为遂溪县交通运输局局长。

遂溪县第十六届人大常委会第六十五次会议　2021年8月27日在遂溪县委第一会议室召开。会议听取和审议县人民政府关于2020年县级预算执行和其他财政收支审计工作的报告、关于2020年县本级财政决算草案的报告，表决通过县人大常委会《关于2020年县级预算执行和其他财政收支审计工作报告的审议意见》《关于批准2020年县本级财政决算的决议》。会议听取县人民政府关于2021年上半年预算执行情况的报告、关于2021年上半年国民经济和社会发展计划执行情况的报告。会议听取和审议县监察委员会《关于提请免去吴民同志职务的议案》《关于提请审议免去戴林竹同志职务的议案》，听取和审议县人民政府《关于提请审议揭琅等同志职务任免的议案》，听取和审议县人大常委会主任会议《关于提请审议决定任命何江同志为遂溪县监察委员会副主任的议案》《关于提请审议决定何江同志为遂溪县监察委员会代理主任的议案》《关于提请接受黄珍等同志辞去选举委员会相关职务的议案》，听取和审议县人大常委会《关于接受陈正中同志辞去遂溪县监察委员会主任职务请求的决定（草案）》《关于接受黄志坚同志辞去遂溪县人民政府副县长职务请求的决定（草案）》《关于接受苏广培同志辞去遂溪县第十六届人大代表、人大常委会委员职务请求的决定（草案）》，并表决通过有关人事任免事项：接受陈正中辞去遂溪县监察委员会主任职务的请求，任命何江为遂溪县监察委员会副主任，决定何江为遂溪县监察委员会代理主任；接受黄志坚辞去遂溪县人民政府副县长职务的请求，决定任命揭琅为遂溪县人民政府副县长、窦兴伟为遂溪县人民政府副县长；免去吴民的遂溪县监察委员会委员职务、戴林竹的遂溪县监察委员会副主任职务、许保的遂溪县司法局局长职务，任命戴林竹为遂溪县司法局局长；接受苏广培辞去遂溪县第十六届人大代表、人大常委会委员职务的请求，接受黄珍辞去遂溪县选举委员会副主任职务，接受刘桂军等辞去遂溪县选举委员会委员职务。

遂溪县第十六届人大常委会第六十六次会议　2021年9月6日在遂溪县委第一会议室召开。会议听取和审议县人民政府《关于提请审议陈升同志任职的议案》、县人大常委会主任会议《关于提请审议决定陈升同志为遂溪县人民政府代理县长的议案》，听取和审议县人大常委会《关于接受骆华庆同志辞去遂溪县人民政府县长职务请求的决定（草案）》《关于陈升同志为遂溪县人民政府代理县长的决定（草案）》，并表决通过有关人事任免事项：决定任命陈升为遂溪县人民政府副县长；决定陈升为遂溪县人民政府代理县长；接受骆华庆辞去遂溪县人民政府县长职务的请求。

遂溪县第十六届人大常委会第六十七次会议　2021年10月22日在遂溪县委第一会议室召开。会议听取和审议遂溪县第十六届人民代表大会常务委员会代表资格审查委员会关于遂溪县第十七届人民代表大会代表资格审查的报告，表决通过县人大常委会《关于遂溪县第十七届人民代表大会代表资格审查报告的决议》。会议听取和审议县人民检察院《关于提请审议陈德斌同志任职的报告》《关于提请审议免去欧四同志检察员职务的报告》，听取和审议县人大常委会主任会议《关于提请审议决定陈德斌同志为遂溪县人民检察院代理检察长的议案》，听取和审议县人大常委会《关于接受李建明同志辞去遂溪县人民检察院检察长职务请求的决定（草案）》《关于陈德斌同志为遂溪县人民检察院代理检察长的决定（草案）》，并表决通过有关人事任免事项：任命陈德斌为遂溪县人民检察院副检察长、检察委员会委员、检察员；决定陈德斌为遂溪县人民检察院代理检察长；接受李建明辞去遂溪县人民检察院检察长职务的请求；免去欧四遂溪县人民检察院检察员职务。

遂溪县第十六届人大常委会第六十八次会议　2021年11月5日在遂溪县委第五会议室召开。会议听取和审议县人民政府关于实施乡村振兴战略情况的报告，表决通过遂溪县人大常委会《关于实施乡村振兴战略情况报告的审议意见》。会议讨论和修改县人民代表大会常务委员会工作报告，表决通过遂溪县人大常委会《关于召开遂溪县第十七届人民代表大会第一次会议的决定》《关于列席和邀请列席遂溪县第十七届人民代表大会第一次会议人员的决定》，会议审议通过拟提交县第十七届人大第一次会议通过的有关文件（草案）。会议听取和审议县人民政府《关于提请审议陈波等同志职务任免的议案》、县监察委员会《关于提请何日保等同志职务任免的议案》、县人民法院《关于提请莫卓颖等同志职务任免的报告》，并表决通过有关人事任免事项：任命何日保、周金光为遂溪县监察委员会副主任；免去王志坚的遂溪县监察委员会副主任职务；任命莫卓颖为遂溪县人民法院综合审判庭副庭长，免去其遂溪县人民法院北坡人民法庭副庭长职务；任命莫健雄为遂溪县人民法院民事审判二庭副庭长，免去其遂溪县人民法院民事审判一庭副庭长职务；免去张小娟的遂溪县人民法院行政审判庭副庭长、审判员职务；任命陈波为遂溪县财政局局长，免去其遂溪县科工贸和信息化局局长职务；任命李裕宏为遂溪县科工贸和信息化局局长，免去其遂溪县政务服务数据管理局局长职务；任命王惠秀为遂溪县政务服务数据管理局局长；免去卢旺的遂溪县财政局局长职务；接受周金光辞去遂溪县第十六届人大常委会委员职务的请求。

遂溪县第十六届人大常委会第六十九次会议　2021年11月8日在遂溪县委第五会议室召开。会议听取和审议遂溪县第十六届人大常委会代表资格审查委员会关于个别代表资格审查的报告，表决通过遂溪县人大常委会《关于个别代表资格审查报告的决议》。

遂溪县第十七届人大常委会第一次会议　2021年12月14日在遂溪县委第五会议室召开。会议听取和审议县监察委员会关于开展反腐败国际追逃追赃工作情况的报告，听取和审议县人民政府关于开展“七五普法”工作情况的报告、关于民生实事项目实施情况的报告、关于县十六届人大七次会议代表建议办理工作情况的报告，表决通过遂溪县人大常委会《关于县监察委员会开展反腐败国际追逃追赃工作情况报告的审议意见》《关于遂溪县“七五”普法工作情况报告的审议意见》《关于民生实事项目实施情况报告的审议意见》《关于县十六届人大七次会议代表建议办理工作情况报告的审议意见》。会议听取县人民政府关于营商环境提升情况的报告。

遂溪县第十七届人大常委会第二次会议　2021年12月24日在遂溪县委第五会议室召开。会议听取和审议《遂溪县人民政府关于提请审议2021年度收支预算调整方案的议案》，表决通过县人大常委会《关于批准遂溪县2021年度收支预算调整方案的决议》。会议审议县人民政府《关于提请审议陶媚同志挂职的议案》、县人民法院《关于提请审议武丹莉同志挂职任命的报告》，表决通过有关人事任免事项：任命陶媚为遂溪县人民政府副县长（挂职时间1年），任命武丹莉为遂溪县人民法院副院长、审判委员会委员、审判员（挂职时间1年）。

【县人大常委会主任会议】 2021年，遂溪县人大常委会召开主任会议20次，其中召开县第十六届人大常委会主任会议第七十九次至第九十五次共17次，召开县第十七届人大常委会主任会议第一次至第三次共3次。

（县人大办）

人大监督

【概况】 2021年，遂溪县人大常委会围绕全县工作大局，紧扣“1+3+6”行动计划，依法行使监督职权，听取审议工作报告33项，开展视察调研41次、执法检查3次，监督力度和实效进一步强化。

【重点工作监督】 2021年，遂溪县人大常委会聚焦乡村振兴，配合省、市人大开展全面推进乡村振兴工作专题调研，开展现代农业产业园建设情况调研，推动巩固拓展脱贫攻坚成果与乡村振兴有效衔接。聚焦优化营商环境，听取营商环境提升情况报告，落实减税降费政策，优化审批办理流程，营造更加优质的投资环境。聚焦守护碧水蓝天，听取环境状况和环境保护目标完成情况报告，调研视察遂溪河流域水质提升、污水处理设施建设运行情况，配合省、市人大开展固体废物污染环境防治法执法检查，督导环保工作整改落实情况，合力提升全县生态环境质量。

【经济运行监督】 2021年，遂溪县人大常委会密切关注经济运行新态势，审查批准“十四五”规划和2035年远景目标纲要以及国民经济和社会发展计划执行、预算和预算执行调整、决算等报告，督促政府及有关部门积极应对财政经济运行中的问题，使财政收支结构更优。听取审议国有资产管理情况和审计查出突出问题整改情况报告。专题调研、听取审议生猪养殖产业、现代渔业发展情况，助力产业健康发展。对县财政局和县应急管理局开展工作评议。

【群众利益问题监督】 2021年，遂溪县人大常委会把民生实事当作履职大事，首次实行县级民生实事项目人大代表票决制，并实现县镇人大票决制全覆盖。对人代会上票决的10件民生实事，做到明确责任，定期跟踪问效，运用调研、视察、测评等方式传导压力、激发动力，至年底项目完成9件，对未完成的遂城镇第十三小学新建项目继续跟踪监督。听取审议突发公共事件卫生应急体系建设情况报告。开展医疗保障基金筹集使用管理专题调研，回应人民群众医疗保障服务需求。

【社会公平正义监督】 2021年，遂溪县人大常委会坚持问题导向，对公共文化服务保障法、固体废物污染环境防治法、爱国卫生工作条例3部法律法规实施情况开展执法检查。听取审议“七五”普法决议贯彻落实情况报告。听取办理未成年人违法犯罪案件情况报告，推进做好未成年人犯罪综合治理和预防工作。首次听取审议县监委开展反腐败国际追逃追赃工作情况报告，推进人大监督程序化、制度化。听取审议县人民检察院贯彻落实认罪认罚从宽制度情况报告，强化适用认罪认罚从宽制度的责任和自觉。听取县人民法院开展环境资源保护审判工作情况报告，强化发挥好生态文明建设的司法保障作用。加强人大信访工作，全年受理群众来信13件，接待群众来访28人次。

（县人大办）

代表工作

【代表察民情聚民智惠民生渠道拓宽】 2021年，遂溪县人大常委会坚持常委会组成人员联系代表制度，邀请代表列席县人大常委会会议167人次，推荐代表参加“一府一委两院”安排的调研、庭审、听证等活动175人次，为代表知情知政、依法履职创造条件。坚持代表联系群众制度，优化代表履职平台，升级15个中心联络站、182个村（社区）联络站建设，全年有1260名人大代表进联络站接待群众2786人次，解决各类问题326个，发挥“小站大作用”。

【代表议案建议内容与办理双提质】 2021年，遂溪县人大常委会建立议案建议提出前的沟通协调机制、集体审核把关机制，开展优秀议案建议评选表彰，对《关于加大力度解决镇干部公共租赁房建设的建议》等10件优秀建议进行表彰，议案建议质量明显提升。完善常委会领导牵头督办、各工委对口督办和人大代表全过程参与办理的工作体系。对洋青镇等10个先进办理单位进行表彰。县十六届人大七次会议期间代表提出的52件建议（含议案转建议）已办结，办结率100%，一批惠民举措得到落实。

【代表开展主题活动推动解决难点堵点问题】 2021年，遂溪县人大常委会开展“更好发挥人大代表作用”主题活动，县四套班子人大代表带头进站、主动参与，在全市率先实现县级领导干部中的人大代表100%参加活动。县委书记骆华庆以人大代表身份到城月镇接待群众，群众提出的改造城月镇朝阳路与城林大道交叉口逢雨必浸问题和城糖社区巷道硬底化建设问题都全部解决。城糖社区1693名群众实现20多年的“修路梦”，并赠送感谢信和锦旗。在主题日活动期间，700名代表进站接待群众1083人次，解决群众关心的难点堵点问题191个。

（县人大办）

遂溪县人民政府

综述

【概况】 2021年，遂溪县完成地区生产总值415.5亿元，比上年增长8.8%，增速排名全市第二。完成社会消费品零售总额141.3亿元，比上年增长9.4%，增速排名全市第二。完成规模以上工业增加值28.8亿元，比上年增长10.5%。完成固定资产投资98.5亿元，比上年增长16.6%。完成一般公共预算收入9.3亿元。能耗总量增长控制在8.3万吨以内。单位生产总值能耗下降3.1%。产业结构不断优化。三次产业结构由2020年的34.9∶16.3∶48.8调整为34.1∶21.9∶44，第二产业比重首次突破20%。现代工业加快发展。全县完成规模以上工业总产值197.7亿元、比上年增长14.3%。新增规模以上工业企业17家、总数115家，完成率排名全市第一。工业增加值占地区生产总值比重提高2.3个百分点，规模以上工业增加值增长10.5%、连续4年保持双位数增长，遂溪县在全市工业园区发展大会上作经验发言。推动18家企业开展技术改造，工业投资比上年增长90.4%，增速排名全市第三。现代农业稳中提质。全县农林牧渔业总产值234亿元、比上年增长12.6%，新增土地流转面积2866.7公顷（4.3万亩），粮食生产实现面积、产量"双增"。新增高标准农田3133.3公顷（4.7万亩），撂荒耕地复耕复种1200公顷（1.8万亩），拆旧复垦106.5公顷（1598亩）、为乡村振兴"输血"3.6亿元。火龙果、生猪省级现代产业园引领带动种养领域实现园区化，新增3个全国名特优新农产品，5个村镇获省级专业村镇认定，成功创建1家国家级、3家省级水产健康养殖和生态养殖示范区、1个省级特色农产品优势区、1个省级农业标准化示范区，遂溪县获评省级水产健康养殖和生态养殖示范县，农牧渔三大领域形成亿级特色优势农业产业带。现代服务业取得新突破。全县电商网络销售额13.56

2021年6月28日，遂溪县举行2021年第二季度重点项目集中开工、竣工活动

（县府办/供图）

亿元，比上年增长10%，遂溪农产品网络销售额进入全国县域农产品网络零售百强榜。全年旅游接待人数116.4万人次、比上年增长21.12%，旅游收入14.3亿元、增长8.4%。全县金融机构本外币存款余额324.97亿元，比上年增长4.8%；人民币贷款余额181.26亿元，增长17.9%。新建5G基站344座、累计729座，光纤接入用户17.21万户、百兆以上用户占95.51%。项目建设有序开展。全年安排重点建设项目60个，总投资382.26亿元，全年完成投资51.87亿元。汇通乳胶医用丁腈橡胶检查手套、官田水库50万瓦光伏发电等7个项目建成投用，五洲药业生物医药科技产业园、恒兴海洋食品研发生产、城月镇田头村50万瓦渔光互补光伏发电场等17个项目开工建设，县域次级医疗卫生中心、县生活垃圾焚烧发电等项目前期工作加快推进。全年完成固定资产投资98.5亿元，比上年增长16.6%。

【施政纪要】 2021年，遂溪县坚持稳中求进工作总基调，坚持高质量发展要求，统筹推进疫情防控和经济社会发展，实施“1+3+6”（1是主城区，3是滨河新区、滨海新区、北部湾新区，6是岭北工业园区、白坭坡工业园区、洋青工业园区、燕子窝工业园区、城月工业园区、北潭港工业园区）行动计划，做好“六稳”工作，落实“六保”任务，全县经济持续健康发展，社会各项事业全面进步，“十四五”实现良好开局。经济实力稳步提升。大力培育“链主”企业，专班推动一批超亿元“链条”项目建设提速见效，成功打造首个百亿级农副食品加工产业集群、产值增幅超30%。园区扩能增效明显，新规划建设北潭港工业园区，初步形成“一园六区”发展新格局，用地规模扩增至1733.3公顷（2.6万亩），岭北、白坭坡园区基本达到“七通一平”，园区规模以上工业总产值增长28.1%。产业创新能力显著提升，15家企业获国家高新技术企业认定、总数44家，2家企业成功揭榜市“揭榜挂帅”制人才团队项目。农产品“12221”（搭建1个农产品的大数据，组建销区采购商和培养产区经纪人2支队伍，拓展销区和产区2大市场，策划采购商走进产区和农产品走进大市场2场活动，实现品牌打造、销量提升、市场引导、品种改良、农民致富等一揽子目标）市场体系建设成效明显，获广东荔枝“12221”市场体系建设“我为荔农办实事”优秀政务服务奖。交通设施逐步完善。遂溪大道完成主体工程量88%，北潭港码头完成特许经营方案编制，河东大道完成可研、立项等前期工作，国道207线、228线穿城段改线工程和国道207线至下泊靶场战备公路前期工作加快推进。积极配合省、市推进交通重点项目建设，配合支持调顺跨海大桥建成通车。高标准编制国土空间总体规划，着力打造“一核三区”空间格局，推动城市向东向海发展。主城区更新提质有序有力，以创文为抓手大力实施城市更新行动，7个老旧城区改造项目稳步推进，重拳整治城市“六乱”，小产权房实现“零增长”，创新在新中心市场打造“网红流动摊贩经营点”。新区建设全面加速，滨河新区加快成势成型，县中医院基本建成，碧桂园、敏捷等大型商住项目加快推进，遂城第十三小学开工建设，城市人气逐渐聚集、活力不断提升；划定20.42平方千米滨海新区城镇开发边界，以“一镇、一业、一品、一节、一条精品路线”工作模式推动北部湾旅游新区建设扎实起步。美丽乡村建设成色更足，3个市级特色乡村通过验收，36个市县级美丽宜居示范村、农房管控和乡村风貌示范带建设成效凸显，北坡镇、杨柑镇、岭北镇获评省卫生镇，遂城镇、城月镇获评省移动支付示范镇。官湖村获市首届美丽乡村电视大赛一等奖，在全市先行先试“积分制”治理模式。生态文明建设深入推进。聚焦水、大气、土壤等重点领域攻坚，抓好第二轮中央生态环保督察反馈问题整改，生态环境稳步向好。全面实施河长制，开展“清四乱”行动，清理河道50.26千米，治理河长30.5千米，遂溪河罗屋田省考断面水质持续改善。完成14个镇级污水处理设施及配套管网建设，农村生活污水收集率、处理率分别达90.8%、

83.3%，畜禽养殖粪污综合利用率97.5%。加强大气污染物排放管控，公交车电动化率80%，环境空气质量优良率98%。强化危险废物监管，新增危险废物利用处置能力13.8万吨/年。严守耕地保护红线，整治违法用地41.7公顷（625亩），完成造林428.5公顷（6428亩）。推行绿色制造、清洁生产，推动3个总投资22.2亿元的风电项目建设，填补风电开发领域空白，累计建成20兆瓦分布式光伏项目，位居全市第一，新能源产业链项目总投资突破百亿元。改革开放持续深入推进。基本完成“营商环境提升年”64项目标任务，获市“四个全面”绩效考核营商环境专项政务服务单项第二名。“放管服”改革取得新进展，工程建设项目审批时间最多缩短55个工作日，企业开办只需“一网一窗”，实现0.5天办结。“数字政府”建设成效显著，县政务服务大厅服务事项增至809项、“最多跑一次”率99.94%，实现省内通办政务服务事项30项，依申请事项网办率、“12345”热线满意率分别达97.6%、99.4%，遂溪县获评市“‘12345’政务服务便民热线先进单位”。新增市场主体4691家、总量突破3万家，新登记企业比上年增长34.84%。把握“核+副中心”深度合作契机，借助越秀区对口帮扶“东风”，推动“新三高”农业发展稳步开局。农业对外开放不断深化，遂溪县RCEP香蕉国际采购交易中心入选首批农产品国际采购交易中心，1家企业获RCEP（区域全面经济伙伴关系协定）原产地证书，“正大菠萝猪”高铁专列将生猪省级产业园辐射效应扩至湾区市场。以跨境电商为引领促进外贸发展，完成进出口总额22.9亿元。民生改善持续增强。扎实开展“我为群众办实事”实践活动，基本完成县十大民生实事。城镇新增就业3859人，失业再就业2309人，登记失业率2.08%、低于3.5%控制目标。建成全市一流县级人才驿站，县镇两级人才驿站实现全覆盖。低保、特困人员等困难群众生活保障标准再提标。城乡居民和职工医保参保实现全覆盖。基础教育高质量发展全面提速，新增公办学前教育学位780个、义务教育阶段学位5445个、高中学位1000个，完成县职业技术学校东校区建设，动工建设遂城第十三小学，“双减”工作扎实推进，中高考再创佳绩。遂溪县成功入选全国青少年校园足球试点县名单。疫情防控持续保持“零感染”，累计完成新冠疫苗接种159.4万剂次，县妇幼保健院整体搬迁，升级建设项目门诊综合楼建成使用，广东医科大学附属医院成功托管县人民医院，实现出院人次及次均费用“一增一降”。遂溪县获评省严重精神障碍管理治疗工作先进县。太极拳全民健身硕果累累，遂溪县入选省民间文化艺术之乡，龙湾龙狮团获评全国群众体育先进单位。完成县“信访超市”建设。常态化扫黑除恶工作成效显著，有效防范化解重大安全风险，实现刑事警情、治安警情、交通事故“三降”目标，省摩电交通安全问题挂牌整治重点地区如期摘牌，全县安全生产形势总体平稳，获全市平安建设考评第二名，食品安全指数并列排名全市第一。星级退役军人服务中心（站）创建比例达100%。完成第七次全国人口普查。县老干部局获评全国老干部工作先进集体。政府自身建设进一步加强。持续深入学习贯彻习近平新时代中国特色社会主义思想，扎实开展党史学习教育，深刻领悟“两个确立”的决定性意义，不断增强“四个意识”、坚定“四个自信”、做到“两个维护”。着力转变政府职能，优化政府机构设置和职能配置，稳步推动遂城镇行政区划变更，稳妥有效推进综合执法改革，政府行政效能更加高效。坚持依法行政，全面启动“八五”普法，严格规范公正文明执法，大力推行政务公开，法治政府建设全面提速向纵深推进。自觉接受人大和政协监督，办理各级人大代表建议70条、政协委员提案40件，推动政府工作不断取得新进步。落实全面从严治党主体责任，落实中央八项规定精神，大力纠正“四风”，坚持常态化过紧日子，加强纪律监察和审计监督，政府作风持续转变。

（县府办）

重要会议

【县政府常务会议】 2021年，遂溪县召开县政府常务会议16次。听取“两违”整改情况，重点部署新冠肺炎疫情防控、污染防治、环保督察、道路交通、国有资产、审计整改、统计、禁毒、教育、安全生产及消防、违法建筑整治等工作；审议无人认领遗体处理所需资金、兑付行业基金会股民股金、岭北工业园区和洋青工业园区非居民污水处理收费标准、困难学生教育补助、机关事业单位工作人员遗属生活困难补助标准、警务辅助工作岗位、随军家属就业安置、拥军优属活动经费、企业军转干部生活补助、离岗退养民师待遇标准、离休干部工资发放、退役士兵就业安置、被征地农民养老保障金等工作；审议划拨解决建设遂城镇西堤路改造工程所需资金、解决电压线路迁改工程所需资金、模拟法庭建设资金、核酸检测能力建设资金、疫情防控资金、国家级电子商务产业园县级配套资金、新农村建设资金、黄略镇污水处理站建设资金、建设项目土地征收补偿资金、源水河治理工程地上附着物补偿款、建设项目土地征收补偿、增减挂钩项目拆旧复垦、垦造水田项目种植水稻奖补、下洋党史教育基地公路路面改造扩建项目、污水处理费、遂溪一中综合楼项目、湛江卫生中医药职业学院建设、森林消防设备购置、疫情防控应急医疗物资采购、遂溪县看守所扩建工程项目、岭北工业基地项目安置留用地、注册资金、“僵尸企业”资产处置、县社会福利院（光荣院）搬迁建设项目、机动车驾驶人考试场地建设、新建县职业技术学校实训基地、洋青镇垃圾中转站升级改造等工作；审议《遂溪县进一步完善基层医疗卫生机构绩效工资制度实施方案》《遂溪县河道采砂暂行办法（修正案）》《遂溪县河道采砂暂行办法实施细则（修正案）》《遂溪县人民政府关于第一批下放镇街综合行政执法事项目录分批次实施》《遂溪县建设项目征地拆迁补偿安置方案》《遂溪县疫情防控建设项目用地控制性详细规划》《遂溪县2020年国民经济和社会发展计划执行情况与2021年计划草案的报告》《遂溪县国民经济发展和社会发展第十四个五年规划和2035年远景目标纲要》《遂溪县农业水价综合改革水价实施方案》《遂溪县2019—2020年革命老区省级财力性增量补助资金使用安排方案》《遂溪县贯彻落实广东省自然灾害防治能力建设行动方案的分工方案》《2020年度全县安全生产责任制及消防工作考核结果的通报》《遂溪县国家级电子商务进农村综合示范县项目实施方案》《遂溪县国家级电子商务进农村综合示范县资金与项目管理制度》《森林防火禁火通告》《遂溪县推进城乡融合发展省级试点县工作实施方案》《遂溪县人民医院托管合作协议》《2020年度遂溪县省级垦造水田项目后期管护地力培肥计划》《遂溪县江洪镇东部片区控制性详细规划》《遂溪县集中开展事业单位公开招聘工作实施方案》《遂溪县全面实施预算绩效管理工作方案》《遂溪县涉农资金统筹整合管理办法》《遂溪县2021年公开招聘教育系统专业技术人员（教师）工作方案》《遂溪县2021年国有建设用地供应计划》《广东省遂溪县界炮镇遂溪林场矿区建筑用砂矿采矿权网上挂牌出让方案》《湛江市医疗废物处理中心控制性详细规划调整必要性分析及方案》《遂溪县中等职业学校生均拨款制度》《遂溪县2018年中央财政畜禽粪污资源化利用项目资金管理办法》《关于调整县政府领导工作分工的通知》《“四个全面”绩效考核及年度考核评价实施方案》《2021年度湛江市遂溪县垦造水田工作方案》《2021年度财政收支预算调整方案》《遂溪县农村公厕升级改造工作方案》《遂溪县2021年绿色种养循环农业试点县实施方案》等方案。

【县政府办公会议】 2021年，遂溪县召开县政府办公会议39次。主要研究部署关于政府储备建设用地审批、遂城镇“1•1”遂城福昌五金建材商行火灾事故善后处理、解决伤残人员抚恤金问题、遂溪河污染整治工作推进、商住小区房产住户入户事宜、“3•10”湛江甘化糖业有限公司糖蜜储存罐泄漏事故后续处置、重点项目工作推进、城月镇中心卫生院升级建设项目、土地卫片整治工作、草潭海域鱼类非正常死亡事件协调、农房管控和乡村风貌提升示范带建设工作、沙坡河沿河养殖整治工作、营商环境提升工作推进、支持遂溪农商行发展办理协调、环北部湾广东水资源配置工程（湛江引调水工程遂溪段）征租地工作、污水处理项目及供水项目、农村乱占耕地建房专项整治工作、公务用车制度改革、机场净空区超高建（构）筑物历史遗留问题协调、遂溪大道沿线供电、排污工程建设、岭北镇调丰村被非法倾倒固体废物事件处置工作、城月镇文章西村矛盾纠纷处置工作、系统防范化解交通安全工作、湛江市恒兴海洋食品研发生产项目推进工作、县农商大厦（原启达假日酒店）项目竣工验收、山内水库等8宗小型水库除险加固工程项目、同畅环保科技船舶废物处理利用中心项目、广东永恒森工产业项目等工作。

（县府办）

【县政府重要会议】 2021年，遂溪县政府召开县政府常务会议16次。主要有：

遂溪县人民政府第十六届第七十一次常务会议 3月24日召开。会议传达学习《广东省消防工作若干规定》和省长马兴瑞在《广东消防救援总队关于2020年度全县消防安全形势的分析报告》上的批示精神。会议审议并原则通过《遂溪县贯彻落实广东省自然灾害防治能力建设行动方案的分工方案》《遂溪县国家级电子商务进农村综合示范县项目实施方案》等。

遂溪县人民政府第十六届第七十七次常务会议 8月31日召开，会议学习传达李希、李家祥、翟青在中央第四生态环境保护督察组督查广东省动员会上的讲话精神，审议《遂溪县各镇及县直单位2021年招商引资目标任务分解表》《遂溪县2021年招商引资考核激励暂行办法》《遂溪县关于进一步加强和改善招商引资工作的方案》《遂溪县关于进一步规范招商项目准入的意见》等。

遂溪县人民政府第十七届第一次常务会议 11月16日召开，会议传达贯彻《住房和城乡建设部关于在实施城市更新行动中防止大拆大建问题的通知》精神等。

遂溪县人民政府第十七届第二次常务会议 12月10日召开，会议传达学习《中共中央 国务院关于深入打好污染防治攻坚战的意见》《广东省人民政府办公厅关于科学绿化的实施意见》等，听取遂溪县2021年法治政府建设工作汇报，研究部署下阶段疫情防控工作。

（县府办）

综合政务

【办文】 2021年，遂溪县人民政府累计收发上级文件5988份（其中平件5695、密件228份、内部文件65份），及时作出处理意见，做到传递迅速、送批及时。对送审文件随来随办、特件特办，共处理各部门和下级政府来文1354件，草拟、审核、分发县府办文件50份、遂府文件345份，收集整理9次县政府党组会议材料42份，15次县政府常务会议议题218份、完成会议纪要13份。保持对精简文件刚性约束，累计发文395份，基层减负工作持续深化拓展。

【办会】 2021年，遂溪县人民政府办公室坚持周密安排、力求高效、严守纪律、注意保密“四个原则”，发挥好综合协调作用，做到各项会务工作有专人负责、专人跟进、层层把关，高质量做好各项会务工作。精心做好县政府领导日常工作的安排，主动加强与县委、人大、政协三大办公室的互动联系，提高领导日常事务处理的工作效率。用心用情用力做好各类会议承办工作，负责协调配合各类调研、检查活动约100次，组织各类会务活动约150次，配合党代会、县委全会及人大、政协两会等综合性大型会议召开，完成领导交付各项工作任务。

【综合文稿】 2021年，遂溪县人民政府办公室高质量完成县《政府工作报告》起草工作，全年累计完成综合性材料及领导讲话材料起草、修改超过300份、约90

万字，较好地完成人民代表大会、经济工作会议等重要会议材料起草。突出抓好调查研究工作，撰写调研报告2篇，积极、主动、高质量为县政府领导决策提供依据。突出抓好信息报送工作，报送信息被市府办采纳7期，信息采用量在10个县（市、区）中排名第三。其中《湛江遂溪县探索“稻—稻—薯”高效生产新模式开创雷州半岛乡村产业兴旺新路子》《遂溪获评“广东省火龙果特色农产品优势区”》2篇信息被省政府办公厅采用。

【行政执行】　2021年，遂溪县人民政府以“钉钉子”精神真督实查，保障各项决策“按时完成不拖延、按质完成不走样”。累计发出预警函39份、督办函12份；开展国务院“互联网＋督查”平台留言问题线索、乡村振兴、重点项目、审计、遂溪河治污攻坚、疫情防控等各类专项督查14次，编发《督查通报》6期、《督办事项进度情况汇总表》32期；完成交办省、市、县人大议案、建议和政协提案110件，办复率100%；完成交办市政府工作报告分解事项32件，市、县领导批示事项29件，市、县会议纪要决定事项131件，其他督查督办事项113件，发出《督办事项交办单》208份，积极实行网上交办，累计线上交办有关工作事项126件、涉及86个承办单位，有力提高督查督办时效性。

【政务公开】　2021年，遂溪县人民政府健全政府信息公开管理制度，推行“互联网＋政务服务”。全年累计主动公开政府信息196条、依申请公开32条，答复“网民给省长留言、市长留言”7宗、完成市级留言指派352条、督促相关部门完成县政府网站留言457条，及时回应群众关注关切。对全县政务新媒体进行集约整合，备案登记新媒体21个，推动政府信息查阅更便利、内容更丰富、普及面更广。

【职能转变】　2021年，遂溪县人民政府加强推进职能转变。建立县推进政府职能转变和“放管服”改革协调小组工作制度，通过开展实地调研、材料报送等形式，及时掌握各部门最新改革动态，加强对各部门组织领导、统筹协调和督促指导。做好信息工作，每季度向市报送工作进展情况，总结工作先进做法和经验。

【金融服务】　2021年，遂溪县人民政府办公室引导金融机构加大对中小企业、民营企业和“三农”信贷投入，助力复工复产。深化普惠金融服务，农房保险实现全覆盖，保险金额134.3亿元；农村授信扎实推进，完成整村授信建档4.23万户；移动支付成效明显，建成移动支付示范点500个，打造全丰中央广场移动支付示范商圈，建成2家“移动支付＋智慧市场”、4家医院落地医保联项目、投放320台“粤智助”、设立87家普惠金融支付服务站，群众获得金融服务更加便利。大力助推企业上市，已上报市级8家企业，其中1家计划2022年上市。持续强化涉政涉公不良贷款清收工作，较好完成防范非法集资各项任务。

（县府办）

机关事务管理

【概况】　2021年，遂溪县机关事务管理局完成招商引资公务接待46次、500余人次。坚持将“绿色机关”理念贯穿到机关事务工作各领域各环节，融入绿色发展新理念的节能管理创新与发展，推动治安消防、会务组织、用房调配、用车管理以及后勤接待等服务保障更科学、更节约、更高效。

【机关大院治安消防管理】　2021年，遂溪县政府大院实行24小时值守巡查制度，大院大门安装车牌号码智能识别系统、监控系统新增摄像头16个，对外来车辆人员实行凭“粤康码”和测量体温准入制度，禁止无牌无证车辆进入，妥善处理群访、闹访事件。加强大院设施的合理使用、日常排查和维修，合理规划停车位，加强车辆停放管理。整改大院消防隐患18处，举行安全消防培训2次，新增微型消防站1个。新冠疫情期间实现疫情零感染。

【会务服务组织】 2021年，遂溪县机关事务管理局坚持以人为本，坚持会务服务保障精细化、人性化、规范化，把握办会要求，确定人数、主题、时间、台型要求、所需物品及设备要求，做到“任务分解到人，责任落实到岗”。加强会务人员管理，强调安全保密工作，坚持内外有别、不泄密内部情况，完成县两会、县第十四次党代表大会等重要会议的保障任务。

【办公用房调配】 2021年，遂溪县机关事务管理局严格按照“依法依规、相对集中、集约节约”原则，完成县级党政机构改革配套办公用房调配工作。稳妥推动机关房产遗留问题处置工作，进一步巩固办公用房清理整改成果。旧检察院大楼修缮验收完毕，为党政机关新增办公用房30间，会议室2间，总面积876.56平方米；县委宣传部的办公用房不足问题取得阶段性进展。

【公务用车管理】 2021年，遂溪县机关事务管理局始终坚持以制度管车、以制度管人，严格落实管理制度。车队每月定期对外公布公务车用油及维修费，公务车的日常管理厉行节约，减少开支。全年按要求完成车辆保障工作3377次，行驶里程21.2万千米。

【后勤服务接待】 2021年，遂溪县机关事务管理局共完成公务接待412批次4000余人次，其中省部级领导4次、厅级领导14次。完成中央第四生态环境保护督察组、省委第十三巡视组、广东省审计厅审计组、市委换届工作领导小组等到遂溪县进行公务活动的接待服务保障。5月12日，中国农业国际交流协会、省农业农村厅调研组赴遂溪县调研香蕉产业，县机关事务管理局负责完成食宿接待、车辆安排工作。8月24日，团市委、市青年企业家协会赴遂开展名企走访活动，县机关事务管理局负责完成接待工作。9月10日，遂溪辛丑年孔庙祭孔大典在遂溪孔子文化城举行，县机关事务管理局负责协助完成宾客食宿接待、车辆安排等后勤工作。

（梁子晴）

政务服务数据管理

【概况】 2021年，遂溪县政务服务数据管理局全面贯彻落实中央、省、市、县各项决策部署，以优化政务服务环境为目标，以“数字政府”建设为主线，以全面深化“放管服”改革为工作落脚点，持续提升政务服务和数据管理水平。

【一体化政务服务能力建设】 2021年，遂溪县政务服务数据管理局着力提升全县一体化政务服务能力，推进事项“一门办”。年内实现住建、城综、公安等职能部门735项事项的“一门式”办理，县政务服务大厅全年累计办件量77637件。推进事项“网上办”。全县依申请事项（包括行政许可、行政给付、行政确认、行政奖励、行政裁决、其他行政权力六类）网办率97.57%；推进事项“免证办”。依托省大数据中心的电子证照库，实现卫健、住建、水务、应急4个单位61个事项部分材料线上免提交；推进事项“跨域办”。与深圳市宝安区合作，在线上开通遂溪县省内通办专区，实现30项事项省内通办。在广东政务服务网湛江节点跨省通办专栏上线公安、教育、人社、社保4个单位7项事项跨省通办服务。

【“数字政府”建设】 2021年，遂溪县政务服务推动非涉密系统上政务云平台，对“数字政府”改革建设成果——“粤省事”“粤商通”等进行全方位宣传推广。完成“智慧党建”“土地流转系统”“国土空间一张图”和行政服务中心信息系统4个非涉密系统上政务云工作。推广“粤省事”“粤商通”。至年底，全县“粤省事”实名用户67.7万人，“粤商通”注册用户29250户。加强推广网上中介服务超市工作，截至12月23日，全县有107家单位入驻中介服务超市，累计发布项目527个，累计选取520宗，签约项目411个，共完成服务165项。提高数字化支撑能力，遂溪县政数局印发《关于加快推进镇（街）、村（居）电子印章使用普及工作的通知》，年内完成全县各镇村电子印章的申报工作387个。

【政府网站运维】 2021年，遂溪县政务服务数据管理局持续加强政府网站和政务新媒体政务信息公开及内容保障工作，对县政府网站进行改版与栏目优化，为遂溪县党史学习教育、信息公开工作年度报告、政府会议公开、二级主动公开基本目录编制发布等工作开设专题栏目，并对遂溪县网站进行无障碍阅读改造。持续畅通政民互动交流渠道，开设领导信箱、业务咨询、业务投诉、违纪举报栏目，收集群众的留言意见，解决群众合理诉求，并在网站添加“我为政府网站找错”入口，按时、据实办理好找错留言，加强政府网站建设。

【权责清单编制】 2021年，遂溪县政务服务数据管理局配合县司法局推动县级综合执法事项下放，开展好遂溪县镇街体制改革权责清单编制工作。年内，完成第一批339项县综合执法事项的下放镇工作；第二批85项县级综合执法下放事项已获湛江市政府批准；第三批县级综合执法下放事项的目录编制工作已完成，拟计划下放63项，已上报县政府审定。2月22日，向各镇各单位印发《遂溪县政务服务数据管理局关于做好我县权责清单调整工作的函》，对全县权责清单进行标准化梳理，依托“广东省政务服务事项管理系统”实现对全县权责清单的动态化管理，并同步在广东政务服务网上更新公布。

【湛江市统一申办受理平台向镇村延伸】 2021年，遂溪县政务服务数据管理局继续推进湛江市统一申办受理平台向镇村延伸，完成该项目初验和各镇村信息数据配置，提升各镇村业务办理能力。5月19—20日，组织全县统一申办受理平台培训会，对全县县、镇、村三级共401个单位进行系统培训。全年全县在湛江市统一申办受理平台的办件量6599件，其中县直单位办件6270件、镇级办件329件。

【“粤智助”政府服务自助机下乡】 2021年，遂溪县政务服务数据管理局推动自助机下乡，推动政务服务就近办。在银行网点部署银行柜员机。3月1日，遂溪县政数局印发《关于转发〈广东省政务服务数据管理局关于做好政务服务一体机相关工作的通知〉的通知》，统计出全县工商银行、农业银行、中国银行、建设银行、农信社、邮储银行共有49台智慧柜员机，已部署到遂城、北坡、城月、杨柑、洋青等镇。推动“粤智助”政府服务自助机下乡。10月20日，县政数局与遂溪农商银行联合印发《关于做好“粤智助”政府服务自助机覆盖全县行政村的工作方案》，在全县部署“粤智助”政府服务自助机312台。

（余巨涛）

行政服务

【概况】 2021年，遂溪县人民政府行政服务中心结合党史学习教育，深入推进“营商环境提升年”活动和“我为群众办实事”实践活动，以推动企业群众办事线上“一网通办”、线下“只进一扇门”、现场办理“最多跑一次”为目标，推进审批服务“三集中、三到位”，实行政务服务集中办理，不断提升政府服务效能，优化遂溪县营商环境。2021年，政务服务大厅受（办）理事项77637件，办结率100%。

【线下办事“只进一扇门”推动】 2021年，遂溪县人民政府行政服务中心推进审批服务“三集中、三到位”，实行政务服务集中办理。企业群众可在县级政务服务大厅办理企业开办、工程建设项目审批、投资审批、不动产登记、教育科研、文化体育、婚姻登记、医疗卫生、交通运输、司法公证、规划建设、公用事业、出入境、户政等809项依申请政务服务事项，较好实现办事“只进一扇门”。

【“一窗受理、集成服务”推行】 2021年，遂溪县人民政府行政服务中心持续推进窗口建设，政务服务大厅共设置办事窗口77个，其中综合服务窗口16个，专业窗口61个，采用“综合窗口+专业窗口”方式，按照“前台综合受理、后台分类审批、统一窗口出件”服务模式，为企业群众办事提供“一窗受理、集成服务”。全年专业窗口共受（办）理业务72966件，综合服务窗口共受（办）理业务4111件；全县工建累计申请业务575件，受理540件，受理率93.91%，颁发电子证照178个，累计并联审批业务214件，各项指标位居全市前列。

【企业开办便利度提升】 2021年，遂溪县市场监督管理局、县政数局、县行政服务中心共同牵头，整合企业登记、公章刻制、发票和税控设备申领、社保缴费登记、住房公积金企业缴存登记5个企业开办事项所需填报的表单，形成《遂溪县企业开办“一窗通办”提交材料清单（试行）》，在政务服务大厅投资绿色通道服务站设置企业开办一窗通办窗口3个，依托省企业开办一网通办平台，实现全县企业开办只需“一网、一窗”，并提供免费刻制行政公章、发票章各1枚的印章服务。全年企业开办一窗通办窗口共办理业务560件。

【政务服务便民热线优化】 2021年，遂溪县人民政府行政服务中心推进热线整合归并，优化热线运行管理，加强热线能力建设，热线服务质量不断提高。是年，遂溪县“12345”热线共接听市民诉求电话10240宗，其中话务员直接回复及热线办后台直接办结1281宗，转派相关部门处理8959宗，办结8959宗，回复率100%，办结率100%，市民满意率99.42%，遂溪县被评为湛江市“12345”政务服务便民热线“优秀成员单位”。

【高层次人才服务站区设立】 2021年，遂溪县结合县政务服务大厅实际，在投资审批绿色通道服务站设置人才服务窗口3个，制定《遂溪县政务服务大厅高层次人才服务站管理制度》，围绕服务对象、服务内容、服务程序、服务方式、管理保障5个方面，为我县各类人才创新创业、办事提供政策咨询、办事指引、前期指导、协办帮办、特事特办、跟踪回访等保姆式服务。

（温伟国）

信访工作

【概况】 2021年，遂溪县通过国家、省、市、县、镇五级信访部门信访信息系统接收受理信访投诉件1415件，比上年增长14.85%。其中，来访376批563人次，批次占总量的26.57%，比上年批次上升0.53%，人次下降11.48%；来信329件，占总量的23.25%，上升11.15%；网上信访710件，占总量的50.18%，上升26.11%。国家件471件，比上年上升25.94%；省件274件，上升7.45%；市件302件，上升112.68%；县级和镇级件368件，下降20.35%；责任单位满意率和参评率45.65%；信访部门满意率和参评率61.22%；责任单位及时受理率99.47%；信访部门及时受理率100%，按期答复率100%。

【重复信访】 2021年，遂溪县有群众重复信访事项869件，占信访总量的61.41%，其中到国家信访局重复访406件，占国家件的86.20%；到省信访局重复访226件，占省件的82.48%；到市信访局重复访183件，占市件的60.60%；到县、镇两级重复访54件，占县件和镇件总数的14.67%。

【信访突出问题分类】 2021年，遂溪县信访突出问题有卫生健康类233件，占比16.47%；农村农业类208件，占比14.70%；国土资源与自然资源类208件，占比14.70%；政法类156件，占比11.02%；城乡建设类141件，占比9.96%。

【信访超市】 2021年年底，遂溪县群众信访诉求综合服务中心（以下简称“信访超市”）建成并投入使用。这是坚持和发展新时代“枫桥经验”的重要路径，是化解矛盾纠纷、促进社会和谐的重要方式。“信访超市”的投入使用，有助于全县构建“一站式接收、一揽子调处、一键式查询、全链条解决”的综合服务新体系。

（刘岱川、陈土君）

中国人民政治协商会议遂溪县委员会

综述

【概况】 中国人民政治协商会议遂溪县委员会（以下简称“政协遂溪县委员会”）是遂溪县四套班子之一。政协遂溪县委员会主席1名，副主席6名，政协常委50名；下设提案委员会、经济委员会、人口与资源环境委员会、教科文卫体委员会、学习与文史委员会、社会和法制委员会、港澳台侨委员会、农业农村委员会等8个专门委员会、有政协委员276名。县政协机关设3室1委：政协办公室、提案文史室、调研综合室及农业和农村委。主任4名，副主任4名，科员3名，工勤人员3名。

2021年，遂溪县政协贯彻落实中共十九大和十九届历次全会精神，深入学习贯彻习近平总书记重要讲话精神，贯彻落实省委十二届十次全会精神和市委十一届十次全会精神，围绕中共遂溪县委十三届六次全会提出的目标任务，全面加强党的建设，履行政协各项职能，发挥人民政协独特优势和协商民主中的重要作用，助推遂溪县经济社会高质量发展和各项工作落实，推进遂溪全面融入湛江市区同城建设发展。完成县政协换届工作。推进履职能力现代化。县政协机关成立政协机关党总支，统管原政协办支部和原政协老干支部，进一步加强党建引领作用。加强学习习近平新时代中国特色社会主义思想和人民政协理论，县政协撰写的《学党史悟思想聚共识办实事 全面开创新时代遂溪政协工作创新发展新局面》理论文章被评为二等奖。促进协商民主建设。利用全体会议全面协商议政。政协十届六次全体会议期间，以专委会为单位，采取书面发言方式，分别围绕“抓好疫情防控，推动经济发展”等三个专题，与县委、县政府主要领导进行面对面的协商议政，取得很好的协商成果。推进重点项目建设。协调推进遂溪大道重大工程项目建设；参与下洋村实施乡村振兴战略及红色基地示范点建设工作；推动“1+3+6”（1是主城区，3是滨河新区、滨海新区、北部湾新区，6是岭北工业园区、白坭坡工业园区、洋青工业园区、燕子窝工业园区、城月工业园区、北潭港工业园区）行动计划实施。深入开展调查研究，为遂溪县中心工作建言献策。形成调研考察报告5篇，向县委、县政府提建议24条。推动委员提案办理。县政协第十届六次会议，共收到委员提案29件，经审查立案交办27件，其中被列为重点提案有9件。按照归口交办的原则进行交办，办复27件，办复率100%。坚持政协主席牵头督办重点提案。推进民主政治建设。完善“五位一体”（经济建设、政治建设、文化建设、社会建设、生态文明建设五位一体）工作格局；县政协组织动员企业家委员参与“6·30”扶贫济困共捐款2140万元。县政协办牵头组织县科协等9个成员单位进驻杨柑镇支持乡村振兴建设；完成湛江市政协《湛江村庄简史（遂溪分卷）》的征稿审稿工作，《遂溪分卷》共录入全县348个村委会、1800多个村庄数百万字的珍贵史料；共编印《委员风采》1册。

【重点项目建设跟踪推进】 2021年，遂溪县政协协调推进遂溪大道重点工程项目建设。遂溪大道是县政协跟踪推进的县重点工程，总长度6.76千米，总投资额7.2亿元，基本完成大道主体工程建设。推进下洋红色基地示范点建设。下洋村红色基地示范点是市委组织部挂点，县委书记、县长分别任组长、副组长的县重点示范项目，县委抽调县政协一名副主席专抓该项工作，先后完成红旗广场、绿道建设、黄晶果种植、东征饭堂、革命史馆等工程项目建设，取得阶段性成果。参与“1+3+6”（1是主城区，3是滨河新区、滨海新区、北部湾新区，6是岭北工业园区、白坭坡工业园区、洋青工业园区、燕子窝工业园区、城月工业园区、北潭港工业园区）行动计划实施。按照县委工作安排，县政协9名班子成员中8人参加行动计划指挥部工作，统筹推进“1+3+6”行动计划的全面实施工作；5名副主席分别担任各区“建设专班”副组长兼办公室主任或副主任，助推“1+3+6”行动计划的全面实施。

（洪三河）

2021年9月7日，遂溪县政协在岭北镇现场督办重点提案时召开重点提案协商座谈会　（县政协/供图）

2021年3月3—4日，中国人民政治协商会议第十届遂溪县委员会第六次会议在遂溪景剧院召开　（县政协/供图）

重要会议

【中国人民政治协商会议第十届遂溪县委员会第六次会议】 2021年3月3—4日，中国人民政治协商会议第十届遂溪县委员会第六次会议在遂溪影剧院召开。应出席政协委员276人，出席会议267人。政协第十届遂溪县委员会第五次会议以来，共收到委员提案29件，经审查立案交办27件，按照归口交办的原则，分别交有关部门、单位进行办理，经县政协推动，办复27件，办复率100%。

会议指出，2020年，遂溪县政协全面贯彻中共十九大和十九届二中、三中、四中、五中全会以及中央经济工作会议精神，深入贯彻落实习近平总书记对广东重要讲话和重要指示批示精神，认真贯彻落实省委十二届九次全会精神和市委十一届九次全会精神，紧紧围绕中共遂溪县委十三届五次全会提出的目标任务，全面加强党的建设，持续推进“6+1”行动计划，坚定助推高质量发展，统筹推进疫情防控和经济社会发展，为确保遂溪县经济社会持续健康发展和“十三五”规划圆满收官，忠实履职尽责，主动积极作为，为遂溪县全面建成小康社会做出积极贡献。会议期间，委员列席县十六届人大七次会议，听取并讨论县长陈政所作的政府工作报告及其他报告。

【县政协专门会议】 2021年，遂溪县政协为推进基层消防建设，提升全县服务抗御火灾能力，召开政协十届29次常委会会议，就“推进基层消防建设，提升遂溪县服务抗御火灾能力”与县政府及职能部门进行专题协商议政。县政协经过深入调查研究，结合遂溪县实际，对推进基层消防建设，提升全县抗御火灾能力向县政府及职能部门提出“加快推进基层消防建设”“切实推进责任落实工作”“加强安全隐患排查整治”“增强群众消防安全意识”“加强城区巷道车辆管理”5点建议，得到县政府及职能部门领导赞赏和采纳。

【县政协常务委员会会议】 2021年，政协第十届遂溪县委员会常务委员会召开会议8次。

第二十四次会议 2月25日召开，会议由县政协主席欧卫主持。会议主要议程：学习贯彻习近平总书记在党史学习教育动员大会上的重要讲话精神；审议确定2021年3月2日至4日在遂溪县城召开政协第十届遂溪县委员会第六次会议；审议确定政协第十届遂溪县委员会第六次会议议程、日程安排及分组名单；审议通过政协第十届遂溪县委员会第六次会议秘书长、副秘书长名单；审议通过政协第十届遂溪县委员会第六次会议工作报告（草案）；审议通过政协第十届遂溪县委员会第五次会议以来提案工作情况的报告（草案）；审议《关于撤销遂城街道和附城镇的方案》。欧卫对方案作说明，常委们审议通过该方案，一致认为撤销遂城镇设立遂城街道和附城镇符合遂溪县城市发展的需要。

第二十五次会议 3月3日召开，会议由政协主席欧卫主持。会议主要议程：听取各组讨论情况汇报；协商补选政协副主席候选人预备人选：县委组织部副部长卢志军对提名补选政协副主席人选作说明，根据中共湛江市组织部“湛干〔2021〕83号”文件通知，县委同意：提名庞佑仔为遂溪县政协副主席候选人，同时介绍庞佑仔简历；审议通过大会选举办法（草案）。

第二十六次会议 3月4日召开，会议由县政协主席欧卫主持。会议主要议程：听取各组讨论情况汇报；各专委会召集人汇报对《选举办法（草案）》和酝酿候选人的讨论情况；确定庞佑仔为补选县政协副主席正式候选人；审定《选举办法（草案）》；审定总监票人名单；审定大会《决议（草案）》。

第二十七次会议 3月4日召开，会议由县政协主席欧卫主持。会议主要内容：审议确认选举结果：根据总监票人的报告，庞佑仔获得赞成票超过全体委员半数，依法确定其当选为政协第十届遂溪县委员会副主席。

第二十八次会议 3月30日召开，会议由县政协主席欧卫主持。会议主要议程：学习全国两会精神：一是两会概况，二是十三届全国人大四次会议基本情况，三是全国政协十三届四次会议基本情况，四是习近平总书记在参加全国政协医药卫生界、教育界委员联组会时重要讲话精神，五是汪洋主要讲话精神，六是委员分组讨论审议的主要情况；审议通过《遂溪县政协2021年主要工作安排》；专题学习《习近平关于社会主义生态文明建设论述摘编》：一是生态文明，关系人民福祉，关乎民族未来；二是贯彻新发展理念，推动形成绿色发展方式和生活方式；三是按照系统工程的思路，全方位、全地域、全过程开展生态环境保护建设。

第二十九次会议 8月4日召开，会议由县政协主席欧卫主持。会议主要议程：学习习近平总书记在庆祝中国共产党成立100周年大会上的重要讲话精神；

副县长张闽英代表县政府向政协常委会通报遂溪县2021年上半年经济运行情况（略）；对“推进我县消防建设，提高服务抗御火灾能力”进行专题议政（略）。

第三十次会议 9月26日召开，会议由县政协副主席姚博允主持。会议主要议程：副主席姚博允带领学习习近平总书记在中央全面深化改革委员会第二十一次会议上的重要讲话精神；审议通过欧卫因工作变动，辞去政协第十届遂溪县委员会主席职务和委员资格。

第三十一次会议 11月5日召开，会议由县政协副主席姚博允主持。会议主要议程：学习习近平在二十国集团领导人第十六次峰会第一阶段会议上的重要讲话精神；姚博允传达中央、省、市各级换届工作会议精神及换届相关纪律；审议确定召开政协第十一届遂溪县委员会第一次会议时间：2021年11月8—11日召开；审议通过政协第十一届遂溪县委员会第一次会议议程（草案）；审议通过政协第十一届遂溪县委员会第一次会议日程安排（草案）；审议通过政协第十一届遂溪县委员会委员名单。刘喜对委员情况作说明。港澳委员以省委统战部批复为准；审议通过政协第十一届遂溪县委员会第一次会议主席团成员和秘书长名单（草案）；审议通过政协第十一届遂溪县委员会第一次会议主席团常务主席名单（草案）；审议通过政协第十一届遂溪县委员会第一次会议主席团执行主席分组名单（草案）；审议通过政协第十一届遂溪县委员会第一次会议副秘书长名单（草案）；审议通过政协第十一届遂溪县委员会常务委员会工作报告；审议通过政协第十一届遂溪县委员会常务委员会提案工作报告。

（洪三河）

协商议政

【概况】 2021年，遂溪县政协利用政协全会议政建言。在政协全体会议期间，以专委会为单位，采取书面发言方式，分别围绕“抓好疫情防控，推动经济发展”“借鉴兴义市工作经验，推进我县公共卫生服务工作”“着力推动乡村振兴战略和农村土地经营权流转工作健康发展”3个专题，向县委、县政府提出13条相关建议对策。引起县委、县政府主要领导高度重视和采纳。开展调研考察议政建言。县政协委员贯彻新发展理念，围绕县委、县政府中心工作和全县发展大局以及关乎人民福祉的社会热点难点问题，深入调查研究和外出考察学习，紧扣推进高质量发展和改善民生议政建言。年内，组织主席、常委会以及专委会调研视察和外出考察活动共10次，形成调研视察和外出考察报告8份，向县委、县政府及县职能部门提出建议42条，得到县委、县政府及县职能部门的重视并作为决策依据。

【议政建言】 2021年，遂溪县政协深入调查研究和外出考察学习，紧扣推进高质量发展和改善民生议政建言。

农村公路养护建言 向县委、县政府及职能部门提出五点建议对策：加强执法队伍建设。公路养护成果需要路政执法队伍来维护，所以在重视建路养路的同时，还需要重视路政管理工作。建议县、镇充实路政执法人员的配备，配置必要的办公用品和工作经费。加强农村公路常态化管理，以维护农村公路的路产路权安全；筹措和用好养护资金。各级领导要解决好重建轻养的思想，从省、市、县三级财政拨付的农村公路养护资金看，养护资金明显不足，所以在资金筹措方面只依靠财政是不够的，应引导村集体经济、公路沿线企业等给予适当补充。至于在养护资金的管理上，建议改变单纯以公里路程来确定养护资金的做法，从公路里程、路面状况等经济指标综合考虑，使公路养护资金发挥最大的效用；加强养护工人的培训。农村公路的养护是由最基层的养护工来完成的，但是这些工人多数没有得到培训，也没有更多的时间去学习，建议县交通管理部门对养护工人定期进行科学文化、岗位技能、管理技术等方面的教育培训，从而全面提高农村公路养护水平；营造群防群治的氛围。县交通运输主管部门要利用各种媒体和宣传活动将“国家道路为人民，人民理应爱

护路”“公路服务大众，人人爱护公路”的思想进行广泛宣传，通过微信公众平台、微博等新兴媒体不定期发送一些大众喜闻乐见的消息宣传爱路护路，形成广泛的社会舆论，引导人民群众观念的转变，遵章守法，进一步提高人民群众自觉爱路护路的意识；建立管养长效机制。借鉴廉江市经验，建立健全符合遂溪县实际的农村公路县、镇、村三级路长制组织体系，形成“党政齐抓、上下共管”的工作格局。

“四好农村路”创建建言 向县委、县政府及职能部门提出四点建议：创新思路，建设好农村公路。结合遂溪“旅游景点、特色产业、新农村建设、历史名人”等，推行“农村公路＋旅游休闲、农村公路＋特色产业、农村公路＋生态田园、农村公路＋历史文化”的创新发展模式。新改建的乡道路面必须达到三级或者三级以上技术标准，并注重绿化和美化，把农村公路打造成美丽的风景线。另外，建设农村公路的各项工作任务需要进一步细化分解到各镇、各部门，层层压实责任，进一步建设和美化农村公路；依法治路，管理好农村公路。按照依法治路的总要求，进一步细化农村公路管理职责。县交通运输部门除管好县道外，协调各镇和村（居）对农村公路划分类别，进一步明确管理职责。镇成立专职的巡查队伍，加大巡查力度和巡路频率，清除各种路障，维护农村公路的安全畅通。强化多部门联合执法，经常性开展农村公路环境整治活动，彻底清理乱堆乱放现象。多形式开展宣传教育活动，提高沿线群众的交通安全意识和爱路护路意识；完善体系，养护好农村公路。三分建，七分养。分级分段明确养护主体，层层落实主体责任。可将农村公路日常维护资金纳入财政预算，足额拨付配套资金，实行养护质量、数量与养护经费拨付相挂钩。对于日常保洁、绿化等非专业项目，鼓励通过分段承包、定额包干等方式，吸收沿线群众参与。对于农村公路大中修等专业性工程，可逐步通过政府购买服务的方式交由专业化养护队伍承担。加大农村公路应急资金的投入，确保水毁、崩塌等道路能得到及时修复；完善机制，运营好农村公路。坚持“建养并重、管运结合”，创新客运班车经营模式，采用“圩日班车、早晚班车、周日班车”等更加灵活多样的客运组织形式，针对部分农村地区客源稀少、传统班车经营困难等实际情况，推进“互联网＋”运输服务，打造适宜农村地区出行的“定制客运”，满足不同时段、不同区域农村群众出行的需求。积极开通旅游专线，带动遂溪县旅游相关产业发展。

县政协机关工作管理、制度建设问题建言 向县政协委员会提出八点建议：健全政协党的建设制度体系，夯实“两个全覆盖”；完善理论学习制度。以党组理论学习中心组学习为引领，推动主席会议集体学习、政协常委会专题学习，突出委员小组的系统学习；推动政协协商制度化常态化。要争取县委出台《关于新时代加强和改善人民政协工作的实施意见》，从制度体系对发挥专门协商机构作用进行总体设计。制定县政协协商工作办法，加强和改进调研工作实施细则等；努力创造条件，推进云上履职，建立信息化履职标准体系。要以现代信息技术为手段，搭建遂溪＂政协云＂信息平台提升委员履职能力；建立通报表彰机制。要建立健全评选“优秀政协委员”机制，在政协全会上进行公开表彰，向社会公布，并纳入遂溪县评比达标表彰项目。继续坚持每年评选一次“优秀提案”“提案承办先进单位”；建立管理培训机制。根据新时代委员履职要求，制定委员履职考核评价办法，明确每位委员每年应做到“若干个一”的基本履职事项，把懂政协、会协商、善议政的履职能力新要求落到实处；建立保障服务机制。要建立县政协主席会议成员联系专委会和界别、专委会联系界别委员等多层次联络服务委员工作机制，以及有关界别活动服务保障的制度；建立镇（街道）政协工作联络处和政协委员活动中心。借鉴佛山市三水区、河源市东源县政协的经验，摸索创建委员活动中心，搭建交流平台，充分发挥委员主体作用，依托各专委会、活动小组，规范、有序开展委员活动，

充分发挥委员的特长和优势，有效增强委员活动的活力和成效。

乡村振兴工作建言　向县委、县政府及职能部门提出七点建议：坚持党建引领。落实“五级书记抓乡村振兴”要求，发挥各级党组织核心领导作用；坚持产业为先项目为王。坚持高位谋划、规划先行，围绕产业链缺失精准招商、补足产业链短板，激发产业兴旺新活力；坚持全域联动。紧紧围绕乡村振兴规划布局，以“发展促增收”主线统筹考虑“五大振兴”，沿着全区美丽乡村精品路线整合“五大振兴”，形成“五大振兴”的发展合力；坚持惠民富民。将工作重心、各方资源落到村组一线，从农民群众最直接、最关心的问题入手，下大力气以更高的标准开展农村人居环境整治，在较短时间内显著改善农村环境。与此同时深入谋划乡村产业振兴等；创新数字赋能长效管理人居环境（“数字长效”小程序）。农村人居环境整治长效管理信息平台通过与第三方机构合作搭建，横向到达全县所有村居，实行“一村一账号”管理，纵向打通县、镇、村、组四级数据共享体系，织起一张全域覆盖的“监控网”；首创“美丽指数”发布机制，建立农村人居环境整治的评价体系。立足美丽家园建设标准，统筹兼顾“五个美丽”建设，研究制订“美丽指数”评价方案，创新性提出既有反映乡村振兴工作成效的绝对值，也包含工作推进中前后比较和横向对比的差异值的“美丽指数”综合评价体系；创新基层人才选拔培养模式。实施“五个一批”乡村人才计划，从本土“三农”队伍中培养一批、从本土大学生中招录一批、从机关单位中选派一批、从外出优秀人才中吸引一批、从退休人才中物色一批。把乡村人才纳入全区人才培养计划予以重点支持。

消防建设建言　向县委、县政府及职能部门提出五点建议：加快推进基层消防建设。加快推进杨柑第三消防站建设，按有关程序加快办理审批手续；对岭北消防站的配套设施经费列入县财政预算；对岭北工业园市政消防栓抓紧建设好；镇级专职消防队员个人防护设备要尽快配足；切实推进责任落实工作。各级政府及有关行业管理部门要按照“党政同责、一岗双责、各抓共管”和“管行业必须管安全、管业务必须管安全、管生产经营必须管安全”的要求，进一步强化责任意识、安全意识、红线意识，层层压实责任，把防火安全工作抓实、抓细、抓好；加强安全隐患排查整治。对重点行业领域要采取强有力措施加以排查整治，对一些拒不整改火灾隐患的单位，相关部门要联合执法，坚决依法处罚，决不手软；加强群众消防安全意识。要持续深入企业、单位、农村、社区，针对季节特点开展安全用火宣讲，利用广播、电视、网络等平台以及户外视频、大型电子屏、手机短信等视听载体，向全民宣传消防安全防范知识，提升群众自救互救能力；加强城区巷道车辆管理。针对县城居民住宅区巷道狭窄的实际，县交警部门、县城综执法部门要科学规划停车位，确保救援车辆畅通。

农业全产业链体系建设建言　向县委、县政府及职能部门提出四点建议：要把坚持以党建引领摆上首要位置。实现包括产业振兴、人才振兴、文化振兴、生态振兴、组织振兴在内的乡村“五个振兴”，“五个振兴”中最关键的是组织振兴；要推进农业全产业链服务体系建设。农业全产业链是农业研发、生产、加工、储运、销售、品牌、体验、消费、服务等环节和主体紧密关联、衔接配套、协同发展的有机整体；要积极引进经营主体和科技人才。把人力资源开发放在首要位置，强化乡村振兴人才支撑，加快培育新型农业经营主体；要积极推进农村土地经营权流转。探索建立农户与市场主体的多种形式利益联结机制，真正实现农户聚在合作社富在产业链；探索推进“村社合一”的强村富民模式，建立健全相关体制机制确保农村始终实现好、维护好、发展好农民的根本利益。

学校布局调整及师资队伍建设建言　向县委、县政府及职能部门提出六点建议：加强宣传，进一步提高对学校布局调整的认识。要从“科教兴县”的战略高度出发，努力做好学校布局调整的宣传发动工作，把群众的思想认识统一到“优化资源配置，提高办学水平”上来；加大投入，快速推进学校布局调整。建立各级政府合理分担的教育投入机制，在安排财政预算上要优先安排教育经费；积极争取上级部门的帮助和支持；积极引导社会各界捐资助教；统筹规划，突出学校布局调整的科学性和合理性；加强领导，确保学校布局调整和师资队伍建设各项工作顺利推进；统筹城乡教育协调发展，实行城乡联手帮扶。实行县城学校与乡镇学校结对帮扶和农村任教服务期制度；从新任教师分配上向农村学校倾斜，除个别急需的专业教师外，其他全部分配到农村学校任教，提高农村义务教育水平；县政府近五年要计划每年招聘600名左右教师，解决全县教师严重缺编问题。

县中小企业创新发展建言 向县委、县政府及职能部门提出六点建议：优化环境，加强服务。建议县自然资源、消防、安监等相关政府部门针对拉多美科技公司提出的手续办理问题提供一站式服务，及时跟进办理企业急需解决的问题；强化政策支撑，助力企业发展。建议县农业农村局、县科工贸和信息化局、县发改局等部门结合自身职能，深入企业开展营商环境调研，了解当前县企业发展现状，协助企业争取各级专项资金，及时为企业排忧解难；建立绿色通道，高效服务企业。建议全县在提升营商环境上下大力气，构建服务企业的政府绿色通道，提供快捷渠道和窗口。

【视察调研】 2021年，遂溪县政协围绕“农村公路养护”“乡村振兴”“农村土地流转”“学校布局调整及师资队伍建设”“助推中小企业发展”等课题，开展调研视察活动，撰写《优化环境，加强服务助力遂溪县中小企业创新发展》《关于我县界炮镇实施乡村振兴战略及农村土地经营权流转情况的调研报告》《关于我县统筹推进疫情防控和经济社会发展情况的调研视察报告》《县政协社会与法制委和教科文卫体委联合调研考察视察报告》《我县电子商务面临的问题、难点和对策建议》《底蕴厚铸就城市美 小细节彰显大民生》等调研报告。

农村公路养护调研 遂溪县政协港澳台侨委围绕做好农村公路养护工作这一专题，2021年7月21日上午，由副主席陈林英带领该委部分委员及县交通运输局分管领导一行13人赴廉江市考察学习，听取廉江市交通运输局主要领导和镇公路养护中心负责人的经验介绍。当天下午返回界炮镇举行座谈会，围绕做好农村公路养护工作与界炮镇委、镇政府主要领导交流意见，形成《农村公路养护的难点、困惑及对策》调研报告。

创建“四好农村路”调研 遂溪县政协学习与文史委组织该委政协委员调研视察组一行16人，在县政协副主席庞佑仔的带领下，于2021年7月23日前往吴川市赤里村、蛤岭村、霞街村等地进行学习视察，形成《关于创建“四好农村路”的调研报告》。

政协机关管理、制度建设及乡村振兴工作调研 由遂溪县政协副主席姚博允率领考察团一行17人，于2021年12月7—10日先后赴佛山市三水区、河源市东源县考察学习。在考察活动中，听取两地政协领导对机关工作管理、制度建设及相关部门、街道和村干部对乡村振兴工作的做法及经验介绍，实地参观三水区西南街道江根村的乡村振兴建设情况，形成《关于赴佛山市三水区、河源市东源县考察学习的报告》。

消防建设调研 遂溪县政协社会与法制委员会牵头组织主席考察团，由主席欧卫率领主席考察团一行18人，于2021年5月中旬先后前往甘肃省兰州市城关区和青海省西宁市城西区考察学习。考察采取听介绍和实地考察的方式进行。回来后，结合遂溪县实际，又到岭北消防站和县消防大队调研视察，形成《切实加强消防建设 提升抗御火灾能力》调研报告。

农业全产业链体系建设调研 遂溪县政协农业与农村委为助力推动全县新农村及农业全产业链体系建设，全面推进遂溪乡村振兴，加速遂溪经济社会高质量发

展和社会主义现代化建设，组成调研考察团一行16人，由县政协副主席杨江峰领队，于2021年7月23日赴雷州市调研考察学习。先后参观学习雷州市客路镇东坡西村、湛江市乐田农业科技有限公司、雷州市源果汇农业科技有限公司及清端园等，形成《关于赴雷州市考察乡村振兴及农业全产业链体系建设情况报告》。

学校布局调整及师资队伍建设调研　为优化整合教育资源，进一步理顺遂溪县基层学校布局结构，加强教师队伍管理与建设，保证素质教育的科学发展，2021年7月26日，遂溪县政协教科文卫体委员会开展“学校布局调整及师资队伍建设”专题调研视察活动。活动主要分为两大流程：一是实地视察遂溪县河头镇部分学校；二是在河头镇政府召开座谈会。形成《关于遂溪县学校布局调整及师资队伍建设的调研报告》。

县中小企业创新发展调研　遂溪县政协经济委员会围绕“扶持中小型企业创新发展”主题组织调研小组，于2021年9月14日，在县政协副主席陈丽珺的带领下，赴湛江拉多美科技有限公司和广东同畅环境科技有限公司进行调研。形成《优化环境　加强服务　助力遂溪县中小企业创新发展》调研报告。

（洪三河）

提案办理

【概况】　2021年，遂溪县政协推动委员提案办理落实。年内，收到委员提案29件，经审查立案交办27件，其中被列为重点提案有9件。按照归口交办的原则，分别交有关部门、单位进行办理，已办复27件，办复率100%。坚持政协主席领衔督办重点提案，取得明显实效。如政协主要领导领衔对《关于进一步推进垃圾分类工作方面的建议》重点提案领衔跟踪督办，有效推进该重点提案的办理落实。

【县政协主席领衔重点提案督办】　2021年，遂溪县政协对重点提案，坚持政协主席、副主席领衔督办制度，取得明显实效。如时任县政协党组书记、主席候选人潘汝权对《关于维修遂溪城区坑洼道路的提案》和《关于进一步推进垃圾分类工作方面的建议》等重点提案领衔跟踪督办，有效促进重点提案的办理落实，受到市民好评。

【重点提案督办】　2021年，遂溪县政协共收到委员提案29件，经审查立案27件，其中被列入重点提案9件。对重点提案，坚持县委书记、县长、政协主席、副主席领衔督办制度，把这些重点提案逐一落实到每位领导身上进行领衔督办。通过现场督办、精准施策，取得明显督办效果。

（洪三河）

2021年5月中旬，遂溪县政协社会与法制委员会组织主席考察团一行18人先后前往甘肃省兰州市城关区和青海省西宁市城西区考察学习（县政协/供图）

中共遂溪县纪律检查委员会
遂溪县监察委员会

综述

【纪检监察机构概况】 中共遂溪县纪律检查委员会（以下简称“县纪委”）由党的遂溪县党代表大会选举产生，遂溪县监察委员会（以下简称“县监委”）由遂溪县人民代表大会选举产生。县纪委与县监委合署办公，实行一套工作机构、两个机关名称，履行党的纪律检查和国家监察两项职责，对县委和市纪委监委负责。县监委对遂溪县人民代表大会及其常务委员会负责，并接受其监督。在县委和市纪委监委双重领导下，县纪委监委加强对下级纪委的领导。县纪委监委机关有15个内设机构及机关党总支，派驻县一级党和国家机关纪检监察组13个。县监委向全县各镇派出监察组15个。

【遂溪县纪委监委选送微电影《那村婆》获湛江市纪检监察举办“我是纪检人，我为党加分”微视频大赛一等奖】 2021年4—6月，湛江市纪检监察举办“我是纪检人，我为党加分”微视频大赛。经过角逐，遂溪县纪委监委选送的反腐题材微电影《那村婆》获一等奖，另外选送的3部作品《学长征精神　踏革命足迹》《印象·纪检人》《遂溪：巡察利剑解民忧守民利》均获优秀奖。

重要会议活动

【中国共产党遂溪县第十三届纪律检查委员会第六次全体会议】 于2021年4月9日召开。全会传达习近平总书记在十九届中央纪委五次全会上的重要讲话和对广东重要指示批示精神，深入贯彻落实十九届中央纪委五次全会、十二届省纪委六次全会、十一届市纪委六次全会和县委十三届六次全会部署，审议通过县委常委、县纪委书记、县监委主任陈正中代表县纪委常委会所作的题为《推动新时代纪检监察工作高质量发展，为建设产业兴旺生态宜居新遂溪提供坚强保障》的工作报告，对县审计局党组书记、局长陈三永，县司法局党组书

2021年4月9日，中国共产党遂溪县第十三届纪律检查委员会第六次全体会议在县影剧院召开
（莫托夫/摄）

记、局长许保，县人力资源和社会保障局党组书记、局长樊标，县自然资源局党组书记、局长刘桂兴，洋青镇党委书记陈武，江洪镇党委书记郑高科等6名党委（党组）书记述责述廉进行现场投票评议并部署2021年工作任务。

【2021年遂溪县领导干部党章党规党纪教育培训班】 2021年10月25日，遂溪县举办2021年领导干部党章党规党纪教育培训班。县四套班子领导成员，县人民法院院长，县人民检察院检察长，县直副科以上单位、驻遂溪单位主要领导，各镇党委书记、镇长、纪委书记，县纪委监委班子成员、各室主任、县纪委监委派驻纪检监察组组长参加。县委书记骆华庆以《守纪律铸忠诚 做政治信念坚定 遵规守法的明白人》为题作专题辅导报告。

2021年10月25日，2021年遂溪县领导干部党章党规党纪教育培训班在县体育馆四楼会议室开班 （莫托夫/摄）

【2021年遂溪县纪检监察机关扫黑除恶、审查调查暨安全工作推进会】 2021年10月28日，遂溪县纪检监察机关扫黑除恶、审查调查暨安全工作推进会在县委第二会议室召开。会议传达学习中央、省、市扫黑除恶专项斗争和审查调查安全工作会议精神，对全县扫黑除恶专项斗争和审查调查工作进行再部署，确保扫黑除恶专项斗争和审查调查有序开展、深入推进、取得实效。会议总结县纪委监委2020年全县纪检监察机关监督检查和审查工作。

【遂溪县监察委员会首次向县人大常委会报告反腐败国际追逃追赃工作情况】 2021年12月14日，遂溪县第十七届人大常委会第一次会议在县委第五会议室召开。县监察委员会向县人大常委会首次报告遂溪县监察委员会开展反腐败国际追逃追赃工作情况，总结县监察委员会成立以来贯彻落实市追逃办工作部署情况。

【遂溪县纪委监委举办党史学习教育专题讲座】 2021年7月13日上午，遂溪纪委监委举办党史学习教育专题讲座，县委常委、县纪委书记、县监委主任陈正中以《深入学习贯彻习近平总书记在庆祝中国共产党成立100周年大会上的重要讲话精神 推动新时代遂溪纪检监察工作高质量发展》为题，为全体党员干部职工讲授党史学习教育专题党课。遂溪县政协原主席蔡铭以《讲好遂溪老区故事 弘扬遂溪老区精神》为题，从新民主主义革命时期遂溪老区故事，广东南路革命铸就革命老区精神，传承红色基因、赓续红色血脉三方面，以文字、图片、视频相结合的形式，为广大党员干部讲述黄学增、钟竹筠、韩盈等遂溪革命烈士舍生忘死、坚贞不屈的献身精神，推动党史学习教育活动走深走实。

【党员干部廉政教育丛书《清风颂》发行仪式】 2021年，遂溪县纪委监委联合湛江日报社举办清风杯“百姓家范 廉洁教育”主题征文活动，征集到来自全国28个省（市、自治区）的文章共570多篇，从中优选40篇获奖文章汇编成《清风颂》。7月13日，遂溪县纪委监委在县委第一会议室举行党员干部廉政教育丛书《清风颂》新书发行仪式。县纪委监委主要领导在仪式现场向遂溪县图书馆、遂溪县博物馆等6个部门代表赠书，并于会后通过各镇纪委、相关派驻纪检监察组向57个县直单位、15个镇发放图书1000册，以文化人、以文倡廉、以文促廉，努力在全县范围内营造崇廉尚洁的文化氛围。

（林淑珍）

监督执纪

【党内监督】 2021年，遂溪县纪检监察机关充分发挥监督职能，贯彻《党委（党组）落实全面从严治党主体责任规定》，强化协助职责，充分运用委托党委（党组）书记谈话函询、巡察整改监督、民主生活会督导、跟踪回访受处分人员等方式，推动“两个责任”同责合力、同向发力、相互促进。深化述责述廉工作机制，组织6名党委（党组）书记向十三届县纪委六次全会述责述廉，并接受县纪委委员测评，倒逼“关键少数”扛起从严治党责任、积极担当作为。综合运用谈话提醒、谈话函询、纪检监察建议等方式，制发“三书一函”（监察建议、司法建议书、检察建议书、公安机关的提示函）21份。全县开展提醒谈话1490人次，警诫谈话52人次，精准运用“四种形态”（1.党内关系要正常化，批评和自我批评要经常开展，让咬耳扯袖、红脸出汗成为常态；2.党纪轻处分和组织处理要成为大多数；3.对严重违纪的重处分、作出重大职务调整应当是少数；4.严重违纪涉嫌违法立案审查的只能是极少数）处理634人次，“四种形态”依次占69.4%、25.7%、2.8%、2.1%，严防“小毛病”向“大问题”转化。成立县纪委换届人选党风廉政专项工作领导小组，严格把好廉政意见回复关，审查县、镇、村（社区）换届人选共7543人次，回复不同意见77人次，坚决防止“带病提名”“带病当选”，实现县镇换届选举“零信访”。

【腐败惩治】 2021年，遂溪县纪检监察机关接收信访举报617件，比上年下降15.9%；立案313件，其中科级以上干部61人；处分185人，移送司法机关5人。配合市纪委监委查办市公安局原党委委员陈某耀案，立案查处遂溪涉案人员30名，其中科级干部26人。政法队伍教育整顿立案65人，处分37人。全县主动向纪检监察机关投案自首23人。建立“一人一专班”机制，成功追回外逃分别长达27年、23年的2名人员，率先在全市实现9件自办追逃案件全部清零。持续开展农村基层正风反腐，立案农村党员干部136人，查处扶贫领域案件3起，重点配合市纪委监委查处芦竹产业扶贫项目违纪违法案，涉案资金3000多万元、人员29名。贯彻落实党中央关于常态化开展扫黑除恶斗争的决策部署，办结涉黑涉恶线索59条，对涉黑涉恶腐败和“保护伞”问题立案处分12人。

【正风肃纪】 2021年，遂溪县持续严纠“四风”，持之以恒落实中央八项规定精神，严格执行双报告规定，科级以上干部婚庆事宜报备12起，查处违反中央八项规定问题案件51件，在全县范围内通报4起违反中央八项规定典型案例，营造正风肃纪的良好氛围。落实县委“营商环境提升年”活动要求，查处不作为、失职失责案件34件。重点专项整治公务接待中“吃公函”问题，全县共查处享乐主义、奢靡之风案件30件。深入整治机关作风，查处不作为、失职失责案件19件。深入整治乡村振兴工作中形式主义、官僚主义问题，立案4件4人。督促落实《中共遂溪县委办公室印发〈中央办公厅关于持续解决形式主义问题八条措施的分工安排〉的通知》，持续为基层减负。严格执行《遂溪县关于鼓励干部干事创业实行容错纠错和治理为官不为的实施意见（试行）》，精准问责34人，促进党员干部“在状态、有激情、敢担当、出实效”。

（林淑珍）

民主党派·工商联

中国民主同盟遂溪县委员会

【概况】 2021年，中国民主同盟遂溪县委员会（以下简称“民盟遂溪县委”）下设遂溪一中、遂溪二中、遂溪大成中学、遂溪职校、岭南师范学院基础教育学院、遂溪县机关、遂溪县人民医院等基层支部7个；全县有盟员153人，其中在职盟员120人，中级及以上职称盟员132人。

【思想建设】 2021年，民盟遂溪县委围绕学习中共党史和重温民盟历史、多党合作发展历史，组织盟员开展多样化的革命历史传统教育活动。新一届民盟县委领导班子率队到遂溪一中、遂溪二中等支部开展党史盟史学习教育座谈会，通过现场交流，加深支部盟员与新任领导班子彼此之间的了解；组织民盟县委委员和各支部骨干盟员代表到遂城下洋村、乐民镇等地开展红色革命历史教育，通过现场参观学习的形式感悟遂溪红色历史沿革，对当前遂溪县推进乡村振兴发展的情况进行调研。民盟县委机关结合遂溪县领导干部学习培训要求，多次召开专题学习会议，将学习中共中央总书记习近平在各地考察期间重要讲话精神和《中国共产党发展史》《社会主义发展史》等理论书籍作为重点内容，使干部和盟员在思想上同以习近平同志为核心的党中央保持高度一致，提高政治判断力、领悟力、执行力。

【参政议政】 2021年，民盟遂溪县委在各级两会换届中，盟员担任各级人大代表和政协委员28人，其中省人大代表1人，市政协委员1人，县人大代表2人，县政协常委2人、县政协委员22人。2021年，遂溪县民盟盟员向县政协提交提案21份，盟员关建祥提交的《关于加强遂溪县传统中医治疗医院建设的建议》被评为县政协十届六次会议优秀提案。

【民盟遂溪县委第六次盟员大会召开】 2021年4月25日，民盟遂溪县委召开第六次盟员大会，会议总结审议第五届委员会工作报告，投票选举产生民盟遂

2021年4月25日，民盟遂溪县第六次盟员大会召开　（县民盟/供图）

溪县第六届委员会。崔凯旭当选为民盟遂溪县第六届委员会主委，戴雄、庄立勋当选为副主委。

【调研考察】 2021年5月，民盟遂溪县委新一届领导班子先后到遂溪一中、遂溪二中等基层支部开展党史盟史学习教育座谈会，通过现场面对面的深入交流，加深支部盟员与新任领导班子彼此之间的了解，探讨各支部当前发展存在的问题；9月，民盟遂溪县委委员和各支部骨干盟员代表到遂城下洋村、乐民镇等地开展红色革命历史教育，通过现场参观学习感悟遂溪红色革命历史，同时对全县推进乡村振兴发展的情况进行调研。

【扶贫济困】 2021年6月30日，民盟遂溪县委领导班子与遂溪二中支部负责人共同走访遂溪县患病盟员，转交由县盟员及爱心人士捐赠的善款合计15650元。遂溪县盟员响应广东省“6·30”扶贫济困日活动号召，向各自所在单位和各级组织累计捐款4.8万余元。

【敬老传统传承】 2021年10月13日，民盟遂溪县委召开2021年重阳节退休老盟员座谈会，主委崔凯旭向出席会议的老盟员通报2021年遂溪民盟工作情况和下一步发展规划，同时向老盟员传达中共遂溪县委第十四次党代会的重要精神，与老盟员共同展望前景，凝聚民盟退休盟员对遂溪县未来发展的共识，为履行参政党职能打下思想基础。

【民盟助力乡村振兴】 2021年12月5日，民盟湛江市委、民盟遂溪县委、民盟广东医科大学基层委在遂溪县草潭镇下六社区联合举办义诊活动，为当地群众送医送药，助力乡村振兴。义诊队伍集结来自广东医科大学附属医院、第二附属医院，遂溪县人民医院和遂溪县中医院等市县重点医院的7位主任医师、副主任医师和3位主管护师，由他们亲自坐诊，为社区群众面对面开展诊疗服务并赠送治疗药物。该次活动累计为50余位群众进行义诊，送出药物价值4000余元。

【“学党史　温盟史”主题教育】 2021年10月16日，民盟遂溪县人民医院支部盟员前往乐民镇黄学增纪念馆开展“学党史 温盟史”主题教育活动，并前往乐民镇卫生院开展调研，收集撰写议案《关于建立遂溪县心电网络系统　推进我县医共体建设的建议》相关素材，为推动遂溪县卫生医疗事业贡献民盟力量。12月25日，民盟遂溪县第一中学支部开展“传承红色基因，踏寻英烈足迹，传承红色精神”主题教育活动，支部一行先后到廉江市鹤地水库红色教育基地、廉江慈孝文化城和遂城镇下洋村南路革命教育基地等地开展主题教育学习。

（民盟遂溪县委）

中国民主促进会遂溪县支部委员会

【概况】 2021年，中国民主促进会遂溪县支部委员会（以下简称“民进遂溪县支部”）组织广大会员深入学习贯彻习近平新时代中国特色社会主义思想和中共十九届五中、六中全会精神，进一步增强“四个意识”（政治意识、大局意识、核心意识、看齐意识）、坚定“四个自信”（中国特色社会主义道路自信、理论自信、制度自信、文化自信）、做到“两个维护”（坚决维护习近平总书记党中央的核心、全党的核心地位，坚决维护党中央权威和集中统一领导），切实把思想和行动统一到中共中央决策部署上来。组织全体会员学习中国民主促进会会章会史，执行会章，按照会章要求指导和规范工作，并学习优良传统，探讨支部自身建设，统一思想。广泛宣传中国共产党领导的多党合作和政治协商制度，学习《中国共产党统一战线工作条例》，进一步增强坚持和维护多党合作制度的自觉性与坚定性。按照民进中央，民进省委、市委有关文件精神，理论联系实际，以领导班子建设为重点，以班子建设带动组织建设，推动各项工作开展。

【组织建设】 2021年，民进遂溪县支部加强组织建设，不断提高组织领导能力。全年支部有会员13人，其中主委1名，副主委1名。发展新会员，做好入会对象的物色、培养工作，拟发展1名年轻干部入会。储备人才，把热心多党合作事业，具有较强的参政议政能力的优秀人才推荐上去，全年有1名会员任县人大常委，1名会员任县政协常委，2名会员任县政协委员，代表支部建言献策。

【参政议政】 2021年，民进遂溪县支部发挥党派优势，履行职能。民进遂溪县支部围绕县委、县政府的工作重点，参政议政。会员欧彩云向县政协提出《关于加强我县消防车通道畅通管理的建议》和会员朱月明向县人大提出《关于遂溪国土资源局大力支持湛江大学筹建的建议》。支部组织会员参加县委、县政府、县人大、县政协等部门召开的情况通报会、征求意见会和各类调研活动，了解有关政治、经济、廉政建设等重要情况，听取县的施政方针和广大群众关心的重大问题，履行政治协商、民主监督的职责。

【社会服务】 2021年，民进遂溪县支部做好社会服务工作。支部有1名会员晋升高级职称。重阳节黄略镇冷水村慰问高龄老人。组织各类活动，加强团结协作。组织会员参加活动和座谈联欢会。“民进遂溪县支部会员之家”挂牌建成。在节假日，组织会员去看望老会员。配合完成县委、县政府和民进湛江市委的有关工作。组织会员参加县委、县政府和民进湛江市委举行的各项活动和会议。

（欧彩云）

中国致公党遂溪县支部委员会

【概况】 2021年，中国致公党遂溪县支部委员会（以下简称“致公党遂溪支部”）加强领导班子建设，建设一个“学习、团结、求实、进取”的领导班子。坚持中心组学习制度，深入学习政治理论并做到学以致用。贯彻执行致公党湛江市委决定，贯彻民主集中制原则，坚持重大问题集体讨论决定，坚持集体领导与个人分工负责相结合制度，讲究科学工作方法。贯彻落实《中共中央关于中国特色社会主义参政党建设的意见》《各民主党派中央关于新时代组织发展工作座谈会纪要》等文件精神，进一步规范支部发展和管理工作。是年，发展党员1人。

【思想建设】 2021年，致公党遂溪支部多次召开党员会议组织学习，学习贯彻习近平总书记“七一”重要讲话精神、习近平总书记在纪念辛亥革命110周年大会的重要讲话精神、中共十九届六中全会会议精神、县委统战部工作会议精神等。开展“不忘合作初心，继续携手前进”主题教育活动。

【参政议政】 2021年，致公党遂溪支部加强参政党参政能力建设和实践创新，参加县委统战部的课题调研工作，完成《关于发展特色农产业融合农村电商推动乡村振兴的建议》调研课题，并向县政府提交《关于开通全丰中央广场至农垦现代农业产业园旅游专线公交车的建议》，得到采纳。11月9—12日，政协第十一届遂溪县委员会第一次会议及遂溪县第十七届人民代表大会第一次会议召开，致公党湛江市委员会副主委、致公党遂溪县支部主委陈丽珺和党员王仲明、王云飞、陈辉翰、黄美连作为政协委员参会，支部副主委谢白玉、党员陆桂鸿作为人大代表参会，在坚持以习近平新时代中国特色社会主义思想为指导下，致公党党员们发挥参政议政、民主监督作用，坚持致力为公，履行职能。

【社会服务】 2021年，致公党遂溪支部在广东扶贫济困日活动中踊跃捐款，支部党员共捐款26.16万元；其中党员王云飞为“6・30”广东扶贫济困日活动捐款10万元、为建新镇扶贫捐款2万元、为黄略教育基金会捐款2万元、为黄略中小学教师节捐90瓶花生油和90袋米、赞助湛江市女子篮球队参加广东省联赛10万元、为乌塘镇芳流墩作家村建设遂溪县洪三泰文学创作院捐款3.2万元；陆桂鸿在“6・30”广东扶贫济困日活动中捐款16万元，为北坡镇教育促进会捐款10万元、医用口罩5万个，为乌塘等镇教育促进会捐款7万元；袁盛益为河头镇学生捐助2.4万元，为“五保户”捐助1万元、物资1万元，为北坡镇学生捐助2.4万元、为“五保户”捐助6000元、物资1万元，并把其公司旗下鱼龙湖农庄作为政府抗击新冠疫情隔离观察点。

（谢白玉）

2021年11月20日，农工民主党遂溪支部前往洋青镇养老院开展义诊活动

（县农工民主党/供图）

中国农工民主党湛江市遂溪县支部委员会

【概况】　2021年，农工党遂溪县支部贯彻落实新发展理念，围绕中心工作，服务大局，履行职能，参政议政，采取丰富多样的形式，带领全体党员学习中共党史，提高理论修养和政治坚定性。通过“学习强国”App，每天学习新知识。6月27日，支部组织党员前往鹤地水库开展党史学习活动。

【思想建设】　2021年，农工党遂溪县支部坚持以习近平新时代中国特色社会主义思想为指导，深入学习贯彻中共十九大及历次全会精神、习近平总书记系列讲话精神、农工党十六大、农工党广东省第十三次代表大会精神，增强“四个意识”、坚定“四个自信”、坚决做到“两个维护”。

【参政议政】　2021年，农工党遂溪县支部把参政议政作为第一要务，围绕市、县两级党委政府的中心工作，参政议政，组织党员参加中共遂溪县委、县政府、县人大等部门召开的情况通报会、座谈会和各种调研活动，了解有关政治、经济、廉政建设等重要情况，听取县的施政方针和广大群众关心的重大问题，履行行政协商、民主监督职责。9月2日，主委王睿联合农工党湛江市委会前往吴川市人民医院对如何加快湛江市紧密型县域医共体建设进行专项调研，发现在推动医共体建设上存在问题，并就具体解决方案提出自己见解。11月20日，组织党员前往杨柑镇养老院开展送医送药义诊活动，同时开展调研工作，撰写《关于如何保障遂溪养老院老人安全的建议》提案。

【社会服务】　2021年，农工党遂溪县支部党员在各自岗位上发挥党员模范作用，用自身技能、知识，做好社会服务工作。11月20日，支部前往遂溪洋青镇养老院开展义诊活动，在洋青镇、杨柑镇养老院开展调研活动。12月，开展中小学生体检调研工作。

（王　睿）

遂溪县工商业联合会

【概况】　2021年，遂溪县工商业联合会（以下简称“遂溪县工商联”）下属有遂溪县民营企业投诉中心和商会协会11个，其中乡镇商会1个、驻外商会7个、行业协会3个，有会员599名。全年召开会员代表大会11次。湛江市遂溪商会获2019—2020年度全国“四好”商会称号；东莞市遂溪商会、湛江市遂溪商会、珠海市遂溪商会和遂溪县盆景根艺雅石协会被评为2021年湛江市“四好”商会和商会先进党组织。

【会员服务】　2021年，遂溪县工商联开展企业走访活动，走访全县工商业者和40多家会员企业。助力会员企业做好常态化疫情防控，推广宣传惠企政策措施，收集并向党委和政府反映企业发展困难和诉求，维护企业的合法权益，提振企业发展信心。县长骆华庆率队走访广州市、深圳市遂溪商会并指导工作，与商会代表们进行面对面座谈交流，共同探讨如何遵循“四好”商会标准做好新时代商会工作，引导民营企业家爱国敬业、遵纪守法、创业创新、服务社会，展示新时代遂商风貌。县政协主席潘汝权率队赴东莞市遂溪商会会员企业进行走访调研，带去县委、县政府对遂溪籍在莞非公有制经济人士的关怀、支持和问候，鼓励乡贤们努力把企业做大做强，将自身发展和家乡建设结合起来，融入遂溪乡村振兴，宣传好、推介好遂溪，吸引更多投资者到遂溪县投资兴业。县工商联组织民营企业家参加县检察院队伍教育整顿征求意见座谈会，就严格检察队伍管理、提高执法效能、强化沟通协调、加强宣传力度等方面建言献策。县工商联与县检察院共同印发《遂溪县人民检察院与遂溪县工商业联合会联席会议制度》。湛江市遂溪商会加入湛江市司法局、工商联和律师协会举办的“百所联百会”联系合作机制，为商会及其会员企业提供法律咨询、普法宣传、权益维护、纠纷调解等公益法律服务，加快构建法治化营商环境。鼓励商会之间积极互动交流，学习先进管理经验。湛江市遂溪商会与湛江市徐闻商会等8家驻湛商会开展座谈交流，相互学习先进的办会经验，提高办会水平，增强服务能力。商会内部也经常开展交流活动，互相学习优秀经营方式，加深了解与沟通，挖掘更多的供求关系和渠道，创造更多合作共赢机会，助力企业快速发展。引导企业加强合作，开创生产经营新模式。湛江市遂溪商会会员企业广东鸿智智能科技有限公司与恒兴电子商务有限公司一起，利用产品互补合作有利条件，强强联手，共同打造电子商务新模式，开拓电子商务市场。借助微信公众号和微博做好宣传工作，营造有利于加快推进非公有制经济发展的良好社会环境和舆论氛围。传递国家大政方针、遂溪县建设发展讯息、商会及会员企业动态、会员人物风采等。全年县工商联微信公众号发布推文12篇、图片9张，微博发布各类信息106条。

【社会公益】 2021年，遂溪县工商联引导会员参与公益活动，履行社会责任。全年县工商联会员为遂溪乡村振兴、奖教助学、产业帮扶、扶贫济困等慈善活动捐款逾2300万元。湛江市遂溪商会组织会员向吴川市妇幼保健计划生育服务中心捐赠一批防疫物资；为爱心助学基金捐款14万多元，赴遂溪县特殊教育学校开展慰问活动并赠送物品价值3万元；多次到敬老院和派出所慰问。会员叶志励、王晓春、陈恩玉、王忠祥等为谋划成立遂溪中医药发展促进会及遂溪中医药事业发展建言献策，为遂溪中医药发展促进会支持430多万元。湛江市遂溪商会会员企业广东汇泉置业发展有限公司向粤桂（遂溪—融安）乡村振兴协作单位遂融小学捐赠10万元。

【参政议政】 2021年，遂溪县工商联注重从讲政治、讲团结、求发展的高度，做好非公有制经济代表人士的政治安排工作，向各级党委、人大、政协推荐人选，促进非公有制经济健康发展。经县工商联推荐并经综合评价通过，县工商联有11名会员当选为市十五届人大代表，3名会员当选为市十五届政协委员，14名会员当选为县十七届人大代表，53名会员当选为县十一届政协委员，10名会员当选为湛江市工商联第二十一届会员代表大会代表，其中6名当选为市工商联执委。县工商联围绕县委和县政府中心工作、非公有制经济发展中迫切需要解决的问题，通过多种方式，拓宽非公有制经济人士参政议政渠道，积极参政议政。组织会员中的人大代表、政协委员参加县人大、政协开展的视察、调研活动，发挥他们参与政治、社会事务的积极性和主动性。组织会员代表参加政府工作报告征求意见会，对政府工作提出意见和建议。鼓励引导会员中的人大代表和政协委员，围绕推动全县经济和社会科学发展、和谐发展、可持续发展的主题，积极参政议政、建言献策，撰写提案、议案。

【商会建设】 2021年，遂溪县工商联加强驻外商会建设。10月31日，广州市遂溪商会召开第三届会员代表大会并举行就职典礼。12月11日，东莞市遂溪商会召开第二届会员代表大会并举行就职典礼。佛山市遂溪商会和顺德区遂溪商会向当地民政部门申报注册。湛江市遂溪商会定期走访会员企业，定期召开常务副会长、副会长会议；商会篮球队经常与有关单位开展联谊赛，开展文化建设。遂溪中山商会开展交流活动，联系乡情、资源整合，实现共赢。东莞市遂溪商会举办党史学习教育系列活动，珠海市遂溪商会经常走访会员企业，到企业了解生产情况。深圳市遂溪商会举办读书会，提高会员的文化素养，推进企业学习型组织建设；引导鼓励各异地商会争创“四好”商会，以商会建设带动工商联基层组织建设水平提升。1月，湛江市遂溪商会获全国工商联授予的2019—2020年度全国“四好”商会称号。12月，东莞市遂溪商会、湛江市遂溪商会、珠海市遂溪商会和遂溪县盆景根艺雅石协会被评为湛江市工商联“四好”商会和商会先进党组织。

【广州市遂溪商会召开第三届会员代表大会】 2021年10月31日，广州市遂溪商会第三届会员大会在广州市香格里拉大酒店举行，广州市遂溪商会会员以及遂溪县工商联代表共80多人出席大会。大会审议通过第二届理事会工作报告、财务报告、监事会工作报告、第三届换届大会筹备工作报告、章程修订草案和换届选举办法。广东拉多美化肥有限公司董事长王晓春全票当选为会长。是日，广州市遂溪商会第三届理事会就职典礼在广州市香格里拉大酒店举行。遂溪县相关领导、受邀请嘉宾、广州市遂溪商会全体会员，遂溪县工商联代表，深圳、东莞、珠海、中山、江门、湛江、佛山（筹）、顺德（筹）等地遂溪商会代表，驻广州的兄弟商会代表以及部分乡贤350多人参加活动。

【东莞市遂溪商会召开第二届会员代表大会】 2021年12月11日，东莞市遂溪商会第二届换届选举会员大会在东莞市会展国际大酒店举行。东莞市遂溪商会会员及遂溪县工商联代表共80余人出席大会。大会审议通过第一届理事会工作报告、财务报告、监事会工作报告以及第二届换届大会筹备工作报告，审议通过章程修订草案和《东莞市遂溪商会选举办法》。周成党全票当选为会长。是日，东莞市遂溪商会第二届理事会就职典礼在东莞市会展国际大酒店举行。遂溪县相关领导、受邀请嘉宾、东莞市遂溪商会全体会员，遂溪县工商联（总商会）代表，深圳、东莞、珠海、中山、江门、湛江、佛山（筹）、顺德（筹）等地遂溪商会代表，驻东莞的兄弟商会代表以及部分乡贤等350多人参加活动。

（陈丽娟）

2021年10月31日，广州市遂溪商会第三届理事会就职典礼在广州香格里拉大酒店举行 （县工商联/供图）

群众团体

遂溪县总工会

【概况】 2021年，遂溪县总工会举办习近平新时代中国特色社会主义思想、《中华人民共和国民法典》进基层、纪律教育月活动暨廉政教育党课等宣讲活动。利用工会网站、“粤工惠”App、遂溪融媒等新媒体平台传播工会好声音。开展以“中国梦·劳动美”为主题系列活动，做好县道德模范和“遂溪好人”推荐工作，组织参加市、县相关文化活动。履行工会“娘家人”职责与使命，组织动员广大职工积极投身疫情防控阻击战。推进产业工人队伍建设。以“五大产业发展计划”为导向，组织动员职工在推动遂溪高质量发展中发挥主力军作用，推进产业工人队伍建设。做好全国、省、市劳模推选工作。在全县营造“劳动最光荣、劳动最崇高、劳动最伟大，劳动最美丽”良好氛围。聚力“五大产业发展计划”。继续推进“职工书屋”“书香企业”等职工素质工程载体建设。配合县委开展维护劳动领域政治安全专项行动。重视劳资纠纷研判和应急处理，处理网络舆情，引导职工依法解决劳资纠纷，维护职工合法权益。继续以贯标认证工作为抓手，深化厂务公开民主管理。加快构建精准帮扶和普惠服务并重的职工服务体系。推进困难职工解困脱困工作，实现送温暖、助学扶困、职工医疗互助保障等工作常态化、长效化。持续深化工会改革，夯实基层工会组织建设，扩大工会组织有效覆盖面。打造模范乡镇街道工会工作示范点。加快智慧工会建设步伐。对接省总、市总，利用好全省工会统一的移动互联网服务平台“粤工惠”。是年，遂溪县有基层工会组织630个、工会会员61989人。新增基层工会组织13个，新发展会员1803人。

【“职工之家”建设】 2021年，湛江恒润机械有限公司工会委员会被命名为“广东省模范职工之家”；洋青镇工会委员会被评为“湛江市示范乡镇工会”；洋青镇工会委员会职工书屋被命名为“广东省职工书屋”；正大食品（湛江）有限公司工会委员会、广东汇通乳胶制品集团有限公司工会委员会、湛江市粤绿环保科技有限公司工会委员会、国家税务总局遂溪县税务局工会委员会4个基层工会被“湛江市总工会授予先进职工之家”称号；湛江国雄饲料有限公司生产部工会小组、遂溪县人民医院消化内科工会小组、遂溪县卫生健康局工会委员会疾控股小组3个基层工会小组获“湛江市先进职工小家”称号；此外还有一批优秀工会干部获得湛江市优秀工会工作者、湛江市优秀工会积极分子、湛江市优秀职工之友等称号。

【“关爱行动”开展】 2021年，遂溪县总工会组织女职工参加安康互助保障计划552人，参加住院医疗综合互助保障计划5972人（含赠送会员2000人），参加住院津贴互助保障计划926人。领取理赔金239人次38.76万元，其中女职工安康领取理赔金 3 人次 6 万元；职工医疗领取理赔金 7 人次 7 万元；住院医疗综合领取理赔金 193 人次 24.4 万元；住院津贴 36 人次 1.3648 万元，解决职工看病难问题。完善“三孩”政策配套服务设施，新建正大食品（湛江）有限公司“爱心妈妈小屋”。全县共建“爱心妈妈小屋”7 家，分别为遂溪县妇幼保健院、沃尔玛遂溪分店、遂溪县农村信用合作联社附城分社、电信遂溪分局、孔子文化城、遂溪县行政服务中心、正大食品（湛江）有限公司。

【困难职工帮扶】 2021 年，遂溪县总工会深入贯彻落实习近平总书记在决战决胜脱贫攻坚座谈会上的重要讲话及关于扶贫工作的重要指示批示精神，6—7 月，开展困难职工生活生产情况调查，继续对深度解困脱困常态化帮扶，预防相对困难、意外致困等困难职工家庭致困返贫，及时将受疫情影响陷入困难职工纳入帮扶范围，在档困难职工有 12 户，其中深度困难职工 4 户；相对困难职工 8 户。全年为在档困难职工发放帮扶资金 6.2 万元，其中大病救助 17 人次 5.2 万元；生活救助 6 人次 1 万元。

【职工文体活动】 2021 年 5 月 10—16 日，遂溪县总工会举办的“学党史·工运史”知识有奖竞答活动，全县有 185 家基层工会组织参与，参与会员 4250 人，参与答题次数 41832 次；6 月 16—23 日，开展的“营商环境提升年”线上有奖竞答活动，全县有 185 家基层工会参与，参与会员 5013 人，参与答题 89429 次；县总工会与县委宣传部等单位联合举办“‘同心向党·百年华章’——遂溪县庆祝中国共产党成立 100 周年摄影作品展”。

【“送春联”活动】 2021 年春节来临之际，遂溪县总工会联合县书法家协会一起开展“送春联”活动，分别前往扶贫挂点帮扶村，县重点建设项目工地、岭北工业园区等企业，为企业职工和贫困户送出春联 1510 副。

【遂溪县总工会召开学习贯彻全国、全省和全市劳模表彰大会精神会议】 2021 年 1 月 14 日，遂溪县总工会在县体育馆召开学习贯彻全国、全省和全市劳模表彰大会精神会议。劳动模范、先进集体代

2021 年 1 月 27 日，遂溪县总工会在岭北工业园区举办为职工送春联活动

（县总工会 / 供图）

2021 年 1 月 14 日，遂溪县总工会在县体育馆四楼会议室召开学习贯彻全国、全省、全市劳模表彰大会精神会议

（县总工会 / 供图）

表，县总工会第十三届委员会委员、经审委员会委员，各镇工会、县直有关单位、岭北工联会和有关企业工会主席约100人参加会议。会议总结2020年县总工会工作和提出2021年工会工作思路。广东省先进集体广东汇通乳胶制品集团有限公司代表、广东省劳动模范代表赵思明、湛江市劳动模范代表陈龙分别在会上发言。

2021年6月23日，遂溪县总工会到一线慰问抗疫工作人员

（县总工会/供图）

【遂溪县总工会召开第十三届委员会第六次全体（扩大）会议】 2021年4月27日上午，遂溪县总工会在县委第五会议室召开第十三届委员会第六次全体（扩大）会议。县总工会第十三届委员会委员、经审委员会委员、各镇工会主席、岭北工业园区工联会主席约40人参加会议。会议传达学习贯彻全国总工会十七届四次执委会、省总工会十四届三次全委会、市总工会十四届十三次全委会精神及县委全会精神。审议通过《关于遂溪县总工会第十三届常委会工作报告的决议》《关于遂溪县总工会第十三届经费审查委员会工作报告的决议》和《遂溪县总工会关于团结动员全县广大职工建功“十四五”奋进新征程的决议》。

【工会活动】 2021年6月23日，遂溪县总工会开展“战疫有你 关爱有我”走访慰问、关心关爱抗疫一线工作人员活动。活动分为2个慰问组，第一慰问组到遂溪县体育局新冠疫苗大型临时接种点、县疾控防治中心走访慰问奋战在抗疫一线的工作人员；第二慰问组走访慰问县中医院新冠疫苗接种点、县人民医院核酸检测点等6个点的抗疫一线工作人员。共为8个点的抗疫一线工作人员送上990箱清凉饮品，价值44056元。7月26—28日，遂溪县总工会开展2021年度夏季“送清凉”活动，对遂溪大道项目施工单位、县公安局交警大队、中国电信集团遂溪分公司等11家单位进行慰问，为2000多名职工送出防暑降温饮品480箱、食品480箱和毛巾2200条。

（邹志斌）

共青团遂溪县委员会

【概况】 2021年，遂溪县有团委51个，其中镇团委15个，学校团委31个，机关（企业）团委4个，团工委1个。有基层团总支9个，团支部723个，专职团干部55人，青年团员24078名（14～28周岁）。全年，各级基层团组织发展团员1530人，建立“两新”团组织37个。

【团组织建设】 2021年，共青团遂溪县委员会依托“党建带团建、团建促党建”，建立健全新兴领域青年日常联系制度，推动已建党组织的非公有制企业建团，扩大团对基层青年的有效覆盖，在全市率先完成新建“两新”领域团组织目标35个。推进“智慧团建”工作，强化对各级团组织、团员、团干部的信息化管理，适时开展对标定级。全县已建立团组织803个，其中团支部735个，暂无空心团委（团总支）。完成转接的团员5175人，“学社衔接”率100%；发展团员1530名，团员编号使用率实现100%，志愿书上传完成率100%。加强团属青少年活动阵地建设，新建青少年服务阵地16个，开展活动10场，累计参与青年1000余人。全县完成15个镇级团委换届工作，镇级团委换届达到两个100%（团委书记100%由镇班子兼任、100%由党员担任），落实镇团委专职副书记享受中层正职待遇。

【青年思想引领】 2021年，共青团遂溪县委员会通过主题团日活动、专题团课、网上宣讲等形式，开展“学习总书记讲话，做合格共青团员”系列活动百余场，带领全县各级团组织学习贯彻习近平总书记“七一”重要讲话精神。成立遂溪县青年讲师团开展到基层讲党团课活动15场，组织县直属团委到学校、社区开展宣讲20余场。4月1日，遂溪县青少年活动中心揭牌成立，免费对外开放。5月16日，组织少先队演绎红色儿童剧目，讲述革命故事，并代表湛江市参加全省灯塔工程优秀红色儿童大型剧目比赛，获第五名。牵头组织湛江市青协举办“青春同心·永远跟党走”党史学习教育实践暨庆祝中国共产党成立100周年活动。制作《追寻南路先驱足迹、弘扬南路革命精神——走进黄学增纪念亭》红色宣讲直播节目，累计观看340503人次。举办“遂溪县传承红色基因、争做时代新人”演讲比赛和“传承雷锋精神、争做时代好少年”漫画大赛。在全国、省、市、县级“两红两优”（红旗团委、红旗团支部、优秀共青团员、优秀共青团干部）评选工作中，推优推强，全县评选出最美遂溪县少年382名、县五四红旗团（总）支部11个、县优秀共青团员和优秀共青团干部70名；在推报“优秀共青团干部”“优秀共青团员”“五四红旗团委”“最美少年”“优秀少先队员及优秀辅导员”等荣誉中获上级部门表彰，其中获全国优秀共青团干部2人，全国优秀共青团员1名。共青团遂溪县委员会组织的有关活动被《湛江日报》《湛江晚报》等媒体报道；做强“青春遂溪”官方微信公众号，推进“青年大学习”网上主题团课，官微“圈粉”超过1.2万人。全年抗疫志愿服务期间发送正能量微信公众号推文40条，阅读量8.64万人次。

【青年社会服务】 2021年，共青团遂溪县委员会通过“青春遂溪”微信公众号转发全县企事业单位招录（聘）公告10次，发布“山区计划”招募公告6次。推进“广东大学生志愿服务山区计划”希望乡村教师和“一校一社工”项目实施，为偏远小学招募2021—2022年度“山区计划”希望乡村教师和“一校一社工”志愿者45名，其中乡村教师37名、社工8名；响应“广东大学生志愿服务山区计划——广东高校毕业生志愿服务乡村振兴行动”，招募2021—2022年度“志愿服务乡村振兴行动”大学生志愿者15名，到基层一线从事乡村振兴志愿服务。参与岭南师范学院团委广东体育浸润行动计划，助力农村体育教师培训工作。举办创业青年“领头雁”经验交流会，颁授创业青年示范企业牌匾，培育创新创业青年人才。暑假期间向全县机关企事业单位征集“展翅计划”实习岗位，对接大学生30多名并组织交流座谈会。10月底，在全市率先举办2021年遂溪县中学“青马工程”培训班，传

2021年7月8日，遂溪团县委组织召开遂溪县2020—2021年度广东大学生志愿服务山区计划志愿者座谈会 （团县委/供图）

播“青马精神”，培养有坚定的马克思主义信念的优秀中学生一批。11月27日，举办“精彩有约·青春同行”遂溪县青年联谊会，邀请各界80名优秀单身青年参加活动。12月15日，共青团遂溪县委员会在县青少年宫举办“共青团与人大代表、政协委员面对面”座谈会，以《关于构建社会化的青少年心理健康服务机制的调研报告》为主题开展调研探讨。组织科普志愿者开展科普大篷车进校园活动，该活动被省科协评为优秀活动。5月21日，由共青团遂溪县委员会、县禁毒办、县教育局主办的2021年遂溪县“青春自护平安行动”青少年自护教育暨“遂小狮”禁毒卫士项目在大成中学启动。团县委、县禁毒办、县教育局开展“青春自护·平安行动”青少年自护教育暨“遂小狮”禁毒卫士活动20场；团县委、县志联在各小学校开展“平安小课堂”活动。团县委、县司法局到各中小学校开展预防青少年违法犯罪教育、青少年心理健康教育、安全自护教育，组织开展送法进校园活动57场次和中考减压行动5场次；团县委、遂城司法所开展“伙伴同行”青少年社区矫正帮扶活动，引导青少年社区矫正对象回归社会。

【青少年关爱帮扶】 2021年，共青团遂溪县委员会深化乡村青少年健康成长“两帮两促”行动，围绕贫困青少年学业帮助、就业帮助、体质健康、心理健康等方面开展工作。建成运营“希望家园”4家；向省青基争取120万元用于城月镇家寮小学教学楼加建和运动场改造工程，改善学校办学环境；会同省青基会和敏捷公益基金会，开展“陌上阳光”敏捷梦想书屋读书节系列活动，向全县100所中小学、教学点捐赠图书和Steam科学盒子；全年争取省青基、南粤会亲等助学奖金3.9万元，资助困难学生39人。完成3个“12355”青少年个案跟进，并全部结案。全年共青团遂溪县委员会精准开展“青春情暖”慰问暨“两帮两促”助学活动，投入资金购买平板电脑助力贫困学生上网课。联合广州医科大学附属第一医院在遂溪县青少年活动中心开展“救心行动”——先天性心脏病儿童免费筛查、义诊活动。到草潭、杨柑、洋青、岭北等镇走访慰问困难青少年；10月团县委到广西壮族自治区融安县雅瑶乡中心小学开展遂融“两帮两促　巩固脱贫”关爱留守儿童活动，到融康社区开展遂融“提升脱贫成果　助力乡村振兴”关爱乡村青少年慰问活动，为留守儿童和移民困难户赠送一批急需帮扶物品，并探索建立两地创业青年交流发展平台。12月8日，团湛江市委、湛江市青联、团遂溪县委在遂溪县城月镇第二小学举办“希望小屋”揭牌仪式暨青联委员关爱行动。

【青年志愿服务】 2021年，共青团遂溪县委员会开展“青春情暖”走访慰问困难青年活动，到草潭镇、杨柑镇等6个镇开展“青春情暖”慰问暨“两帮两促”精准助学活动，到北坡镇文典村委会开展春节慰问活动，到广东天益生物科技有限公司、统一企业、湛江漓源饲料有限公司开展“青春情暖留遂过年”慰问外来务工青年活动，与县志愿者联合会组织“治安联防”志愿者上街开展治安巡逻活动，协助做好交通疏导；与县税务局到遂城白水小学开展“传承雷锋精神 献礼建党百年”志愿服务活动；与县城综局、遂城镇分界小学开展“扣好人生第一粒扣子”之“劳动美”社会实践主题教育活动；与县众成志愿者协会及山区计划志愿者前往下洋村开展“种一棵小树，绿一方净土”植树志愿服务活动。联合县城综局、遂溪三中团委到县烈士纪念广场开展“缅怀革命先烈，传承红色基因”主题教育活动；与黄学增纪念中学在遂溪河启达段开展“争当护河志愿者，助力遂溪河更美”护河志愿服务活动；联合县文明办、县教育局、县应急管理局、县志愿服务联合会、市情暖湛江志愿者协会在县第四小学共同举办壹基金儿童平安小课堂项目（湛江项目学校2021年）启动仪式；开展青年志愿者结对服务老党员“金晖行动”慰问活动，到分界小学开展“庆六一 讲安全”乡村小学校园安全自护教育游园活动；与县委编办到遂城分界小学开展2021年“浓情端午关爱留守儿童”暨“端午知识知多少”主题教育活动；前往草潭镇中心小学特困者家庭开展假期慰问探访贫困家庭儿童志愿服务活动；与县志联组织志愿者到遂溪县孔子文化城做好辛丑年遂溪孔庙祭孔大典志愿服务活动；与县妇联到遂城镇分界小学开展“关爱留守儿童中秋送温暖”活动，组织开展“2021年遂溪县山区计划志愿者中秋节慰问活动”，活动走访中小学13所，慰问全县山区计划志愿者42名；与县志愿服务联合会开展“童心向党，喜迎国庆”主题教育实践活动；联合县交通运输局招募志愿者在遂溪县汽车运输总站开展“我为群众办实事——不忘初心 情暖国庆”志愿服务活动；联合县委政法委、县志愿者联合会等单位组织志愿者参与治安巡逻联防工作；到黄略镇敬老院开展2021年“敬老爱老，奉献爱心”慰问活动；与江洪镇政府组织志愿者在江洪河开展“争当护河志愿者、助力广东河更美”护河志愿者行动；联合大成初级中学在旧中心市场开展创文志愿服务活动，联合县大成中学在遂溪河启达段开展“保护母亲河 争当河小青”护河志愿者行动。2021年，团县委组建乡村振兴青年突击队，开展农村“三清理三拆除三整治”活动10多场次；动员全县各级团组织开展巡河护河志愿活动共17场，开展“小手拉大手”亲子巡河护河社会实践活动；组建社区志愿者应急救援队15支，对全县各镇完成全覆盖，提高基层应急能力；以“青年之家”平台为主阵地，开展系列志愿服务活动共10余场。

2021年12月8日，共青团湛江市委、市青联、团遂溪县委在遂溪县城月镇第二小学举办“希望小屋”揭牌仪式暨青联委员关爱行动　（团县委/供图）

【团组织统筹中心工作】 2021年3月6日，共青团遂溪县委员会组织各镇团组织干部收看省村（社区）团组织换届选举示范点直播，做好遂溪县2021年村（社区）团组织换届工作；截至3月31日，团县委组织开展全县15个镇337个村（社区）团组织集中换届选举工作完成。4月15日，在县委第五会议室召开共青团遂溪县第十五届委员会第八次全体（扩大）会议，会议总结遂溪共青团2020年工作情况，研究部署2021年重点工作任务；团县委委员、各镇团委负责人、各中学团组织负责人、各机关团

2021年9月30日，共青团遂溪县委员会联合县教育局召开遂溪县教育团工委暨少先队工作推进会　（团县委/供图）

组织负责人 66 人参加会议。7 月 30 日，团县委召开遂溪县共青团“青年大学习”工作推进会，推动全县团员青年参加党史学习教育。9 月 30 日，团县委联合县教育局召开县教育团工委暨少先队工作推进会，部署“鼓号队”建设相关工作，推进全县教育团工委和少先队改革工作，提升教育团工委和少工委工作队伍素质水平。11 月 16 日，团县委召开 2021 年遂溪县镇级团委换届工作动员会，坚持党管群团组织原则，全面部署遂溪县镇级团委换届工作，确保“两个 100%”。

2021 年 5 月 29 日，共青团遂溪县委员会联合众成志愿者协会志愿者服务队助力新冠疫苗接种点

（团县委 / 供图）

【团员青年助力疫情防控】 2021 年 5 月 29 日，共青团遂溪县委员会联合县志愿服务联合会组织众成志愿者协会组建战疫志愿者服务队，分批在县体育馆、遂城镇卫生院等大型疫苗接种场所助力接种工作，开展疫苗临时接种点志愿服务行动；6 月 8 日起，团县委联合县志愿服务联合会组织志愿者，到县人民医院协助开展核酸检测人员信息录入工作，助力吴川市疫情防控，累计志愿服务 94 天，参与 4858 人次。2021 年抗疫志愿服务期间，发送微信公众号推文 40 条，阅读量 8.64 万人次。

（陈宇琦）

遂溪县妇女联合会

【概况】 2021 年，遂溪县有镇（街道）妇女联合会 15 个，村（社区）妇女联合会 349 个，县级妇女儿童活动中心 1 个，镇（街道）级儿童之家 15 个，村（社区）级儿童之家 347 个。省级“妇女之家示范点”16 个，县级“妇女之家示范点”34 个；省级儿童友好示范社区 1 个。

【妇女组织建设】 2021 年 12 月 31 日晚，遂溪县众成志愿者协会妇女联合会举行成立大会暨第一届代表大会，大会选举产生协会妇联第一届执行委员会委员和妇联主席、副主席。苏娟当选为县众成志愿者协会妇联第一届主席，苏少玲、陈励应当选为副主席。

2021 年 12 月 31 日，遂溪县众成志愿者协会妇女联合会成立

（县妇联 / 供图）

【“巾帼心向党”系列行动】 2021年7月1日，遂溪县妇联举办“庆建党百年华诞　遂溪最美巾帼风采展”。挖掘遂溪巾帼烈士、杰出革命人物和中华人民共和国成立后杰出人物等百年巾帼史料，策划遂溪最美巾帼风采展，在县琴苑公园制作固定宣传栏，面向群众，讲述遂溪百年巾帼历史足迹和英雄故事，正面传播正确党史观，赓续红色血脉、红色基因。县妇联开展“南粤巾帼大宣讲”活动，组建由县镇村妇联主席、执委、最美家庭、巾帼志愿者等人员组成的巾帼宣讲团，全年开展巾帼大宣讲20多场次，2000余人参与。县妇联开展“少年儿童心向党”庆祝中国共产党成立100周年系列活动，联合县文明办、县教育局、团县委开展百年党史知识暨好家风家训巡展、“唱支新歌给党听”儿童歌曲大赛、亲子诵读比赛等活动。其中牵头开展“少年儿童心向党”百年党史知识暨好家风家训巡展进校园活动22场，参与巡展师生2.5万人次，牵头举办“少年儿童心向党亲子诵读传家风”比赛，全县96组家庭参加比赛，联合县文明办、团县委、县教育局举行“传承红色基因　争做时代新人”演讲比赛。

2021年7月1日，遂溪县妇联举办“庆建党百年华诞　遂溪最美巾帼风采展”。图为女企业家协会成员合影　（县妇联/供图）

【“巾帼建功”行动】 2021年，遂溪县妇联开展“乡村振兴巾帼行动”。实施妇女创业小额担保贷款贴息项目，促进妇女创业就业和乡村振兴。为1688名妇女和巾帼致富带头人提供小额担保贴息贷款8411万元，使用贴息资金323.82万元，带动1万名妇女群众增收致富。加强妇女职业提升培训，促进人才振兴。支持农村妇女，建设有文化、懂技术、会经营的新型女农民队伍。全县共举办农村妇女电子商务、种养植技术、“粤菜师傅”潮式卤味潮汕老鹅技术、月嫂等培训班71场，3075名妇女群众参与培训。7月23日，在建新镇举办2020年国家级电子商务进农村综合示范项目暨农村电子商务培训班，96名妇女群众参加培训。5—8月，联合县人社局在各镇举办52

2021年10月28日，遂溪县妇联开展小额贷款工作调研　（县妇联/供图）

期“粤菜师傅”潮式卤味、潮汕老鹅免费培训班，1400多名妇女参与培训，经考试获得县人社局颁发证书的有1140名；举办月嫂培训班7期，315名妇女参加培训，经考试获县人社局颁发证书的有245名。创新“党员·执委”网格化，举行家风家训挂牌，在基层社会治理彰显巾帼力量。把抓好妇建工作摆在“大党建”格局的突出位置，发挥家庭家教家风在基层社会治理中的重要作用。推动形成爱国爱家、相亲相爱、向上向善、共建共享的社会主义家庭文明新风尚。全县“党员·执委”网格化挂牌7770个，实现村（社区）妇联执委门前挂牌全覆盖，家风家训挂牌147728户。

【“巾帼成才”行动】 2021年，遂溪县妇联开展基层“妇女头雁”工程，巩固“破难行动”成果。加快网上妇联建设，提高妇联干部在新媒体环境下凝聚妇女群众、做好舆论引导工作的水平。通过“比状态、赛激情、看担当、评实效”，促进妇联干部增强“闯”的精神、“创”的劲头、“干”的作风，坚定理想信念、加强党性修养、提升能力素质，加强团结协作，增强妇女干部凝聚力和战斗力。

【建设平安遂溪 巾帼在行动】 2021年，遂溪县妇联实施“关爱女童 护苗行动”保护女童人身权益三年行动。用好社会资源、专业力量，为妇女儿童提供心理关爱、困难帮扶。以保护困境妇女、儿童、家庭为年度工作重点，下发《关于摸底排查全县特困家庭的通知》，全县排查重点儿童1437人、重点妇女1216人、重点家庭1515户，并落实“执委普遍联系群众制度”，组织村、社区妇联执委对特困家庭每个月至少走访2次，推动将预防性侵、家暴和婚姻家庭纠纷隐患日常排查、发现报告等纳入基层治理任务。围绕中国共产党成立100周年重大主题，深化“建设法治遂溪·巾帼在行动”活动，重点开展习近平法治思想、民法典尤其是婚姻家庭篇、未成年人保护法、反家庭暴力法、禁毒法、反网络电信诈骗等宣传教育。全年开展户外宣传活动累计16场，受益群众7220人，发放宣传资料20600份，其中联合市妇联、市服务站开展“同心护女”关爱女童心理剧场3场，约360名家长和女童参与活动，发放宣传资料1080份，增强儿童提高自我保护能力，增强家长的保护意识和监护能力，为儿童健康成长营造良好环境，保驾护航。开展妇女小组能力提升服务活动。通过购买社会服务，开展“关爱女童 护苗成长”未成年人自我保护、“美好生活 民法典相伴”亲子教育、“美好人生 拒绝毒行”教育等小组活动3场，共12节，286名家长和儿童参与活动，发放宣传单张500余张。开展民法典婚姻家庭篇、禁毒知识、关爱女童保护未成年人等宣传教育课9次。在“11·25”国际反家庭暴力日，通过在户外开展宣传服务一条街活动、在普法宣传车和城镇文化广场大屏幕上播放反家暴宣传视频、开展反家暴宣传教育课等形式，组织各级妇联开展以“拒绝家庭暴力 呵护美好生活”为主题的宣传活动，共受益群众1800人次，发放宣传资料6850张。

【妇女信访】 2021年，遂溪县妇联常抓接访工作，注重婚姻家庭矛盾化解。推动常态化做好婚姻家庭纠纷排查化解工作，把矛盾化解在萌芽状态、在最基层。推动全县100%的镇建立婚调委。重点做好涉家暴、妇女土地权益等侵害妇女儿童信访案件处理。共受理来电来访咨询服务256宗，其中，婚姻家庭权益类169宗，占比48.4%，家暴类37宗，占比14.4%，个案服务20宗。

【农村妇女“两癌”援助项目实施】 2021年，遂溪县妇联做好“两癌”（乳腺癌和宫颈癌）患病贫困妇女救助工作，在推进健康遂溪建设中彰显“她力量”。实施“广东省巾帼健康行动之‘她健康 粤幸福’惠民公益活动”，向全县3766名农村妇女赠送每人保障额度为3000元的“两癌”健康保险。3月23日，召开遂溪县“她健康 家幸福”百万女性健康公益行动工作会议，持续推进“两癌”健康保险，全县3519人购买“两癌”保险。继续扩大“两癌”免费检查范围。联合县卫健局到各镇开展农村妇女“两癌”免费检查项目，让广大妇女做到早预防、早发现、早治疗，减少发病率，增强妇女群众的获得感。开展农村妇女“两癌”免费检查项目惠及5543人，援助农村患“两癌”妇女6人，援助金额5.3万元。探索妇女“两癌”救助新模式新渠道。

【家庭文明建设】 2021年，遂溪县妇联常态化开展寻找“最美家庭”系列活动，推动形成社会主义家庭文明新风尚。开展寻找“最美家庭”活动。联合县文明办评选出2021年遂溪县最美家庭24户，推荐王月连为第四届湛江市道德模范，推荐彭门玉并被评为遂溪县道德模范，推荐林子圆、陈励应并被评为“遂溪好人”，推荐21户候选家庭参与市最美家庭的评选，遂溪县陆秀荣家庭、许鸿均家庭获2021年广东百户“最美家庭”。实施“家家幸福安康工程”，做实做优家庭工作。以“家越美 粤幸福”美丽家园项目为载体，创建清洁绿色健康文明家园。开展“美丽家园文明有我”活动，申报4户湛江市美丽庭院，培树15个“美丽家园”村示范点。坚持立德树人，强化家庭教育。实施家庭教育支持行动。利用社区“家长学校”、留守流动儿童快乐家园、壹基金儿童服务站等阵地，多形式开展思想道德、防溺水、毒品预防、绿色环保、交通安全、心理健康等内容的未成年人宣传教育活动133场次，服务受益人7452人次。联合县文明办、县教育局等部门成立由司法、妇联、教育等部门组成家庭教育讲师团，并组织讲师团成员到社区家长学校授课，把便捷的家教指导服务送到家长身边，引导广大家庭正确掌握家教知识，让未成年人从小树立正确的世界观和人生观。邀请全国、省、市最美家庭代表苏娟、王松标、李华金、彭那保等，以及县道德模范代表周劲松到草潭、杨柑、北坡、港门等镇开展“最美家庭”故事分享会。

【爱心送温暖行动】 2021年，遂溪县妇联深入开展“我为妇女群众办实事”实践活动。推动巾帼关爱服务活动。组织巾帼志愿者开展关爱老年人、困境儿童、贫困妇女巾帼志愿服务活动，把党和政府的关心和温暖送到特殊群众的身边。春节期间，共走访慰问单亲特困母亲、残疾妇女儿童、贫困儿童等363人，送上慰问金及慰问物资价值104350元。特别是在“三八”节、“七一”期间，用心用情走访慰问年纪最大的老妇干21人和中华人民共和国成立前女老党员17名，送上慰问金和物资共35100元。援建单亲特困母亲安居房3户，资助金额6万元。

【助学帮困行动】 2021年，遂溪县妇联联合众成志愿者协会做好对弱势群体和特殊群体的关爱工作。众成志愿者协会开展志愿活动187次，共走访贫困家庭30多户，对留守、单亲、残疾儿童进行困难援助，帮扶300多人次，通过送资金、米面、衣物等形式，拓展资助渠道，捐资捐物89482元。

【妇女阵地建设】 2021年，遂溪县妇联推动“妇女议事会”建设。通过召开镇妇联工作会议、到基层举办妇女民生座谈会和印发宣传资料等举措，推动村（社区）“妇女议事会”工作落到实

2021年11月18日，遂溪县妇联举办家庭教育讲师团讲师聘任仪式

（县妇联/供图）

2021年7月20日，遂溪县妇联到界炮镇探访单亲母亲安居房建设情况

（县妇联／供图）

处。提高妇女参与议事积极性、主动性，规范妇女议事会活动，推动妇女参与基层社会治理，解决妇女操心事、烦心事、难办事。加强党建引领，为妇联工作高质量发展提供坚强政治保证和组织保证。坚持用党的创新理论"铸魂"，坚持旗帜鲜明讲政治抓政治，坚持党建带妇建，在织密上下贯通、执行有力的组织体系上下功夫。3月23日，召开遂溪县妇联九届四次执委会议，会议增、替补全美英、林永贤、林玲英、林春来、陈永联、黄景平6人为遂溪县妇联九届执委，并选举全美英、黄景平为县妇联九届执委会挂职副主席。做好村（社区）妇联换届工作，选好配强村（社区）妇联组织。3月1日，在县委第一会议室召开2021年村（社区）团组织、妇联换届工作会议，对妇联换届工作进行全面部署，下发《关于做好2021年全县村（社区）妇联换届工作的通知》，全县村（社区）妇联换届工作于3月24日前全面完成。选举产生村（社区）妇联主席349名，专职副主席279名，兼职副主席369名，执委3885名。加快网上妇联建设，提高妇联干部在新媒体环境下凝聚妇女群众、做好舆论引导工作的水平。

【妇女儿童发展规划实施】 2021年，遂溪县妇联总结和编制好新一期妇女儿童发展规划。开展本周期妇女儿童发展规划终期评估，做好市妇儿工委实地评估检查和督查工作。编制集科学性、衔接性、前瞻性和可行性于一体、具有遂溪特色的妇女儿童发展规划。以中共十九届六中全会精神为遵循，结合各地实际，推动妇女儿童发展和家庭建设重要目标细化到新一轮规划中。推进各部门将妇女儿童发展重点难点问题纳入有关部门专项规划。加大男女平等基本国策宣传力度，为妇女平等依法行使民主权利、平等参与经济社会发展、平等享有改革发展成果营造良好社会环境。

（李雪鸥）

遂溪县科学技术协会

【概况】 2021年，遂溪县科学技术协会有下属协会（研究会）7个、镇科协15个，建有省级科普教育基地3个、市级科普教育基地12个、市级青少年科学教育特色学校1所、县级农村科普示范基地10个、科普e站4个。省级科普教育基地——遂溪县气象局及金龟岭休闲农场申报全国中小学生研学实践教育基地，螺岗小镇、广东省科学院生物工程研究所湛江研究中心、遂溪孔子文化城3个市级科普教育基地开展申报广东省科普教育基地认定工作。

【科协工作体制机制建设】 2021年，遂溪县先后印发《遂溪县科协系统深化改革实施方案》《遂溪县创建2021—2025年度全国科普示范县工作实施方案》《遂溪县2021年创建全国科普示范县工作要点》《遂溪县2021年全国科普日活动方案》，其中《遂溪县科协系统深化改革实施方案》《遂溪县创建2021—2025年度全国科普示范县工作实施方案》经县委常委扩大会议讨论通过，由县委、县府两办联合发文实施。

【科普工作队伍建设】 2021年，遂溪县通过建立科技志愿服务队招募科技志愿者、组建中小学校科学教师及科技辅导员队伍、举办各类科普专兼职人员专业能力专题培训班等方式，全县科普专兼职队伍不断壮大，科普能力得到不断提高。全县建立遂溪县科技志愿服务分队，辖17个服务队，在广东省志愿者“i志愿”服务平台（也称“i志愿”平台）注册人数超1000人，开展文化科技卫生“三下乡”科技志愿服务活动50多场次，服务群众2万多人次。加强对中小学校科技教师的选拔和培养。全县有科学教师及科技辅导员60多人，实现县内中小学校全覆盖。

【科普场馆建设】　2021年，遂溪县经争取和沟通协调，县科普场馆建设进入快车道。整合县气象局现有场地建设县科技馆和开展相关活动。县政府常务会议已通过选址讨论，县委编办下达成立遂溪县科技馆机构的批准文件，县科技馆进入布展设计阶段；在遂溪县新城区征地建设新科技馆，新馆建设纳入遂溪县“十四五”发展规划。在北坡中学、杨柑中学内建设农村中学校园科技馆，已走完科普展品采购等程序。

【科普教育活动】　2021年，遂溪县科协根据不同人群个性特点及科普需求，结合文化科技卫生“三下乡”活动、全国科技活动周、广东省科技进步月、全国科普日活动，争取到省、市科协及市内众多科普教育基地支持，联合各镇各单位开展形式多样的科普教育活动60多场，气象科普“遂溪模式”品牌影响力进一步加强，“智能时代　科技圆梦”青少年科技教育、科普大讲堂、中医药科普等科普教育品牌逐步形成，县内科普教育氛围越来越浓厚。联合开展“流动科技馆”巡展、科普大篷车进校园等群众广泛参与、社会影响力大的科普教育活动。4月和9月，先后在县气象局举办近2个月的“流动科技馆”巡展活动，在遂城第九小学、洋青中学、戊戌中学、南亭初中等中小学开展科普大篷车进校园活动，全县参与体验活动的中小学生、市民朋友2.4万多人。全县开展气象科普教育活动进学校、进社区24场，探索开展流动科技馆和气象科普自由行活动12场，县气象局还出版《中小学生气象安全教育读本》，拍摄《台风来了》科普小视频。联合开展科普大讲堂科普教育活动。全县以健康、教育、农技等群众比较关注的热点问题为切入口，开展科普大讲堂进县委党校、乡镇党校、家长学校、新时代文明实践所（站）、党群服务中心等科普教育活动12场。联合开展中医药科普教育活动。在湛江中医学校支持下，进校园、进机关、进社区、进公园、进企业等各类场所开展中医药科普活动16场。联合“科普中国”App开展线下宣传推广等科普教育活动近20场，发出宣传资料1万多份，全县下载、安装“科普中国”2万多人。

【科技志愿服务】　2021年，遂溪县科协关心慰问科技工作者，发挥县科协密切联系科技工作者的桥梁和纽带作用。5月30日“全国科技工作者日”前后，县科协开展科技工作者走访慰问活动。联合开展广东省科学家遂溪行科技志愿服务活动。9月，在广东省科协事业发展中心支持下，县科协联合县委组织部、县委宣传部、县科工贸和信息化局、县农业农村局等县直机关单位和遂城、黄略等7个镇开展“汇聚科技力量　助力乡村振兴”广东省科学家遂溪行科技志愿服务活动，邀请15名科技专家到17家需求单位开展人才技术和科技服务活动。科技专家们与需求单位签订合作意向书4份，县中医院与靳三针师承工作室团队于11月6日签订合作协议。此外，县科协以县镇两级党委、政府换届的机会，召开县第四届科协常委会、县科协第五次代表大会代表选举和第五届委员会委员候选人推选工作部署会议等多次会议，为县科协第五次代表大会打基础。

【广东省科学家遂溪行科技志愿服务活动】　2021年9月15—17日，遂溪县科协与中共遂溪县委组织部、宣传部等多个单位联合开展“汇聚科技力量　助力乡村振兴”广东省科学家遂溪行科技志愿服务活动，来自广东省农业科学院、广东省科学院、暨南大学、华南农业大学、南方医科大学、广东工业大学、广东省中西医结合医院、韶关学院、湛江市农业科学研究院等科研院所、高校、

2021年9月15—17日，遂溪县科协与县委组织部、县委宣传部等多个单位联合开展“汇聚科技力量　助力乡村振兴”广东省科学家遂溪行科技志愿服务活动

（县科协/供图）

医院的科技专家15人受邀参加活动。9月16日，科技专家们被分成5组，由遂溪县科协、县农业农村局、县卫健局、县科工贸和信息化局安排带队领导及车辆，分别到遂城、黄略、岭北、洋青、草潭、河头、乐民7个镇，与17家需求单位开展人才技术和科技服务活动。

【科普大篷车进校园活动】　2021年9月23—24日，遂溪县科协先后在遂城第九小学、洋青中学、戊戌中学、南亭初中开展“弘扬科学精神　激发科学梦想”科普大篷车进校园活动。活动内容有科学实验秀及航模表演，“我和我的祖国”中国科学家精神主题展览，科普展品、移动球幕电影、大疆机器人、科普知识有奖问答、心肺复苏现场教学等互动体验项目。9月23日，遂溪县人民政府在遂城镇第九小学举行遂溪县2021年全国科普日暨科普大篷车进校园活动启动仪式和主场活动。师生们除体验到科普大篷车带来的科普表演及体验项目外，还能参加中医药科普、中医技术、叶拓、显微镜观察、人体模型观察、编程机器人操作、3D打印笔操作等体验活动，观看科普秀表演，活动内容丰富。广东省青少年创作大赛十佳科技辅导员、佛山市禅城区东鄱小学教师冯斌为遂溪县中小学科学教师及科技辅导员带来青少年科技创新教育专题辅导课。

（县科协）

2021年9月23日，遂溪县举行全国科普日暨科普大篷车进校园活动启动仪式

（县科协/供图）

遂溪县归国华侨联合会

【概况】　2021年，遂溪县归国华侨联合会给6户贫困归侨发放临时生活救助金2.1万元。春节期间，开展“献爱心、送温暖”活动，走访慰问重点侨务对象和特困归侨侨眷14户。

【海外联谊】　2021年，遂溪县归国华侨联合会借助微信、QQ等媒介，与海外侨界人士保持联系，不定期发送遂溪县招商合作信息、创业、人才政策、重大活动方案等。鼓励海外侨胞回乡投资创业，助推家乡经济社会发展。

【侨益维护】 2021年，遂溪县归国华侨联合会做好群众来访工作，向有关部门反映情况，督促落实有关侨务政策法规，依法维护归侨、侨眷和海外侨胞在国内的合法权益。

【参政议政】 2021年，遂溪县归国华侨联合会围绕县委、县政府中心工作，积极参政议政。组织侨界人大代表、政协委员参加县人大、县政协开展的视察、调研活动。鼓励引导侨界人大代表和政协委员，围绕推动遂溪经济和社会发展积极建言献策。

（县侨联）

遂溪县文学艺术界联合会

【概况】 2021年，遂溪县文学艺术界联合会辖县级文艺家协会9个和民办非企业单位1个。会员586名，其中国家级会员8名、省级会员50名、市会员224名。

【文学创作】 2021年，遂溪县作家协会会员在各级报刊发表（含出版、获奖、入选）文学作品88篇（首），其中省级以上刊物20篇（首）。出版情况：陈华清出版长篇纪实小说《竹魂》（花城出版社）和小说集《带你去看海》（天津人民出版社），莫托夫出版长篇小说《那海那船那人》（团结出版社），庞巧出版长篇小说《各人头上一片天》（百花洲文艺出版社），陈雁出版中篇小说集《铁牛》（上海文艺出版社）。获奖情况：参加湛江市作协与湛江晚报报社联合举办“红色百年路　启航新征程”主题征文活动和湛江日报报社举办的廉江农商银行杯“红色印记”庆祝中国共产党成立100周年征文活动，陈雁、莫托夫拔得头筹，吴舜华、洪三河、周葵英等7人获二、三等奖和优秀奖；《港城情事》（徐海燕著）、《左舷》（李泽民著）、《骆子豪寻梦记》（钟才著）、《这一代》（陈雁著）4部中、长篇小说获2021年度湛江市文艺精品创作扶持，陈华清长篇小说《竹魂》获2021年度湛江市文艺精品重大主题作品扶持，陈华清文学作品《追台风的秘密》获2021年度湛江市文艺精品奖励；陈华清散文《走在上坡路》获广东省委宣传部“走向我们的小康生活”大赛二等奖，童话《乌鸦男孩》获首届小花城（江门）原创童话征文大赛优秀奖，长篇纪实小说《竹魂》入选广东省作家协会庆祝中国共产党成立100周年十部红色题材重点作品，长篇小说《琼花》入选国家新闻出版署2021年农家书屋重点出版物推荐书目；洪艳被评为《作品》杂志“十佳评论员”，文学评论《生命的声响》获得《科尔沁文学》杂志最佳评论奖；李静《宅着宅着，心里就有了碎碎念》获湛江市抗疫征文二等奖；韩夏明散文《牛屎飞的变迁》获广东省委宣传部“走向我们的小康生活”大赛三等奖。

【书法创作】 2021年，遂溪县书法家协会“百年歌党庆　翰墨寄深情”庆祝中国共产党成立100周年专题的30幅书法篆刻作品，发表在《书法报》第46期。会员林文华、杨斯媚（女）书法作品入展庆祝中国共产党成立100周年“潮涌海东”湛江市迎春书法作品展览；林文华篆刻印屏入展寸金印社“庆祝中国共产党成立100周年”篆刻作品展；舒仁勇等8人书法作品入展湛江市政协“翰墨写初心·诗情颂党恩”庆祝中国共产党成立100周年诗歌书法作品展；麦穗的作品楷书条幅入选市女书法家协会“永远跟党走”湛江市美术书法作品展；林文华篆书作品入选湛江市书协“湛江市名家书法作品展”。

【音乐创作】 2021年，遂溪县音乐家协会部分会员参加全国和省、市各级音乐比赛、活动。李小玲原创歌曲《领航向前》获北京“公卿杯”庆祝中国共产党成立100周年主题原创歌曲排行榜（2021第14期）最佳作词作曲奖金奖、最佳创意奖金奖和最佳人气奖金奖，邓爱东获2021海南·博鳌国际手风琴艺术节优秀指挥奖和优秀指导老师奖；李小玲原创歌曲《领航向前》入选“学习强国”学习平台“百年丰华　为你歌唱”播放，该歌曲与其原创歌曲

《小康美》入选在中央广播电视总台央视频《中视音乐汇》播出；劳承印为遂溪县女企业家协会创作会歌《遂溪女企业家之歌》。

【美术、摄影创作】 2021年，遂溪县美术家协会组织会员参加全国和省、市各级美术比赛、展览。会员彭浩原、王一羽、杨宝强、杨忠喜、叶东辉5人的作品入选中国出版协会年画艺委会和中国年画艺术网举办的“颂党恩、贺华诞”祝贺中国共产党成立100周年大庆“新年画记录党的光辉历程”2021年全国年画邀请展（网络展）；邓爱恩、何堪英、张铁印等3人获“走向我们的小康生活——湛江美术作品展”优秀作品奖，邓爱军、魏建清、苏建国等3人获入选奖；21幅美术作品入选湛江市抗疫主题作品评选，其中邓爱恩、袁振平、郑雍、邝高明4人获优秀作品奖；罗一翔等5人的作品入选“辉煌百年”庆祝中国共产党成立100周年湛江美术作品展；辛大魁版画作品《好山好水好风景》入选2021湛江艺术季优秀书画作品展；彭浩原等4人的年画作品入选由湛江市文联与市民协共同主办的《湛江市庆祝建党100周年新创作民间工艺美术类作品选编》；邝高明美术作品《远方》（入选第三届全国青年水彩画展）获2021年度湛江市文艺精品奖励。2021年4月，遂溪县摄影家协会会员罗锦屏摄影作品《晒蒲草》入选“飞瞰黄山天下太平”2020首届中国•黄山区无人机全国摄影大展。

【曲艺创作】 2021年，遂溪县曲艺家协会会员庞林辉戏曲《宝玉哭晴雯》（2019年获微粤曲大赛第五届演唱赛总决赛成年组金奖）获2021年度湛江市文艺精品奖励。

【诗词创作】 2021年，遂溪县诗社组织会员参加中国共产党成立100周年征文创作活动，创作诗词作品78首（近体诗68首、现代诗10首）。全年在市级及以上报刊发表诗词作品61首，其中洪三河、叶植盛、杨贰等人37首诗词作品入选《庚子抗疫诗词选》（团结出版社出版）；洪三河、杨贰等人11首诗词作品入选《湛江当代诗词选》（南方出版社出版）；何教生10首七律发表在《诗词世界》。

【民间文艺创作】 2021年1月，遂溪县国家级“非遗”醒狮代表性传承人李荣仔获2020“中国非遗年度人物”提名候选人。遂溪县龙湾醒狮团《我们的节目——2020年春节宣传片》（入选CCTV-10频道的《我们的节目——2020年春节宣传片》节目）获2021年度湛江市文艺精品奖励。春节期间，遂溪县龙湾醒狮艺术团制作的影音视频在澳大利亚凯恩斯地区商城大屏幕播出；3月，参加2021年深圳市“红树林物业杯”岭南醒狮文化交流活动；4月，入围第十五届中国民间文艺山花奖•优秀民间艺术表演“民间鼓舞鼓乐”初评。

【文艺进校园】 2021年，遂溪县文学艺术界联合会组织文艺工作者到中小学校开展文学讲座、书法进校园等一系列文艺进校园活动。遂溪县洪三泰文学创作院为乌塘镇中小学、遂城镇第四小学、黄学增纪念中学等学校学生举办文学讲座。县书法家协会到建新中学、岭北中学等学校开展“书法进校园”活动，为学生开授书法课。县楹联学会到界炮镇大塘小学、塘尾小学开展“诗联进校园”活动。县作家协会到岭北镇田体小学开展“传承红色基因，讲好遂溪故事”文化进校园活动。县龙湾醒狮艺术团到遂溪县大成初级中学开展“非遗进校园”活动，弘扬遂溪醒狮文化。

【文化惠民】 2021年，遂溪县文学艺术界联合会组织文艺志愿工作者到遂城敬老院、杨柑敬老院、县社会福利院开展文化惠民活动。3—7月，县美术家协会每星期都到遂城镇分界小学开展一次“筑梦花开幸福成长”美育活动，为学生上美术课。自10月起，县龙湾醒狮艺术团每星期都到县大成初级中学，为该校醒狮社团学生传授醒狮技艺。

【芳流墩作家村建设】 2021年2月26日，深圳市遂溪商会代表及湛江市政协、遂溪县政协到芳流墩作家村调研指导。3月12日，遂溪县文联工作会议在芳流墩作家村召开。7月20日，广东省文史馆专家组作为广东省乡村振兴课题调研组到芳流墩作家村调研。8月13日，湛江市关工委一行到芳流墩作家村调研。12月2日，湛江市委党校科级干部进修二班全体师生63人到芳流墩作家村调研学习。12月17日，县文联全体干部职工到芳流墩作家村捐种五味树2棵。该作家村国家一级作家洪三泰为大中小学校举办文学讲座以及相关活动。

【“我们的中国梦”——文化进万家活动】 2021年元旦、春节期间，遂溪县文学艺术界联合会组织文艺工作者到遂城镇牛路村、城月镇高明村、界炮镇老马村、黄略镇高碧村等地开展“我们的中国梦”——文化进万家活动；县委宣传部、县文广旅体局、县文联共同举办遂溪县2021“金牛迎春”美术作品网络展。

【遂溪县文联第四届第七次全委会召开】 2021年1月7日，遂溪县文学艺术界联合会召开遂溪县文联第四届第七次全委会，县文联第四届委员会委员参加会议。会议增补苏振华、杨宝强、李荣仔为遂溪县文联全委会委员，选举苏振华为遂溪县文学艺术界联合会主席。

【遂溪县洪三泰文学创作院成立】 2021年4月27日，遂溪县洪三泰文学创作院成立。该院为民办非企业单位，业务范围为团结有志于文学创作事业的广大学者专家、社会各界知名人士，开展文学创作、文学讲座、作品研讨、采风写作、读书交流及作品展出、刊登等活动。

【“庆祝中国共产党成立100周年”系列活动】 2021年，遂溪县文学艺术界联合会围绕庆祝中国共产党成立100周年、全面建成小康社会和开启全面建设社会主义现代化国家新征程的主题，动员和组织文艺工作者举办专题文艺晚会、曲艺演出、音乐会、书画展、摄影展、红色书籍出版发布会、绘画比赛等活动12场次。3月5日，湛江市文学艺术界联合会和遂溪县文学艺术界联合会在遂城镇下洋村开展“学习党史，接受红色革命教育，重温入党誓词”活动。5月4日，举办“红心献给党”庆祝建党100周年•卜灿荣粤曲粤乐作品专场演唱会。6月3日，徐闻、遂溪两地文联在徐闻县开展学党史采风交流活动。6月29日，在乌塘镇芳流墩作家村举行《黄学增》《中共南路革命先驱黄学增》《竹魂》等红色书籍发布会。

【遂溪醒狮传承与发展研讨会在遂溪县召开】 2021年12月6—7日，“中国醒狮之乡 国家级非遗——遂溪醒狮传承与发展研讨会”在遂溪县召开。一些“非遗”、艺术、文史等领域专家参加会议，研讨遂溪醒狮传承与发展，推进中国醒狮之乡、国家级非物质文化遗产、广东省民间文化艺术之乡——遂溪醒狮的保护传承和发展利用再上新台阶，进一步扩大遂溪文化发展影响力。

（杨海燕）

遂溪县残疾人联合会

【概况】 2021年年末，遂溪县持有残疾人证的残疾人18061人，占总人口的1.64%。其中视力残疾人1202人，占全县持证残疾人口的6.66%；听力残疾人600人，占3.32%；言语残疾人216人，占1.2%；肢体残疾人9326人，占51.63%；智力残疾人2309人，占12.78%；精神残疾人3333人，占18.45%；多重残疾人1075人，占5.96%。

【残疾人组织建设】 2021年，遂溪县残疾人联合会完善镇、村级残疾人工作队伍。全县各镇（含广前公司）残疾人专职委员18名、村委残疾人专职委员259名，形成县、镇、村三级残疾人服务网络。

【残疾人康复救助】 2021年，遂溪县残疾人联合会做好残疾人精准康复救助工作。全年有康复需求6363人，获得辅助器具392人，获得低视力助视器11人，另有45名残疾人获得低视力辅助器具，安装助听器34人，安装小腿假肢19例、大腿假肢10例、上肢装配13例，装配矫形器20例，轮椅161例，其他辅具94例。2021年家庭医生签约6192人，给予精神病患者免费服药1120人。做好0～6岁残疾儿童康复救助工作。全年为148名各类残疾儿童开展康复服务训练。

2021年5月26日，遂溪县残联在北坡镇政府举办残疾人农村实用技术培训班

（何　琴/摄）

【残疾人权益保障】 2021年，遂溪县残疾人联合会做好2项补贴审批工作。全年残疾人重度护理补贴14.05万人次，发放资金3436.64万元；残疾人生活补贴5.77万人次，发放资金1054.05万元。做好残疾人机动轮椅车燃油补贴发放。全年审核符合条件的机动轮椅车223辆，每年每辆补助260元，发放补贴5.8万元。完善办证服务工作。4月13—23日，县残联联合县中医院评残医生到各镇为902名疑似残疾人办理残疾证。7月16—28日，县残联联合县慢性病防治站评残医生到各镇为295名精神障碍患者办理残疾证。至年底，累计持证人数1.8万人。开展贫困重度残疾人家庭无障碍改造工作。全年家庭无障碍改造任务267户，全部验收合格。完成全国残疾人基本服务状况和需求信息数据动态更新调查任务。全县参与动态更新登记残疾人1.79万人，完成入户登记1.67万人，电话登记593人，查无此人34人，已搬迁47人，空挂户6人，外出166人，死亡314人，迁移2人。

【残疾人就业与培训】 2021年，遂溪县残疾人联合会做好残疾人就业帮扶与培训工作。针对性地举办各类培训班，帮助残疾人掌握农村实用技能。5月25—28日，县残联组织相关技术人员到城月、北坡、港门、乌塘4个镇举办农村实用技术培训班，培训197人。鼓励并支持有劳动能力的残疾人自主创业。全年创业补助21户，补助资金12万元。全年征收2020年度残保金654万元。有132个单位申报2020年度按比例安排残疾人就业，在职残疾职工229人。

【残疾人助学金】 2021年，遂溪县残疾人联合会落实残疾人教育政策。全年各类大专院校录取残疾学生11人，本科院校录取残疾学生7人，共发放助学金21.5万元。义务教育残疾儿童在校学生392人，入学率95.12%。

【残疾人社区康园中心】 2021年，遂溪县残疾人联合会做好完善农村残疾人服务工作。至年底，建成16个社区康园中心并投入正常运行，为全县341名农村智力、精神、重度肢体残疾人及其他有需求的残疾人提供日间托管和康复治疗服务。

（何　琴）

法治

政法工作

【概况】 2021年，遂溪县政法系统围绕中国共产党成立100周年系列活动重大安保维稳工作主线，推动平安遂溪、法治遂溪建设取得新成效。是年，县委政法委被评为中国共产党成立100周年庆祝活动期间湛江市信访维稳安保工作先进单位。遂溪县扫黑除恶专项斗争领导小组及其办公室被湛江市扫黑除恶专项斗争领导小组评为先进单位予以通报表扬。遂溪县被评为湛江市2021年度平安建设优秀等次的县（市、区）。

是年，全县未发生重大涉及疫情的不稳定事件、公共安全事件和重大负面舆情事件。县委政法委在日常防疫工作中抓好牵头协调，夯实防控基础，发挥县、镇、村“三人小组”作用，全年落地排查公安系统大数据推送来（返）遂人员7483人，入境隔离解除隔离转社区管理797人，自主排查来（返）遂人员7733人，均按要求落实管控。

【安保维稳】 2021年，遂溪县组织开展重点领域涉稳矛盾纠纷排查，排查出涉政治安全、涉众金融、涉野生动物养殖、涉环保、涉问题楼盘、涉商铺经营、涉农涉土、涉法涉诉等各类案件156件，化解151件，化解率97%。遂溪县成立化解积案攻坚专项行动领导小组，建立工作专班，攻坚化解一批重点信访历史积案。在中国共产党成立100周年、全国两会、中共十九届六中全会特防期间，遂溪县建立维稳安保等级响应和值班备勤机制，加强对重点人员教育管控，并创新工作方法，采取“包案＋专班”做法，建立法律援助专班9个，引导重点人员依法依规维权，推动案件快速化解。成立2个督导组，对全县15个镇和县直有关单位开展特防期维稳安保工作进行督导。在新冠肺炎疫情防控期间，严格落实有关疫情防控措施，加强对涉及疫情的不稳定因素和重点人员排查稳控。

【平安建设“五个一”活动】 2021年，遂溪县围绕提升人民群众安全感和对政法工作满意度，因地制宜开展平安建设“五个一”活动。开展一次社会治理领域调研。县委、县政府部署开展“完善遂溪社会治安防控体系”“加快推进基层社会治理现代化”等专题调研，促进调研成果转化。推动基层社会治理创新模式得到上级肯定，《长安》杂志2021年第3期《基层探索》栏目刊发遂溪县经验材料《广东省遂溪县三项举措推进基层社会治理》《用好“三大推手”构建“三共”格局夯实市域社会治理现代化基层基础》（三共：共享、共建、共治）在全市现场会上得到推广。开展一轮警民联合大巡逻活动。组织动员广大志愿者参与治安联防，配合公安机关加强重点地段、重点时段治安巡逻，收集群众对建设平安遂溪意见建议。开展一系列平安建设宣传活动。组织开展“平安法治宣传”进乡村、“我是平安天使”进校园、“警民联系大走访”进农户等宣传活动。挖掘、宣传平安建设先进典型，举行全县“十佳政法干警”评选宣传活动，推荐遂溪县法院黄石养上榜2021年1月全国“平安英雄”。集中力量打击一批违法犯罪活动。建立政法部门会商研判、沟通协调机制，定期分析研判社会治安稳定形势，加大严打整治力度。促使刑事治安警情全线下降，其中赌博、盗窃、“双抢”、电信网络诈骗警情分别比上年下降40%、13.4%、44.4%、14%。推出一批便民利民措施。政法各单位推出为民办实事项目46个，出台便民措施63条。

2021年3月30日，遂溪县开办全县政法队伍教育整顿专题党课

（县政法委/供图）

【基层社会治理】 2021年，遂溪县党委政法、组织部门牵头指导推进“基层党建+社会综合治理”工作，全县继续推行党建引领基层治理“四个二”模式（“2本台账”管理基层、“2块牌子”弘扬正能量、“2个规矩”约束群众行为、“2个组织”助推乡村振兴）。是年，遂溪县建立源头治理多元化解机制。“线上+线下”相结合，依托县综治中心平台，开通平安监督热线，拓宽群众诉求渠道。“网格化+信息化”相融合，加强镇街综治中心“网格化+信息化”建设。“综治中心+多调联动”相配合，利用各级综治中心平台，建立基层综治、信访、维稳等工作一体化运作机制，完善访调、警调、检调、诉调对接机制，推动多元化解矛盾。

【政法队伍教育整顿】 2021年，遂溪县政法系统开展政法队伍教育整顿，开展“政治教育”“警示教育”“英模教育”“教育整顿专题党课”等主题教育活动731场次；举办全县政法队伍英模及先进典型事迹报告会，弘扬英模精神，选树英模4名，评选全县“十佳政法干警”并在全县通报表扬。结合党史学习教育，政法各单位共推出为民办实事项目46个，出台便民措施63条。

【扫黑除恶常态化推进】 2021年是扫黑除恶专项斗争向常态化转变开局之年，遂溪县打掉恶势力犯罪团伙2个，侦破各类涉黑恶刑事案件94件，刑拘196人，逮捕100人，移送起诉220人，抓获涉黑涉恶在逃人员24人。公诉涉黑案件1件2人。审结涉恶案件1件4人。对涉黑涉恶腐败和“保护伞”问题立案审查3人，涉及其他问题立案审查1人，处分10人。遂溪县扫黑除恶专项斗争领导小组及其办公室被湛江市扫黑除恶斗争领导小组评为先进单位通报表扬。

扫黑除恶斗争推进会 4月8日，遂溪县召开全县扫黑除恶工作推进会。会议贯彻落实中央关于常态化开展扫黑除恶斗争决策部署、上级领导批示精神和全市扫黑除恶斗争推进会精神，研判当前形势，部署推进全县扫黑除恶斗争机制化、常态化。10月9日，召开全县扫黑除恶斗争领导小组第一次全体成员（扩大）会议暨五大行业领域整治推进会。会议深入学习贯彻习近平总书记关于常态化开展扫黑除恶斗争重要指示精神，传达贯彻省、市扫黑除恶斗争领导小组有关工作会议精神，全面落实中共中央及省、市部署要求，审议遂溪县扫黑除恶斗争相关文件，研究

2021 年 3 月 2 日，遂溪县委政法工作会议暨“平安创建”集中打击清源百日行动动员部署会在县影剧院召开　（县政法委 / 供图）

部署遂溪县常态化扫黑除恶斗争工作。

线索核查办理　结合政法队伍教育整顿，清存案和立新案齐抓，通过“两提升五加强”推进加强线索核查，全年办结线索 147 条，省级以上线索办结率均为 100%。

基层组织建设　全县部署开展换届工作“回头看”，确定村级换届后重点关注村 7 个。全面落实“四个一”整顿措施。全县对 349 名村（社区）党组织书记开展全员培训，县委书记为新任“头雁”开讲履职第一课，对全县 1987 名“两委”干部全覆盖开展集体谈心谈话和廉政教育。新一届“两委”班子组织开展“我为群众办实事”实践活动等工作，共为群众办实事 2193 件，解决历史遗留问题 232 个。

五大行业领域整治　贯彻落实上级关于重点行业领域整治工作部署要求，推进五大行业领域整治工作。县公安局、县自然资源局、县交通运输局、县住房和城乡建设局、中国人民银行遂溪县支行等单位分别对信息网络、自然资源、交通运输、工程建设、金融放贷等行业领域开展针对性治理。坚持行业专项整治与教育整顿“我为群众办实事”实践活动相结合，利用“三书一函”：监察建议、司法建议书、检察建议书、公安机关的提示（建议）函，推动行业主管部门加强监管、落实整改，共发出“三书一函”27 份（其中涉及五大行业领域 25 份），完成整改 27 份，完成整改率 100%。

（苏思婷）

法治政府建设

【概况】　2021 年，遂溪县推进行政复议体制改革，严格依法受理、办理复议案件，全年接收行政复议申请 48 件，审理 35 件，代理县政府出庭行政应诉案件 22 件。参与政府规范性文件制定和审查 4 件。做好政府规范性文件合法性审查工作，完善科学民主依法决策机制建设，全年出具合法性审查意见 155 件，为县政府行政决策或涉及其他重大项目提出法律意见 45 件。10 月 15 日，中央法治政府建设督察组到遂溪进行实地督察，肯定遂溪县法治政府建设工作。

【乡镇综合行政执法体制改革】 2021 年，遂溪县委依法治县办秘书股按照实际需要，宜放则放，下放 339 项综合行政执法事项权责清单到镇，并按照“谁下放谁培训”“谁下放谁指导”工作部署，对各镇执法人员开展培训。全年开展行政执法人员综合法律知识网上考试 3 期，15 个镇持有执法证人员 635 人。

【法治文化建设】　2021 年，遂溪县司法局、县普法办利用原有地域、环境和人气优势，融入民法典元素，打造“民法典”主题宣传示范村，先后完成遂城镇竹山村、坑里园村，黄略镇许屋村、高碧村，岭北镇西塘村等

“民法典”主题宣传示范村建设。开展2021年度省级“民主法治示范村（社区）”评选申报工作，其中遂城镇沙坡村委会、岭北镇西塘村委会、河头镇新市村委会申报成功。打造青少年普法阵地，在遂溪县青少年法治教育实践基地创建司法行政法治宣传展览室。

【领导干部集中旁听庭审活动】2021年11月25日，遂溪县普法办、县人民法院组织领导干部到庭审现场旁听，全县普法领导小组成员单位和行政执法单位60多名副科级以上领导干部在县人民法院现场旁听庭审。全县15个镇及100多个单位的800多名副科级领导干部通过庭审直播系统旁听庭审。

（县司法局）

公安

【概况】 2021年，遂溪县公安局围绕中国共产党成立100周年安保维稳主题主线，常态化开展扫黑除恶专项斗争，组织开展“飓风2021”专项行动，开展党史学习教育和公安队伍教育整顿，举行“警察节升旗仪式”。全年投入巡逻执勤警力1.3万多人次，备勤警力9000多人次，完成各项活动安保任务28场次，化解各类不稳定苗头51起。全县没有发生影响政治安全的案（事）件。是年，县公安局负责维护医疗隔离场所和疫苗接种秩序，配合做好人员隔离转送、社区监测防控和打击各类妨害疫情防控违法犯罪活动。排查涉疫中高风险地区来遂返遂人员16264人，排查车辆5.3万辆，维护定点隔离酒店安保秩序2个，协助隔离、监测185人，协助送治18人；打击涉疫违法犯罪29起，刑事拘留7人，行政拘留10人。

2021年1月10日，遂溪县公安局举行“警察节升旗仪式”活动，庆祝首个“中国人民警察节”（县公安局／供图）

【公安系统扫黑除恶常态化】2021年，遂溪县公安局打掉恶势力犯罪团伙2个，侦破各类涉黑恶刑事案件102件，刑拘233人，提请逮捕120人，移送起诉246人，查缴涉案资产91万元；打掉涉交通运输领域犯罪团伙1个，抓获犯罪嫌疑人3名，侦破系列盗窃柴油案件23件；打掉涉自然资源领域犯罪团伙1个，抓获犯罪嫌疑人9名，侦破非法采矿、故意伤害、故意毁坏财物等案件5件；破获“裸聊”敲诈案件4件，刑拘4人；抓获周某山黑社会组织犯罪团伙骨干成员1名。

【中国共产党成立100周年安保维稳】 2021年，遂溪县公安局在中国共产党成立100周年庆祝活动期间投入巡逻执勤警力8800多人次，备勤警力6200多人次，完成各项活动安保任务15场次，排查化解各类不稳定苗头20余起。

【“飓风2021”专项行动】 2021年，遂溪县公安局采取警种牵头、专班统筹、所队联动方式，明确责任，细化措施，推进打击严重暴力犯罪、推进“百日清源”“八大专项行动”“双提升”及“飓风2021”专项行动。全县接报总警情比上年上升 7.2%，其中刑事警情比上年下降 21.4%、治安警情比上年下降 8.5%。“飓风 2021”专项行动考核排名全市第四名。

2021 年 9 月 29 日至 10 月 1 日，遂溪县公安局在全县范围组织开展统一清查行动
（县公安局 / 供图）

【刑事犯罪侦查】 2021 年，遂溪县公安局立刑事案件 1839 件，比上年下降 11.37%，破案 754 件，比上年上升 7.23%，刑拘 658 人，提请逮捕 389 人，移送起诉 729 人，抓获或劝投各类逃犯 134 人。在打击涉电诈违法犯罪方面，接报涉电诈警情数 904 起，立案 736 件，破案 132 件；共刑拘 89 人，提请逮捕 43 人，移送起诉 61 人；电话预警劝阻 33682 人次，见面预警劝阻 3300 人次；共成功止付涉案账号 2298 个，涉案资金 5000 多万元；冻结涉案账号 102 个，冻结涉案资金 788 万元，挽回群众损失 100 多万元。在打击涉毒违法犯罪方面，查处吸毒人员 621 人，强戒 356 人；社区戒毒 213 人，社区康复 169 人；破获毒品案件 76 件，提请逮捕 83 人；“整治突出毒品问题”专项行动排名全市第一名。

【社会治安管控】 2021 年，遂溪县公安局实行显性用警，执行等级勤务，加强重点部位守护，强化动中备勤、所队联动等措施，在全县范围内组织开展统一清查行动，提高对社会治安局势驾驭能力。破涉赌案件 27 件，办理涉赌行政案件 130 件，抓获人员 919 人，行政拘留 400 人，刑事拘留 89 人，提请逮捕 54 人，罚款 407 人；破涉黄案件 16 件，办理涉黄行政案件 17 件，抓获涉黄人员 246 人，刑拘 26 人，提请逮捕 19 人，行政拘留 147 人，罚款 64 人。开展校园安全风险隐患排查整改，落实“四个 100%”（城区“中小学封闭化管理达 100%，一键式紧急报警与公安机关联网率达 100%，视频监控系统与公安机关联网率达 100%，城市中小学专职保安员配备率达 100%”）、“五统一”（对校园保安人员配备、监控设备、安防装备、围墙标准、护学岗设置的统一）、校园矛盾纠纷排查和严禁管制刀具等危险品进入校园工作要求，组织开展五轮排查整治，向学校反馈存在风险隐患，指导落实整改；全覆盖检查全县中小学幼儿园 603 个，排查发现安全隐患 1290 处，督促整改 1280 处。出生入户、无犯罪记录证明等 35 项常办事项实现全网办，审批各类户口入户申请共 17963 件，其中出生登记 15651 人，办理各类户口迁移 2312 人；统计全县总人口 1124701 人，人口自然增长率 0.53%；开展下乡服务活动 28 次，组织人员参加考试并取得摩托车驾驶证 3802 人次。推进“居民身份证自主办证终端在全县户管派出所全覆盖”项目，建设自助终端机 27 台，24 小时为群众在各派出所办理户管业务。登记流动人口 2868 人，暂住人口 893 人，登记建档长租出租屋 3052 间和时租、日租出租屋 77 间以及居住登记核实 677 人。排查三级及以上患有严重精神障碍患者 638 名，送治 206 人次。全县无发生肇事肇祸致人伤亡案事件，无发生爆炸事故，无发生重特大治安灾害事故，无发生群体性事件。

【道路交通管理】 2021年，遂溪县公安局推进事故预防“减量控大”工作，开展交通秩序整治、疏堵保畅通、隐患排查治理和宣传教育等中心工作。较大及以上道路交通事故“零”发生，道路交通事故立案数、死亡人数、受伤人数以及涉摩电交通事故均比上年下降（立案比上年下降2.18%；死亡人数比上年下降28.95%；受伤人数比上年下降1.89%。其中涉摩电交通事故起数和死亡人数分别比上年下降38.10%、4.21%）。刑拘47人、提请逮捕11人、起诉56人、取保候审29人、行拘76人。是年2月和10月，分别摘掉市级和省级挂牌整治“帽子”。

【反偷渡、反走私工作】 2021年，遂溪县公安局开展打击“海啸”“清湾”专项行动，重点打击走私冻品、农副产品、野生动物、成品油、“套代购”等走私违法犯罪活动，破刑事案件14件，提请逮捕13人，起诉21人，涉案金额1996.9万元。办理非法入境案件39件，查处“三非”（非法入境、非法居留、非法就业）外国人62名；办理非法聘用外国人案件7件；办理容留、藏匿“三非”外国人案件4件；办理组织他人偷越国（边）境刑事案件2件，刑事拘留2人，提请逮捕2人；遣送“三非”外国人57人。

【公安基层基础建设】 2021年，遂溪县公安局成立森林警察大队、指挥中心公关股和反诈联勤中心。建立全丰中央广场和县政府“1、3、5分钟”防控圈执勤点2个。开展枪库及公务枪支安全风险专项排查整治，完成枪弹库升级改造工作。洋青派出所办公大楼完成升级改造，港门派出所和石角边防派出所合并办公；界炮派出所重建、南亭派出所和沙古派出所修缮工作正在有序推进中。开展公安队伍教育整顿工作。成立领导小组，制订印发教育整顿整体方案、学习教育环节和查纠整改环节实施方案，细化任务清单、明确时间节点，开展党史学习教育活动190场次，开展“我为群众办实事”活动9600多次；集中学习研讨226期6900余人次，撰写心得体会2828份，排查出问题2911个，153名民警主动向组织说明情况，移交县纪委2人，诫勉谈话2人，批评教育55人，提醒谈话7人。通过开展教育整顿，挖掘选树先进典型一批，陈慧强获“全国百佳女民警”“第一届新时代南粤刑侦之星”等荣誉称号，陈君、莫培忠、韩盛、陈建中、郑智聪等5名民警获评为“县十佳政法干警”，21名民警获三等功，62名民警获嘉奖，2名辅警获二级嘉奖，86名辅警获三级、四级嘉奖；岭北派出所获评为2021年度湛江市“枫桥式公安派出所”称号。

（刘　活、陈　逦）

检察

【概况】 2021年，遂溪县人民检察院受理各类刑事案件1124件，办结1063件；受理各类民事行政公益诉讼案件200件，行政立案197件，诉前210件，民事立案3件，起诉2件。是年，获各类先进集体和先进个人表彰27项，其中省级1项、市级12项、县级14项，县检察院第一检察部在扫黑除恶专项斗争工作中被广东省人民检察院授予集体嘉奖，被湛江市委、市政府评为2018—2020年湛江市扫黑除恶专项斗争先进集体。县检察院办理1件军用土地保护行政公益诉讼案被评选为2020年度湛江检察十大典型案（事）例，该案办理成功经验被最高人民检察院在全国推广。2个集体分别获得县委先进党总支、先进基层党组织称号。建立健全网络信息发布机制工作做法在《广东政法》《广东检察》等省级宣传平台刊登介绍。

是年，遂溪县人民检察院服务“三大攻坚战”。聚焦巩固脱贫攻坚成果助力乡村振兴，在全市基层检察院中率先出台《服务保障全面推进乡村振兴加快农业农村现代化实施的意见》，挂牌成立乡村振兴和创文工作办公室，周五常态化开展创文活动。120名贫困户全部脱贫，1名干警获评为县脱贫攻坚工作优秀个人。聚焦污染防治，能动检察，服务中央环保督察整改，重拳打击破坏生态环境资源违法犯罪，批捕8件16人，起诉18件31人，推进“河湖长+检察长”协作机制，开展常态化巡河监督，全面加强红树林保护，与湛江海警局遂溪工作站签订《关于加强检警协作配合的若干意见》，凝聚海洋保护工作合力。聚焦防范化解重大风险，邀请金融行业参加反洗钱工作同堂培训，开展“断卡”行动和打击治理电信网络新型违法犯罪专项行动，批捕62人，起诉81人。

【刑事检察】 2021年，遂溪县人民检察院参与“平安创建”集中打击清源百日行动，严惩危害公共安全、侵犯公民人身和财产权利等犯罪。批捕各类犯罪案件329件414人，起诉486件658人。批捕暴力犯罪案件23件31人，起诉22件32人；批捕“两抢一盗”犯罪案件61件69人，起诉82件97人；批捕毒品犯罪案件67件75人，起诉89件106人；批捕涉黑犯罪案件2人，起诉2人。移交涉黑恶犯罪线索3条，扫黑除恶专项斗争工作中有3个集体、5名个人获省市县表彰。严防严控筑牢疫情防控屏障，起诉涉疫犯罪案件2件2人。推进反腐倡廉斗争，受理监察机关移送审查起诉职务犯罪案件11件12人，起诉4件4人。全面落实认罪认罚从宽制度，适用率89.94%。

【未成年人检察】 2021年，遂溪县人民检察院批捕未成年人犯罪案件10件17人，不批捕4件7人，不捕率29.17%；起诉20件30人，不起诉9件15人，不诉率33.33%，附条件不起诉5件7人。针对校园安全事故问题，发出全市首份校园消防安全和校车安全公益诉讼检察建议。建立结对帮扶救助机制，牵头职能部门、志愿者协会和爱心企业家等多方力量，筹措资金35万元帮扶未成年被害人及困境儿童10人，为他们提供身心康复、复学就业等救助。

【民事行政检察】 2021年，遂溪县人民检察院民事行政检察监督稳步推进。受理民事、行政检察案件74件。办理土地执法领域行政非诉执行专项监督案件12件；办理民事执行违法适用终结本次执行程序专项监督案件55件；开展行政争议实质性化解，推动乐民镇后溪仔村村民小组依法缴纳破坏基本农田罚款。

【公益诉讼检察】 2021年，遂溪县人民检察院公益诉讼检察监督持续领先。开展污染防治、食品药品、红色资源保护等专项公益诉讼监督活动，受理线索200条、立案200件，发出检察建议210份，推动职能部门整改涉民生福祉和英烈名誉等突出问题，该项工作连续3年获全市第一，工作经验在全省检察机关推广。

【刑事执行检察】 2021年，遂溪县人民检察院开展违规违法办理减刑、假释、暂予监外执行案件排查整治，剥夺政治权利、财产刑执行等多个专项监督，向市检察院移送职务犯罪线索2条，书面纠正刑事执行违法情形313件次，督促公安机关成功收监15人，刑事执行检察多个专项工作排名全市前列。

【“两项监督”工作】 2021年，遂溪县人民检察院刑事检察监督卓有成效。加强刑事立案和侦查活动监督，监督公安机关立案、撤案12件，行政执法机关移送刑事案件2件，纠正侦查活动违法37件次，纠正漏捕、漏诉、漏罪24人。加强审判活动监督，提出刑事抗诉3件。周某山涉嫌故意伤害致死案，这起30年前在遂溪县具有重大影响陈年命案经层报最高人民检察院核准追诉，是全市成功办理首例最高人民检察院核准追诉案件。全面贯彻落实少捕慎诉慎押刑事司法政策，依法不捕230人、不起诉54人，羁押必要性审查变更强制措施21人，审前羁押率总体稳定下降，最大限度减少社会对立面。

【检察系统扫黑除恶专项斗争工作】 2021年，遂溪县人民检察院持续推动扫黑除恶常态化开展，制定《遂溪县人民检察院关于加强常态化扫黑除恶斗争的意见》，始终保持对黑恶势力犯罪打击力度，巩固专项斗争成果。批捕涉黑犯罪案件2人，起诉2人。移交涉黑恶犯罪线索3条，扫黑除恶专项斗争工作中有3个集体、5人获省市县表彰。

【检察机关助力营商环境优化】 2021年，遂溪县人民检察院运用检察职能，通过强化和公安机关沟通协调、介入引导侦查等方式，督促公安机关清结3件涉民营企业挂案；依法惩治破坏市场经济犯罪，维护社会经济秩序正常开展，批准逮捕破坏社会主义市场经济秩序类犯罪8件16人，起诉6件7人；持续开展“双打”行动，强化对侵犯知识产权和制售假冒伪劣商品案件打击力度，法治护航创新发展，批捕生产、销售伪劣商品案件1件5人、侵犯知识产权案件2件6人。

【社会矛盾化解】 2021年，遂溪县人民检察院“12309”检察服务中心服务提档增效，依法回复群众来访和信访349人次，院领导定期下访12次，依法办理涉法涉诉案件56件、刑事申诉案件4件、刑事赔偿案件1件，召开公开听证35场，比上年上升300%。聚焦军人军属、贫困户、未成年人、残疾人等4类重点救助对象，开展国家司法救助11件40人，发放救助金35万元，案件数量和救助金额名列全市第二。

【司法警察】 2021年，遂溪县人民检察院配合全院各业务部门办案和安保工作。协助刑事检察部门押送执行拘留2次2人，协助未检办对未成年人犯罪进行心理测试1次，派出警力28人次。县纪委监察委借用该院办案工作区办案30次共68天。

【信息调研宣传】 2021年，遂溪县人民检察院起草、审校检察工作报告、领导讲话稿、工作总结、经验交流等综合性文字材料32份，被上级党委和检察机关综合采用研判信息23条，报送工作动态50期、检察情况反映190期，政法队伍教育整顿专刊173期、党史学习教育专刊76期，机要通道和OA（办公自动化）系统收文共2376份、信件寄递签收952份。出台《关于加强检察信息宣传工作的实施方案》，“两微一端”（微博、微信和新闻客户端）宣传平台发布新闻报道676篇，阅读量76448人次，比上年增长68.39%，其中《附条件不起诉不公开听证，广东一检察机关挽救涉罪未成年人》等24篇报道被《南方日报》《羊城晚报》《广东政法》《广东检察》等省级宣传平台转载，《公益诉讼捍卫英烈荣誉》等26篇报道被《湛江日报》《湛江政法》《湛江检察》采用。

【司法体制改革】 2021年，遂溪县人民检察院深化司法责任制综合配套改革，入额领导及专职检委带头办案777件，占全院案件量的33.19%。开展案件质量评查700件，检委会讨论重大复杂疑难案件53件。优化内设机构职能，合理设置办案组，增加检察官员额数3名。检察长列席审委会5次。

【智慧检务】 2021年，遂溪县人民检察院加强信息化建设，总投入110万元，对检察听证室、“12309”服务中心网络布线、通网、配置信息化设备及安装安防监控；建设特殊位置防入侵报警系统，对枪弹室、财务室、档案室、保密室等要害部门进行智能化防入侵；建设一楼大堂LED显示屏；采购办公设备一批，其中笔记本电脑5台、台式电脑6台、彩色自动双面打印机5台、黑白自动双面打印机3台、碎纸机1台、显示器10台、单反相机套装1套。

【阳光检务】 2021年，遂溪县人民检察院全面深化阳光检务，依法公开案件程序性信息878件次、法律文书435件次，发布重要案件信息304件，以公开促公信。更好服务保障律师执业权利，探索实行律师互联网阅卷，办理律师申请辩护与代理事项146人次，让“数据多跑路，群众少跑腿”。向县人大常委会专题报告贯彻落实认罪认罚从宽制度工作情况，走访和邀请人大代表、政协委员参加检察开放日、公开听证等各类检务公开活动46人次，比上年上升75%。

【“谁执法谁普法”责任制落实】 2021年，遂溪县人民检察院创新开展“美好生活民法典相伴”“检

民同行　反诈同行”“预防未成年人犯罪法和未成年人保护法进校园”等主题普法宣传活动。12月24日，遂溪县第三届国家机关“谁执法谁普法”履职报告评议会在县体育馆召开。遂溪县人民检察院作为4个接受评议单位之一，经自评自查、社会评议、实地考察、履职报告评议等环节，以总分95.28分排名第二，获优秀等次。

（段绍军）

法院

【概况】　2021年，遂溪县人民法院受理各类案件6985件，办结6289件，结案率90.03%，员额法官人均结案216件。全年获各类先进集体、先进个人表彰59项，其中国家级1项、省级5项、市级17项、县级36项。黄石养被评为“2021年1月平安英雄”，吴建峰被评为“全省法院先进个人”。

【刑事审判】　2021年，遂溪县人民法院受理各类刑事案件549件，审结519件，依法惩治犯罪分子590人，从严从快审结涉疫情刑事案件2件2人。依法严惩群众反映强烈的涉枪涉爆、盗抢骗、黄赌毒、电信网络诈骗等犯罪案件226件310人。加强未成年人保护和审判工作，审结侵犯未成年人犯罪案件35件47人，审结涉未成年人犯罪案件26件42人。审结破坏环境资源犯罪案件13件22人，助推污染防治攻坚战。审结职务犯罪案件5件5人，推进反腐倡廉。推进常态化扫黑除恶斗争，开展涉黑恶案件集中宣判活动2场次。加强人权司法保障。坚持疑罪从无、证据裁判原则，准许检察机关撤回起诉4件4人，判决无罪1件1人。全面推进刑事案件律师辩护全覆盖，指定辩护160件163人。贯彻宽严相济刑事政策，准确适用认罪认罚从宽制度，审理该类案件475件635人。

【民商事审判】　2021年，遂溪县人民法院受理各类民商事案件4085件，审结3500件。加强民生司法保障，审结涉教育、就业、医疗、社会保障、住房、健康、借贷等民生案件920件。依法妥善审理涉婚姻家庭案件569件。加强消费者权益保护，依法审理生产、分配、流通、消费等领域纠纷案件318件。服务乡村振兴，依法办结各类涉农案件38件。

【法院助力营商环境优化】　2021年，遂溪县人民法院出台优化营商环境32条举措，审结涉企纠纷案件1110件，解决诉讼标的额2.99亿元。健全中小股东权益诉讼服务机制，与县工商联建立沟通协作机制，在立案庭（诉讼服务中心）挂牌成立投资者服务中心，并设立专门窗口，为投资者提供诉前调解、快捷立案等一站式维权救济服务。发挥司法建议作用，向遂溪六大金融机构送达司法建议书，助力金融机构有效防范和降低经营风险。成立金融审判合议庭，实现金融案件集约化、专业化审理。

【案件执行】　2021年，遂溪县人民法院受理各类执行案件2350件，执结2268件，分别比上年增长52.7%、53.76%。推动县两办出台《关于构建执行联动机制切实解决执行难问题的实施意见》，在湛江地区率先实现执行工作部门协作联动机制化，基本构建起县域内联动工作大格局。执行完毕推进“网格员+执行”模式，与县委政法委联合印发《遂溪县综合网格员协助法院执行工作实施方案（试行）》，将网格员协助执行工作情况纳入县平安建设考核内容。加大长期未执结案件恢复执行力度，恢复执行案件执行完毕率76.69%，实际执行到位92.88%，上述2项均位列全市第一。开展涉黑恶财产、薪资报酬等专项行动，全年发放执行案款约1.16亿元。加大失信惩戒力度，完善失信修复制度。全年发布失信被执行人名单519人次，限制高消费1532人次，限制乘坐列车、飞机2752人次，司法拘留34人。

【法院司法服务】　2021年，遂溪县人民法院接访群众57人次，解答法律咨询65次，处理来信52件，办理上级机关交办事项29件，办理化解信访案件47件。进

2021 年 3 月 31 日，遂溪县人民法院在黄略法律服务站挂牌成立

（县法院 / 供图）

行司法救助 35 人，发放司法救助金 47.98 万元，缓、减、免诉讼费 7 万元。在立案窗口增加案款缴纳办理，在网上增加阅卷、调解、提供电子生效证明等功能。全年网上立案 3742 件，民商事网上立案率 85.12%，视频调解 148 件，跨域立案 16 件，远程提审、网上开庭 483 次，网上保全、阅卷 74 人次。主动融入诉源治理，联合县司法局在全县 15 个镇司法所设立法律服务站。一站式多元解纷和诉讼服务体系建设工作得到省市领导肯定。

【法院司法监督】 2021 年，遂溪县人民法院持续深化司法公开，加大各类涉案信息在中国审判流程信息网、中国庭审公开网、中国裁判文书网、中国执行信息公开网等四大平台中公开力度，构建开放、动态、透明、便民阳光司法体制。庭审公开常态化，庭审直播案件 2719 件，庭审直播率 58.68%，浏览观看 601803 人次；审判流程信息自动公开、同步公开，公开案件信息 4196 件，案件公开率 100%，有效公开率 97.40%；公开执行信息 2220 条。司法公开指标考核全市第一。自觉接受各界监督，认真落实主动向人大报告工作制度，专题向县人大常委会报告环境资源保护审判工作情况。坚持开门搞教育整顿，3 次召开座谈会征询社会各界建议意见。全年，县人民法院主动邀请人大代表、政协委员见证执行，开展走访代表、委员等活动 194 人次，接受处理社会各界意见建议或监督线索 59 条。

【法院司法能力建设】 2021 年，遂溪县人民法院强化专业能力建设，组织参加各类培训 18 期 169 人次，组织参加员额法官论坛 3 期 150 人次。大兴调查研究之风，论文、案例分析获评县级以上（省级、市级、县级）奖项 5 篇。参加湛江市直机关工委等多部门联合举办的湛江市直机关第四届改革创新大赛，参赛作品获二等奖。

【“送法六进”普法活动】 2021 年，遂溪县人民法院开展送法进机关、进学校、进企业、进乡镇、进社区、进军营等系列普法活动，组织干警前往河头镇政府、横岭村委会、黄略镇中心小学、遂城二中、北坡镇北山洋村等地开展送法活动，接受群众法律咨询 870 人次，发放普法宣传资料 6500 余份。

2021年9月10日，遂溪县人民法院举办“平安之星下农村·石养哥讲民法典”宣讲活动（县法院/供图）

【法院司法宣传】 2021年，遂溪县人民法院落实“谁执法谁普法”责任制，与县普法办联合组织开展领导干部集中旁听庭审活动，全县15个镇及100多个单位的领导干部通过现场或庭审直播系统同步旁听庭审。加强民法典学习宣传，拍摄的民法典普法小剧场《被从天而降的苹果砸到，只能自认倒霉吗？》被中央、省、市等多级媒体采用转发。县人民法院在各级媒体刊发法治报道112篇，在“今日头条”、微博、微信等平台上发布消息、通讯620多条。

【平安之星宣讲民法典】 2021年9月，遂溪县人民法院与县委政法委在北坡镇北山洋村联合举办“平安之星下农村·石养哥讲民法典”宣讲活动，全程网上直播，8万多人次在线观看。

（县人民法院）

司法行政

【概况】 2021年，遂溪县司法局设遂城、黄略、岭北、建新、城月、河头、江洪、杨柑、北坡、港门、乌塘、界炮、洋青、草谭、乐民15个基层司法所。遂溪县司法局通过开展法治宣传讲座、举办图片展览、运用多功能LED显示屏普法宣传车等形式，开展大型普法宣传活动。年内组织开展2021年度学法考试，参考率及合格率均达100%。组织领导干部现场旁听庭审，全县15个镇及100多个单位的800多名副科级领导干部通过庭审直播系统旁听庭审。打造“民法典”主题宣传示范村，完成遂城镇竹山村、坑里园村，黄略镇许屋村、高碧村，岭北镇西塘村等“民法典”主题宣传示范村建设。开展2021年度省级“民主法治示范村（社区）”评选申报工作。在遂溪县青少年法治教育实践基地创建司法行政法治宣传展览室。开展为民办实事活动370件，涉及服务人数1.8万人次。推进行政复议体制改革，全年接收行政复议申请48宗，审理35宗，代理县政府出庭行政应诉案件22件。参与政府规范性文件制定和审查4件。全年出具合法性审查意见155条，为县政府行政决策或涉及其他重大项目提出法律意见45件。完成县、镇两级社区矫正委员会换届工作。与监所、派出所进行沟通互动，消除“三假”人员。全县接收刑满释放人员801名（其中监所484人、解矫317人），协助监狱接回重点人员37人。聘请87名律师担任15个镇共计347个村（社区）的法律顾问。办理各类公证，接受群众咨询，上门为群众提供服务。下放339项综合行政执法事项权责清单到镇。全年开展3期行政执法人员综合法律知识网上考试，15个镇持有执法证人员635人。

【普法宣传活动】 2021年，遂溪县印发《2021年全县普法依法治理工作要点》。县司法局、县普法办组织参与在“3·15”消费者权益日活动、“4·15”全民国家安全教育日、“12·4”宪法宣传周等重要时间节点，通过开展法治宣传讲座、举办图片展览、运用多功能LED普法宣传车等形式，开展大型普法宣传活动。开展各类宣传活动100多场次，发放1万多份（册）法治宣传读本、宣传单，受教育群众60多万人次。举办第三届国家机关“谁执法谁普法”履职评议会活动，县交通运输局、县人民检察院、县农业农村局、县卫生健康局、县住房和城乡建设局5家单位作为评议对象，通过实地参观、查阅台账、座谈交流、网络投票、现场评议等形式进行评议，5家单位均获优秀等次。年内组织开展2021年度学法考试，参考率及合格率均达100%。

【人民调解】 2021年，遂溪县司法局发挥新时代“枫桥经验”示范作用，完善人民调解、行政调解、司法调解协调统一的“大调解”工作体系，建立健全矛盾纠纷化解后综合评估报告制度、矛盾纠纷排查化解三级网络机制。各级民调组织其受理人民调解案件6408件，调解成功6386件，调解成功率99.7%。

【社区矫正】 2021年，遂溪县司法局履行社区矫正职责，启用远程视频督察系统和电子定位监管，提升社区矫正监控系统定位精确度，确保管控工作可靠性、真实性。根据《中华人民共和国社区矫正法》《广东省社区矫正实施细则》等法律法规要求，完成县、镇两级社区矫正委员会换届工作，实现全覆盖。全年接收社区矫正对象339人，解除矫正279人，在册人员488人。

【安置帮教】 2021年，遂溪县司法局完善信息反馈机制、工作联络机制。依托中央刑释解教人员信息管理系统平台，与监所、派出所进行沟通互动，消除“三假”（假地址、假身份、假姓名）人员，落实“两法衔接”要求。全县共接收刑满释放人员801名（其中监所484人、解矫317人），协助监狱接回重点人员37人。

【一村（社区）一法律顾问工作】 2021年，遂溪县司法局聘请87名律师担任15个镇共计347个村（社区）的法律顾问。全县村（社区）法律顾问为群众提供法律服务18700多人次，其中各类咨询9100多人次，代写文书32份，审查合同15份，提供书面法律意见23份，参与各类调解45宗，累计上法治课1376场次，下村（社区）值班累计4147天。

【律师工作】 2021年，遂溪县辖区内有律师事务所3家，其中社会律师事务所2家，分别是广东惊雷律师事务所和广东飞鸣律师事务所，公职律师事务所1家。有执业律师8名，其中社会律师4名、公职律师4名。律师全年办理各类案件266宗。开展律师行业突出问题专项治理，建立健全律师监督管理制度，规范遂溪县律师事务所和律师执业活动投诉处理工作，保障律师合法权益。

【法律援助】 2021年，遂溪县法律援助处紧扣法律援助专题宣传，聚焦重点人群，扩大民事行政法律援助范围，加强刑事案件援助，办理法律援助案件887件。

【公证服务】 2021年，遂溪县公证处开展公证专项整治工作，深化公证减证便民和“放管服”工作，推行办证材料清单制度、一次性告知制度、当事人提供证明材料承诺制度。全年办理各类公证1034件，接受群众咨询911人次，上门为群众提供服务145件，为群众办实事好事200件。

（县司法局）

军事

人民武装

【概况】 2021年，遂溪县人民武装部（以下简称“县人武部”）全面抓建设、扎实打基础、反复抓落实，党管武装、民兵、征兵、规范化建设等各项工作成绩突出，被广东省军区表彰为“全面建设先进人武部”。

【党管武装】 2021年，遂溪县委、县政府落实党管武装10项制度，深入研究解决武装工作重难点问题。召开议军会，对专武干部队伍建设、全民国防教育、民兵练兵备战和人武部系统“四个秩序”建设进行研究，决定结合乡镇换届调整优化专武干部队伍、按“四有”目标要求抓建全民国防教育体系、加大民兵训练经费和“四个秩序”建设资金投入。组织各镇党委书记党管武装述职，强化使命担当。结合县、镇两级换届工作，第一时间组织县人武部党委第一书记任职大会和各镇武装部政治教导员任职大会。组织县委、县政府、县人大、县政协领导过“军事日”，学习军事知识、观看军事装备、体验训练生活。县领导全年现场办公3次，推动武装工作开展落实。

（县武装部）

【国防教育】 2021年，遂溪县制订2021年《开展爱党爱国爱军“国防教育宣讲”活动工作方案》。结合庆祝中国共产党成立100周年，紧紧围绕爱党爱国爱军主题，组织开展主题突出、形式多样的群众性国防教育主题活动，深入开展国防理论宣讲活动，宣扬革命传统。利用“八一”建军节、“全民国防教育日”“烈士纪念日”等节日和纪念日，组织开展“党员干部过军日”“国防教育宣讲”“英雄人物进基层”“参观红色革命遗址”等。开展征兵宣传，组织各镇党委及各单位运用LED电子屏、楼宇电视、户外媒介、网站、公众号、电影院等载体、平台，刊播全国征兵公益宣传片《参军报国 不负韶华》《逐梦青春》，进一步加大征兵宣传力度，做好“红色遂溪 强军有我”全民国防教育暨2021年下半年征兵宣传主题文艺晚会相关工作。开展“湛江国防教育讲堂”遂溪分场活动，进机关、进学校、进农村，“湛江国防教育讲堂”遂溪分场分别在遂城镇、岭北镇和遂溪县2021年下半年科级干部和中青年干部培训班开讲。

（县委宣传部）

【国防动员】 2021年，遂溪县人武部部分民兵分队参加上级组织的国防动员演练。召开全县国防动员潜力统计调查任务部署会暨业务培训会议、国防动员潜力数据整治任务部署会，国防动员潜力统计调查进一步向新兴领域拓展，并更新完善各类数据。

【民兵工作】 2021年，遂溪县人武部开展民兵整组潜力调查，收集整理潜力数据。召开民兵工作会议和业务学习培训，组成军地联合工作组督导推进，完成民兵组织整顿，进一步拓宽编组渠道。开展专武干部、民兵训练，积极参加和支援地方经济社会建设，协助完成疫情防控、防范台风、创文巩卫、综治联防等任务。

【兵役征集】 2021年，遂溪县人武部按照国家“一年两征”改革部署，根据上级要求和征兵工作形势任务需要，安排县征兵办公室实施集中办公，推动各项工作落实。全面开展线上、线下征兵宣传，组织体格检查、政治考核、役前教育训练，全程实施“阳光征兵”，征兵“五率”量化考评优秀，被湛江市征兵办公室评为2021年度征兵工作先进单位，2人被评为征兵工作先进个人。

（县武装部）

青少年接受国防教育　（县融媒体中心/供图）

人民防空

【人防工程建设管理服务】 2021年，遂溪县人民防空办公室（以下简称“人防办”）进一步完善网上办公制度，提高办事效率。严格执行《湛江市人民防空工程建设管理规定》《遂溪县人防办行政处罚自由裁量权指导标准》，进一步完善报建审批程序。对于新建人防工程，坚持严格把好审批关和质量关，坚持实行建设人防工程审批和人防工程竣工验收备案制度，严格执行“结建”政策法规。在县行政服务大厅设立“人防办”报建业务窗口，主动公开人防工程报建流程、报建条件、办理期限、办理结果等，安排工作人员在窗口办公，负责办理人防报建资料收集和审核工作，并为前来办理业务的群众派发人防宣传资料和解答群众疑问，热情为群众提供服务。

【防空警报试鸣】 9月18日，遂溪县人防部门组织防空警报试鸣，开展一系列活动。在县琴苑公园制作人民防空宣传栏，进行人民防空法律法规和人防知识宣传教育；印制人民防空宣传手册，在县琴苑公园分发给群众进行宣传；运用防空警报试鸣宣传车在县城和镇圩宣传；制作海防和防空法横幅在县城和镇圩悬挂，对人防警报设备进行维修更新。

（冷晓飞）

城乡建设

国土空间规划

【概况】 2021年，遂溪县循序渐进推进品质营城，大格局拉开城市发展大框架，“一核三区”（一核指主城区，三区指滨河新区、滨海新区、北部湾区）建设。编制国土空间总体规划，打造“一核三区”空间格局，推动城市向东向海发展。县域交通体系逐步完善，交通建设投资4.5亿元，遂溪大道完成主体工程量的85%，起点（国道207线西溪河桥西侧）至县人民中医院路口段试通车，国道207线、208线穿城路段改扩建工程开展前期工作，配合推进调顺跨海大桥建成通车。以创文为抓手大力实施城市更新行动，完成“三旧”改造面积19.6公顷，投入超亿元重拳整治主城区“脏乱差”现象，新中心市场打造成为“网红流动摊贩经营点”，城市面貌明显改善，“中国醒狮之乡”城市文化元素韵味更足。28.49平方千米滨河新区建设加速推进，初步完成规划编制，城市交通、教育、医疗、绿廊、水、电、气、通信等公共服务配套设施不断完善，吸引文化、商业、企业等要素和实体加快向城市集聚。划定20.42平方千米滨海新区城镇开发边界，以“五个一”（一个项目、一个领导、一个专班、一张作战表、一抓到底）工作模式推动北部湾滨海旅游新区资源整合开发扎实起步。

【建设工程许可和验收】 2021年，遂溪县自然资源局加强规划管理和验收工作。核发“两书两证”442份，其中建设项目选址意见书4份，用地规划条件书63份，建设用地规划许可证116本，建设工程规划许可证259本。收取城市基础设施配套费6378万元。完成县文化广场至渝湛高速公路遂溪出口段改造提升工程、恒兴低毒低残留兽药生产基地等建设项目规划核实，核发建设工程（建筑类）竣工规划核实审批表61份，确保各建设项目严格执行规划，维护规划权威性和严肃性。

【《遂溪县国土空间总体规划（2020—2035年）》编制】 2021年，遂溪县依法推进编制《遂溪县国土空间总体规划（2020—2035年）》。3—5月，完成九大专题研究并征求各单位意见；6—7月，协同各镇开展永久基本农田核实整改工作；8—9月，开展广东省“三区三线”（三区指城镇空间、农业空间、生态空间，三线指城镇开发边界红线、永久基本农田保护红线、生态保护红线）试点第一、二轮试划工作；10—11月，完成初步成果草案并召开专家咨询论证会，公众版通过网络发布形式征求群众意见；12月，开展广东省“三区三线”试点第三轮试划工作，并向县委、县政府及各镇主要领导汇报遂溪县“三区三线”划定情况，为最终划定方案奠定基础，推进国土空间总体规划编制完成。

（县自然资源局）

自然资源管理

【概况】 2021年，遂溪县自然资源局统一行使全民所有自然资源资产所有者职责，统一行使所有国土空间用途管制和生态保护修复职责，助推全县高质量发展，推进《遂溪县国土空间总体规划（2020—2035年）》编制，统筹推进土地指标使用，做好重大项目服务保障，加大耕地保护和国土空间修复力度，推进国土绿化提质增效，强化自然资源执法监督，提升测绘地理信息公共服务能力，推进工程建设项目审批改革，推进不动产登记便民服务，助力乡村振兴战略制度措施。

【土地市场】 2021年，遂溪县自然资源局办理土地交易176宗，面积153.32公顷，成交金额6.13亿元。其中一级市场挂牌出让土地17宗，面积75.88754公顷，收取出让金5.47亿元；挂牌出租2宗，面积67.23公顷，成交金额6242.14万元；划拨补办出让及改变土地用途19宗，面积0.59公顷，收取出让金404.04万元；二级市场土地交易138宗，面积9.61公顷。

【用地报批】 2021年，遂溪县用地报批上报批次9个，面积87.85公顷（1317.77亩），其中农用地87.16公顷（1307.43亩），建设用地0.03公顷（0.41亩），未利用地0.66公顷（9.93亩）；用地预审与选址意见书8宗，面积21.48公顷（322.16亩），全年临时用地13宗，面积30.39公顷（455.86亩）。

【土地开发整理】 2021年，遂溪县自然资源局采用EPC模式完成2019年拆旧复垦195个项目，立项458.77公顷（6881.58亩）。已验收137个项目，共283.07公顷（4246.08亩）。已挂网出售指标113个项目，其中，83个项目已出售指标，共172.75公顷（2591.27亩），已出售指标172.75公顷（2591.27亩），成交价款16.24亿元，可为遂溪县增加美丽乡村建设专项资金2.67亿元，群众个人可获得收入8亿元，30个项目继续挂网出售指标，共47.71公顷（715.71亩）。

【矿产资源管理】 2021年，遂溪县经依法批准设立的持证矿山8家，采矿权招标拍卖挂牌出让依法挂牌并成功交易1个，获得采矿权出让收益1586.93万元；上报县政府拟列入2021年采矿权招标、挂牌、拍卖出让计划5个。推进绿色矿山创建工作，在采矿山严格按矿山地质环境保护与土地复垦方案确定的目标任务进行边开采边治理，完成2个闭坑矿山治理复绿，并验收过关。

【地质灾害防治】 2021年，遂溪县完成治理草潭镇草潭圩坎下住宅区地质灾害隐患点坡段116米、江洪镇中关村坎头岭滑坡隐患点坡段108.6米、杨柑镇北山坎村地质灾害隐患点坡段150.2米、江洪镇洪港至北关崩塌地质灾害治理工程等4处地质灾害点，未发生因地质灾害导致人员伤亡情况。落实值班、巡查和灾情速报制度，汛期实行24小时值班。

【土地卫片执法】 2021年，遂溪县卫片下发图斑1466宗664.49公顷（9967.42亩）[耕地229.91公顷（3448.68亩）]，其中工矿、商服、公共设施等违法用地258宗83.82公顷（1257.23亩）[耕地33.38公顷（500.72亩）]，已整治117宗39.19公顷（587.84亩），复耕9.33公顷（139.95亩），违法占用耕地比例为8.41%。

【打击非法开采矿产资源违法犯罪行动】 2021年，遂溪县打击非法开采矿产资源违法犯罪，查处非法开采案件9件，依法扣押非法作业钩机27台、运输车3辆，收缴非法开采行政案件处罚金额55.4万元。

【自然资源信访调处】 2021年，遂溪县自然资源局收到广东省一体化信访信息系统总件数116件，办理115件，1件待调查处理；收到湛江市“12345”市民服务热线121件，办理121件；收到自然资源信访信息系统28件，已办理28件；收到市民来访27件，已办理25件，2件待处理。

【测绘】 2021年，遂溪县自然资源局牵头完成滨河新区20.04平方千米地形图测量任务，完成遂溪临港工业园4.6平方千米地形图测量任务、遂溪县黄略镇海湾清障测量任务；牵头完成卫片占用耕地建房问题房屋测量509宗，为群众提供房产测量项目250多个，完成引调水工程、五洲药业、汇通乳胶等征地项目测量任务。

【不动产统一登记】 2021年，遂溪县自然资源局全面实现一般登记业务3个工作日内办结，抵押登记业务1个工作日办结，注销、异议、司法查封登记业务1个工作日办结；完成“互联网+不动产登记”登记平台建设及优化，信息协同共享；实现新建商品房“交房即办证”，购房人在收房同时可领取不动产权证书；实现不动产转移登记与供电、网络一窗联办。办理不动产权证书11051本、证明10364份，协助法院办理不动产查封登记810宗，一窗受理业务1309宗，总业务量23534宗。遂溪县“房地一体”农村不动产权籍调查完成权属调查301076宗，完成率100%；房地测量301076宗，完成率100%；权籍调查成果公示公告231353宗，完成率76.84%；数据库建库220668宗，完成率73.29%；“房地一体”农村不动产登记发证55宗。12月3日，遂溪县“房地一体”农村不动产权籍调查成果通过市级外业验收；12月22日，完成不动产权籍调查数据库初步成果汇交。

【自然资源系统扫黑除恶专项斗争】 2021年，遂溪县自然资源局接收线索21条（其中市级及以上线索13条、县级线索8条），办结线索18条（其中市级及以上线索13条、县级线索5条），未办结3条。扫黑除恶专项斗争工作表现突出，遂溪县自然资源局执法大队被评为“遂溪县扫黑除恶专项斗争先进集体”。

（李雪晓）

市政建设

【市政设施建设和维护】 2021年1月25日，遂溪县动工建设法院东侧路段，新建工程道路宽12米全长433米，连接银河路，11月29日完成，工程预算631万元。9月23日西堤路改造工程动工建设，西堤路呈南北走向，南起滨河北路，北至湛川路，全长812米，道路红线宽度8～12米，建设面积8100平方米。项目主要拓宽车行道1米，修复破损的人行道，拆除断路面，回填后铺设沥青混凝土。12月28日完成，投资452万元。10月18日动工建设老旧城区改造工程（人民北片区），人民北路长1.55千米，宽30米，工程包括：道路工程、雨污水工程、给水工程、交通工程、信号控制、照明工程、绿化工程（土建部分），工期一年，计划总投资9968万元。推进河东大道（站前大道—国道228线）前期工作，6月对河东大道工程勘察及初步设计进行招标。项目起于规划站前大道，穿过规划南部新城，与遂溪大道平面交叉，止于国道228线。路线长4.99千米，主道设计速度60千米/小时，双向六车道；辅道设计速度40千米/小时，双向四车道，计划总投资7.99亿元。投入484万元完成中山路、人民路、府前路、友谊新村、西堤路、农林路等路段破损路面和排污管道修复。累计抢修下水管道143米、雨水井69座、检查井10座；更换雨水井盖35套、检查井盖49套；修补人行道1655平方米、混凝土路面2120平方米、沥青路面3147平方米；清理下水道横沟1943米，清理雨水井3613座。

【城区照明建设】 2020年3月，遂溪县动工建设瑞云北路至黄略中学路段路灯安装工程项目，项目总价199.9万元，4月完成。6月，改造遂化路路灯安装工程项目。遂化路段路灯于2010年安装，路灯设备残旧，照明亮度不足，对过往车辆、行人造成安全隐患。项目把钠灯改造为LED（指电子二极管）光源，双臂道路灯由钠灯400瓦改为LED 300瓦；上下臂道路灯上臂由钠灯400瓦改为LED 300瓦，下臂由钠灯150瓦改为LED 90瓦；路灯控制箱更换为三遥智能（防盗）控制箱。整个项目总价514万元，

3月完成。7月，提升改造文东路路灯，文东路长1.13千米，路灯于2006年安装，已光衰明显，照明效果差。项目安装12米双臂道路灯56盏（上臂LED 280瓦，下臂LED 90瓦），15米3头中杆灯13盏（LED，3×300瓦），灯距30～35米，双向照明。10月完成，工程预算105.1万元。投入130万元对县城的路灯及其设施进行维护和修理。处理地埋电缆故障点35处930多米，电箱控制设备故障43次，灯杆悬挂广告牌拆除46起，更换路灯小门125次，更换灯泡共1150个。对照明效果差的路段灯具进行升级，更换灯具LED节能灯227盏，其中友谊新村居民片区更换130盏，更换线路共5675米。亮灯率95%以上。

2021年9月2日，遂溪县城市管理和综合执法局对国道228沿线绿化带进行全覆盖养护（县城市管理和综合执法局/供图）

【城区园林绿化管理】 2021年5月25日，遂溪县城市管理和综合执法局开展县城夏季换种五星花、长春花、太阳花等时花工程，6月3日完工，投入38.2万元。7月，完成遂溪文化广场至渝湛高速公路遂溪出口段绿化工程，工程造价793万元，绿化总长5.26千米，种植紫花风铃、银鳞风铃、紫薇花瓶、大红花球、红继木花球、非洲茉莉球、龙船花等时花，绿化面积1.29万平方米，10月16日整体工程通过验收。投入396.5万元绿化工作经费，完成遂溪县滨河北路、东山北路绿化部分工程等一批绿化项目。结合季节特点和绿化生长实际，按照安全、美观的原则，对府前路、中山路、学增路等主要街道的绿化苗木带进行修剪、补种，对湛川路、文东路和各主要路口换种长春花、太阳花等季节花。对县城绿化养护及国道325线（桃溪村至疏港大道段）加强绿化养护。

【城区环境卫生管理】 遂溪县在2018年与中标单位广东万家美环保科技有限公司签订《广东省湛江市遂溪县环卫保洁承包合同》，承包期限为8年（2018年1月1日至2025年12月31日）。城区环卫作业外包范围为东至新桥道班，西至机场路口，南至渝湛高速沙坭出口，北至火车站、鲲鹏加油站、吉城电厂。道路清扫保洁总面积186万平方米，上门收集垃圾户数约3万户，实现县城环卫保洁全覆盖。每天收运处理垃圾量约160吨，由环卫保洁服务公司集中运往县生活垃圾无害化填埋场，采用无害化填埋方式进行处理。2021年，投入环卫保洁服务经费2193万元，推行县城生活垃圾无害化处理，城市生活垃圾无害化处理率100%。在县城14个社区、5个村委会以及各主要街道增设投放大容量垃圾桶350个、分类垃圾桶510个、果皮箱1245个。制订《环卫作业质量管理办法及检查考核制度》对承包公司进行管理，监督承包公司做好环卫保洁工作，加强县生活垃圾无害化填埋场的检查指导。成立巡保一体化保洁作业队伍，变被动保洁为主动保洁；增加垃圾清运、道路清扫喷洒频次，做到垃圾日产日清。

【社区公园建设】 2021年，广东省下达遂溪县社区体育公园建设任务2个，分别为乌塘镇北安村社区体育公园、杨柑镇元塘村社区体育公园。截至12月，2个中型社区体育公园均完成建设任务。

【污水处理建设】 2021年，遂溪县镇区污水处理设施及配套管网建设项目全部完工，全部进入联动调试阶段。县住房和城乡建设局负责的PPP生活污水项目涉及的农村污水处理设施及管网建设数量共595个村。管网建设情况：完成594个村管网建设，未完工1个；末端设施建设情况：595个村中纳入镇区管网的村有23个，取消末端设施建设（转给县乡村振兴办牵头由镇政府负责统筹建设）的村62个，实际农村末端设施建设任务是510个村。已完成505个村末端设施建设，还有5个村尚未完成。设施运行情况，477个村末端设施已运行。

【海防执勤道路建设】 2021年，遂溪县2019年度3条海防执勤道路建设完工并通过验收，2020年度4条海防执勤道路动工建设。

（梁培元）

城市管理

【概况】 2021年，遂溪县城市管理和综合执法局坚持疏堵结合、标本兼治的原则，开展重拳整治“六乱”系列专项行动。改变勤务模式，实行早、中、晚值班制度，严格督促商家落实好“门前三包”制度。出动执法人员5850余次，劝导教育违规经营流动摊贩和商户3200余次，依法暂扣各类经营工具760余件，拆除违法设置的户外广告牌230余个。对违法建设作出行政处罚55宗，处罚金额1749.4万元，处罚面积10.55万平方米。“小产权房”实现零增长，遏制违法建设。在新中心市场打造“网红流动摊贩经营点”，引导流动摊贩入市经营，200余户流动摊点搬迁至该经营点规范经营。与县公安局、县市场监管局、遂城镇政府等部门建立联动机制，联合开展综合整治行动18次，尤其对县城府前路、中山路、遂城旧中心市场等进行联合整治。

（梁培元）

【市容环境卫生管理】 遂溪县环境卫生管理处是负责县城区环境卫生管理的部门。2021年，县城区环卫作业由广东万家美环保科技有限公司具体负责，城区总清扫保洁面积185万平方米，大街小巷共335条，上门收垃圾总户数约35000户。县城区全年生活垃圾量5.48万吨，比上年增加8%。

2021年8月24日至25日，遂溪县城市管理和综合执法局对餐饮店占道经营、露天烧烤等扰民高发地区进行拉网式综合整治

（县城市管理和综合执法局/供图）

环卫投入2250万元，比上年增长4%。全年生活垃圾处理费征收累计478万元，比上年增长9.4%。

【环卫管理】 2021年，遂溪县推进“广东省文明城市”创建工作，县环卫处加大清扫保洁力度，确保县城区环境卫生整洁。坚持实行“二大清扫、三保洁”制，主次干道采用12～19小时环卫作业，主要路段洒水车进行去污降尘大冲洗。重点加强大街小巷环卫作业监督管理，联合万家美环保科技有限公司开展环境卫生整治专项30余次，重点整治遂海路、学增路、文东路、东山路等路段的卫生状况。抽调环卫作业车辆、环卫工人配合相关部门整治大街小巷、城乡接合部、住宅小区、旧中心市场、建设社区、南门田社区等卫生死角，出动车辆机械50余台次、200余人次。针对疫情防控工作需要，整治县城区校园及周边卫生死角，停用遂溪一中北门左侧临时垃圾转运点，增加碧桂园、龙悦公馆、天润御园、公园里、龙溪豪庭、京豪花园6个商住小区垃圾清运任务。完成七里村口、文化广场、遂海路临时垃圾转点的围挡美化工程。建立城区道路污染应急保洁联动机制，对因渣土运输车辆洒落造成路面污染，进行及时处理，及时冲洗，联合广东万家美环保科技有限公司监管巡查处理乱倒垃圾行为180余起，清理卫生死角160余处，规范建筑工地、企业处置建筑垃圾、工业垃圾30余家。办结数字化城管、“12345”市民热线转办案件110余件，其中投诉36件、举报27条、建议35条、咨询12条，案件办结反馈率100%。

【环卫收费】 2021年，遂溪县环卫处严格按照《遂溪县县城生活垃圾处理费征收管理办法》执行，县城区生活垃圾处理费征收金额478万元，其中粤海水务代征440万元，自收38万元。对新建成小区、商业体立户建档，及时宣传，及时跟进征收，派遣专人负责核销粤海水务代征情况，推进代征工作良性发展。

（严　红）

城乡供电

【概况】 2021年，遂溪供电所电力供求继续保持稳步增长态势，新增中压用户308户，新增容量22.5万千伏安，比上年增长5.1%。最高供电负荷五创历史新高，达38.08万千瓦，增长15.92%。遂溪县全社会用电量20.82亿千瓦时，比上年增长14.2%；售电量19.39亿千瓦时，增长14.7%。其中，农业用电2.99亿千瓦时，比上年增长36.47%；工业用电9.59亿千瓦时，比上年增长10.7%；服务业用电3.52亿千瓦时，比上年增长20.18%；城乡居民生活用电4.81亿千瓦时，比上年增长6.29%。第三方客户满意度88分。是年，遂溪县供电局获广东省总工会颁发的“广东省五一劳动奖状”。

【电网规划与建设】 2021年，遂溪供电局梳理遂溪配网现状，立足地方区域经济和社会发展实际需要开展配网规划，新建10千伏线路4回，增加可转供电10回，持续优化电网网架。建成黄略工业园双回路线路，新增供电能力2万千伏安，满足黄略工业园未来五年负荷增长需求。实施10千伏师范线、芙蓉线改造工程，消除遂溪城区2条主要供电线路的重过载安全隐患。响应国家“双碳”行动，投产孔子文化城、湛方尚方舟食品有限公司、北门变电站等充电桩项目3个，建成直流充电桩16台、交流充电桩3台，合计1386千瓦。统筹基建、修理、技改等4个项目，解决10千伏下黎线、北坡线重过载问题，满足壹号畜牧公司、泰裕新能源科技公司等客户新增负荷需求。对接县有关部门和中节能公司，完成污水处理设施电表安装602个，助推遂溪县镇村生活污水处理及配套管网工程完成。配合政府推动湛川东路、遂溪县公共卫生医院等重点项目涉电线路迁改。

【供电安全生产】 2021年，遂溪供电局持续完善“管业务必须管安全”责任体系，层层压实安全生产责任，保障电力安全可靠供应。未发生人身事故事件，未发生五级及以上电力安全事故事件，遂溪电网连续安全稳定运行3621天。71回10千伏线路无人机航线建模完成，实现2612千米线路机巡全覆盖。整治配网设备类人身安全、涉电公共安全和用户侧隐患1337项，致函县应急管理局和县发改局备案343项。开展用电安全宣传进乡村、进校园、进社区活动35次。完善应急处置方案体系，修编应急处置方案14个，开展防风防汛等应急演练9项。完成庆祝中国共产党成立100周年、中共十九届六中全会等23项重大保供电任务，并确保防疫场所供电。

【供电服务】 2021年，遂溪供电局落实优化营商环境44项举措，开展业扩全过程分析，加强部门联动，业扩延伸项目设计评审时限从10个工作日缩短为5个工作日，批复时限从5个工作日缩短为3个工作日。全年低压、中压客户平均接电时间分别下降77.95%和51.97%。优化政务服务模式，实现客户报装“零证照”“不动产+用电过户”一窗联办，全省首创用电报装物权证明“线上审批”。高、低压（非居民）客户平均接电时间分别为27、2.3个工作日，比标准时限缩减15、4.7个工作日。推广互联网客户服务平台和“营销现场作业”App的应用，新增互联网渠道绑定客户10.2万户，互联网业务办理比例达99.84%，实现客户办理业务“一次都不跑”。全面推广居民阶梯电价“一户多人口”政策，惠及人口2.6万人次。推行小微企业“三零”服务，为小微企业节约接电成本38.77万元。全量完成工商业用户档案整改和代理购电告知，有序推进1326家中高压工商业客户签订代理购电协议。现货交易结算试运行期间服务交易用户303户，抄表成功率100%。

【电力乡村服务】 2021年，遂溪供电局助力农业生产发展，为乡村振兴做好电力供应工作，新建10千伏醒黎线，解决遂溪壹号畜牧有限公司发展用电需求问题。

（县供电局）

城市供水

【概况】 2021年，遂溪县供水销售量1183.47万吨，比上年增产85.56万吨，比上年增长7.22%，产值7336.11万元，比上年增加1307.66万元，增长21.69%；上缴税费614.83万元，比上年增加32.83万元，增长5.64%；完成污水处理费征收任务1103.43万元，比上年增收93.72万元，增长9.28%；完成垃圾有偿服务费代收任务533.57万元，比上年增收35.16万元，增长7.05%。

【供水服务】 2021年，遂溪县出厂水水质经省市县卫生部门抽检，综合合格率均达100%，供水保障率100%，管网末梢水水压达到0.14兆帕以上。优化服务中心办事程序，为群众提供“一站式”业务服务，做到资料齐全即时办，资料欠缺指导办，群众急需加班办。全年受理业务2551宗，其中管网报漏792宗、水质报告109宗、水压报告17宗、用水争议531宗、用水变更2832单3656户、用水报装496单6280户、其他业务1060宗。受理服务及时率100%，抽查客户满意率100%。创建阳光服务窗口，推介银行托收业务（已办理银行托收4.06万户，约占总户数的55.41%）及微信收费等便捷服务，提高营业收费工作效率和服务水平，每月水费回收率均在99.82%以上。实行管网监察人员分片负责制，加强管网运行巡查监察，维护良好供用水秩序，保障安全供水。巡查及时查漏285宗，查处违规用水3宗。实行管网维修承诺制，并增强维修队伍力量，分片到人，向社会承诺在接到报漏信息后20分钟内修理员赶赴现场关水抢修，小漏即时修，并向用户承诺出修复时间，大漏连续干，风雨无阻，严寒不变，直到修复供水为止。其中DN100-600主管道大抢修67宗，管网漏损率有效控制在14%以下。2018年10月，按《关于调整县城自来水价格的批复》批文执行新水价。

【供水设施建设】 2021年，遂溪粤海水务有限公司按照城镇规范化供水要求对制水系统进行维护改造建设，对运河水厂水质在线监测更新改造；继续完善厂区安全设施，防护雨棚更新改造项目；中心化验室开展CNAS（中国合格评定国家认可委员会的英文缩写）认证，逐步实现自检水质指标项目42个；筹资1900多万元铺设、新建DN110-315供水管道16千米，DN63-90供水管道26千米，解决龙悦公馆、乐得居状元楼、敏捷悦江府、碧桂园公园首府、玥珑湖二期高楼层、恒盛花园、城西社区、塘尾村、欧屋村及中间岭村等片区居民生产生活用水问题。筹资约30万元改造、扩建及新建岭北工业区开发服务有限公司用户建设红线工程、省道287线遂溪职业技术学院供水主管（DN300）工程、遂溪法院东侧路段（康达轩）供水管道（DN200）扩建工程、北门村二队供水管道（DN110）扩建工程，解决以上区域管网无水用、水压低及经常爆裂造成水压不稳定的问题。

【污水处理费和垃圾有偿服务费代收】 2021年，遂溪县粤海水务有限公司为提高城市生活污水和垃圾处理减量化、资源化、无害化处理水平，根据《关于调整县城污水处理收费标准的批复》《印发遂溪县县城生活垃圾处理费清洁卫生费代收暂行办法的通知》，配合县政府相关职能部门对使用自来水的国家机关、企事业单位、部队、学校、团体、经营门店等单位和居民，在缴水费的同时代收污水处理费和垃圾有偿服务费。2021年度，完成代收污水处理费1103.43万元、垃圾有偿服务费533.57万元。

【智能水表推广】 2021年，遂溪县粤海水务有限公司推广使用智能水表，逐步形成水表远程管理。小区规模安装智能水表5931户，全城推广使用远程智能水表18709户，占全城户表的25.53%。

【制水系统扩建工程】 2021年，遂溪县城运河水厂总供水能力达到5万吨/日。遂溪县粤海水务有限公司于2018年在岭北工业园开展建设岭北自来水厂（一期）工程，用于解决工业园及周边居民用水需要。项目总规模为日产6万吨，首期建设规模2万吨/日，概算投资1.02亿元，于2020年4月对外运营。

（戚斯詠）

市场物业管理

【概况】 2021年，遂溪县市场物业管理局管辖全县各类市场26个，市场占地总面积约17.2万平方米，市场建筑总面积约10万平方米，有摊位（含铺面）约4000个。

【市场建设】 2021年，遂溪县市场物业管理局开展“我为群众办实事”活动。针对市场购物停车难问题，启动城内市场出入口及停车场及栏杆建造工程。该项目被列入湛江市“我为群众办实事”项目。项目总投资45.6万元，规划小车停车位59个，摩托车位125个。1月项目动工，5月底竣工。依法依规对火灾后的椹川市场负一层房屋结构进行加固修复，7月通过网上中介超市选取监理公司、施工单位，9月动工修复，年底基本完成。继续推进城月、北坡2个市场“三旧”（旧城镇、旧厂房、旧村庄）改造项目，项目土地上市挂牌方案及项目用地网上委托评估工作完成，继续对接市公共资源服务中心申请办理项目土地挂牌事项。谋划城南市场、椹川市场升级改造事项，完成初步设计方案。

【市场安全管理】 2021年，遂溪县市场物业管理局加强市场安全宣传教育，同时通过开展消防知识培训和应急演练，提高干部职工安全意识和全面防灾和应急处置能力。建立健全安全生产责任制，层层分解、落实安全生产工作责任，把安全生产工作纳入年度绩效考核重要内容。局领导班子成员安全生产落实“一岗双责”。加强对安全隐患巡查，对存在的安全隐患做到及时汇报、及时整改。

【省卫生镇创建】 2021年，遂溪县岭北、北坡、杨柑等3个镇开展省卫生镇创建工作，县市场物业管理局管辖的岭北、北坡、杨柑等3个农贸市场是创卫工作的必检项目。为配合3个镇的创卫工作，县市场物业管理局投入资金约240万元，对岭北、北坡、杨柑3个农贸市场进行整治及设施改造，主要包括道路硬底化、水沟清污、台位修复、铁棚修补、墙体喷白、熟食四防、架设围栏等。

【专项债券项目】 遂溪县市场物业管理局申报地方政府专项债券项目，其中“遂溪县冷链物流基础设施建设项目”获审核通过，项目地址位于杨柑镇，建筑面积26666平方米，占地面积4万平方米。建设农副产品加工车间、仓储物流中心、农副产品交易中心、冷库、农副产品检测中心，并配套建设道路、停车位、绿化、给排水、供电、消防、空调通风、环卫设施等。总投资1亿元，其中申报专项债6000万元。

（宋华军、王育聪）

建筑业

【概况】 2021年，遂溪县全社会建筑业增加值24.97亿元，比上年增长15.6%。全年具有资质等级的建筑企业14家。

【建筑工程项目监管】 2021年，遂溪县发放私人办理施工许可证71宗，建筑面积50694平方米；发放单位工程施工许可证84宗，建筑面积1171726平方米，合同造价24.7亿元。办理工程竣工验收监督21宗，验收合格率100%；办理建筑起重机械安装告知74台，建筑起重机械使用登记68台，建筑起重机械拆卸告知51台。累计完成消防设计审查48宗，建设工程消防验收30宗，建设工程消防验收备案41宗。

【建筑施工】 2021年，遂溪县召开安全生产专题会议6次，开展专项安全检查8次，发出局部停工通知书26份，整改通知书28份，对企业实施动态扣分26份，对人员实施动态扣分68份，对10家单位有关责任人进行约谈，移交涉嫌违反安全生产法律法规行为线索3宗。协调处理农民工工资纠纷5宗。处理2宗违法在建项目。1家建筑企业通过湛江市房屋市政工程安全生产文明施工示范工地终审。

【工程建设项目审批制度改革】 2021年，遂溪县推进工程建设项目审批制度改革工作。遂溪县工程建设项目审批改革事项61项，应配套制度21项中，出台印发制度13项，全市适用制度8项。审批事项覆盖数量15项，覆盖率4.6%。遂溪县工建系统办件数量居湛江市县（市、区）第二位。

【建筑节能管理】 2021年，遂溪县严格执行公共建筑节能设计标准和低能耗居住建筑节能设计标准，工程项目建筑节能设计执行率100%，工程项目建筑节能施工执行率100%。新开工建筑总面积108.26万平方米，其中新开工绿色建筑面积87.65万平方米，绿色建筑设计执行率80%，施工执行率80.96%；工程竣工验收建筑总面积75.79万平方米，其中绿色建筑竣工面积约14.8万平方米。遂溪县绿色建筑设计、施工和验收均实现“零的突破”。

【建筑混凝土监管】 2021年，遂溪县取得资质的预拌混凝土企业共14家，其中2家公司即湛江市宏基混凝土有限公司、遂溪县华诚混凝土有限公司分别于9月22日、9月24日取得资质证书。对全县12家混凝土企业开展专项检查，未发现违规行为。开展安全生产检查及疫情防控、系统防范化解道路交通安全风险检查共6次，召开相关会议2次。全县预拌混凝土、预拌砂浆生产企业质量监督检查暨专项整治检查发出违法（章）行为通知书5份。

【工程项目招标备案】 2021年，遂溪县执行《中华人民共和国招标投标法》等法律法规规定，对全县房屋建筑和市政基础设施工程进行招标备案。全年，房屋、市政工程招标备案16项，招标金额3.247亿元。其中施工招标备案12项，EPC项目（指承包方受业主委托，按合同约定对工程建设项目的设计、采购、施工等实行全过程或若干阶段的总承包）招标备案1项，监理招标备案2项，设计招标备案1项。

（冷晓飞）

房地产业

【概况】 2021年，遂溪县有注册的房地产开发企业53家，其中三级企业资质27家、四级企业资质19家、暂定企业资质27家。按期完成资质年检，资质升级5家，批准新申报企业2家。全县办理商品房预售许可证69宗5699套，预售建筑面积63.91万平方米；办理商品房买卖合同、借款合同备案8836宗。商品房总成交量52.97万平方米4608套，成交金额32.50亿元。

【公租住房管理】 2021年，遂溪县完成七里塘小区1号楼改造安置项目；核定2021年度租赁住房补贴60户；提前完成上级下达的公租房信息系统“贯标”工作；完善七里塘棚户区改造安置项目基础设施，760套棚改安置房全部安排入住；开展全县老旧小区摸底排查700户8.4万平方米住房面积；核查低保、残疾人员家庭信息情况2460户；核查困难群众住房保障情况3260户；房改房上市交易37户，开具房改房核查证明57户。

【物业管理】 遂溪县实施物业管理的楼盘有30多个，管理面积近300万平方米，物业管理服务人员800多人。2021年，新增物业服务合同备案楼盘18个。

（冷晓飞）

新农村建设

【美丽乡村建设】 2021年，遂溪县全域推进农村人居环境整治，持续推进厕所、垃圾、污水“三大革命”，加强和改进乡村治理，农村面貌持续改善。巩固人居环境整治。全县完成“三清理、三拆除、三整治”环境整治任务，基本建立农村人居环境基础设施管护机制。全面完成问题厕所摸排整改工作，无害化卫生户厕基本普及，基本建立农村公共厕所长效管护机制。全县2001个自然村均有保洁员及垃圾收集点，村庄保洁覆盖面100%。生活污水管网收集率90.2%，终端治理率82.31%，如期完成农村生活污水治理民生实事任务。基本完成全县15个镇环境基础整治任务，并制定人居环境基础设施长效管理机制。持续推进乡村风貌提升。重点推进遂城镇、黄略镇农房管控和乡村风貌提升示范带建设，辐射带动全县乡村风貌提升。顺利推进遂溪河全长14.8千米碧道建设。创新开展“四小园”试点创建工作。完成超过50%的房屋安全隐患整治目标。沿线连片完成存量农房微改造3059户。建设现代乡村治理体系。深化乡镇（街道）体制改革，新增建设3个省级民主法治示范村及完善2个镇级公共法律服务示范工作站和15个村级公共法律服务工作室。常态化推进扫黑除恶斗争，建立防范和打击“村霸”长效机制，实行村“两委”干部人选县级联市机制。推动全县15个镇、350个村（社区）完成综治中心升级改造。实现农村主要路口、重点部位和要害地段视频监控全覆盖。全县农村（含流动渔民）不发生大规模疫情，不发生涉农群体性事件，不发生重大涉农负面舆情。

（县农业农村局）

【农村危房改造】 2021年，遂溪县有农村危房改造38户，其中分散供养特困人员24户、低保户14户。截至12月，开工38户，开工率100%；完工38户，完工率100%。

【农村生活垃圾治理】 2021年，遂溪县持续实行月度考评制度，对15个镇、325个行政村、16个生活垃圾压缩中转站、3478个农村生活垃圾收集点进行卫生保洁绩效考评监管。农村生活垃圾无害化处理率100%，村庄保洁覆盖率100%。

（县住建局）

生态环境

综述

【概况】 2021年，遂溪县整治生态环境突出问题，聚焦水、大气、土壤等重点领域攻坚，抓好第二轮中央生态环保督察反馈问题整改，实施河长制，开展“清四乱”行动，清理河道50.26千米，治理河长30.5千米，遂溪河罗屋田断面水质持续改善，农村生活污水收集率、处理率分别达90.8%、83.3%，高位池尾水处理设施建设建成率、集中式饮用水水源地水质达标率实现“两个100%”，畜禽养殖粪污综合利用率97.5%。加强大气污染物排放管控，公交车电动化率80%，环境空气质量优良率98%。强化危险废物监管，新增危险废物利用处置能力13.8万吨/年。整治违法用地31.2公顷，完成造林428.53公顷。推进绿色制造、清洁生产，推进3个总投资22.2亿元风电项目建设，填补风电开发领域空白，累计建成20兆瓦分布式光伏项目，位居全市第一，新能源产业链项目总投资突破百亿元，以风电、光伏为主的新能源产业蓄势待发。

【环境状况】 2021年，遂溪县功能区噪声、道路交通噪声、区域环境噪声均符合相关标准要求，大气中二氧化硫、二氧化氮、可吸入颗粒物年日平均值均达到国家《环境空气质量标准》（GB 3095—2012）二级标准；饮用水水源水质达标率100%，地表水水质达到国家《地表水环境质量标准》（GB 3838—2002）Ⅲ类以上标准。建成国内首个以生物质能为主题的环境教育基地。遂溪河罗屋田断面水质持续改善，农村生活污水收集率、处理率分别达90.8%、83.3%，高位池尾水处理设施建设建成率、集中式饮用水水源地水质达标率实现“两个100%”，畜禽养殖粪污综合

2021年6月5日，遂溪县委宣传部、湛江市生态环境局遂溪分局等污染防治攻坚战指挥部成员单位在县城琴苑公园开展献礼中国共产党成立100周年“美丽中国 我是行动者”——遂溪县2021年“六五”世界环境日暨污染防治攻坚战及创文系列宣传活动

（县生态环境局/供图）

利用率达97.5%。加强大气污染物排放管控，公交车电动化率达80%，环境空气质量优良率达98%。

【生态环境保护宣传教育】 2021年，遂溪县开展“六五”世界环境日、“生物多样性日”“全国低碳日”等宣教活动，派发宣传资料3000多册，推动环保宣传进社区、进校园、进企业、进机关，提高公众环保意识。推动市生态环境局遂溪分局青少年生态环境法治教育展室建设，为大中小学生和社会公众提供良好的环保法治教育学习平台。开展《中华人民共和国行政处罚法》专题普法宣讲，提高执法人员综合素质和执法水平。

（梁晓雯）

污染防治

【概况】 2021年，遂溪县开展全流域监测，对污染源、排污口进行全面排查溯源，出台《2021年遂溪河罗屋田断面水质达标攻坚方案》。6月，制订实施《遂溪县遂溪河整治攻坚实施方案》。印发《遂溪县遂溪河罗屋田省考断面水污染整治三年行动方案》，从全流域、上下游、左右岸进行通盘考虑，整体谋划、整体推进。成立专项工作组，推动工程措施。加快推进遂溪河流域水质提升工程。遂溪河流域水质提升工程建设范围包括主干河流遂溪河，支流东圩河、沙坡河、山笃河、风朗河、源水河，治理河道总长34千米，水域面积113.7公顷。以沿河污染削减为首、河道水质提升为辅、区域管网完善为本的总体思路，突出抓好驳岸修复及清淤、截污、水质提升、景观和智慧水务等5个子项工程，完成项目投资约3亿元。控源截污方面，铺设完成24千米雨污管道；4个一体化处理设施全部稳定运行；驳岸修复及清淤方面，完成遂溪河、沙坡河、山笃河河道清淤工程和驳岸修复与明渠改造；湿地及景观工程方面，遂溪河尾水湿地水域部分基本完成，山笃河尾水湿地基本完成，已通水加快城市污水处理厂建设。县级污水处理厂提标改造完成并稳定运行。遂溪县滨河新区生活污水处理厂及配套管网完成立项、规划选址、土地预审和征地工作。加快沿河村庄生活污水处理设施及配套管网建设。推进沿河78个自然村生活污水处理设施及配套管网建设，完成75个，在建设施工3个。污水终端建设完成66个，其中61个试运行。加快沿河畜禽养殖场粪污资源化利用设施建设。沿河81家畜禽养殖场粪污资源化利用设施主体建设全部完工。部门联动，多措并举合力推动整治工作。常态化开展河长制工作。累计巡河9088人次，实现巡河全覆盖。开展“五清”“清四乱”行动，清理水面漂浮物20.71万吨，清理水域面积1.5平方千米、河道长度35.4千米。开展入河排污口排查和整治。完成遂溪河129个入河排污口排查工作，制订印发整治方案。开展涉水企业执法检查，组织专项行动9次，对12家企业检查100余次，发出责改5份，立案查处5件。建立水质监测机制。对主流、支流19个监测点每月监测一次，对6条支流每周监测一次，对河道污染成因进行分析研判，并将情况向县领导及相关镇、相关部门及时通报预警。建立廉江市与遂溪县联防联治机制。遂溪县与廉江市在湛江市生态环境局的统一指导下，建立联防联治机制，推动遂溪河上下游一同整治。2021年，遂溪县8个沿海镇有高位池321户，总面积443.94公顷，完成纳入核查范围的303个入海排污口核查工作。强化控源截污，重点抓高位池尾水处理整治，确保达标排放，建设高位池尾水处理设施面积376.67公顷，建成率100%。推进水域滩涂养殖登记，全县水域滩涂养殖可发证面积4666.67公顷，发证面积4467.21公顷，发证率68.51%。

【畜禽养殖污染源整治】 2021年，遂溪县强力整治畜禽养殖。加大对畜禽养殖污染源整治力度，严防畜禽养殖死灰复燃。拆除复养养殖场25个，与56户养殖户签订停养补偿协议，清理生猪约3800头。加大日常执法监督力度。加强日常巡查监管，取缔沿河非法洗砂场、洗砂点23个；

关闭旧中心市场和东圩市场；堵截遂溪河沿河非法排污口26个。

【镇级污水处理设施建设】 2021年，遂溪县需完成14个镇的污水处理设施及配套管网建设。12个镇污水处理厂正常运行（黄略镇、岭北镇、港门镇、河头镇、洋青镇、草潭镇、乐民镇、城月镇、建新镇、北坡镇、乌塘镇、江洪镇），杨柑镇、界炮镇污水处理厂进入调试阶段。镇级污水处理厂配套管网累计建成143.15千米，其中纳入PPP项目由中节能公司完成建设管网112.15千米（含主管和支管）。

（梁晓雯）

环境监管

【概况】 2021年，遂溪县结合日常监督性检查和“双随机”（随机抽取检查对象、随机选派执法检查人员）抽查，重点组织开展排污许可证监管、遂溪河沿河排污单位监管、岁末年初安全大检查、危险废物、“散乱污”（不符合产业政策，不符合当地产业布局规划，未办理工信、发改、土地、规划、环保、工商、质监、安监、电力等相关审批手续，不能稳定达标排放）企业（场所）整治“回头看”，工业园区、海水养殖尾水和虾苗场养殖污染防治，伴生放射性矿企业和镇村污水治理等专项执法行动。严肃查处“未批先建”“未验先投”、暗管偷排、超标排放、非法处置危险废物等环境违法行为。共计出动1900余人次，检查企业（场所）580余家次，“双随机”抽查企业173家；立案调查环境违法行为为28件，发出责令改正通知书32份；按时妥善办结群众来电、来信、来访和上级转来的投诉案件416件。持续开展环境安全隐患大排查大整治行动，推进企业环境应急预案修订和风险评估，实现环境风险源、环境应急预案备案、环境应急物资以及环境风险企业隐患排查整治的动态管理。妥善处置湛江市甘化糖业有限公司发生糖蜜泄漏、遂溪塘口车站一节车厢冒烟和湛江鱼峰建材有限公司水泥泄漏等环境突发事件3起，组织开展危险化学品行业企业应急演练2场次，办理企业环境应急预案备案56个。

【固体废物监管】 2021年，遂溪县开展危废规范化管理排查。对辖区内重点产废企业进行规范化管理方面的排查，对排查发现的12处一般隐患进行整改，如期完成整改任务。提高危险废物规范化管理水平。利用广东省固体废物环境监管信息平台，落实产生危废单位危险废物申报登记制度，强化对危险废物全过程环境监管。对48家产危废单位和涉产生危险废物的114家机动车维修企业全部实行规范化管理，完成申报登记和制订管理计划。推进危险废物处置能力建设。重点推动湛江市医疗废物无害化处理项目扩建工程（扩建一条40吨/日医疗废物焚烧处理线）和遂溪县同畅环保科技船舶废物处理利用中心新建项目的建设投产。严厉打击非法倾倒固体废物环境违法行为。印发《遂溪县严厉打击危险废物环境违法犯罪行为实施方案》，联合公安等5个部门开展严厉打击危废环境违法犯罪专项行动，强化日常监管，对危险废物倾倒处置违法行为涉嫌环境犯罪的，及时移送公安机关侦查，做好两法衔接。

【环境准入】 2021年，遂溪县做好环评审批工作。执行环境影响评价制度和环保“三同时”制度，强化项目管理，严格控制污染源头。项目申报严格按照规定程序审查产业政策和环境影响评价文件，对不符合产业政策、高污染的项目坚决不予审批。受理审批建设项目22个。做好项目服务工作。结合“营商环境提升年”活动，简化审批程序，进一步缩短审批时间，环评报告表审批时限由30个工作日缩短至3个工作日，排污许可证和辐射安全许可证核发审批时限由15个工作日缩短至1个工作日。实行一次性告知，围绕项目受理、初审、环评、审批等环节做好一次性告知，实行服务中心一个窗口受理、一站式全过程跟踪服务。做好排污许可证核发工作。按照《排污许可管理条例》要求，对纳入简化管理和重点管理并符合发证条件的新建企业核发排污许可证，加强指导企业自行开展排污登记工作。核发排污许可证43家。

【环境监测能力建设】 2021年，遂溪县生态环境局监测以污染源监测为重点，以环境空气质量监测、水环境常规监测为基础，做好生态环境监测及环境应急监测工作，出具报告、报表500余份，为环境保护管理决策提供准确、及时、科学的数据依据。争取上级资金334.5万元，提前完成湛江市生态环境局下达的2023年监测能力提升任务的硬件条件，并实现全部监测人员持证上岗。

（梁晓雯）

生态保护

【概况】 2021年，遂溪县推进饮用水水源地水质超标整治工作，制订《遂溪县集中式饮用水源地水质超标整治行动方案》，按照“一个水源地、一套方案、一抓到底”工作原则，对饮用水水源地保护区进行全面整治。对饮用水水源地保护区进行全面排查。11个集中式饮用水水源地均已排查完毕，饮用水水源保护区范围内没发现有企业、养殖场、生活污水排口或污染源存在。加强日常监督管理，落实主体责任。按规范开展饮用水水源保护区定界立标和水质监测工作，严格落实好各项水质保护设施，完善保护区标志和隔离防护设施，依法规范化管理饮用水水源保护区。委托有资质第三方单位对水质超标原因进行论证。委托广东省地质局第四地质大队对地下水化学组分超标原因进行调查论证，形成《遂溪县11个水源地地下水化学组分超标研究报告》并通过专家评审。报告显示，各水源地地下水色度、浑浊度（NTU）、pH值、全铁（TFe）、锰（Mn）等化学组分超标是由地质背景值超标导致，不是由污染引起。安装净水设施。投入220万元委托中然水务科技有限公司对超标的水源地水质进行治理，因地制宜安装净水设施，对抽取的地下水进行过滤、净化达标后再供应群众使用。截至7月22日，经过整改，全县11个水源地水质，岭北镇、城月镇在第二季度达标，其余9个全部整改完毕，9个检测报告达标。

【蓝天保卫战】 2021年，遂溪县强化源头治理。督促7家制糖企业共19台锅炉完成整治。推动吉城燃煤电厂脱硫脱硝设施和4家环保砖厂炉窑进行整改。对挥发性有机物重点监管企业及储油库、油罐车、加油站等开展突击检查，加强VOCs治理设施运维情况检查。指导11家VOCs（挥发性有机物）企业全部完成销号式整改任务和3家市级VOCs重点监管企业完成“一企一策”整改任务。加强工地扬尘、道路扬尘巡查，严查餐饮油烟污染违法行为，强化露天焚烧秸秆常态化管控。推动碳排放交易。湛江市吉城纸业有限公司和遂溪县吉城电力有限公司、华润水泥（湛江）有限公司、湛江海螺水泥有限责任公司4家企业均按时上报年度碳排放报告，并按期进行碳排放配额履约。

【环保督察整改】 2021年，遂溪县印发《中央生态环境保护督察组驻粤期间遂溪县保障工作方案》，成立中央生态环境保护督察遂溪县协调联络组，下设综合协调组、资料文件组、信访案件组、宣传舆情组、配合现场督察组、后勤保障组、安保维稳组7个专项工作组，做好中央环保督察各项协调配合和服务保障工作。根据中央生态环境保护督察反馈意见，制订《遂溪县贯彻落实中央生态环境保护督察反馈问题整改方案》，推进中央环保督察反馈问题整改工作。采取“包案＋专班”方式，严格按照“依法办理、群众满意、举一反三”三要素要求，加快推进中央环保督察交办信访案件办理工作。

（梁晓雯）

交通·邮电

交通综述

【概况】 2021年，遂溪县循序渐进推进品质营城，大格局拉开城市发展大框架，“一核三区”建设迈出“新步伐”。县域交通体系逐步完善，交通建设投资4.5亿元，遂溪大道完成主体工程量的88%，国道207线、228线穿城路段改扩建工程开展前期工作，配合推进调顺跨海大桥建成通车。28.49平方千米滨河新区建设加速推进，划定20.42平方千米滨海新区城镇开发边界，以“五个一”工作模式（打造“一镇、一业、一品、一节、一条精品路线”建设模式）推动北部湾旅游新区资源整合开发扎实起步。全县交通基础设施建设项目投资4.5亿元。通车公路里程3837.027千米，路网密度180千米/百平方千米。建成主要公路有高速公路3段95千米，国道2段77.88千米，省道6段185.71千米，农村公路总里程2929.763千米，其中县道503千米、乡道991.911千米、村道1434.852千米，乡村小道548.674千米。全县国省道、农村公路共有桥梁361座。全年各种运输方式完成货物周转量38205万吨千米，比上年下降0.09%，全年完成旅客运量654万人次。

【“四好农村路”建设】 2021年，遂溪县以创建“四好农村

遂城交通主干道 （县志办/供图）

路”省级示范县为契机，推动农村公路“建、管、护、运”可协调发展。全年完成“四好农村路”（“四好”指建设好、管好、护好、运营好）建设投资1.3亿元，建成县乡道提档升级62千米，推动农村公路安全隐患整治，完成村道安防建设291处38.95千米。建立健全农村公路“路长制”，养护工作推向市场化，县、镇、村三级管理，养护能力不断提高，农村公路列养率100%。城乡客运一体化水平达到AAAA级。

【对外交通】 2021年，遂溪县推动重点项目建设工作，合湛高铁编制完成工可报告，拟在遂城镇设置8000平方米遂溪南站；合湛高铁遂溪南综合客运中心站完成工可报告编制，计划与高铁站同步建设，打造遂溪客运枢纽；遂溪大道稳步推进，至年底完成整体工程量81%，完成年度投资3.2亿元，累计完成投资5.7亿元；启动国道207线至下泊国防公路前期筹备；广东滨海旅游公路遂溪段开展工可报告编制；玉湛高速、调顺跨海大桥建成通车；茂湛高速改扩建工程加快推进，玉湛高速雷州支线开展工可报告初稿编制，雷州半岛西部高速、东雷高速西延线开展初步方案编制。北潭港特许经营方案编制完成。

【春运工作】 2021年，遂溪县在春运期间投入营运客车320辆，其中客运班车225辆、公交车55辆、出租汽车40辆。春运期间，遂溪县道路旅客发送量24.4万人次（不含公交、出租汽车），受新冠肺炎疫情影响，与上年（旅客发送量36.3万人次）春运同期相比下降32.8%。遂溪县组织交通、公安、卫健部门成立站场疫情防控“三人组”进驻遂溪汽车运输总站、遂溪火车站和遂溪高速服务区开展联合检疫工作，累计出动650人次，核酸检测1.2万人次，春运工作总体比较平稳，未发生道路严重堵塞事件、未发生生产经营性道路交通事故，全县交通运输行业安全生产形势持续稳定，实现旅客走得安全和零病例。

【交通均等化】 2021年，遂溪县有公交车55辆、客运班车235辆、出租汽车40辆，实现“镇镇有站、村村通客车”目标，开通遂溪火车站至岭北螺岗小镇公交专线，完成县民生实事工程，稳妥推进公共交通均等化，提高公交万人拥有率。

【交通运输审批流程精简】 2021年，遂溪县交通运输管理局继续推行“一站式办公、一条龙服务、并联式审批、阳光下作业、规范化管理”运行模式，按照简政放权、便民利民原则，实行“窗口受理、审核、办理、审批、办结”“一站式”服务，减缩办理环节。交通运输业务窗口完成交通办证业务总量为6851件，100%受理，100%按时办结。

【交通运输监管】 2021年，遂溪县交通运输管理局通过整合执法资源，建立多部门联合执法新机制、增加执法人员、提高执法队伍素质和执法设备技术水平，调动执法人员积极性，做到依法依规执法。联合治超共查处案件

2021年6月29日，遂溪县交通运输管理局联合县交警部门对运输车辆进行超载执法检查

（县交通运输管理局/供图）

1589件，卸货65605.87吨，运政案件共行政罚款328.21万元。

【交通运输安全宣传培训】 2021年春运、安全生产月、安全消防月、中秋、国庆期间，遂溪县交通运输管理局和各运输企业开展多样式安全宣传活动，宣传安全生产知识。在国道、省道、县道、站场和运输企业横挂安全宣传横幅500多幅；在县汽车客运中心站和各镇农村客运站制作安全宣传专栏6个，张贴安全宣传海报500多份。开展安全生产教育培训班7期，300多名安全管理人员、从业人员参与教育培训活动。开展新《中华人民共和国安全生产法》考试2期，参加考试106人。开展应急预案演练，提高应急处置能力。组织演练3次，分别是新冠肺炎疫情应急处置工作演练、农村公路防汛救灾应急演练、2021年度“119”消防宣传月应急演练。组织交通运输行业工作人员参与“测测你的安全力”2021年全国安全知识网络竞赛、“安全生产月”知识竞答活动和普法竞赛。组织辖区交通运输行业主要负责人、安全管理人员和从业人员通过“粤考运安”“安字1号”等平台学习进行线上安全宣教学习。

（钟兰珍）

【遂溪汽车运输总站】 2021年，遂溪汽车运输总站有建制车辆86辆，有效营运座位2993座。其中责任经营车辆62辆，有效营运座位2262座；公营车共24辆（遂溪至茂名2辆、建新线6辆、雷州线3辆，市际旅游包车8辆、城际班车4辆、信宜1辆），有效营运座位731座；总售票数14.91万张，营收504.66万元，其中网络售票3.87万张，营收192.87万元，发出正班车4.80万班次（含过往班车），加班共60班次，安全运送旅客15.76万人次，比上年减少14.92万人次，降幅48%。实现营收1206万元，比上年减少26.25万元，下降2.13%，其中公营车营收379.03万元，比上年增加57.18万元，增长17.77%，实现包车853车次，营收127万元；实现运输毛利49.20万元，比上年减少173.33万元，下降77.89%。

遂溪汽车运输总站按照“一岗双责”安全管理工作原则，形成“领导负责、部门具体负责、全员人人有责”安全管理格局。召开安全领导小组会议13次，月度安全例会12次，组织安全学习24次，全年组织安全检查20余次，查出各类事故隐患11处，全部整改合格，合格率100%。组织驾驶员召开安全会议20余次，对驾驶员上好安全教育课和通报总体安全情况，发放安全宣传资料280余份，通过手机短信或微信平台提醒司机注意安全，与司机谈心，总结经验教训。1—12月，共上路下站检查26天，检查车辆520辆次，纠正各种违章10余次，处罚违章驾驶员6人。

（县汽车总站）

地方公路管理

【概况】 2021年8月25日，湛江市公路管理局遂溪分局更名为遂溪县公路事务中心，中心负责全县普通干线国道、省道公路建设、管理和养护，管养总里程253.383千米。国道2条共77.837千米，其中国道G207线（乌兰浩特—海安），养护里程45.288千米；国道G228线（丹东—东兴），养护里程32.549千米；省道5条共175.546千米，其中省道S290（白桔—流沙），养护里程73.394千米、S293（石角—东简），养护里程14.435千米、S374（平乐—杨柑）养护里程34.376千米、S375（客路—江洪）养护里程22.008千米、S545（百龙-草潭）养护里程31.333千米。桥梁养护49座，其中大桥7座，延长2.034千米。实现年末优等路里程236.389千米、年末好路里程243.289千米，年末好路率100%；年平均优等路里程237.279千米、年平均好路里程240.729千米，年平均好路率98.95%。在全市公路系统2021年度劳动竞赛工作综合考核中取得926.5分，排名第一。

【日常性养护及预防性养护】 2021年，遂溪县公路系统坚持人工清扫和机械清扫相结合，坚持中心领导每周上路巡查指导不少于2次，养护站长每天对管养路段进行全面巡查。累计完成公路巡查63059.40千米，机械清扫路面 55227.00 千平方米，人工清扫路面 14827.75 千平方米，修补坑槽沉陷罩面 2609.00 平方米，清灌沥青路面裂缝 506.65 千米，清疏桥涵排水 2820 座次。整修路肩 512080.00 平方米，补种示警桩 658 条，维修更新标志 21417 件；清理水沟杂物 2592.95 千米，整修土边坡 27840.00 平方米，机械农药喷草 895940.00 平方米，管养路树 138.35 千米，管养绿化带 1529.50 千平方米。

【道路安全隐患整治】 2021 年，遂溪县公路服务中心高效推进完成道路交通安全隐患点整治工作。完成 S290 线杨柑段安全隐患应急项目、G207 线城月广前至雷林路段非机动车道整治项目、城月镇区段道路交通安全隐患点整治项目，完善 G207 线法院段斑马线及人行道标牌；完善 G207 线官田村（扶良村）路口处标志标线、G207 线与 S545 线相交处的红绿灯路口（雷林路口）标志标线、G207 线竹叶塘斑马线、G207 线城月镇花坛路口处标志标线；拆除或封堵 G207 线城月镇花坛路口处中间防撞墙隔离带共 102 米；完成 S290 线、S374 线、S375 线的标线标志完善工作，共 12756 平方米；完成全县系统防范化解辖区内国省道道路交通安全风险项目，包括 11694 平方米标线划设、39 个道口“一清一灯一带”和 101 个平安村口的整治任务；完成 S374 线德福加油站路段中墙封堵和开口整改工作；完成 G207 线 K4043 至 K4045 路段省级督办道路交通安全高风险路段综合治理项目；完成 G228 线万年桥至文化广场段绿化带开口封闭工程、G207 线城月旧收费站安全隐患路段治理工程、G228 线南亭原湛江收费站安全隐患路段治理工程。

【公路项目筹备】 2021 年，遂溪县公路事务中心加强与有关部门协商联动，为项目建设提供“无障碍”施工环境。积极谋划 G207 线广前至雷林段扩建工程；S545 线麻章太平—遂溪港门段扩建工程；S290 线白桔至下坑村段扩建工程；省道 S374 线茶亭至河图仔段扩建工程；S375 线客路至江洪段扩建工程；县道 X682 线洋青西埔至杨柑龙眼段扩建工程；G207 线和 G228 线遂溪穿城段改线工程和 G207 线遂溪北出口改造提升工程建设；S290 线（北坡至河头公路）北坡镇区段改线建设；省道 375 线河头镇区段改道工程。

【路政常态化管理】 2021 年，遂溪县路政人员坚持每月巡查不少于 20 天，巡查里程 14434 千米，发现违法违章案件共 128 件，自行制止及处理 103 宗，告知县交通综合行政执法局 25 宗。坚持日常路域环境整治工作，清理摊档 110 处，横幅 76 条，移动式广告牌 54 块，整治违法摆摊点 103 处，拆除违法广告牌 75 个。按时办结路政许可案件共 6 件；办理路产赔偿案件 1 件，结案 1 件，收回损坏路产赔偿费共 1035 元，无投诉事件、复议案件和诉讼案件。

（县公路事务中心）

【公路养护】 2021 年，遂溪县公路部门加强公路养护管理，确保全县农村路况完好。

日常养护　养护省县道 106.903 千米。全年清挖标准边沟 6.3 千米，清理边沟 30.6 千米，路肩平整 9500 平方米，清理路肩及边沟杂草 62 万平方米，路面清扫 203 千米；维护修复波形护栏 36 米、示警桩 56 根、道口桩 112 根、标志 28 座；维护桥梁 12 座、处治桥头跳车 3 处；养护桥梁 315 座，检测 12 座。

预防性养护　全年清灌伸缩缝 5.8 万米，其中 X686 黄乐线、X684 百石线全线更换伸缩缝。处置路面裂缝 5600 米，处置水泥路面断角、啃边、坑槽等病害 1213 平方米。

路面小修　用沥青混合料修复破碎板、下陷等路面病害 1860 平方米。其中 X682 南洋线（洋青圩段）860 平方米、X684 百石线（港门圩段）360 平方米、X685 建石线（石塘段）540 平方米。

安防工程维修　X685 建石线安防工程维修：单柱式标志 34 座、路面标线 54.52 平方米、减速标线（三层式）474.83 平方米、示警柱及道口柱 15 支、路面挖补 1274 平方米；大湾小桥：桥长 20.86 米，桥宽 8.5 米，总投资 92 万元。该项目已完成。

公路数据库维护　2021 年，

遂溪县公路部门按照省公路事务中心要求及县交通运输管理局规划，对全县农村公路电子地图及统计数据等进行维护修正，将全部新编县道入库。省道数据入库10.107千米，县道里程数据入库共503千米（包含499.269千米正常路段，3.731千米规划路段），乡道数据入库989.27千米，村道数据入库1433.878千米，合计2936.255千米（不含规划里程）。

【公路普查】 2021年，遂溪县公路部门做好公路普查工作。

自然村核查 对全县所有自然村进行核查，原数据库内有自然村1959个，经核查后自然村有2020个，并对其通户数人口及达线路重新核实。

自然灾害综合风险水路承灾体普查 全年普查任务县道237.012千米，公路桥梁37座。已完成普查，完成比例100%，将相片录入系统。完成3399段路线（段）及319座公路桥梁的设施属性信息的抗震等级、防洪标准等信息填报工作；利用承灾体调查系统现场填报公路沉陷与塌陷、水毁等自然灾害风险点的基本信息。经普查，录入1个自然灾害风险点并上报。

【公路项目建设】 2021年，遂溪县X684线港门至乐民段改建工程及乐民河大桥工程全长7千米，乐民河大桥长325米，投资3600万元，已完工。遂溪县X683吉高线路面改造工程全长32千米，投资5100万元，已完工。Y595线杨柑至甘来公路路面改造工程全长3千米，投资380万元，完成投资的60%。遂溪县Y596线杨柑至老河段路面升级改造工程全长4.8千米，投资750万元，完成投资的30%。西草线杨柑中学至东港段公路路面改造工程全长8.7千米，投资1150万元。完成投资的20%。遂溪县X666丰榄线昌梓至沙港段公路路面改造工程、遂溪县X666丰榄线兰边至昌考段公路路面改造工程、遂溪县X678动建线城月至建新段公路路面改造工程基本完成。

【公路扬尘监管】 2021年，遂溪县公路部门加强日常养护与管理，对路面、路肩养护，尽量避免二次扬尘污染；督促在建工程加强施工现场扬尘管理，加强路面保洁，每天清除路面丢弃和抛撒的杂物，清除占道堆放的建材、泥土等。加强公路绿化管理，及时修剪遮挡标志和视线树枝，修剪路肩蒿草，维修排水设施，对公路护栏、标志牌及安保设施进行清洗，保持干净醒目。加大日常检查力度，发现污染环境的行为，责令停工整改。全力保护大气环境，打造生态文明公路。

【路政管理】 2021年，遂溪县公路部门加强与交警、交通等部门及沿线镇沟通，开展对建筑控制区、非公路标志和公路扬尘、路域环境整治活动，整治公路摆摊设点、占道经营、乱搭建、乱堆放、乱设非标等行为。截至12月底，出动巡查车560多辆次，巡查里程2.5万多千米。发现违法违规行为32宗，自行纠正30宗，告知执法局2宗，拆除移动非标13块，扶正标志牌25块，扶正公里碑10处，修剪遮挡标志牌树木32处，下达责令整改通知书21份，清理公路晒粮多处，阻止挖掘公路路肩9起。开展路政宣传月活动，发放各类宣传材料510多份，法律汇编文本420多本，悬挂横幅21条，现场解答释疑120余人次。

【安全生产】 2021年，遂溪县公路部门全面落实“安全第一，预防为主，综合治理”安全生产工作方针，坚持安全生产常抓不懈，按照安全生产“一岗双责”要求，年初逐级签订责任合同书，做到领导到位、经费到位、检查到位、整改到位。抓好节日期间和特别防护期安全生产工作。开展安全生产月活动和公路安全保畅通应急演练，提升突发事件应急处置能力。加强安全教育，增强安全意识。开展安全检查，消除安全隐患。召开安全生产会议15次、安全生产检查31次，下发整改通知书15份。全年没有发生安全生产责任事故。

（县公路站）

邮政业

【概况】 2021年，遂溪县邮政分公司总收入1.73亿元，完成进度 101.9%，比上年增长 15.8%。实现代金收入 14178 万元，比上年增长 10.3%，新增总资产 123437 万元，比上年增加 2.25 亿元。加大对理财保险、商业养老保险宣传和普及，全县代理保险实现销售保费 2.13 亿元，收入 1456 万元，比上年新增 433 万元，增长 42%。集邮业务累计完成收入 145.79 万元，完成任务指标 100.5%。函件业务累计收入 105.2 万元，完成全年进度的 101%。

【寄递业务】 2021 年，遂溪县邮政分公司守住快递金漆招牌，加快寄递业务转型。全年全县寄递业务累计完成收入 1742.8 万元，比上年增长 56.1%，净增 550.1 万元。开拓交管、互联网医疗、法院集约送达等业务。全年进口邮件量约 380 万件，出口邮件量约 148 万件，加强对邮件消毒和防控，为各邮件处理场地及各投递部购置雾化消毒器及喷洒设备。

【图书报刊业务】 2021 年，遂溪县邮政分公司报刊业务累计完成收入 200.24 万元，以文创产品和图书巡展作为大收订新增长点，其中文创产品方面销售 1022 套，实现流转额 72 万元；在杨柑、城月及洋青 3 个网点举行，网点通过与当地政府、教办及学校联系开展举办“书香飘万家，陶冶你和他之全民阅读”活动，3 天时间就实现销售图书 12 万元；与县委宣传部的沟通和合作，按时完成全县党报党刊收订任务。

【网点治理】 2021 年，遂溪县邮政分公司推进网点整治。完成文苑营业所与界炮营业所网点整治及配套工程，总投资约 230 万元。按照《应对新型冠状病毒感染的肺炎疫情防控应急预案》加强对疫情防控。继续实行疫情防控零报告制度等措施；持续确保防疫物资供应，加大疫情防控宣传，组织全体员工做好疫情接种工作。针对国际邮件，安排专人处理，单独存放，集中领取，相关人员按要求实行一周两检等措施。加强安全学习及宣传，提高全员安全生产意识。联合县消防大队在县分公司大院开展消防实操演练；每月通过现场或远程监控相结合方式开展对生产车辆及押运工作、网点外防等进行定期与不定期的检查，并对检查发现的问题进行考核通报；实行双岗履职，落实责任。组织各网点及人员逐级逐人签订安全生产责任书、综合治理责任书。

【物流体系建设】 2021 年，遂溪县邮政分公司推进县级三级物流体系建设。通过搭配智慧物流智能化管理系统，形成商流、物流统仓共配，降低快递物流成本。利用邮政智能包裹柜（自提点），履行“最后一公里”服务。在集中投递区域（如学校、小区门口、商厦、专业市场等）设立自提点，通过电话联系收件人到自提点自取邮件，既为投递员减压又方便用户；与县农村农业局签订战略框架合作协议，布置各网点完成对 390 个农村合作社走访和邮客进行采集工作；对邮政定点帮扶村开展春节慰问、脱贫人口防止返贫监测工作。整合邮政资源优势，加强与政府部门之间合作，为老百姓衣、食、住、行提供便利。

（县邮政分公司）

通信业

【中国电信遂溪分公司】 2021 年，中国电信遂溪分公司连续两年业务收入增长喜人。全年考核收入完成 10168 万元，收入比上年增长 900 万元，累计比上年增长 9%。收入比上年增长率列全市前茅，其中，城区营服收入比上年增长 6.60%，农村营服比上年增长 10.6%。移动业务市场份额近五年不断提升，从 2016 年份额的 6.24% 提升到 2021 年份额的 19.54%，2021 年移动新增放号 3.5 万户，比上年增长 10%。在携号转网服务方面，2021 年 2000 户他网用户携入，净增携入移动用户 1100 户。宽带新增 1.07 万户，净增 4000 户；电视预计新增 1 万户，净增 3500 户；智能组网预计新增 1.35 万户，比上年增长 60%；“天翼看家”作为 2021 年宽带拉新的拳头产品，“天翼看家”用户达到 1.4 万户，“天翼看家”用户净增 8803 户。平安乡村“天翼看家”、天翼大喇叭业务的发展取得良好成绩，开通平安乡村达标村委113条，签约杨柑、岭北、洋青、江洪4个数字乡村示范镇，推进平安乡村项目在遂溪县全面实施。渠道中心在渠道网点份额和业务发展取得突破。渠道网点份额取得突破，商圈门店占比从12%提升至60%，成功洽谈电动车代理门店6间，配合进行活动3场，并将产品引入公司门店，结合公司业务进行打包销售，同时将公司业务引入其门店。门店终端上柜率从30%提升至65%，有终端正常销售的门店19间，终端销售额不断提高，全年累计5000多部。成立专门存量工作团队，加强存量工作规划统筹部署及应对。2021年存量客户收入保有率100.08%，移动用户保有率95.33%，宽带用户保有率94.18%。对新固网终端使用场景严格管控。政企市场稳步持续发展。政企双线新增425条，其中组网专线394条，主要由政务外网延伸、财政专线以及医保专线等项目拉动，指标完成率217%。商企分享计划新增450户，比上年提升33%；云业务发展118户，安全产品发展新突破。加强云网数基础维护管理提升，增强网络维护能力。2021年年初，客维部根据市公司布置抓计件薪酬制度落实，把计件薪酬制度落实到综合维护岗位。装维人员智慧家庭工程师认证率达到100%，登高证培训完成6期共72人。通过集中培训、下中心现场培训等方式紧抓严管，使用光衰整治保持在97.5%以上，宽带不可用时长从年初30分钟缩短到15分钟以内。加强政企工单管控，优化网络结构，促云网运营能力提升。5G基站投入建设，完善4G、5G网络覆盖。2021年，市公司下达遂溪分公司铁塔服务费全年管控目标832万元，至10月账期止核减22.64万元，按进度完成管控目标，成本使用进度为81.78%（比时间目标减少1.55%），列全市第三。落实安全生产各项规定，组织开展4月“电信消防安全宣传月”、6月“安全生产月”、11月消防宣传月等专项宣传活动，加强对安全生产工作组织领导，员工按时完成OA签订安全工作责任书，加快企业全面深化改革和互联网化转型。

（刘　强）

【中国移动通信集团广东有限公司遂溪分公司】 2021年，中国联合网络通信有限公司遂溪分公司（以下简称中国移动遂溪分公司）加快5G网络建设和应用、大数据中心、工业互联网等新基础设施建设，加强技术、业务、服务和管理创新；打造“互联网+”、大数据、云平台管理，秉承“服务政府、服务企业、服务民生”经营理念，推出智慧城市、智慧医疗、智能公交、平安校园、智慧厂园等多行业信息化产品和解决方案。全年遂溪分公司完成主营收入5200万元，收入结构持续优化，移动业务使用用户数6.35万户，宽固业务使用用户0.605万户。网络承载能力不断加强，5G站点规模达到301个，基站总数917个，光纤入户率92%。

（县移动分公司）

【中国联合网络通信有限公司遂溪分公司】 （以下简称中国联通遂溪分公司）是国有控股的综合电信营运企业，作为中国联合网络通信有限公司湛江市分公司分支机构，于2000年10月成立。设遂溪政要营销服务公司、遂溪区域赋能中心、遂溪营业厅。2021年，遂溪联通加快5G网络建设和应用、大数据中心、工业互联网等新基础设施建设，打造“互联网+”、大数据、云平台，推出智慧城市、智慧医疗、智能公交、平安校园、智慧厂园等多行业信息化产品和解决方案。2021年，遂溪分公司完成主营收入5200万元，收入结构持续优化，移动业务使用用户数6.35万户，宽固业务使用用户0.605万户。网络承载能力不断加强，5G站点规模达到301个，基站总数917个，光纤入户率92%。

（陈小玲）

经济管理监督

宏观经济管理

【概况】 2021年，遂溪县发展被赋予新定位。县委提出“全力加快与市区同城化发展、建设市域副中心城市”新定位，梳理完善发展思路，细化“1+3+6”（1是主城区，3是滨河新区、滨海新区、北部湾新区，6是岭北工业园区、白坭坡工业园区、洋青工业园区、燕子窝工业园区、城月工业园区、北潭港工业园区）行动计划具体任务。成立六大工作专班，统筹推动加快与市区同城化发展。全年安排重点建设项目60个，总投资382.26亿元，年度计划完成投资76.60亿元，全年完成投资51.87亿元，为年度计划的67.7%。遂溪同畅环保科技船舶废物处理利用中心、遂溪县城月镇田头村50万瓦渔光互补发电场、湛江市恒兴海洋食品研发生产项目等17个项目开工建设。广东汇通乳胶医用丁腈橡胶检查手套、遂溪县官田水库50万瓦光伏发电项目、遂溪县妇幼保健院迁建项目等7个项目竣工建成。遂溪县县域次级医疗卫生中心建设项目、遂溪县生活垃圾焚烧发电项目等前期工作加快推进。全县地区生产总值增长8.8%，高于全国全省平均增速、位居全市第二；第二产业增加值首次突破20%、提高5个百分点，落实市“四个全面”绩效考核评价指标连续四年排名全市前列。工业投资增速强劲，增长90.4%，重大工业产业项目达产增效计划考核排名全市第二。

【规划编制】 2021年，遂溪县发展改革局编制完成《遂溪县2020年国民经济和社会发展计划执行情况与2021年计划草案的报告》《遂溪县2021年上半年国民经济和社会发展计划执行情况的报告》，对遂溪县宏观经济形势进行预测、预警，提出维护经济安全的对策建议。牵头开展遂溪县“十四五”规划编制工作，编写形成《遂溪县国民经济和社会发展第十四个五年规划和二〇三五年远景目标纲要》，于3月5日经遂溪县第十六届人民代表大会第七次会议审核通过。做好遂溪县申请纳入国家、省“十四五”规划重大项目、重大事项信息报送等工作，全县16个项目、事项纳入省“十四五”规划等相关文件报送等工作。

【重点项目建设】 2021年，遂溪县安排重点建设项目60个，涵盖生物医药、生态环保、民生发展、基础提升等多个领域，总投资382.26亿元，年度计划投资76.6亿元，完成投资51.87亿元，完成年度计划投资的67.7%，其中列入省、市重点项目完成投资43.6亿元，完成年度计划投资的76%；计划新开工项目32个，计划竣工投产项目13个。全年开工项目16个，总投资61亿元，当年计划投资20.87亿元，完成投资18.42亿元，完成进度的88.3%；竣工项目6个，总投资27.9亿元，当年计划投资7.71亿元，完成投资5.21亿元。遂溪同畅环保科技船舶废物处理利用中心、敏捷珺悦府项目、遂溪县

广东五洲药业有限公司生物医药科技产业园项目开工

（县融媒体中心 / 供图）

城月镇田头村50万瓦渔光互补光伏发电场3个项目推进较快。6月28日，遂溪县举行2021年第二季度重点项目集中开工竣工活动，以项目建设实际成效向中国共产党成立100周年献礼。该次共有7个重点项目集中开工竣工，总投资18.9亿元，其中，新开工项目5个，包括广东五洲药业有限公司生物医药科技产业园项目、广东博海新建环保设备（一期）项目等，总投资13.89亿元；竣工项目2个，分别是广东汇通乳胶医用丁腈橡胶检查手套、遂溪县官田水库50兆瓦光伏发电项目，总投资5.01亿元。

【固定资产投资】 2021年，遂溪县发展和改革局编制印发《遂溪县推进重大项目建设做好稳投资工作实施方案》，建立《遂溪县固定资产投资统计月度预测监测机制（试行）》制度，强化行业领域内重大投资项目监测分析和研判，以制度保障全力推进项目建设落地。累计完成固定资产投资98.5亿元，比上年增长16.6%，增速在全市排名第五，其中项目投资完成67.7亿元，比上年增长15.4%，增速在全市排名第三；房地产投资完成30.8亿元，比上年增长19.3%，增速在全市排名第六。全年遂溪县在统项目205个，总投资437.5亿元，其中，新开工项目109个，数量比上年增长78.7%，总投资111.3亿元，占全县项目比重的25.4%。

【专项债券项目】 2021年，遂溪县申报专项债券项目17个，其中9个项目成功发债（含11月县财政局新增调剂项目1个），下达资金10.7亿元，占固定资产投资比重10.9%，发挥稳投资、扩内需、补短板重要作用，为保障县委、县政府重大决策部署落地见效，为全县“十四五”开局之年项目建设提供强有力的财政资金支撑。县发展和改革局多次组织有关单位召开专项债券工作业务培训会议及遂溪县2022年债券项目申报工作推进会，谋划2022年专项债券申报工作，收到2022年专项债券项目需求105个，以提高项目成熟度和申报成功率为目标推进项目前期工作。最终经国家部委审核通过的2022年提前批专项债项目共46个，数量占全市的18.9%，总投资260亿元，债券需求规模124.6亿元，占全市的22.9%，排名全市第一。

【营商环境优化】 2021年，遂溪县发展和改革局抓好暖企服务工作。实行企业投资项目审批不见面办理，确保疫情防控期间项目办理不断档，优化项目办理手续。出台服务承诺制、首问负责制、一次性告知制、限时办结制等效能管理制度，按照“前台综合受理，后台分类审批，窗口统一出件”的政务服务要求，提高行政审批效率。在资料齐全情况下，审批制、核准制项目法定办结时限为20个工作日，承诺办结时限为5个工作日；备案制项目法定办结时限为5个工作日，承诺办结时限为2个工作日。全年受理项目188个，其中备案类项目109个、审批类项目68个、核准类项目11个，全部项目都按承诺时限办结。

【能源管理】 2021年，遂溪县发展和改革局抓好管道安全生产保护工作，不定期对辖区内油气管道进行安全隐患排查。协调处理中科炼油配套管道安全生产工作。加强加油站安全监督和安全生产宣传，完成加油站年审，对辖区内加油站进行专项检查整治。打击走私油活动，规范成品油经营秩序。县打击成品油非法经营检查组召集有关职能部门人员进行联合行动，全年出动车辆70多辆次、190多人次执法人员，重拳打击捣毁6个非法加油点，查扣改装车辆4辆，罚没成品油63.64吨，其中柴油49.24吨，汽油14.4吨。配合落实交通整治工作，对违法交通规则车辆开展“断油”行动。

【社会信用体系建设】 2021年，遂溪县发展和改革局牵头组织有关单位开展“信用县”创建工作。推进“双公示”报送工作，上报数据13172条，其中行政许可12174条、行政处罚998条。开展对全县严重违法失信市场主体行为治理行动。6月30日，县发展和改革局联合行业主管部门完成规定动作，对企业可联系但反馈不再经营的湛江市嘉辉药业有限公司向县市场监督管理局（行业主管部门）报送开展重点监管的提示函，对遂溪县好乐迪娱乐城开展重点企业约谈、签订承诺书和发送监管提示函。抓好对用人单位重大劳动保障违法行为的遂溪金雅装饰工程设计有限公司拖欠农民工工资的失信行为推送至全国信用信息共享平台（广东湛江），列入社会信用黑名单。

【遂溪县进入整县（市、区）推进屋顶分布式光伏开发试点名单】 2021年，遂溪县发展和改革局根据《国家能源局综合司关于报送整县（市、区）屋顶分布式光伏开发试点方案的通知》要求，牵头开展整县（市、区）推进屋顶分布式光伏开发试点申报工作，召开遂溪县整县（市、区）推进屋顶分布式光伏开发试点申报工作会议，协同编制单位深入开展走访调研工作，到省、市对接落实申报相关要求，编写完成《遂溪县户用和屋顶分布式光伏开发试点方案》并上报湛江市发展和改革局、广东省能源局、国家能源局。9月，国家能源局综合司公布整县（市、区）推进屋顶分布式光伏开发试点名单，湛江市仅遂溪县和雷州市获批进行开发试点工作。

（县发改局）

物价管理

【价格调控】 2021年，遂溪县发展和改革局通过6个价格监测定点单位对82种“菜篮子”商品、农业生产资料等与居民生活生产相关商品价格和供求情况进行价格监测。报送“菜篮子”价格信息38064条，城乡居民食品零售价格信息1976条，农业生产资料价格信息820条，生猪、仔猪、母猪及饲料价格信息3000条，劳动力市场价格信息48条。转发上级降费减负文件，落实收费政策，深化收费改革。严格按照定价程序，制定岭北和洋青工业园区非居民污水处理收费标准，并报县政府批准实施。落实国务院第四次廉政工作会议精神任务，开展涉企收费专项治理工作。7月23日，全县各单位进行涉企收费项目自查自纠工作，按照国家、省、市行政事业性收费目录清单，遂溪县涉企行政事业性收费项目有：证照费（机动车号牌工本费、机动车行驶证、登记证、驾驶证工本费）、土地闲置费、不动产登记费、污水处理费、城市道路占用（挖掘修复）费、水资源费、渔业资源增殖保护费、防空地下室易地建设费、诉讼费共9项。所有单位收费都经过省非税系统缴交，实行“收支两条线”（对地方年度预算，采取收支脱钩，分别计算收入留解比例和支出指标的办法）管理。11月2—4日，县市场监管局、县发展改革局、县住建局等部门组成联合检查组对广东电网遂溪供电局、遂溪粤海水务有限公司、遂溪华润燃气有限公司等单位开展清理规范工作。

【价格调研】 2021年，遂溪县发展和改革局开展污水处理、农村安全饮水、管道天然气价格、生活垃圾和城镇供水、供电、供气行业收费项目等相关调研工作，向上级提交相关调研报告8

份。1月20日，县发改局相关人员到粤海自来水厂及城月、北坡、洋青、杨柑等镇级自来水厂开展供水行业收费及相关问题调研，各供水企业都能执行上级文件精神。4月30日，对农村安全饮水工程供水价格有关情况开展调研。遂溪县农村安全饮水工程供水价格实行村民自治、自行管理模式，暂未实行政府定价。做好农副产品成本调查，收集农副产品成本资料，对早稻、晚稻、甘蔗生产成本、农资购买情况、农户存售粮情况、农户种植意向、疫情影响下的农村生产生活物资保障及价格情况进行调查，按要求进行汇总、上报，及时完成农调上报。按规定进行成本监审工作。

【农业水价综合改革】 2021年6月25日，遂溪县发展和改革局召开全县农业水价综合改革工作联席会议，明确各部门责任，完善方案和机制，共同推进遂溪县农业水价综合改革工作。印发《遂溪县2021年度农业水价综合改革实施方案》。全县计划改革实施面积0.99万公顷，其中雷州青年运河遂溪草潭干渠灌区0.76万公顷（大型灌区），旧庙海围灌区0.08万公顷（中型灌区），小型灌区0.16万公顷。全年完成农业水价综合改革实施面积2.24万公顷，其中大型灌区1.25万公顷，中型灌区0.17万公顷，井灌区（其他）0.82万公顷，全部完成任务。

【价格认定】 2021年，遂溪县发展和改革局配合公安机关、县自然资源局等单位开展涉案物品价格认定，办理价格认定业务420宗，认定金额22905970.2元。

（县发展改革局）

财政

【概况】 2021年，遂溪县一般公共预算收入9.3亿元，完成预算的101.41%，比上年（下同）下降8.13%。其中税收收入4.99亿元，增长16.8%；非税收收入4.31亿元，下降26.32%。加上上级补助收入、上年结余结转、调入资金、动用预算稳定调节基金、地方政府债务转贷收入等，全县一般公共预算收入总计63.75亿元。全年全县一般公共预算支出47.87亿元，完成预算的98.29%，下降19.81%。加上上解支出、债务还本支出、安排预算稳定调节基金、年终结余结转等，全县一般公共预算支出总计63.75亿元。全年全县政府性基金预算收入6.29亿元，完成预算的101.15%。加上补助收入、债务转贷收入、上年结转等，全县政府性基金预算收入总计20.92亿元。全年全县政府性基金预算支出12.13亿元，完成预算的99.12%。加上上解支出、债务还本支出、调出资金、结转下年等，全县政府性基金预算支出总计20.92亿元。全年全县国有资本经营预算收入50万元，加上转移性收入、上年结转等，全县国有资本经营预算收入173万元。全年全县国有资本经营预算调出一般公共预算使用50万元，加上结转下年，全县国有资本经营预算支出173万元。全年社会保险基金预算收入5.33亿元，加上上年结转，全县社会保险基金预算收入总计6.66亿元。全年社会保险基金预算支出5.94亿元，加上结转下年，全县社会保险基金预算支出总计6.66亿元。

是年，遂溪县确保财政收入持续稳定增长。县财政局结合疫情防控工作，采取促进财政增收的措施，拓宽财源，确保收入稳定增长。协助税收部门加强税收征收管理，挖掘财税增收能力；建立健全非税收收入征管协调机制，处置行政事业单位闲置资产，清缴各项应缴非税收收入，确保非税收收入任务完成。财政“三保”得到保障。财政民生支出强度不减。2021年，财政民生类支出41.08亿元，占一般公共预算收入比重85.81%，民生实事保障重点有力。财政“三保”底线兜牢兜紧。全年全县“三保”支出42.58亿元，足额兑现保工资、保运转、保基本民生政策，“三保”支付风险得到有效防控。

【财政支持经济发展】 2021年，遂溪县支持重点项目建设。为逐步补齐发展短板，即使财政资金运作压力非常大，县财政仍想方设法筹集资金，优先保障全县重点项目建设。全年环境保护支出

2766万元，统筹拨付新增债券资金3.03亿元，支持整治生态环境突出问题，加强生态环境保护，遂溪河流域水质提升建设工程、农村生活污水处理项目推进有力有序；全年新增债券额度11.32亿元，比上年增长95.17%，支持中医院整体搬迁建设项目、文化中心建设项目等一批重大项目推进。

支持实施乡村振兴战略。为保障农林水等各项事业建设资金，2021年，统筹拨付涉农资金1.83亿元，高标准农田建设资金7569万元，高效节水资金506万元，国家级电子商务进农村综合示范县项目建设资金508万元。落实国家强农惠农政策，投入水库移民专项资金4161万元，农机购置补贴资金613万元，发放耕地地力补贴1.09亿元，政策性农业保险保费1128万元，加快推进国家强农惠农政策落到实处。完善基层公共服务基础平台建设，拨付基层公共服务平台补助资金391万元。

【财政保障重点民生需求】 2021年，遂溪县社会保障和就业支出9.8亿元，其中投入底线民生保障资金2.02亿元，保障城乡低保、特困人员供养、孤儿基本生活保障、残疾人两项补贴等四大民生保障项目，兑现提标扩围政策，兜牢兜实底线民生。

优化教育支出保障机制。全年教育支出13.03亿元。其中投入教育扶贫建设项目2.16亿元，县职校迁建项目1.16亿元。改薄能力提升及寄宿制项目5586万元，“三通两平台全覆盖”教育帮扶项目租金1623万元，促进教育事业薄弱环节改善和能力提升。投入1.5亿元落实学前至高中教育阶段全覆盖的生均公用经费制度。拨付2.38亿元保障教师绩效工资补贴、民办教师生活补助等待遇发放。

加强医疗卫生补短板建设。全年卫生健康支出5.63亿元，比上年增长13.11%，财政资金促进医疗卫生事业补短板、强弱项能力不断提升。拨付债券资金1.34亿元，支持遂溪县公共卫生医院、中医院整体搬迁升级建设、遂溪中医药特色小镇基础设施建设（一期）3个项目建设，提升全县医疗卫生服务水平和应急能力。投入5460万元加强基本公共卫生服务项目建设。

推进生态环境整治。全年环境保护支出2766万元，统筹拨付新增债券资金3.03亿元，支持整治生态环境突出问题，加强生态环境保护，遂溪河流域水质提升建设工程、农村生活污水处理项目推进有力有序。拨付镇村垃圾清运转运承包费、县城环卫保洁承包费、生活垃圾处理服务费等资金9460万元，生活垃圾污染防治效果明显。

保障其他民生社会事业协调发展。拨付新增债券资金2535万元保障文化中心工程建设，文化馆、博物馆、图书馆主体工程完成封顶。全年文化和体育传媒支出4854万元，加快补齐人均公共文化财政支出短板。全年公共安全支出1.78亿元，加强社会治安防控和法治体系建设，保障公安、检察、法院工作顺利开展。

【“数字财政”全面上线】 2021年，遂溪县财政局推进“数字财政”建设，稳步推进全县预算管理改革，强化预算管理新旧系统数据衔接，确保预算资金数据准确无误地迁移至新系统。5月1日，遂溪县“数字财政”新系统按时完成上线任务，完成省财政厅关于“数字财政”上线各项硬任务。5月18日，广东非税一体化平台在遂溪县提前上线，试点工作任务完成，获省财政厅和市财政局表扬。

（县财政局）

税务

【概况】 2021年，遂溪县税务局累计税收收入13.16亿元（已剔除1.63亿元留抵退税），比上年减收5684万元，下降4.14%。其中，县级收入5.12亿元，比上年增收7078万元，增长16.8%，增速五县（市）第一。组织社保费和非税收收入14.72亿元，比上年增收25610万元，增长21.06%。其中社保费收入13.89亿元（含职业年金），比上年同期增收2.54亿元，增长25.40%；非税收收入8335万元，比上年增收208万元，增长2.56%。

【税费优惠政策落实】 2021年，遂溪县税务局健全税费优惠政策落实工作机制，通过编制操作指引、实施“清单式”管理、开展常态化督查等硬举措，落实落细各项税费优惠措施。抓好减税降费政策宣传和辅导工作，结合精细服务要求，探索完善减税降费政策精准推送机制，促进政策红利直达快享尽享。落实减税降费7108万元。

【纳税服务】 2021年，遂溪县税务局开展“我为纳税人缴费人办实事暨便民办税春风行动”。开展学雷锋志愿者服务活动。进行需求调查工作，征集意见建议88条，有针对性地改进优化税费服务。推出不动产交易“一窗办理”“交房即发证”举措，精简房产交易税费业务办理流程，提升业务办理便利。利用AI电话机器人实现智能缴费提醒，打造“智能化互动提醒＋个性化”精准辅导的纳税服务模式。通过增加预约放号、开通绿色通道、进行错峰预约、优化办税流程、提升业务水平，缓解纳税人办税等候难问题，平均等候时间压减至4分钟以内。到偏远村镇开展“掌上办税缴费”业务大培训，建立长期有效税务，镇、村（居）委三级的联动协调机制，解决好农村群众办税缴费难问题。

【税收征管改革】 2021年，遂溪县税务局落实《进一步深化税收征管改革的意见》要求。推进湛江“6812366”平台遂溪分中心成立，与纳税人、缴费人搭建起沟通连心桥。平台上线以来，电话语音座席接听10312次、在线客服座席回复3025次。推广上线加油站智能税控系统，构建起成品油零售环节以“销”控“进”监管体系。简并优化办税缴费流程，推出“主附税费合并申报”，纳税申报次数减少四成。推行出口退税备案单证电子化，退税平均办理时间压缩至5个工作日以内。

2021年3月6日，遂溪县税务局在新中心市场开展学雷锋志愿服务活动

（县税务局/供图）

【依法治税】 2021年，遂溪县税务局全面推行行政执法“三项制度”，促进税收工作规范化。行政执法公示制度落实方面，以税务局外网、办税服务厅等公示平台为载体按照公开时限及时更新执法内容、动态调整公开信息，让纳税人和社会各界了解税务执法信息，自觉接受社会监督；执法全过程记录制度落实方面，做好文字及音像记录，依法规范记录税收行政执法情况，实现行政执法行为全过程留痕和可回溯管理，为税收执法提供有力证据支持；重大执法决定法制审核制度落实方面，明确法制审核的主体、范围、内容和流程，对需要提交的重大执法审核，逐级提交审批，确保重大税收执法决定合法、合规、规范，充分保障行政相对人的权利。规范行使行政处罚裁量权。按照《广东省税务系统规范税务行政处罚裁量权实施办法》和《广东省税务系统税务行政处罚裁量基准》规定的处罚裁量范围、种类、幅度，行使税务行政处罚裁量权，减少执法随意性，规范行政处罚自由裁量权行使，统一执法尺度，在行政执法公示平台做好处罚信息事项公示工作，确保行政处罚裁量权运用的准确合理，保护纳税人、扣缴义务人及其他涉税当事人的合法权益。

（县税务局）

国有资产监督管理

【概况】 2021年，遂溪县国有资产经营公司依据国家产业政策及深化国有企业改革精神和地方政府经济发展战略，盘活国有存量资产，优化国有资产配置，确保国有资产安全与增值。至年底，公司接管遂溪县国有（集体）企业117家，管辖职工1.4万多人。

【县属国有“僵尸企业”出清重组】 2021年，遂溪县国有资产经营公司根据《广东省人民政府关于全省国企出清重组“僵尸企业”促进国资结构优化的指导意见》《湛江市人民政府关于印发湛江市属国企出清重组“僵尸企业”促进国资结构优化实施方案的通知》等文件精神，全县在5年内（2016—2020年）完成73家“僵尸企业”出清重组考核任务，其中完成工商注销的有50家，司法出清的有8家，其他出清方式的有15家。这73家“僵尸企业”（其中关停企业45家、特困企业28家）涉及在册职工4147人。是年，公司推进8家“僵尸企业”的司法出清，其中计划实施民事破产4家，实施强制清算的4家。通过法院摇珠确定的会计师事务所进驻公司，开展清产核资等工作。通过注销营业执照完成“僵尸企业”出清的企业有50家，公司申请县政府将已注销执照的50家“僵尸企业”的资产移交给公司接管，以确保国有资产有主体承接以及保值、增值和不流失。

【国资国企管理】 2021年，遂溪县国有资产经营公司根据“管人、管事和管资产”相结合原则，推进县跃进砖厂、县药材公司、县人民印刷厂等权属企业的破产后续工作，将结案后没有处置的资产移交县国资公司接管。开展洋青药店、洋青糖厂等14家权属企业调研指导工作，进一步摸清权属企业的资产底数。4月，将原新桥糖厂煤场推出市场公开竞租。

【“三旧”改造】 2021年，遂溪县国有资产经营公司按其他出清方式完成出清任务的“僵尸企业”通过“三旧”改造实现资产变现安置职工，北坡农具厂于2020年实现土地上市交易，已申请财政拨款进行安置职工。北坡农具厂实施转让、退出及完成“僵尸企业”出清任务。江洪水产供销公司、港门水产供销公司、港门药店、界炮农具厂和洋青农具厂5家企业的“三旧”改造工作稳步推进，已落实职工签名同意安置方案和“三旧”改造方案。城月汽车运输公司、城月模压家具厂2家企业“三旧”改造工作进入职工协商安置方案阶段。

【棚户区改造房安置】 2021年，原新桥糖厂和原县氮肥厂还有20户居住在平房中职工没有同意申请安置棚改房。遂溪县国有资产经营公司配合县住建局，通过电脑摇号方式将原新桥糖厂379户和原县氮肥厂166户住在平房的职工确定住房编号，办理入住手续，消除职工居住在危房的安全隐患。另外，县瓷厂在国道207线扩建工作中被拆除住房户15户职工住户也安置到棚户改造房区。

（钟湖源、蔡　珂）

审计

【概况】 2021年，遂溪县审计局完成审计项目14个，查出有问题资金12.98亿元，其中管理不规范金额12.59亿元，违规金额3978.38万元，损失浪费金额1.04万元；依法作出审计处理金额2.90亿元；促进整改落实资金1148.22万元，提出审计建议16条，审计建议被采纳16条。

【审计监督】 2021年，遂溪县审计局依法独立行使审计监督权，创新审计组织方式，形成行动同向、步调一致、成果共享的审计系统“一盘棋”，有计划、分步骤去实施，推进应审尽审、凡审必严、严肃问责；通过重点审计、延伸审计、疑点核实、大数据审计等方式开展全覆盖审计，审计内容包括重大政策审计、财政审计、公共投资审计、民生审计、经济责任审计、企业审计，推动促进经济高质量发展、全面深化改革、权利规范运行和反腐倡廉等“四个促进”目标，构建集中统一、全面覆盖、权威高效的审计监督体系，发挥审计的“免疫系统”功能，为全县经济持续健康发展和社会大局稳定提供保障。

【审计成果利用】 2021年，遂溪县审计局坚定党对审计整改监督领导，完善审计整改制度，加强对审计整改监督常态化。6月，县人大常委会听取和审议2020年度审计查出突出问题整改情况报告，县人大和审计着力“治已病、防未病”联合督促整改机制初步建立。2020年，审计查出问题整改率达到95%。

【县委审计委员会机构健全】 2021年9月16日，遂溪县委审计委员会召开第三次会议，审议通过《中共遂溪县委审计委员会成员单位工作协调推进机制》《中共遂溪县委审计委员会办公室有关重要事项和重要文稿报送制度》《中共遂溪县委审计委员会办公室会议制度》，进一步完善健全审计委员会机构的建设。

（黄晓玲）

统计

【概况】 2021年，遂溪县统计局对涉及核算地区生产总值的部门统计数据做出指导性意见，及时分解、落实。密切监测全县经济运行态势，每月定期向县委、县政府预测分析全县主要经济指标监测情况，为县领导决策提供科学依据，每月编印一期统计小册子，及时通报全县经济发展情况。主动适应统计工作新变化，提升统计业务能力、数据质量和服务水平，科学精准研判遂溪经济发展趋势，地区生产总值核算、规模以上工业和贸易统计工作突出，遂溪县总体经济（GDP）、规模以上工业增加值及社会消费品零售总额等指标快速增长。

【依法统计】 2021年，遂溪县统计局先后在县委常委会、县政府常务会和县委常委中心组学习会上传达习近平总书记关于统计工作重要指示批示精神和中央关于统计工作重要文件精神以及统计违法典型案例，推动统计法进党校。地毯式开展统计业务和统计法律法规培训工作，组织各股室专业人员、“一套表”单位统计人员、行业主管部门分管领导及统计人员开展统计业务及统计法律法规培训，邀请市统计局相关科室业务负责人到会授课，累计培训1500余人次，增强全县各级各部门领导干部和统计人员业务水平。加强统计执法监督规范化建设，安排持有国家统计执法证的人员负责法制股具体工作，对统计执法的法律依据、执法程序、执法文书等进行全面梳理规范，制定统一的格式，规范统计执法活动。加强联网直报企业数据质量监测，对数据质量疑似问题，采用专业核查、实地巡查等方式跟踪检查，开展统计数据质量检查工作，检查47家单位，按照2%的比例，抽取2家“四上”企业，联合县市场监督管理局开展检查工作，检查结果上网公示。

【基层统计基础建设】 2021年，遂溪县统计局强化单位名录库管理，及时动态更新维护名录库，按照“先进库、后有数”原则，规范工作制度和流程，严格执行“四上”企业调查单位的新增、变更、退出审批流程。完善数据评估制度，在已有《数据质量管理制度》的基础上，完善并细化有关专业统计数据评估办法。严格执行“一套表”制度。按照联网直报的要求，规范统计网站建设，开展一套表单位业务培训会，着力提高企业统计工作能力。规范“一套表”工作流程，确保独立真实上报数据。推动农业农村统计基层基础规范化建设，印发《遂溪县统计局转发广东省统计局关于进一步加强统计基层基础建设的实施意见的通知》《遂溪县农业农村统计基层基础工作规范化建设实施方案》，巩固提升基层统计机构“五有六化”建设成果。严格按照有关文件要求，加强对规范化建设指导，由局主要领导带队，对示范站点进行检查验收。

【遂溪县统计局获“广东省第七次全国人口普查先进集体”称号】 2021年，遂溪县统计局完成行业、职业编码工作，及时发布遂溪县第七次全国人口普查公报。做好普查分析、报告的撰写工作，发布数据解读1份、分析报告1份和短平快分析3份。召开全县第七次全国人口普查后续工作培训会，传达省、市人普办主任会议精神，做好“两员”经费落实、普查资料开发和共享等第七次全国人口普查后续工作。广东省第七次全国人口普查领导小组授予遂溪县统计局“广东省第七次全国人口普查先进集体”称号，授予陈朗“广东省第七次全国人口普查先进个人”称号。

（县统计局）

市场监督管理

【概况】 2021年，遂溪县实有各类市场主体30620家，比上年增长8.22%；注册资本（金）570.82亿元，比上年增长3.04%。实有各类企业5620家，比上年增长14.7%；注册资本（金）546.81亿元，比上年增长3.29%。个体工商户24494户，比上年增长6.9%；资金数额15.61亿元，比上年增长2.54%。农民专业合作社506户，比上年增长5.42%；注册资本8.41亿元，比上年下降10%。全县新增市场主体4691家，其中，新设立登记各类企业983家，比上年增长34.84%；农民专业合作社39户，比上年增长18.18%；个体工商户3669户，比上年下降13.2%；新增个体工商户升级企业97家。是年，遂溪县市场监督管理局坚守市场监管疫情防控和食品、药品、特种设备、产品质量安全“五条底线”，创优法治环境、市场环境、营商环境、消费环境“四大环境”，拉升标准化引领、知识产权运用保护、质量强县建设“三条高线”，夯实社会共治、基层基础“两大支撑”，全面推进市场监管体系和监管能力现代化，获“湛江市抗击新冠肺炎疫情先进集体”和“湛江市先进基层党组织”双荣誉，获湛江市文明单位、湛江市消委会系统先进集体；遂溪县食品安全指数全市排名并列第一，2020年质量工作考核A级，名列全市第二。

【营商环境整治提升】 2021年，在遂溪县“营商环境整治提升年”活动中，遂溪县市场监督管理局锚定牵头9项和15项配合的目标任务，制定《遂溪县市场监督管理局“营商环境整治提升年”活动方案》，实行项目化、清单化、责任化、时效化精准落实。通过推进“一窗通办+保姆式帮办”，完成“设立登记、公章刻制、申领发票、员工参保登记、住房公积金企业缴存登记”5个事项通办通取，提前实现“营商环境整治提升年”，进一步压缩企业开办时限目标，从年初办结时间1天推进到0.5天，比上年压减时限达100%，有效服务招商引资重点项目、乡村振兴项目等企业落地开花。落实网上办、掌上办、一次办、马上办、容缺办“五办”服务措施，推进完善延时服务、“绿色通道”“一体机”“歇业制度”等便民措施，其中办理全程电子化网办业务通过率达58%，高于全市平均值，居全市第二，“粤商通”注册率93%以上，近期好差评率99.9%；企业赠送锦旗、表扬信9幅（封），为新开办企业免费刻章357套，实现开办“零成本”。推进“省内迁移通办”改革、企业住所登记和名称登记改革、企业经营范围登记规范化、“证照分离”、企业注销便利化等商事制度改革，其中企业注销“一门通办”，核准简易注销企业374家；注销“僵尸企业”79家。翻印适用的行政处罚自由裁量权规则的通知，创新包容审慎监管；全面推行“互联网+监管”，提高执法链完整性；进一步完善市场监管领域“双随机、一公开”监管工作，发起本部门抽查任务10次，牵头参与联合抽查5次，抽查市场主体933户。

【市场主体年度报告公示】 2021年，遂溪县市场监督管理局通过早部署、深推进、广宣传、善协调，销“僵尸户”等多方联动举措，开展年报及公示信息抽查，推动市场主体年报工作呈现进度和质量双突破，企业年报率99.43%，全市排名第一，实现商事主体年报公示全覆盖。

【疫情防控农贸市场工作专班】 2021年，遂溪县市场监督管理局开展集贸市场、超市药店等疫情传染高危场所执法检查，牵头成立农贸市场疫情防控工作专班，抓好抓细进口冷冻肉制品和水产品疫情防控工作。全县农贸市场29家，冷库冷链食品经营场所17个，其中冷库企业6家、冷库经营单位11家，直接接触从业人员318人。累计核酸检测人员11335人次，产品样本1067份，环境样本1086份，结果均为阴性，按省、市专班要求完成每周全覆盖检测任务。强化溯源管理，落实“冷库通”应用。全县登录系统冷库70个，其中贮存进口冷冻肉制品、水产品冷库17个，上传入库单860条，出库单3162条，实现贮存进口冷冻食品冷库上报率100%。强化疫苗接种，落实“应接尽接”。完成规下企业和个体户18～59岁从业人员疫苗接种11099人，冷链冷库人员209人，干部职工接种492人。强化创文巩卫，落实“四强化一提倡”（强化场所清洁通风消毒、强化进门测温扫码、强化顾客流量管控、强化员工健康管理和防控知识培训，提倡微信、支付宝等无现金支付）。严格落实农贸市场“一人一场”“1110”等制度，开展“清风行动”、野生动物“双百日”（指两百天）专项行动、农贸市场爱国卫生大行动等。强化问题导向，落实应急处置。应急处置冷链食品问题4个，涉及进口鸡翅、进口椰子、进口虾等被检测到阳性问题产品，县农贸专班迅速启动应急处置预案，对涉疫产品、人员、环境进行核酸检测、消毒。

【药店疫情防控专区建设】 2021年，遂溪县市场监督管理局创新设立《疫情期间需实名登记药品目录》内药品专区、销售系统开启提示新功能的做法在全市推广，全县药品零售企业累计上报购药登记信息167514条，购买发热药品人员93317人，发放提示流程宣传指引等1000余份，检查药品零售企业1578家，整改不严格落实疫情防控工作的企业62家。

【市场秩序治理】 2021年，遂溪县市场监督管理局立案查处各类违法案件1057件，罚没款608.36万元，其中重点领域执法雷霆出击，开展“益禾堂”仿冒混淆等反不正当竞争整治，严查不明码标价、哄抬价格、价格欺诈等违法行为，规范节日市场价格行为、涉企收费专项检查等，立案查处各类价格与公平竞争违法案件25件，罚没63.2万元；查处无证无照违法经营案件55件，罚没24万元；查处违法广告案件13件，罚没款12.1万元；联合销毁药品、食品、化妆品等假冒伪劣373个品规，总货值约40.8万元。采取“六盯六严”加强生态环境保护领域市场监管，受理中央环保督察交办案件11件。

【“双打”行动】 2021年，遂溪县开展联合打假行动，出动执法人员2万多人次，查处侵权假冒案件101件，涉案货值257.46万元，其中5万元以上涉假大要案18件，市场监管领域商标侵权案件8件，罚没款4.42万元，制售假冒伪劣案件32件，罚没款1.4万元。集中销毁一批假冒伪劣产品，主要包括“三无”商品

2021年3月12日，遂溪县消委会会同县市场监督管理局等7个政府职能部门在县生活垃圾填埋场集中销毁一批假冒伪劣产品

（县市场监督管理局/供图）

类、药品类、香烟类和酒类等生活用品373个品种，总货值40.8万元。

【放心消费创建】 2021年，遂溪县市场监督管理局开展放心消费创建活动，创建放心消费单位852家，“线下无理由退货承诺”承诺单位238家，在湛江市消费系统排名第一。受理消费者各类诉求1215件，调解成功率100%，办结率99%，为消费者挽回经济损失398.4万元。发挥诚信社会效能作用，11户商家被湛江市个体私营协会评为“诚信经营示范店”，160家企业获“守合同 重信用”称号，比上年增长30%，讲诚信、遵守承诺的企业文化进一步增强。

【“3·15”国际消费者权益日宣传活动】 2021年，遂溪县消费者权益保护委员会、县市场监督管理局组织17个成员单位及5个理事单位，名优企业代表，消费维权志愿者在全丰中央广场举行纪念“3·15”国际消费者合法权益日宣传活动。现场派发宣传资料、解答消费热点难点问题、设置假冒伪劣产品展示台，进行法律有奖竞答、文艺演出等。

【食品安全监管】 2021年，遂溪县市场监督管理局抓好重点食品质量安全、餐饮质量安全、食品生产规范提升、食品抽检监测质量4项提质工作。食品抽检3604批次，完成率100.5%，其中不合格

2021年5月17日，遂溪县市场监督管理局联合县教育局组织开展学校食堂“互联网＋明厨亮灶”平台运用操作培训会 （县市场监督管理局／供图）

率4.05%，高于省、市局定下目标的不合格率，食品安全指数并列全市第一。集中开展校园食品安全守护、餐饮质量提升、农村食品安全、保健食品行业清理、“湿粉统一查”、食盐及酒类质量安全等专项整治，县市场监督管理局联合县教育局组织开展学校食堂“互联网＋明厨亮灶”平台运用操作培训会，实现食品安全监管科学化、智慧化、信息化。查处食品违法案件124件，罚没款106.13万元，发出校园及周边食品整改意见书57份。组织“食品安全宣传”“谁执法谁普法”“查餐厅”进学校、进餐馆等宣传活动，投入15万元推进县民生实事——创建青少年法治教育基地食品安全宣传展馆。

【“你送我检”活动】 2021年，遂溪县市场监督管理局组织对11家农贸市场开展民生实事重点品种食用农产品快速检测工作，及时筛查发现不合格食用农产品，公示快检信息，依法处置不合格食用农产品，充分发挥快检筛查“防火墙”“过滤网”作用，全年快检蔬菜和水产品38701批次，合格率98.59%，筛查发现和销毁544批次不合格食用农产品。定期在食用农产品交易集中、人流量大的市场开展食用农产品快速检测“你送我检”活动，用技术手段免费快速检测筛查，保障群众“菜篮子”安全。“你送我检”流动快检车进乡镇、进市场，成为县市场监督管理局“我为群众办实事”党务技能好案例、好经验、好做法，获县党务技能竞赛一等奖。

【药械化安全监管】 2021年，遂溪县市场监督管理局建立健全药品监管机制，抓好药品安全宣传面，强化药品流通和使用环节监管，开展医疗器械使用质量、新冠疫苗冷链运输储存、禁毒等一系列专项整治检查行动，检查涉药械化单位759家次，责令整改39家，立案56件，罚没款22.49万元。安排药械化监督抽验任务38批，合格率100%。加强

药品不良反应监测水平，完成上报药械化不良反应信息 1302 例。

【特种设备安全监管】 2021 年，遂溪县市场监督管理局开展各类特种设备专项整治，检查设备 1089 台（套），发出安全监察指令书 129 份，移交立案查处案件 29 件，罚没款 107.4 万元；组织从事电梯、叉车等工作各类人员安全培训 10 余次；开展电梯安全事故应急救援演练及液化石油气泄漏事故应急救援演练，加强重点领域安全监管和隐患排查。结合中央环保督察，县城建成区内不存在燃煤锅炉；完成特种设备电子监管系统数据清理现场核实工作（省局派发任务 2982 个），完成率排名全市第二；推进特种设备安全生产责任险工作，辖区在用电梯 1251 台，投保率 99.6%。

2021 年 6 月，遂溪县市场监督管理局在全丰中央广场开展电梯安全事故应急救援演练及液化石油气泄漏事故应急救援演练（县市场监督管理局 / 供图）

2021 年 9 月 17 日，遂溪县市场监督管理局在新中心市场开展质量月消费品现场咨询活动（县市场监督管理局 / 供图）

【质量强县】 2021 年，遂溪县市场监督管理局围绕重点产品、重点产业和重点区域，摸清全县持有 3C、工业产品生产许可证的企业底数，更新完善实时数据库，到企业开展“质量月”“问诊治病”等服务，以分类监管、风险监控、行政约谈等手段，开展检验检测机构、电线电缆和防爆电气产品、成品油、烟花爆竹、塑料制品等重点产品质量安全专项整治，其中各部门联合开展全县摩托车、电动自行车产品专项检查及道路交通安全工作，捣毁拼装、改装摩托车生产销售黑窝点 7 个，扣押改装、拼装摩托车成品、半成品及配件，废旧摩托车成品、半成品一大批。在新中心市场开展质量月消费品现场咨询活动。2021 年，全县生产企业 1199 家，经营企业 12129 家，问题线索核查处置率 100%，进行市级抽查成品油企业 27 家 50 批次，合格率 100%。进行质量认证企业 53 家，颁发证书 110 多张。遂溪县在 2020 年度湛江市质量工作考核中列为 A 级，全市排名第二。

（宋远静）

金融

金融监管

【概况】 2021年，遂溪县金融机构人民币各项存款余额324.88亿元，比年初增加14.85亿元，增长4.79%。人民币各项贷款余额181.26亿元，比年初增加27.49亿元，增长17.88%。存贷比55.79%，比上年提高6.19个百分点。其中广东遂溪农村商业银行存款137.09亿元，贷款77.65亿元。遂溪县有8家银行业金融机构，分别是中国农业发展银行遂溪县支行、中国工商银行遂溪支行、中国农业银行遂溪县支行、中国银行湛江遂溪支行、中国建设银行遂溪支行、中国邮政储蓄银行遂溪县支行、广东南粤银行湛江遂溪支行以及广东遂溪农村商业银行。

2021年，中国人民银行遂溪县支行组织召开金融运行分析暨金融系统营商环境整治提升启动会，开展座谈、约见谈话和现场走访，传达稳健货币政策取向，加大金融扶持涉农、中小微企业发展力度及推进重点项目建设，优化金融营商环境，形成政银共谋、共发展的良好互动氛围，实施稳健的货币政策更加灵活精准、合理适度，被评为2018—2020年度中国人民银行广州分行文明单位、中国人民银行湛江市中心支行系统先进基层党组织、2018—2020年度中国人民银行湛江市中心支行文明单位、遂溪县2020年度平安建设（综治工作）先进单位。

【金融抗疫助企复产】 2021年，中国人民银行遂溪县支行落实央行货币政策，指导银行机构用好用活各项金融资金和政策，推动金融支持新冠疫情防控和稳企业保就业，促进企业复工复产，服务实体经济。办理普惠小微企业贷款延期支持工具和信用贷款支持计划两项直达实体经济的货币政策工具申请分别为8901万元、2119.4万元，在全市县域居于前列，惠及个体工商户、小微企业等逾百家。引导金融支持小微企业和农户复工复产、春耕备耕等融资需求，加大涉农信贷投入力度，发放支农再贷款5425万元、支小再贷款1858万元。指导金融机构出台小微企业贷款专项优惠政策，缓解小微企业融资难、融资贵问题。截至2021年年末，全县小微贷款余额32.83亿元，比上年增长18.49%，占各项贷款余额的17.82%，高于湛江市“营商环境整治提升活动方案”占比目标。中小企业信用贷款余额7.79亿元，比上年增长73.22%。

【普惠金融助力乡村振兴】 2021年，中国人民银行遂溪县支行深化普惠金融服务，联合开展调研走访，加强金融服务“三农”，推进乡村振兴驻镇帮镇扶村工作。联合县妇联、县财政局、县农商行修订《遂溪县妇女创业小额担保贷款贴息项目（2020—2022年）》，推进新项目落实，发放妇女创业贷款8434笔，贷款金额3.7亿元，贴息1900多万元，辐射带动7500多户家庭、4万人次妇女创业就业。推动农商行小微信贷线上＋线下业务转型，扶持乡村产业发展，完成整村授信建档8.32万户，覆盖自然村169个，授信323户，授信金额1510.63万元，合计880.76万元。开展《涉农小微信贷业务模式、风险与效率》课题研究，探讨县域农户贷款最佳模式，指导农商行研究落实有关对策，向县人大提出《关于大力支持遂溪农商本土银行做大做强，推进乡村振兴的议案》。完善“一企一策”助力电商发展，制发《推进金融支持农村电商产业发展助力乡村振兴》文件，下发46家有代表性的电商企业名单，指导各银行走访对接，开拓特色金融产品，提供融资服务，全县金融支持电商企业融资贷款余额1.35亿元，向县委、县政府上报《关于乡村振兴背景下金融支持农村电商发展策略的报告》。完成县级“三农”金融事业部考核，对中国农业银行遂溪县支行“三农”金融事业部执行比中国农业银行低3个百分点的优惠存款准备金率。贯彻“谁执法谁普法”普法责任制，推广乡村墙报和广播大喇叭宣传方式，将金融知识宣传送到农村，组织发放金融宣传资料5000余份，宣传教育受众8000余人。

【国库管理】 2021年，中国人民银行遂溪县支行提升国库监督管理与服务效能，贯彻执行国家预算方针政策，协助征收机关做好税款征收入库工作，上解各级税款和支拨财政款项，强化国库监管，促进政府预算的正确执行，加强柜面监督和事后监督，牢守“两条底线”，实现零事故、零风险、零案件。开展国库会计核算，做好电子退库、电子更正、电子免抵调业务无纸化工作，收入57.86亿元，支出50.1亿元，拨付抗疫资金金额564.28万元。加强与税务部门沟通协作，确保个人所得税年度汇算退税工作顺利进行，全年办理个人所得税年度汇算退税近1.5万笔，金额604万元，及时足额让纳税人享受到个人所得税改革红利。巡查指导辖区国债发行银行网点，做好储蓄国债（电子式）发行工作，推动国债销售下沉至乡镇。推进“数字财政”前置系统上线正常运行，深化预算管理改革和“数字政府”建设。

【支付结算管理】 2021年，中国人民银行遂溪县支行深化支付结算便民服务，助力消费提质扩容。将移动支付示范镇列入遂溪县全面推进乡村振兴加快农业农村现代化任务清单，在2020年建成2个移动支付示范镇的基础上，再建成遂城、城月2个省级移动支付示范镇。推进精品示范镇建设，4个镇的1260家商户加入移动支付示范镇建设，让居民享受“云闪付”惠民服务。围绕“智慧生活”“智慧医疗”“智慧市场”等民生领域，在遂城镇建立2家“智慧市场”，在县人民医院、县中医院、县妇幼保健院、县卫生站落地医保联项目，累计交易额5600万元。“粤智助”政务服务自助机实现行政村全覆盖，设立30个惠农支付服务点暨电商站，提供助农取款、物流取件和移动支付等便民服务。开展企业账户和个人账户服务现场督导及暗访，推动《优化营商环境条例》、22条负面清单和降低小微企业及个体工商户支付手续费各项优惠措施全面实施，规范办理银行结算账户业务，办结人民币结算账户行政许可1443户。

【征信服务管理】 2021年，中国人民银行遂溪县支行推进遂溪县“信用县”创建，成立农村金融信用体系建设领导小组，强化组织保障，采集新型农户新型主体信息2003户，联合县财政局、县农商行推进2笔政采贷落地。增设邮储银行遂溪支行征信查询代理点，完成农行北坡支行代理点申报。对代理点开展现场巡查，加强设施布放、环境布控及日常管理的监察和指导，对4家银行开展征信信息安全巡查，发现普遍存在征信内控制度落实不到位、报备资料不及时等问题，严格督促整改到位。在保障疫情防控的同时优化窗口服务，2021年受理信用报告查询20590笔，比上年增长1.2%。做好“粤信融”、中征应收账款融资平台的推广和应用工作，加强动产融资统一登记公示系统宣传，拓宽企业融资平台和渠道，对工作不力的银行进行约谈，全县累计注册“粤信融”1436户，融资金额5.20亿元，注册中征应收账款平台56户，融资金额2.25亿元，在动产融资统一登记公示系统审批通过企业3家。

【平安金融建设】 2021年，中国人民银行遂溪县支行关注辖区金融风险，加强存款准备金管理，贯彻重大事项及重要信息报告制度，开展2021年度央行评级工作，开展资产质量真实性专项现场核查，促进金融机构稳健经营，维护地方金融稳定。推进“全民反诈”专项行动，组织开展进镇入村入户宣传活动，引导群众、金融系统全体人员安装使用“国家反诈中心”App。联合公安加强行业治理，对金融机构持续开展扫黑除恶专项斗争、平安金融创建督导，是年，遂溪县金融系统未发现涉黑涉恶违法犯罪活动情况。加强反洗钱、反假币、防范非法集资等平安金融宣传，全县金融机构配合公安机关等职能部门查冻扣涉及宗数814宗，涉及金额5433.12万元。其中冻结涉黑涉恶资金19件，涉及账户24个，金额1.6万元。

【存款保险管理】 2021年，中国人民银行遂溪县支行开展存款保险标识启用现场巡查督导，抽查银行网点12个。督促辖区金融机构严格执行《广东省存款保险标识管理实施细则》，持续做好存款保险标识牌启用及管理、人员培训及舆情监测等工作，维护地方金融平稳。

【人民币收付管理】 2021年，中国人民银行遂溪县支行加强人民币收付业务监督与管理，督促辖区银行机构开展人民币收付日常业务检查工作，保障疫情防控期间现金卫生消毒安全和供应服务，协助鉴别假币196张，金额9250元。实地核查处理3起拒收人民币现金案件线索，进行调查取证，宣传《中华人民共和国人民币管理条例》《中华人民共和国中国人民银行法》等有关人民币管理规定，强调拒收现金的违法属性及国家法律法规相关处罚条款，责令纠正违法行为。对12家银行网点开展小面额人民币暗访，保障人民币库存充足券别结构合理。联合县市场监管局、县公安局，在清明节前群众祭祀、扫墓之际，开展违规使用人民币图样行为专项整治，维护人民币流通秩序。

【2021年违规使用人民币图样行为专项整治行动】 2021年3月31日，中国人民银行遂溪县支行联合中国人民银行湛江市中心支行、县公安局和县市场监管局，抽调执法人员组成12人联合整治行动组，在遂溪县东圩市场开展2021年违规使用人民币图样行为专项整治行动。联合整治行动组深入市场内部，逐一检查祭祀用品销售商店是否存在违规销售使用人民币图样祭祀用品，并询问商户人民币图样使用和人民币管理相关法律法规知识，明确指出“祭祀用品禁用人民币图样，违反相关规定者，将面临最高5万元的罚款”。整治行动中，商户主动配合，未发现违规制作和销售人民币图样祭祀用品的行为。联合整治行动组现场还向群众宣传《中华人民共和国中国人民银行法》《人民币图样使用管理办

2021年3月31日，中国人民银行遂溪县支行联合中国人民银行湛江市中心支行、县公安局和县市场监督管理局组成联合整治行动组在遂溪县东圩市场开展违规使用人民币图样行为专项整治行动 （县人民银行/供图）

法》等政策法规。

【遂溪县金融运行分析暨金融系统营商环境整治提升启动会】 2021年4月1日，中国人民银行遂溪县支行在遂溪农商行三楼会议室召开遂溪县金融运行分析暨金融系统营商环境整治提升启动会。县金融工作局、辖区银行业金融机构负责人及相关业务负责人参加会议。会议通报2020年及“十三五”规划期间遂溪县金融运行、金融服务工作情况，部署金融系统开展营商环境整治提升工作。各银行发言探讨小微信贷支持、融资担保、政府风险补偿基金运作、乡村振兴等工作难点、工作计划及政策建议，提出加强政务数据信息共享、开展个人信用环境联合整治、乡村振兴项目对接等需求。

2021年4月1日，中国人民银行遂溪县支行在遂溪农商行三楼会议室组织召开县金融运行分析暨金融系统营商环境整治提升启动会（县人民银行/供图）

2021年9月22日，中国人民银行遂溪县支行联合遂溪农商行到校园金融教育基地暨广东省校园金融阅览室所在学校——调丰小学开展红色金融课堂（县人民银行/供图）

【校园金融教育基地红色金融课堂】 2021年9月22日，中国人民银行遂溪县支行联合遂溪农商行到校园金融教育基地暨广东省校园金融阅览室所在学校——调丰小学开展红色金融课堂。现场进行红色金融史教学，从第一套人民币到第五套人民币的发行经过和特点，讲解人民币发行历史。志愿者们通过现场实物实操指导，带领学生们实践“一看二摸三听四测”鉴别假币法。以遂溪县的电信网络诈骗案例为典型，讲解微信、QQ、快递等常见电信网络诈骗方式，详细分析冒充校长、老师诈骗案例。教育学生在遇到假币收缴、拒收现金、电信网络诈骗、征信报告异议等经济金融纠纷时，采取妥善措施保障自身合法权益。

【乌塘镇湛川村农村普惠金融支付服务点暨存款保险宣传站揭牌开业】 2021年9月28日，中国人民银行遂溪县支行联合乌塘镇政府、广东南粤银行和河北宜农科技股份有限公司在乌塘镇湛川村举办农村普惠金融支付服务点暨存款保险宣传站、乌塘镇扶贫产品专馆揭牌开业仪式，当地群众100多人参加活动。现场还进行有奖金融知识问答，开展国

2021年9月28日，中国人民银行遂溪县支行联合乌塘镇政府、广东南粤银行和河北宜农科技股份有限公司在乌塘镇湛川村举办农村普惠金融支付服务点暨存款保险宣传站、乌塘镇扶贫产品专馆揭牌开业仪式　（县人民银行/供图）

库国债、支付结算、反假币、征信、存款保险等金融知识宣传，向群众发放金融宣传资料，宣讲金融知识，解答群众疑问，推荐群众关注“国家反诈中心”“广东反诈中心”等官方政务号，指导群众下载安装“国家反诈中心”App。

（苏文茂）

银行业

【中国工商银行股份有限公司遂溪支行】 2021年，中国工商银行遂溪支行实现拨备前利润7786万元，比上年同期增加631万元，完成年度任务7950万元的98%，完成率在湛江市分行排名第四，比上年增长8.82%，增幅在分行排第四名；拨备后利润8329万元，比上年增加1516万元，增长22.3%，增幅在分行排第三名。

存款　各项存款时点余额26.72亿元，比年初增加1.36亿元，日均比上年增加3.64亿元；其中公司存款年底余额4.59亿元，比年初增加7307万元，日均余额比年初增加6121万元，完成率分别为146%和118%，完成率在市分行排名第三。公司存款从2018年年末的1.34亿元增至2021年年末的4.59亿元，连续3年保持正增长，平均每年增速50%。机构存款年底余额4.96亿元，比年初减少1.32亿元，日均余额比年初增加1.69亿元；储蓄存款年底余额17.17亿元，比年初增加1.95亿元，完成率108%，完成率在分行排名第五名；日均余额比上年日均增加13349万元，完成率111%。

信贷投放　全年累计发放贷款6.74亿元，年底贷款总余额18.52亿元，比年初增加3.51亿元，其中公司贷款余额2.5319亿元，比年初增加13282元，个人贷款余额159923万元，比年初增加21373万元。个人住房贷款余额154359万元，比年初增加21714万元。个人消费贷款余额558万元，比年初减少117万元。个人经营贷款余额5006万元，比年初增加139万元。票据贴现872万元，完成率58%（1500万元），票据拓户2户，完成率100%，完成率在湛江市分行排名第二。

风险清理　全年清收退出潜在风险客户1户，金额1203万元。

中间业务　全年实现中收1679万元，比上年同期增加346万元，增幅26%，增幅在分行排第四名，完成计划1478万元的114%，完成率在市分行排名第三。

综合考核　2021年，支行经营绩效总分1545分，在分行排名第三，考核比上年前移三位。

（县工商银行）

【中国农业银行股份有限公司遂溪县支行】 2021年，中国农业银行股份有限公司遂溪县支行各项存款总额434706万元，比上年底净增5938万元，各项存款持续稳步增长。各项核心存款日均增量18493万元，其中，个人存款时点增量比年初增加28797万元。

贷款投放　全行各项贷款余额36.02亿元，比年初增4.90亿元，增幅15.7%，存贷比提升至82.9%，占全县金融机构净投放额（274947万元）的17.8%，在遂溪县四大国有商业银行中排名第二。

中收创收　全行中间业务收入2499万元，比上年增收243万元，其中代理保险、国际结算业务等中间收入有提升。

盈利能力　实现各项营业收入1.65亿元，比上年净增906万元。实现拨备前利润1.33亿元，比上年增盈664万元；实现拨备后利润1.23亿元，比上年增盈2384万元。

助力乡村振兴　2021年，农行遂溪支行全面落实乡村振兴、金融助力工作。与县农业农村局签订金融服务乡村振兴战略合作协议，双方重点围绕乡村振兴重点产业发展和重大项目实施、产业扶贫和金融扶贫融合发展、新型农业经营主体培育等方面开展深入合作，对当地农业农村市场提供不低于10亿元授信规模的金融服务支持。配合广东省农行、湛江分行，组织派遣15名农行员工（其中遂溪支行派遣6名员工）分别到每镇，作为驻镇进村帮扶金融助理。推进农行产品应用。在进驻15个镇的农行金融助理，开展农行金融知识宣传，完成“一镇一金融服务方案”，协助各镇客户开通“惠农通”业务工程23户，开设乡村振兴专用资金账户2个、组织对农村种养户、专业合作社信息采集1000多户、发放惠农E贷7896万元，履行农业银行金融服务的“六稳”“六保”作用，支持当地实体经济，发展普惠金融。

（梁　益）

【中国农业发展银行遂溪县支行】 中国农业发展银行遂溪县支行成立于1996年，是遂溪县唯一一家农业政策性银行。其主要任务是以国家信用为基础，以市场为依托，筹集支农资金，支持“三农”事业发展，发挥国家战略支撑作用。

存款情况　2021年，各项存款余额1.55亿元，日均存款1.09亿元，与上年持平。实现经营利润100.83万元，较上年盈利略微有所下降，比上年减少6.45万元，降幅6.01%。

贷款投放　全年各项贷款余额1.26亿元，其中政策指令性贷款余额4680.7万元，政策指导性贷款余额7896万元。全年累计发放贷款3579.7万元。

支农发展　正确把握政策，履行信贷支农职能。做好收购资金供应管理，确保收储企业在收购旺季及时获得信贷资金支持。全年发放县级储备粮贷款1457.7万元，对应收购入库稻谷4555.62吨。

（戴　奇）

【中国建设银行股份有限公司遂溪支行】 2021年，中国建设银行股份有限公司遂溪支行全口径存款时点余额19.94亿元，比年初新增2.26亿元，当地区域四大行新增排名第一。其中对公存款时点余额7.25亿元，比年初新增8562万元，在当地区域四大行新增排名第一；个人存款时点余额12.70亿元，比年初新增1.40亿元，在当地区域四大行新增排名第三。各类贷款余额21.98亿元，比年初新增6.26亿元，在当地区域四大行新增排名第一。其中对公贷款余额6.48亿元，比年初新增2.43亿元，在当地区域四大行新增排名第一；个人类贷款余额15.50亿元，比年初新增3.84亿元，在当地区域四大行新增排名第一。中间业务收入账面余额477万元。第一季度KPI综合考核在市分行排名第八、县域排名第三，第二季度KPI（通过对组织内部某一流程的输入端、输出端的关键参数进行设置、取样、计算、分析、衡量流程绩效的一种目标式量化管理指标）综合考核在市分行排名第三、县域排名第二，第三季度在市分行排名第六、区域排名第三，第四季度在市分行排名第六，区域排名第二。

普惠金融　通过与县税务局共建普惠金融推介平台，为中小微型企业发放小微快贷、云税贷、云易贷、善担贷、农担贷等金融产品，支持县域经济发展。普惠金融贷款余额1.63亿元，比年初新增3955万元。

乡村振兴　与杨柑镇松树村村委会签订“党建聚农、千村共建”结对共建协议，在全县各村建立“裕农通”金融服务站点254个。全年累计投放4笔“乡村农担贷”贷款，金额498万元，涉农贷款余额4.34亿元，比年初新增1.12亿元。

（县建设银行）

【广东遂溪农村商业银行股份有限公司】 2021年，遂溪农商银行资产规模152.09亿元，实现经营利润2.41亿元，净利润1.41亿元，纳税总额6737万元，是遂溪县纳税大户。

存款业务 各项存款余额137.09亿元，较年初增长6.88亿元，增幅为5.29%；存款在遂溪县市场占有率42.20%，位列全县所有金融银行机构第一。

贷款业务 各项贷款余额77.65亿元，比年初增加8.32亿元，增幅12%；一般性贷款余额54.51亿元，比年初增长6.81亿元，增长率14.28%。贷款在遂溪县域金融机构市场占有率42.84%，位列全县所有金融银行机构第一。

“村村通”工程 推行“村村通”工程。出资建设遂溪县医疗行业财政电子票据管理系统，与全县15家镇级卫生院签订财政电子票据管理协议；推进政务服务“村村通”。出资投放自助机320台，覆盖15个镇（街道）、320个行政村，推进“粤智助”政府服务自助机投放工作；持续优化城乡支付服务环境。凭借移动支付示范镇建设工作连续两年被人民银行广州分行授予“广东省移动支付示范镇建设先进单位”。

乡村振兴支持 开展乡村振兴战略的惠民工程——整村授信。通过跑户建档，有效个人信息建档数83872户，个体工商户及小微企业信息建档数304户，完成169个自然村整村授信；创新推出各类产品。打造有遂溪特色的“金融＋火龙果种植”扶持模式，累计发放妇女创业贷款超过8400户，金额突破3.7亿元，解决一大批妇女、儿童、老人的留守问题；对接小微企业生产、融资等方面的资金需求，通过提供优化手续、利率优惠等多项举措，量身定制差异化金融支持方案，发放支农再贷款2436笔，金额2.95亿元；发放支小再贷款金额1858万元；支持信用贷款金额1.53亿元；延期还本付息金额1.35亿元，通过持续性提供信贷资金支持，最大限度让利。

社会责任履行 做好普惠金融，履行社会责任。持续开展“金融知识万里行”“金融知识普及月”、反洗钱和扫黑除恶专项斗争等宣传活动，加强社会公众风险防范意识。参与遂溪县创建文明城市活动，将春光分理处营业厅作为全县银行网点类创文点位示范点，按照全国文明城市创建测评体系要求设宣传画，开展志愿者活动、“6·30”扶贫济困慰问等公益活动，助力地方公益事业发展。

（庞燕飞）

【中国邮政储蓄银行遂溪县支行】 2021年，个人储蓄余额10.55亿元，比上年增长5013万元；公司业务存款结余6.61亿元，比上年减少2.68亿元；小额贷款结余2.76亿元，比上年增长7838.59万元；小企业贷款结余2.63亿元，比上年增长4926.86万元；消费贷款结余10.06亿元，比上年净增4.29亿元。支行在湛江市分行2021年度一级支行内控评价为一级，评分排全市第一；2021年度一级支行案件防控工作评估情况为“优秀”，评分排全市第二名；2021年度一级支行机构风险评价为A-，评分排全市第三名。

司法清收 支行召开12次司法清收专题会议布置相关工作，收回不良贷款331万元，其中通过司法清收共回收313笔，合计金额143万元，占总清收额的43%；提交诉讼143件，共计金额886万元，申请执行28件，共计金额113万元；庭审判决101件，共计金额601万元，调解结案33件，共计金额199.6万元。

金融知识宣传教育 以网点为主阵地，线上线下相结合，先后开展“‘3·15’保护消费者权益”“普及金融知识，守住‘钱袋子’”“普及金融知识万里行”“防范非法集资宣传月”系列宣传活动。加强投诉管理工作。全年共收到投诉39件，其中业务投诉类19件（涉及基金1件、理财1件、信贷业务15件、自助设备2件），服务投诉类20件（涉及网点服务行为11件、网点服务水平4件、网点服务态度5件）。

（罗康灵）

【广东南粤银行湛江遂溪支行】 2021年，广东南粤银行湛江遂溪支行存款9.6亿元，比年初增加1.4亿元，其中个人存款6.7亿元、单位存款2.9亿元。贷款余额5.8亿元，比年初新增3636万元。年内，落地4家医院医保联项目，逐步实现各类受理终端支持银联手机闪付、各种类型条码支付等多种移动支付方式，助力遂城镇获评为广东省移动支付示范镇；依托“南粤一家亲”“粤惠付”“粤兴农”等产品和南粤积分电子商城，加速“送农产品出村”“送乡镇企业出圈”，助力农民脱贫增收，助推乡村振兴；通过设立87家普惠金融支付服务站，覆盖遂溪县辖区11个镇、31个行政村，累计发放“惠农幸福卡”1084张。开展打击电信网络诈骗系列活动12场，加强对学生、农村居民及老年群体的反诈宣传和普法力度。

（广东南粤银行湛江遂溪支行）

保险业

【中国人民财产保险股份有限公司遂溪支公司】 2021年，中国人民财产保险股份有限公司遂溪支公司实现保费收入8999.74万元，保费规模比上年小幅增长1.12%，完成市分公司下达年度指标计划的122.71%。

业务发展　公司巩固原有业务。通过对原有业务排查、整理、分类，针对不同客户开展续保公关工作；实行续保业务责任到人，把续保业务分解到每位业务人员手上；建立大客户、优质客户部门经理负责制。抓好政策性涉农保险各个险种续保、统保及推广工作，对全县甘蔗、农房等进行统保；拓展橡胶、林木等种植保险，涉农保险业务实现保费4485.86万元。发展新保业务约660万元。

业务管理　公司在业务管理上，展业时客观全面，不误导客户；对投保标的实行严格核验，做出风险评估；缮制保单、批单严谨、规范；严格执行有关承保方面规定和规程，对超越承保权限的，一律要报批后方可签单；定期对已承保单证进行检查核对，发现问题，及时更正、弥补；加强对签单人员培训、学习。查勘、定损、理赔方面专业化、标准化、规范化，主动维护客户的合法权益。

（杨越桂）

【中国人寿保险股份有限公司遂溪县支公司】 2021年，中国人寿保险股份有限公司遂溪县支公司下辖网点19个，公司业务发展稳中有进，比上年增长5.7%，居遂溪寿险市场份额前列，累计服务客户超40万人次，为3700多户家庭提供保险理赔服务，赔付支出金额3465万元，创造就业岗位500多个。

社会民生服务　与县卫健局联合开展“5·29”计生会员日活动，走访困难计生家庭，为特殊困难家庭提供专属保险保障；与县妇女联合会联合启动“她健康　家幸福”百万女性安康保险公益项目，为全县18～65周岁低收入妇女赠送“两癌”（宫颈癌和乳腺癌）健康救助保险，向全县18～50周岁符合条件的女性赠送“两癌”健康保险，助推“巾帼健康行动”；联合县卫健局开展“敬老月”活动，举办“智慧助老”培训，持续推进“银龄安康行动”，累计保障金额超38.22亿元；联合县退役军人事务局开展“仁军保”意外伤害赠险公益活动。

数字服务　持续加强数字化创新成果应用，推出“寿险”App 3.0版服务平台和“重疾一日赔”等理赔服务，推动线上服务快速升级，为客户提供“简捷、速度、品质、温暖”服务。

（罗志梅）

农业·农村

综述

【概况】 2021年，遂溪县农业农村发展呈现新面貌。全县农、林、牧、渔业总产值234亿元、同比增长12.6%，新增土地流转面积0.29万公顷，粮食生产实现面积、产量双增。新增高标农田0.31万公顷、撂荒耕地复耕复种0.12万公顷，垦造水田、拆旧复垦158.87公顷，为乡村振兴“输血”近10亿元。火龙果、生猪省级现代产业园引领带动种养领域实现园区化，新增3个全国名特优新农产品，成功创建1家国家级、3家省级水产健康养殖和生态养殖示范区、1个省级特色农产品优势区、1个省级农业标准化示范区，获评为省级水产健康养殖和生态养殖示范县、省级专业村镇5个，农、牧、渔三大领域形成亿级特色优势农业产业带。农产品“12221”（搭建“1”个农产品的大数据，以大数据指导生产引领销售；组建销区采购商和培养产区经纪人“2”支队伍；拓展销区和产区“2”大市场；策划采购商走进产区和农产品走进大市场“2”场活动；实现品牌打造、销量提升、市场引导、品种改良、农民致富等“1”揽子目标）市场体系建设成效明显，获广东荔枝“12221”市场体系建设“我为荔农办实事”优秀政务服务奖。投入2.6亿元改善农村人居环境，新建“四好农村路”62千米，农村无害化卫生户厕基本普及，在全市率先实现农村集中供水全覆盖，北坡、岭北、杨柑镇获评为“省卫生镇”，《官湖村》获市首届美丽乡村电视大赛一等奖，美丽宜居村和乡村风貌提升示范带建设成效初显。全面开展驻镇帮镇扶村，全域覆盖15个镇、345个行政村，新一轮遂一融协作取得新进展。遂溪县完成农、林、牧、渔业总产值234亿元，比上年增长12.6%。其中，种植业产值113.51亿元，比上年增长10.2%；畜牧业产值50.66亿元，比上年23.4%；渔业产值57.95亿元，比上年增长9.9%；全年粮食作物播种面积4.68万公顷（70.2万亩），比上年增长3%；甘蔗种植面积4.47万公顷（67.08万亩），下降8.3%；油料作物种植面积1.45万公顷（21.8万亩），比上年同期3.2%；蔬菜种植面积2.76万公顷，比上年增长5.82%，总产量99.29万吨，比上年增长7.14%；花生种植面积1.43万公顷，比上年增长3.82%，总产量6.10万吨，比上年增长7.48%；水果面积1.36万公顷，比上年增长31.19%，总产量45.01万吨，比上年增长42.67%。全年猪、牛、羊、禽肉产量11.78万吨，比上年增长19.3%。其中：猪肉产量7.24万吨，比上年增长38.8%；禽肉产量4.27万吨，比上年下降2.8%；奶类产量0.65万吨，下降7.6%；禽蛋产量0.8万吨，增长1.4%。全年水产品产量35.24万吨，比上年增长1.7%。其中：海洋捕捞87272吨，比上年增长1.8%；淡水捕捞131吨，比上年增长59.76%；海水养殖246780吨，比上年增长1.59%；淡水养殖18213吨，比上年增长

2.3%。年内，开展农情调查，完成农情生产信息报表85份，甘蔗生产信息20份；建设高效节水灌溉农田项目666.67公顷，项目投资2000万元。

【农业龙头企业】 2021年，遂溪县有农业企业47家，其中国家级农业龙头企业2家，省级农业龙头企业11家，市级农业龙头企业21家，县级农业龙头企业14家，以糖业加工、海产品加工、农产品销售企业为主。新增市级重点农业龙头企业8家，向县政府推荐县级重点农业龙头企业7家。

【土地经营权流转】 2021年，遂溪县土地流转面积4.28万公顷，占全县耕地总面积的43%，涉及农户54276户。全县新增土地流转面积0.29万公顷；其中6个试点镇中，河头镇新增流转面积340公顷，港门镇新增流转面积333.33公顷，乌塘镇新增流转面积166.67公顷，杨柑镇新增流转面积548.8公顷，草潭镇新增流转面积166.67公顷，北坡镇新增流转面积374公顷。

【农业品牌建设】 2021年，遂溪辣椒、遂溪稻田马铃薯和遂溪红糖申报全国名特优新农产品称号；遂溪县申报广东省特色农产品优势区和农业农村部的农产品产地冷藏保鲜整县推进试点县项目；成功举办中国（广东）香蕉网络文化节，筹建中国（广东遂溪）香蕉国际交易中心，编制中国（广东遂溪）香蕉国际交易中心建设三年行动计划（2021—2023年）；与京东签订战略合作协议，双方在品牌推广、智慧农场、供应链物流等领域开展长效合作。

【休闲农业建设】 2021年3月，遂溪县御唐府生态农庄被认定为省级休闲农业与乡村旅游示范点。受新冠肺炎疫情影响，从事休闲农业生产经营活动主体普遍处于亏损状态，多家经营主体全年利润为负值，有3家经营主体停止运营。遂溪县实有从事休闲农业生产经营活动主体6个，比2020年减少3个。

【高效生产示范基地建设】 2021年，遂溪县在黄略镇文车村（46.67公顷）、城月镇石塘村（50.67公顷）、洋青镇文相村（44.53公顷）、老麦田村及古村西村（37.23公顷）、杨柑镇新宁村（40.90公顷）、草谭镇下六及北拉村（34公顷）创建绿色高质高效示范片254公顷。绿色高质高效创建示范区全部完成项目各项创建任务，并按实施方案完成田间验收。

【设施农业示范项目建设】 2021年，遂溪县推进化肥农药减量化，开展化肥使用量技术培训班5期，推广精准施肥用药。以水稻测土配方施肥为抓手，全县早晚稻测土配方施肥0.81万公顷，使用配方施肥1.5万吨，建立水稻测土配方施肥示范点6个，连片面积666.67公顷，示范推动全县测土配方施肥技术覆盖率95%，推广药肥一体化施肥3万公顷，化肥使用量减少3%，化肥利用率40%。建设化肥减量增效示范基地5个，面积0.13万公顷，宣传推广有机肥8.53万吨；全年新增在建高效节水灌溉项目666.67公顷，推进水肥资源实现最优配置。

【智慧农业开发】 2021年，遂溪县融入“广东‘12221’农产品市场体系建设总行动”，通过首届湛江电商节遂溪县新电商产业园招商对接暨湛江名优电商产品展销会、“线上荔枝拍卖会”、“香蕉云采购”等方式借力数字营销。完成产品节庆推广活动7场，包括跨省活动3场，小型活动4场。开展媒体宣传，电商产品、电商企业、电商工作被各级媒体、网络报道52次，其中省级媒体报道27次。利用“两微一端”、门户网站等“互联网+多媒体”方式宣传电商工作、电商产品和企业。搭建集展示、仓储、销售于一体的线上线下商务ERP系统，39家企业完成品种产品信息收集201个，网上商城上线品种90个。

【农技推广体系改革与建设】 2021年，遂溪县发布农业主导品种49个、主推技术28项。建设农业科技试验示范基地2个。加快农技推广服务驿站建设。全县252名农技人员进村入户指导农户11621次，“中国农技推广”App 线上咨询回答量 6353 次。

【高标准农田建设】 2021 年，遂溪县高标准农田在建项目 15 个，建设任务 0.60 万公顷，项目总投资 1.40 亿元，其中 2020 年第二批项目 6 个，建设任务 0.28 万公顷，项目投资 6490 万元，2021 年项目 9 个，建设任务 0.31 万公顷，项目投资 7550 万元。

【新型职业农民培育】 2021 年，遂溪县举办新型职业农民培育班 1 期，培育高素质农民 100 人，累计举办新型职业农民培育班 7 期，累计培育高素质农民 826 人。开展科技下乡集中服务活动，全年开展农业科技下乡活动 3 期，接受群众咨询 3000 人次，发放各种技术资料 362 份。

【农作物转基因检查】 2021 年，遂溪县组织农业转基因生物安全检查 7 次，检查示范基地 5 个、种子商店 10 家，抽样 20 份，印发农业转基因生物安全管理资料 323 份。

【农产品质量安全监管】 2021 年，遂溪县完成定性检测样品 2400 个，检测结果呈阳性样品 15 个，合格样品 2385 个，合格率 99.38%；完成定量分析检测任务 150 个，合格样品 148 个，合格率 98.67%。送市农检中心检测样品 337 个，定量检测合格样品 326 个，合格率 96.73%。

【农产品质量抽样监测】 2021 年，遂溪县完成省、市级农产品监督抽查样品 45 批次，合格样品 45 批次，合格率 100%；开展省、市级例行监测、风险监测、专项抽检 602 批次，合格样品 593 批次，合格率 98.5%；开展县级例行监测 449 批次，合格样品 447 批次，全县农产品质量安全监测合格率稳定在 99.5% 以上。

【农药经营管理】 2021 年，遂溪县发出责令改正通知书 12 份，立案查处案件 29 件，其中农药案件 16 件、肥料案件 13 件，罚款 125017 元。

（县农业农村局）

种植业

【概况】 2021 年，遂溪县粮食作物播种面积 4.68 万公顷（70.2 万亩），比上年增长 3%；甘蔗种植面积 4.47 万公顷（67.08 万亩），下降 8.3%；油料作物种植面积 1.45 万公顷（21.8 万亩），增长 3.2%；蔬菜种植面积 2.76 万公顷（41.44 万亩），增长 5.82%，总产量 99.29 万吨，增长 7.14%；花生种植面积 1.43 万公顷（21.48 万亩），比上年增长 3.82%，总产量 6.10 万吨，增长 7.48%；水果面积 1.36 万公顷（20.44 万亩），增长 31.19%，总产量 45.01 万吨，增长 42.67%。

【政策性农业保险】 2021 年，遂溪县政策性农业保险任务 12251.85 万元，完成 11620.11 万元，完成率 94.8%。全县投保岭南特色水果 3538.93 公顷，总保险金额 2028.51 万元。全年早造常规水稻面积 11846.6 公顷，总保费 7107959.6 元，理赔金额 398.46 万元，赔付率 56%。全年早造水稻制种 130.2 公顷，总保费 234360 元，理赔金额 101.271 万元，赔付率 432.12%。全年晚造常规水稻面积 15731.57 公顷，总保费 9438940 元。全年晚造水稻制种 227.87 公顷，总保费 683600 元。全年甘蔗承保 30866.67 公顷，总保费 3480.15 万元。能繁母猪承保 2.88 万头，总保费 694 万元。仔猪承保 22.80 万头，总保费 683 万元。育肥猪承保 32.93 万头，总保费 1551 万元。家禽承保 1652 万羽，总保费 991.3 万元。蛋鸡承保 1.8 万羽，总保费 2.88 万元。肉鸭承保 5 万只，总保费 10.8 万元。截至 11 月 30 日，畜牧类理赔 1303 万元。淡水水产承保 22.67 公顷，总保费 13.6 万元。蔬菜瓜果承保 1773.33 公顷，总保费 598 万元。花卉苗木承保 219.47 公顷，总保费 246.9 万元。玉米承保 152.33 公顷，总保费 28.8 万元。

【火龙果产业园建设】 2021 年，遂溪县火龙果现代农业产业园项目完工，总投资 21697.49 万元，全年火龙果产业总产值 10.25 亿元。

【“一村一品、一镇一业”建设】 2021年，遂溪县按照《广东省农业农村厅“一村一品、一镇一业”建设工作方案》要求，14个申报“一村一品、一镇一业”的项目通过审批。

【耕地地力保护补贴】 2021年，遂溪县耕地地力保护补贴面积85213.33公顷，补贴金额1.08亿元，惠及农民155341户；发放实际种粮农民一次性补贴778.49万元。

【遂溪农场】 2021年，遂溪农场总耕地面积244.88公顷（3673.2亩），其中种植水田18.07公顷（271亩），种植火龙果、香蕉189.33公顷（2840亩），林地1.67公顷（25亩），甘蔗、蚕桑35.81公顷（537.2亩），主要是以种植火龙果、香蕉为主。全场人口513户2107人。有迈生中队、劳大中队、西塘中队、蚕队中队、三多塘中队、仲伙中队、下洋中队、潭畔洋中队、二甫中队、斑鸠中队10个生产连队，其级别为股级建制。

农业　全场农作物总收入367.32万元，职工人均收入6205元。落实惠农项目良种水稻早晚造补贴，完成，改变生产模式采取连片专业的架构加大对火龙果及香蕉等水果种植。土地利用价值及流转使用率得到提高，职工经济收入得到增加，继续将迈生、三多塘、斑鸠、劳大、潭畔洋、西塘等中队土地156.05公顷（2340.8亩）土地，以每公顷1.5万元的价格，短期凭租给承包户耕种农作物。保障风险农业收益，发展养殖业，提高经济收入，增加就业率。

社会事务和民生工程　全场职工群众参加城乡居民医疗保险1210人，8户困难低收入户享受城乡最低生活保障金。继续落实下洋队的人畜饮水工程，迈生中队村场绿化及路灯建设，蚕队、仲伙队、斑鸠中队配套设施建设。

（林华利）

【广东省广前糖业发展有限公司】 2021年，广东省广前糖业发展有限公司拥有土地总面积12283.13公顷，农业生产用地面积8733.34公顷，其中甘蔗主业种植面积3340.78公顷，香蕉种植面积2941.78公顷，火龙果种植面积1027.84公顷。全年实现农垦社会总产值12.26亿元，国内生产总值7.05亿元。营业收入3.63亿元，完成计划指标的100.83%；利润总额达6520.5万元，完成计划指标的151.7%，比上年同期增加1590.13万元，增长32.3%；其中经营性利润5034.18万元，完成计划指标的119.86%，比上年同期增加606.61万元，增长13.7%。职均年收入6.03万元，完成计划指标的128.3%。

（广东省广前糖业发展有限公司）

畜牧业

【概况】 2021年，遂溪县生猪存栏66.8万头，能繁母猪6.8万头。猪肉价格18.2元/千克，牛肉价格110元/千克，羊肉价格96元/千克，活鸡售价23元/千克，白条鸡售价33元/千克，肉鸡苗1元/只，鸡蛋13.5元/千克。

【畜牧业发展】 2021年，遂溪县畜禽规模养殖场备案信息录入880户，其中生猪场710户、牛场4户、羊场7户、鸡场117户、鸭场35户。

【非洲猪瘟防控】 2021年，遂溪县参加市级非洲猪瘟检测技术比对工作，通过非洲猪瘟检测技能比对，全县7家屠宰场的非洲猪瘟检测技能全部合格。全年审批跨省调出种猪、仔猪和肉猪5批，跨省引进种猪2批。做好跨省调运种猪产地检疫，开展“种猪场动物疫病风险评估”猪场5个。送市省兽医实验室检测：送检鸡血清287份、鸡拭子150份；鸭血清210份、鸭拭子130份、环境拭子24份；猪血清810份、猪全血74份、牛血清2213份、牛OP液30份，鹅组织2份。检测病种有：禽流感、新城疫、口蹄疫、猪瘟、非洲猪瘟、布病、结核病等。除一批次（14份高速路出口处抽检外地猪，阳性4

份，已无害化处理）非洲猪瘟阳性外，其余检测都呈阴性或合格（达到规定的群体免疫抗体合格率的70%以上）。

【私屠滥宰违法行为打击】 2021年，遂溪县出动执法车辆77辆次，执法人员292人次，捣毁私宰窝点16处（陆村1处、边湾1处、芙蓉村1处、力山仔村1处、许宅村1处、叶屋村1处、黄略镇文车村5处、华封村1处、桃溪村3处、南柳村1处），无害化处理生猪产品10头，另外移交公安机关1宗。

【畜禽养殖废弃物综合利用】 2021年，遂溪县有175个养殖场和1个专业机构参与畜禽粪污资源化利用项目建设，其中175个养殖场完成建设；龙头企业广东壹号食品24个养殖场（部分纳入整县推动项目）率先全部配套土地消纳粪肥，实现粪污100%资源化综合利用。整县推进项目设施建设面积约1.4万平方米、容积20.04万立方米、网管建设124.86万米。启动“区域粪污资源化利用与种养结合示范项目”，由收、储、运、有机肥厂一体化的湛江市正融农业专业合作社牵头，采取“合作社+种植企业（大户）+公司”运作模式，推进畜禽粪污及废弃物资源化利用。该项目有15个养殖场参与建设，其中7个完成管道铺设（其中5个养殖场完成全部配套设施建设）；挖建暂存池1.1万立方米，配套水泵和过滤系统22套、购置罐车3辆、施肥犁地一体机1辆；正大集团11个规模养殖场在该项目处理体系中运作，将超100万吨的废弃物进行资源化利用。待该项目完成后，全县没有消纳地的养殖场粪污可全部纳入该体系处理。将遂溪河流域周边74个养殖场按种养结合模式纳入整县推进项目，全部完工并投入使用。

【畜禽无害化处理】 2021年，遂溪县出动执法车辆9辆次，执法人员40人次，无害化处理生猪30头。

（刘东宁）

林业

【概况】 2021年，遂溪县有林业用地面积5.17万公顷（含雷林、农垦等），森林面积4.69万公顷，森林总蓄积量268.57万立方米，森林覆盖率22.01%。

【林业生态建设】 2021年，遂溪县完成碳汇林造林任务6.67公顷，抚育省级森林碳汇林54公顷；完成年度乡村绿化美化工程建设任务29个村庄，其中绿化美化村庄26个、绿美古树乡村1个、绿美红色乡村2个。

【林业执法】 2021年，遂溪县开展森林督查整改工作，处理2021年森林督查疑似违法图斑51个，办结销号51个，办结率100%。涉林地、林木立案51件，结案51件；开展打击毁林专项行动，发现疑似违法图斑91个，办结销号91个，办结率100%。林地立案91件，结案91件。

【林木林地管理】 2021年，遂溪县强化林木采伐管理。发放林木采伐许可证1647宗，全年采伐蓄积92991立方米，占限额79%。强化林地保护管理，对每宗征占用林地项目进行跟踪监管，检查是否少批多占、未批先占、异地占用，一旦发现违法情况，立即责令停工，依法追究责任。合理保障公益民生项目和生猪养殖项目使用林地指标。全县依法办理使用林地15宗，面积48.1118公顷，上缴植被恢复费857.3281万元。

【野生动物保护】 2021年，遂溪县坚持“加强资源保护、确保物种多样、维护生态平衡、构建和谐遂溪”方针，确立“保护优先、规范利用、严格监管”基本原则。县自然资源局利用县广播电视台、县气象广播、短信平台等媒体不定时播放保护野生动物公益广告，组建宣传车上街下乡宣传40多次，出动宣传人员200多人次，派发宣传单、倡议书2万多份，发放图片、小册子8000多本，张贴标语4000多张，禁止食用野生动物告示海报5000多张，悬挂横幅650多条，接待群众咨询5000多人次。

【森林防火】 2021年，遂溪县坚持“以防为主，积极消灭”森林防火方针，明确各级政府主要领导和相关部门责任。加强森林防火宣传，利用广播、电视、标语、短信、宣传车等形式，加强对《省森林防火条例》宣传。全年完成护林员网格化数据采集，工作进入全国第一次森林火灾风险普查阶段，完成普查工作中最重要的15个样地调查工作。组织宣传队到村组开展森林防火宣传教育活动。通过在中小学校开设森林防火课强化学生和家长防火意识；对典型案例进行曝光。在全县加设立固定警示牌6个，张贴森林防火禁火通告4500份、森林防火文明倡议书3500张，悬挂宣传横幅800幅。

【森林检疫】 2021年，遂溪县以“预防为主，综合治理，依法防治，促进健康”，以防治薇甘菊和桉树病虫害为重点，利用省专项资金，实施林业有害生物综合治理。生物病虫害监测面积13.07万公顷，监测覆盖率100%，实施无公害防治346.67公顷，无公害防治率96.3%；实施种苗产地检疫323.9公顷，产地检疫率100%。

（李雪晓）

水产业

【概况】 2021年，遂溪县形成以对虾、牡蛎、扇贝、石斑鱼、东风螺、沙虫为主要品种，以象拔蚌、花蛤、江珧、文蛤、石斑鱼、鲷、罗非鱼、青蟹、贻贝和其他小贝类等30多个品种同步发展的格局。全县有水产养殖场1973家，养殖水产品总产量35.24万吨。

【油补与休渔渔民生产补助】 2021年，湛江市财政（湛财农〔2020〕104号）文件下达遂溪县4505.22万元，实发遂溪县改革补助4001.67万元，主要用于2019年度国内渔船油价补助资金2248.58万元、特定水域补助1100万元、2019年休渔资金缺口补助653.09万元；湛财农〔2020〕123号下达遂溪县28万元，用于遂溪县2019年油补工作经费使用，已完成；湛财农〔2020〕72号下达遂溪县241万元，用于2020年度休（禁）渔渔民生产生活补助（发放标准25.14%）。

【渔船更新改造】 2021年，遂溪县有木质渔船290艘，老旧木质渔船比例从2015年的95%降低到2021年年底的15%。全县淘汰拆解残旧渔船172艘，功率2574.8千瓦。完成海洋捕捞渔船更新改造152艘（钢质渔船2艘，玻璃钢渔船150艘）。

【深水网箱养殖】 至2021年，遂溪县已在草潭镇建成深海网箱养殖基地2个，建有深海网箱数量约300个，箱体容积量200多万立方米，利用海域面积533.33公顷，年产量1.55万吨，年产值超3亿元，约占遂溪渔业总产值的6.25%。

【对虾良种培育】 2021年，遂溪县有生产对虾种苗820亿尾，总产值3.6亿元，产值比上年同期增长14.3%。全县有省级对虾良种场2家。

【省级水产健康养殖示范场创建】 2021年，遂溪县开展创建省级水产健康养殖和生态养殖示范县活动，全县有国家级水产健康养殖示范场2家，省级水产健康养殖示范场7家，3家公司在建省级水产健康养殖和生态养殖示范区，1家公司创建国家级水产健康养殖和生态养殖示范区完成并公示。

【广东省湛江市遂溪—廉江渔港经济区江洪一级渔港建设项目】 2021年，遂溪县拟新建拦沙防波堤700米、渔业码头600米、护岸2500米，改造老码头920米，港区道路等。建设投资初步测算2亿元。完成江洪一级渔港升级改造项目实施方案招标及合同签订，实施方案在编，待农业农村部《“十四五”渔港升级改造和整治维护规划》发布后，按程序上报申请江洪一级渔港升级改造项目。

【渔船应急管理】 2021年，遂溪县推动9个渔港港长制落实，落实渔船跟帮生产制度，实现网格化管理，在全县9个渔港施行“港长制”，各渔港均建立“港长会议制度”“港长巡查制度”“港长制工作督查制度”“信息公开与信息共享制度”“工作验收制度”“考核问责和激励制度”“信息报送制度”7个港长制管理制度，渔港港长由所在镇镇长担任。遂溪县拟订沿海9个《渔港港章（送审稿）》，待县政府批复后印发。全县9个渔港建立渔港监管机构，落实以镇政府、村委会同公安、渔政、海警、市场监督等部门联合执勤制度，成立联合执勤办公室。

【水产品质量安全】 2021年，遂溪县通过“广东省水产苗种产地检疫监管系统”开出动物检疫合格证书151张，其中A证10张、B证141张，检疫凡纳滨对虾虾苗6.63亿尾。

【渔业监督执法】 2021年，遂溪县开展执法行动375次，出动执法船艇263艘次，执法人员2396人次；排查渔船2211艘次，检查渔港154个次，查获涉嫌非法捕捞案件139件，罚款43.82万元；其中查获涉渔“三无”船舶非法捕捞案件105件，没收集中拆解“三无”舰舶82艘，没收销毁非法捕捞网具3万米；联合检查造船厂10次；水产品质量监管协助抽样检查23家次，抽取检测样品135批次，例行执法检查养殖场25家次，发出整改通知书18份。

【遂溪县渔政大队对2只搁浅海豚实施救助】 2021年8月18日，渔民在遂溪县杨柑镇后寮村海边发现有2只海豚搁浅，立即报警求助。遂溪县渔政大队接警后立即派出执法人员驾艇赶往现场。由于该海域较浅，且处于涨潮时间，为防止海豚再次搁浅，众人合力将海豚抬上执法艇开往深海放生。

（刘东宁）

农业机械化

【概况】 2021年，遂溪县农业机械总动力81.1662万千瓦；全县农作物农业机械化综合水平50.91%，其中机耕、机种和机收水平分别为99.24%、11.71%和29.49%。

【农机补贴】 2021年，遂溪县中央财政农机购置补贴可用资金629.42万元，全县受理申请农机购置补贴资金606.84万元，申请补贴机具739台，受益农户518人。其中新机补贴727台，使用补贴资金591.24万元；旧机报废补贴12台，使用补贴资金15.6万元。中央财政农机购置补贴资金使用比例96.41%。

（刘东宁）

水务

【概况】 2021年，遂溪县推进遂溪河流域水质提升工程，完成控源截污、河道清淤、山笃河治理及尾水湿地等工程建设，铺设24千米雨污管道，建成污水处理厂、山笃河、国道325线排口等一体化污水处理设施，新增污水日处理能力1.6万吨。推进遂溪河碧道建设，打造具有遂溪特色的生态河道长廊。完成中间河、东圩河等16条河流划界，划界河流长度达88.87千米。推进遂溪县中间河、钗仔河、江洪河治理工程，治理河长达到30.5千米。完成8宗小型水库除险加固工程和49宗水库安全鉴定。完成风朗村小水闸、雷州青年运河草潭干渠主体建设任务。协助推进湛江引调水工程建设，完成遂溪境内全部征地任务。

【村村通自来水工程】 2021年，遂溪县开展农村集中供水全覆盖攻坚，成立县推动农村集中供水全覆盖工作专班，制订印发《遂溪县2021年省民生实事推进农村集中供水工作方案》，完成自然村建设任务45个，完成工程总投资1731.047万元。其中省级涉农资金652万元，市级配套资金80万元，县级预算资金328.74万元，群众自筹670.307万元。至2021年11月，全县2002个自然村全部通自来水，解决通水人口93.4114万人，自来水集中供水率100%，自然村自来水覆盖率100%。

【最严格水资源管理制度】 2021年，遂溪县完成11个集中式饮用水水源地整治工作。有序开展规划水资源论证，依法依规审批取水许可，办理取水许可审批发证63个，办理电子证照8个，完成水资源论证项目10个，完成应急取水审批972宗。印发《遂溪县取用水管理专项整治行动方案》，开展用水情况检查监督企业单位28个，完成水库灌区取水许可整改16宗，完成超计划用水重新进行水资源论证和办理取水许可整改2宗。

【河长制全面推行】 2021年，遂溪县列入县级“河长制”管理的主要河流9条，分别是遂溪河、南渡河、雷州青年运河（遂溪段）、文车河、城月河、通明河、杨柑河、乐民河、江洪河。全年全县各级河长累计巡河次数14242人次，解决巡河发现问题420个，办结公众投诉2条。持续开展“五清”“清四乱”专项行动，全年累计投入资金447万元，清理水域面积2.842平方千米，清理河道长度50.26千米，基本实现河畅水清。投入50万元购买第三方服务，组建河道保洁队伍，保洁长度200.14千米，实现河道保洁常态化。投入约90万元完善、更换新式公示牌422个。

【水旱灾害防御调度管理】 2021年，遂溪县严格落实防洪责任制，规范防洪安全巡查，确保安全度汛。实施2021年度山洪灾害防治项目，修订更新山洪灾害防御预案140多份，运用山洪灾害监测预警平台实现预警全覆盖。做好防旱抗旱救灾工作，累计投入资金600多万元，投入抗旱设备5000台，出动运水车600辆，解决0.67万公顷农田用水问题。全县水旱灾害风险普查工作全面启动。

【水库移民后期扶持】 2021年，遂溪县完成《遂溪县大中型水库移民后期扶持“十四五”规划》和《遂溪县小型水库移民后期扶持“十四五”规划》编制工作。全年投入上级后扶资金3225.26万元，完成直补到人4457户17216人（标准为每人每年600元），实施移民村建设项目计划52个。

【水利行政执法】 2021年，遂溪县印发《遂溪县水务局开展打击“蚂蚁搬家”式河道非法采砂专项行动方案》《遂溪县开展河道非法洗砂洗泥专项整治行动工作方案》，开展河道非法采砂专项整治，组织开展打击非法采砂执法行动26场次，查处非法采砂案件6件，立案5件，结案5件，查扣违法装载作业车辆4辆，发出违法行为停止通知书4份，行政罚款11.8万元，动用大型机械拆除4个非法采砂点，摧毁违法作业工具3艘（台）。

（蔡春慧）

农村工作

【概况】 2021年，遂溪县统筹安排6000万元涉农资金，按照1∶2的比例给予每个行政村200万元的奖补资金。全县创建湛江市生态文明村948个、市生态文明先进村87个，全国文明村镇4个、广东省文明村镇3个。实现县级以上文明村镇比例达95%。全县累计发动103家企业帮扶村庄113个。

【农村公益事业财政奖补】 2021年，遂溪县根据湛江市农业农村局《关于下达2020年中央财政农村综合改革转移支付资金（农村公益事业财政奖补）的通知》，下达遂溪县2020年中央财政农村综合改革转移支付资金（农村公益事业财政奖补）40万元；县涉农资金统筹整合领导小组工作会议纪要《遂溪县涉农资金统筹整合工作会议纪要》和遂溪县农业农村局《关于我县2020年省级涉农资金统筹整合的请示》，安排2020年遂溪县农村公益事业财政奖补资金1400万元。按照省农业厅、省财政厅《广东省村级公益事业建设一事一议财政奖补工作实施意见》规定，全县15个镇2020年申报农村公益事业建设财政奖补项目计划443个，开工建设114个，完成项目建设资金安排并验收114个。

【农村集体“三资”管理】 2021年，遂溪县2430个农村集体经济组织全部纳入村财镇管，由镇财政所负责管理财务，农村资源、资产、资金纳入县“三资”管理服务平台运转，全县利用“三资”平台进行资产交易48宗，交易金额4325.26万元。开展“三资”

管理督导190期次3458人次。

【农民负担监测】 2021年，遂溪县有脱贫人口9897户24682人，纳入防止返贫致贫监测系统199户875人。其中，脱贫不稳定户166户726人（有劳动能力脱贫不稳定118户564人，无劳动能力脱贫不稳定48户162人），边缘贫困人口21户97人，突发严重困难户12户52人，已全面启动帮扶。

【农村集体产权制度改革试点】 2021年，遂溪县基本完成农村集体产权制度改革任务：全县有农村集体经济组织2444个，其中联合社347个、合作社2097个；完成登记赋码集体经济组织2393个；农村集体经济组织成员75.6万人，确认的集体经济组织成员75.6万人，100%完成成员确认；有经营性资产的农村集体经济组织172个，其中股份制改革的经济社有3个，股份量化资产162万元；份额量化的经济社172个。颁股权证到户4382本。2020年年底至2021年，开展引导已份额量化的经济组织进行股份量化、健全完善集体经济组织工作7次。

【三清、三拆、三整治】 2021年，遂溪县所有自然村基本完成“三清三拆三整治”（“三拆”：主要是拆除农村危旧废弃房屋、露天厕所；乱搭乱建房屋；违规商业广告、招牌。“三清”：主要是清理村巷道及生产工具、建筑材料乱堆乱放；清理房前屋后和村巷道杂草杂物、积存垃圾；清理沟渠池塘溪河淤泥、漂浮物和障碍物；“三整治”：是对垃圾、污水及水体污染进行整治）基础整治任务，垃圾、厕所、污水“三个革命”取得明显成效，完成“三年行动”指标任务，在广东省农村人居环境整治“三年行动”检查验收中获“优秀”等次。以PPP外包、镇组织实施、自筹自建等方式，全面推进农村生活污水治理工程。全县2001个自然村中，1817个自然村完成雨污分流管网或暗渠化建设，完成率90.80%；1667个自然村完成生活污水处理终端建设，完成率83.31%；全县农村卫生户厕纳入改厕范围13.7万户，全部完成农村无害化卫生户厕改造，普及率100%；累计建成无害化卫生公厕809座。

【农村“厕所革命”】 2021年，遂溪县出台《遂溪县农村厕所问题摸排整改工作方案》，对全县应改未改农户及问题厕所进行全方位地毯式摸排，完成全面摸排工作，并制订工作计划。对全县范围内540座不达标的公厕进行升级改造，制订《遂溪县农村公厕升级改造工作方案》。

【农村生活垃圾治理】 2021年，遂溪县通过持续保障保洁资金投入，不断完善生活垃圾处理设施建设，配齐配强村庄保洁队伍，全县自然村配备保洁人员2999名。

【农村生活污水治理】 2021年，遂溪县以PPP（指政府与社会资本之间，为了提供某种公共物品和服务，以特许权协议为基础，彼此之间形成一种伙伴式的合作关系，并通过签署合同来明确双方的权利和义务，以确保合作顺利完成，最终使合作各方达到比预期单独行动更为有利的结果）外包、镇组织实施、群众自筹自建等多种方式，采取“以奖代补”形式，将资金支配权、项目决策权、项目施工等下放到镇级，推进农村生活污水治理。全县2001个自然村中实现污水集中收集的1779个，占比88.91%；建有处理终端设施或纳入镇区污水处理厂及采用资源化处理的自然村1622个，占比81.06%。其中遂溪县纳入2021年度民生实事工作的有10个自然村，全部完成生活污水治理工作任务。

（李小林）

工业·民营经济

综述

【概况】 2021年，遂溪县发展制造业，培育壮大战略性产业集群，产业发展取得“新突破”。立足县域特色优势产业，以“大项目—产业链—产业集聚”发展思路，推行“链长制”，推动产业向高端化、规模化、集群化加快发展。全县新增规模以上工业企业17家、总数115家，工业增加值占GDP比重提高2.3个百分点，规模以上工业增加值增长10.5%、连续4年保持双位数增长，在全市工业园区发展大会上作经验发言。培育“链主”企业，专班推动一批超亿元“链条”项目建设提速见效，成功打造首条百亿级农副食品加工产业、产值增幅超30%，运达股份零碳南方总部基地项目成功落户、实现新能源装备制造业“零的突破”。园区扩能增效明显，新规划建设北潭港工业园区，初步形成“一园六区”发展新格局，用地规模增至1733公顷（2.6万亩），岭北、白坭坡园区基本达到“七通一平”，园区规模以上工业总产值比上年增长28.1%。产业创新能力持续提升，14家企业获国家高新技术企业认定、总数达43家，2家企业成功揭榜市“揭榜挂帅”制人才团队项目。遂溪县工业生产总值415.5亿元，其中规模以上工业累计实现总产值197.7亿元，比上年增长14.3%；完成规模以上工业增加值28.7亿元，比上年增长10.5%；完成工业投资31.17亿元，比上年增长90.4%，增速排名全市第二；新增规模以上工业企业17家。园区规模以上工业总产值64.8亿元，占全县规模以上工业总产值的32.8%，增长28.1%；规模以上工业增加值12.1亿元，增长24.8%；园区新增固定资产投资5亿元。

（县府办、县科工贸和信息化局）

【工业园区基础设施建设】 遂溪县产业园区成立于2009年，已形成岭北园区、白坭坡园区、洋青园区、燕子窝园区、城月园区、北潭港园区“一园六区”发展格局。六大园区空间规划试划城镇开发用地面积1733公顷（26000亩），其中岭北用地面积495公顷（7425亩），定位为智造综合产业园，巩固现有生物医药、食品饮料产业，重点发展智能制造和生物医药等大健康产业；白坭坡用地面积220公顷（3300亩），定位为总部经济基地，巩固现有食品、生物产业，重点发展生产性服务业；洋青用地面积145公顷（2175亩），定位为大健康产业园，重点发展食品加工、中药加工等产业；燕子窝用地面积228.6公顷（3429亩），定位为绿色制造园，巩固生物能源产业，发展新能源、先进材料等产业；城月用地面积174公顷（2610亩），定位为智能装备园，重点发展装备制造业；北潭用地面积453.4公顷（6951亩），定位为现代化综合产业园区，重点发展新能源、先进材料、装备制造、物流仓储等产业。岭北园区为核心区，2018年被确认为省产业转移工业园，核准面积267.9公顷

（4018.5亩）。六大园区总入驻企业103家，计划总投资140亿元，其中规模以上企业43家，高新技术企业21家，代表性企业有华润集团、统一集团、正大集团、恒兴集团、汇通药业、五洲药业、天地壹号等，形成食品、饲料、生物医药、建材、包装等五大产业形态。

经济发展　2021年，六大园区完成规模以上工业总产值92.5亿元，实现税收1.85亿元。其中岭北、白坭坡2个园区规模以上工业总产值64.8亿元，比上年增长28.1%；规模以上工业增加值12.1亿元，增长24.8%；工业企业完成新增固定资产投资5亿元，实现全口径税收1.4亿元。

项目推进　2021年，园区新落地项目8个（含亿元以上项目3个），分别是汇金、福东海、大神、立诚、夏宝、星威、力源、恒兴，计划总投资13.5亿元，预计年产值35亿元，预计年税收1亿元；在建项目9个（含亿元以上项目8个），分别是品先水产、信联水产、铭奥科技、拉多美复合肥、湛海食品、博海、恒兴饲料、天地壹号，计划总投资30亿元，预计年产值40亿元，预计年税收1.9亿元，完成投资5亿元；新投产项目8个，分别是环洋网厂、国恒、名邦商贸园、天润包装、鑫辉水产、蜀国食品、润阳智造、汇通，总投资15亿元，预计年产值23亿元，预计年税收2.5亿元。

基础建设　2021年，持续推进产业平台建设，园区基础设施配套计划建设子项目13个，包括遂溪县工业园区企业服务中心工程、岭北工业园区（二期）工业一路东段和永润路北段工程、岭北工业园区基础配套设施续建工程、岭北工业园区仲建路提升改造工程、岭北工业园区消防站工程、岭北园区110千伏遂岭线G33—G39段迁移改造工程、遂溪站在10千伏岭南线和岭北线支线迁改工程、遂溪站在10千伏岭北线茶亭线节荣支线18号至25号杆线路迁改工程、G207线玥珑湖至岭北加油站亮化工程、洋青园区横四西路东段路灯绿化排水排污工程、洋青镇110千伏洋青变电站10千伏陈屋线74—83号塔迁改工程、白坭坡园区工业西路排水管道工程、白坭坡园区基础配套设施续建工程，完成投资金额7655万元。其中，竣工5个，包括岭北园区消防站工程、白坭坡园区工业西路排水管道工程、岭北园区工业一路东段和永润路工程、岭北园区110千伏遂岭线G33—G39段迁移改造工程、洋青园区横四西路东段路灯绿化排水排污工程，实现"水、路、电、量、绿"等一体化升级。同步建设企业服务中心、人才公寓，打造全新服务平台，全年累计完成投资3395万元；新谋划一批项目，包括遂溪县工业园区企业公共服务平台建设工程、岭北污水处理厂二期工程、白坭坡园区新建污水处理厂工程、白坭坡产业园区工业西路污水处理厂段、善贤路中段和乐山路工程、白坭坡工业园区遂新电塔迁改工程、洋青园区供水项目、城月园区规划横二路工程、城月园区工业大道工程，预计投资3.2亿元。

（县工业园区管理委员会）

糖业

【概况】　2021跨2022年榨季工作于2021年12月15日由广东大华糖业有限公司率先开榨开始，至2022年3月17日，8家糖业全部停机，共运行93天。遂溪县八家糖业公司完成甘蔗榨蔗2147622吨，产糖201659吨。

表1　2021—2022年榨季遂溪县制糖企业主要指标完成表

企业名称	压榨蔗量（吨）	总产糖量（吨）	平均蔗价（元/吨）	甘蔗糖分（%）	混合产糖率（%）
遂溪大华糖业北坡公司	380274	36959	493	11.8	9.72

续（表1）

企业名称	压榨蔗量（吨）	总产糖量（吨）	平均蔗价（元/吨）	甘蔗糖分（%）	混合产糖率（%）
遂溪大华糖业河头公司	163936	16718	499	12.1	10.19
湛江半岛糖业公司	335452	30696	502.03	10.78	9.15
广东金岭糖业集团有限公司	159133	14385	507	11.29	9.29
湛江甘化糖业公司	222781	20297	499	11.33	9.11
遂溪恒丰糖业公司	67975	6342	498.5	11.3	9.5
华资农垦广丰分公司	446239	41783	460	10.88	9.36
湛江金丰糖业公司	371832	34479	495.85	10.79	9.27
合计	2147622	201659	494.30	11.28	9.45

【广东金岭糖业集团有限公司】 广东金岭糖业集团有限公司是一家以制糖业为主，兼营橡胶手套、仓储物流、餐饮、旅业的规模化、多元化集团公司，农业产业化国家重点龙头企业。属下有湛江金海糖业有限公司、湛江金路糖业有限公司、湛江糖库储运有限公司、湛江荣利橡胶制品有限公司、湛江市湛港食品有限公司、湛江金海酒店等8家企业。2021年，主导产品有“甘岭”牌白砂糖、绵白糖、精制砂糖和赤砂糖以及“双七”牌和“寸金”牌乳胶手套。年生产、加工食糖60万吨、手套6500万双，仓储能力50万吨。产品畅销全国各地并出口创汇。公司实行“公司+基地+基层组织+农户”经营模式，自有甘蔗种植基地1万亩；生产的“甘岭”牌蔗糖产品被评为中国产品、广东省产品，获国家绿色食品认证；产品多年获国家糖业质量监督检验中心“产品质量优良奖”。

（广东金岭糖业集团有限公司）

【广东大华糖业有限公司】 2021年，广东大华糖业有限公司属下有北坡、河头2家制糖企业和控股广东中能酒精有限公司，系湛江市工业企业50强、湛江市优秀农业龙头企业、优秀民营企业、省农业龙头企业培育对象、中国优秀民营科技企业。2家制糖企业日压榨甘蔗9500吨，年产一级白砂糖10万吨、药用酵母5000吨、酒精1万吨、优特级食用酒精3.5万吨、优级无水酒精1.5万吨。

（广东大华糖业有限公司）

生物发电

【概况】 广东粤电湛江生物质发电有限公司位于湛江市遂溪县白坭坡工业园，厂区占地面积15公顷（300亩）。隶属于广东省能源集团有限公司，是一家环保、节能、惠民的新能源电力生产企业，注册资本6.21亿元，由广东省能源集团下属子公司——广东省沙角（C厂）发电有限公司投资建设。公司经营范围包括发电类、电厂建设、电力附属产品（灰渣、供热、供冷、除盐水）的生产和销售，有2台50兆瓦直燃生物质（农林废弃物）发电机组，总装机容量100兆瓦，利用屋顶建设光伏发电3.74兆瓦，配套建设有优于国家环保要求的挡风抑尘墙、废水零排放等环保设施，具有环保、节约资源、惠民、可再生循环发展等优点。2021年，该公司《一种主汽门活动试验节流装置》实用型专利获得国家知识产权局授权。

【生物质发电生产】 2021年，广东粤电湛江生物质发电有限公司发电量7.89亿千瓦时，比上年增长7.88%，上网电量7.25亿千瓦时，比上年增长5.46%，机组安全运行8001小时，比上年增长9.12%，均创历史新高，按2021年的7.89亿千瓦时发电量，相当于替代火电减排二氧化碳约65万吨。是年，全厂废水零排项目建成投产，循环水排污水采取“超滤+反渗透”工艺进行浓缩处理，浓缩减量后的高盐废水进行拌干渣，从而实现全厂废水零排放，实现工业废水梯级回用，项目总投资1721万元，每年节水47.53万立方米。

【微藻固碳项目开展】 2021年，广东粤电湛江生物质发电有限公司与广东省能源集团研究院、浙江大学、广东省科学院生态环境与土壤研究所联合攻关《微藻减排生物质电厂烟气CO_2关键技术研究与示范》项目，该项目进入施工图设计阶段。项目实施后，预计每年固定约100吨CO_2，相当于每年植树1000棵，另加30辆经济型轿车停开一年，实现生物质CO_2负排放效应，同时研究成果还可进一步推广应用于水泥、化工等其他行业。处在联合申报广东省重点领域研发计划项目阶段。

【罚没烟草销毁活动】 2021年3月15日，湛江市烟草专卖局与广东粤电湛江生物质发电有限公司联合开展“3·15”罚没烟草专卖品公开销毁活动，为打击走私烟草、打击假冒烟草承担社会责任，同时又能利用罚没的烟草生产绿色电能，变废为宝。

（广东粤电湛江生物质发电有限公司）

民营经济

【概况】 2021年，遂溪县民营规模以上工业总产值139.9亿元，比上年增长15.3%，民营规模以上工业增加值20.06亿元，增长17.8%；新增规模以上工业企业17家，7家2020年新升规工业企业获省级奖励资金140万元，9家2019年新升规工业企业工业增加值增长超过10%的企业、获省级奖励资金180万元。4家企业被评选为市“专精特新”（专，就是专业化；精，就是精细管理，精良的产品或服务品质、精益求精的工作作风，精简高效的管理制度和流程；特，就是独有或更好；新，就是创新）中小企业，分别是湛江恒兴养殖技术服务有限公司、广东汇通乳胶制品集团有限公司、湛江市粤绿环保科技有限公司、广东五洲药业有限公司；2家企业被评为省专精特新中小企业，分别是广东五洲药业有限公司、广东汇通乳胶制品集团有限公司。

（县科工贸和信息化局）

【个体经济】 2021年，遂溪县个体工商户24494户，比上年（22913户）增长6.9%；资金数额15.61亿元，比上年（15.22亿元）增长2.54%。新增个体工商户3669户，比上年（4227户）下降13.2%，个体工商户升级企业97家，比上年（64家）增长51.5%，累计1087户个体工商户升级为企业。

【私营经济】 2021年，遂溪县实有各类企业5620家，比上年（4900家）增长14.7%；注册资本（金）546.81亿元，比上年（52.94亿元）增长3.29%。全年新设立登记各类企业983家，比上年（729户）增长34.84%。

（县市场监督管理局）

商贸流通·旅游

商贸综述

【概况】 2021年，遂溪县勇于破题创新体制机制，优化提升营商环境，改革开放开创新局面。基本完成营商环境整治提升年64项目标任务，获市“四个全面”（全面建设社会主义现代化国家、全面深化改革、全面依法治国、全面从严治党）绩效考核营商环境专项政务服务单项第二名。“放管服”（简政放权、放管结合、优化服务）改革取得新进展，工程建设项目审批时间最多缩短55个工作日，企业开办只需“一网一窗”、实现0.5天办结。“数字政府”建设成效显著，县政务服务大厅服务事项增至809项，最多跑一次率99.94%，率先实现政务服务事项省内通办，依申请事项网办率、“12345”热线满意率分别达97.6%、99.4%。新增市场主体4691家、总量突破3万家，新登记企业比上年增长34.84%。把握“核＋副中心”深度合作契机，借助越秀区对口帮扶“东风”，推动“新三高”（高产、高质、高经济效益）农业发展稳步开局。农业对外开放不断深化，遂溪县RCEP香蕉国际采购交易中心入选首批农产品国际采购交易中心，1家企业获RCEP原产地证书，“正大菠萝猪”高铁专列将生猪省级产业园辐射效应扩至湾区市场。以跨境电商为引领促进外贸稳中提质，完成进出口总额22.9亿元。遂溪县社会消费品零售总额141.31亿元，比上年增长9.4%。遂溪县电子商务产业园进行扩容提质，其中展销厅面积1000平方米，创业区面积6700平方米，仓储面积20300平方米，引进43家电商企业、3家物流企业入驻经营，是粤西最大的农村电商产业园。遂溪县电商网络销售额13.6亿元，比上年增长10.3%。农产品销售总额12.4亿元，比上年增长9.3%。农业农村部信息中心联合中国国际电子商务中心发布的《2021全国县域数字农业农村电子商务发展报告》显示，全国县域农产品网络零售前100名中，遂溪榜上有名。11月，遂溪县被广东省商务厅推荐参加在韶关市举办的广东省农村电子商务峰会并在会上做经验介绍。协助企业申报电子商务发展专项资金、外经贸发展专项资金（跨境电子商务事项），总金额71万元。

【对外贸易】 2021年，遂溪县完成进出口总额22.9亿元（企业报数，仅供参考。下同），比上年下降4.6%。其中出口14.8亿元，比上年下降17.69%；进口8.1亿元，增长34.06%。新设立外资企业3家（备案），合同利用外资30520万元，实际利用外资420万元，完成全年任务进度8.4%。发动企业开展进出口业务，外向型企业队伍不断发展壮大，全县新增对外贸易经营者备案登记企业9家，全县对外贸易经营者备案登记在册企业98家，开展外贸进出口业务企业28家，其中出口企业20家，进口企业10家（其中两家企业同时开展进出口业务）。为在新冠疫情影响下有效开拓市场，分别组织遂溪县百事佳电器有限公司参加中国家电及电子消费品出口网上交易会——（亚洲专场）、第十八届中国—东盟博览会、海南国际消费品展等，广东汇通乳胶制品集团有限公司参加第84届中国国际医疗器械（春季）博览会CMEF（粤贸全国百场展会）等，发展新业务，全力以赴稳住外贸基本盘。发动企业参加130届广交会和第四届中国进口博览会。协助企业申报对口外经贸专项资金，累计为企业争取上级财政扶持外经贸发展专项资金34.6万元，受益企业有双湖食品、百事佳电器、满鲜水产、佳洋食品等。

（县科工贸和信息化局）

对外招商

【概况】 2021年，遂溪县引进签约（合同、协议）项目20个，总投资额61.12亿元，完成率100%；项目到位资金46.4亿元、完成率116%，完成湛江市下达的签约金额61亿元、招商项目到位资金40亿元的任务。

【项目推进】 2021年，遂溪县召开招商选资项目准入（审核）及建设用地审批（审核）联席会议5次，会议审议同意浙江运达风电股份有限公司、湛江包装材料企业有限公司等27家企业落户，项目计划总投资76.08亿元。是年，招商项目中投产（含试产）项目8个，总投资额7.2亿元。分别是遂溪县粤水电能源有限公司投资2.07亿元建设遂溪县官田水库50兆瓦光伏发电项目、遂溪县华顺建材实业有限公司投资1.23亿元建设年产120万吨煤渣粉磨生产线项目、湛江鑫辉水产食品有限公司投资1.1亿元建设水产品加工项目、广东亚旺模架技术有限公司投资1亿元建设铝合金建筑模板项目、广东铭盛生物科技有限公司投资0.8亿元建设年产8000吨特种酵母原料及酵母衍生物深加工产品生物产业基地项目、广东禾苗种业有限公司投资0.48亿元建设红薯片深加工项目、湛江蜀国食品有限公司投资0.3亿元建设腌腊肉制品及休闲食品加工项目、遂溪县春兴燃气有限公司投资0.22亿元建设液化气充装站项目。新开工项目15个，计划总投资42.69亿元，累计总投资12.72亿元。其中工业项目14个，累计总投资12.64亿元；农业项目1个，累计投资0.08亿元。在建项目23个，计划总投资83.64亿元，累计总投资18.13亿元，其中工业项目21个，累计总投资16.32亿元；农业项目2个，累计总投资1.81亿元。在谈项目计划总投资超100亿元。

【项目服务】 2021年，遂溪县坚持实行高位招商，精准定位，实现由“招商引资”向“招商选资”转变。县委、县政府主要领导多次率领招商队伍赴上海、安徽、杭州、长沙等地开展招商考察洽谈，成功对接中建材蚌埠玻璃工业设计研究院有限公司、湛江包装材料企业有限公司、浙江运达风电股份有限公司等知名企业。建立健全招商引资企业信息库，动态掌握企业发展动态及需求，做好服务企业精准对接。如主动对接在建同畅环保项目，使企业加大投资，扩大产业规模。依托本地优势产业龙头企业五洲药业以招引商、精准招商，引进与其相关的上下游及配套项目10个，提高生物制药产业链上下游产品当地配套率，形成产业集群效应，提升全县生物医药产业整体发展质量。调整完善县招商选资项目准入（审核）及建设用地审批（审核）工作领导小组，牵头统筹全县招商引资工作，定期召开领导小组会议，协调解决重大项目推进过程中存在问题。如协助正大、恒兴、富润等企业解决项目用地有关事项，为广东逢春制药有限公司、广东汇通乳胶制品有限公司、广东五洲药业有限公司3家企业向市级申请疫情用地指标。同时，完善《遂溪县进一步加强和改善招商引资工作方案》《遂溪县关于进一步规范招商项目准入的实施意见（暂行）》等工作机制，加大对招商引资工作统筹协调，落实招商引资主体责任。研究出台《遂溪县2021年招商引资考核激励暂行办法》，加大对相关单位和部门招商引资工作的考核权重，调动招商引资积极性和主动性。

（冯玉华）

表2　2021年遂溪县招商引资签约项目情况表

序号	项目名称	项目类型	项目投资企业名称	计划总投资额（亿元）
1	生猪屠宰厂项目	农副食品加工业	正大食品（广东）有限公司	16.02
2	年产180万台压力锅项目	制造业	广东夏宝金属制品有限公司	0.75
3	年产3700吨食品馅料项目	食品制造业	湛江市麻章星威食品厂	0.27
4	白坭坡产业园热电联产集中供热蒸汽项目	供应业	广东粤电湛江生物质发电有限公司	1.05
5	遂溪县城月镇田头村50兆瓦渔光互补光伏发电场	供应业	广东绿林新能源有限公司	2.25
6	遂溪县官田水库光伏发电项目二期50兆瓦项目	供应业	遂溪县粤水电能源有限公司	2.18
7	水产育种中心工程建设项目	农、渔业	遂溪新海茂水产种业科技有限公司	2.07
8	生物医药科技产业园项目	医药制造业	广东五洲药业有限公司	6
9	新型材料石英砂及其配套新型材料项目	工业	湛江市红杉新材料科技有限公司	3
10	年产42万套家具项目	工业	湛江锦鸿产业园发展有限公司	3.5
11	遂溪江洪乐民100兆瓦风电项目	电力	南能遂溪风电有限公司	7.94
12	年产30万吨饲料项目	农副食品加工业	桂林力源粮油食品集团有限公司	1.3
13	高端智能PET、PE、PP包装容器搬迁扩建项目	工业	广东汇金塑胶科技有限公司	0.8
14	遂溪县南药现代农业产业总部项目	服务业	广东福东海药业有限公司	0.6
15	伴生共生锆钛海滨砂矿资源综合利用项目	工业	湛江市红日稀土有限公司	1.98
16	万富石英砂生产加工项目	工业	广东万富矿业有限公司	4.94
17	年产100万张建筑用胶合板项目	工业	湛江市裕创木制品厂	0.38
18	功能食品加工厂生产项目	工业	湛江肽神食品科技有限公司	1
19	年产6万吨硅酸锆及精铸壳体材料项目	工业	广东奥金新材料科技有限公司	3.1
20	湛江党建红色影视文化城项目	服务业	湛江红色文化发展有限公司	1.99

粮油业

【概况】 2021年，遂溪县有国有粮食收储企业1家，县级粮食储备稻谷14885吨、大米2798吨、食用大豆油300吨。全县15个镇有粮食应急网点18个和粮食应急加工厂3家，基本满足粮食应急要求。

【地方储备粮管理】 遂溪县储备粮为稻谷和大米。全县县级储备粮稻谷14885吨、大米2798吨，轮换县级储备稻谷4555.62万吨。总仓容2.15万吨，基本满足县级储备需求。

【粮食市场流通管理】 2021年，遂溪县发展改革局在夏秋季粮食收购期间开展收粮储粮检查，没有发现“打白条”“卖粮难”“出库难”和脱销断供现象。按上级要求参加粮食统计培训，指导督促辖区内统计对象建立统计台账，并通过网络直报统计报表，设立乡村居民固定调查户65户，指导调查户建立台账并按时收集调查信息。

【爱粮宣传】 2021年9月16日，遂溪县发展改革局组织开展《粮食流通管理条例》宣传活动，悬挂标语横幅向社会进行宣传，重点对粮食企业和各类粮食经营者及企业职工、粮食生产者进行《条例》宣传，建议粮食经营企业加强对《条例》的学习，对粮食保障工作有基本了解，提高粮食流通行业法治化的意识。10月16日是世界粮食日，县发展改革局组织开展爱粮节粮系列主题宣教活动，制作光盘行动、粮食安全、反粮食浪费等宣传海报发放给餐饮店铺，宣传推广全链条粮食节约减损有效做法。

（县发展改革局）

供销合作业

【概况】 2021年，遂溪县供销社系统实现销售总额120845.21万元，农资商品销售63314.46万元，日用消费品24976.5万元，农产品27365.91万元，实现利润总额88.22万元，比上年增长34.87%。

【助农服务体系建设】 2021年，遂溪县供销社系统完成分解市社下达任务清单的100%。规范建设农资网点80个、日用消费品网点187个、农副产品购销网点10个、再生资源回收挂牌运行5个、村级供销社4个、农民专业合作社49家、新建乡镇为农服务综合体1个，规范建设基层社章程15家并建立健全“三会”（股东大会、董事会、监事会）制度、按新标准改造升级薄弱基层社1家、创建省级农民专业社3家、完善建设综合服务社4家，配合当地政府开展生活垃圾回收工作；土地全托管面积534.67公顷（8020亩），农业社会化面积2138.47公顷（32077亩）；完成农民技能培训3003人次。

2021年11月17日，遂溪县供销合作社联合社第五次代表会议召开

（县供销联社/供图）

【供销系统扶贫】 2021年，遂溪县供销合作社联合社实施乡村振兴战略，履行服务“三农”宗旨，发挥供销社主渠道作用，加快推进圩镇建设，促进城乡融合发展，激发农村发展活力。县供销社参与有关部门农业污染源清理和农村人居环境整治工作，促进当地农村农业绿色发展。消费扶贫3.1万元。

【供销系统疫情防控】 2021年，遂溪县供销社系统农资库存储备价值为5130.9万元，农产库存价值5913.49万元；日用消费品库存价值699.5万元。

【遂溪县供销合作社联合社第五次代表会议召开】 2021年11月17日，遂溪县供销合作社联合社第五次代表会议召开，全县供销系统65名代表出席。大会选举县社理事会理事21名，县社理事会常务理事7名，县社理事会主任1名、副主任2名；选举县社监事会监事7名，县社监事会主任1名、副主任2名。并通过《遂溪县供销合作社联合社章程（修订草案）》。

（李晓玉）

生猪屠宰管理

【概况】 2021年，遂溪县食品全系统销售屠宰生猪260596头，比上年增长53%；重量3055吨，增长56%。销售总额63251万元，比上年下降11%；利润311万元，增长15%。8月9日，遂溪县食品有限公司完成国有企业公司制改革，由全民所有制企业改制为按照《中华人民共和国公司法》登记的有限公司（国有独资），名称改为广东省遂溪县食品有限公司，有限公司法人治理结构设置董事会、监事会。

【生猪屠宰】 2021年，遂溪县屠宰量创历史新高，月屠宰量近1.1万头。公司建设60多平方米冷库1个。规划优化屠场设置，创建标准化屠宰场。严把生猪“六关”。按要求当天做好进出厂台账，记录清楚货源和产品去向，做到货证相符，来去可溯。确保出场产品符合国家卫生标准和产品质量标准。制订印发《肉品实行冷链配送工作方案》，全县食品系统从7月1日起在未定点的镇实行肉品统一冷链配送，所有生猪产品全部经检验检疫合格后才能出厂，并持有“两证两章一报告”。

【屠宰企业转型升级】 2021年，遂溪县创建广东省生猪屠宰标准化企业通过广东省农业农村厅考核验收合格，于2021年2月被广东省农业农村厅授予“广东省生猪屠宰标准化企业”称号。河头和界炮2个分公司定点屠宰厂转型升级改造完成。公司屠场通过与加工商合作，预收加工商合作资金，筹建急冻、冷库，城月分公司急冻、冷库加快建设。

（县食品总公司）

盐业管理

【概况】 2021年，遂溪县盐业分公司完成各类盐产品3398吨，完成年度计划87%（其中直接入口食盐加碘小包装1149吨，完成年度计划83%）。

【食盐经营】 2021年，遂溪县盐业分公司为确保市场食盐销售和正常供应，到全县各个市场、超市、副食店、企业、学校、幼儿园、单位食堂等走访沟通了解客户食盐销售情况和用盐情况，结合食安云商落实客户拜访、维护食盐专柜、宣传推广、接订单、签到等常态化工作。稳定食盐市场，确保食盐正常供应。

【盐业宣传】 2021年，遂溪县盐业分公司利用“3·15”“5·15”“食品安全活动周”等专题活动日宣传新食盐专营办法和盐业有关政策，通过广播电视、宣传车、宣传咨询台、地推宣传和微信平台等宣传活动，提高消费者安全用盐意识，引导消费者通过正规途径购盐。利用多途径、多方式向消费者、经销商和涉盐群体正确解读盐改方案，正面宣传盐改政策和新食盐专营政策，稳定市场秩序。宣传国家盐业体制改革和广东省盐业体制改革政策，对盐业市场经营管理工作提出具体要求，维护盐业体制改革后食盐市场秩序，保障食盐安全。

食盐销售专柜　　　　（县志办／供图）

【食盐供应】　2021年，遂溪县盐业分公司做好疫情防控，保障全县食盐稳定。以张贴抗疫宣传画、宣传标语、宣传画板、宣传专栏等方式进行宣传。保障食盐供应稳定、价格和秩序稳定。

（县盐业公司）

专营专卖

【石油销售】　2021年，遂溪县石油分公司销售成品油7.40万吨，其中汽油4.69万吨、柴油2.71万吨；实现销售5.77亿元，其中成品油5.55亿元、非油品销售0.22亿元；上缴利税450万元。

经营管理　强化零售及终端管理，扩销创效。开展“为民服务、创先争优”活动，创建顾客、员工“双满意”服务模式。强化油品数质量管理，提供优质商品。强化油站来油管理，开展全员营销、全产品营销。实现成品油业务。便利店等非油品业务全面增长。拓展非油、润滑油业务。在系统油站开展体验式自助支付、自助开票等活动。

安全管理　抓实日常安全管理。解决公司安全生产工作中存在的突出问题，组织对新上岗安全管理人员进行安全专项培训，利用公司义务应急救援队伍，以点带面进行应急培训。建立隐患排查治理长效机制，对隐患项目建立督办跟踪台账。做细油品损耗管理。每月通过GPS、蹲点等方式对重点车辆进行检查，对重点油站、重点油车采取便携式流量计进行监卸。

（陈志林）

【烟草专卖】　2021年，遂溪县烟草专卖局（分公司）销售卷烟20789.8箱，含税销售总额7.33亿元，单箱结构35239.65元，分别比上年增长6.02%、12.66%、6.26%。上缴税费1.2015亿元，比上年增加1714万元，增长16.64%。

市场服务　通过终端建设、盈利指导、送货上门、实地走访、农网建设等方式提升市场服务水平。推动销售提质增效。通过驻店指导、诚信小组活动以及线上服务等方式开展客户拜访、订货指导、政策宣传等工作，累计线上拜访19944次，召开线上指导会议78场次，组建专项团队，开展“我的终端我维护”主题活动，拍摄指导视频并进行推广，持续提升零售户经营能力。持续提升20支网建质量。持续提升20支品牌影响力，优化星级终端服务，强化日常巡查与定期评价，共建成20支直营店1家、加盟店21家、功能店23家、合作店2家，覆盖14个镇。推进终端改造升级。聚焦终端改造升级、客户能力提升等方面，开展“我与客户共成长”工作。专项帮扶3户困难客户，精准指导36名潜力客户，选取改造13名意向客户，提供相关物料改善店面形象，安排专人进行服务指导，实现客户档次提升。

重点品牌培育　重点抓好高档烟和“双喜”品牌的培育和销售，持续加强对省产“双喜”一、二类烟培育，总体结构得到大幅度提升。全年省产一类烟销量810.44箱，比上年增加206.95

箱，增长34.29%；省产二类烟销量3086.91箱，比上年增加438.46箱，增长16.56%。省产卷烟含税单箱收入27449.8元，比上年增长7.76%。

打假打私　加强与公安、市监、交警、海警等职能部门协同合作，开展“蓝剑”行动，首创高速联合等多种拦截模式，时隔多年再次破获省标案件，实现新突破。坚持假私非烟一手抓，各项执法指标增幅明显。全年查处涉烟案件185件，其中大要案67件，比上年增长76.32%。查获违法卷烟1208.872万支，比上年增长143.23%，其中非烟361.744万支，假烟343.322万支，私烟503.806万支，分别比上年增长4.44%、618.1%、389.85%。总案值815.31万元，比上年增长133.38%；罚没款83.7万元，比上年增长218.86%。外流卷烟5.38万支，比上年下降32.75%。协助司法机关刑拘3人，逮捕1人，判刑1人。

市场监管　开展“互联网+监管”工作，建立健全零售户电子档案，动态监管零售户经营行为。全年查处违规卖烟大户25户，劝诫注销1户，停业整顿处理4户，市场守法经营率90%。持续强化行政许可管理，执行新合理布局规定，落实排队轮候机制，全年持证零售户比上年同期增加1户，许可证增长率0.038%，有效控制零售许可证过度增长。全面排查校园周边持证零售户102户，登记造册并实时重点监管，打造校园周边“无烟真空区”；对辖区内6个月不开业、证件不符及无证经营等情况进行全面实地核查，为零售许可证新办释放更多的空间。

2021年12月31日，遂溪县烟草专卖局（分公司）为杨柑镇山仔村安装太阳能路灯　（县烟草专卖局/供图）

社会服务　参与创文、志愿以及乡村振兴工作，获“湛江市文明单位”“2018—2020年度遂溪县文明单位”称号。脱贫攻坚结硕果，资助50多万元建设杨柑镇西基村火龙果种植基地，获“湛江市2020年度脱贫攻坚先进集体”和“遂溪县2019—2020年脱贫攻坚先进集体”称号。乡村振兴有实效，组织开展“帮扶慰问”活动，向杨柑镇资助15万元用于安装太阳能路灯、建设旅馆等乡村基础设施建设，助推乡村建设进程。普法宣传再提升。以“3·15”“4·15”“5·15”“12·4”等活动日为契机，组织开展普法宣传活动，提升职工群众法治意识。

（廖洪粤）

旅游业

【概况】　2021年，遂溪县有国家A级旅游景区2家，其中AAA级景区2家，星级饭店1家，其中三星级1家。有服务网点（门市部）7个，旅行社直接从业人员50多人。是年，螺岗小镇民宿入选广东省乡村民宿示范点。为迎接中国共产党成立100周年，孔子文化城打造一条红色文化之路，遂溪县围绕深入实施“1+3+6”（1是主城区，3是滨河新区、滨海新区、北部湾新区，6是岭北工业园区、白坭坡工业园区、洋青工业园区、燕子窝工业园区、城月工业园区、北潭港工业园区）行动计划，在江洪镇设立北部湾旅游新区建设办公室。全年旅游接待人数116.4万人次，旅游收入142966.8万元，旅游人数比上年增长21.12%，旅游收入比上年增长8.4%。

【红色文化旅游】 2021年，遂溪县以中国共产党成立100周年为契机，发挥“党建引领+红色旅游”模式优势，打造红色旅游精品路线，邀请广东海洋大学旅游管理系团队对全县6个主要红色景点景区，进行实地调研，分别是下洋东征文化村、黄学增纪念园、河头红色村、洋青西田村遂溪中心县委旧址、钟竹筠故居、老马起义旧址，深入挖掘红色历史事迹，撰写导游词，丰富景区讲解内容。是年，为提升旅游接待服务工作，遂溪县选拔30名形象较好、品学兼优、综合素质能力高的人才组成红色讲解人才队伍。打造孔子文化城红色文化之路，斥资在螺岗小镇打造一个升级版的红色历史广场，该广场总占地面积约100亩，内含红色党建历史科普馆、红色党史展播厅、可容纳200人的大型多功能会议厅，入党宣誓广场以及将军林（中国人民解放军第四野战军将军后代所种）。建成下洋东征文化村景区旅游厕所、游客服务中心并投入使用，推动下洋东征革命史馆开馆接待游客。完善下洋东征文化村内旅游标识系统（景区导览图、指示牌、简介牌）。以实际行动向中国共产党成立100周年献礼。

【全域旅游示范县创建】 2021年，遂溪县文化广电旅游体育局继续完善全域旅游总体规划的修编工作，《遂溪县全域旅游发展总体规划（2020—2035年）》基本编制完成。指导和协助孔子文化城创建AAAA级景区，推进玥珑湖创建A级景区工作，推动下洋村全国重点乡村旅游村、湛江市AAA级景区村庄、广东省乡村提质升级优秀案例申报工作；推动墩文村广东省文化和旅游特色村、湛江市AAA级景区村庄申报工作；推动螺岗小镇民宿申报广东省乡村民宿示范点工作，螺岗小镇民宿入选为广东省乡村民宿示范点；推动下洋村、墩文村2个村参加广东十大美丽乡村评选活动；推荐“遂溪百越绿养休闲游”申报广东乡村旅游精品线路，加快北部湾旅游新区规划建设。

【旅游品牌推介】 2021年，遂溪县在传统媒介基础上，利用新媒体作用，逐步扩大遂溪旅游品牌知名度，为宣传遂溪中医药及长寿养生文化，组织人员拍摄国际长寿养生基地宣传片，组织螺岗小镇、孔子文化城等文旅企业参加2021广东国际旅游产业博览会及2021广东文化和旅游产业投融资对接会、“山盟海誓、相约粤桂琼”2021湛江琼北柳州（广州）旅游推介会、第十七届中国（深圳）文化产业交易博览会、广西文化旅游推介会等展会，开展遂溪县评选“红情绿意蓝韵古色”八大美景活动工作。

（县文化广电旅游体育局）

【遂溪孔子文化城举行辛丑年遂溪孔庙祭孔大典仪式】 2021年9月10日是孔子2572年诞辰，遂溪县在孔子文化城内举行辛丑年遂溪孔庙祭孔大典。县四套班子领导及社会各界知名人士、新闻媒体等参加祭孔大典。

2021年9月10日，遂溪县在孔子文化城举行辛丑年遂溪孔庙祭孔大典

（县旅游投资有限公司/供图）

教育·科学技术

教育综述

【概况】 2021年，遂溪县教育系统有各级各类学校586所，其中，高中3所，中职1所，初中37所（含九年一贯制学校），小学271所（含66个教学点），特殊教育学校1所，幼儿园273所（公办幼儿园112所，民办幼儿园161所）。全县各级各类学校在校生166363人，其中高中学生11826人，职中学生882人，初中学生30434人，小学学生81677人，在园幼儿41404人，特殊教育学校学生140人。在职教职员8090人，其中高中1051人、初中2453人、小学4182人、幼儿园287人、中职61人、教师发展中心37人、特殊教育学校19人。是年，县委教育工委实现全县教育系统党组织和党的工作全覆盖，“五育并举”“三全育人”，教育教学工作全面推进。全县累计投入3.94亿元加强学校幼儿园建设，增加优质学位7225个，其中幼儿园780个、义务教育5445个、高中1000个；完成县职业技术学校东校区建设。撤并界炮镇北潭片学校，整合优化教育资源。推进中小学教师“县管校聘”改革。县教育局被评为湛江市高中教学质量管理工作达标单位；中考总分平均分连续2年居五县（市）第一。确立名校长、名师、名班主任工作室14个。开展“气象大讲堂”活动得到科技部表扬，被国家科协、省科协评为科普日优秀活动单位。禁毒教育考核连续3年被市教育局和县禁毒委评为“优秀”等次，市禁毒委向遂溪县发来表扬信。遂溪县2021年度入选全国青少年校园足球试点县名单。中小学校在省、市足球、篮球比赛中成绩优异，共获团体奖6项。1所学校被评为第三批全国中小学优秀传统文化传承学校。累计资助各学段家庭经济困难学生56389人次，发放生活费补助资金3491.31万元。

【教育系统党建】 2021年，遂溪县教育系统243个党组织、3796名党员基本实行归口管理，实现教育系统党组织和党的工作全覆盖。教育工委召开组织工作会议28次，传达学习上级文件精神。党组理论学习中心组开展党史专题学习13次，全系统开展专题学习1362次，党组织书记讲专题党课402场，开展党史主题党日活动836次。开展党史专题培训244次，培训人数4550人。开展宣讲3场，听众620人次；下属各党组织以“学党史、感党恩、跟党走”为主题组织专题宣讲活动179次，听众65728人次。教育局梳理民生实事项目24个，涵盖党建工作、布局调整、学位建设、招生考试、教师队伍建设、校园安全工作、课后服务、“双减”（有效减轻学生过重作业负担和校外培训负担）等方面，完成16项，8项在持续推进，1项长期执行；下属各学校确定425项，完成385项。4名教师获湛江市“学党史、工运史”竞答活动一等奖。坚持每季度召开意识形态分析研判会议，并每月向上级报送政治安全意识形态、营商

2021年5月13日，遂溪县举办“传承红色基因 争做时代新人”中学生演讲比赛 （县教育局/供图）

环境优化有关情况。严守保密守则，加强保密工作。审核确定申请人员145名，入党积极分子102名，发展对象72名，发展预备党员65名，预备党员转正11名。加强党员党籍档案管理，收集并整理75个党总支（支部）1028名党员的档案。“七一”前夕组织工委委员慰问获党内功勋荣誉表彰的党员、生活困难党员、老党员68名，表彰教育系统优秀党员100名、优秀党务工作者60名、先进基层党组织30个，颁发“光荣在党50年”纪念章123枚。

【教育系统新冠肺炎疫情防控】 2021年，遂溪县教育局做好教育系统疫情常态化防控。每天督促学校在数字广东教育一体化学校疫情防控系统上报师生健康状况。印发文件强化工作，严把校门出入关，强化师生健康监测、家校联动、宣传教育等工作，加强重点地区来（返）遂人员排查，加强假期和考试期间疫情防控，加大督导检查力度。宣传疫苗接种在保护个人生命健康安全、防范疫情扩散方面的重要作用，引导师生干部积极接种、主动接种、及早接种。印发《遂溪县教育系统15～17岁在校学生新冠病毒疫苗接种工作方案》《遂溪县教育系统12～14岁在校学生新冠病毒疫苗接种工作方案》《遂溪县教育系统3～11岁在校学生新冠疫苗接种工作方案》，做好适龄学生新冠病毒疫苗接种工作，动态更新有关摸底统计工作情况，每天按照规定时间将数据报送市教育局。截至12月，全县教育系统教职工1剂接种率96.38%、2剂接种率95.65%、3剂接种率16.70%，退休教职工1剂接种率65.96%、2剂接种率62.89%、3剂接种率3.55%。12岁以上在校学生1剂接种率99.15%、2剂接种率98.76%，3～11岁在校学生1剂接种率94.17%、2剂接种率66.10%。

【学前教育】 2021年，遂溪县教育局抓好港门镇中心幼儿园、乌塘镇中心幼儿园、建新镇中心幼儿园、北坡镇茅塘小学附属幼儿园、黄略镇白沙小学附属幼儿园、建新镇苏二小学附属幼儿园、城月镇官田小学附属幼儿园、乐民镇学增小学附属幼儿园等8所幼儿园在园内新建综合楼项目，增加优质公办学前教育学位，巩固提升学前教育“5080”攻坚工程成效。乐民镇学增小学附属幼儿园新建综合楼投入使用，另外7个工程项目竣工，增加公办学前教育学位780个。印发《关于进一步规范幼儿园办园行为的通知》，规范幼儿园招生行为，通过召开会议、参观县二幼和黄略镇锦标幼儿园等优质公民办幼儿园等方式，完善学前教育公共服务体系。制订《推进幼儿园与小学科学衔接攻坚行动实施方案》，做好幼小衔接。11—12月，对全县持有办园许可证满一年的161所民办幼儿园进行年度检查，规范民办幼儿园办学行为。

【学校学位建设】 2021年，遂溪县进一步加强学位建设。3月25日，遂城第十三小学新建项目开工建设，项目选址在滨河新区，规划建设用地3.33公顷（50亩），总建筑面积21510平方米，规划总投资7697.14万元，已投入2400万元。北坡实验学校完成“三通一平”和项目立项工作。改薄提升规划项目建设投入5846万元。农村寄宿制学校建设投入资金3518万元。世界银行贷款项目基建工程投入资金3700多万元。推进4所高中教育扶贫建设项目，累计投入1.8亿元。县职业技术学校完成东校区建设，投入资金1.18亿元；在加快推进县职业技术学校建设基础上推进县职业技术学校实训基地建设。整合北潭片学校，将后塘仔小学并入北潭初中办成一所九年一贯制学校，利用原后塘仔小学场地筹建北潭中心幼儿园。扩大遂城九小招生区域，将原遂城一小龙英街以东延伸至建设路北、人民路以南片，原遂城三小友谊小区，原遂城八小香江小区银河路以南片划入遂城九小。

【特殊教育】 2021年，遂溪县落实国家及省市一期、二期《特殊教育提升计划》。加强普通学校特殊教育资源教室、无障碍环境设施等建设，为残疾学生提供必要学习和生活便利。7所普通学校（洋青镇中心小学、杨柑镇中心小学、北坡镇中心小学、草潭镇中心小学、乐民镇中心小学、城月镇中心小学、河头镇中心小学）建成特殊教育资源教室。对义务教育阶段中重度残疾儿童少年，采用以特殊教育学校为主，以送教上门为补充的教育形式，尽量满足残疾儿童少年入学需求。按国家配备标准要求，配备学校教育教学、康复训练仪器设备。特殊教育学校开设教学班4个，配备专职教师22名。学校开设生活语文、生活数学、生活适应、唱游与律动、运动与保健等课程，并开设校本特色课程，如手工制作、音舞、运动康复等。印发《关于做好2021年残疾儿童少年入学安置工作的通知》，各校做好残疾儿童少年核查和入学安置工作，于10月前为残疾儿童少年建立学籍。加大特殊教育投入，完成特校馨梦楼的设备设施采购安装，争取到20万元中央特殊教育补助资金开展资源教室建设。

【高考中考】 据广东省考试院统计数据，遂溪县高考本科上线1906人，本科上线率40.65%，较上年的38.68%提高2个百分点，为历年新高。特控线（历史类548分，物理类539分）上线203人，特控线上线占比为4.3%，比上年提升0.6个百分点。全县体艺类本科上线575人，比上年530人增加45人。专科上线96.6%（按文化类160分上专科线统计，全县专科上线率近100%）。应届生本科上线1295人，全县应届本科率36.37%，较上年提高5个百分点，为历年新高；应届生本科上线达市预估数121.5%；应届特控线上线170人，占比为4.8%，特控线上线达市预估数140.5%。全县物理类最高分662分，全省排1349名，为遂溪一中林志扬；全县历史类最高分为589分，为遂溪一中吴林智。中考总分平均分以471分超越市8.5分，中考总分平均分及所有中考科目的平均分均名列五县（市）第一，其中，体育平均分名列全市十县市区第一，体育、语文、生物、化学、地理、物理等学科平均分均超过全市平均分。

【素质教育成果】 2021年，遂溪县坚持政治引领，用习近平新时代中国特色社会主义思想铸魂育人。开展中国共产党党史学习教育，深化思政课改革创新，深化精神文明创建工作，加强学生心理健康教育、国防教育和劳动教育。发挥活动育人功能。举办“童心向党教育实践活动”、红色诗文诵读大赛、“百年荣光，逐梦远航”征文比赛等全县性活动13项，其中获市级奖励159人次。创文台账第三季度和第四季度分别排名全县第一和第三。县教育、气象、应急等部门联合编写并正式出版当地教材《中小学生气象安全教育读本》，获广东省第一届应急管理优秀宣传作品二等奖。4月20日、6月17日，湛江市市长曾进泽分别在遂溪调研时和在全市安全生产会议上肯定遂溪县组织编写的科普教材，要求推广遂溪科普模式。2021年，遂溪县创建市级禁毒示范学校9所。进一步加强校园足球、篮球教育工作，开展“校长杯”校园足球联赛活动，组织17所全国校园足球特色学校21名教练员

2021年5月23日，遂溪县举办“颂党恩　传家风　创文明家庭”少年儿童心向党亲子诵读比赛　　（县教育局/供图）

进行线上D级校园足球教练员培训学习；遂城二小获2021年湛江市中小学生篮球联赛小学组女子冠军、男子亚军；大成中学男子足球队获湛江市“市长杯”校园足球联赛高中组第二名，2名学生晋级参加省级校园足球夏令营；黄学增纪念中学女子篮球队获广东省中学生三人篮球赛第四名，男子、女子篮球队受邀参加第三届大湾区校园篮球冠军赛，均获初中组第六名，是非发达地区唯一一支球队。遂溪县被认定为全国青少年校园足球试点县，3所学校（遂城四小、遂城十小、草潭初中）被认定为全国青少年校园足球特色学校，3所幼儿园（县一幼、乐民镇海山幼儿园、遂城镇启明星幼儿园）被认定为全国足球特色幼儿园。城月镇竹叶塘小学被评为第三批全国中小学优秀传统文化传承学校，3所学校的艺术作品参加省艺术展演，70名学生获市绘画、书法、舞蹈、声乐比赛一、二等奖。

【教师队伍建设】　2021年，遂溪县全面推进中小学教师“县管校聘”改革，参加中小学校岗位竞聘的教师共有7770人，其中校内竞聘成功7556人，跨校竞聘成功26人，教育局组织调剂188人。面向社会公开招聘教育系统专业技术人员（教师）250名，其中初中10名、小学215名、幼儿园20名、特殊教育学校5名。印发《2021年遂溪县中小学加强师德师风建设工作方案》，组织6个督导组到68所中心小学以上学校实地开展教学管理专项督导，推动师德师风建设常态化，杜绝师德失范和学术不端现象。开展中小学幼儿园教师职务培训、园长研修班以及小学校园安全管理人员培训班，培训人员13531人次，培训合格13531人次。学科培训教师2万人次。党史教育培训参训率和完成率均达100%，平均成绩99分。在教育系统开展庆祝中国共产党成立100周年暨“两优一先”表彰活动。实现学校工会全覆盖，保障会员福利，提高教职工工作积极性。共有315所学校5237名教职工享受农村学校教师生活补助，人均月补助1010元。有7个研究项目分别获得市基础教育成果一、二等奖，数量居全市十县（市、区）第一；中小学有5项教育科研课题获“十四五”省级

2021年6月30日，遂溪县教育系统庆祝中国共产党成立100周年暨“两优一先”表彰大会在县教育局党员会议室召开　　（县教育局/供图）

课题立项，8 项教育科研课题获市级课题立项，立项数均居湛江五县（市）第一。遂溪一中校长邹婵获评为广东省名校长工作室主持人，10 名教师（校长、班主任）获评为湛江市“三名”工作室主持人。1 名教师获全国地理科普知识大赛“优秀指导教师一等奖”及“全国优秀科技辅导员”称号。教师参加市级各项比赛获一等奖 20 名、二等奖 53 名、三等奖 36 名。县团队参加湛江市小学英语师生团队朗诵（配音）展评活动获二等奖。

【教研教改】 2021 年，遂溪县教育局组织开展第二批教学教研结对交流活动，全县初中及小学共 6 组 12 所学校开展结对交流。开展全县小学语文、数学、英语 3 个学科送教下乡活动，开设“双减”（有效减轻义务教育阶段学生过重作业负担和校外培训负担）背景下提高课堂教学效率专题讲座，参加观摩学习教师 2000 多人次。协助做好广州海珠区教育局、番禺区教育局辖下优质学校对建新中学、北坡中学、城月镇第二小学、乌塘镇中心小学的教学帮扶，部分乡村学校共享更多优质教育资源。选取县城优质小学与 6 所镇中心小学及 2 所面上小学作为教学试点，结合教学教研结对帮扶工作，创新对口帮扶模式，以信息技术为支撑，实现优秀师资和优质资源整合，推动“专递课堂”“名师课堂”“名校网络课堂”在县中小学教学应用中落地生根。1 月和 4 月，县教育局协同相关部门共同组织义务教育文化学科 5586 名教师分 2 批进行课程测试。对 2021 年全县小学教学质量管理工作进行总结分析，通报表彰 90 个先进单位及 114 名先进个人。召开 2021 年高考工作总结暨 2022 年高考工作推进会，遂溪一中等 3 所学校获评为质量管理先进单位，遂溪三中、大成中学获评为“特色发展学校”，晋大学校获评为优秀补习学校；邹婵等 237 人获评为遂溪县 2021 年高中教学质量管理先进个人。召开 2021 年中考总结暨 2022 年中考工作推进会，表彰先进学校 16 所、先进科组 146 个、先进个人 308 名。

【依法治教】 2021 年，遂溪县制定并实施《关于进一步落实遂溪县中小学“双减”及“五项管理”工作的意见》并加强督导，解决学生过重课业负担、家庭教育支出和家长精力负担的难点痛点问题。在遂城二小、遂城三小、遂城四小、城月镇中心小学先行试点基础上，县城学校和各镇（片）中心小学以上学校已开展课后服务工作。到学校督查课程计划、作息时间、教辅资料、有偿家教、分快慢班等，完成 2021 年国家义务教育质量监测工作。完成第一周期共 263 所幼儿园办园行为自评和督评，自评率和督评率均达 100%。聘任第三届县督学 120 名，其中，县主任督学 1 名、副主任督学 1 名、督学顾问 19 名和督学 99 名。落实教育部“十项严禁”纪律，规范义务教育学校招生入学行为。按照审批流程，县教育局行政审批领导小组于 2021 年批准设立、变更、终止民办园 13 所，通过教师资格认定申请 690 人次。加强对校外培训机构整治，对全县校外培训机构进行检查，责令 13 所学科类校外机构停止暑假和周末补课并按要求做好“营改非”（指把营利属性改成非营利属性），已于 12 月前完成学科类校外培训机构转为非学科类培训机构变更手续；向社会公布校外培训机构监管投诉电话。共有 90 所中小学校被评为广东省“绿色学校”，完成遂溪县创建“绿色学校”工作任务。有 32 所学校（园）被评为“遂溪县校园生活垃圾分类管理示范学校”，完成 2021 年全县校园生活垃圾分类工作目标，得到市检查组表扬。加强党风廉政建设，立案 6 件，处分 6 人，初核了结 3 件，提醒谈话 18 人。

【教育安全管理】 2021 年，遂溪县开展“平安校园”建设，全面签订安全管理责任书，开展道路交通、校园消防、预防学生溺水、危险化学品等 8 项风险隐患排查整治专项行动。各类考试顺利完成，零违纪零舞弊，实现“平安考试、健康考试”目标，遂溪县被评为平安高考达标单位。加强信访工作，全年办理信访案件 19 件，“12345” 热线 319 件，按时办结率 100%，群众满意度

100%。加强学校食堂食品安全管理，开展学校食品安全教育培训，加强“互联网＋明厨亮灶”工作，对全县267所学校（园）食堂食品安全管理工作进行核查；召开全县学校食堂食品安全责任险推进会，至10月底，全县各学校、幼儿园（含民办）全部购买2021—2022学年度食堂食品安全责任险；中小学幼儿园食堂零事故，实现平安校园食堂目标。加强学生宿舍（公寓）管理，制定和完善学生宿舍管理制度；各校园学生宿舍区实行封闭式管理，配备专职宿舍管理员或生活教师；开展“安全文明宿舍”的创建和“文明学生寝室”评选活动，规范学生日常行为。逐步推进校园饮用水安全管理工作。10月初，对全县学校（幼儿园）饮用水管理措施、水质监测等工作进行检查，对管理工作不到位的学校（幼儿园），责令限时整改。

（黄　茂）

【遂溪县第一中学】 该校创办于1926年，学校以“求实重道，勤奋精进”为校训，形成“厚德笃实，崇德进取”的校风、“学高身正，弘道善喻”教风、“博文约礼、躬行致远”的学风。学校规模宏大、“一湖两广场三公园”布局科学合理，占地面积15.3公顷。分教学区、教师生活区、学生生活区、运动区和读书公园五大区。2021年有在校学生总人数5670人。

学校设备齐全，教学设施先进。有教学楼12栋，教室120间。有符合广东省国家级示范性普通高中设备设施要求各功能室。有标准400米环形跑道塑胶运动场，有与运动场分开、独立标准篮球场6个、排球场5个、羽毛球场6个、乒乓球台26个。

学校实施“人才强校”战略，优化教师队伍，引导老师向学者型、研究型方向发展。在校教职工463人，学历全部达标，其中硕士研究生18人，特级教师2人，正高级教师1人，中学高级教师123人，中学一级教师147人。全国优秀教师4人，省劳动模范5人，南粤优秀教师12人，南粤优秀班主任8人，南粤优秀教育工作者1人，南粤教坛新秀8人，有多位教师担任市、县中学学科教研会的理事、副会长、会长。学校推进德育建设工程，实现多元育人，彰显德育内涵，德育教育创新机制，学生身心健康成长。形成全体教职员工齐抓共管的德育工作体系，完善学校无小事、事事都育人、学校无闲人、人人都育人的管理局面。坚持以德育创新为动力，以学生行为习惯养成教育为核心，以加强班主任队伍建设为重点，以强化班级管理为突破口，以丰富多彩的活动为平台，建立健全德育评价机制，完成学校德育各项工作。新冠疫情发生后，学校开展疫情防控和学生返校防控演

遂溪县第一中学校园一角　　（县一中/供图）

练；先后进行交通安全教育，心理健康教育，防溺水教育，食品安全教育；11月9日，进行消防安全演练；12月，开展禁毒宣传主题教育活动。落实每周五下午告家长安全通知书和安全教育主题班会等活动。

聚焦课堂教学改革。细化教学管理，强化过程管理。强化监督检查，把常规管理工作作为考评教师的主要指标。2021年高考实现新突破。总分600分以上17人，居湛江市同类学校前列；物理科单科满分100分3人；英语科高分尖子突出；体育考生居前列；应届特殊类招生控制线（优投线）上线人数168人，上线率14.5%，创学校近三年新高；物化生组合高三（1）班成绩优异，600分以上7人，特殊分数控制线以上47人；优投本科双超标。全校特殊类招生控制线（优投线）上线总人数200人，本科上线总人数1324人。2021年中考全校474名考生，上重点中学线以上425人，重点中学升学率89.5%。

学校把教师专业发展作为学校可持续发展的核心要素，成立校本培训领导小组，制定有健全的教师专业发展计划和制度，建立长效机制，学校定期举办骨干教师示范课、青年教师优质课活动，评选并奖励学校学科带头人、教学能手、教研标兵、教坛新秀、教书育人先进个人。教师刘丽英、梁燕清参加广东省化学和生物实验操作和创新技能竞赛分别获一、三等奖，刘丽英同时获创新奖。教师李蕾和周秋静获2021年广东省中小学实验教学说课竞赛一等奖。黄美霞、王永威、李宇英、刘丽英、白金华、李金娃6位教师获2021年第三届湛江市青年教师教学能力大赛一等奖，谢日进、梁燕清、方杏蕴、陈碧4位教师获二等奖。2021年省级课题结题2项（林亮、吴明先），市级课题结题2项（李海艳、陈小冰），县级课题结题13项。2021年度，教育科研“十四五”课题省级立项2项（陈小冰、龙婷），市级立项3项（徐葵武、罗颖花、陈政锋），县级立项11项。2021年，在省级以上刊物发表论文40篇；获省级以上一等奖论文2篇，获县级一等奖论文17篇、二等奖论文23篇、三等奖论文4篇。

是年，师生作品同获市奖。学生课外活动多姿多彩，成立学生社团，有“合唱团”“舞蹈队”“书画社”等艺术团体，有书画、音乐、文学、田径、篮球、羽毛球等兴趣小组10多个，学校每年举办校运会、迎新文艺晚会、合唱赛、“校长杯”足球赛、研究性学习成果展、美术作品展览等；开展“两课、两操、一活动”，体育课考核合格率、学生体质健康标准达标率和学生体能素质评价标准合格率分别达98%、95%和94%以上，优秀率45%以上，学生近视率每年降低1.2个百分点。

年内，学校综合实验楼建成，文道广场整修完工，学校校道全部白改黑，完成教室电脑建设65个。

（吴广文）

【遂溪县黄学增纪念中学】（原遂溪县第三中学）创办于1979年，是一所完全中学，占地面积85000平方米。2021年，学校有学生3583人，班级69个；有教职工451人，其中高级教师100人，一级教师258人，省级优秀教师8人，湛江市教坛新秀6人，县教坛新秀32人。该校校舍规划科学，布局合理，有教学楼、科学楼、学生公寓、学生食堂大楼等。功能用房齐全，有多媒体网络教室、电教室，舞蹈室、音乐室、美术室、科技活动室、图书阅览室、电脑室、物理实验室、化学实验室、体育器材室、心理咨询室、卫生保健室、各学生社团办公室等专用室。“三通两平台”正常使用，教学设备先进、齐全，有高考英语听力与口语考试系统、物理实验设备、一体印刷机、复印机、打印机、数码相机、摄像机、扫描仪等设备。学校被评为“湛江市一级学校”“湛江市高考先进单位”“湛江市体育特色学校”“湛江市‘双优’学校”“广东省现代教育技术学校”“广东省第二届青少年书法教育名校”“广东省群众体育先进单位”“广东省体育特色学校”“全国作文教学先进单位”“全国青少年校园足球特色学校”“全国青少年校园篮球特色学校”“全国教育科学‘十五’

规划重点课题实验学校”等。

教育教学 该校遵循“育人为本，全面发展，努力培养基础扎实、勇于创新，有特长、有潜能的合格人才”办学宗旨，围绕“现代化规模办学”办学理念，瞄准“设施高标准，教育高质量，文化高品位”办学目标。加强校本教研，课程建设，重视各类教育，培养学生能力。明确提出进一步推进课堂教学改革，成立以校长为组长，教导主任、年级组长、教研组长为成员的课堂教学改革领导小组。加强“道德课堂”建设。开展课堂观察活动。探索“学生为主体、师生互动、展示提高”的课堂教学模式，促进教师教学理念转变。开展课堂达标评优活动，对教师课堂教学进行科学评价。开设地方课程，开展综合实践活动，探索学校特色校本课程。制定完善科研制度，确立科研活动内容。开展不同形式的听评课活动及课题研究。

德育 学校坚持“育人为本，德育为先，提高素质，持续发展”理念，开展德育工作，成立以校长为组长的德育工作领导组，并进行分工。强化各室参与、全员育人意识，形成完整的德育网络体系，坚持以养成教育为基础，以课堂教学为主渠道，以丰富多彩活动为载体，加强师德学习，增强团队意识，推进“学规范，强师德，树形象，促发展”为主题的师德教育活动。学习、弘扬黄学增精神，不忘初心、牢记使命，把红色文化与校园教育深度融合，打造红色文化品牌特色学校。

素质教育 学校按照国家规定开设体育课，开展“阳光体育”运动，每天学生体育锻炼不少于一小时，每年举行一次运动会。成功举办“校长杯”足球联赛。每个年级开设音乐、舞蹈、美术、写作等兴趣课程，每学年都举行一次丰富多彩的艺术节活动，学生们综合素质得到全面提高，也取得多项荣誉。建立健全定期检查和日常防范相结合的安全管理制度，强化学校安全教育工作及演练，加强学校周边环境的治理等工作，确保校园平安。

学校建设 学校在多媒体网络教室、电教室，舞蹈室、音乐室、美术室、科技活动室、图书阅览室、各学生社团办公室、体育器材室、心理咨询室、卫生保健室等专用室开展教育教学、专项培训活动。实现网络班班通。按省颁布标准，配置各类教育教学设备和图书资料，教学仪器和设备可满足教育教学需求。

（县黄学增纪念中学）

【遂溪县第三中学】 该校于2000年8月在遂溪县高级职业中学的基础上改制创办的一所高级中学。校园面积9.33公顷（140多亩），在校生3250人，教学班55个，在职教职工235人，是湛江市一级学校，全国青少年校园足球特色学校。学校获“全国读书育人特色学校”“湛江市德育示范学校”“湛江市绿色学校”“湛江市文明单位”“湛江市防震减灾科普示范学校”等称号。校团委两度获“湛江市五四红旗基础团委标兵”称号，及获“广东省五四红旗团委”称号。

高考 2021年高考大学上线总人数609人，上线率100%。本科上线达141人，本科上线率首次突破20%，达23.4%，比上年增长6个百分点。按中考入学成绩预测高考目标，本科上线超额44人，目标达成率171%。艺体类上线133人，其中美术类99人、音乐类8人、舞蹈类8人、传媒1人、体育类17人。音乐类、舞蹈类文化与术科匹配率100%，美术类文化与术科匹配率78%，稳居全市前列。文化类两位学生跨越特殊类/重点高校招生分数线（优投线）；学生王治以日语141分的成绩勇夺全县第一名；学生朱美盈舞蹈类术科251分，湛江市第一名。

教研教育 学校加强立项课题监管，完善课题结题材料。有各级立项课题12个达到结题阶段，并通过结题审查。其中市级立项课题结题2个、县级立项课题结题5个、校级立项课题结题5个。课题研究成果丰富，均有论文等成果在省级以上期刊、报纸上发表，教师辛大魁论文《高中美术教学中学生心理健康状态探究》在吉林省一级期刊《今天》上发表、教师杨金燕论文《浅谈高中地理的生活化教学》在国家学术期刊《中学地理教学参考》上发表，并被评为优秀作

品二等奖，教师杨慧虹论文《读后续写在高中生态课堂上的落实》在《文渊》杂志上发表。教师刘伟主持的课题《核心素养下高中数学教学情景的创设路径研究》获省级立项，梁咏梅等教师主持的10项课题申报县“十四五”规划2021年度课题立项，校长周兴仲主持的《运用信息技术优化高中思想政治教学议题探究》申报市级课题立项。谢艳玲、龚华荣、高其中、罗莹、徐小凤、曹燕6位青年教师被评为2020年度教坛新秀，教师黄成书获批为“湛江市名班主任工作室”主持人。

德育　学校坚持“为学生的未来发展打基础”办学理念，丰富“书香、活力、文明、生态”校园文化。以突出特色推进校园文化建设。开展学校志愿者服务活动、学生辩论赛、校园歌手大赛、元旦晚会、“演绎书香，经典诵读”比赛和高三学生18岁成人仪式暨高考百日冲刺誓师大会等活动。学校于2016年经教育部批准，成为第二批全国青少年足球校园足球特色学校，开展经济欠发达地区中学足球特色学校开展模式与特征研究，经过6年多教学实践，探索出一条校园足球特色学校开展模式与特征之路，推动学校校园文化及校园体育文化良好发展。2021年，学校男子足球队参加湛江市“校长杯”足球联赛（高中组）获得第五名。

学校活动　学校重视交流和学习培训，涵盖全科组、多层次、宽领域培训学习，多次邀请省市县各类学术专家来校举办讲座。承办“遂溪县2022届高考备考研讨暨2021年高考总结大会”等活动。做好新冠疫情常态化防控，各科组参加“广东好教育”联盟第六届同课异构大赛、校合唱团参加湛江市中小学“童心向党”歌咏比赛，获二等奖，庆祝教师节活动、家长来访活动、庆祝“七一”全体教职工歌咏比赛、第四届学生辩论赛、第五届“演绎书香，经典诵读”比赛、2021年“五四”校园歌手大赛、2021年师生冬季运动会、2022年元旦晚会等，丰富校园文化。

（支伟才）

2021年3月1日，遂溪县第三中学举办高三级学生成人礼仪式

（县三中/供图）

【遂溪县大成中学】　该校是爱国重教的香港同胞林文恩捐资，由遂溪县政府于1985年创办的一所普通中学，2000年晋升为湛江市一级学校，2016年在原遂溪四中基础上进行扩建改造，按省一级学校的标准进行建设和配置。学校毗邻遂溪孔子文化城，校园面积10.9公顷（163亩）。2021年，有教学班93个，在校学生5091人。在校教职工379人，其中高级教师48人，一级教师183人，教师学历达标率100%。学校的办学理念是“教人向善、导人向上、成就大成”，德育目标是“成人—成才—成功”，发展方向是“质量立校、管理固校、特色强校”。

办学条件　学校搬迁改造工程分为两期建设，2021年，第一期工程竣工通过总验收，建筑面积5.03万平方米，学术报告厅、图书馆、美术展览馆、学生饭堂、生化物实验室、美术室、音乐室、地理室、历史室、通用技术室等建成的投入使用。校园主题景观仁园、义园、礼园、智园和信园相继建成。

遂溪县大成中学 （大成中学/供图）

办学特色　2021年，学校被评为“广东省中小学教师校本研修示范培育学校”“湛江市规范化家长学校”“湛江市毒品预防教育示范学校”和“遂溪县高中教学质量管理特色发展学校”；共青团遂溪县大成中学委员会被授予“湛江市五四红旗团委标兵”称号；学校获全国爱鸟周鸟类观察自然笔记大赛积极参与团体奖、湛江市中小学科技劳动教育实践活动优秀单位组织奖、湛江市中小学实验精品课遴选活动优秀组织奖。学校重视文体艺术发展，举办新图书馆揭牌仪式暨高二美术教学成果展开幕式、“健康中国，体育有我”冬季跑操暨五步拳运动会、“小小毽子随心舞，多彩校园展英姿”高二级毽球比赛、“积极运动，阳光成长”班级篮球、足球联赛、“青春心向党，追梦新时代”校园十大歌手比赛。学校获湛江市中小学艺术展演活动二等奖、遂溪县中小学校红色诗文诵读中学集体组一等奖、遂溪县中小学“童心向党”歌咏比赛二等奖、遂溪县中小学校红色诗文诵读中学教工集体组二等奖。学生男子足球队参加2021年湛江市“校长杯”青少年校园足球联赛获高中男子第二名。全年有173名学生获县级以上荣誉称号，其中廖盈滢被评为广东省优秀学生，陈钰滢获广东省宋庆龄奖学金。学校开展德育活动，举行“沐浴泱泱之儒风，力学笃行我为先”研学旅行活动；召开“以昂扬姿态奋力开启新征程”党史学习教育动员大会；举办2021届高考冲刺百日誓师暨十八岁成人礼仪式；召开2021届家长委员会工作座谈会；4月14日，遂溪县党史学习教育宣讲团“学党史，悟思想，办实事，开新局”党史教育专题宣讲活动在学校开展；开展“展能杯”班主任专业能力大赛；举行“党的故事我来讲”主题演讲比赛；开展“学党史，感党恩，跟党走”主题党日活动；开展反诈宣传知识讲座活动；开展“赋能成长照丹心，恒者行远育桃李”德育工作会议；11月2日，召开腾飞计算机科学协会成立大会暨第一次会员代表大会；协办庆祝中国共产党成立100周年爱党爱国爱军“国防教育讲堂”活动。

教学教研　语文科组、历史科组、政治科组、地理科组、生物科组、物理科组、艺术科组、信技科组分别实施“诵读经典”“学古礼，承文化”“晓之习理”“遂溪乡土农业”“生态环境保护课堂之爱鸟周活动”“学生科技创新教学活动”“校园拉丁”“基于学生Photoshop艺术创作的教学辅导及应用研究”等校本研修教研活动。举行“扬帆起航，征程未来”历史校本课程实践活动；举办“舞动味蕾的微生物发酵食品”生物课堂之舌尖上的发酵食品展示活动；开展大成创客走进“中国流动科技馆”广东省巡展遂溪站启动仪式；举办“学古礼，承文化”中华古典礼仪研习班开班仪式；举行遂溪乡土农博会之学生作品展；开展“勇于探究，学以致用”生活中的物理展示活动与校本研修研讨会；开展“师徒携手，共同进步”师徒结对工作会议；开展“传诵中华经典，增强文化自信”第二届经典诗文诵读展演比赛。学校省级立项课题1项，市级立项课题2项，县级立项课题7项。5月9

日，学校与县三中、遂溪黄学增中学、雷州附城中学开展主题为“交流互鉴促发展，合力攻坚谱新章”高考备考经验交流活动。生物科组被评为广东省中学生物教学优秀科组。全年学校教师有314人次在各类评优活动中获县级以上奖励，国家级优秀5人次，省级优秀2人次，市级优秀44人次。李艳蕾、黄凤婵、林木英、许惠连和许丽梅获评为全国爱鸟周鸟类观察自然笔记大赛优秀指导教师，黄秋波被评为广东省中学生篮球锦标赛优秀教练员，林木英的作品《静物》在献礼中国共产党成立100周年广东省教师书画展中获“优秀奖”，陈华强团队的3个典型案例《“四学堂”上好党史学习教育“大思政课”》《政治科组文艺汇聚，党史学习“活起来”》《学习百年党史，践行教育初心》分别获湛江市党史进校园典型案例一、二等奖，杨增丽获湛江市“同上一堂党史课”课例征集活动一等奖。全年学校教师获县级以上奖励论文68篇，学生参加各类竞赛中有53人次获县级以上奖励。全校大学上线总人数1293人，上线率100%，本科线以上394人，目标达成率143%，日语类本科上线230人，比上年增加101人，艺体类本科上线236人，比上年增加50人，创学校历史新高，学校被评为“遂溪县高中教学质量管理先进单位”。

（陈堪非）

职业教育

【遂溪县教师发展中心】 校址位于遂溪县遂城镇湛川路，校园面积0.7公顷（10亩）。遂溪县教师发展中心，加挂遂溪县开放大学牌子，实行“一套人马、两个牌子”管理，为遂溪县教育局管理的公益一类正科级事业单位，具有独立法人资格。

师德建设 2021年，遂溪县教师发展中心，加强师德、师风、师能建设。中心主任陈华永获“2021年湛江开放大学系统优秀学校领导”“2021年遂溪县优秀教育工作者”称号；郑华强、庞开富、樊桂明获“2021年湛江开放大学系统优秀教师”称号；陈新、李一梅获“2021年湛江开放大学系统优秀班主任”称号；蔡辉、卜永、陈峭获“2021年湛江开放大学系统先进教育工作者”称号。

教研 2021年，中心有立项课题3个，其中遂溪县中小学“十四五”规划课题2个、湛江开放大学课题1个。23人参加课题研究，参与率67%。岑日忠论文《试论农村中学武术教学的文化价值与其树德立人的效能》在“全国十四城市第二十七届优秀论文征集与评审活动”中获一等奖，有8名教师8篇论文在不同刊物上发表。其中陈华永在《中国教师》发表《发挥科研优势，提高培训实效——县级教师发展中心建设思路探讨》；蔡辉在《中国教师》发表《教育心理学在中职教学管理中的有效应用》；李一梅在《教育学文摘》发表《浅谈如何高效记忆英语词汇》；苏一平在《中国教师》发表《计算机虚拟技术在计算机教学中的应用探析》；庞华英在《教育学文摘》发表《浅谈面向素质教育的语文教育教学方法》；陈华清在《湛江研究》发表《黄学增对中国革命的贡献》；郑美娟在《华师在线》发表《浅谈信息技术在小学英语教学中的有效整合》；蔡军在《华师在线》发表《信息技术环境下线上教学的探究》。

教师培训 开展全县中小学教师（校长）继续教育培训，举办各类中小学教师、干部培训7期，参加培训13732人。其中举办教育系统党史学习教育专题网络培训1期，8378人参加；举办小学、幼儿园教师职务培训1期，4847人参加；举办幼儿园园长高级研修班1期，50人参加；举办小学校园安全管理人员培训1期，48人参加；举办中小学教师学科知识提升培训班1期，325人参加；举办中学校长高级研修培训1期，42人参加；举办第三届督学高级研修班，42人参加。

学历教育 2021年招生人数486人，比上年增长63%，其中本科156人、专科330人。在籍生1000人，其中本科在籍生351人、专科在籍生649人。2021年毕业生235人，其中本科毕业生80人、专科毕业生155人。

（陈　壮、樊桂明）

【遂溪县职业技术学校】 遂溪县职业技术学校是遂溪县唯一一所中等职业教育学校，1976 年创办。2015 年，学校进行搬迁重建。2021 年，学校有教职工 62 人，在校学生 889 人。

学校建设　根据全县教育会议工作精神，学校加快推进迁建项目东校区建设。至年底，4 栋教学楼、学员宿舍楼建设工程基本完成；报告厅、文体馆主体工程完成，内部提质工程进入尾声。全部工程进入竣工验收准备阶段。东校区东侧东圩河段防洪挡土墙工程完成；西校区建设规划完成并提请县委、县政府审议。根据县委、县政府推进乡村振兴的工作部署，规划在下洋村新建遂溪县职业技术学校实训基地。实训基地建成后将把“产、学、研、训”等功能融于一体，具备全日制中专学历教育及社会培训功能的新型、现代化实训基地，成为湛江市新型职业农民培养、农村劳动力转移培训、技术培训与推广、创业孵化、乡村振兴人才培训、社会培训的重要基地。乡村振兴论坛与热带现代农业科技研究中心建成后，为各部门、各行业人才需求提供服务，为农业、农村、农民提供优质技术咨询、技术支持、技能训练，为探索具遂溪特色的“下洋模式”乡村振兴之路提供科技和人力资源支撑。

教育教学　学校在县教育局支持下，在县第三中学、黄学增纪念中学、杨柑中学、戊戌中学开设教学点，以完成全县中职招生任务并满足学生就读需求。鉴于受学校教学设备设施的条件限制，学校以组织学生高考升学为主要形式对学生进行教育和辅导，学生就读后可选择参加“3+证书”高考或参加职业技能培训直接上岗就业。该办学模式得到学生及家长认可。2021 年毕业生 297 人，参加高考 260 人，直接就业 32 人。参加“3+ 证书”专业技能证书考试 158 人，取得合格等级以上 139 人，合格率 87.9%；取得优秀等级人数 30 人，优秀率 18.9%。参加 2021 年春季“3+ 证书”高考 224 人，上专科线以上 207 人，上线率 92.5%。参加 2021 年夏季普通高考 36 人，其中 8 人上本科录取分数线。在各教学点支持下，教育教学工作常态化，“3+ 证书”高职高考成为中职生升学重要通道，深受社会好评和家长信赖。

（梁　秋）

遂溪县职业技术学校新落成的教学楼　（县职校 / 供图）

高等教育

【概况】 2021 年，遂溪县有高等教育学校 1 所，为湛江幼儿师范专科学校。该校于 2016 年经广东省人民政府批准、教育部备案，整合岭南师范学院基础教育学院（湛江教育学院）和湛江市幼儿师范学校组建而成，加挂岭南师范学院基础教育学院牌子，实行一校两牌办学，属于湛江市人民政府直属公益二类事业单位，由湛江市教育局代为管理。学校在 2021 年广东省高等职业教育“创新强校工程”考核中，排名全省 B 类学校 28 名。创新强校工程于 2019 年、2020 年、2021 年均获广东省奖补资金，3 年累计获奖 873 万元。2021 年，学校获广东省财政 2020 年“1+X”

证书试点经费61万元，中央财政2020年现代职业教育质量提升专项资金150万元，2021年现代职业教育质量提升专项资金700万元，2021年省级高水平专业群建设资金204万元。学校获2021年湛江市教育系统绩效考核第一名，连续两年获绩效考核优秀等级。学校官方微信公众号进入《中国青年报》2020—2021年度中国高职高专官微百强名单，全国排第79名；进入广东高校新媒体影响力前30强，在全省高职高专中排第18名。

【校园建设】 2021年，湛江幼儿师范专科学校有湖光、赤坎、遂溪、廉江4个校区，建成区占地面积55.69公顷，预留土地33.33公顷。湖光校区二期工程的钢琴实训楼、学生宿舍、医务室、人防地下室等项目建筑面积6.6万平方米，年底竣工。学校有固定资产总值近9亿元，教学仪器设备总值近9000万元，馆藏图书72.41万册，专业实训室、实验室290间。

【师资队伍建设】 2021年，湛江幼儿师范专科学校有教职工631名，其中副高级职称及硕士以上学历教职工296人，教授5人，在校博士2人，博士工作站进站博士4人，海归教师约20人。2021年，招聘、引进和培养硕士及以上学位、副教授及以上职称教师近100名，新增34名教师在国内外攻读硕士、博士学位，23名教师参加职业院校教师素质提高计划项目，60名教师进行职业技能培训。教师获高校思政课党史教育优质课例一等奖1项；广东省职业院校外语思政课程优秀案例一等奖1项；广东省高校艺术作品展演活动省级一等奖2项、二等奖1项、三等奖5项；“诗教中国”诗词讲解比赛二等奖1项；广东省首届学校食品安全管理员技能大赛二等奖1项等众多奖项；1人被评为“南粤优秀教育工作者”。

【学科专业建设】 2021年，湛江幼儿师范专科学校有大专层次专业38个、中专层次专业1个，涵盖文学、理学、工学、教育学、艺术学、管理学等6大学科门类，面向全国17个省、区、市招生，其中国控专业15个；学前教育专业群、烹调工艺与营养专业群、小学教育专业群获批为省级高水平专业群。学校与省内外各类企事业单位合作成立婴幼儿照护产业学院，合作举办附属幼儿园2所，建有教育实习基地、应用型专业实习基地100多个。

【人才培养】 2021年，湛江幼儿师范专科学校有全日制在校生1.9万人，其中高职扩招在校生4330人，试点班116人，岭南师范学院基础教育学院3041人；有学前教育、语文教育、英语教育、商务英语等4个成人专业，在读生360人；招收五年一贯制，三、二分段及普通三年制中专层次学前教育专业，在校生1313人。2021届毕业生就业率98%以上，就业对口率91.29%，排广东高职高专院校第五名；参加教师资格证“国考”通过率和“插本”升学率名列广东省同类学校前列。学生参加全国大学生数学建模竞赛、“互联网+”大学生创业创新大赛、“挑战杯”、全国大学生数据挖掘挑战赛等重大赛事，获得包括国家二等奖、省级特等奖在内的多个奖项。学生参加广东省职业院校专业技能大赛获得多个不同赛项奖项；代表湛江市参加广东省第二届职业技能大赛暨乡村振兴职业技能大赛西式面点师项目比赛，综合评价模块排名第1，装饰造型蛋糕模块、准备及过程模块排名第2，获全省第4名；获第十六届广东大学生舞蹈大赛（非专业组）一等奖。学生连续3年获广东省科技创新培育项目（“攀登计划”项目）11项，累计获资助经费35.5万元；烹调工艺与营养专业的学生连续八年受邀服务博鳌论坛。多个学生社会实践团队被选为大中专学生暑期“三下乡”全国重点团队、广东省“灯塔实践队”、省级重点团队。

【社会服务】 2021年，湛江幼儿师范专科学校成立“湛江乡村振兴学院”“湛江市人文社会科学普及基地”，校企共建的“湛江乡村振兴学院——螺岗小镇乡村文化基地”获批为广东省人文社会科学标准基地。学校在该基地开展艺术展等乡村文化普及工作，被人民网报道。学校获批为湛江市“粤菜师傅”培训基地，与长山镇政府合作开展粤菜师傅培训班等。教师受聘为湛江市社会培训评价组织遴选专家组成员、星级粤菜师傅评审专家，被湛江市商务局聘为湛江市粤菜“三名”（名师、名店、名菜）工程评审专家，担任各级各类职业技能大赛评委；教师作为湛江菜产业调研与《湛江菜标准体系》意见征集技术服务专家组成员，参与调研和验收《湛江菜标准体系规划与路线图》；教师受聘为广东粤菜师傅《湛江风味特色菜》编写工作小组编写小组顾问。教师参加多个湛江市人社局项目，累计培训及考核超2000人。全年为企业输送烹饪毕业生102人。学校搭建多元化社会培训平台，开设成人学历专科继续教育，招收近千名学生；完成湛江市中小学教师培训累计近2万人次；完成全省幼儿园园长、幼儿教师培训累计近万人次；承办湛江——柳州教育携手异地培训项目，举办能力提升培训班3期。

【合作交流】 2021年，湛江幼儿师范专科学校行政管理人员及教师赴国内院校、企业考察交流128批次，接访来访72批次，举办宣传演练、学术讲座及合作研修活动34场次，承办地区影响力大型活动1次，举办大型会议3场次。

（余启思）

科学技术

【概况】 2021年，遂溪县新增高新技术企业8家，全县高新技术企业数量43家。组织企事业单位申报省、市科技项目37个。全县建有省级工程技术中心企业8家、省级企业技术中心2家、省级农业科技创新中心1家，市级工程技术研发中心10家、市级企业技术中心9家、市级科技企业孵化器1家、市级科技众创空间1家、民营（中小企业）创新产业化示范基地1家，国家级星创天地1家。举办科技进步一条街活动，宣传科技创新成果。

【知识产权保护】 2020年，遂溪县市场监督管理局加强知识产权保护，制定《遂溪县关于建立重点企业知识产权保护直通车制度实施方案》等4份知识产权政策措施文件；启动遂溪县区域知识产权能力提升项目，组织申报国家知识产权强县工程试点县项目，做好知识产权保护重点企业库入库申报，拥有高新技术企业40家，规模以上企业99家。加强知识产权工作宣传力度及培训，开展知识产权知识进企活动，组织企业参加各类网上知识产权宣讲活动，组织举办遂溪县区域知识产权能力提升培训班。在琴苑公园举办遂溪县科技成果展示一条街活动。活动通过摆放科技宣传板、设立咨询台、发放宣传资料、成果展示等形式宣传科技创新政策法规，展示科技创新发展成果，提供惠民便民服务。活动期间，发放宣传资料600多份，接受科技咨询900余人次。

【知识产权创造、运用和保护】 2021年，遂溪县市场监督管理局贯彻实施知识产权强县战略和创新驱动发展战略，开展遂溪县区域知识产权能力提升（知识产权

2021年5月28日，遂溪县在琴苑公园举办遂溪县科技成果展示一条街活动

（县市场监督管理局/供图）

强县工程）项目建设，以“大力提升知识产权创造、运用、保护、管理和服务能力，增强县域自主创新能力”为目标，提升知识产权质量，产生一批专利，有高价值专利79件；加强企业知识产权管理运用能力，培育知识产权贯标企业和示范企业一批，遂溪县新增2家湛江市知识产权示范企业，累计2家；新增3家知识产权贯标企业，累计8家；推动知识产权质押融资业务，2021年遂溪县有5家企业专利、商标质押融资金额2360万元；推动地理标志产品培育、运用和商标品牌工作，遂溪县地理标志总量4件，其中地理标志保护产品1个（下六番薯），地理标志证明商标3件（遂溪广藿香5类、遂溪广藿香31类、遂溪海红香米），分类施策培育遂溪红糖、遂溪红心火龙果和遂溪草潭琲柱地理标志证明商标3个，下六沙虫地理标志保护产品1个，制定《遂溪广藿香》和《下六番薯》地方标准2个，《遂溪海红香米》《遂溪红心火龙果》团体标准2个；统筹规划推动品牌建设工作，与湛江市商标协会联合在广东五洲药业有限公司设立商标品牌培育指导站遂溪指导分站；开展知识产权宣传和培训工作，培育知识产权复合人才一批，举办知识产权能力提升培训班3期，专题宣传3场次。

【公共品牌创建】 2021年，遂溪县市场监督管理局牵头县域公共品牌创建工作，制订《遂溪县推广公共品牌工作方案》，紧扣遂溪“国际长寿养生基地”称号“金字招牌”“国际名片”，以“长寿福地，康养遂溪”为内涵构筑“1+N”公共品牌体系，有效整合生态保护、传统文化、休闲旅游、特色农业、电子商务、服务等产业的养生概念产品，打造产业公共品牌方阵，让公共品牌推广成为富农惠农、精准扶贫、脱贫攻坚、乡村振兴等工作落实的重要抓手。

（县市场监督管理局）

【遂溪县两个基地获“广东省科普教育基地”称号】 2021年6月2日，湛江市科协联合遂溪县科协到遂溪县孔子文化城和湛江现代种业研究中心（广州甘蔗糖业研究所湛江甘蔗研究中心，在遂溪县辖区内）举行广东省科普教育基地授牌仪式。遂溪孔子文化城是一个集旅游观光、文化教育、休闲度假、生态体验、科普研学于一体的景区，日最高可接待游客量10万人次。广州甘蔗糖业研究所湛江甘蔗研究中心（湛江现代种业研究中心）是广东省科学院生物工程研究所直属科研单位。主要围绕甘蔗、南药、果蔬、花卉等作物，开展种质资源创新利用、品种选育与种子种苗繁育、作物精准养护技术及产品、海洋生物资源与废弃物综合利用、农产品贮藏与加工、天然产物化学、农药与肥料等研究及成果转移转化等服务。

（县科协）

【广东新绿源化工有限公司】 位于遂溪县岭北工业园区内，成立于2006年。是具有强大科技创新能力的高新技术型企业。该公司实行科技创新发展战略，广泛实现产学研合作，多方位与高等院校结成产学研联盟，致力于打造农业生产绿色生态产业链，其产品化肥防结块剂、化肥着色剂、化肥缓控释剂、表面活性剂均属绿色环保型产品。招志谋带领研发人员进行湛江市科技计划项目“高新技术产业化专题”，利用废弃贝壳粉生产化肥防结剂的技术研发和产业化生产，自主研发性价比高、市场应用性广的化肥防结块剂和肥料着色剂，为化肥生产企业和农民解决困扰已久的化肥结块难题，其生产的化肥防结块剂、化肥着色剂和表面活性剂，性价比远超国外同类产品，所生产的肥料添加剂以环境友好的可降解材料为原料，采用新型粒子表面处理和改性技术，是功能精细化学品中的新型表面活性剂。产品在省内的市场占有率95%以上，广西、海南、湖南等省(区)的市场占有率80%以上，并远销东南亚。该公司科技成果《新型化肥防结剂技术的研究开发》《氢化地沟油化肥防结剂》通过湛江市科技局鉴定，获湛江市人民政府“科学技术进步奖”；有国家发明专利（国家专利局授权）2项，其中化肥防结块剂填补省内空白。2012年，该公司被湛江市科技局认定为“2011年度湛江市自主创新企业”“湛

广东新绿源化工有限公司　　（广东新绿源化工有限公司 / 供图）

江市民营科技企业”。

（广东新绿源化工有限公司）

气象监测

【概况】　2021 年，遂溪县主要气候特点是气温偏高、降水偏多、日照偏少，主要气象灾害为台风、暴雨、雷雨大风、强雷电、冰雹、大雾、霜冻、灰霾、高温、低温和干旱等。全年有第 3 号台风“小熊”、第 7 号台风“查帕卡”、第 9 号台风“卢碧”、第 13 号台风“康森”、第 17 号台风“狮子山”和第 18 号台风“圆规”共 6 个台风影响遂溪县，无人员伤亡。年内遂溪县获评为“全国气象部门创建模范机关先进单位”、湛江市先进基层党组织，县气象台获省气象局嘉奖。

【气象现代化建设】　2021 年，遂溪县气象局推动政府创建“中国天然康养胜地”气候品牌。助力县政府打造宜居宜业宜游宜养生态文明城市。协同县政府办公室印发《遂溪县创建“中国天然康养胜地”品牌论证实施方案的通知》。成功申报 1 项省局软科学课题和 2 项市局科研课题，完成 2 项省局课题验收，发表论文 3 篇。

【气象服务】　2021 年，遂溪县气象局发布各类灾害预警信号 201 次，成功应对“康森”“查帕卡”“狮子山”“圆规”台风 4 个、强降水 46 轮、强对流重大天气过程 58 次。及时提供气象预警信息，为全县防御重大气象灾害赢得宝贵防御时间。通过大喇叭、气象短信发布平台等多种方式及时发布春节等专题天气预报，为全县重大活动、重大工程开展气象保障服务。

【防灾减灾救灾】　2021 年，遂溪县气象局综合防灾减灾体系进一步完善。“三防”指挥部进驻县气象局，气象、应急等部门进行常态化联动，重大气象灾害防御过程有关部门联合值守制度进一步完善。

【气象安全生产】　2021 年，遂溪县气象局加强预警服务，及时发布气象灾害预警信息，为全县安全生产工作提供气象服务。9 月，组织全县 196 家企业进行宣贯《广东省防御雷电灾害管理规定》。加强联合监管。开展气象安全检查专项行动，出动 103 人次，发现问题 13 处，落实整改 13 处，消除安全隐患。连续 3 年安全生产考核获优秀奖。

【气象科普教育】　2021 年，遂溪县气象局提炼“六有”遂溪科普模式，出版《中小学生气象安全教育读本》，得到省局党组和市委、市政府高度肯定，湛江市市长曾进泽提出推广遂溪科普模式。县气象局、县文明办、县教育局联合对 14 名优秀气象宣讲员进行表彰。开展气象科普进校园活动、气象大讲堂——主播说节气网络直播活动、流动科技馆活动，线上线下参与人数 56 万人次。自制科普剧《台风来了》获优秀奖，被推荐参加中国科协“典赞 • 2021 科普中国”活动；《中小学生气象安全教育读本》获广东省第一届应急管理图书类作品二等奖。

（县气象局）

文化

综述

【概况】 2021年，遂溪县有国营艺术表演团体1个，公共图书馆1个，文化馆1个，国有博物馆1座，非国有博物馆2座，镇（街道）综合文化站15个，行政村（社区）综合文化服务中心347个。

【舍馆改造升级】 2021年，遂溪县推进县文化中心建设，完成一期主体建设，二期工程图书馆完成主体建设和博物馆主体封顶及砌墙至第三层。完善县文化馆、图书馆总分馆制建设，建成文化馆分馆15个，村服务点45个，图书馆分馆15个，村服务点45个。推进螺岗小镇粤书吧、下洋村和墩文村基层综合文化服务中心和旅游咨询中心融合试点建设。完成县文化馆及镇文化站定级工作，县文化馆定为国家二级馆，镇文化站全部达到省二级站或以上标准。

【文化惠民活动】 2021年，遂溪县举办群众文化活动48场次，有15支业余文化队伍参加，参与群众10万人次。在国家法定节日开展“我们的节日”庆祝活动。4月，县文化队伍参加焦作市全国尊古太极精英网络视频大赛获集体一等奖4项，二等奖2枚，集体和个人共获金牌46枚、银牌22枚、铜牌4枚，共获奖牌72枚，团队被评为“太极拳冠军战队”；6月1日，在县文化馆举办少儿书法展；8月11日，举行太极拳、健步走、广场舞展示活动；8月15日，成立遂溪县篮球协会；8月组织队伍参加河南省焦作市第七届国际网络视频“寻找最美太极人”大赛中，获集体一等奖2项，集体二等奖3项和个人共获金牌22枚、银牌39枚、铜牌22枚，团队获“突出贡献奖”称号；10月13日，举办遂溪县老体协第五届“长寿杯”乒乓球比赛；11月19日，在桃溪村举办戏曲进校园和戏曲进农村活动。全县专业团体和公益性文体单位送戏下乡演出406场次，惠及群众达50多万人次。举办各类免费培训班30多期次，学员1500多人次。县图书馆接待进馆读者30多万人次，举办各项展览活动6次，参观人数1.2万多人次。县博物馆举办展览6期，有4万多人进馆参观展览。县体育馆提供场地免费开展体育活动共接待群众5万多人。

【文艺创作】 2021年，遂溪县组织县振兴木偶艺术研究会原创作品《抗疫赞歌》参加湛江市第四届紫荆花戏曲大赛获得木偶专场铜奖；参加广东省第十四届“百歌颂中华”歌咏活动（湛江赛区），遂溪县合唱团在合唱类中获铜奖，男生组合唱和歌手类获优秀奖。遂溪龙湾龙狮艺术团参加2021年“创意点湛”湛江旅游文化创意产品大赛，获评委一致好评。8月，遂溪县被评为2021—2023年度广东省民间文化艺术之乡（遂溪醒狮）称号。9月，古风韵舞蹈队《旭日千红》获2021年广东省健身广场舞网络联赛海选赛（粤西赛区）特等奖。10月，古风韵舞蹈队《旭日千红》获2021年广东省健身广场舞网络联赛（晋级赛）特等奖。11月，古风韵舞蹈队《盼·潮归》获“2021湛江艺术季”原创舞蹈比赛二等奖。县龙湾醒狮基地及陈正华分别获评全国群众体育先进单位及个人称号。

【文物保护】 2021年，遂溪县文化部门检查文物点25次，未发现安全隐患。做好县“非遗”中心展示厅开放展览工作，展览包括狮头彩扎、古法制糖、糖祖习俗和广式硬木家具制作技艺，由非物质文化遗产项目代表性传承人进行现场展示、现场进行传习互动。“非遗”成果展通过图片、文字及实物等方式展示“非遗”保护、传承和发展等方面成果。

【非物质文化遗产工作】 2021年12月，遂溪县木偶戏和遂溪海味腐乳制作技艺2项县级“非遗”目录被评为湛江市第八批市级非物质文化遗产名录。12月由省、市民间文艺家协会主办，市文联、县文化广电旅游体育局协办的中国醒狮之乡、国家级“非遗”——遂溪醒狮传承与发展研讨活动在遂溪县召开，省内“非遗”工作领域专家学者为遂溪县醒狮“非遗”发展出谋献策，擦亮“中国醒狮之乡”文化品牌。

【文化市场执法】 2021年，遂溪县文化广电旅游体育局落实日常巡察制度和抓好文化旅游市场突出问题整治，审批设立歌舞娱乐场所3家，游泳场所3家；延续歌舞娱乐场所9家、营业性演出10家、游艺娱乐场所1家、演出经纪1家；注销歌舞娱乐场所1家。对文化市场开展突击检查109次，夜间巡查7次，联合执法行动13次，累计出动执法人员1321人次，检查经营单位294家次，行政处罚案件4件，立案查处违规经营13家次，收缴违法音像制品800盘（盒），关闭取缔无证经营KTV歌厅7家，收缴非法出版物书籍680本（上半年）、1213本（下半年），共1893本，非法出版物私彩本2419册、违规挂历17幅，违规电子游戏机1台（责令改正后退领）。全县文化市场经营秩序明显好转。

（县文化广电旅游体育局）

传媒

【遂溪县融媒体中心】 2021年，该中心构建起“统筹策划、一次采集、多种生成、多元发布、立体传播”“中央厨房”（指将菜品用冷藏车配送，全部直营店实行统一采购和配送）全新业务模式，成为涵盖广播、电视、农村大喇叭、“两微一端”，与“珠江云”融合发展的新媒体平台，为打通基层宣传服务“最后一公里”承担着信息发布、政策解读、舆论引导、民生服务等重要任务，围绕县委、县政府中心工作，讲好遂溪发展故事，传播遂溪美好声音，展示遂溪全新形象的主流媒体方阵。拥有“两台两微一网一端”，“两台”指遂溪电视台和遂溪人民广播电台（频率FM104.8兆赫），“两微”指遂溪县广播电视台和“多彩遂溪”微信公众号，“一网”指遂溪县人民政府网，“一端”指“遂溪融媒”手机客户端。至年底，“遂溪融媒”App下载量超过6万人次，注册用户数7.4万人。总阅读量60多万人次，通过“珠江云”平台分发到“触电新闻”客户端的新闻内容总阅读量近千万次。全年广播电视播出新闻稿件3364篇次，新媒体发布转发稿件5323条次，省电视台采用稿件2篇，市电视台采用稿件101篇。制作播出各类公益广告91072次；完成23部专题片的制作和播出；有9篇作品获市级以上新闻奖项。“遂溪融媒”生产平台进驻机关党委、乡镇媒体号及自媒体号88个，“遂溪融媒”App文明实践中心有18个志愿团队入驻；“遂溪融媒”App设置有首页、电视、直播、服务、文明实践5个栏目。首页栏目以新闻和资讯发布为主：设首页、推荐、乡村振兴、文化旅游和部门乡镇5个频道。直播栏目共进行《辛丑年遂溪孔庙祭孔大典》《江洪：雷州半岛第一村　安逸迷人小港湾》等11场直播和1个系列（共41次）专题活动直播。县融媒体中心在2021年广东省广播电视台举办的网络媒体论坛省级平台全网络影响力排行榜上名列13。

（黄俊杰）

【遂溪县电影有限公司】 2021年，遂溪县电影有限公司完成放映3852场，观众达102万人次。全年电影放映、运输、设备、卫星定位、信号传输零故障。更换高保真扩音机3台，按时交缴省广阔天地院线全年片租73000元。2021年，广东省农村电影放映工程全国公开招标，该公司中标。年内退还拖欠已退休职工社保金8万元，为放映员和在岗职工购买人身意外保险。公司举办电影放映技术培训2期。电影放映声光质量进一步提升，放映卫星定位系统更加精准。该公司与各出租档口签订2021年消防安全责任书。全年防控疫情（含农村电影放映）常态化，责任到位。

（罗国前）

【遂溪县影剧院】 2021年4月19日，遂溪县影剧院更名为遂溪县文化服务中心。年内做好监控系统、消防系统、空调机组、发电机组、配电机组、灯光、音响等设备设施维护保养工作，定期做好防治白蚁工作，保障设备设施安全使用。做好会务和后勤服务。全年举办会议26场，文艺演出活动11场，专题讲座4场。

（吕志强）

党史工作

【概况】 2021年，遂溪县委党史研究室推进党史正本资料征集、编撰、完善工作；做好革命遗址、

钟竹筠故居 （县融媒体中心/供图）

纪念设施、党史教育基地等红色基地布展工作；丰富党史学习宣传形式，建设红色网络平台，发表党史系列文章，协助摄制影视资料；开展革命遗址普查补充登记工作，普查出革命遗址及其他遗址（群）126个；开展党史专题宣讲活动，听课人员约380人。

【党史正本资料征编与完善】 2021年，遂溪县委党史研究室征集编撰《中国共产党遂溪县组织史资料第三卷（2002.4—2021.1）》，收录全县115个副科级以上单位党组织和行政机构建立、发展及领导成员变更等情况，16万字，审稿阶段工作完成。审核修改《中国国家人文地理》〔湛江卷（遂溪部分）〕。

【红色基地布展】 2021年，遂溪县委党史研究室完成遂城镇下洋村东征支队革命史馆一楼布展工作，二楼“红色遂溪光辉历程——中共遂溪百年历史图片展”完成大纲14000字，图片150张。征集老马村革命武装斗争史展览馆资料，征编展览大纲约4000字、照片约90张。征集西田建设中共遂溪中心县委革命遗址资料，征集文字资料约1万字，照片70多张。征集城月吴村村唐才猷故居《南路革命名将唐才猷生平介绍》展览资料，征集文字资料约3万字、图片约200幅。

【党史学习宣传】 2021年，遂溪县委党史研究室编撰《新民主主义革命时期广东南路革命的策源地——遂溪西南地区革命斗争史辑要》《挺进粤中——粤桂边区人民解放军东征支队史辑要》《革命先驱黄学增》3册党史学习教育小册子，印制1.5万册。在“遂溪融媒”App中开设“党史学习教育”板块，发布遂溪红色印记系列文章，共60期，约1万字，250张图片。在《湛江晚报》发表《乐民起义》系列文章，共5期，约15000字，图片8张。参与

摄制6集《黄学增》系列纪录片，在遂溪电视台、“遂溪融媒”App播出。协助央视影音拍摄《为了民族复兴•英雄烈士谱》——钟竹筠：为党革命事业捐躯的女英雄视频。协助广西电视台拍摄《红色传奇》第2季第1集《浴血斜阳》视频等影视资料一批。审定党史资料，协助《人民日报》《南方日报》《湛江日报》《湛江晚报》、广东电视台、湛江电视台、遂溪电视台等单位审定一批相关党史资料。开展“为红色资源代言”活动，与湛江高速公路有限公司联合开展“为红色资源代言”活动，在高速公路沿线以图文形式推介黄学增烈士纪念亭（包括黄学增故居、黄学增事迹陈列室）、遂溪西南地区革命史馆、粤桂边区人民解放军东征支队誓师首发地遗址朝东公祠、钟竹筠故居。

【革命遗址普查】 2021年，遂溪县委党史研究室开展遂溪县革命遗址普查补充登记工作，补充革命遗址4个、其他遗址3个，拍摄35张照片，已上报市党史研究室收编。全县普查出革命遗址及其他遗址（群）126个，其中革命遗址118个、其他遗址8个。

【党史专题宣讲】 2021年，遂溪县委党史研究室在县住房和城乡建设局、县应急管理局、县机关事务管理局、县中医院、县民政局开展《学党史　悟思想　开新局》《革命理想大于天》党史专题宣讲，听课人员330余人。与县直机关工委在黄学增纪念中学革命传统教育基地联合开展《传承红色基因，勇当时代先锋》缅怀革命先烈宣讲活动，约50人参加。

【“红色遂溪百年历史”巡回图片展】 2021年10月22日至11月22日，遂溪县委党史研究室与县委组织部、县直属机关工作委员会、县关工委4个单位联合开展“红色遂溪百年历史”巡回图片展，展板69幅，制作3套，在黄学增纪念中学、烈士纪念广场、县体育馆及全县各县直机关单位、各镇、各中小学校园、旅游点巡回展出。

【“红色遂溪”网络平台建设】 2021年，遂溪县委党史研究室推进党史文献、红色基地数字化管理与宣传，与县委组织部、县融媒体中心联合建设“红色遂溪”网络平台，设遂溪革命史、红色影像、革命人物、红色VR展馆4个模块，完成进度的80%。

（县委党史研究室）

【下洋东征革命史馆揭牌】 2021年8月25日，下洋东征革命史馆揭牌仪式在遂城镇下洋村举行。下洋东征革命史馆于2020年7月动工，占地面积536平方米，展陈面积约630平方米，为2层钢筋混凝土结构，主要展陈粤桂边区人民解放军东征历程的图文资料、东征事迹浮雕墙、东征事迹情境、东征主要领导人名录等。

（遂城镇）

档案工作

【概况】 2021年，遂溪县档案馆馆藏全宗129个，纸质档案110240卷、101466件（其中文书38704卷、49834件；专门档案71536卷、51218件；实物档案414件）；照片17407张，图纸1460张，图书资料8207册。

【档案安全】 2021年，遂溪县档案馆按照档案库房管理制度要求，每天坚持对库房的温湿度进行调节、检查和登记，定期对库房除尘，保持库房卫生整洁、空气清新，创造档案保存的理想环境；定期对库房电路线门窗检查，如发现问题及时整改；定期对库房进行“十二防”（防盗、防火、防腐、防锈、防水、防潮、防漏、防尘、防蛀、防损、防爆、防混）检查、执行节假日值班制度和加强汛期档案安全管理等；不定期对库房全宗档案进行防虫、防霉、防潮抽样检查，未发现有新虫害及霉潮现象。全年未发生档案丢失、损毁、涂改、伪造、出卖和失泄密等现象。

【档案接收】 2021年，遂溪县档案馆接收档案2206卷、51163件（其中扶贫档案2165卷、46505件，婚姻档案41卷，文书档案3666件，疫情档案992件）。

【档案利用与服务】 2021年，遂溪县档案馆参加县政务拍摄66

次，拍摄照片3729张，归档照片225张，为县委、县人大、县政法委、县直工委、县党史办、县融媒体等单位提供照片369张；全年接待查阅档案2006批次、3311人次，2836卷、464件；复印档案8854张。

（欧春英）

地方志工作

【自然村落历史人文普查工作全面完成】 2021年，遂溪县自然村落普查文稿全部送出版社，县志办跟进《全粤村情（遂溪卷）》出版发行工作。根据出版社修改意见，继续审查校核文稿，共审校核查400余处。

【年鉴编纂】 2021年，遂溪县志办对年鉴篇目结构做出部分调整。由于受疫情防控影响，组稿部署工作会议改由电子政务方式进行。3月，通过OA政务系统发出组稿通知，并印发《组稿大纲》，7月统稿工作完成，12月由羊城晚报出版社出版。《遂溪年鉴（2021）》有类目27个，分目141个，条目1031个，彩图58幅，插图138幅（平均7个条目配插图1幅），约80万字，类目框架结构比为1∶5.2∶38.2；其中动态性条目192条，常态性条目839条，动态条目占比19%；基础概况部分（特辑、大事记、总述）与主要部分（经济、政治、文化、民生）与附录部分的所占比重约为1.2∶7.2∶1，基本达到反映事物性质的比例结构。

【《湛江市百部地方志丛书》遂溪分卷编修】 2021年，遂溪县列入《湛江市百部地方志丛书》的3部志书编纂工作均取得突破性进展。《遂溪人物志》于2020年4月由中州古籍出版社出版，由新华书店出版发行；由乌塘镇政府承编的《乌塘镇志》完成志书初审和复审，编修进度加快；由县教育局承编的《遂溪县教育志》于2021年5月通过市验收小组验收，进入出版发行环节。

【地方志资料年报工作】 2021年，遂溪县地方志资料年报工作进展顺利。全县139个承报单位完成报送任务。所收集到的年报资料被整理分类归档，并进行资料台账登记。至年底，2020年年报资料收集全部完成，共收集年报资料87万字及图片一批。

【地方志资源开发利用和学习交流】 2021年，遂溪县志办填报《广东乡村集萃系列丛书》相关资料。将符合《广东乡村集萃系列丛书》选录标准的乡村传统体育、乡村特色技艺、地理标准保护产品等资料报送到市志办，共上报文稿6篇。广东省情网“产品·产业”栏目共建供稿完成。共撰写文稿10篇。协助县政协对《湛江村庄简史》分卷稿件校核。遂城镇稿件初审完成。地方志系统之间加强交流学习。组织干部到电白区党史地志办、吴川市志办进行学习互动。

【地方志数字化】 2021年，遂溪县志办推进地方志书、年鉴全文数字化入库挂网，全文数据库数字化任务完成。与专业技术公司签订合同购买服务，按省志办志书入库要求做好数字化工作。遂溪县数字化任务有《遂溪年鉴》2008—2020年共13册，共有5704页图书数字化及审校任务。截至年底，全部完成。

（县志办）

历年《遂溪年鉴》 （县志办/供图）

卫生·体育

卫生综述

【概况】 2021年，遂溪县新冠肺炎疫情防控取得“四无”（无新增确诊病例、无新增疑似病例、无新增危重病人、无新增病亡）战果。新冠疫苗接种工作有序开展。截至12月13日，全县累计接种新冠灭活疫苗116.54万剂次，其中接种第一针59.51万人、接种第二针55.30万人、接种第三针1.73万人，接种腺病毒疫苗1028人；全县完成新冠疫苗全程接种55.40万人，全人群全程接种覆盖率67.18%。医疗卫生强基项目稳步推进。县人民医院、县中医院、县妇幼保健院3家县级公立医院整体搬迁升级建设项目主体工程全部完成。基本公共卫生服务项目深入实施。县财政局为项目实施单位落实拨付中央、省级、市级和县级配套资金5460.65万元，项目资金到位率75.57%。截至11月底，全县电子健康档案建档率91.47%，基本公共卫生服务项目实施效果大部分达到国家和省、市指标要求，群众对基本公共卫生服务参与率、知晓率和满意度不断提高。免费出生缺陷筛查项目有序推进。截至12月13日，全县新生儿代谢筛查完成8543例，全年完成率96.1%，新生儿听力筛查完成8547例，全年完成率96.14%，这2项基本达到省目标值。地中海贫血筛查完成率170.92%，产前唐氏筛查完成率114.41%，产前组织结构畸形筛查完成率116%，均完成全年任务指标。开展计生特殊家庭扶助关怀。建立健全医疗卫生新机制。制订《遂溪县加强紧密型县域医疗卫生共同体建设实施方案（试行）》，成立县域医共体管理委员会，规范县医共体管委会运作及明确医共体业务、医疗管理的运行。推进全县所有公立医疗机构纳入医共体建设。探索医院托管模式。通过引入高水平医院合作带动全县卫生事业发展，在全市率先通过托管方式，先后将城月镇中心卫生院、遂溪县人民医院交由广东医科大学附属医院经营管理。强化重大传染病防控。全县报告传染病15种5226例，发病率560.37/10万，发病数较上年上升59.43%。加强肺结核病患者管理。全县接诊可疑结核病人1582例，确诊活动性肺结核病人273例；完成全县15288名入学新生结核病筛查工作，新发1例并纳入治疗；按质按量完成146例耐药结核病监测及35例耐多药结核病患者筛查的科研工作任务。抓好艾滋病防治。全面落实艾滋病防控措施，做到“三个必检”（手术患者必检测、输血病人必检测、孕产妇必检测）。全年新发现艾滋病毒抗体阳性29例，累计发现存活艾滋病毒感染者和病人333例；累计接受抗病毒治疗243人。CD4细胞检测309人，随访率达93.1%。加强卫生应急处理能力。提升行政审批服务效能。制订《遂溪县卫生健康系统“营商环境整治提升年”活动方案》，优化相关审批事项办理流程，拓宽服务办理渠道，实现“网上办”“指尖办”“预约办”目标。强化规范管理，提升综治执法水平。开展医疗卫生机构医疗废物专项监督检查和公共场所疫情防控专项监督检查，完成日常卫生监督执法486家，查处各类违法违规案件5件，已全部进行关停处理。“双随机”任务完结率100%。

2021年，遂溪县有医疗卫生机构484家，其中县直医疗卫生单位7家（县人民医院、县中医院、县妇幼保健院、县疾病预防控制中心、县卫生监督所、县慢性病防治站、县皮肤病防治院），厂场医院3家，民营医院8家（含血透中心），乡镇卫生院15个，村卫生站335个，计生服务站1家，中小学校保健所1个，个体诊所112个（含门诊部），卫生室2个。全县医疗卫生机构编制床位数3469张（县人民医院600张、县中医院200张、县妇幼保健院115张、其余医疗卫生机构2554张），每千常住人口医疗卫生机构床位数4.21张（卫生强省目标值5.4张）。执业（助理）医师1360人，注册护士1969人，乡村医生329人，全科医生333人。

【医药卫生体制改革】 2021年，遂溪县继续推进县域医共体建设，创新医疗卫生管理体制和运行机制，发挥县级公立医院在县域内龙头作用，以资源下沉、人才下沉、技术协作为重点，带动基层医疗卫生机构服务质量和水平提升。药品采购实行“两票制”（药品从药厂卖到一级经销商

2021年3月，遂溪县全面启动卫生健康系统“营商环境整治提升年”活动

（县卫健局/供图）

开一次发票，经销商卖到医院再开一次发票），药品价格降低。各医疗卫生机构基本药物使用率、基本药物使用金额占比均达到省、市要求，医疗费用不合理增长得到控制。探索医院托管模式，通过引入高水平医院合作带动全县卫生事业发展，在全市率先通过托管方式将县人民医院交由广东医科大学附属医院经营管理。建立符合行业特点的薪酬制度，做到多劳多得、优绩优酬，重点向临床一线、业务骨干、关键岗位人员倾斜。

【医疗卫生项目推进】

遂溪县人民医院整体搬迁升级建设项目 该项目占地面积7.3公顷（110亩），估算总投资9.48亿元。总建筑面积12.86万平方米，采用PPP模式进行建设，项目于2018年9月开工建设。截至2021年12月底，项目完成主体封顶，外墙装修完成。2021年，完成投资2.47亿元，累计完成投资4.1亿元。

遂溪县中医院整体搬迁升级建设项目 该项目占地面积13.3公顷（200亩），估算总投资3.1亿元。截至2021年12月底，一期工程综合保障楼完成土地报批；二期工程门诊住院楼完成基建工程。2020年，完成投资1.43亿元，累计完成投资2.9亿元。

遂溪县妇幼保健院整体搬迁升级建设项目 该项目占地面积1.7公顷（26亩），估算总投资1.1亿元。截至2021年12月底，门诊综合楼完成基建工程，投入使用，2021年完成投资1500万元，累计完成投资6100万元，二期地下停车场和地面园林广场工程待县人民医院搬迁后进行建设。

【基本公共卫生服务项目实施】 2021年，遂溪县推进基本公共卫生服务项目工作，建立“政府主导，卫健部门主管，镇亲抓、村（居）委参与、乡村医生主抓”的县镇村“三级联动”机制。累计完成居民电子健康档案人数83.79万人，电子健康档案建档

率91.61%。为适龄儿童接种免疫规划疫苗，接种率95%以上。孕产妇早孕建册8050人，早孕建册率81.63%，产后访视8947人，产后访视率90.72%。0～6岁儿童接受随访7.10万人，健康管理率91.13%。完成老年人健康管理5.54万人，管理率69.04%。严重精神障碍患者在册6637人，规范管理6212人，规范管理率93.60%。高血压患者健康管理2.87万人，规范管理率62.40%。糖尿病患者管理9357人，规范管理率61.86%。老年人接受中医药健康管理5.35万人，管理率66.67%。0～36个月儿童接受中医药健康管理2.17万人，管理率65.05%。

【妇幼健康管理】 2021年，遂溪县推进妇幼卫生基本公共服务。完成宫颈癌筛查5543人，乳腺癌筛查5543人，检查率分别为101.37%、101.37%。完成孕前优生检查8019人，覆盖率83.27%。加强0～6岁儿童健康管理，儿童保健率95.68%。叶酸服用人数5000人，完成率100%，孕产妇死亡率10.91/10万，0～4岁儿童死亡率3.05‰。加强艾滋病、梅毒和乙肝防治。完成孕产妇艾乙梅检测10042人，检测率100%，其中艾滋病阳性1例、梅毒阳性22例，乙肝阳性1292例，梅毒、乙肝治疗率分别达100%、99.92%。加强孕产妇保健管理。孕产妇住院分娩率100%，系统管理率93.5%。出生缺陷地中海贫血筛查人数12881人，筛查率181.12%；唐氏综合征筛查8527人，筛查率119.9%；严重致死致残结构畸形筛查8390人，筛查率117.97%；新生儿疾病筛查9407人，筛查率105.82%；新生儿听力筛查9412人，筛查率105.87%。

【医疗卫生行业综合监管】 2021年，遂溪县卫生健康局做好医疗机构日常监管，对全县486家医疗机构开展日常监督检查，发现无证行医行为5起，均予以取缔并给予行政处罚。开展“双随机、一公开”（在监管过程中随机抽取检查对象，随机选派执法检查人员）专项检查。完成国家“双随机”抽检98家，完成率100%；开展以“建设健康企业，助力健康中国”为主题的职业卫生病防治法宣传活动。对15家企业开展宣传，播放职业健康知识宣传片20次，并发放职业病防治宣传材料约1500份；开展农村集中式供水专项整治活动，出动卫生监督员215人次，出动车辆54辆次，下达卫生监督意见书28份，对持有卫生许可证的集中式供水单位监督覆盖率100%。加强对镇、村饮用水卫生知识宣传，出动宣传车辆20辆次，发放宣传画册1000余份；强化公共场所监督检查，检查公共场所经营单位168个次，下达卫生监督意见书85份。结合经常性卫生监督、国家“双随机”监督抽检、专项监督执法和社会投诉举报等工作，并通过“以案促管”、跨部门联合进行“双随机”等专项整治行动。全年立案案件169件，一般程序84件，简易程序85件，其中医疗机构29件、传染病防治110件、职业卫生3件，公共场所13件、生活饮用水4件、放射1件、餐饮具消毒2件，另外移交公安机关1件，罚没金额47万余元。

【计划生育管理】 2021年，遂溪县卫生健康局落实计划生育四项奖励扶助金发放工作。农村部分计划生育家庭奖励总人数786人，新增52人；城镇独生子女父母计划生育奖励总人数786人，新增161人；农村计划生育节育奖励人数48人；计划生育家庭特别扶助人数45人。以上四项奖励扶助金共2309457.5元，县直机关事业单位独生子女父母奖励人数889人，新增121人，奖励扶助金按每月80元/人发放。对全县失独家庭28户45人落实“一对一”精准帮扶、特殊家庭扶助金兑现、特殊家庭上门走访慰问、特殊家庭医生签约服务、托育机构发动宣传跟踪落实等工作。加强出生人口监测。2021年1月至12月，全县户籍总人口1135040人，出生总人数15647人，出生率13.77‰，总和生育率1.67，政策生育率78.26%，多孩率19.52‰，性别比112.77，自然增长率9.02‰。

【新冠肺炎疫情防控】 2021年，遂溪县卫生健康局按照“外防输入、内防反弹”防控要求，落实新冠肺炎疫情常态化防控各项措施，共查处“三非人员”621名，办理非法聘用外国人案件7件，办理容留非法入境人员居住案件2件，遣送“三非人员”（非法入境、非法居留、非法就业的人员）71人。累计入境隔离期满管理783人，累计进行核酸检测11007人次，收集产品样本1039份、环境样本1051份。截至12月27日，全县累计接种新冠灭活疫苗125.41万剂次，其中接种第一针59.98万人、接种第二针56.66万人、接种第三针8.77万人，接种腺病毒疫苗1028人；完成新冠疫苗全程接种56.76万人，全人群全程接种覆盖率68.83%。组织9支共180余名集中隔离酒店工作人员队伍，每个隔离酒店均按要求配备1名处级干部作为酒店负责人，储备10家隔离酒店共632间隔离用房。全县组建一支2100人的核酸采样队伍和187人的流调队伍。单日单采单检最大能力为3500管，10∶1混检可达3.5万份。年初，遂溪县举办全县新冠疫情应急处置演练2次和大规模核酸筛查应急演练2次，各镇、各医疗机构也相应地举办演练活动，提升新冠疫情应急处置能力。

是年，遂溪县疾病预防控制中心做好新冠疫情防控工作。8月13日，县疾控中心开展新冠肺炎疫情防控知识培训及应急处置演练。模拟在遂溪县发现输入性新冠肺炎病例，迅速进行全员采样、密切接触者流行病学调查、环境消杀等应急处置工作。中心新冠病毒核酸检测（PCR）实验室自2020年10月投入使用以来，开展重点人群、重点场所新冠监测，其中包括应急监测（屠宰场、农贸市场、学校食堂、超市、饭店、11类重点场所等），日检测能力800份。所有标本新冠检测结果均为阴性。自新冠疫苗接种大规模展开后，县疾控中心严格按要求做好疫苗接收、分发、使用登记和报告等记录，确保新冠疫苗连续供应。截至12月13日，遂溪县累计报告接种新冠病毒疫苗1170035剂次。6月6日，吴川市发生1例新冠病毒无症状感染者。该中心迅速组织动员，紧急集结19名防疫队员组成流调队及核酸检测队，奔赴吴川市支援抗疫。

2021年6月6日，遂溪县疾控中心派员支援吴川市抗疫

（县疾控中心/供图）

【梁碧儿医德教育基地建设暨“五四”青年节“团干训练营”活动】 2021年4月25—26日，广州医科大学附属第三医院与广东省卫生健康委、广州医科大学团委、遂溪县卫生健康局、河头镇卫生院共同举办主题为“传承梁碧儿大医精神　锤炼新征程有为青年”2021年梁碧儿医德教育基地建设暨“五四”青年节“团干训练营”活动，旨在进一步建设好梁碧儿医德教育基地，促使梁碧儿大医精神更大范围、更深层次地传承和发扬。活动包括缅怀纪念、物资捐赠、健康义诊、宣传连廊揭牌、讲百年党史团课比赛及专题授课等内容。

【广东医科大学附属医院遂溪医院揭牌】 2021年9月1日，遂溪县人民医院在医院门诊楼前举办广东医科大学附属医院遂溪医院揭牌仪式活动，遂溪县、广东医科大学有关领导参加。活动分为揭牌仪式、参观远程会诊、呼吸内科远程查房、总院援建专家

2021 年 4 月 15 日，遂溪县举行公共卫生医院建设项目奠基仪式

（县卫健局 / 供图）

到临床科室调研查房 4 个环节。

【遂溪县公共卫生医院建设项目】 2021 年，遂溪县卫生健康局按照省建设计划要求，谋划搬迁县慢性病防治站，整合建设遂溪县公共卫生医院项目。该项目选址于县第三中学西侧、省道 287 线南侧，将县慢性病防治站进行搬迁，按可收治烈性传染病患者的病区系统进行配套建设，建成一家“平战结合”型医院，平时作为遂溪县慢性病的定点防治医院，为群众提供优质基本公共卫生服务；疫情紧急时可快速封闭院区，依托县人民医院医资力量，通过地下室的独立通道与县人民医院传染病科（发热门诊）连接，变成县人民医院的“院中院”，快速转换成烈性传染病收治医院，实现“平时”和“疫时”后勤保障和大型医技设备等资源共享。

2021 年 12 月 20 日，遂溪县妇幼保健院门诊综合楼开业仪式在原县人民医院医疗区内举行

（县卫健局 / 供图）

【遂溪县妇幼保健院整体搬迁升级项目】 该项目选址于原县人民医院医疗区内，项目占地面积 15984 平方米，总建筑面积 2.6 万平方米，估算总投资 1.1 亿元，设置病床 300 张，按二级甲等妇幼保健院标准建设为遂溪县妇女儿童医院，项目建设以妇女儿童保健和保障生殖健康为主要宗旨，遵循保健与临床相结合原则，致力于加强孕产保健、儿童保健、妇女保健、计划生育技术服务、产科、新生儿科等专业科室建设。

（陈思青）

【中医药文化健康科普大讲堂在遂溪孔子文化城举行】 2021 年 11 月 3 日，中医药文化健康科普大讲堂在遂溪孔子文化城儒家讲堂内举行。湛江市科协、湛江市卫健局主办，遂溪县科协、县卫健局、县文广旅体局、县旅游投资有限公司、湛江中医学校承办，共同开展该次活动。

（县旅游投资有限公司）

疾病预防与控制

【重点传染病防控】 2021 年，遂溪县疾病预防控制中心加强鼠疫防治宣传教育培训工作，在全县 12 个鼠疫监测点、村委张贴宣传海报 30 张，发放宣传单 16500 张。通过宣传教育，不断提高群众对鼠疫防治的知晓率及防控意识。医务人员在做好“疫情三报”［体温异常要报告、粤康码红黄码要报告、行程卡显示“*”或者有疫情中高风险地区（阳性感染者报告地区）所在地级市旅居史要报告］工作同时，开展灭鼠、灭蚤工作。开展鼠疫病原学监测检活鼠1231只，取鼠脏器在平皿上压印培养，做蚤培养55匹，均未检出鼠疫杆菌。血清学监测检活鼠血清972份，经鼠疫间接血凝（IHA）试验，结果全为阴性。进行家鼠密度监测自然村12个，在12个自然村居民住宅区内，布放有效笼4200笼次，捕获家鼠207只，总密度4.93%。进行野鼠密度监测12次，主要以野外、林地、蔗地、园界为监测生境，用5米夹笼线法，每次在一个监测点布放鼠夹300夹次，共布放鼠夹3757夹次，捕获野鼠116只，总密度3.08%。

遂溪县艾滋病防治工作坚持“政府领导部门合作，全社会参与”原则，以宣传教育和行为干预为重点，以阻断传播为目的，落实各项综合防治措施，实现预期目标。全年检测HIV标本66848份，艾滋病随访866人次。持续加大艾滋病防治知识宣传工作力度，对县城所有旅店、宾馆等场所进行覆盖，做好负责人及从业人员开展“面对面”艾滋病防治知识宣传，发放宣传资料约5000份，发放安全套1万个。4月和10月，分别在县大成中学、县第三中学、县第一中学等学校为学生讲授“携手防疫抗艾，共担健康责任”专题教育课，现场悬挂横幅和宣传海报，发放艾滋病宣传单4500张、宣传小册4200份，活动共覆盖约4000人次。5月12日，在县强制戒毒所举办“拒绝毒品，远离毒品，远离艾滋”健康知识讲座，发放宣传资料400多份。12月1日，是第34个世界艾滋病宣传日，在县城街心公园开展以“生命至上、终结艾滋、健康平等”为主题的艾滋病宣传活动，发放避孕套2万只、艾滋病宣传单8000张、艾滋病预防宣传小册子8000份及各类宣传小礼品等。

【学校卫生监测】 2021年7月，遂溪县疾病预防控制中心对全县15所中小学校现场开展教室采光、照明及教室和学生宿舍人均面积等检测抽查。11月，对全县15个镇共61所中小学校、幼儿园等开展教室照明复核监测工作。4月，在遂城、城月、港门、杨柑、界炮5个镇学校开展8～10岁儿童家庭盐碘含量监测，完成200名8～10岁小学生家庭食用盐和学生尿碘的监测。8～10岁儿童甲状腺肿大率为0.01%，合格碘盐覆盖率99.7%，尿碘中位数为201.2克/升。10月，依托全国学生常见病和健康影响因素监测项目，完成县第一中学、附城中学、遂城第二小学、遂城第七小学、遂城第一幼儿园、城月中心幼儿园、城月中学7所学校学生常见病和健康影响因素监测工作，监测人数2497人。内容包括学生常见病和生长发育情况，为掌握学生近视、龋齿、肥胖、营养不良、脊柱弯曲异常等常见病及青春期发育情况，评估学生群体健康及生长发育水平。在学校、家庭和学生中开展近视、肥胖和脊柱弯曲异常等学生常见病干预及传染病防控工作，引导学生形成自主自律的健康生活方式。

【死因登记报告】 2021年，遂溪县疾病预防控制中心根据“广东省死亡医学证明管理系统”网络报告死亡个案统计，全县报告死亡的终审个案5560例（按现住址）。死因排位前五位的5类疾病共3964例，占总死亡个案的71.29%。第一位是肿瘤，1331例。第二位是脑血管疾病，1070例。第三位是呼吸系统疾病，612例。第四位是心脏疾病，608例，第五位是损伤和中毒，343例。

【慢性非传染性疾病管理】 截至2021年11月30日，遂溪县估算高血压患者137564人，已管理27838人，管理率20.24%，任务完成率73.07%；规范管理17219人，规范管理率61.85%；血压达标15083人，控制率54.18%。估算糖尿病患者64925人，已管理8763人，管理率13.50%，任务完成率57.65%；规范管理5468人，规范管理率62.40%；血糖达标4560人，控制率52.04%。

（戴志淳）

卫生监督

【概况】 2021年，遂溪县卫生监督所加强医疗卫生监督，强化公共场所卫生监督，检查公共场所经营单位325个次；开展学校卫生监督，开展职业卫生监督和生活饮用水监督；开展新冠肺炎疫情监督，出动卫生监督员2300多人次，对医疗机构、公共场所、学校、隔离场所等场所监督检查1600多次。

【医疗卫生监督】 2021年，遂溪县卫生监督所加大医疗卫生监督力度，对全县15个镇、446个医疗机构开展日常监督检查，监督率100%。以专项整治行动为重点，规范医疗机构执业行为。通过开展村卫生站未经核准静脉输液专项整治，对基层医疗机构执业情况从严检查，查处案件29件，罚款19万元。开展传染病防治专项行动，以感染防控为重点检查内容，查处案件110件，通报批评医疗机构67个，责令停业整顿医疗机构5个。

【公共场所卫生监督】 2021年，遂溪县卫生监督所对美容美发场所、娱乐场所、购物场所、体育场所等各类公共场所进行日常监督，出动卫生监督员750人次，监督场所232个次，下发卫生监督意见书183份，查处案件13件。结合常态化疫情防控要求，开展春节、国庆等节日前住宿场所专项检查行动，出动执法人员320人次，监督检查住宿场所81个次。重点检查住宿场所疫情防控机制建立情况、员工健康管理和培训、住客健康管理、住宿场所内环境、用品用具清洁消毒、集中空调通风系统管理、消毒产品和防护用品的配备情况。

【学校卫生监督】 2021年，遂溪县卫生监督所开展各项学校卫生监督工作，保障学校教学生活环境卫生。开展春、秋学期学校卫生专项检查，重点检查教室环境、学生宿舍、传染病防治、饮用水卫生等情况。出动卫生监督员370人次，检查学校160次，

2021年，遂溪县卫生监督所开展学校卫生监督检查。图为11月23日，遂溪县卫生监督所工作人员到遂溪第三幼儿园开展卫生监督检查

（县卫生监督所/供图）

2021年6月16日，遂溪县卫生监督所工作人员到正大饲料（湛江）有限公司开展职业卫生监督检查

（县卫生监督所/供图）

发出卫生监督意见书160份。在中、高考前，以专项行动维护中、高考期间考点学校及周边公共场所卫生安全保障工作。

【职业卫生监督】 2021年，遂溪县卫生监督所开展建材、化工等重点行业尘毒危害专项执法，推动职业卫生执法工作。结合专项整治行动，推进职业卫生分类分级监管。在职业病危害项目申报的基础上完成分类分级监管要求87家，其中甲级12家、乙级30家、丙级45家。下达卫生监督意见书42份，行政处罚案件4宗，罚款人民币5万余元。利用《中华人民共和国职业病防治法》宣传周，开展普法“进企业”宣传贯彻活动5场，举办职业卫生知识讲座3场，受教育人次150人。

【生活饮用水卫生监督】 2021年，遂溪县卫生监督所集中开展农村集中式供水专项整治行动，出动卫生监督员215人次，出动车辆54辆次，下达卫生监督意见书46份，查处案件4件。5月，利用饮用水卫生宣传周开展宣传活动，出动宣传车辆20辆次，发放宣传画册1000份，到各镇农村向供水单位、群众讲解饮用水卫生知识，加强供水单位卫生管理意识。

【“双随机、一公开”监督抽检】 2021年，遂溪县卫生监督所开展国家“双随机、一公开”监督抽检工作。抽检任务104个，其中公共场所卫生29个，生活饮用水供水卫生2个，学校卫生19个，医疗卫生22个，传染病防治30个，血液安全1个，放射诊疗1个。监督抽检任务完成98个，关闭单位6个，“双随机”行政处罚案件6件，监督抽检情况进行社会公示。

【新冠肺炎疫情监督】 2021年，遂溪县卫生监督所按照常态化疫情防控要求，对辖区内监管单位落实卫生监督职责。对医疗机构哨点的年监督覆盖率达到100%，监督检查间次达到2700次，对公共场所、密闭场所、隔离场所等重点场所监督检查1300间次。对未按照规定落实疫情防控工作的医疗机构进行行政处罚82个，对22个擅自诊治具有新冠肺炎相关症状患者的医疗机构责令停业整顿，下发疫情防控卫生监督意见书769份。

（曾思谕）

医院选介

【遂溪县人民医院】 遂溪县人民医院是一所二级甲等综合性医院，国家级爱婴医院。医院占地面积3万平方米（其中业务用房占地面积16600平方米），业务用房建筑面积39800平方米。编制床位600张，开放床位832张。

全面托管合作 2021年5月26日，遂溪县人民政府与广东医科大学附属医院签订《遂溪县人民医院托管合作协议》，把县人民医院交由广东医科大学附属医院全面托管，增名为广东医科大学附属医院遂溪医院。7月26日，广东医科大学附属医院选派干部林颢、邓烈华、黄红兵3人到广东医科大学附属医院遂溪医院就任，其中林颢任党委书记、邓烈华任院长、黄红兵任总会计师。9月1日，广东医科大学附属医院遂溪医院揭牌。

业务发展 2021年，全院总收入4.24亿元，总收入比上年增长4.66%；其中医疗业务收入4.08亿元，比上年增长10.27%。门急诊424833人次，比上年增长12.29%；出院人次30008人次，比上年下降1.94%；体检人数32554人次，比上年增长63.3%；住院手术8307例，其中微创手术803例，比上年增长15.87%，出院患者三、四级手术占比57.59%，比上年增长5.83%；疑难危重收治CD型率19.24%，比上年增长10.64%；平均住院日7.3天，病床使用率71.49%。

疫情防控 医院加强预检分诊、发热门诊、病区封闭管理，完善转运流程、医疗救治工作体系和应急管理机制，规范隔离区，提升核酸检测能力，全年开展新冠肺炎疑似病例应急演练24场次、疫情防控知识及技能培训38场次，合计5027人次。派出32名医务人员投入吴川市战疫前线。派3名护理骨干支援广州白云机场海关口岸及湛江海关口岸、市县集中隔离点开展核酸采样工作。全年为群众接种新冠疫

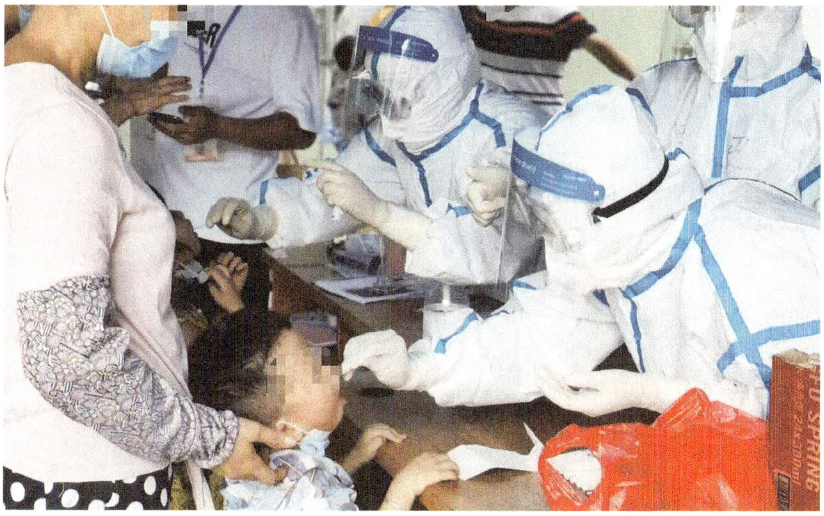

2021年6月7日，遂溪县人民医院医务人员到吴川市抗疫前线，为群众做核酸采样（县人民医院/供图）

苗182440剂次。2021年，医院获评为“湛江市抗击新冠肺炎疫情先进集体”称号。

质量管理 医院印发医疗、护理、质控、院感、病案等关键性医疗制度和18项核心制度，制定《医院急诊绿色通道管理制度》《医疗损害和医疗纠纷防范及应急预案》等6个制度和流程，新增5个院级委员会。全院9个不良事件归口管理部门收到不良事件共500例，Ⅰ级事件1件，Ⅱ级事件32例，Ⅲ级事件463例，Ⅳ级事件4例，均及时处理。

药事管理 医院严格执行药品国家集采政策，抓处方质量，对临床科室抗菌药物使用强度进行动态监控。抗菌药物使用强度情况呈现逐渐下降的态势，第四季度以来，均达到国家标准（≤40DDDs）。

2021年12月12日，广东医科大学附属医院遂溪医院慢病管理中心挂牌成立，成为广东省首家县域慢病管理中心（县人民医院/供图）

院感管理 2021年，住院病人中有346人发生488例次医院感染，感染例次率1.64%，达到国家卫健委规定的≤8%要求；Ⅰ类手术切口感染率为0。做好环境卫生学监测，开展重症医学科目标性监测，加强手卫生管理，做好手卫生培训和考核800人次，合格率100%。

优化服务 医院改进预约诊疗服务，开展咨询服务及一站式便民惠民服务。在广东医科大学附属医院和县域医共体成员单位开展远程门诊和远程查房服务。全院优质护理服务病房覆盖率100%，开展“互联网+护理服务”上门服务64次。持续开展志愿者活动，全院参加志愿者活动2416人次，志愿服务时长达8000多小时，其中组团107场次，为患者解决问题约12万个。全院患者满意率90%以上。

专科建设 针对临床医务人员紧缺现状，广东医科大学附属医院派驻医疗援建专家37名，包括博士12名，硕士12名，高级职称23名。医院开展新技术新项目17个；开设援建专家门诊1个；受广东省卫健委、广东省疾病预防控制中心委托，广东省疾病预防控制中心慢性非传染性疾病预防控制所到该院现场授牌成立“广东医科大学附属医院遂溪医院慢病管理中心”，成为广东省首家县域慢病管理中心；呼吸与危重症医学科通过呼吸与危重症医学科（PCCM）评审，获评

“国家PCCM科规范化建设二级医院优秀单位”称号。

科研教学　医院8个市级科研课题结题验收。2021年，全科医生培训学员参加省培训结业考核，通过率95%以上。接收医、药、技和护理专业实习生100多名、进修生30多名和全科医生培训50多名。申报广东医科大学附属医院住院医师规范化培训协同单位。

政府指令性任务　医院完成5079人的高考体检。为贯彻粤桂（遂溪—融安）扶贫协作卫生人才交流工作，派出4名医务人员驻点广西壮族自治区融安县开展支医活动。完成广东省扶贫公卫项目“两癌”筛查756人次。完成创建省文明城市、创建平安医院等重大活动及交办的其他各项工作。

（县人民医院）

【遂溪县中医院】　遂溪县中医院是一所二级甲等综合性中医医院，医院占地面积6300平方米，建筑总面积5131平方米。医院开设有急诊科、内科、儿科、骨外科、普外科、妇科、老年病科、治未病科、针灸理疗科等20多个中西医临床科室，并开设有中医不孕症、中风后遗症、肝病、针灸、痔疮、皮肤性病、白内障、腰椎病等专科门诊。

业务开展　2021年，医院业务总收入3631万元，比上年增长0.92%；门（急）诊收入1392万元，比上年增长3.44%；住院收入2238万元，比上年下降0.59%；药品收入1047万元，比上年增长12.64%；中医门诊人次42918人次，比上年增长1.37%；门（急）诊人数75483人次，比上年增长1.64%；出院者占用总床位数42150床天，药占比28.83%，比上年增长3%。规范优势病种、诊疗方案和临床路径的管理，开展临床路径管理病种43个，临床路径入径率95%。

基础建设　根据《遂溪县人民政府关于报送遂溪县加强基层医疗卫生服务能力建设攻坚战实施方案的函》要求，县中医院整体搬迁升级项目按三级中医医院标准分2期进行建设，项目建设地点位于“两河三岸”新城区、遂城镇坎灶村东北侧，占地面积3.88公顷（58.2亩）。遂溪县中医院整体搬迁升级建设项目预算金额3.3亿元，建设面积70950平方米，第一期项目综合保障楼建设面积8200平方米，投资金额2004.49万元，一期工程因土地调规而停工（2021年10月20日完成土地不动产权证书办理）。项目二期工程内容为门（急）诊楼1幢、医技楼1幢、住院楼2幢及地下室，建设面积62750平方米，于2019年9月28日动工，2022年下半年竣工并投入使用。

（县中医院）

【遂溪县妇幼保健院】　遂溪县妇幼保健院是由县人民政府举办的公益性事业单位。占地面积1148平方米，建筑面积4100平方米，其中业务用房面积3300平方米，编制床位100张，开放床位100张。

业务发展　2021年，遂溪县妇幼保健院儿科门诊病人流量44142人次，比上年下降35%，新儿科住院628人次，比上年下降12%；内儿科住院1014人次，比上年增长0.4%；妇产科门诊病人量47673人次，比上年下降16%；住院分娩活产数1482例，比上年下降14%，其中剖宫产505例，阴道产中手术助产0例。业务总收入2901万元，比上年减少189万元，下降6%。医务人员收入占医院总支出的39%以上。

医院建设　遂溪县整合优化医疗卫生资源，将县妇幼保健院搬迁到县人民医院原院区内，占地面积1.73公顷（26亩）。保留县人民医院住院综合楼（1.68万平方米），新建门诊综合楼1幢，建筑面积1.3万平方米，设置床位300张。待县人民医院搬迁后，续建开放式绿化广场、地下停车场等其他配套设施，把县妇幼保健院建设为妇幼保健服务基地。年底新院门诊综合楼竣工，于12月30日举行开业仪式。

妇幼健康服务项目　2021年，全县培训地贫防控专业技术人员130人次，地贫初筛率达125.9%，基因检测率100%，产前诊断率83.33%，双方阳性夫妇个案录入100%，单方筛查阳性者给予医学指导和科学解释。全年为10042名孕产妇进行“三病”免费检测，检测率100%，孕期检测率95.77%，孕早期检测率87.13%。其中，乙肝表面抗原阳性1292例，阳性率14.06%；阳性产妇所分娩新生儿免费注射乙肝免疫球蛋白率99.92%；梅毒阳性孕产妇21例，阳性治疗率100%，阳性孕产妇所生婴儿治疗率100%。2021年发现2例艾滋病感染孕产妇，已按方案要求进行母婴阻断，其中1例在该院分娩，1例在湛江市妇幼保健院分娩，随访新生儿早诊为阴性。

“两癌”免费筛查项目　2021年，为5543例适龄妇女进行宫颈癌筛查，查出HPV阳性512例，ASC-US 84人，ASC-H 13人，LSIL 34人，HSIL 20人，AGC 1人，CIN1 55人，CIN2和CIN3 32人，原位腺癌1人，微小浸润癌1例、浸润癌2例，均由专人随访并督促患者前往有条件的医疗机构接受相应治疗，对未按时进行下一步检查的患者，将名单汇总上交县卫健局，由县卫健局与相应辖区干部联系，再次催促患者到医院进一步检查。检查中还查出外阴阴道假丝酵母菌病15人、细菌性阴道炎108人、宫颈炎13人、宫颈息肉94、子宫肌瘤3人等。乳腺筛查5543例，乳腺彩色超声检查0级6例，3级432例，4级212例，5级2例。乳腺X线检查2级6人，3级134人，4级77人；组织病理应检查303人，实检查37人；癌前病变1例，乳腺癌9人。

平安医院建设　结合平安医院建设和安全生产大检查活动抓好社会治安综合治理工作，加强领导，建立健全各项管理制度，层层落实岗位责任制，加大投入，提高科技监控水平，做到日常常规管理与特殊情况布控相结合，加强各种安全隐患的日常排查和重点部门重点排查；配合政法部门，完成治安巡逻等社会综治工作任务。

（县妇幼保健院）

体育

【概况】　2020年，遂溪县有业余体校1所，在校生230人，市属运动员65人，专职教练员12人。全县有各类体育场地4705处，人均体育场地面积90平方米，其中公共体育馆1个，公共游泳池（馆）1个，社会足球场11块，社区体育公园16个。全县有县级体育协会4个、体育健身站130个，社会体育指导员服务站9个，三级以上社会体育指导3320人。全年遂溪县运动员获省级以上奖项34项。

【群众体育】　2021年，遂溪县开展形式多样的群众性体育活动。2020年12月至2021年1月3日，举办2021年元旦北坡镇男子篮球联赛。3月18日，举办2021年遂溪县书法进校园活动。3月18日，举办2021年遂溪县戏曲进校园活动。4月9日至5月1日，举办遂溪首届“碧桂园杯”篮球争霸赛。4月30日至5月4日，举办遂溪县首届“华山杯”篮球邀请赛。6月1日，举办少儿书法展。8月11日，举行太极拳、健步走、广场舞展示活动。8月15日，成立遂溪县篮球协会，为遂溪县篮球运动的发展提供平台，10月13日，举办遂溪县老体协第五届“长寿杯”乒乓球比赛。10月12日，举办遂溪县太极拳三级社会体育指导员培训班。11月7日，举办遂溪县跑步三级社会体育指导员培训班。12月1日，举办遂溪县体育舞蹈二级社会体育指导员培训班。推广及普及太极拳运动发展，推动全民健身运动开展，举办培训班24期。推广健步走运动。

【竞技体育】　2021年，遂溪县组队代表湛江市参加2021年广东省青少年锦标赛女篮甲组比赛，获第五名；代表湛江市参加2021年广东省青少年体操锦标赛比赛，获金牌5枚、银牌6枚、铜牌4枚，总分397.25分，获团体总分第八名。

【运动员注册】　2021年，遂溪县做好备战2021年广东省青少年锦标赛女篮甲组比赛及广东省青少年体操锦标赛比赛，在省共注册运动员20人，确认运动员30人，在市注册运动员200人。

【运动员选材】　2021年，遂溪县业余体校向市体育运动学校输送5人，向省基地输送2人、到省体工队集训1人、在省体校转正1人。

（县文化广电旅游体育局）

社会·民生

人力资源和劳动管理

【社会保障】 2021年，遂溪县城镇职工企业养老保险、机关事业单位养老保险、城乡居民养老保险、工伤保险、失业保险五大险种参保57万人次，基金总收入11.03亿元。其中，全县城镇职工企业养老保险参保6.92万人（含离退休），在全市排名第五，在五县（市）排名第一。失业保险、工伤保险参保人数分别为3.67万人、4.09万人。全县城乡居民养老保险参保40.2万人，缴费18.42万人，完成市下达缴费人数任务的100.6%。办理全县516个单位2016年度职业年金实账积累1.3万人共5546.72万元。发放失业补助金2571人132万元。

【职业技能培训】 2021年，遂溪县推进“粤菜师傅”“广东技工”“南粤家政”3项工程，新批准成立技能培训学校1家，引进设立职业培训学校分教点3家，全县职业培训学校达5家。组织开展职业技能培训班173班次，培训学员7731人次。全年审核发放职业技能培训等相关补贴合计944.93万元。开展职工线上培训247人，发放线上培训补贴21.17万元。发放以工代训补贴1.1万元。发放困难人员个人技能提升培训生活费补贴2500元。发放技工院校建档立卡贫困家庭学生261人生活费补助78万元。

【就业创业】 2021年，遂溪县就业形势总体稳定向好。举办招聘会22场次，解决农村劳动力转移就业6864人。实现城镇新增就业3859人、城镇失业人员实现再就业2309人、就业困难人员实现再就业142人，分别完成市下达任务的101.55%、100%、100%，城镇登记失业率控制在3.5%以内。落实援企稳岗政策，发放就业创业补助资金260万元。其中，发放就业困难人员灵活就业社保补助77.16万元，惠及334人。发放一次性创业补助和租金补贴46.4万元，惠及登记失业、复退、返岗下乡创业等人员56人。发放创业带动就业补贴1.2万元。发放个人创业担保贷款33笔688万元，惠及初创企业33家。向公共就业服务机构发放公共就业创业服务补贴71.96万元。

【劳动保障】 2021年，遂溪县劳动关系总体平稳向好。治欠工作力度加大，落实各项工人工资保障制度，监察用人单位125家，接受群众来电来访616人次，办理投诉举报41起，为972名工人追回拖欠工资1469多万元。开展根治欠薪冬季攻坚专项行动，处理重点难点拖欠农民工工资案件一批，为1658名工人追回工资2253万余元，实现“两清零三确保”（落实政府投资工程项目、国企项目及各类政府与社会资本合作项目拖欠农民工工资案件在2021年年底前全部清零，其他欠薪案件在2022年春节前动态清零；确保欠薪隐患及时消除，确保农民工工资按时足额发放，确保不发生因欠薪引发群体性事件和极端事件）工作目标。依法处理劳动人事争议仲裁案件289件，涉案金额285.9万元，累计结案率100%，总调解成功率75.6%，均在法定期限内审结。受理工伤认定申请95件，受理各类信访案件46件，均在法定期限内办结，办结率100%。

【人事管理】　2021年，遂溪县开展事业单位公开招聘454人，其中教师招聘264人，卫生系统招聘53人，其他事业单位招聘137人；开展4个事业单位共66人机构改革分类考试；审核备案事业单位岗位设置方案141个；办理事业单位工作人员调动123人；完成624个事业单位共13894名事业单位工作人员的2020年度考核审核备案工作，完成60个单位共304人（机关工勤、待分流人员、三类人员）2020年度考核审核备案工作。完成教育系列职称评审结果确认审核备案共150人次，其中评审中级职称91人次，评审初级职称47人次，初次职称考核认定初级职称12人次。完成县职业学校职称制度改革过渡9人次，其中高级讲师1人次，讲师4人次，助理讲师4人次。完成87个事业单位共330人次的职称聘任审批工作，其中高级职称57人次，中级职称126人次，初级职称147人次。受理送审9个企事业单位共27人次的湛江市高层次人才认定申报材料，其中申报C类人才认定24人次，B类人才认定3人次。完成事业单位2021年度1.1万人的工资档次正常晋升及补发工作。完成教师2020年9月至2021年8月奖励性绩效和其他事业单位2021上半年奖励性绩效工资审核发放工作；完成事业单位人员1.1万人的2021年度住房公积金基数调整。配合县委组织部调整全县机关事业单位2022年度绩效奖金发放方式。完成机关事业单位工作人员死亡后丧葬费标准、遗属生活困难补助标准调整，全年办理遗属供养39人。

【乡村振兴人才驿站】　2021年12月29日，遂溪县人才驿站、遂溪县乡村振兴人才驿站揭牌运行。县级（乡村振兴）人才驿站与高层次人才服务、电商产业园、产业转换工业园、粤菜师傅培训基地、乡村振兴培训学校、对虾种业产业园6个站区以及15个镇级乡村振兴人才驿站串珠成链，构成遂溪县又一重要人才服务平台体系。全年招募“三支一扶”服务人员18名，充实到全县乡村振兴工作队伍。

（县人力资源和社会保障局）

民政

【困难群众生活保障】　从2021年1月起，遂溪县城镇最低保障水平由2020年的772元/人·月提高到800元/人·月，补差水平由609元/人·月提高到631元以上/人·月；农村最低保障水平由2020年的532元/人·月提高到551元/人·月，补差水平由276元/人·月提高到286元以上/人·月；特困人员供养标准按照不低于遂溪县城乡低保标准的1.6倍发放；集中供养孤儿（含艾滋病病毒感染儿童）按每人每月1883元标准发放，分散供养孤儿（含艾滋病病毒感染儿童）、事实无人抚养儿童按每人每月1227元标准发放；困难残疾人生活补贴、重度残疾人护理补贴标准，分别从每人每月175元、235元提高到181元、243元。至年底，遂溪县纳入最低生活保障对象有6925户19519人，全年低保支出共9089万元；全县特困供养人员4783人，其中全县的19所镇级敬老院集中供养人员318人，分散供养人员4465人，发放供养金5437万元；全县有孤儿169人，其中福利机构供养孤儿98人，社会散居孤儿71人，发放孤儿基本生活补助金344.4991万元；事实无人抚养儿童440人，发放基本生活补助金414.2518万元；发放残疾人生活补贴1054.0452万元，护理补贴3436.6415万元。

【兜底民生服务社会工作双百工程实施】　2021年，遂溪县15个镇实现社工站全覆盖，建成村级社工站点41个；全县在职在岗社工179人，覆盖村（居）委会257个。

【临时救助】　2021年，遂溪县临时救助人数799人，救助金额总计302万元。

【流浪乞讨人员救助】 2021年，遂溪县救助站接待求助人员203人次，站内救助人数168人次（男性受助人员149人次，女性受助人员19人次，残疾人13人次，精神障碍者27人次，少数民族同胞13人次）；站外救助人数35人次（男性受助人员28人次，女性受助人员7人次）；护送返乡31人次。

【婚姻登记】 2021年，遂溪县办理婚姻登记9555对，其中结婚登记5794对，离婚登记申请1390对，离婚登记986对，补领结婚证1213对，补领离婚证172对。登记合格率100%。

【殡葬管理】 2021年，遂溪县火化遗体5576具，火化率99.68%，自然火化率99%以上。

【遂溪县殡葬管理工作总结会议召开】 2022年1月21日，遂溪县召开殡葬管理工作会议，各镇镇长及分管民政工作领导等参加会议。至年底，有14个镇年终火化率达标，年度火化遗体5576具，年度平均火化率实现99.68%。生态墓园建设持续开展，落实减免殡葬基本服务费用政策，实施惠民政策。会议通报遂溪县2021年第四季殡改工作考核结果和2021年度殡葬管理目标考核结果以及2021年全年火化率不足60%的落后村（居）委会。会议对界炮等13个镇颁发2021年第四季殡改工作奖励金。对草潭等14个镇颁发2021年度殡改工作奖励金。对洋青镇水流村委会等8个村委会进行通报批评。草潭镇、界炮镇作经验介绍。县政府与各镇签订2022年殡葬管理目标责任书。

【正常离任村干部信息采集和资金发放】 2021年，遂溪县正常离任村干部信息采集系统录入正常离任村干部人数3025人，经省、市、县审核符合采集条件有2953人。符合正常离任村干部发放补助条件有2449人，补助资金累计发放2284.752万元；由县财政全额支付正常离任社区干部有46人，补助资金累37.328万元。两项补助资金合计1692.250万元。正常离任村干部信息采集系统在12月1日开放，还有正常离任村干部670人的信息正在采集和录入。

【村级换届选举】 至2021年1月29日，遂溪县全部完成村（居）民委员会换届选举工作，选举产生新一届村（居）民委员会成员1379人，书记兼主任343人，交叉任职757人。至3月底，完成350个村（居）务监督委员会（其中村务监督委员会322个、居务监督委员会28个）换届选举工作。村（居）民小组换届选举已完成2114个，还有3个村民小组没有完成换届选举工作。

【村规民约修订指导】 2021年，遂溪县换届选举完成后，县民政局指导各村（居）民委员会继续修订完善具有特色的村规民约、居民公约，结合时代发展新形势新要求和自身实际，聚焦思想道德领域突出问题，引导和发动村（居）民参与修订完善新时代村规民约，将乡村振兴要求、自治法治德治精神、移风易俗、村庄规划管理等纳入村规民约，并按要求做好简报报送工作。向县农村农业局报送简报7篇、移风易俗典型案例1篇。

【村级议事协商创新实验试点】 2021年，遂溪县民政局将洋青镇文相村作为遂溪县村级议事协商创新实验试点单位，建立村党组织领导的村级议事协商机制和村民议事平台。按要求申报洋青镇文相村议事协商创新实验试点活动向上推荐，11月23日被列入全国议事协商创新实验试点单位。

【社区“万能章”治理工作开展】 2021年6月8日，遂溪县民政局开展社区“万能章”治理专项行动，对村（居）民委员会实际出具证明状况进行摸底，梳理各部门需要村（居）民委员会出具证明事项，查明村（居）民委员会出具证明无法律法规依据的有18项。根据民政部等六部委“不应由基层群众性自治组织出具证明事项清单（第一批）”及省、市、县政策文件要求，集中清理不符合法律规定和文件精神的基层群众性自治组织出具证明事项，改进和规范基层群众性自治组织出具证明工作。

【扫黑除恶专项斗争涉民政类信访案件处理】 2021年，遂溪县民政局收到线索4条（其中全国扫黑平台督办1条、县督办2条、县公安局转来1条），局扫黑除恶领导小组按县扫黑办、县公安局督办的时间节点逐条核查，全部办结并报县扫黑办或县公安局。

【禁毒宣传和帮扶】 2021年2月25日，遂溪县民政局到江洪镇四联村委会开展精准扶贫慰问暨禁毒宣传活动。6月3日，组织工作人员下属单位负责人收看虎门销烟182周年纪念日云直播活动。印刷民政法律法规宣传指南5000本，采购《青少年安全防护教育手册》《青少年预防犯罪教育手册》《青少年防恐防暴防邪手册》各50本用作开展禁毒宣传活动。至年底，救助帮扶戒毒康复人员困难家庭23个，累计发放资金2.1168万元。

【界桩维护加固和平安边界创建】 2021年，遂溪县民政局完善界线管理相关政策，建立健全依法管界长效机制，与赤坎区、麻章区、雷州市、廉江市签署开展平安边界共建协议书；开展宣传教育。结合县政法委开展平安细胞创建活动，通过有关媒体、拉横幅、贴宣传标语等多种形式，加大宣传；建立界线管理定期走访制度。开展经常性互访，加深边界邻地区双方之间了解，4条县级界线均无边界争议纠纷事件发生。做好麻遂线、赤遂线界桩维护加固，聘请有资质测绘队对麻遂线、赤遂线现有和丢失界桩，按原界桩北京54坐标系转换成国家2000大地坐标系进行定点，重新制作界桩，并按省级界桩标准对“赤遂线”“麻遂线”界桩采用二级梯级水泥混凝土加固。2021年8月底完成并验收这项工作。做好界桩委托管理，对属遂溪县管辖的38个界桩（其中县级25个、镇级13个）进行重新签订委托管理协议，委托当地群众签订管理的界桩35个，同时做好2021年委托管理经费发放工作。

【遂城镇行政区划变更】 2021年，遂溪县民政局根据《行政区划管理条例》及其实施办法规定和县委、县政府工作部署，推进遂城镇行政区划变更工作。至3月下旬，完成行政区划变更各个程序步骤，整理申报材料并逐级上报省政府审批。经省人民政府同意，省民政厅于10月28日函复湛江市同意遂溪县撤销遂城镇设立遂城街道和附城镇。11月2日，经市政府常务会议、市委常委会（扩大）会议研究同意省民政厅函复意见，县民政局按照有关规定做好遂城镇行政区划变更后各项工作。

【地名命名或更名】 2021年，遂溪县民政局根据《广东省地名管理条例》和《广东省建筑物住宅区名称管理规定》要求，做好地名命名或更名审批工作，审批建筑物住宅区命名7个，道路命（更）名14条。

【红色地名文化宣传】 2021年，遂溪县民政局根据省民政厅《“记住红色地名，赓续红色基因”地名文化宣传活动和地名信息服务提升实施方案》要求，3月开始在全县组织开展“记住红色地名，赓续红色基因”地名文化宣传活动和地名信息服务提升工作，向社会征集红色地名故事、摄影图片、宣传海报、短视频等作品，采取各镇“点菜单”、宣讲团“接单”模式，举办遂溪县“记住红色地名，赓续红色基因”进村进校园宣讲活动。截至12月，完成红色地名故事、摄影作品、海报、短视频等作品13个，组织宣传活动65个，参与人数7210多人。同时，对全国地名信息政务管理平台（地名信息库）地名数据进行查漏补缺，核实修改、补充完善。

（县民政局）

社会保险

【概况】 2021年，遂溪县五大险种参保57万人次，企业职工养老参保69298人；机关事业养老参保22787人；失业保险参保36738人；工伤保险参保40912人；城乡居民养老保险参保402045人。全年全县五大险种基金总收入

11.03亿元，总支出20.72亿元。其中，企业职工养老保险基金收入37790万元，支出130840元；机关事业单位养老保险基金收入34554万元，支出40706万元；失业保险基金收入733万元，支出691万元；工伤保险基金收入253万元，支出1418万元；城乡居民养老保险收入36928万元，支出33566万元。

【社保政策落实】 2021年，遂溪县社保局对企业退休人员基本养老金按时进行调整，执行时间从2021年1月1日起，企业退休职工退休金连续10多年得到调整，同时按省统一安排，对符合过渡性养老金改革人员进行待遇重核和补发。从2020年7月1日起，遂溪县城乡居民基本养老保险基础养老金最低标准提高到每人每月180元，全县城乡居民基本养老保险的个人缴费补贴以及待遇调整机制实行市级统筹，遂溪县2021年城乡基本养老保险待遇标准按照市局政策文件贯彻落实。做好养老待遇资格认证。是年，县企业基本养老金资格审验工作原则上不再要求认证对象在规定时段内进行认证，逐步放开为全年每月都可以认证，两次认证的间隔时间不超过12个月的可继续发放养老金。通过“广东社保”App或微信小程序“粤省事”进行全省企业离退休人员人脸识别认证，实现认证对象足不出户即可完成认证。

【基金监管】 2021年，遂溪县社保局对社保待遇审核坚持“三个严格”：严格执行政策和标准，做到符合条件的随到随办，不符合条件的坚决不办；严格落实工作人员经办、股长复核、分管局长审批；重点业务严格实行局班子会议审批制度，审批环节发现疑点，要求稽核人员介入调查，做到及时发现问题，及时督促纠正。

【机关事业单位养老保险制度改革】 2021年，遂溪县社保局办理机关事业单位养老保险人员增员1419人次、个人中断缴费809人次，个人退收112人次，在职人员信息修改144人次，初始化人员补缴17人次，初始化人员批量补缴19个单位，缴费工资零星申报31人次，缴费工资申报单位549个，单位信息变更单位69个，新参保登记单位16个。全年办理机关事业单位退休人员养老待遇378人，机关事业单位养老待遇停续159人，机关事业单位一次性养老待遇23人。

【社保基金安全管理】 2021年，遂溪县社保局实行企业职工养老保险和城乡居民养老保险各项业务一个窗口经办，实现一站式受理，简化待遇申领流程；取消工伤保险部分待遇申请证明材料，由信息共享等方式获取相关情况，做到“数据多跑路，群众少跑腿”。开展社保基金管理专项整治行动。开展数据稽核，利用数据共享比对核查系统，定期开展疑点核查，降低社保基金支出风险。

（县社保局）

医疗保障

【概况】 2021年，遂溪县完善城乡居民基本医疗保险制度，推动城乡居民医疗保险待遇水平整体提高及均衡发展。其中，城乡医保投保88.65万人，完成市医疗保障局下达任务指标的100.51%。住院医保待遇方面，按医院类别确定待遇，参保人在镇卫生院，一、二、三类医院住院基本医疗保险起付标准分别为100元、100元、300元、500元。报销比例分别为85%、80%、70%、50%，基本医疗保险年度最高支付限额20万元。“五保”户、低保对象、丧失劳动能力的残疾人住院，不设起付线，住院报销比例增长10%。70岁以上老人住院报销比例增长5%。在普通门诊统筹方面，参保人所在镇卫生院门诊治疗起付线为20元，报销比例为60%，年度报销限额300元。在特殊门诊方面，2021年3月1日，遂溪县将省、市确定的57种门诊特定病种全部纳入职工医保和居民医保门诊特定病种范围，不设置起付标准，居民医疗保险门诊特定病种在基本医疗保险范围内费用支付比例在三类、二类、一类（含一类以下）分别为60%、70%、80%。在基本医疗保险基础上，对发生高额医疗费用的大病患者给予进一步保障。大病保险政策按照医疗费用越高，报销比例越高原则，分段设置大病保险报销比例，减轻大病患者高额医疗费用，年度最高支付限额80万元。其中，建档立卡的贫困人员、特困供养人员在城乡居民基本医疗保险政策范围内的个人自付住院费用，分别按照年度累计超过2000元、3000元以上部分，大病保险按80%、85%报销，不设年度最高支付限额。

【困难群众医疗救助】 2021年，遂溪县落实困难人员政府资助参保3.92万人，其中建档立卡人员2.54万人。2021年度手工（零星）医疗救助2540人次，救助金额4368.58万元，其中二次医疗救助230人次，救助金额309.70万元。

（县医疗保障局）

住房保障

【住房公积金业务概况】 2021年，湛江市住房公积金遂溪办事处归集住房公积金5.23亿元，比上年增长8.94%；新增缴存单位87个，新增缴存人数2183人，分别比上年增长14.47%、45.83%。提取业务稳中有升。提取职工96354人次，提取使用住房公积金4.36亿元，比上年增长5.04%。其中，职工提取使用住房公积金3.55亿元用于支付房租，购买、翻建、大修自住住房等住房消费，占提取总额的81.42%。贷款业务稳中有序。发放住房公积金个人住房贷款687笔，总额2.23亿元，比上年增长4.32%，个贷率74.32%。增值收益稳步增长。住房公积金资金安全高效运行，实现增值收益1217.18万元，比上年增长7.23%。

【住房公积金贷款业务培训】 2021年9月14日，湛江市住房公积金遂溪办事处党员志愿者到遂溪碧桂园城市之光楼盘的营销中心为销售人员进行住房公积金贷款业务培训，培训人员15人。

【公积金促缴扩面】 2021年3月15日，湛江市住房公积金遂溪办事处联合工商银行遂溪支行，对遂溪县金钩王阿婆田艾粑饼业有限公司开展上门走访工作，动员和督促该单位建制缴存。

（雷广平）

2021年9月14日，湛江市住房公积金遂溪办事处党员志愿者在遂溪碧桂园城市之光营销中心开展住房公积金贷款业务培训

（湛江市住房公积金遂溪办事处/供图）

2021年3月15日，湛江市住房公积金遂溪办事处工作人员到金钩王阿婆田艾粑饼业有限公司进行住房公积金政策宣传（湛江市住房公积金遂溪办事处/供图）

民族宗教事务

【民族宗教宣传】 2021年，遂溪县以“宗教政策法规学习月”和“民族团结进步宣传月”为契机，在全县交通要道悬挂“中华民族一家亲，共同践行核心价值观”标语，在社区发放《少数民族政策汇编》宣传手册，举办3期学习班，共215人次参加。

【县佛教协会述职】 2021年1月，遂溪县召开县佛教协会述职评议会，县佛协班子成员公开述职并接受佛协理事和场所负责人评议打分，该创新模式获湛江市民宗局和市佛教协会肯定并上报省、市推广。

【民族宗教平安创建】 2021年，遂溪县召开全县宗教领域平安创建百日行动动员部署会，制订印发《遂溪县宗教领域“平安创建”集中打击清源百日行动工作方案》，建立健全隐患台账清单，全面防范化解宗教活动场所安全风险。疫情防控期间，各民族宗教场所实行“双暂停”政策，督促做好卫生消毒和疫情防控工作。贯彻落实《遂溪县宗教活动场所常态化综合检查工作方案》，组织民宗、公安、所在镇领导联合对宗教活动场所进行日常管理、治安保卫和消防安全、卫生防疫等综合检查。

（县委统战部）

退役军人事务

【概况】 2021年，遂溪县稳步推进服务保障体系建设，提高拥军优抚褒扬水平，做好思想政治与权益保障工作，提升就业创业、移交安置服务质量，全县退役军人工作呈现稳定、有序、良好态势。

【退役军人服务保障体系建设】 2021年，遂溪县县、镇、村三级服务保障体系全面建成，并正常运作。其中，成立县级退役军人服务中心1个、镇级退役军人服务站15个、村级退役军人服务站349个。在广东省退役军人服务中心（站）星级创建工作中，遂溪县获评为五星级服务站7个、四星级服务站2个、三星级服务站1个。

【退役军人安置】 2021年，在遂溪县退役军人事务局、县编办、县人社局、县公务员局等部门密切配合下，完成符合由政府安排工作转业士官和军队干部随军家属的安置工作。

【退役士兵社保接续】 2021年，遂溪县退役士兵社保接续缴费率100%，办结率100%。

【退役士兵就业创业】 2021年，遂溪县退役军人事务局协调落实退役军人就业创业有关政策措施，组织开展退役军人适应性培训和职业教育、技能培训，一部分退役士兵参加适应性培训及退役军人专场招聘会，部分达成就业意向；协助退役军人办理创业担保贷款，为退役军人申请创业租金补贴；为参加学历提升的退役士兵办理学费减免申请；组织接收自主就业退役士兵，发放一次性经济补助金。与金融机构对接，为退役军人提供更多金融优惠和创业资金支持，加强就业创业服务，引导退役军人创业。

【优待抚恤】 2021年，遂溪县退役军人事务局落实优抚政策，为各类定恤定补人员发放各类定恤定补金，为各类优抚对象下发优待金；解决医疗难支出资金，为重点优抚对象落实职工医疗保险和大病救助险；年度优抚对象核查任务；开展双拥共建工作，巩固和发展“同呼吸、共命运、心连心”的新型军政军民关系，营造军爱民、民拥军的浓厚社会氛围，增进军政军民团结。

【双拥工作】 2021年，遂溪县人武部重视双拥工作，慰问伤病残军人，为参战、立功安置于企业的复转退军人进行健康检查，为立功军人家庭联合送喜报，协助完成随军家属的工作安置。军人子女就学、彻底停偿等服务保障扎实有效。

（苏慧林）

应急管理

安全生产监督管理

【概况】 2021年，遂溪县发生生产安全事故55起，死亡16人，受伤128人，事故宗数比上年上升7.84%，死亡人数比上年上升60.00%，受伤人数比上年上升96.92%（其中，生产经营性道路交通52起，死亡13人，受伤127人。工矿商贸伤亡3起，死亡3人，受伤1人）。未发生较大以上生产安全事故，全县安全生产形势稳定。

【安全生产责任落实】 2021年，遂溪县持续推进安全生产专项整治三年行动。持续完善各部门攻坚任务，压实责任到岗到人，加强动态检查和过程监督。强化企业安全教育培训、隐患排查治理和安全风险分级管控。以问题导向、目标导向和结果导向推进全县安全生产领域9大专项整治。排查事故隐患3700处，完成整改3692处，整改率96.42%；约谈警示生产经营单位54家，实施行政处罚1286次。推进系统防范化解道路交通安全风险工作。县安委办围绕“人、车、路、企、救”突出问题，推动全县系统防范化解道路交通安全风险工作落实落细，遏制道路交通事故高发势头。利用营运商、学校、气象平台、各单位员工微信工作群、户外LED显示屏等方式，发送短信751096条，悬挂横幅2202条，张贴标语2311条，在国道两旁路灯设置灯旗22套。召开季度会议部署。县委、县政府领导牵头组织会议，分析研究当前安全生产形势，部署落实全县安全生产和疫情防控工作。

【安全生产重点行业领域治理】 2021年，遂溪县应急管理局开展重点行业领域安全生产专项整治。对非煤矿山、道路交通、危险化学品、烟花爆竹等重点企业开展专项整治活动。发现涉危化品隐患51项，下达整改指令书6份。实现所有重大危险源企业检查覆盖率、企业对标自查率和隐患问题整改率“3个100%”。针对涉非煤矿山不同时段易发生事

2021年4月2日，遂溪县应急管理局联合多部门开展清明期间烟花爆竹执法检查
（县应急管理局/供图）

故特点，分别对非煤矿山企业开展复工复产专项检查和治违打非专项执法检查。

【安全生产打非治违】 2021年，遂溪县应急管理局开展执法检查5次，发出执法文书16份。发现涉城镇燃气方面隐患31处，发出责令整改通知书6份，限期整改31项，全部完成整改并恢复生产。针对有限空间情况，检查企业32家，共发现隐患172处。检查烟花爆竹企业5家，发现问题3个。针对成品油非法经营情况，查获非法经营柴油45吨，扣押加油设备器材一批，组织县消防救援大队现场对非法改装的油罐进行注水处理。针对森林防灭火情况，县应急管理局与县自然资源局组成督导组到镇、村一线开展督导指导业务，确保森林火灾风险隐患排查工作稳步推进。

（县应急管理局）

应急值守

【概况】 2021年，遂溪县应急管理局健全值班值守各项工作制度，值班室实行值班员24小时在岗在位值班，每天安排1名局领导带班，法定节假日、敏感时期和恶劣天气等重要时期适当增加值守人员，确保24小时值班，将值班工作实行常态化开展，提高应对突发事件的处置能力。指导镇级应急指挥中心建设，深化值班室和会商室标准化、规范化、制度化建设，督促镇级值班工作常态化开展。县、镇级指挥平台建立有华为、天翼云、一键通和值班值守系统与国家、省、市级应急指挥中心互联互通。

【应急建设提升】 2021年，遂溪县应急管理局加强应急救援体系建设，在修订完善应急预案基础上，进一步落实应急救援制度，将应急救援协调联动机制、应急物资储备、应急演练与评估等一系列制度落实纳入日常工作。做好应急值守机制建设，坚持重要会议、重大节日期间领导带班，24小时轮班制，做好单位内部的安全值班工作。组织开展应急演练。组织开展遂溪县新冠集中隔离场所突发事件（防汛、防风、防火）应急演练、有限空间生产安全事故桌面应急演练等专题应急演练3场；开展常规应急演练182场，规模以上演练10场（次）。参加演练队伍261支，出动演练车辆35辆，参加演练人数约7万人。发放各种宣传资料1万多份，组织应急知识培训5000多人。避难场所建设不断完善，全县II类应急避难场1处，为体育馆避难场所（位于县文化广电旅游体育局，占地面积1.22万平方米，可容纳人数0.154万人，有应急物资：救灾帐篷100套、移动发电机2套、过滤净水器8台）。临时避难场486处，其中县级临时避难场所3处，分别是县街心公园应急避难场所、县烈士纪念广场应急避难场所、孔子文化城应急避难场所；镇村级临时避难场所共483处，主要分布在各行政村（社区）的文化楼、广场、学校、村委会等。示范社区建设有序推进，遂城镇白水村、建新镇三合棚村为遂溪县2021年全国综合减灾示范社区推荐名单。

2021年5月12日，遂溪县减灾委员会办公室、县应急管理局牵头组织县科工贸和信息化局、县气象局等15个部门在县城琴苑公园举行第13个全国“防灾减灾日”宣传活动

（县应急管理局/供图）

【应急管理服务】 2021年，遂溪县应急管理局开展安全生产、应急管理宣传教育活动。集中开展安全生产专项整治三年行动、应急演练、安全生产月、防灾减灾救灾宣传等活动，普及安全知识、强化安全意识、提升安全素质，提高预防、避险、自救、减灾技能，完成应急安全法治教育实践基地体验馆工作。

【应急基础力量建设】 2021年，遂溪县应急救援基地项目2020年被列入遂溪县重点项目，处在征地阶段。全县救援人员总人数1384人，其中专职类救援队伍4支，包括有国家消防救援队伍的县消防救援大队（含遂城消防救援站和岭北消防救援站）2支队伍43人、县森林消防应急救援队森林消防员16名；县危化企业（国投广东生物能源有限公司）危化品专业应急救援队人员6人；兼职类救援队伍47支，全县15个镇建立兼职应急救援队伍15支共561人，县直部门建立有兼职的应急救援队伍17支共458人。包括组建的遂溪县防汛抢险轻舟中队共24名队员，配备有冲锋舟和橡皮艇，每年汛期期间进行集训。成立15个社区志愿者防灾减灾应急救援队伍，救援人员共300人，并经统一业务培训，配备防护装备和救援设备，能满足简单救援工作，是遂溪县应急救援力量重要补充。

（县应急管理局）

2021年7月5日，遂溪县三防指挥部和县应急管理局组织开展2021年防汛抢险救援轻舟中队集训 （县应急管理局／供图）

2021年10月20日，遂溪县在岭北消防站举行森林防灭火业务技能大比武出征仪式，欢送县专业森林消防队代表湛江市赴广州参加全省第二届森林防灭火业务技能大比武竞赛 （县应急管理局／供图）

消防救援

【概况】 2021年，遂溪县消防救援大队结合总队、支队“清单式”工作法，明确工作具体时限和责任人，抓住“人车酒”“松软散”“黄赌毒”“网贷密”问题深入查找、整顿、整改。加强“六熟悉”和实地演练，制订完善数字化预案51份；开展联勤联训22次，灭火救援演练125次，“六熟悉”94次，完善制订辖区火灾事故类型预案编制完成52家；与辖区医院、石化、工程施工、工程机械、餐饮及超市签订战勤保障协议，建立战勤保障机制。组织各镇政府专职消防队员骨干分2批开展业务培训，提升各镇专职消防队伍灭火救援、防火巡查及消防宣传工作能力水平。组织开展2021年遂溪县乡镇专职队技能比武，来自全县15支镇专职消防队，45名镇专职消防队员参加比武活动。2021年，遂溪县消防救援大队在首届消防员技能竞赛中获总分第一名和多个项目第一名，在车辆事故处置专项会操竞赛中获得第一名；1人获评为“全国优秀共青团员”，1人获评为“湛江好人”，1人获评为“湛江市十佳团支部书记”，1人被湛江市消防安全委员会评为“践行习近平总书记授旗训词精神先进个人”，1人被选举为遂溪县人大代表，1人获得广东省消防救援总队“火焰蓝杯”羽毛球比赛混双第六名。遂溪县消防救援大队被政协遂溪县委员会评为“2021年度提案承办先进单位”，被遂溪县人大常委会评为“2021年人大代表建议先进办理单位”及被中共遂溪县委、县政府评为2021年度平安建设（综治工作）先进单位。

（县消防救援大队）

【防灾减灾救援】 2021年，遂溪县组织“查帕卡”“狮子山”等5个台风和8轮强降雨的相关防御工作，启动防风Ⅳ级应急响应3次、防风III级应急响应2次。遂溪县没有出现因台风、暴雨等灾害造成人员伤亡事故。及时补采应急物资，全县防汛抢险物资、救灾物资均储备充足。2020年5月，经由遂溪县人民政府批准进行物资仓库扩建，对县应急管理局一楼大厅（原行政服务中心办事大厅）进行改造，为应急物资仓库。2020年5月，采购第一批应急抢险物资，价值44.43万元；2020年8月，省救灾物资储备仓库下拨应急救灾物资一批，价值27.64万元；2020年12月、2021年4月，分别采购第三、第四批森林消防应急物资，价值16.47万元、9.8万元；2021年8月，购入第五批应急抢险物资，价值9.62万元；2021年9月，购入第六批应急抢险物资，价值24.95万元。

【森林防灭火】 2021年，遂溪县应急管理局加强森林防灭火安全管控工作。增强对县专业森林消防队队伍建设，新增专业消防队员4名。组织参加全省第二届森林防灭火业务技能大比武竞赛，获优秀奖。严格执行值班、带班制度，确保每个卫星热点、每起森林火情在第一时间得到妥善处置，全年接到火警赶赴现场救援130余次，防范化解重大火灾事故风险，无人员伤亡。

【防灾减灾】 2021年，遂溪县应急管理局开展第一次全国自然灾害综合风险普查工作。初步制订《遂溪县第一次自然灾害综合风险普查工作方案》，在全县范围多渠道、多方位进行宣传工作。首次清查完成1857条数据收集，根据普查调查阶段筛查排除，实际调查数据1783条。11月，完成下乡数据核查，指导开展普查工作，完成应急领域数据上报。

（县应急管理局）

【消防监督及宣传】 2021年，遂溪县消防救援大队推动新时期消防工作政策文件宣贯落地，县政府7次召开县政府常务会议听取消防工作汇报、研究解决消防工作重大问题，每季度召开消防工作专题会议部署推进消防落实。县委、县政府主要领导和分管领导多次听取工作汇报，组织研究推动消防工作，在重大节日和重要时期多次带队开展消防安全检查，进一步推动消防工作在政府层面“出镜、出彩”，全面压实各级、各部门消防工作责任。遂城镇被省政府列为火灾隐患重点地区挂牌整治，县政府2次召开专题会议，遂城镇多次召开专题会议研究推动辖区整治工作，推动县住建、卫计等部门开展各行业系统消防安全整治，争取县财政投入450万元整治工作经费，建设70余个市政消火栓和40余个社区微型消防站，联合遂城镇聘请第三方机构，排查整治三合一场所、公共场所和单位以及出租屋等4000余家，排查任务基本完成。2021年，遂溪县消防救援大队累计发现火灾隐患或违法行为192处，下发责令整改通知书187份，下发行政处罚决定书24份，临时查封4家，“三

2021 年，遂溪县消防救援大队推动各镇开展“百车南粤万村行”暨消防体验活动 （县消防救援大队 / 供图）

2021 年 12 月 24 日，遂溪县消防救援大队深入乡村地区开展电气火灾消防安全检查 （县消防救援大队 / 供图）

停”（停产停业、停止施工、停止使用）8 家，罚款 35.86 万元。县消防救援大队、县住建局、县公安局、县城综局和遂城镇人民政府联合印发《关于建立消防车通道管理协作机制的通知》，对占用消防车通道行为贴单处罚 300 余宗，划设消防车通道禁停线 134 处，清理违规住人 358 人。开展消防宣传培训活动，县消防救援大队、县融媒体中心在遂溪电视台等 5 个频道播放消防宣传片 1450 次，县消防救援大队、县移动、电信、联通三大营运商发送 120 万人次火灾隐患重点地区消防宣传标语提醒事宜短信，在遂城镇的标志性建筑物和主要干道及村社区 200 余处悬挂巨型消防安全宣传广告和横幅图，发放消防宣传资料 1.5 万份，培训中小微企业 1100 余人，组织人员到 15 个镇和 300 余个村（居）委会开展“百车南粤万村行”活动和消防知识培训讲座。

【后勤装备】 2021 年，遂溪县消防救援大队以佛山大沥消防站正规化试点为标准，以正规化建设工作为抓手，展开思路、精心谋划，规范内务摆放、门牌标识、器材分类、安全标语、车库上沿、站主楼外墙“119”救援、训练塔“119”救援等区域设置。县政府常务会议通过县第三消防站（杨柑站）建设项目决定，政府无偿划拨建设用地，解决建设经费 900 万元。岭北消防站项目完工入驻，岭北消防站投入使用。县政府投入 130 万余元购置 3 辆轻型消防车、灭火战斗服、空气呼吸器等装备充实 15 个政府专职消防队。

（县消防救援大队）

镇

遂城镇

【概况】 遂城镇位于遂溪县东北部，东邻黄略镇，西毗洋青镇，南至岭北镇，北接廉江市，境内有广海高速、渝湛高速、国道207线、国道325线、省道287线和黎（塘）湛（江）铁路通过，是广东通往中南、西南各省和海南的交通要道。遂城镇是遂溪县委、县政府所在地，也是全县政治、经济、文化和交通中心。辖社区14个和行政村32个，自然村286个，行政区域面积26460公顷，2021年年末，户籍人口225751人。重要矿产资源有矿石、高岭土，有丰富的金、银、铜矿。境内雷州青年运河、东海河和遂溪河贯穿而过。耕地面积10353.33公顷，土特产有蔗糖、番薯、木菠萝、百香果、火龙果、香蕉等。

中共遂城镇委书记：陈辉；镇委副书记、镇长：陈泽和；镇人大主席：陈荣庆；镇委副书记：赖乃雄（9月起挂职）、梁志斌、谢跃祺；镇纪委书记：吴丰（任至6月）、卜永佳（6月起任）；镇委委员、副镇长：王育超；镇委委员：卜永佳、吴丰（任至6月）、李武光（任至6月）、詹海（任至6月）、徐泽乾、肖国富、熊春晓（任至6月）；镇委委员、武装部部长：麦青；镇人大副主席：叶碧涛（9月起任）；副镇长：武顺（任至6月）、詹海（9月起任）、熊春晓（9月起任）、郑建强（9月起任）、翟业明（9月起任）、杨小玲（9月起任）；主任科员：李武光（6月起任）、郑英才、陈国伟（6月起任）。

马六良村农家乐 （县志办／供图）

【经济发展】 2021年，遂城镇实现生产总值102.09亿元，比上年增长10.7%。第一产业增加值14.89亿元，比上年增长13.9%；完成农业总产值23.76亿元，比上年增长13.9%。发展遂溪县美农种植专业合作社丝菌米种植、遂溪县鸿华种植专业合作社沃柑种植、湛江梅坡岭村养殖专业合作社白鸽养殖和湛江市绿保现代农业发展有限公司冰糖木瓜种植等特色项目4个，支持157户规模化养殖场生猪标准化养殖生产，完成2021年度生猪稳产保供存栏任务目标91764头。第二产业增加值17.63亿元，比上年增长13.7%；完成规模以上工业总产值57.78亿元，比上年增长9.1%，规模以上工业企业现有37家，比上年新增2家。第三产业增加值69.58亿元，比上年增长9.0%。固定资产投资完成54.25亿元，占全县固定资产投资的55.08%，比上年增长8.3%；招商项目36个，实现招商项目到位资金认定11.67亿元，完成率116.72%。

【综治维稳】 2021年，遂城镇立刑事案件473件，破案256件，其中立“两抢一盗”案件221件，破100件；破团伙案9件，破涉毒案20件，刑事拘留121人，逮捕犯罪嫌疑人78人，收戒吸毒人员137人，查处治安案件486件。查处涉黑涉恶人员30名，冻结涉案资金2354万元；掌握扫黑除恶线索27条，处理26条，在查1条。获2021年遂溪县先进镇扫黑除恶专项斗争领导小组称号。投入禁毒工作经费21万元，家访社区戒毒社区康复对象100人次，帮扶安置就业社区戒毒社区康复对象55人，帮扶资金7000元。

【社会保障】 2021年，遂城镇办理低保救助862户1971人；办理特困人员救助413人；办理大病救助123人，享受救助金2819997元；办理临时救助24人，享受救助金128000元；办理残疾人重度护理补贴234人，残疾人生活补贴40人；办理80周岁以上老人高龄津贴申请3747人，其中新增办理505人。

【卫生健康】 2021年，遂城镇出生人口3267人，人口出生率14.09‰，符合政策生育率80.33%，出生人口性别比115。办理一孩登记服务524例，二孩登记服务684例，再生育审批290例。参加免费孕前优生健康检查夫妇1934人，其中男性951人、女性983人。2021年，遂城镇接种新冠灭活疫苗第一针187808人，接种新冠灭活疫苗第二针182784人，接种新冠灭活疫苗加强针30730人。

【文化教育】 2021年，遂城镇有各类学校177所，其中完全中学2所、高级中学2所、职业技术学校1所、初级中学9所（含九年一贯制学校1所）、小学46所（含教学点6个）、特殊学校1所、幼儿园116所。2021年，全镇在校中小学生43290人（初中生12089人、小学生31201人），在园幼儿2744人（公办），特殊学校140人。全镇有中小学专任教师2413人（其中中学专任教师967人、小学专任教师1446人），幼儿园专任教师199人（公办），特殊学校专任教师22人。投入资金120万元建成新文化楼1栋，建筑面积550多平方米，使用上级专项资金约40万元购置设备设施与原有基础设施相配套，改善功能活动室条件。年初，镇文化站由省三级站晋升为二级站。继2016年创建“广东省教育强镇”后，于2021年6月底通过“广东省教育强镇复评验收”。遂城镇科协举办种养技术培训班13期，参加培训13500余人次。

【农村人居环境整治】 2021年，遂城镇出动干部群众34452人次，清理收集农村生活垃圾46792.8吨，拆除清理农村破旧房屋9301间，清理村内水塘数量116口，清理村内沟渠328.68千米，整治畜禽养殖粪污等农业生产废弃物4441.4吨。投入资金9397万元，完成仙凤、豆村、大家3个省定贫困村，沙坡、附城2个示范村和礼村“四小园”（小菜园、小果园、小花园、小公园）试点等农村人居环境整治建设项目556个，建成农村“四小园”645个，总面积238207平方米。

【农村基础设施建设】 2021年，遂城镇建成农村生活污水管网自然村229个，收集率80.6%；完成使用农村污水终端自然村203个（新建污水终端建设189个、纳入城镇污水处理厂4个、资源化利用10个），治理率71.5%。完成自然村村内巷道硬底化116千米，其中28个自然村完成村内道路硬底化，119个自然村实现村内巷道干路硬底化，45个自然村完成支路硬底化。完成农村卫生无害化户厕17212户，农村无害化卫生户厕率100%。“村村通”自来水工程建成使用覆盖自然村284个，实现农村集中供水覆盖率100%。通电、通网、通邮实现行政村覆盖率100%，建成镇一级物流服务点9个、村（社区）物流服务点40个。

【美丽乡村建设】 2021年，遂城镇推进下洋村县级乡村振兴示范点、市级美丽宜居示范村的建设，投入50多万元建设“四小园”项目，投入60多万元建设村庄巷道绿道和道路铺设彩砖，长度5.6千米；投入约680万元建设一栋二层东征红色文化纪念馆；投入160多万元建设以黄晶果、神秘果等热带水果为特色产品支柱农业的下洋村农业科技馆。推进礼村、风朗村2个行政村建设县级美丽宜居示范村，开展下洋、大家、宾高、福祥、龙架和新和村6个自然村农房管控和乡村风貌提升示范带建设行动。创建官湖村“广东十大美丽乡村”。“万企帮万村”累计投入资金4.5亿多元，建成壹号土猪产业园官湖养殖基地、宜居生态新农村工程和官湖小学等项目。

【创文创卫】 2021年，遂城镇开展创文巡查督导工作，采购和投放垃圾箱738个；开展创文大整治活动2次，清除生活垃圾和建筑垃圾20余车次。建设创文示范站2个，完成率100%；注册志愿者53人，文明实践站覆盖人口3200余人；开展志愿服务培训2次；开展文明实践活动10场次，活动参与人数507人。重新配备村级保洁员244名，改造升级垃圾收集点506个，重建垃圾池376个，完成悬挂“门前三包”（包卫生、包绿化、包秩序）责任牌2.4万户，健全完善“户分类、村收集、镇转运、县处理”垃圾处理模式；投入除“四害”（苍蝇、蚊子、老鼠、麻雀）资金10万元，鼠密度降至3%。创建福祥村、奋勇村、新村等“广东省卫生村”9个和万下村、东边村、向阳村等“湛江市卫生村”40个，申报农林、城东2个生活垃圾分类示范区，官湖村等生活垃圾分类示范自然村44个。

【交通安全】 2021年，遂城镇联合县交警部门开展校园校车安全专项整治行动3次，开展道路交通整治行动110余次，出动1500余人次，查扣摩托车、电动车5314辆，查处不戴头盔行为12331起，教育劝导9332人次。成立镇摩托车、电动自行车以及摩托车驾驶人户籍化管理小组，推动开展附城村委会摩电“户籍化管理”试点工作。

【综合执法】 2021年，遂城镇办理土地卫片违法整治案件45件，违法占用耕地建房案件29件，违法用地整治面积12.8公顷（192亩），其中耕地5.8公顷（87亩），建设用地0.2公顷（3亩），其他土地6.8公顷（102亩）；违规用地土地建设案件2件，正在立案跟进处理。非法开采案件13件，其中行政处罚11件，教育批评2件，扣押抽沙船1艘，运沙车2辆；非法砍伐林木案件6件，其中行政处罚2件，教育批评4件；擅自改变林地用途案件并进行行政处罚1件；医疗卫生案件2件，其中行政处罚1件，教育批评1件。

【项目征地】 2021年，遂城镇完成遂溪机场站场扩建项目。一期征地约42公顷（630亩），二期征地约34公顷（510亩），迁移坟墓1150座；完成遂溪县Y541线—鱼峰水泥厂道路建设项目征地0.306公顷（4.59亩）；完成生物医药科技产业园项目征地7.337公顷（110.06亩）；完成黎湛铁路复线高楼、关塘段征地1.612公顷（24.19亩）；完成湛江引调水工程项目遂城段征租地18.43公顷（276.45亩）；完成遂溪县第三中学扩建项目征地2.533公顷（38亩）；完成玉湛高速公路三改道路5600平方米。

【环保督查】 2021年，遂城镇完成上级交办环保督查案件并跟踪处理27件，完成各级下派及本部门自主核查环保污染、环境纠纷案件70余件，联合县级开展污染联防联治协作行动38次，出动1400多人次；排查整治遂溪河排污口56个，封堵37个，关停“散乱污”企业13家；投入资金

139.74万元，拆除复养养殖场25个约6700平方米，清理违规养殖猪场56家。

【遂城镇第十七届人民代表大会第九次会议】 于2021年3月31日在遂城镇第五会议室召开，来自全镇各行各业105名人大代表和70多名列席人员参加会议。会议表决通过关于镇政府工作报告、镇人大工作报告、镇"十四五"规划纲要的决议，收集代表建议10件。

【中国共产党遂城镇第十四次代表大会】 2021年7月28日在遂溪县影剧院召开，来自全镇各条战线240名党员代表和28名列席人员参加会议。大会听取并审议通过《关于中国共产党遂城镇第十三届委员会工作报告的决议》《关于中国共产党遂城镇第十三届纪律检查委员会工作报告的决议》及《党费收缴使用管理情况的报告》等相关文件。通过无记名投票方式依法选举陈辉、陈泽和、梁志斌、谢跃祺、卜永佳、王育超、徐泽乾、麦青、肖国富为遂城镇党委委员，陈辉为遂城镇党委书记，陈泽和、梁志斌、谢跃祺为遂城镇党委副书记。

【遂城镇第十八届人民代表大会第一次会议】 2021年9月23—24日在县影剧院召开，新当选158名遂城镇第十八届人民代表大会代表出席会议。会议听取并审议《遂城镇人民政府工作报告》《遂城镇人大工作报告》，会议表决通过大会选举办法、各项报告决议。通过无记名投票方式依法选举陈荣庆为遂城镇人大主席，叶碧涛为人大副主席，陈泽和为遂城镇人民政府镇长，王育超、詹海、熊春晓、郑建强、翟业明、杨小玲为副镇长。

（黄月君）

黄略镇

【概况】 黄略镇地处遂溪县东北部，东临湛江港，北邻遂溪县城，西至东坡荔园度假村，南接湛江市郊，距遂溪县城6千米，距湛江市区4千米，总面积149平方千米。地势东北高，西南低。东北部乌蛇岭为境内最高点，海拔135米。雷州青年运河横贯南北，水源充足，土壤肥沃，耕地面积0.53万公顷（8万多亩），近海滩涂0.19万公顷（2.8万亩）。西部是赤土带，东南部有少量淀海盐渍土，其余均为沙质土和黄黏土。辖行政村25个、社区1个、自然村151个，全镇户籍人口11.62万人。

黄略镇境内有国道3条（分别为广湛公路、遂湛公路、国道225线），有黎湛铁路、粤海铁路、塘调铁路、茂湛铁路、东海岛铁路、广湛高速公路、湛徐高速公路、渝湛高速公路、玉湛高速、调顺跨海大桥、湛江大道（建设中）等。雷州青年运河流经黄略镇境内西部，沿海有南坡码头，还有湛江海螺水泥有限责任公司等规模以上企业12家，规模以下企业361家。全镇实现村村通路、通电、通邮、通电话、通网络。

中共黄略镇委书记：陈华夺（1月起任）；镇委副书记、镇长：陈华夺（任至6月）、吴旭忠（9月起任）；镇人大主席：王颖斌；镇委副书记：龙辉、谢立伟（2月起任）；镇委委员、副镇长：谢石强；镇委委员、武装部部长：吴国军（6月起任）；镇委委员、纪委书记：李永渝、许多（6月起任）；镇委委员：杨志仔、梁菲珊（6月起任）；副镇长：谢立伟（任至2月）、陈梓维（9月起任）、罗观春（9月起任）、王翩（9月起任）；镇人大副主席：陈春（9月起任）。

【经济发展】 2021年，黄略镇国民生产总值42.8亿元，比上年增长11%。其中，第一产业增加值10.2亿元，比上年增长6.9%；第二产业增加值12.9亿元，比上年增长19.7%；第三产业增加值19.6亿元，比上年增长8.6%；固定资产投资总额2.2亿元，比上年增长11%；税收完成1.4亿元；规模以上工业企业12家，完成规模以上工业总产值35.7亿元，比上年增长20.6%。

农业　黄略镇把产业兴旺、产业振兴作为乡村振兴重要抓手，扩大农村产业规模、做强当地特色农业品牌，推动全镇农业高质量发展。申请资金392万元发展壮大深沟蔬菜、坑尾沃柑、茅村香蕉、冷水鳝鱼等“一村一品、一镇一业”项目，实现特色产业适度规模化，提高农业生产收益。推进“万企兴万村”行动，全镇有14家国（民）营企业与源水、颜村、高碧、深沟、王爱、南新、新村、塘口、殷屋、北合等10个行政村结对帮扶。落实粮食安全生产各项政策，及时发放惠农助农政策补贴，2021年完成发放2020年度耕地地力保护补贴774万多元，面积6316公顷（94740亩）；做好政策性水稻及甘蔗种植保险工作，完成2021年政策性甘蔗、水稻种植保险，面积分别为1352公顷（20280亩）、2527公顷（37905亩），农户缴纳甘蔗、水稻投保金分别为304209元、303280.8元。做好撂荒耕地核查整改工作，对全镇连片大于15亩疑似撂荒地块进行核查，初步摸排出撂荒耕地1084公顷（16260亩），对部分具有耕地条件的开展复耕复种。完成高位池水产养殖专项整治。高位池养殖户11户，面积42.8公顷（642亩），已100%完成改造任务，所有高位池尾水均经过三级池净化后才排放。海湾清障工作有序开展，实地测绘基本完成，测绘核实户数401户共243公顷（3645亩）。全面开展涉渔“三无”（无船名船号、无船舶证书、无船籍港和未取得有关行政许可）船舶专项整治工作，严厉打击“三无”船舶非法捕捞行为，开展渔业安全生产监管，完成申请、审核、发证纳入镇管理50艘，调查登记待纳入镇管理130艘。

工业　2021年，黄略镇国民生产总值42.8亿元，比上年增长11%。其中第二产业增加值12.9亿元，比上年增长19.7%。新增2家规模以上工业企业，工业产量产值总体保持增长。配合市统计局做好企业统计等相关工作，应用“扫码读数”功能对辖区企事业单位开展基本单位调查，实地走访近年新注册企业，录入企业基本信息、营业信息和定位地理位置，做好统计基本单位名录库更新工作。

第三产业　实施旅游带动产业发展战略，开发旅游资源，通过支屋村党史学习教育基地、龙湾村国家级非遗遂溪醒狮保护传承基地、黄略抗法练团总部等旅游资源，吸引外来需求，推动当地产业发展。

【社会事业】　2021年，黄略镇城乡居民基本医疗保险参保率100%；医疗救助累计救助249人，支出医疗救助资金388.8万元；落实应保尽保政策，全镇低保户567户1439人，下发低保金额575万元；镇特困供养人员共409人，拨给特困供养人员救助金额433万元；全年救济（助）临时困难家庭200人，拨给救济金额31万元；向困难群众发放慰问金额约3万元，慰问物资约520件；全镇领取高龄津贴2287人，发放高龄津贴108万元；改进城乡居民就业服务，组织劳动力就业培训200多人，提供就业岗位2108个。

疫情防控　全年自主排查从重点地区返乡人员1941人，公安系统大数据推送重点返乡人员1617人，集中隔离点隔离6人，居家隔离98人，均严格落实核酸检测、健康监测等管控措施；全年开展大规模疫情防控演练和核酸检测实战演练3次，推进各类人群疫苗接种工作，提供“接送直通车”“送苗下乡”等服务，全镇累计完成接种疫苗14.7万剂次。

计划生育　2021年，黄略镇户籍人口116111人，已婚育龄夫妇18976对，全年出生1710人，人口自然增长率10.28‰，政策生育率73.57%，人口出生性别比111.62。

【创文工作】　2021年，黄略镇“教育强镇”进一步巩固，实现教育优质均衡发展，优化资源配置。黄略镇有初级中学5所（其中九年一贯制学校3所），镇中心小学1所，面上小学25所，镇中心幼儿园1所，面上小学附属幼儿园12所和私立幼儿园12所，成人文化技术学校1所，适龄儿童入学率100%。教师节前后，高碧、九东、南坡、南新、新村、颜村、文车、许屋、殷屋、支屋等村举办奖教奖学活动，对优秀师生进行表彰，共发放奖教奖学助学金69.8万元。黄略镇人民抗法纪念碑和龙湾醒狮基地参评遂溪八大美景，均获遂溪最具文旅潜力奖。黄略龙湾龙狮团获评为全国群众体育先进单位。2021年申报获广东省红色革命遗址保护利用项目经费120万元，主要用于修缮遂溪青年抗敌会支屋分会旧址（义直公祠）。高碧、茅村、塘口、颜村、台岭、支屋、塘围、南坡、加隆、叶屋、礼部、许屋、南新、深沟、王爱、九东、新村、冷水、北合、南亭20个行政村获评为市级文明村，平石、殷屋、文车3个行政村获评为县级文明村。2021年，黄略镇南新村王田光家庭获市、县最美家庭奖，龙湾醒狮基地彩扎传承人黄桃获2021年广东省妇女手工创业创新大赛优胜奖。

【乡村振兴】 2021年，黄略镇投入202万元推进7个1∶3涉农资金项目，实施基础设施建设及四小园建设；投入450万元打造高碧、塘围2个示范村项目；推进黄略农房管控乡村风貌提升示范带，预算总投入4129万元打造小王村、陈村仔村、蚕村仔村等16个自然村风貌提升示范带，总工程建设完成50%，资金支出1690万元。推进农村厕所革命，累计投入75.42万元进行农村厕所改造，共106间农村公厕在升级改造中，申请财政支持资金159万元。抓好农村生活垃圾整治，全镇配齐配好村级保洁员316个，建成投用垃圾收集点270个，农村生活垃圾处理基本实现“村收集、镇转运、县处理”。共建成“四好农村路”10条，共8.51千米，实现镇到行政村级道路硬底化。推进农村生活污水治理，生活污水累计建成管网142条，完成率94.04%，终端建成138条，完成率91.39%，项目申请债券资金总额6018万元。

巩固脱贫成果　黄略镇有返贫监测户24户92人，2021年12月，已做风险消除的有5户共17人，剩余19户75人，通过落实困难人员兜底政策、就业帮扶及光伏分红收益，确保监测对象保持稳定。加快脱贫攻坚与乡村振兴工作政策衔接，加强扶贫资产移交管理工作，全镇28项经营性扶贫资产、73项公益性扶贫资产完成评估确权、资产移交工作，资产金额367.338万元。严格落实扶贫资产管理制度，实施扶贫项目22个，分别有光伏发电项目10个，发放收益分红125.8万元；火龙果项目4个，发放收益分红61万元；芦竹种植项目8个，发放收益分红75万元。引导脱贫人口就业务工，长期巩固提升28项经营性扶贫资产经济效益。

生态环境　推进中央环保督察转办件整改落实，完成环保督察问题整改。2021年，中央环保督察组转办信访案件17件全部上报市信访案件组，完成阶段性工作。贯彻落实省、市河长令，细化实化遂溪河（黄略段）清理整治专项行动方案，协调做好污水整治工作。配合上级职能部门查处污染源头，办结涉及水污染、大气污染案件，及时处理各部门反馈的环保投诉件。

【项目建设】 2021年，黄略镇聚焦重点项目建设，挂图作战、精准发力，强化协调服务，着力破解征地拆迁问题，稳妥处理历史遗留问题。助推调顺跨海大桥在6月通车；推进“两河三岸”遂溪县污水处理厂项目、Y563线南坡部队至调顺跨海大桥路面改造工程征地工作；协助湛江大道、遂溪大道、沈海高速二期扩建，引调水工程等项目进行征拆工作，谋划合湛高铁等项目前期准备工作。

【社会综合治理】 2021年，黄略镇常态化开展扫黑除恶，推动信访工作，畅通群众反映渠道，全年排查化解矛盾纠纷200多宗，调处成功率100%，全镇受理信访案件59件，办结率100%。以村党支部为核心，创建平安小区、村、企业，覆盖率100%。严厉打击违法行为，全镇侦破查处各类案件118件，刑拘24人，行政拘留222人，缉拿逃犯17人，收缴非法枪支9支。整治各类违章建筑，全年发放整改通知书144份，依法拆除违法建筑8座，立案查处非法采矿等案件4件。持续推进安全生产专项整治三年行动，全年开展联合安全生产检查59次，发现隐患232处并全部完成整改；完善各类应急救援预案，加强应急队伍建设，全年没有发生重特大安全事故，全镇安全生产形势保持稳定。

【黄略镇第十七届人民代表大会第九次会议】 2021年4月2日，黄略镇在镇政府召开第十七届人民代表大会第九次会议，全镇78名镇人大代表参加会议。在黄略镇工作的市、县人大代表，不是此届人大代表的镇党委委员、副镇长、村党支部书记、各机关单位负责人等59人列席会议。大会听取和审议镇政府工作报告及镇人大主席团工作报告，表决通过这2个报告的决议。大会书面审议《关于黄略镇十七届人大七次会议建议办理情况的报告》。大会通过谢立伟辞去副镇长职务的请求，并按法定程序以不记名投票方式选举梁菲珊为黄略镇人民政府副镇长。

【中国共产党黄略镇第十六次代表大会】 2021年7月27日，中国共产党黄略镇第十六次代表大会在黄略镇政府召开，全镇137名党代表参加会议，镇中层以上干部、机关企事业单位负责人及副科级以上离退休干部代表、部队代表等33人列席会议。大会听取和审议《中国共产党黄略镇第十五届委员会工作报告》，书面审议《中国共产党黄略镇纪律检查委员会工作报告》，并表决通过这2个报告的决议。会议按照法定程序选举产生中国共产党黄略镇第十六届委员会委员，中国共产党黄略镇第十六届镇纪委委员和黄略镇出席中国共产党遂溪县第十四次代表大会代表。

【黄略镇第十八届人民代表大会第一次会议】 2021年9月23—24日，黄略镇召开第十八届人民代表大会第一次会议。会议听取和审议黄略镇五年政府工作报告和人大工作报告。会议选举王颖斌为黄略镇人大主席，陈春为黄略镇人大副主席；选举吴旭忠为黄略镇人民政府镇长，谢石强、陈梓维、罗观春、王翩为黄略镇人民政府副镇长。

（何海英）

2021年7月27日，黄略镇在镇政府召开中国共产党黄略镇第十六次代表大会

（黄略镇/供图）

岭北镇

【概况】 岭北镇位于雷州半岛腹地，地处遂溪县中部，紧依遂溪县城，东连麻章区，西接城月镇，南临建新镇，北邻洋青镇、遂城镇，距湛江市区19千米，距遂溪县城、湛江西站15千米，距湛江港、湛江火车站22千米，距湛徐高速公路入口约6千米，国道207线、省道374线贯穿全境，境内有笔架岭、螺岗岭、城里岭3岭，东有笔架岭战役阵亡烈士纪念碑、陈式垣（孙中山卫士长）烈士墓；西有国家AAA级休闲旅游胜地螺岗小镇、国家级南方林木种苗示范基地等休闲旅游景点；南有“中国古村落”调丰村，其包含调丰古官道、东坡井、景兰阁、外瀚第（北京大屋）、庐陵周公墓等历史景观；北有红色文化基地田增“知青园”。辖行政村7个，自然村50个。行政区域面积110平方千米，2021年年末户籍人口32108人，常住人口27255人，农业人口23826人。全

镇地势东北高西南低，耕地面积6020公顷（9.03万亩），粮食种植面积1660公顷（2.49万亩），粮食产量1.13万吨。土壤以玄武岩发育的赤土为主，适合种植甘蔗、水稻、甜薯、蔬菜、水果、花卉、茶叶、桉树等亚热带作物，是国家甘蔗生产基地之一，有“中国第一甜镇”的美誉。

中共岭北镇委书记：谢伟清；镇委副书记、镇长：杨昌；人大主席：彭锦春；镇委副书记：赵伟、杨良彬；镇委委员、副镇长：庞小平；镇委委员：林枫、杨一军；镇委委员、武装部部长：田晓耕；镇委委员、镇纪委书记：李文杰；镇人大副主席：吴景如；副镇长：黎贵贤、唐毅鹏、董景杏；二级主任科员：李耀兴、袁四；三级主任科员：黄国标、梁南高。

【经济发展】 2021年，岭北镇完成地区生产总值28.52亿元，比上年增长14.8%。其中，第一产业增加值4.9亿元，比上年增长6.9%；第二产业增加值13.0亿元，比上年增长26.7%；第三产业增加值10.6亿元，比上年增长5.7%。全年规模以上工业企业总产值53.74亿元，比上年增长22.7%；人均生产总值88488元。三次产业比重由19.1∶42.3∶38.6调整为17.2∶45.6∶37.2，工业优势凸显。固定资产投资6.79亿元，比上年增长43.1%。全年财政收入平稳增长，税收收入1.25亿元，比上年增长9.5%，公共财政收入4537万元，比上年增长11.4%。全年粮食产量1.13万吨，登上新台阶。

第一产业 2021年，岭北镇完成农林牧渔业总产值7.89亿元，比上年增长5.04%。全镇农作物种植投保面积5960公顷（8.94万亩），其中甘蔗种植投保面积3647公顷（5.47万亩），水稻种植投保面积1660公顷（2.49万亩），香蕉种植投保面积653公顷（0.98万亩）。完成农村土地确权6020公顷（9.03万亩），发证4832户，土地流转面积3013公顷（4.52万亩）。发挥广东北部湾农产品流通综合示范园区冷链物流、农村电商、农产品分拣加工等流通服务优势，打造“蔬果出口”“南菜北运”“北果南调”的重要供应基地，创建5万亩的“一心一区五基地”香蕉产业园，推动优质农贸产品参与“双循环”；构建香蕉、火龙果农业大数据平台，实现从“田间”到“舌尖”数字化管理，促进农业现代化进程；扩大调楼花卉苗木种植示范基地、北部湾城里蔬果种植示范基地建设；打造“岭北米”“岭北甜薯”等特色品牌，提高本地农产品附加值。创新采用“党建＋龙头企业＋合作社＋订单”模式来创建推广毛豆产业，壮大集体经济，通过发挥示范引领和辐射带动作用，开辟一条符合岭北实情的新型现代农业发展道路。

第二产业 岭北工业园区基础设施基本完成“七通一平”，项目进园吸引力和园区承载力增强。2021年，通过招商选资引进企业4家，全镇规模以上工业企业共26家，润阳联合智造装配式建筑构件厂、拉多美60万吨生态绿色复合肥、汇通乳胶医用丁腈橡胶检查手套等28个项目陆续建成投产。工业总产值59.2亿元，比上年增长27.1%，其中规模以上工业企业总产值53.74亿元，比上年增长22.7%；规下工业总产值5.46亿元，比上年增长96.4%。工业建设持续快速发展。

第三产业 2021年，全镇实现第三产业产值10.6亿元。岭北镇以观光旅游业为导向，完善北部湾农产品流通综合示范园区、螺岗岭螺岗小镇、城里岭生态森林公园等一批集生态旅游、农业观光、休闲“农家乐”等一体的现代农业生态产业园。其中，螺岗小镇建成迎客，获评为省乡村民宿示范点，成为湛江旅游“网红打卡点”，推动产区变景区、田园变餐厅、劳作变体验、农房变客房；促进“生态＋”大文旅融合，保护式开发“中国古村落”调丰村，管好护好千年古官道、东坡井、景阑阁、外翰第（北京大屋）、庐陵周公墓、笔架岭烈士墓等历史古迹，建设好岭北知青园、湛江党建红色影视文化城，传承好优良传统文化和宝贵精神财富，增强文化底蕴。支持北部湾跨境电商和国际快件业务发展，搭建湛江至东南亚跨境电商专项出口通道，推进快递下乡工程，鼓励邮政、顺丰、京东、圆通、乡镇快递进村，加速释放农村消费需求，破解工业品下乡、农产品进城2个“最后一公里”难题，畅通城乡双向流通通道，推动岭北现代服务业发展。

【社会事业】　2021年，岭北镇把符合条件的城乡贫困居民纳入保障范围，依时足额发放保障金2507239元，有效保障197户510人的基本生活。全年医疗保险年参保24569人，完成率102.29%。加强人口和计生管理，发挥“村为主”工作机制，抓好流动人口及双向管理和跟踪服务，依法严查“两非”案件，降低出生人口性别比，提高政策符合率，促进核心指标进一步优化，位次前移。综合协调、管理辖区内劳动和社会保障工作，强化殡葬改革，加大殡葬事业经费投入，深化殡葬改革，强化殡葬管理，重点抓好骨灰处理和清理乱葬坟墓工作，全镇火化遗体153具，完成全年火化率103.27%。抓好敬老院管理工作。全镇全年新纳入社会救助的农村低保20户、事实无人抚养儿童6人、残疾人35人，临时救助生活困难群众超过9人次，发放救助资金近42000元。农村合作医疗参保24569人。全镇敬老院有床位20个，占地面积1078平方米。足额发放各类涉农补贴资金，“五保”户就医全部免费。全镇有村小学7所、中心小学1所、中学1所，在校中小学生3068人，其中小学生2384人，中学生684人；有幼儿园6所，其中公立1所、私立5所，全镇在园（班）幼儿1293人。全镇教师280人，初中教师75人，小学教师205人，其中在职教师188人，幼儿教师97人。学生入学率100%，巩固率100%。重视校舍建设，特别注重排危工作，发现一处，修补一处，学校均无危房。重视镇文化教育建设，多举措筹集资金，新修缮村级文化广场、文化戏楼5个，实现7个行政村健身路径及体育器材覆盖。8月，举办岭北镇第三届奖教奖学助学活动，分别对56名优秀教师及175名学子进行奖教奖学助学。还举办排球比赛、追梦篮球杯、送戏下乡、“三八”妇女节维权活动、走进河头镇——遂溪县西南地区革命史馆开展现场教学活动、到湛江档案馆参观学习等一系列精彩文体活动。

【综治维稳】　2021年，岭北镇开展扫黑除恶和禁毒专项斗争工作，把扫黑除恶和禁毒工作列入年度工作计划，全年投入工作经费7.5万元，多次在各村委会及岭北中心小学开展“平安宣传大舞台”活动，累计参与群众约3万人；开展扫黑除恶和禁毒宣传30场，破获贩毒犯罪案件1件，抓获涉案嫌疑人2人，抓获吸毒人员16名，其中强制戒毒13人。加强对涉黑涉恶和种毒贩毒摸排，实现辖区稳定和毒品“零种植、零制毒、零产量”目标。加强基层矛盾化解，镇综治信访维稳中心总台受理矛盾纠纷15宗，调解15宗，调结率100%；遂溪县信访局交办镇信访件42件，调解42件，调结率100%。在中国共产党成立100周年特别防护期内，全镇没有发生一起群体性事件、越级非访事件。按时对严重精神障碍患者开展随访登记工作，为182名严重精神病患者监护人申请监护人补贴，镇、村按照标准配备协助监护人6名。

【镇村建设】　2021年，岭北镇投入资金300万元推进新农村建设。新（改）建农村公厕11座、硬底化道路17千米，新修建4个村级太阳能路灯。扶贫期间建成收益性项目24个，年产生效益61.62万元。指导未建污水处理设施的村庄完成工程申报、资金筹集、项目设计等，加快全镇污水处理设施建设进度。分拨财政资金1291万元投入镇村筹建的污水终端。2021年，完成村级农村生活污水管网建设10个，村级生活污水处理终端建设24个，对50个自然村共建污水管网项目50个，污水处理终端项目44个，完成管网建设的自然村48个，完成率96%，完成终端建设及接入镇区污水处理厂的自然村45个，完成率90%。镇区“后六仔”城中村道路建设工程完成，推进新旧镇区连接新建15米大道工程、县道687线至镇中心幼儿园道路扩建工程、镇区路灯安装工程项目。

【乡村振兴】 2021年，岭北镇分别被市、县评为湛江市乡村振兴先进集体、遂溪县乡村振兴先进集体，并成功创建广东省卫生镇。全镇巩固拓展脱贫攻坚成效同乡村振兴有效衔接，落实“四个不摘”要求，保持5年过渡期帮扶政策、力量总体稳定。聚焦“两不愁三保障一安全”，持续推进危房改造、教育资助、饮水安全、医疗健康、就业等帮扶政策，抓好防止返贫监测和帮扶责任、政策、工作“三落实”，确保返贫人员及时动态清零。

防止返贫监测和帮扶 2021年，岭北镇制定《岭北镇关于建立防止返贫监测和帮扶机制的实施办法》，建立防止返贫动态监测和帮扶台账，针对监测对象制定精准具体帮扶措施，有7户27人成为监测对象，其中脱贫不稳定户5户，边缘户2户。消费帮扶产品销售额177.52万元，驻镇帮镇扶村单位直接采购脱贫地区农产品金额2.95万元。就业帮扶171人，相较于上年增加5人，比上年就业率增长3%。其中公益性岗位16人。

生态环境优化 2021年，岭北镇开展河流治理工作，落实“五清”专项行动工作，发动各级干部及群众280人次，动用各种机械15台次，投入资金4.5万元，清理河道4.5千米，清理漂浮物600吨。

（赵鸿斌）

建新镇

【概况】 建新镇位于遂溪县境内东南部，距县城36千米，东南与麻章区湖光镇、太平镇接壤，西与城月镇相连，北与岭北镇相邻，总面积56.2平方千米，耕地面积3352.59公顷，林地582.49公顷，总人口27870人，行政村28个、自然村32个。城月河从镇西部流过，粤海铁路、仲建线、黄海线、雷湖快线从境内穿过。地势平缓，东北高、西南低，土壤多属玄武岩发育形成的赤土和沙土，经济主要以发展工业和种植经济作物为主，农业主要种植甘蔗、水稻、蔬菜、火龙果等。

中共建新镇委书记：陈柳；镇委副书记、镇长：王惠秀（任至5月）、陈春燕（5月起任）；镇人大主席：陈光豪；镇委副书记：郑惠芳、李伟金（6月起任）；镇委委员、镇纪委书记：李永渝（6月起任）；镇委委员、副镇长：周祈杰（6月起任）；镇委委员、镇武装部部长：杨先斌（6月起任）；镇人大副主席：袁秀光（9月起任）；副镇长：周武义、周国辉（9月起任）。

【经济发展】 2021年，建新镇完成地区生产总值9.54亿元，比上年增长9.2%。其中，第一产业增加值2.93亿元，比上年增长7.7%；第二产业增加值1.3亿元，比上年增长23.7%；第三产业增加值5.31亿元，比上年增长7.2%。固定资产投资5.62亿元，完成率382.2%，比上年增长358.6%，在全县各镇中排第一。招商引资落地项目完成投入5.52亿元，完成率110.4%，超额完成下达资金任务。

第一产业 2021年，建新镇发展壮大以种植甘蔗、水稻、蔬菜、火龙果及畜养家禽等为主导产业。农林牧渔业总产值2.93亿元，农作物播种面积5327.4公顷，总产量20.97万吨。其中，水稻种植面积1930.87公顷，总产量1.16万吨；番薯种植面积128.4公顷，总产量0.37万吨；甘蔗种植面积1575.1公顷，总产量15.25万吨；蔬菜类种植面积918.4公顷，总产量3.5万吨；其他作物种植面积774.63公顷，总产量0.69万吨。园林水果种植面积544.27公顷，总产量1.68万吨。全年出栏肉猪2.17万头，出售和自宰活禽22.46万只，肉类总产量0.22万吨。

第二产业 2021年，建新镇工业产值3839万元，建筑业9170万元。全镇工业企业6家，分别是遂溪县恒丰糖业有限公司、广东美辰生物科技有限公司、遂溪县建新恒建水泥制品厂、遂溪县建新润丰大米加工厂、遂溪县建新金穗粮食加工厂、遂溪县食品总公司建新食品分公司中心屠宰场。其中，规模以上企业1家，为遂溪县恒丰糖业有限公司。

第三产业　2021年，建新镇有个体工商户262户，市场1个，酒家2家，超市2家，金融机构网点2个。

【社会事业】　2021年，建新镇有农村低保160户459人，城镇低保户4户10人，每月共发放低保金171250元；特困人员80人，每人每月发放救助金882元；救助因突发事件、因病等需要临时救助困难群众36人，共计22万元。城乡居民医疗保险参保22908人，参保率104.22%；医疗救助50人，救助金额933649元。享受重度残疾津贴补助333人，每月发放83916元；残疾低保户103人，每月共发放生活补贴19364元；免费为残疾人家庭无障碍改造2户，发放轮椅等物品及做好残疾人"两项补贴"验证、残疾人动态更新调查工作。全年火化遗体158具，火化率114.49%。

【综治维稳】　2021年，建新镇加强辖区涉黑涉恶涉乱线索排查、矛盾纠纷排查化解和安全生产管理。建新镇人民调解委员会受理案件28件，调解28件，调解率100%。镇信访维稳中心受理信访件14件，答复率100%。为32个网格员配备综治智能化手机，新增网格事项1076件，结案1076件。严重精神障碍患者随访率100%，镇综治办协助患者家属将严重精神障碍患者送院医治19人。推进"六乱整治"行动，镇综合行政执法队联合建新派出所对无牌电动车、摩托车驾驶不佩戴安全帽等交通乱象进行整治。开展安全生产现场执法检查13次，发现问题189个，发出责令限期整改通知书22份；每月开展道路交通安全违法违规行为查处行动4次，查处违规行为300余次；开展消防安全检查16次，整改问题56个；开展为期2个月的电动车消防安全专项整治，整改问题45个。开展消防安全技能培训28次、电力设施保护培训1次、疫情演练2次，组织消防安全讲座4次、应急救援培训2次。

【镇村建设】　2021年，建新镇投入乡村振兴建设资金1349.24万元，人居环境整治成效进一步巩固。完成农村建房审核149宗，整治非法占用农地建设3起，拆除农房1间，养殖场2座，恢复耕地0.15公顷（2.25亩），完成坡塘村农村建设用地拆旧复垦2.13公顷（32亩）。镇污水处理厂完成建设并投入试运行，全镇自然村完成排污管网建设32个，自然村完成污水处理终端建设24个，自然村接入镇区污水处理厂3个，自然村实现资源化利用1个。全年摸排农村户厕3072户，整改完成问题厕所1户；摸排公厕47座，整改问题公厕8座。完成"四好农村路"建设9.54千米；筹资40余万元扩建建新中学门口道路、安装路灯及进行美化绿化；完成新规划县道678线省级备案立项工作。帮助村民购买甘蔗保险994.86公顷（14923亩）、水稻保险995.4公顷（14931亩）、发财树保险4公顷（60亩）、火龙果保险13.2公顷（198亩）。规范农村"三资"平台管理，全年完成8个招标项目，共计1255.721万元。

【项目建设】　2021年，位于建新镇的广东美辰生物科技有限公司二期厂房动工建设；同畅环保科技船舶废物处理利用中心项目加快推进，仓库、车间主体建设完成，办公楼装修完成95%，热解车间二次装修完成，热相分离设备和焚烧线设备进入安装环节。针对交通基础设施、农林水利、生态环保、城镇老旧小区改造等领域，精选申报建新镇镇区城乡融合提升改造工程项目、建新镇国家田园综合体建设工程项目，项目总投资4.25亿元，申报专项债券资金2.35亿元。

【妇幼工作】　2021年，建新镇妇联开展"迎春送温暖"活动，为"两类女童"（智力和精神残疾女童）、困境儿童、特困退休妇女主任等6人送去慰问金和慰问品。当年3月按时完成村妇联换届工作。指导村妇联做好妇女儿童基本信息摸查，全镇重点儿童131人，重点妇女62人，重点家庭115个。做好信访工作，维护妇女儿童的合法权益，接待群众来访3宗，其中矛盾纠纷1宗，家庭纠纷2宗，均调解。为创业妇女办理无息小额贷款15万元，受益妇女3人。开展“最美家庭”评比活动，建新镇南村周成学家庭获2021年湛江市和遂溪“最美家庭”称号。注重家风建设，推荐4个家庭参加县少年儿童心向党亲子诵读比赛，其中1个家庭获中学组一等奖。

【卫生健康】 2021年，建新镇出生人口361人（其中一孩出生103人、二孩出生123人、三孩出生135人），政策生育率72.02%，自然增长率8.76‰，死亡率4.47‰；征收社会抚养费133541元。

【文化教育】 2021年，建新中学连续3年获遂溪县中考先进单位一等奖，建新小学小考成绩在全县名列前茅。举办建新镇教育促进会成立暨首届奖教奖学助学大会，筹集资金203万元，表彰优秀教职工25名，优秀学生40名；奖励中考成绩优秀学生49名，高考成绩优秀学生51名，优秀研究生9名。

【中国共产党建新镇第十三次代表大会】 2021年7月30日，中国共产党建新镇第十三次代表大会召开。会议选举产生中国共产党建新镇第十三届委员会和中国共产党建新镇纪律检查委员会、建新镇出席中国共产党遂溪县第十四次代表大会代表。陈柳当选为中国共产党建新镇第十三届委员会书记，李永渝当选为中国共产党建新镇纪律检查委员会书记。

【建新镇教育促进会成立暨首届奖教奖学助学大会】 2021年8月15日，建新镇教育促进会成立暨首届奖教奖学助学大会在建新初级中学篮球场举行。外出乡贤、镇中层以上干部、建新镇教育促进会成员，机关单位负责人，各村书记、主任，受奖师生代表参加。该次大会共表彰优秀教职工25名，优秀学生40名；奖励中考成绩优秀学生49名，高考成绩优秀学生51名，优秀研究生9名，奖励金额25.4万元。

2021年8月15日，建新镇举办教育促进会成立暨首届奖教奖学大会

（建新镇/供图）

【建新镇第十八届人民代表大会第一次会议】 2021年9月23—24日，建新镇第十八届人民代表大会第一次会议召开。会议听取和审议镇政府工作报告和镇人大工作报告，总结过去五年以来工作成效，确定今后五年工作思路和任务目标。会议选举陈光豪为建新镇人大主席，袁秀光为建新镇人大副主席；选举陈春燕为建新镇人民政府镇长，周武义、周国辉、周祈杰为建新镇人民政府副镇长。

【建新镇秋冬季新冠肺炎疫情防控应急处置演练】 2021年11月11日，建新镇在仙岸村委会举办突发新冠肺炎疫情防控应急演练，进一步提高应对突发疫情防控应急处置水平，及应急指挥和组织协调能力。镇疫情防控指挥部成员单位及镇村相关干部、派出所干警、卫生院医护人员等参加演练。

（唐婷婷）

洋青镇

【概况】 洋青镇位于遂溪县中北部，县城西面，东南分别与岭北、前进农场毗邻，西邻界炮镇与杨柑镇，东连遂城镇，北与廉江市横山镇相接。镇政府驻地距遂溪县城20千米，始建于1701年，为历代基层政权所在地，是全省有名的革命老区。海拔20～40米，地势平坦，分布着许多大大小小锅形洼地，地势东南高、西北低，属台地平原，多为海流冲积土，地层为亚砂土，透水性良好，水土流失不严重，土壤肥沃，有红土、黑土、青泥格田、河沙泥田等土壤类型。东南部的螺岗岭为境内最高峰，海拔233米。气候类型属于热带季风气候，夏热冬凉，雨量丰富，干湿季明显，降雨时空分布不匀，年平均降水量1699.6毫米。水资源丰富，主要河流有车路头河、桐油河、桔仔树河、芝兰河及百桔河，并有雷州青年运河主干渠贯穿全境，灌渠和自然河流纵横交错，有山内水库，南边洋水库等；行政区域总面积168.33平方千米，下辖行政村41个、自然村171个，总人口86799人。境内有渝湛高速公路、国道325线、省道374线、省道290线和县道682线通过。

中共洋青镇委书记：陈武；镇委副书记、镇长：梁文涛；镇人大主席：吴华球；镇委副书记：苏立贤、翟昌辉；镇委委员、镇纪委书记：张珠流（任至6月）、谭立宇（6月起任）；镇委委员：苏志英、宋方朔、周艺华、潘凯（任至6月）、梁利（6月起任）、林春华（任至6月）；镇人大副主席：潘凯（9月起任）；副镇长：苏志英（9月起任）、宋方朔（任至9月）、陈曾敏（9月起任）、黄小玲（9月起任）、姚孟（9月起任）、林春华（任至9月）。

【经济发展】 2021年，洋青镇完成生产总值30.58亿元，比上年增长11.5%。其中，第一产业增加值9.15亿元，比上年增长10.3%；第二产业增加值7.88万元，增长21.5%；第三产业增加值13.55万元，增长7.2%；规模以上工业总产值23.40亿元，增长9.5%；固定资产投资3.09亿元，增长4.9%；金融机构各项存款余额15亿元，增长5.3%；税收收入4220万元，增长36.1%。城镇居民人均可支配收入28454.3元，增长9.8%，农村居民人均可支配收入21595.8元，增长10.8%。

农业 2021年，洋青镇发放耕地地力保护补贴、实际种粮农民一次性补贴等各类农业补贴资金1211.01万元；开展洋青镇名特优农产品品牌建设，推广“互联网+企业+合作社+农户”的发展模式，提高农业机械化耕作水平和农产品生产种植规模，火龙果、红菜头、水牛奶、花卉、香米、韭菜、木葱、蚕茧等特色农产品基地形成规模效应，逐渐发展成为区域集散中心；洋青火龙果产业现代化机械设备引进和应用及市场品牌建设成效明显。

工业 2021年，洋青镇有工业园1个、企业108家，其中规模以上企业11家，推进在建项目一批。投资620万元的洋青工业园横四西路排水排污工程全部建成并投入使用，提升园区投资环境和承载能力；投资3亿元建设新型材料石英砂及配套新型材料项目进行前期工作，项目投产后年产值将达3亿元，创造税收3000万元；投资8亿元的天地壹号遂溪产业园项目加快建设，投产后每年可生产8万吨罐装醋饮料和7万吨瓶装饮料，年营业收入10亿元，产生税收1.3亿元，提供就业岗位300多个；投资3000万元的广东银源再生有限公司项目进行前期工作，建成后每年可拆解4万辆报废机动车；投资3000万元的广东佳淳农业科技有限公司红薯初加工项目动工建设，建成后年加工番薯约2万吨。

第三产业 2021年，洋青镇发挥优越的地理优势和挖掘文化底蕴，打造从螺岗小镇、洋青火龙果基地到其连西田村中共遂溪中心县委旧址、芝兰南路抗日第一枪纪念园等红色革命教育基地的“旅游圈”，推动革命根据地保护、党建教育与旅游开发相结合；重视对革命教育基地建设修缮及改陈布展，其连西田村党史教育基地规划建设第一期工程完工，芝兰村红色示范基地第一期项目及其连西田村第二期规划项目在建。

【乡村振兴】 2021年，洋青镇引进产业项目15个，投资额28.5

亿元；扶贫收益项目71个，产生年收益148万元；特色农产品火龙果种植面积超1333公顷（2万亩），全年线上销售超300万千克，产值超3亿元；投资5250万元新建高标准农田2333公顷（3.5万亩）。全年清理村巷道积存垃圾、建筑材料乱堆乱放6673处，共36769吨；清理房前屋后和杂草杂物、积存垃圾9069处，共29927吨；清理沟渠池塘溪河淤泥、漂浮物和障碍物932处，共13952吨。拆除危房、旧房、弃房4160间，拆除面积19.27万平方米；拆除乱搭乱建、违章建筑2087处，拆除面积51720平方米；村道、庭院及房前屋后绿化1749处；清理、拆旧补绿954处，共35973平方米；推进新农村示范片建设，完成文相村、槟榔村的新农村建设入库备案98个，城榄示范村建设入库备案10个。

【疫情防控】 2021年新冠肺炎疫情防控期间，洋青镇累计落实居家隔离人员16人次、居家健康监测386人次、核酸检测386人次、疫情关联大数据核查496人次、疫苗接种87684人次。

【民政工作】 2021年，洋青镇严格落实“应保尽保、应退尽退”低保救助政策，完成全镇483户低保核查核实工作。2021年，洋青镇有低保户483户1142人，完成危房改造任务数3户，特困供养人员333人，残疾人员1467人，发放低保救助金531.39万元、特困人员救助金363.53万元、临时救助金23.95万元、残疾人“两项补贴”365.16万元，救助困难群众62人次。

【文化教育】 2021年，洋青镇有初级中学2所、完全小学20所、分教点6个、成人文化技术学校1所、公办幼儿园1所。洋青镇教育发展促进会筹得善款118.05万元，用于奖励优秀学生325名、优秀学校14所、优秀校长和教师60名，资助贫困师生8名。

【妇联宣传】 2021年，洋青镇妇联接待群众来访5宗，其中家庭婚姻类2宗、家庭暴力2宗、家庭纠纷1宗。全镇重点帮扶儿童82人、重点妇女76人、重点家庭82户；藏有供妇女儿童阅览图书8780册；开展“立家规、传家训、扬家风”“巾帼心向党·奋进新时代”、寻找“最美家庭”等专题活动10场次；开展符合基层妇女需求宣传培训活动6场次；开展禁毒、反邪教、反家庭暴力等活动10余场；开展“扫黄打非·护苗行动”“扣好人生第一颗扣子”活动5场；结合党史进校园开展“童心向党”等系列活动10余次。实施省妇女创业小额担保贷款贴息项目，放贷184人次，放贷总额903万元，贴息资金392805元，带动妇女创业就业人数达800人次；全镇41个村（居）委会评选出市级“最美家庭”2户、县级“最美家庭”2户、村（社区）“最美家庭”148户，“星级文明户”400户，开展家风家训挂牌工作，挂牌15235张。镇宣传新闻稿登上“遂溪融媒”63次、《湛江日报》1次。

【综治维稳】 2021年，洋青镇发挥镇（村）群众信访诉求综合服务站（点）作用，选任综治网格员177名，充实村（社区）级综治力量；着重在源头预防和化解社会矛盾，推广“枫桥经验”，把矛盾和问题化解在属地、解决在萌芽状态。全年受理信访问题、矛盾纠纷215件，调处办结213件，其中排查各类矛盾纠纷165件，调处化解163件，调处重大矛盾纠纷21件，化解信访积案6件，办成群众关切实事271次，解决历史遗留问题23个，“国家反诈中心”App安装率80%。

【镇村建设】 2021年，洋青镇181个自然村完成雨污分流管网建设156条，完成污水处理终端建设121条，镇区污水处理厂提标改造项目完成并试运行。以创建文明城市为抓手，聚焦文明创建工作标准，开展专项治理行动，全年拆除沿街破旧雨棚、遮阳棚等破旧附属设施132处，拆除非法违规商业广告、招牌15处，拆除乱搭乱建、违法建筑56处，整治占道经营乱摆乱卖行为96宗，整治公共空间乱贴乱画行为62处，整治车辆乱停放行为137宗，实现创文工作常态化全覆盖管理；规范民房报建审批，审批农村宅基地66宗；加大防违控违工作力度，按时保质完成卫片执法图斑卷宗252宗、违法卫片图斑核查65宗，拆除违法违规用地建筑物（构筑物）9宗，发出责令改正通知书88份、责令限期拆除通知书218份、责令停止建设通知书60余份。坚持规划先行，引领镇村发展，引入岭南师范学院商学院规划团队编制洋青镇乡村振兴五年规划。

【项目建设】 2021年，洋青镇十大民生实事工程项目建设完成或基本完成的民生实事工程项目8个，有序推进2个。其中，竣工项目8个，分别是洋青加油站至后湖、合树桥头路灯建设工程项目，总投资50万元，建成后可推动镇村道路亮化工程建设；圩镇排水管道清淤及修缮工程项目，总投资40万元，建成后将解决镇区部分路段、区域雨期易积水、排水不畅及管道清淤、维修等问题；洋青镇残疾人康园中心建设工程项目，总投资40万元，建成后为符合条件残疾人提供生活照料与护理、生活自理能力训练、职业康复训练、运动功能训练及残疾人辅助性就业等基本公共服务；洋青工业园横四西路排污管网及绿化工程项目，总投资647.85万元；洋糖社区社会体育足球场建设工程项目，总投资80万元，建成后能促进全民健身运动发展；沙古至洋青乡道改造工程项目，总投资630万元，该工程途经原槟榔村委会（沙古圩）、打铁塘、百桔仔、古川东、马群等多个村庄，全长7.81千米；圩镇生活污水管网及处理终端升级改造工程项目，总投资1260万元，建成后可解决镇区污水处理、改善居民生活和投资环境，保护水资源及生态环境；其连、文相高标农田建设工程项目，总投资3750万元，项目涉及其连、文相2个行政村，覆盖面积1666公顷（24990亩），建成后可促进镇粮食稳产增产、农民增收，文相高标农田于6月竣工、其连高标农田于7月竣工。有序推进2个项目，分别是其连、芝兰红色基地建设工程项目，拟投资490万元，通过保护开发和利用独特资源，促进乡村红色旅游业发展，更好地发挥爱国主义教育基地功能和辐射作用；其连至文相乡道扩建工程项目，拟投资50万元，建成后可方便广大群众安全出行，提升居民生活品质。

【洋青镇第十七届人民代表大会第十次会议】 2021年4月8日，洋青镇第十七届人民代表大会第十次会议召开，78名镇人大代表和75名列席人员参加会议。会议听取并审议《洋青镇人民政府工作报告》《洋青镇人大主席团工作报告》，书面审查《关于洋青镇十七届人大八次会议代表议案建议办理情况的报告》，审查和批准《洋青镇2020年财政预算执行情况和2021年财政预算草案的报告》，表决通过各项决议，代表依法提出意见建议6件。

【中国共产党洋青镇第十六次代表大会】 2021年7月29日，中国共产党洋青镇第十六次代表大会召开。大会应到会代表178名，实到会代表177名，符合法定开

2021年7月29日，洋青镇在镇政府召开中国共产党洋青镇第十六次代表大会

（洋青镇/供图）

会人数。会议听取并审议《中国共产党洋青镇第十五届委员会工作报告》《中国共产党洋青镇第十五届纪律检查委员会的工作报告》《洋青镇党费收缴、管理和使用的情况报告》。大会选举产生9名党委委员、7名纪律检查委员会委员和23名出席县第十四次党代会代表。

【洋青镇第十八届人民代表大会第一次会议】 2021年9月22—23日，洋青镇第十八届人民代表大会第一次会议召开，来自全镇各行各业102名人大代表参加会议。会议听取并审议《洋青镇政府工作报告》与《洋青镇人大工作报告》。会议选举吴华球为洋青镇第十八届人民代表大会主席，潘凯为洋青镇第十八届人民代表大会副主席，梁文涛为洋青镇人民政府镇长，苏志英、陈曾敏、黄小玲、姚孟为洋青镇人民政府副镇长。会后，新当选人员进行宣誓。

【洋青镇开展学习贯彻习近平总书记“七一”重要讲话精神宣讲活动】 2021年8月31日，湛江市百姓宣讲团在洋青镇洋青村开展习近平总书记“七一”重要讲话精神宣讲活动。市百姓宣讲团成员用方言宣讲《铭记历史　无愧青春》《传承红色基因　坚定理想信念》《党的光辉齐颂赞》《丰碑》《永远跟党走》。

（刘一平）

界炮镇

【概况】 界炮镇于2003年由北潭镇与界炮镇合并而成。位于遂溪县西北部，东连洋青镇，南连杨柑镇，西临北部湾，北接廉江市安铺镇，镇驻地界炮圩，距遂溪县城35千米。2021年辖行政村20个、社区1个、自然村187个。行政区域面积116.8平方千米。年末户籍人口8.24万人，其中农业人口7.58万人、非农业人口6600人。界炮镇是革命老区镇，有革命老区村庄184个。地势平缓、沙质土地，属亚热带季风气候。海岸线长21千米，水运发达，海运可至海南、广西北海等地；辖区内，县四大河流之一的杨柑河贯穿而过；省道290线贯穿全镇，是通往西部沿海地区的交通枢纽。界炮镇被广东省退役军人事务厅评为“2021年广东省五星级示范退役军人服务站”；被湛江市消防安全委员会评为“湛江市热心消防公益事业先进集体”；被中共湛江市委评为“2021年度《南方日报》《南方》杂志、《湛江日报》发行工作先进单位”；被中共湛江市委、湛江市人民政府评为“湛江市2017年度计划生育工作先进单位”；被中共遂溪县委、县人民政府评为“遂溪县2017年度计划生育工作先进单位”；安塘及雷公行政村、界炮卫生院被县评为“2017年度计划生育工作先进单位”；界炮镇被县人民政府评为“遂溪县‘12345’行政服务热线平台处理先进单位”；镇综治信访维稳中心被遂溪县社会治安综合治理委员会评为“遂溪县乡镇综治信访维稳中心示范单位”；坦塘村、姓方村被评为遂溪县新农村建设“十大先进村”；金邦、上斗伦、洋高、车板塘、老月弓、周灵等村被中共湛江市委、湛江市人民政府评为“生态文明村”。

中共界炮镇委书记：詹仲茗；镇委副书记、镇长：岑志东；镇人大主席：林志平；镇委副书记：李武、叶益荣、陈嘉伟；镇委委员、副镇长：吴伟寿（任至7月）、林枫（任至7月）；镇委委员、副镇长：麦康盛（任至7月）；镇委委员、镇武装部部长：陈志强（任至8月）；镇委委员、镇武装部部长：周成龙（7月起任）；镇委委员、镇纪委书记：黄妙玲（7月起任）；镇委委员：郑文（任至7月）；镇委委员：陈志强（7月起任）、吴晓聪（7月起任）；镇人大副主席：林春来（9月起任）；副镇长：卜庆军（9月起任）、陈朱强（9月起任）、陈志南（9月起任）。

【经济发展】 2021年，界炮镇地区生产总值23.09亿元，比上年增长10.4%。其中，第一产业总值8.4亿元，比上年增长10.5%；第二产业总值3.11亿元，比上年增长18.0%；第三产业总值11.58亿元，比上年增长8.7%。固定资产投资2.06亿元，比上年增长

17.3%。招商引资任务1.61亿元，完成全年任务的80.26%。全县排名第六，比上年下降12.1%。公共财政收入194万元，比上年增长54%。

农业　2021年，界炮镇农业总产值13.41亿元，比上年增长10.5%。有耕地面积5735.5公顷（8.6万亩），主要种植甘蔗、水稻、木薯、番薯、花生、蔬菜、水果等。镇域农作物总种植面积1.02万公顷（15.3万亩）：粮食作物总种植面积3080公顷（4.62万亩），总产量1.60万吨；经济作物总种植面积4610.2公顷（6.92万亩），总产量24.7万吨。种植园林水果面积234.4公顷（3516亩），产量4796吨。猪饲养量13.59万头，出栏量7.86万头，存栏量3.84万头；牛饲养量4659头，出栏量482头，存栏量4177头；家禽饲养量235.25万羽，出栏量134.03万羽，存栏量60.74万羽。发展水果、药材、花卉、北运菜等特色农业，扶持圣女果、马铃薯2个400公顷（6000多亩）农业特色产业，农民增产增收明显。水产养殖以养殖生蚝、对虾为主，面积1600多公顷（2.4万亩），总产量6.2万吨。

工业　2021年，界炮镇多措并举加大对建材、海肥等传统工业企业及各村集体经济项目扶持与服务。全镇有工业企业19家。加强与外出乡贤联系，发展回乡反哺工程。引入湛江德成矿产实业投资有限公司投资建造砂深加工企业项目、遂溪县华诚混凝土有限公司投资建设混凝土搅拌项目、合肥阳光新能源科技有限公司投资12亿元阳光新能源界炮镇150兆瓦风力发电项目、慧力环保设备制造有限公司建设环保设备制造项目。遂溪县界炮鑫煌城塑胶模具厂、遂溪县恒和运输公司、遂溪县同和实业有限公司、遂溪县界炮恒通达电器加工厂、遂溪县信业有限公司相继建成并投产。投资2亿元建设3个5000吨和2个2000吨泊位的北潭码头升级改造项目待审批。

第三产业　2021年，界炮镇加快对镇城区综合治理力度。新增投资330万元建成祥龙宾馆，填补全镇旅馆空白。筹资70万元建设老马起义革命陈列室建成使用，成为全县重要的党史教育基地，山内新村仔老一团西征出发地纪念广场开展建设，发展红色旅游文化，结合滨海公路建设规划，作为沿路景点进行推介，促进商品流通，建设“田头冷链”仓库。

【社会事业】　2021年，界炮镇民生保障力度增强，最低生活保障在保559户1392人，发放保障金1153.5万元：保障特困供养人员427人，发放保障金464.7万元：共救助103人次，发放救助金39.6万元；排查事实无人抚养儿童，为符合条件的24名儿童发放保障金23.42万元，累计发放残疾人两项补贴355.61万元。社会关心支持教育事业力度加大，第五届教育促进会收到捐款98.79万元，奖励优秀学校及教师216人约20万元，优秀学生227人共41.1万元，资助困难师生7人共1.6万元。筹资170万元，建成镇级综合性文化站1个，社区综合性文化服务中心1个，村级综合性文化服务中心21个，文化基础设施建设实现全覆盖。全镇有已婚育龄妇女1.24万人，户籍人口新婚333对；出生1145人，其中男性609人、女性536人，一孩出生412人，二孩出生415人，多孩出生318人，政策外多孩出生299人；出生率13.81‰，自然增长率8.47‰，性别比113.62，总和生育率1.63‰，死亡率5.34‰。

【综治维稳】　2021年，界炮镇建立健全严重精神障碍患者、刑满释放人员、吸毒人员等重点人员的分级分类档案，做到一人一档，成功摘掉“禁毒重点整治镇”帽子。镇人民调解委员会调解各类矛盾纠纷153件，调解成功151件，调解成功率98.7%，受理群众来信来访4批16人次。无“民转刑”案件发生。全镇派出所破获各类刑事案件34件；受理治安案件81件，办结50件，调解6件，社会治安明显好转，发案率明显下降。镇、村两级中心共受理各类案件682件，办结680件，办结率99.7%。镇统筹调配力量，镇各职能部门联动协助镇派出所开展“飓风2021”“百日扫毒”等专项行动。辖区派出所破获涉毒案件8件、强戒21人、刑拘8人、行政拘留31人、逮捕7人、起诉8人。

【镇村建设】 2021年，界炮镇实施镇村生活污水处理工程，镇区污水处理厂建成并进入调试阶段，雷公塘村等165个自然村完成污水处理管道铺设，133个自然村建成污水处理终端，15个自然村推进管网建设；投资1400万元的镇级污水处理厂建成投入使用。界炮镇“厕所革命”完成无害化卫生户厕改造256户；财政投入约530万元用于建设美丽宜居示范村项目和人居环境整治提升类项目，打造海田行政村及合沟行政村2个美丽宜居示范村。推进土地卫片执法行动，拆除枫树村占用基本农田违法建筑房屋1座，面积105平方米；占用基本农田违建养殖牛蛙场20个，面积共2.4公顷。

【扫黑除恶专项斗争】 2021年，界炮镇推进扫黑除恶专项斗争各项工作，其中上级部门向界炮镇扫黑除恶办交办线索5条，办结5条。先后召开领导班子会议集中学习43次，线索排查专项工作会议12次，扫黑除恶推进会21次，扫黑除恶业务培训工作会议5次，成员单位联席工作会议31次。镇委主要领导带头开展扫黑除恶专项斗争普遍谈话工作61人次。界炮镇投入综治及创建平安工作经费47万元，投入142万元设置大中型宣传栏90个、举报箱50个、举报信封1.3万个，张贴扫黑除恶公告2100余份，编印扫黑除恶宣传手册、折页、海报等8.3万份分发到各成员单位及村（居）委会。联合镇司法所开展扫黑除恶下乡法治讲座，共举办21场。全民参与扫黑除恶专项斗争，镇村干部下乡发放宣传资料6000多份。

【项目建设】 2021年，界炮镇筹资150多万元建设坦塘至北潭码头路灯共8.2千米，推动界炮圩、北潭圩实现同城同步发展；投资220万元连接安铺的Y583道路改造工程建成通车。北潭临港产业园区首期463.4公顷（6951亩）项目完成空间规划，聘请第三方公司完成北潭临港产业园区建设规划和北潭港总体规划的编制工作，申请专项债资金22亿元统筹规划建设用水、用电、用气和道路、污水等基础设施项目。

【中国共产党界炮镇第十四次代表大会】 2021年7月30日，界炮镇组织召开中共界炮镇第十四次代表大会，应出席这次党代会代表151人，因病、因事请假3人，实到会代表148人。大会采取差额选举的办法，通过无记名投票的方式选举产生中共界炮镇第十四届委员会、镇纪律检查委员会和遂溪县出席县第十四次党代会代表。

【界炮镇第十八届人民代表大会第一次会议】 2021年9月22—23日，界炮镇组织召开第十八届人民代表大会第一次会议。95名镇人大代表、62名列席人员参加会议。会议听取和审议《政府工作报告》《人大主席团工作报告》。依法选举林志平为界炮镇十八届人民代表大会主席、林春来为界炮镇人民代表大会副主席；选举岑志东为界炮镇人民政府镇长，麦康盛、卜庆军、陈朱强、陈志南为界炮镇人民政府副镇长。

（卢晓慧）

杨柑镇

【概况】 杨柑镇位于遂溪县西北部，面积187平方千米，东连洋青、乌塘镇，西临北部湾，南与北坡、草潭镇毗邻，北与界炮镇隔河相望，离县城46千米，S290白流线贯穿全境，是县城通往西部沿海地区交通枢纽。地势平缓，东部稍有起伏，东高西低，县四大河流之一杨柑河在镇东北部流入北部湾，雷州青年运河2条支渠贯穿全境。海上运输较方便，可通往县各沿海镇及广西、海南沿海港口。2021年年末，辖行政村28个、自然村255个，户籍人口100037人，其中农业人口95075人、非农业人口4962人。全镇耕地面积9333公顷（14万亩），林地面积3066公顷（4.6万亩）；海岸线长16千米，浅海滩涂面积800公顷（1.2万亩）。土特产有红心火龙果、番薯、海鸭蛋。

中共杨柑镇委书记：罗明秋；镇委副书记、镇长：蒋养；镇人大主席：黄松青（3月起任）；镇委副书记：袁伟强；镇委副书记：欧纯；镇委委员、副镇长：吴忠强（任至7月）、张强（9月起任）；镇委委员、武装部部长：谢建才；镇委委员：袁平（6月起任）、杨乐（5月起任）、吴日红（任至6月）；镇委委员、镇纪委书记：张强（任至6月）、李思聪（6月起任纪委书记）；镇人大副主席：林永贤（9月起任）；副镇长：林永贤（任至6月）、叶建兰（9月起任）、陈毫胜（9月起任）、钟祺祥（9月起任）。

【经济发展】 2021年，杨柑镇完成生产总值31.15亿元，比上年增长9.8%。其中，第一产业增加值11.41亿元，比上年增长12.1%；第二产业增加值5.22亿元，比上年增长8.7%；第三产业增加值14.52亿元，比上年增长7.9%。固定资产投资4亿元，比上年增长26.3%。税收收入3453万元，比上年下降23.5%。

农业 2021年，杨柑镇创新“公司＋合作社”“股份制”经营模式，引进艾草、金银花等新兴农业产业项目，拓宽农民增收渠道。镇工业园区艾草示范基地种植五月艾、七月艾和九月艾3个品种，占地面积6.7公顷（101亩）。投资2000万元打造占地面积20公顷（300亩）的粤西地区最大燕窝火龙果产业基地，推动火龙果产业提质升级。

工业 2021年，投资5亿元年产20万立方米旋切木板和15万立方米ABF高密度防水原木板，预估年创税利5000万元的广东永恒森工有限公司项目，投资4.8亿元的遂溪县杨北农光互补光100万瓦伏发电项目，广东吉电能源有限公司投资4.4亿元、年创税2000万元的杨柑100万瓦农光互补光伏发电项目均选址落户杨柑，项目稳步推进中。引进总投资超1000万元的遂溪县杨柑月发再生资源回收厂。意向引进总投资995万元的湛江帆丰食品有限公司杨柑家禽屠宰厂项目，年屠宰加工家禽1200万羽。

第三产业 2021年，引进广东联大农业等龙头电商企业，建成杨柑镇扶贫产品专馆暨深遂商联大电商服务中心。引进中石化遂溪龙眼加油站和杨柑信业加油站，其中龙眼加油站建成营业。服务行业稳步发展。全镇新增个体工商户219户，新增数量与上年持平。镇辖区内有大型超市2个、农贸市场2个、餐饮店80家、药店25家、小食杂店169家、快递网点17家。

【民政保障】 2021年，杨柑镇累计发放低保金1495.45万元；救助处于医疗困境中的困难群众47人次，累计发放救助金23.65万元；为3047名80岁以上高龄老人发放高龄补贴128.325万元；累计发放残疾人“两项”（贫困残疾人生活补贴和重度残疾人护理补贴）补贴482.484万元；为11名孤儿发放生活保障金15.22万元；排查58名事实无人抚养儿童并发放生活保障金48.83万元。加强拥军优抚服务，走访慰问各类服务对象403人，累计发放慰问金5.18万元；为全镇获三等功、“四有优秀士兵”等人员送去喜报，累计发放慰问金5000元。开展“我为群众办实事”实践活动，成立“双百工程”杨柑镇社会工作服务站；为54名无户籍人员办理入户；为1.38万名60岁以上老人办理生存验证和健康检查工作。城镇居民医疗保险参保83814人，完成率99.38%。新农保续缴续保18759人，完成率82.42%。

【文化教育】 2021年，杨柑中学和杨柑中心小学分别在遂溪县“少年儿童心向党·亲子诵读传家风”比赛中获特等奖和一等奖。杨柑镇教育发展促进会筹得教育善款192万元，奖励小学、初中优秀教师各10名，7所小学获小考激励奖，3所中学获中考激励奖，204位小学教师获非毕业班年度教学奖，奖励博士研究生1名、硕士研究生21名、本科生128名、中考优秀生76名、优秀贫困学子37名；累计发放奖、助学金68.84万元。投入20多万元新建新时代文明实践所，推动“1+8+N”志愿者服务团队建设。推进“红色文化＋教育”模式，投入400多万元打造钟竹筠故居、老麦村革命史展览馆和杨柑镇烈士陵园三大连片红色教育基地，200多批次1万多人前来开展“缅怀革命先烈，传承红色血脉”研学活动。组织摄制红色专题纪录片《为党革命事业捐躯的女英雄——钟竹筠》。南路“江姐”钟竹筠故居入选“遂溪县最具文旅潜力”景点，“布政果韵”景点入选遂溪县“最佳自驾游目的地”。广东省建协职业技能鉴定中心实训部在全省率先挂点镇杨柑镇实行。开展多层次高质量技能培训班，帮助农民掌握致富技能。举办“粤菜师傅”技能培训班28班次，参加考试学员1252人；举办“南粤家政”母婴护理培训班3班次，参加考试学员129人；举办“乡村工匠”培训班5期，397人参加；举办“电商销售”培训班4期，600多人参加。

【卫生健康】 2021年，杨柑镇建立纸质及电子居民健康档案77200份。预防接种建档建证率100%，新生儿乙肝、卡介苗首针接种率97%；卡介苗、脊灰苗、百白破苗、麻疹类苗、乙肝苗、乙脑苗等6苗基础免疫接种率均超98%；脊灰苗、百白破苗、麻疹类苗、乙脑苗加强免疫接种率96%。举办健康教育讲座12次，参加人数213人；健康教育咨询活动9次，参加人数225人。为602人免费进行孕前优生健康检查，完成率60.93%；组织开展农村妇女“两癌”（宫颈癌和乳腺癌）免费检查工作，349名农村妇女参加“两癌”免费检查。在册确诊严重精神障碍患者663人，随访和派药4次以上。免费为镇敬老院长者进行健康体检2次。全镇常住出生人口982人（其中一孩出生398人，二孩出生327人，三孩及以上出生257人）。政策生育率85.34%，自然增长率6.42‰，死亡率7.03‰。全镇火化遗体518具，完成火化率100%。

【妇女工作】 2021年，杨柑镇推进妇女创业小额担保贷款贴息项目，全年发放妇女创业小额担保贷款1100万元，惠及妇女218人，项目进度及贷款总量全县第一。深化家庭家教家风工作，推进“家训上墙”，家风家训挂牌村（社区）数28个，家风家训挂牌总数18500个，基本实现全镇全覆盖。为镇低保、贫困妇女赠送健康保险共400份，保障金额每人1万元，保险期1年。镇妇联接到来电来访案件5件，调解5件，调解率100%；开展2021年寻找“最美家庭”系列活动，推荐家庭94户，杨柑镇3户家庭获评湛江市2021年最美家庭。

【安全生产】 2021年，杨柑镇开展企业安全生产大检查52次，检查各类场所310余处，发现隐患56处，当场整改隐患41处，发出现场检查记录128份、责令整改通知书13份和整改复查意见书13份。定期组织开展道路交通安全整治行动48次，出动人员680余人次，查处违法车辆813辆，劝导违法群众1780余人。镇“农交安”App共录入交通劝导日志57477篇，全县排名第二，劝导超车超载、不戴头盔驾驶、无牌无证驾驶的群众3400多人次。超限超载联合执法行动累计5次，出动执法人员110余人次，排查隐患路口、路段28处，安装减速带、警示桩21处。组织校园安全生产检查5次，联合执法3次，累计检查学校42次，发现并整改安全隐患15处。排查并整治森林火灾风险隐患330个、地质隐患灾害点4处、泥砖房3处及危房的隐患点17处，在水库设立警示牌110余块。开展涉渔“三无”船舶专项整治工作，拆解“三无”船舶25艘，登记在册纳入乡镇管理渔船160艘。

【镇村建设】 2021年7月，杨柑镇乡村振兴办公室挂牌成立。镇委镇政府与帮扶单位广东省农垦集团公司和民生银行广州分行密切配合，投入94050元为627名脱贫户购买湛江市市民保，保额150万元，预防脱贫户因病返贫风险。投入16.6万元打造西基村委会老虎塘村幸福家园，解决农村妇女、老人、儿童“三留守”问题。全年扶贫产业项目收益313.41万元，除光伏项目外的扶贫产业项目收益，50%分红给困难群众，50%用作公益事业和产业滚动投资使用。全镇纳入改厕户数15088户，完成摸排调查并录入系统15053户，完成率99.77%。以奖补形式完成无害化卫生户厕建设改造11座，投入资金1.98万元。在2021年度遂溪县推进乡村振兴战略实绩考核中，杨柑镇排名第一。

创文活动 2021年，杨柑镇镇委、镇政府多措并举、铁腕重拳治“六乱”（乱搭乱建、乱停乱放、乱摆摊、乱拉挂、乱堆

挖、乱张贴现象），营造讲文明、爱卫生、树新风浓厚氛围。先后组织镇、村两级干部到镇区开展大规模环境卫生整治行动10余次，累计出动2000余人次，清理垃圾3000多处，清理“牛皮癣”小广告300多处，拆除乱搭乱建遮阳棚100多处。2021年度，杨柑镇在遂溪县建成区外创文实地考评中排名第一。镇代表县接受湛江市委宣传部关于2021年度乡风文明培育建设和新时代文明实践示范所（站）建设考核。杨柑镇中心卫生院院长吕海涛获评第四届“遂溪好人”。

基础设施 总投资209万元的红坎桥建设工程竣工通车；投入600多万元推进镇区美化绿化硬化亮化建设；投入1300多万元改造完成长10.83千米的X683吉高线（吉塘至龙眼段公路）；投入106.05万元完成“四好农村路”建设项目4个，合计3.03千米。全镇245个村庄完成雨污分流管网建设，占比96%；239个村庄完成污水处理设施建设，占比94%。

农田水利 保障农业安全生产，做好农田水利基础设施建设，投入10万多元修复甘来海堤围；投入20多万元解决牛牯联围后田村委会百丈坡排洪涵，修复牛牯联围马城、尾墩小型水闸；投入2万多元维护湛川河堤围。开展“五清”专项整治，投入85万元清理调额河松树段7.8千米水浮莲，投入2.5万元清理湛川河新宁段2千米河流障碍物。22名镇、村级河长落实河长制职责，累计巡河1580次，发现问题55个，问题办结率100%。

农房管控 加大打击违建力度，制止违建行为106次，下发“责令整改通知书”97份，回填非法占用土地动工的地基11块，恢复园地0.02公顷（0.3亩）、林地0.28公顷（4.2亩）、耕地0.20公顷（3亩）。完成房地一体确权30500宗，发放杨柑镇农村宅基地批准书148份。投入8.8万元完成危房改造项目3个。

【综治维稳】 2021年，杨柑镇侦破案41件，刑事拘留28人，逮捕17人，起诉22人；查处治安案件查处66件，行政拘留50人；调解民事纠纷156宗。杨柑镇“12345”市民服务热线受理案件313件，办结313件，办结率100%；广东省一体化信访信息系统交办案件19件，办结19件。镇、村两级接访430批次，接访群众1485人，受理群众投诉、意见、建议398件，办理396件，办结395件，办理率99.4%，办结率99.7%。发放扫黑除恶宣传资料4700余份，张贴宣传海报60余张、宣传标语40余条，在主要道路和各村显眼位置悬挂横幅40余条。开展禁毒主题宣传活动55场，派发禁毒宣传手册8800多份，悬挂禁毒横幅58条，在全镇营造全民参与禁毒的氛围。开展普法宣传活动60余次，发放宣传册（单）38000余份，悬挂宣传横幅40余条，张贴宣传标语30余条。推进全民反诈，发动3万余名群众下载安装“国家反诈中心”App。湛江市反走私综合治理示范点成功创建。

【疫情防控】 2021年1月29日，杨柑镇在布政村开展新冠肺炎疫情防控应急处置演练，50余人参加。6月，吴川市突发1例确诊新冠肺炎个案，杨柑镇中心卫生院闻令紧急召集6名医务人员赶赴吴川市覃巴镇支援抗“疫”，对当地群众进行病毒核酸采样5000多人次。是年，针对重点地区（包含途经）返乡人员的排查，累计公安大数据推送538人，其中境外51人，境内487人；镇自主排查854人，“三人组”（1名医护人员搭配2名扫码、登记工作人员）上门进行核酸检测1392人，全部动态“清零”。发放防疫宣传单1万余份，悬挂防疫宣传横幅500多条，出动宣传车50多次，实现全镇零疫情。

【杨柑镇第十八届人民代表大会第一次会议】 2021年9月22—23日在杨柑镇第一会议室召开。会议听取并审议杨柑镇2021年上半年《政府工作报告》《人大工作报告》，以无记名投票方式，依法选举蒋养为杨柑镇人民政府镇长，黄松青为杨柑镇第十八届人大主席，林永贤为杨柑镇第十八届人大副主席，张强、叶建兰、陈毫胜、钟祺祥为杨柑镇人民政府副镇长。

（杨柑镇）

草潭镇

【概况】　草潭镇由原下六镇与草潭镇于2003年9月合并而成，位于遂溪县西北部，濒临雷州半岛北部湾，距湛江市区88千米，距遂溪县城69千米，东接杨柑镇，南接港门镇，南、北两面是北部湾海域，行政区域面积108.48平方千米，辖社区2个和行政村31个、自然村144个。全镇常住户数约1.8万户，人口7.6万人，有中学2所和小学19所。全镇耕地面积约3000公顷（4.5万亩），海岸线长23.5千米，浅海滩涂面积8000公顷（12万多亩），拥有各类渔船826艘，是一个风景秀丽、民风淳朴、海产丰富的半渔半农沿海镇。草潭旅游资源丰富，碧海蓝天、气温宜人，著名特产有“下六沙虫”“下六番薯”“草潭花蟹”等。“下六沙虫”肉质脆嫩，味道鲜美，富含氨基酸、蛋白质、钙、磷、铁、碘等多种营养成分，具有较高药用与食疗价值，被人们喻为海中人参，堪比燕窝、鱼翅；“草潭花蟹”产自雷州半岛西海岸的草潭绿色无污染海域，以味道鲜美、肉质嫩滑、营养丰富著称，美味优胜于其他海域的花蟹；“下六番薯”以“香、甜、粉、嫩、爽、滑”而闻名，营养丰富，是“遂溪三宝”之一，曾获“首届湛江旅游优质产品”称号，于2017年获批为国家地理保护标志产品。草潭渔港是广东省湛江地区著名的群众渔港。该渔港位于北部湾西海岸中部，港界水域总面积约60万平方米，其中小船避风塘面积8.5万平方米，是遂溪县水位最深、港区面积最大、交易量最大的渔港码头。高峰年份渔货交易量达10万吨，并可容纳800多艘渔船避风需求。草潭渔港2015年12月获批为广东省现代渔港建设项目（省二级渔港），2020年获批为国家级海洋捕捞渔获物定点上岸渔港。

中共草潭镇委书记：梁盘；镇委副书记、镇长：卜英忠；镇人大主席：黄德；镇委副书记：麦繁强、卜雄华、罗建城（8月挂职）；镇人大副主席：蒋日旺；镇委委员、副镇长：陈召传；镇委委员、镇纪委书记：何晓文；镇委委员：何远林、邓贤、林远翔、梁宝冲；副镇长：钟木、陈小航、陈斌。

【经济发展】　2021年，草潭镇完成地区生产总值25.77亿元，比上年增长9.8%。其中，第一产业生产总值10.51亿元，比上年增长9.2%；第二产业生产总值1.72亿元，比上年增长29.3%；第三产业生产总值13.54亿元，比上年增长8.4%。完成固定资产投资2.99亿元，比上年增长8.5%。居民人均可支配收入22013元，比上年增长9.7%。农林牧渔业总产值105065万元，农作物种植面积5066公顷（7.6万亩），总产量18.2万吨。其中，粮食谷物种植面积水稻种植面积1600公顷（2.4万亩），总产量0.85万吨，番薯种植面积326公顷（0.49万亩），总产量1万吨；甘蔗种植面积1533公顷（2.3万亩），总产量15.7万吨；其他作物种植面积1606公顷（2.41万亩），总产量0.65万吨。水果种植面积153公顷（0.23万亩），总产量0.18万吨。全年出栏肉猪1.4万头，出售和自宰活禽21.3万只，肉类总产量0.14万吨。全镇工业类型主要为制网及海产品加工业，有较大酒店3家及宾馆一批，有个体工商936户、企业151家（从业人员2200人）、有市场6个、超市6家、金融机构网点5个。

【综治维稳】　2021年，草潭镇开展扫黑除恶专项斗争，发动群众参与举报涉黑涉恶线索，进一步加大“黄赌毒”重点区域打击力度，开展领导干部大接访、“六五”普法活动，稳步推进平安草潭建设。全镇受理各类信访及矛盾纠纷案件155件，办结152件，办结率98%。通过“平安创建”集中打击清源百日专项行动，辖区内刑事立案30件，破案14件，破案率46.66%；受理治安案件70件，刑事拘留13人，行政拘留7人；重点做好刑释解教人员的思想转化工作，减少重新违法犯罪，解除社戒7人，实现帮教率和安置率均达19.5%。

【交通安全】　2021年，草潭镇开展草潭镇道路交通安全整治行动26次，设置执勤卡点，并采取流动巡查，对违法驾驶者进行教育宣传，重点打击无证驾驶，不戴头盔驾驶摩托车，无牌上路，尤其是农用三轮车、三轮载货摩托车违法载人等违法违规行为，共查处各类交通违法行为137起。其中，查扣无牌无证和违规停放等摩托车75辆，教育劝导1286起。

【疫情防控】 2021年，草潭镇投入疫情防控经费41万元，开展大规模核酸检测实战演练活动2次，采集样品送检1812人次，购买隔离服、隔离面罩、医用口罩、医用护目镜等医疗物资花费104751元，统筹做好外防输入、内防反弹，疫情防控稳守“零报告”关口。

【优生优育】 2021年，草潭镇总人口70845人，出生人口834人，出生率11.77‰，政策生育率79.97%，自然增长率0.54‰，征收社会抚养费8.1461万元；一孩生育登记368人，二孩生育登记320人，三孩生育登记86人。国家免费孕前优生健康检查率54.28%，开展免费孕前优生健康检查服务活动，参加者418人。开展“关爱计生家庭”“关爱留守儿童”“春节慰问计生困难家庭”“流动人口均等化服务”等活动，引导群众树立正确婚育观念。

【民政工作】 2021年，草潭镇完成2021年城乡居民医疗保险、养老保险任务，参保人数分别达6.03万人、1.34万人，参保完成率分别为99.04%、76.93%。殡葬工作成绩优异，全年火化数463例，超额完成县下达的火化任务。全年纳入最低生活保障480户1232人，发放最低生活保障金532.8万元。全镇有“五保”供养对象421人，其中入住镇敬老院集中供养21人，分散供养400人，发放“五保”供养金667万元。

【文化教育】 2021年，草潭镇有初级中学2所，完全小学19所，中心幼儿园1所，村级幼儿园8所，私立幼儿园5所。在校初中学生867人，在校小学生3362人，在园幼儿1893人。3至5周岁儿童入园率97.2%以上，适龄儿童入学率100%，初中巩固率99.8%以上。2021年中考，草潭、下六中学共有52人被县级以上重点中学录取；2021年高考，草潭籍被重点本科大学录取34人，普通本科院校录取71人；遂溪县草潭镇教育发展促进会第十一届捐资奖教奖学颁奖大会于8月在草潭镇政府三楼会议室举行，40多位优秀师生代表参加，大会颁发小学优秀学生奖、中考奖、高考奖、优秀教师奖、优秀班主任奖、优秀校长奖，并颁发助教金和助学金。

【渔业渔港】 2021年，草潭镇投资6250万元的广东省现代二级渔港项目完成工程总量的99.38%，获批为国家级海洋捕捞渔获物定点上岸渔港。全镇有各类渔船826艘，水产品总量8.3万吨。发放2021年休渔补贴169.05万元，惠及387艘渔船、805名渔民。加强渔港码头车辆秩序及卫生管理，较好改变码头以往“脏、乱、差”现象。

【脱贫攻坚】 2021年，草潭镇落实“两不愁三保障一相当”，对标“八有”查漏补缺。全镇144个自然村全部完成污水管网建设、农村生活污水终端处理设施建设，“龙头企业+合作社（公司）+基地+贫困户”产业扶贫模式成效显著，光伏发电、自来水厂、深水网箱养殖金鲳鱼、沙虫养殖、南药种植等6大类53个扶贫项目效益提升。扶贫公益岗保持稳定。扶贫资金用足用活，使用率100%。贫困户家庭收入稳步提升，有劳动能力贫困户年人均可支配收入14947元，比上年增长9.9%。

【禁种铲毒】 2021年，草潭镇加强组织领导，成立禁毒工作领导小组、社区戒毒（康复）领导小组、吸毒人员帮教小组。与相关单位签订责任书，实行“一把手”负责制。实行分类分级管控，加强禁种踏查工作，加大毒品防范管制力度，对涉毒打击立案1件、破案1件。全镇吸毒人员基数511名，县禁毒办分给镇社区戒毒（康复）任务41名，全部完成，其中解除社戒7人，办理解除措施4人，死亡53名，纠正16人，完成率100%，执行率100%。帮扶慰问社区戒毒（康复）困难家庭12个。投入禁毒工作经费27万元，开展“六进”（进社区、进机关、进学校、进企业、进农村、进家庭）活动，开展禁毒宣传教育主题活动，举办禁毒宣传65场，其中图片展16场、讲座宣传28场，发放宣传单张4513份，禁毒宣传资料2万多份。

【“4·11”鱼类非正常死亡事件应对处置】 2021年4月11日，黑山港海域路塘和罗屋两处海岸沙滩上发现死鱼带，长约1.5千米，死鱼量约500千克，死亡鱼类主要为鲻鱼。附近群众举报称花甲螺养殖户不规范使用鱼药所致。草潭镇第一时间派人核实，及时向上汇报，协调有关部门展开调查，约谈提醒养殖户，召开沿海村委会会议加强调处部署。县农业农村局、镇有关部门、草潭边防派出所、下六派出所等部门组成联合调查工作小组，到各沿海行政村，走访约谈花甲螺养殖户。县市场监督管理局、县自然资源局分头带队到各农资销售点、海域污染源进行农药调查和水体检测。调查组走访花甲螺养殖户15家、农资销售点9家，及时纠治违规使用渔药养殖行为，取缔非法销售高毒农药，维护海域环境和渔业资源。

【反走私反偷渡】 草潭镇位于北部湾沿海。2021年，草潭镇在草潭、新建、石九、石杨、麻公、罗屋、北拉、路塘、旧庙、艾仔寮、莡莳棚、红莳地、东港等13个沿海村（社区）设立反走私、反偷渡、抗疫情观哨站9个，安排专人24小时轮班执勤，并记录每天相关情况。镇各巡防队伍每周巡查辖区沿海周边区域，镇打私办每月组织联合巡查活动。镇联合草潭派出所、下六派出所开展打击走私专项行动及推进疫情防控下的反走私反偷渡防疫情工作，全年抓获涉嫌走私嫌疑人7名，收缴货车2辆、轿车4辆、飞艇1艘、冻品2.3吨、泡沫箱及汽油一批及拾获走私香烟8件。

（草潭镇）

城月镇

【概况】 城月镇历史悠久，始建于宋初，因城郭形似弓而得名，位于遂溪县南部，距离遂溪县城28千米、湛江市区40千米，东接湛江市郊，南邻雷州市客路镇，西为北坡镇，北与岭北镇，是广东省中心镇之一。位于热带北缘，属热带季风气候，地处丘陵，西北高，东南低。北部属玄武岩低丘台地，地势起伏大，为砖红壤，土层深厚，土质黏重；西南部为浅海沉积阶地沉积土，广阔平坦，略有起伏。水资源丰富，有雷州青年运河、城月河、通明河、平衡河、常家河；盛产热带水果及甘蔗等，林木主要为桉木、相思木。2021年年底，总人口13.03万人，其中镇区人口4.13万人，镇域面积237平方千米，耕地面积1.1万公顷，镇区建设面积48平方千米。辖社区4个、行政村23个，境内有雷州林业局、广前公司、金丰公司（原城月糖厂）3家大中型企业。

中共城月镇委书记：黄晓毅；镇委副书记、镇长：王武庆；镇人大主席：陈怀东；镇委副书记：詹战平、庞荣、卢兆明；镇委委员、副镇长：叶普（任至6月）、邹轶宜；镇委委员、镇纪委书记：陈秋壮；镇委委员、镇执法大队队长：郑高文；镇委委员、镇武装部部长：林秉毅（8月起任）；镇委委员：戴恩旺（任至6月）、周全；镇人大副主席：梁卫（9月起任）；副镇长：洪春燕（任至6月）、李庞生、陈柳媚（9月起任）、黄成怀（9月起任）、何望禄（9月起任）、沈存兴（9月起任）。

【经济发展】 2021年，城月镇生产总值59.79亿元，比上年增长14.3%。其中，第一产业增加值15.63亿元，增长14.9%；第二产业增加值12.90亿元，增长28.1%；第三产业31.26亿元，增长9.5%。财政收入6009万元。固定资产投资6.17亿元，比上年增长27.9%。镇规模以上工业企业7家，总产值10.48亿元，比上年增长30.5%。招商引资项目17个，投入资金5.8亿元。

【社会事业】 2021年，城月镇有616户2085人纳入城乡低保，42户99人纳入城镇低保；实施大病救助347人次，发放救助金555.6387万元；发放残疾人护理补贴1080人次288.6840万元，残疾人生活补贴408人次81.2328万元。完成城糖社区道路路面硬底化等建设项目6个，总里程5.971千米，投入资金486.66万元；投入130余万元完善镇区东出口（锦都酒店路段）排水系统；投资约300万元完成陈家桥重修工程；抓好“四好农村路”创建工作，维护乡道公路230多千米。10月20日，举行“双百工程”社会工作服务站挂牌仪式。发挥社会工作服务站和社会工作贴近群众优势，与群众面对面交流，见人见事，在零距离接触中了解群众需求、提供专业服务。5月6日，城月镇虎头坡村电商服务站揭牌开业。

【综治维稳】 2021年，城月镇开展扫黑除恶、“飓风2021”等专项行动，社会治安平稳有序。整治社会治安突出乱点问题30件；取缔非法拼装摩托车制造窝点7个，查扣非法拼装、改装、组装成品摩托车270余辆和大批摩托车零部件；查处非法采沙、采石案件10余件；开展行业管控检查19次；抓获吸毒人员27人，行政拘留涉黄人员17人，行政处罚赌博人员13人；破诈骗案件4件、黄赌毒案件7件、盗窃案件8件。镇综治信访维稳中心受理案件26件，办结23件，办结率88.46%；镇司法所受理调解案件32起，办结32起，办结率100%。立案处理行政违法行为23宗，制止违法行为6宗。拆除占用农田的违法建筑8处，整改违法占用土地7处；拆除违建养蛙场24个，清退被占耕地面积19.3公顷（290多亩）。

【城月镇醒狮队获2021年广东省龙狮锦标赛第一名】 2021年12月3—5日，2021年广东省龙狮锦标赛在广东省清远市清新体育馆举行，城月镇文化艺术中心的醒狮队在高桩南狮规定套路和自选套路中均获第一名。

【城月镇第十八届人民代表大会第一次会议】 2021年9月23—24日，城月镇召开第十八届人民代表大会第一次会议。会议听取和审议城月镇《政府工作报告》和《人大工作报告》，会议选举陈怀东为城月镇人大主席，梁卫为城月镇人大副主席；选举王武庆为城月镇人民政府镇长，邹轶宜、李庞生、陈柳媚、黄成怀、何望禄、沈存兴为城月镇人民政府副镇长。

【中国共产党城月镇第十五次代表大会】 2021年7月28日，中国共产党城月镇第十五次代表大会在城月镇召开，会议听取和审查《中国共产党城月镇第十四届委员会工作报告》《纪律检查委员会工作报告》，选举产生中国共产党城月镇第十五届委员会委员、中国共产党城月镇纪律检查委员会委员和城月镇出席中国共产党遂溪县第十四次代表大会代表。

【城月镇村（社区）“两委”干部任职宣誓大会】 2021年2月10日，城月镇举行2021年新一届村（社区）“两委”（村党支部委员会、村民委员会）干部集中谈话及任职宣誓大会，镇各村（社区）“两委”干部共193人参加会议并进行就职宣誓。

（城月镇）

乌塘镇

【概况】 乌塘镇位于遂溪县境中部。2021年，辖行政村34个、自然村45个。行政区域面积49平方千米。年末户籍人口20862人。乌塘镇有耕地2730.93公顷（40964亩），其中坡地2335.53公顷（35033亩），水田395.4公顷（5931亩）；林地543.33公顷（8150亩）。地势平缓，土壤大部分为沙质，瘦瘠，保水保肥力差，分布在浩发、塘沟、乌塘、邦塘、湛川等34个行政村，面积35平方千米，适宜种植荔枝、南药、甘蔗、水稻、香蕉、花生、番薯、木薯、蔬菜等粮食作物和经济作物。小部分属玄武岩发育成的赤土，风化程度较高，有机质含量较丰富，主要分布在塘沟、邦塘、湛川等行政村，面积14平方千米，适宜种植甘蔗、热带经济林、果树、香蕉、木薯、水稻等热带农作物。雷州青年运河西运河通过镇境，湛川溪、安贡溪流过镇境，灌溉近1/3的耕地。

中共乌塘镇委书记：梁李兴；镇委副书记、镇长：陈燕清；镇人大主席：庞建华；镇人大副主席：庞兴（9月起任）；镇委副书记：吴垂超（7月起任）、陈小敏（7月起任）、黄哲晖（7月起任）、罗养（任至7月）；镇委委员：吴垂超（任至7月）、谭仁普（任至7月）、庞兴（任至7月）、吴忠强（7月起任）、林强、谭泉玉（7月起任）；镇委委员、镇纪委书记：林强；副镇长：庞兴（任至9月）、谭仁普（任至9月）、吴忠强（9月起任）、马陕燕（9月起任）、周景辉（9月起任）；镇武装部部长：谭泉玉（6月起任）。

【经济发展】 2021年，乌塘镇镇生产总值8.9亿元，比上年增长9.1%。其中，第一产业增加值3.28亿元，增长9.7%；第二产业增加值0.68亿元，增长19.4%；第三产业增加值4.94亿元，增长7.5%。固定资产投资0.74亿元，增长0.4%。农民人均纯收入17835元，增长8.8%。

农业 2021年，乌塘镇农业产值3.27亿元，比上年增长9.7%。开展湛川河谷荔枝“国家地理标志保护产品”申报，借国家实施“一村一品”乡村振兴战略的东风，打造“湛川河谷荔枝”品牌。举办湛川河谷荔枝文化旅游节，开展助农销售活动。湛川片荔枝种植面积约666公顷（10000亩），辐射周边地区种植约333.33公顷（5000亩），年总产值超过1亿元。湛川河谷荔枝种植基地被广东省农业农村厅评为“广东荔枝湛川河谷示范基地”。以市场为导向，调整南药生产布局，优化南药种植结构，发展“三高”农业，实行南药规模化、技术化、机械化管理。乌塘镇种植的广藿香获“遂溪广藿香”国家地理标志证明商标和“国家地理标志”保护产品认证证书。全镇南药种植面积400公顷（6000多亩），南药种植总产值5900万元。

工业 2021年，乌塘镇第二产业产值0.68亿元，比上年增长19.4%。镇深加工产业取得新发展。形成“基地＋工厂＋农户”产业化经营模式。遂溪县胜源生物原料有限公司中药前处理提取车间中药材深加工产业链不断完善。湛江市盈四海香料有限公司中草药材收购、加工、转运产业链完整。古法技艺得到挖掘传承，古法红糖产销两旺。遂溪县虹茂工艺有限公司产值稳定。

营商环境 建立“公司＋合作社＋基地＋农户”发展模式，遂溪鑫兴农科技农业有限公司、湛江盈四海香料有限公司、南方电网光伏发电项目、遂溪县虹茂工艺有限公司、瑞信公司等，延伸农产品加工业产业链条，发展新兴产业，带动周边就业，增加就业岗位2300多个，农民稳定增收。

【社会保障】 2021年，乌塘镇城乡居民医疗保险参保17455人；城乡居民养老保险参保4209人。发放低保金、“五保金”、优抚金、孤儿补贴、临时困难救助等各类惠民资金443.6万元，受助人员累计925人次，其中农村低保176户489人，城镇低保2户5人，每月发放低保金16.74万元；特困人员101人，每人每月救助金882元；散养孤儿2人，总计每月2454元；享受重度残疾人津贴补助254人，每月发放6.2万元，残疾低保户110人，每月发放生活补贴1.99万元。参加劳动就业培训累计860人次，提供劳动转移就业累计302人次，全镇接种新冠肺炎疫苗20820剂次，全县排名前列。

殡葬改革 2021年，乌塘镇建立健全殡葬管理长效机制，实行“一把手负总责，镇班子成员负责挂点村委会，驻村干部包自然村”工作制度；召开殡改工作专项会议4次，制作横幅标语、宣传栏共12条，出动宣传车24辆次。全年完成火化任务107例，完成率100%。

【综治维稳】 2021年，乌塘镇按照“党委政府统一领导，部门齐抓共管，综治维稳组织协调，全社会共同参与”领导体制和工作机制，以镇综治信访维稳中心为平台，相关职能部门采取合署办公，成立镇综治委，全年召开联席会议12次、专题会议15次、工作例会32次；社会矛盾纠纷调处42件，成功率100%，接收上级交办信访案件3件，镇综治信访维稳中心调解案件43件，办结率100%；立案18件、破获11件，受理行政案件32件，办结28件，查处吸毒人员20人，强制隔离戒毒20人，查处赌博违法行为5起，处罚8人，行政拘留8人；全镇安装监控视频300个，其中面向街道摄像头61个；开展禁毒、扫黑除恶宣传40余场，建设宣传栏36块，派发宣传资料1.5万份，悬挂横幅40余条，覆盖自然村45个，覆盖人群2万余人。

【镇村建设】 2021年，乌塘镇建设硬底化道路24.3千米，开展亮化工程，新建路灯1164盏；推进四小园建设，建成小公园16个。推进新农村建设，45个自然村全部完成污水管网、污水终端设施建设，完成率均排全县第一。厕所革命任务完成。“三清理三拆除三整治”［三清理：清理村巷道生产工具、建筑材料乱堆乱放；清理房前屋后和村巷道杂草杂物、积存垃圾；清理沟渠池塘溪河淤泥、漂浮物、障碍物；三拆除：拆除危旧房、废弃猪、牛栏及露天厕所茅房；拆除乱搭乱建、违章建筑；拆除非法违规商业广告、招牌等；三整治：整治垃圾乱扔乱放；整治污水乱排乱倒；整治“三线”（电线、电视线、通信线）乱搭乱接］工作不断巩固，45个自然村共清理积存垃圾、清运杂物杂土15935处，拆除乱搭乱建、废旧猪、牛栏3682处，拆除危房2015间。是年，乌塘镇推进乡村振兴战略实绩实地考核，成绩排名全县第一，陆屋、周龙、米塘等被检村均排在全县前五名。

【中国共产党乌塘镇第十一次代表大会】 2021年7月28日，中国共产党乌塘镇第十一次代表大会召开。大会听取并审议乌塘镇第十届委员会工作报告，依照法定选举程序，以无记名差额选举的方式选举产生中国共产党乌塘镇第十一届委员会委员7名、乌塘镇第十一届纪律检查委员会委员7名、出席中国共产党遂溪县第十四次代表大会代表8名。梁李兴当选中国共产党乌塘镇第十一届委员会书记，林强当选乌塘镇第十一届纪律检查委员会书记。

【乌塘镇第十八届人民代表大会第一次会议】 2021年9月23日，乌塘镇召开第十八届人民代表大会第一次会议。会议听取和审议乌塘镇政府工作报告和人大工作报告，依法选举庞建华为乌塘镇第十八届人大主席，庞兴为镇人大副主席；陈燕清为乌塘镇人民政府镇长，吴忠强、马陕燕、周景辉为乌塘镇人民政府副镇长。

【乌塘镇教育发展促进会第十届考学奖励大会】 2021年8月20日，乌塘镇举办教育发展促进会第十届考学奖励大会。共筹集乡贤、社会各界、镇村干部等捐款716619元；奖励国际竞赛金奖1人，研究生10人，公办本科52人，省级重点中学1人，湛江一中6人，重点中学48人，共计118人；奖励优秀教师20人；共发出奖教奖学助学金及教师节慰问金30.67万元。

（乌塘镇）

北坡镇

【概况】 北坡镇是广东省首批中心镇，位于遂溪县西南部，东邻乌塘镇，西毗港门镇，南至河头镇，北接杨柑镇，距县城55千米。2021年，辖行政村15个和社区2个、自然村146个，行政区域面积164平方千米。年末常住人口43497人，人口自然增长率9.41‰。全镇耕地面积97平方千米，土特产有甘蔗、番薯、甜玉米等，是广东省宜居示范城镇、国家级生态示范乡镇、广东省教育强镇、广东省名镇、广东省文明村镇、广东省人居环境整治示范镇、全国文明村镇、全国农业产业强镇建设、湛江市优秀基层党组织、广东省乡村治理示范乡（镇）、广东省卫生乡镇。

中共北坡镇委书记：王丰（任至9月）；镇委副书记、镇长：洪文泽；镇人大主席：陈莲梅；镇委副书记：殷文忠（3月起任）、赵伟（任至6月）、杨振海（6月起任）；镇委委员、副镇长：全志成；镇委委员、镇纪委书记：陈国伟（任至6月）、李小珊（6月起任）；镇委委员：罗冠文（任至6月）、庞敏娣、陈马福；镇委委员、武装部部长：梁家浩（6月起任）；镇人大副主席：林亨（9月起任）；副镇长：叶晓（任至6月）、全思文（9月起任）、王国鹏（9月起任）、谢建辉（9月起任）。

【经济发展】 2021年，北坡镇实现生产总值20.72亿元，比上年增长9.8%，其中第一产业增加值7.74亿元，增长12.4%；第二产业增加值1.92亿，增长8.6%；第三产业增加值11.06亿元，增长7.6%。固定资产投资2.79亿元，增长4.2%。财税收入1205万元。

第一产业 2021年，北坡镇第一产业总值9.1亿元，比上年增长12.4%。全镇有1266公顷（1.9万亩）辣椒种植、5533公顷（8.3万亩）甘蔗种植等农业生产基地。发展现代农业，打造虾沟红米、北塘果桑、下担甘蔗良种、新屋薯粉、何爸番薯等特色品牌。

第二产业 2021年，北坡镇第二产业生产总值1.77亿元，比上年增长8.6%。有规模以上工业企业4家，其中规模以上工业完成总产值3.02亿元。打造村级扶贫车间，发展新屋村遂溪县鑫垚农产品加工厂、下黎村遂溪县创益种养专业合作社。

第三产业 2021年，北坡镇第三产业生产总值9.68亿元，比上年增长7.6%。开展大文旅、大融合项目，打造以高塘甘蔗主题公园、八仙湖生态园等为载体的乡村振兴产业融合发展产业园。投入1000万元建设全国农业产业强镇项目，采取“互联网＋农业产业”模式，成功申报“一村一品、一镇一业”建设项目3项。

【综治维稳】 2021年，北坡镇加强矛盾纠纷排查化解，落实好网格化服务管理和领导包案制度，推动矛盾由事后处置向事前防控转变，有效调处矛盾纠纷152宗，办结152宗，办结率100%；网格事件录入不稳定因素716宗，办结710宗，待办6宗。全镇群体性事件案发为零，安全事故为零。在春节、两会、清明、国庆、经济特区建立40周年庆祝活动等重要时段期间，未发生群体性和极端性事件。1998年至2019年，连续20年被遂溪县评为社会治安综合治理和平安建设工作先进镇。

【镇村建设】 2022年，北坡镇成功创建省级卫生镇，4个村获评省卫生村称号，18个村获评市卫生村称号。推行“党建＋创卫”模式，实施美丽镇圩攻坚行动，精细化、规范化管理圩镇，全民参与网格包联创建，投资2000余万元加快镇区主干道改造升级，缓解交通压力；完成管网排污和美化绿化亮化工程，主干道美化绿化4200平方米，投入约100万元引进地标保洁公司加强镇区日常卫生保洁，新建日处理1000吨污水处理厂，新添镇区道路硬底化1172米，新增垃圾保洁车20余台，投放垃圾桶500余个，群众对卫生状况满意率达98%以上。美丽宜居乡村稳步推进，142个自然村完成污水管网铺设，135个自然村完成污水终端处理设施建设。15个行政村开展村庄清洁行动，148个自然村完成“三清三拆三整治”。广东省生态宜居美丽乡村示范镇建设基本完成，投入1亿元的第五批省级新农村建设示范工程全部竣工。科学编制乡村振兴五年规划。

【项目建设】 2021年，北坡镇政府推进民生实事工程项目，完成民生实事工程12项。建设遂溪县北坡职业高级中学建设工程项目，该项目总投资3399万元，其中建安工程3219万元。新建教学楼1栋，总建筑面积8998.53平方米，层数五层，首层建筑面积1843.19平方米，二层至五层的建筑面积为6876.44平方米，屋面层建筑面积278.9平方米，每层12个教室。新建学生宿舍楼1栋，总建筑面积2282.27平方米，层数六层，一层至六层的建筑面积1775.1平方米，屋面层建筑面积152.15平方米，每层7个宿舍；建设北坡镇北塘村委会下里仔村路灯建设项目，该项目投资13.15万元，安装路线总长1350米，LED路灯（100瓦）45盏，单杠臂路灯高6米；建设北坡镇北塘村委会下里仔村道硬底化建设项目，该项目投资31.85万元。将北塘村委会下里仔村道路建设为水泥混凝土路面，长约560米，宽4米，厚18厘米；建设北坡镇下担村委会塘母村小公园建设项目，该项目投资30万元，面积约2000平方米，有苗木种植、景观照明、健身器材等配套设施；建设北坡镇水南村委会黄根仔村道硬底化建设项目，该项目投资60万元，将水南村委会黄根仔村道路建设为水泥混凝土路面，长1600米，宽4米，厚18厘米；建设北坡镇下黎村委会吴川塘村道硬底化建设项目，该项目投资45万元，将北坡镇下黎村委会吴川塘村路面改为水泥混凝土路面，长约1600米，宽4米，厚18厘米；建设北坡镇动土村委会银榜村道、巷道硬底化建设项目。该项目投资55万元，将动土村委会银榜村村道、巷道建设为水泥混凝土路面，长1300米，宽度在2.5～4米，厚12厘米；建设北坡镇文典村委会丰对村道、巷道硬底化建设项目，该项目投资45万元，将文典村委会丰对村村道、巷道建设为水泥混凝土路面，长1000米，宽3.5米，厚18厘米；建设北坡镇三合村委会白沙江村道硬底化建设项目，该项目投资65万元，将三合村委会白沙江村村道建设为水泥混凝土路面，长约1620米，宽3米，厚15厘米；建设北坡镇虾沟村委会虾沟村道硬底化建设项目，该项目投资65万元，将虾沟村委会虾沟村道路硬底化3米（宽）×0.12米（厚）×100米（长）；道路硬底化4米（宽）×0.12米（厚）×100米（长）；文化楼门前道路硬底化40米（宽）×50米（长）×0.12米（厚）；环村路硬底化500米（长）×5米（宽）×0.18米（厚）；建设北坡镇农村生活污水设施建设项目，该项目总投资约1600万元，包括泉水眼等18个村庄生活污水管网建设及新洋村等45个村庄污水处理终端建设；建设北坡镇逸民路路灯建设项目，该项目投资19.83万元，在北坡镇逸民路安装路线总长1440米，LED路灯（60瓦）48盏，单杠臂路灯高6米。

【民政事业】 2021年，北坡镇抓好社会救助安置，共有547户1116人纳入城乡低保；累计发放困难群众临时救助救济金66人次12.8万元；实施大病医疗救助48人次，发放救助金102.02万元；将全镇414名符合条件的残障人士纳入享受残疾人生活津贴，还有569名符合条件的残障人士纳入享受重度护理补贴，共发放残疾人生活补贴82.7万元，残疾人护理补贴146.8万元。城乡居民医疗保险参保47240人，完成任务的100%，城乡居民医疗保险实现全覆盖；城乡基本养老保险缴费续保13348人。

【社会事业】 2021年，北坡镇参加孕前优生健康检查560例，农村妇女“两癌”免费检查317例，征收社会抚养费3万元。落实妇女创业小额担保财政贴息贷款，发放小额贷款995万元，放贷人数198人，放贷总额财政贴息383075元。全年考上大学本科以上160人，其中硕士研究生15人，博士生1人；考上遂溪一中以上重点中学147人；为优秀教师、学生以及贫困学生颁发奖金78.08万元，其中发放助学金3万元助学15名贫困生。成功征集多名新兵。

【优生优育】 2021年，北坡镇辖村（居）委会17个。年末户籍总人口60263人，育龄妇女12052人，已婚育龄妇女9405人；出生859人，男孩463人，女孩396人，其中政策内生育669人，政策外生育190人，符合政策生育率为77.88%，人口出生率14.26‰；性别比为116.92；死亡292人，死亡率4.85‰，人口自然增长率9.41‰。2021年全镇常住人口出生710人，男孩367人，女孩343人，性别比107，其中政策内生育547人，政策外生育163人，符合政策生育率77.04%，人口出生率14.61‰；死亡283人，死亡率5.82‰，人口自然增长率8.79‰。

【脱贫攻坚】 2021年，北坡镇有建档立卡脱贫户751户1971人，其中脱贫户739户1919人，占脱贫户人口的97.36%，脱贫不稳定户12户52人，占脱贫户人口2.64%；落实最低生活保障建档立卡脱贫人口1110人，其中低保人员845人，特困供养人员250人，孤儿15人。举办技能培训2期，免费技能培训脱贫户60人次；设置公益性岗位，吸纳72名脱贫户就业。产业扶贫项目有32个，包括农贸市场、光伏发电、种养及花卉苗木基地等项目。开展消费扶贫，建立扶贫产品专馆，推动扶贫产品销售，帮扶单位或帮扶干部等购买扶贫农产品累计335911元。

【北坡镇村级换届选举】 2021年1月24日，北坡镇17个村（社区）全部产生新一届支部委员会、村（居）民委员会及经济联合社委员会。17个村（社区）党支部换届后共产生支部委员79名，其中书记17名，副书记7名，委员55名；女性委员17名，占21.5%。实现班子结构"一降一升"，平均年龄45.1岁，比上届下降4岁；35周岁及以下的17名，占21.5%，比上年提高20个百分点；高中及以上学历68人，占比86.1%，比上届提高16个百分点。

【遂溪县农村生活污水管网及终端设施建设推进现场会在北坡镇召开】 2021年3月16日，遂溪县农村生活污水管网及终端设施建设推进现场会在北坡镇召开，就进一步抓好农村生活污水管网工作进行部署。各镇镇长、分管领导等参加推进会。新屋村终端设施建设投入14万元，全部完工，经处理后排出的水质符合省环保厅二级要求。会上遂城镇、黄略镇、岭北镇代表作农村生活污水管网及终端设施建设情况汇报。

【遂溪县老干部方言宣讲团走进北坡镇进行党史教育宣讲】 2021年6月2日，由遂溪县委宣传部、县委组织部联合组织县老干部方言宣讲团、县直机关单位宣讲团、百姓宣讲团等组成宣讲队伍"学党史颂党恩跟党走"宣讲活动走进北坡镇9个专场。

【中国共产党北坡镇第十五次代表大会】 2021年7月29日，中国共产党北坡镇第十五次代表大会在镇一楼会议室召开。王丰当选新一届北坡镇党委书记，李小珊当选新一届北坡镇纪律检查委员会书记。

【北坡镇第十八届人民代表大会第一次会议】 2021年9月22—23日，北坡镇第十八届人民代表大会第一次会议在镇政府一楼会议室召开。会议通过无记名投票方式选举产生选举结果。陈莲梅当选为北坡镇第十八届人大主席，林亨当选为北坡镇第十八届人大副主席；洪文泽当选为北坡镇人民政府镇长，全志成、全思文、王国鹏、谢建辉4人当选为北坡镇人民政府副镇长。

（吴文珊）

港门镇

【概况】 港门镇地处遂溪县西南部沿海地区。东接北坡镇，西临北部湾，南邻乐民镇，北部与草潭、杨柑两镇相接，距遂溪县城68千米、湛江市区78千米。境内有县道682、683、684线通过，遂溪县乐民河贯穿而过，是遂溪县毗邻北部湾的重要沿海镇。行政辖区面积91平方千米，其中耕地面积4866公顷（7.3万亩）、林地面积1866公顷（2.8万亩）、海岸线12千米、海洋滩涂1万多亩。土特产有货湖铁皮石斛、吴家荔枝龙眼、红心火龙果、良田番薯等。风景区有石角渔港、黄屋湿地公园、港门埠海滩等。2021年，辖行政村12个、自然村105个，全镇总户数1.12万户，总人口4.5万人，其中农业人口3.9万人。

中共港门镇委书记：陈泽武；镇委副书记、镇长：罗允升；镇人大主席：庄宁；镇委副书记：王洪建（9月起挂职）、欧晓明、麦繁强（任至6月）、吴承树（6月起任）；镇委委员、副镇长：林伟雄（4月起任）；镇委委员、镇纪委书记：林玲英（7月起任）；镇委委员：陈永成（任至6月）、全敏军、庞生；镇委委员、镇武装部部长：梁河（任至8月）、何金文（8月起任）；镇人大副主席：梁华国（9月起任）；副镇长：郑敏（任至6月）、黄一鸣（9月起任）、曾瑞生（9月起任）、庞文培（9月起任）。

【经济发展】 2021年，港门镇完成生产总值17.11亿元，比上年增长10.6%；其中第一产业增加值8.77亿元，增长14%；第二产业增加值2.14亿元，增长1.6%；第三产业增加值6.2亿元，增长7.6%。地方财政收入766.2万元，比上年增长6.2%。一般公共预算收入1820万元，比上年增长5%。完成固定资产投资1.25亿元，比上年增长3%。完成《港门镇经济社会发展“十四五”规划》编订。

农业 2021年，港门镇开展远洋捕捞作业，全镇有渔船722艘，其中大型船只168艘、小型船只554艘，总产值5.5亿元，海洋捕捞产值8918万元。全镇拥有海水养殖1053公顷（1.58万亩），其中包括鲜虾、珍珠养殖、墨西哥扇贝等；水产养殖1146公顷（1.72万亩），产品产量超10万吨，水产养殖业产值960万元，渔业总产值9880万元。开展“三无”（无船名船号、无船舶证书、无船籍港和未取得有关行政许可）船舶整治专项行动，发放安全管理证书245艘。测绘石角渔港港址图并纳入港章。全镇105个自然村全部实现通自来水。

工业 2021年，港门镇有个体工商户420余户，注册资本10万元以上22家，50万元以上的企业4家，100万元以上企业4家。其中发展良好的企业有遂溪同仁木业有限公司、港门洋泰网具厂等。有虾苗场2个，树木育苗场4个，村民种植合作社3个，全镇拥有运输车辆230余辆。

服务业 2021年，港门镇有圩市1个（每月农历的三日、六日、九日为圩日），有超市15家，酒店宾馆7家，药店12家，物流点6个，金融机构网点2个，保险公司1家，通信公司2家，理发店35家。

【乡村振兴】 2021年，港门镇实施乡村振兴战略，巩固脱贫成果。对5户21人实行返贫监测，全年安置脱贫户公益性岗位35个，为64户贫困户发放小额信贷1376万元，为385名脱贫户购买养老保险，为736名生活困难群众购买湛江市民保。开展垃圾分类工作，配备分类垃圾桶80个。完成全镇7001户户厕和30座公厕摸排工作。开展美丽圩镇建设。整治镇区“六乱”（乱搭乱建、乱停乱放、乱摆摊、乱拉挂、乱堆挖、乱张贴现象）现象，整治占道经营、乱摆乱卖行为360人次，拆除破旧遮阳棚等乱搭乱建构筑物85处，面积950平方米。拆除违规商业广告、招牌74处。清理圩镇积存垃圾487处，共178吨。

【镇村建设】 2021年，港门镇实施乡道升级改造。投资1128万元，开展乡道622线大西坑—西坡村委会段、乡道623线胜昌—塘墩段、乡道624线边关—塘尾段公路路面改造工程，工程全长9.62千米。实施村村通饮水工程，105个自然村全部实现通自来水。实施削坡建房风险点整治工程，化解风险点3处，惠及农户15户。开展危房改造4户，全部竣工通过验收。投资3000多万元完成“遂溪乐民河大桥”工程建设。

【生态保护】 2021年，港门镇落实“河长制”。投入资金110万元，清理河道7.96千米，清理水面漂浮物7.53万平方米。开展高位池尾水整治。全年累计整治30户19.8公顷（297亩），整治率100%。规范运营镇污水处理厂。该厂由中节能遂溪水务有限公司进行运维，日均污水处理量达到500立方米，出水水质达到一级A标准。全镇农村生活污水管网累计完工建设自然村98个，全镇农村生活污水终端设施累计完工建设自然村97个。

【文体事业】 2021年，港门镇投入50多万元对镇文化站、电影院进行修缮，镇文化站通过省评估验收，被评定为“一级站”。创建市级生态文明村11个，市级卫生村20个。全镇小升初考试整体成绩位居全县第二，连续8年获得县级奖励，北灶小学被评为“2021年度遂溪文明校园”。开展捐资助学活动，筹措资金71.1

万元，举办港门镇第四届奖教奖学大会，奖励优秀学生189人23.95万元，奖励优秀教师190人31.82万元，帮助困难学生1人2000元。开设广场舞和太极拳培训班。全镇广场舞队12支，成立遂溪县太极拳协会港门分队，27名队员获县文广旅体局颁发三级社会指导员证。9月，投资50多万元完成对镇综合文化站的大门、大院、院内电影院等设施及场所的修缮工程。

【民生事业】 2021年，港门镇完成农村合作医疗3.57万人，完成城乡居民养老保险参保1.12万人。累计发放低保救助金377.48万元，发放特困供养人员救助金327.27万元，发放临时救助金24.75万元，发放残疾人“两项补贴”166.2万元。为72人办理残疾人第二代残疾人证，完成残疾人“两项补贴”年度资格认证405人。全国残疾人动态更新调查录入工作完成，投资32.5万元建成残疾人康园中心并投入使用。港门镇社会工作服务站，吴家、新港服务点挂牌使用。开展新冠疫情防控工作，开展防疫演练2次，累计接种新冠疫苗43085针剂。全年没有出现确诊病例。

【综治维稳】 2021年，港门镇累计接到矛盾纠纷34起，调处化解27起。收到县信访局交办信访件17件，办结15件。统计信访积案8件，化解3件。收到“12345”市民服务热线交办工单168件，办结168件，办结率100%。救助吸毒人员，做好社区康复，开展禁毒活动36场，发放宣传资料1.3万份。开展各类平安宣传活动27场，慰问退役军人及烈属，发放慰问金2.76万元。关爱精神障碍患者，累计走访精神障碍患者582人次。

【安全生产】 2021年，港门镇执行应急24小时值班制度，组建一支31人的镇“三防”应急后备队，配备冲锋舟等应急工具177件。开展安全宣传，全年发放安全知识宣传资料6000余份，开展活动25场，受众达8000人次。开展道路交通安全整治，开展专项行动96次，检查摩电3840辆，教育劝导1.8万人次。

【换届选举】 2021年，港门镇完成12个村“两委”（村党支部委员会、村民委员会）换届选举工作。村“两委”干部队伍全面提质。平均年龄41.8岁，大专以上学历占比57%。完成村级组织换届选举，实现书记、主任和社长“一肩挑”的换届目标。选出干部72名，新进干部34名，平均年龄42岁。

【港门镇召开人居环境整治“十佳村长”表彰大会】 2021年2月8日，港门镇召开全镇人居环境整治“十佳村长”评选表彰会议。会议宣读《关于表彰2020年度人居环境整治工作“十佳村长”的通报》。郭忠获“十佳村长”特等奖；吕伍等2名村长获“十佳村长”一等奖；麦虾米等3名村长获“十佳村长”二等奖；钟红九等4名村长获“十佳村长”三等奖；戴亚六等10名村长获鼓励奖。

【港门镇第十七届人民代表大会第九次会议】 2021年4月8日，港门镇召开第十七届人民代表大会第九次会议。会议听取和审议罗允升所作的《港门镇人民政府工作报告》，听取和审议《港门镇人大工作报告》。林伟雄当选港门镇人民政府副镇长。

【中国共产党港门镇第十一次代表大会】 2021年7月28日，港门镇召开中国共产党港门镇第十一次代表大会。会议听取和审查《中国共产党港门镇第十届委员会的报告》；听取和审查《中国共产党港门镇纪律检查委员会的报告》；选举产生中国共产党港门镇第十一届委员会、纪律检查委员会和港门镇出席中国共产党遂溪县第十四次代表大会代表。

【港门镇第十八届人民代表大会第一次会议】 2021年9月23—24日，港门镇召开第十八届人民代表大会第一次会议。会议听取和审议港门镇《政府工作报告》和《人大工作报告》。选举庄宁为港门镇第十八届人大主席，梁华国为港门镇第十八届人大副主席。选举罗允升为港门镇人民政府镇长，选举林伟雄、庞文培、黄一鸣、曾瑞生等为港门镇人民政府副镇长。

【港门镇“遂溪乐民河大桥”项目竣工通车】 2021年6月29日，港门镇举行“遂溪县乐民河大桥项目”通车仪式，连接港门镇与乐民镇的遂溪县乐民河大桥竣工通车。

【港门镇举办第四届教育发展促进奖教奖学活动】 2021年8月23日，港门镇在镇综合文化站举行第四届教育发展促进奖教奖学活动。活动筹措资金71.1万元，奖励学生189人23.95万元，奖励教师190人31.82万元。

【广东“双百工程”港门镇社会工作服务站成立】 2021年10月20日，港门镇举行广东“双百工程”港门镇社会工作服务站揭牌仪式，镇社工服务站、吴家村社工站点、新港村社工站点正式启用。

（港门镇）

河头镇

【概况】 河头镇位于遂溪县西南部，距遂溪县城62千米、国道207线20千米，省道375线、290线贯穿境内，东、南部分别毗邻雷州市客路镇和纪家镇，北、西分别与北坡、乐民和江洪镇相接。行政区域面积144平方千米，辖河头、吴排、割山、田西、双村、山域、新市、干塘、吾良、上坡、虎溪等行政村11个，自然村95个，总人口4.1万人。雷州青年运河、田西河流经境内，水源充足，土壤肥沃，耕地面积4286.7公顷（6.43万亩），林地面积4800公顷（7.2万亩）。种养业以水稻、富硒番薯、甘蔗、珍稀水果、药材、生猪养殖为主。主要旅游景点有遂溪西南地区革命史馆、油河塘村、双村东坡楼和森林公园等。2021年，河头、吴排、割山、田西4个行政村获评为湛江市文明村，46个自然村被评为湛江市卫生村。全镇累计有全国文明村2个，广东省宜居村庄、文明村和卫生村9个，湛江市特色文化村、最美村庄、卫生村和生态文明村60个，占全镇村民小组的56%。

中共河头镇委书记：邹良（任至5月）、黄彬恩（5月起任）；镇委副书记、镇长：陈伟文（6月起任）；镇人大主席：李炳仁；镇委副书记：秦红明（挂职，9月起任）、苏进、梁明辉；镇委委员、副镇长：黄耀斌；镇委委员、镇纪委书记：钟景坤（6月起任）；镇委委员、镇武装部部长：谢铭鸿（6月起任）；镇委委员：柯子敬、陈兰芳；副镇长：陈志坚、陈贞凯（9月起任）、黄尤杰（9月起任）；镇人大副主席：罗文彦（9月起任）。

【经济发展】 2021年，河头镇完成生产总值18.94亿元，比上年增长9.8%。其中，第一产业总产值3.82亿元，增长17.6%；第二产业增加值2.09亿元，增长5.7%；第三产业增加值13.03亿元，增长8.1%。规模以上工业总产值0.87亿元，下降17.41%。固定投资完成额2.97亿元，增长3.6%。公共财政收入517万元，下降22.6%。

第一产业　2021年，河头镇农业总产值3.82亿元，比上年下降7.52%。全镇优化产业结构，引进现代农业公司，加快推进土地流转，累计流转土地超过0.2万公顷（3万亩），占总耕地面积46%。全镇甘蔗种植面积2648.80公顷（3.97万亩）、水稻种植面积1330公顷（2万亩）、红壤富硒番薯种植面积3333公顷（5万亩）、生猪养殖5.16万头，形成以生猪养殖，珍稀水果、富硒红薯、芋头、药材种植等为主的特色农业产业格局。任航农业有限公司投资5960万元种植红美人柑橘、红宝石芭乐、泰国青柚等珍稀水果80公顷（1200亩）。罗宅村返乡乡贤成立广东瑞盈三农种植专业合作社，并与广东省农业科学院和普宁市农科所合作投入1500万元，进行甘薯新品种的研发和脱毒甘薯苗的生产与销售。乡贤返乡种植“牛大力”（山莲藕）中药材示范基地66.67公顷（1000亩）。正大集团投资2.4亿元建设白银塘、塘墩村种猪场。

第二产业　2021年，河头镇第二产业总产值2.09亿元，比上年增长 14.89%。全镇规模以上企业 1 家，大华糖业河头有限公司完成总产值 8669 万元，比上年下降 19.5%。

第三产业　河头镇以“红色村”党建示范工程为契机，发展红色旅游为主导，整合“中国传统村落”双村和“全国文明村”油（河）塘村资源，开发红色文化旅游和生态旅游产业，通过旅游产业带动全镇服务业发展。2021 年，全镇交通运输、仓储和邮政业总产值 8736 万元，比上年增长 18.97%；批发和零售业总产值 8386 万元，增长 8.79%；住宿和餐饮业总产值 2860 万元，增长 16.07%；金融业总产值 1630 万元，增长 9.1%；房地产业总产值 7.2 亿元，增长 12.85%；营利性服务业总产值 9919 万元，增长 7.6%；非营利性服务业总产值 2.7 亿元，增长 12.24%。

【社会事业】　2021 年，河头镇城乡居民医疗保险参保 26967 人，政府资助 2182 人，总参保 29146 人，新农村医疗保险参保 4798 人。全镇有 398 户 1983 人领取最低生活保障金，69 户困难家庭领取专项临时救助金 19.943 万元，121 名大病重病患者领取救助金 150 万余元，“五保户”228 人全面享受特困供养政策，其中镇敬老院集中供养 24 人。全镇发放残疾证 91 本，239 人申请重残人员护理补贴、发放护理费 51 余万元，完成残疾户无障碍改造 11 处。全镇 887 名老人领取高龄补贴，发放补贴金 43 万余元。落实义务兵家属优待政策和享受定期抚恤政策，发放农村籍退役士兵生活补助，复退、“三属”、带病回乡退伍军人生活补助，参战退役人员定补，发放“五老”人员事业费 1.25 万元，发放残疾军人抚恤金 16.51 万元、烈士子女抚恤金 0.62 万元。投入 19 万元建成残疾人康园中心，于 10 月 15 日投入使用。全镇小学均被评为“遂溪县平安校园”，8 所小学被评为“遂溪县文明校园”、4 所小学被评为“湛江市文明校园”、3 所小学被评为“湛江市依法治校示范校”、2 所小学被评为“广东省依法治校示范校”。投资 2860 万元的河头镇中心幼儿园动工建设。

【综治维稳】　2021 年，河头镇加大对吸毒贩毒打击力度，大排查大摸底和分级管控工作覆盖率 100%，联合镇派出所、村委会开展全域排查，范围覆盖全镇 11 个村委会，未发现非法种植毒品原植物。投资 5 万元拍摄的禁毒微电影《站直，就是榜样》发布上线。加大治安经费保障力度，镇政府在治安联防、禁毒等方面拨付给镇派出所 19 万元经费。开展“平安遂溪”和“平安河头”等系列行动，全镇处置有效警情 382 起，出动警力 1826 人次，破获刑事案件 22 件，其中涉毒刑事案件 5 件；办结治安案件 42 件，其中赌博案 4 件，吸毒案 21 件，治安调解 11 件，行政处罚 97 人。在省道 290 线、省道 375 线安装交通警示灯 35 盏。开展矛盾排查化解工作，镇综治中心联合镇司法所受理社会矛盾纠纷 36 宗，调解 36 宗，调处率 100%，成功率 95%，办结率 100%；网上信访平台转办信访件 28 件，其中重复件 16 件，办结 27 件。全镇节日期间先后开展专项执法检查 20 次，联合执法检查 13 次，发现各类隐患 28 处，现场整改 18 处，下达整改指令 10 份，隐患整改率 100%。

【镇村建设】　2021 年，河头镇推进农村人居环境整治，全镇美丽宜居行政村达标率 81.82%。投入 800 万元建设示范村建设项目 35 个，完成 35 个，已验收 27 个。投入 300 万元建设 10 个 1 ∶ 2 项目（自然村经济合作社与财政出资比例为 1 ∶ 2），完成率 100%。投入 130 万元建设 5 个 1 ∶ 3 项目（自然村经济合作社与财政出资比例为 1 ∶ 3），完成 2 个，在建 3 个。投入 110 万元建设生态宜居美丽乡村项目，完成率 100%。投入 600 万元推进田西、干塘 2 个行政村建设美丽宜居示范村。投入 508 万元申报 16 个遂溪县省级乡村振兴驻镇帮镇扶村项目。投入 837.93 万元推进村村通安全饮水工程，实现集中供水率 100%。涉及 4 个行政村 7 个村民小组的 12.71 公顷（190.7 亩）拆旧复垦项目竣工验收，获得指标收益 9530 万元。投入 6.2 亿元统筹农村基础设施建设，实现自然村到村委会道路硬底化覆盖率100%，自然村巷道硬底化覆盖率约80%，村庄污水管网覆盖率95.3%，终端处理设施建成率72%。全镇查处环保投诉线索3条，整改3条，协助上级部门查处案件3件，办结3件，完成整改交办单5份，答复满意度100%。开展环保执法，依法取缔土法造纸厂2个，责令2个生猪养殖场业主限期整改。加强卫片执法专项行动，依法拆除违法建筑13宗。严厉打击偷采沙违法犯罪行为，扣押钩机3辆，罚款9000元。全面推进“河长制”，全镇设置河长20名，其中镇级河长6名、村级河长11名、水库河长3名，全年累计巡河931次，发现问题53次，处理问题53次，办结率100%。

2021年7月30日，中国共产党河头镇第十六次代表大会召开

（河头镇/供图）

【中国共产党河头镇第十六次代表大会】 2021年7月30日，中国共产党河头镇第十六次代表大会召开，111名党员代表出席会议。会议听取审议镇委《不忘初心再扬帆、牢记使命谋新篇——为建设“三农转型”示范镇而努力奋斗》工作报告，书面审议《中国共产党河头镇第十五届纪律检查委员会工作报告》《河头镇党费收缴管理情况报告》，表决通过《中国共产党河头镇第十五届委员会工作报告决议》《中国共产党河头镇第十五届纪律检查委员会工作报告决议》。大会选举黄彬恩为中共河头镇第十六届委员会书记，陈伟文、苏进、梁明辉为中共河头镇第十六届委员会副书记，黄彬恩、陈伟文、苏进、梁明辉、黄耀斌、柯子敬、陈兰芳（女）、谢铭鸿、钟景坤9人为中共河头镇第十六届委员会委员。大会选举钟景坤为中共河头镇纪律检查委员会书记，陈保文、卢桃杰为中共河头镇纪律检查委员会副书记，钟景坤、陈保文、卢桃杰、陈劲柳、黄春桃、梁黎平、郑金龙7人为中共河头镇纪律检查委员会委员。

【河头镇第十七届人民代表大会第九次会议】 2021年3月31日，河头镇第十七届人民代表大会第九次会议召开，54名代表出席会议，43人列席。大会听取审议《河头镇人民政府工作报告》《镇人大主席团工作报告》，表决通过《关于河头镇人民政府工作报告的决议》《关于河头镇人大主席团工作报告的决议》。大会收到人大代表提出意见建议6条，其中交通道路2条、社会治安2条、其他方面2条。

【河头镇第十八届人民代表大会第一次会议】 2021年9月23—24日，河头镇第十八届人民代表大会第一次会议召开，70名代表出席会议，42人列席。大会听取审议《河头镇人民政府工作报告》《镇人大主席团工作报告》，表决通过《关于河头镇人民政府工作报告的决议》《关于河头镇人大主席团工作报告的决议》。大会选举李炳仁为河头镇第十八届人大主席，罗文彦为河头镇第十八届人大副主席；大会选举陈伟文为河头镇人民政府镇长，黄耀斌、陈志坚、陈贞凯、黄尤杰4人为河头镇人民政府副镇长。

【河头镇2021年奖教奖学助学大会】 2021年9月9日，河头镇教育发展促进会举行第五次奖教奖学助学大会，大会发放奖教奖学助学资金86.95万元，其中表彰奖励优秀教师70名、优秀学生364名，资助品学兼优贫困学生28名；授予河头中心小学“小考会长专项激励奖”25.2万元，授予河头中学“中考会长专项激励奖”6.5万元。

（河头镇）

乐民镇

【概况】 乐民镇位于遂溪县西南部，北连港门镇，东接河头镇，南靠江洪镇，西临北部湾，与广西北海、涠洲岛隔海相望，距遂溪县城80千米，行政区域面积83.45平方千米。其中，耕地面积1867公顷，林地面积3400公顷。地势东南高，西北低，较平缓，红土土壤结构。属亚热带季风气候，主要气象灾害为台风、干旱等。雨量偏少，降雨集中在汛期7—9月，农灌期3—5月及10—11月少雨，形成春旱、夏涝、晚秋及冬旱的特点，地表水缺乏，是遂溪县西南重点治旱乡镇之一。境内交通便利，县道686线直通镇区并与省道375线相连，各村之间均有硬底化道路相通，乐民、响水、后溪等3条河流贯穿全镇。乐民镇海岸线长14千米，拥有乐民、盐灶2个天然渔港，海滩涂面积辽阔，渔业资源丰富，是遂溪县主要海鲜产地，盛产对虾、花蟹、乌贼、海蜇等海产品。“乐民花蟹”因肥美鲜甜而著称。辖安埠、陈铁、松树、乐民、盐灶、调神、墩文、海山、佘村、埠头行政村10个，自然村74个。2021年乐民镇户籍户数约1.1万户，户籍人口4.76万人，常住人口4.25万人。

乐民镇是大革命时期广东著名农民领袖黄学增烈士的故乡——黄学增是大革命时期与彭湃、阮啸仙、周其鉴等人齐名的广东省四大农运领袖之一，土地革命时期广东西江和海南岛红军、苏维埃的创始人之一。历史文化底蕴厚重，旅游资源丰富。境内有建于明洪武年间的乐民千户所城（又名珍珠城），是省级文物保护单位。城内有始建于北宋晚期，为纪念宋代大文豪苏东坡留宿兴廉村赠砚赠田兴师助学而设立的文明书院、镇海石龟等人文景观；有北宋刺史陈懽墓，该墓位于乐民镇调神村西侧，四周环立大理石块，是一座年代较早、保护较好且具有较高历史价值古墓；有北部湾“丝绸之路”重要天然避风港——乐民港；有广东省党史教育基地、湛江市党史教育基地、湛江市反腐倡廉教育基地、湛江市爱国主义教育基地、遂溪县党风廉政教育基地黄学增烈士纪念亭、有始建于清同治二年（1863年）的“圣尔额尔堂”天主教堂等。乐民镇还是遂溪县著名的红色革命老区，有乐民城、海山、松树等一批革命老区村庄。

中共乐民镇委书记：谭彤煜；镇委副书记、镇长：林立；镇人大主席：陈启；镇委副书记：曹智慧（任至7月）、洪悦英、戴富（6月起任）；镇委委员、副镇长：陈梅；镇委委员、镇纪委书记：陈玮琛；镇委委员：黄马养（任至6月）；镇委委员、镇人武部部长：秦业强（6月起任）；镇人大副主席：叶里新（9月起任）；副镇长：谢文宇（9月起任）、许理乾（9月起任）。

【经济发展】 2021年，乐民镇全镇完成生产总值14.3亿元，比上年增长13.85%。其中，第一产业增加值5.75亿元，增长9.2%；第二产业增加值0.95亿元，增长34.6%；第三产业增加值7.59亿元，增长7.7%。固定资产投资1.87亿元，增长3.9%；一般公共财政收入391万元，比上年增长360%，经济实现稳中向好。全镇完成农林渔牧业总产值达5.75亿元，全镇粮食、菜、薯、果等主要农产品持续增产。拥有林地面积3400公顷（5.1万多亩），主要由商品经济林和生态防护林组成。商品经济林分布在全镇各村，以速生丰产桉树林为主，面积近2400公顷（3.6万亩）。海山、调神等沿海一带为生态防护林，以松树、木麻黄树、红树林等树种为主，宜林荒地绿化率99%以上，是遂溪县主要林区。全镇纳入乡镇管理渔船208艘，国库省

2021 年 2 月 10 日，乐民镇开展新冠肺炎输入性疫情应急处置演练

（乐民镇 / 供图）

库船 507 艘；水产养殖面积合计 1393 公顷，其中海水养殖面积 1243 公顷，淡水养殖 150 公顷；水产品总产量 29970 吨，其中海洋捕捞 1 万多吨，海水养殖 17715 吨，淡水养殖 1144 吨。沿海村庄初步形成对虾种苗繁育、养殖、海产品加工业聚集，拥有水产养殖、水产加工企业近 30 家，是湛江市海洋技术创新专业镇。

【疫情防控】 2021 年，乐民镇持续抓好常态化疫情防控工作。“三人小组”工作高效运作。镇、村两级“三人小组”发挥“哨点”监测预警作用，将从涉疫重点地区返乡人员纳入社区主动排查及核酸检测，根据大数据推送结果和社区自主上报中、高风险地区来遂返遂人员信息共排查人员约 990 人。持续开展疫苗接种工作。推进 60 岁以上人群疫苗接种，精准推进 18 岁以上人群加强免疫接种，有序展开 3 ～ 11 岁人群疫苗接种。2021 年，接种 43318 针剂。组织演练及完善预设核酸采样点设置。开展新冠肺炎输入性疫情应急处置演练和聚集性疫情处置演练 2 次，参与演练约 300 人次。统筹协调辖区内各相关单位，做好大规模核酸检测各项准备工作，按照 5000 人口设置采样点 1 个的标准，设置采样点 8 个。建立“镇领导包村、村干部包户”的工作机制，成立工作专班，加强宣传。通过悬挂疫情防控横幅、设计宣传海报、打印疫情指南宣传手册、镇广场 LED 显示屏播放相关防疫信息等方式，向群众普及防疫知识和发动群众接种新冠疫苗。保持环境整洁，开展爱国卫生运动。

【党史学习教育】 2021 年，乐民镇党委围绕迎接中国共产党成立 100 周年主题，把开展党史学习教育作为重要政治任务和头等大事。成立党史学习教育领导小组，专题召开党委会和领导小组会议集智，抓好党委中心组学习、主题教育、庆祝中国共产党成立 100 周年活动等。指导镇 20 多个党支部开展党史学习教育，建立会议、检查、协调 3 项制度。抓实读书学习、党课培训、专题教育等规定动作，发放党史学习教育制定教材 120 册，其他相关书籍 105 册。党委理论学习中心组开展相关学习 12 次，镇委党校举办党史学习教育培训班 8 次，开展习近平总书记重要讲话精神和中共十九届六中全会精神专题学习、培训 14 次。组织全镇 23 个党（总）支部围绕习近平总书记“七一”重要讲话精神开展党史学习教育专题组织生活会。及时发布镇动态，投稿微信公众号、云媒等新媒体，共发布相关宣传报道 140 次，阅读量 17 万人次。组成巡回指导组，实地检查督导，抽查台账。依托黄学增烈士纪念亭，对内对外形式多样开展党史学习教育。乐民镇到黄学增烈士纪念亭参加相关教育活动党员干部、学生有 1400 人次，群众有 450 人次；到乐民镇开展相关主题活动的单位有 490 个 8100 人次。组织党员领导干部参加市、县开展的廉政谈话教育活动 6 次，集中观看《警钟长鸣》警示教育片 4 次，开展警示教育大会 1 次。是年，开展“我为群众办实事”具体实践活动约 200 次，重点民生项目评估验收 20 次，领导干部

2021年5月12日，乐民镇在乐民中心小学举办党史学习教育进校园和趣味禁毒知识宣传活动（乐民镇/供图）

下基层听意见出实招270次。

【项目建设】 2021年，乐民镇依托优越的地理位置优势和自然资源优势，因地制宜引进、发展项目，持续发力优化产业布局，增强产业发展活力。继续做大做强沿海蓝色海洋经济产业项目。遂溪新海茂水产种业科技有限公司水产育种中心项目计划总投资2.07亿元，该项目完成投资建设7000万元；总投资2.1亿元的海垦蓝淼科技（湛江）超离子对虾养殖项目完成建厂。投资3742万元的正大（湛江）遂溪乐民镇育成6场建设完成；投资2亿元的天地壹号现代化养猪场建成投产；投资2100万元的遂溪县喜丰生态养猪场完成建厂。因地制宜引进发展清洁能源项目。列入遂溪县重大项目的遂溪乐民22万瓦“渔光互补”光伏发电项目计划投资9000万元，完成投资5300万元，一期工程发电并网；遂溪江洪乐民100万瓦风电项目计划总投资9亿元，进入落地实施期。推动文旅项目开发、发展。再次投入700多万元建设墩文村红色文化基础设施，推进墩文村红色美丽乡村试点工作。争取各级资金约200万元维护与修复乐民所城。

【乡村振兴】 2021年，乐民镇乡村振兴工作围绕巩固拓展脱贫攻坚成果与乡村振兴有效衔接等方面全面铺开。开展“万企帮万村”工作，有8家公司、企业与乐民镇进行对接，建设项目22个。发挥“公司+基地+脱贫户”的新模式，全镇有湛江市龙科源水产有限公司、遂溪县好仕达实业有限公司、遂溪新海茂水产种业科技有限公司3个特色产业基地，均为乐民镇“一村一品”主体公司。好仕达和龙科源均为乐民镇投资的股权性扶贫资产，通过“公司+基地+脱贫户”的方式分别带动1066人和1107人。乡风文明深入民心。松树、盐灶获“2021年湛江市文明村”称号，海山、调神、乐民获“2021年遂溪县文明村”称号。乐民镇余村村余升科家庭获遂溪“星级文明户”称号；黄利国家庭、陈洪家庭获“2021年湛江市最美家庭”称号；罗伟芳家庭获“2021年遂溪县最美家庭”称号。墩文村深化拓展“基层党建+”工作，成为全市基层党建引领乡村振兴典型，纳入全国红色美丽乡村先行试点。

【镇村建设】 2021年，乐民镇逐步完善交通基础设施。投资43.9万元建成“四好农村路”Y734线松树至姑寮路段。投资23万元建设遂溪县乐民镇X684线、X686线、X698线安全生命维修防护工程，长13.01千米。投资约120万元建设乐民镇盐乐线至乐民客运站公路路面改造工程。投资1086万元建设X698扩改工程项目。投资约350万元建设乐民至城内硬底化工程与乐民卫生院至新埠路硬底化工程。投资3106万元建设乐民河大桥，使从乐民镇区到港门镇区的1小时生活圈变成“10分钟”生活圈，并辐射周边的草潭、北坡、江洪、河头等镇共20多万人。投入资金约430万元，建成示范村道路9条，在建（人居环境整治提升类）（1∶3）项目道路5条，投入资金50万元。完善安全生命防护绿化工程。建设遂溪县乐民镇X698线安全生命防护绿化工程，乐民至墩文段4.93千米，黄草至乐民段安全生命防护绿化工程5.9千米。防污治污设施持续完善。全镇90%以上自然村完成雨污分流建设和污水处理终端建设。优化高位池尾水处理，全镇6个沿海村委会有高位池116户188.1公顷（2822亩），建成尾水处理设施22个，全部完成尾水排放整治。成立人居环境整治考核小组，对各村“三清三拆三整治”加强督查考核。全年各村出动人次3300次，挖掘机110辆，完成“三清理”共1530处，清理垃圾350吨，其中清理村巷道及生产工具、建筑材料乱堆乱放2350处；清理房前屋后和村巷道杂草杂物、积存垃圾760处；沟渠池塘溪河淤泥、漂浮物和障碍物清理40处。“三拆除”中拆除危旧、弃房8间，拆除面积1250平方米；拆除乱搭乱建1267处1410平方米。“三整治”中完成生活垃圾、生活污水、水体污染整治50宗。

【民生实事】 2021年，乐民镇“两不愁三保障”持续改善。全镇660户2431人纳入最低生活保障，“五保户”347人全面享受政府供养，军烈属各类补贴对象237人。基本完成2021年度城乡医保和养老保险参保任务。全镇低保、“五保”、军烈属抚恤、优抚金兑现率100%。建成社会工作服务站1个，社会工作服务点2个，新增社会工作者4名。防贫保障能力持续增强。做好常态化脱贫户、不稳定户、边缘户监测，经数据监控和村干部摸排、脱贫户自主申报等形式，全镇返贫监测户有27户109人，对返贫检测户进行因户施策。落实“四个不摘”政策，加大“两不愁三保障”工作力度，发放义务教育阶段困难学生补助资金103.2万元、惠及学生575人。对老弱病残等无劳动能力群体，及时落实兜底保障措施，保障农村低保对象398户1554人、保障农村特困供养人员333人。重视民生监督，关注民生工程。及时组织人大代表监督7件民生实事票决项目建设情况，年底7个项目全部完成。县第十六届人大七次会议提出的关于乐民镇的议案和建议基本完成或正在动工建设。全年收集代表议案、建议9件，办结答复率100%，收集群众意见32件，办结答复率100%。

【综合治理】 2021年，乐民镇强化综合治理，组织开展“矛盾纠纷大排查大调处”活动，落实“化解为手段、预防为主体”要求，以群众工作法统揽信访工作和综治工作。全镇受理纠纷案件55件，调处55件，调处率100%。禁毒工作考核全县名列第二，市禁毒委取消对乐民镇禁毒工作的通报警示。全镇投入禁毒经费23万元，召开各级会议落实工作责任，与各村委会、成员单位签订责任书，制订下发《乐民镇2021年禁毒工作方案》。加强宣传，开展大型禁毒宣传6场，小型禁毒宣传活动29场，发放禁毒宣传资料9000余份，悬挂横幅50余条，张贴标语200余份，LED显示屏滚动播放60余条次，设置禁毒宣传广告牌21块。落实安全生产“一岗双责”，签订安全生产管理目标责任书25份，到企业、单位、道路、学校、建筑工地开展安全生产检查50余次，累计排查各类安全隐患36处，全部整改完成。没有发生重大生产安全和食品安全责任事故，全镇社会治安形势持续稳定和谐。严厉打击违法挖沙、洗沙行为。2021年，乐民镇综合行政执法队联合公安部门、村委干部出动20人次，出动车辆5辆次，处置3起违法挖沙、洗沙场，捣毁5处违法挖沙、洗沙场，推翻洗沙机械设备5套和发电机2台，拆除占用耕地的铁棚6处。村“两委”干部换届工作完成，选优配强新一届村“两委”干部71名，其中35岁以下23名，大专以上学历31名。选派乡村振兴重点村第一书记2名。加强人大代表换届选举工作。9月16日，选举产生乐民镇第十八届人民代表大会代表76名，遂溪县第十七届人民代表大会代表12名。

【社会事业】 2021年，乐民镇科学技术协会定期开展培训，因地制宜宣传和推广农业技术培训和科学知识，促进当地农林牧渔等产业技术进步。举办实用技能培训大会和科普培训2次，培训约100人次。投资500多万元的学增纪念小学宝安幼儿园建成交付使用。乐民镇教育促进会自2018年成立以来，筹集456万元用于奖学、奖教、助学金。其中，2021年筹集58.84万元，发放奖励金、助学金58.95万元，资助困难学生319个。乐民镇乐民初级中学举办第二届校园体育节，开展学生综合素质会演。镇文化站全面改造升级，购置新器材一批，包括乐器、计算机、图书、音响等，完善各室功能，包括村级服务中心所有图书都进行编号登记上网，全省可查询，顺利通过省二级站的考核验收，开展各类文化惠民活动4次，各类培训班5次，比赛活动8场，宣传活动15次。全镇建成村级综合性文化服务中心10个，各级健身广场数25个，文体设施265个。全镇有乡村医疗站13个，配备个体医生、乡村医生29名。

【中国共产党乐民镇第十一次代表大会】 2021年7月29日，中国共产党乐民镇第十一次代表大会召开。大会听取并审议中共乐民镇第十届委员会所作工作报告。会议以无记名投票方式，选举产生中国共产党乐民镇新一届党委委员7名、纪律检查委员会委员7名、出席中共遂溪县第十四次代表大会代表11名。谭彤煜当选中国共产党乐民镇第十一届党委书记，陈玮琛当选中国共产党乐民镇纪律检查委员会书记。

【乐民镇第十八届人民代表大会第一次会议】 2021年9月22—23日，乐民镇召开第十八届人民代表大会第一次会议。76名人大代表、36名列席代表参加会议。会议听取、审议并通过镇政府工作报告与镇人大工作报告。会议选举陈启为乐民镇第十八届人大主席；叶里新当选为乐民镇第十八届人大副主席；林立当选为乐民镇人民政府镇长；陈梅、谢文宇、许理乾当选为乐民镇人民政府副镇长。

（乐民镇）

江洪镇

【概况】 江洪镇位于遂溪县西南部，雷州半岛西部，东邻河头镇，南靠雷州市纪家镇，西临北部湾，北接乐民镇。距遂溪县城88千米，全镇总面积53平方千米。地势东高西低，土地平旷，最高海拔约33米。属南亚热带海洋性季风气候，全年雨量充沛，年均降水量1699.6毫米，平均气温22.9℃，全年无霜期，光能丰富，日照时数年平均1846.9小时，7—9月有台风。有土地520公顷（7.8万亩）［雷州林业局占其中的2066公顷（3.1万亩），剩下的3133公顷（4.7万亩）是镇所使用的土地］。全镇有耕地1133公顷（1.7万亩）、水田193公顷（2895亩），坡（旱）地746公顷（1.12万亩），种植水稻193公顷（2895亩），种植甘蔗66公顷（990亩），种植番薯433公顷（6495亩），蔬菜、木薯、花生、芋头及少量水果共约73公顷（1095亩）；林地约800公顷（1.2万亩）。拥有天然避风港江洪港，港池总面积近90万平方米，可同时容纳1000多艘渔船停泊。江洪港口航道线可直通海南、广西北海、越南等地；陆路交通方便，可通河头、客路、城月、遂溪、湛江、雷州等地。滨海旅游资源丰富，有长22千米的南北海岸线、面积493.1公顷（7397.5亩）的近海滩涂；有风景优美的近岸岛屿——仙裙岛；盛产优质红鱼、鳝肚、马鲛鱼、对虾、花蟹、墨西哥湾扇贝等名海产品；有广东十大天然渔港——江洪渔港。江洪建制明正统九年（1444年），前身是一个渔埠，后扩展为圩。因临大海，洪波滚滚，故名江洪。鲤鱼墩贝丘遗址是雷州半岛最早的人类遗址，可追溯到7000～8000年前，被列为广东省文物保护单位。辖行政村9个，自然村79个。2021年，全镇总人口数38606人，其中农业人口30467人、非农业人口8139人，人口自然增长率12.34‰。

中共江洪镇党委书记：陈耀明；镇委副书记、镇长：伍华勇；镇人大主席：袁庆；镇委副书记：李强；镇委副书记：陈聪；镇委委员、镇纪委书记：陈永联；镇委委员、副镇长：卢平；镇委委员、镇武装部部长：梁胜。

【经济发展】 2021年，江洪镇实现生产总值12.31亿元，比上年增长9.3%；第一产业总产值7.49亿元，增长9.5%；第二产业总产值0.78亿元，增长11.8%；第三产业总产值4.04亿元，增长8.4%。完成固定资产投资1.67亿元，增长1.2%。

【社会保障】 2021年，江洪镇参加城乡居民养老保险12985人，其中低收入人口参加城乡居民养老保险318人。全年领取养老保险金4571人，城乡居民医疗保险参保26777人，其中政府资助特殊人员的城乡居民医疗保险参保1087人。全镇有特困人员141户，共141人，其中2021年新申请审批3户，共3人，全年发放生活补助资金1523214元；最低生活保障201户，共301人，其中2021年新申请审批11户，共33人，全年发放生活补助资金2841668元；孤儿、事实无人抚养儿童42人，全年发放生活补助资金463579元；临时救助2021年新申请审批44人，发放救助资金107800元；留守儿童9人、留守妇女4人、留守老人1人、高龄老人1004人、残疾人548人、困境儿童150人；残疾人总人数548人，发放护理资金1025914元，发放生活资金323061元。

【乡村振兴】 2021年11月1日，江洪镇组织召开乡村振兴产业项目研讨会，对江洪镇乡村振兴战略发展方向、产业升级具体措施进行研究探讨。会议邀请富有品牌打造经验的客商讲解关于打造江洪特色产业的思路，传达遂溪县第五次乡村振兴联席会议的精神，对乡村振兴有关任务进行动员、部署。

【镇村建设】 2021年，江洪镇投入财政资金200多万元对海滨路进行硬底化建设，投入资金400多万元对通港大道进行加宽；投入财政资金350多万元在镇区修建排洪沟、硬底化、路灯等；镇区污水处理厂及配套管网建成并投入使用，投入财政资金约1900万元。投入财政资金116.4万元，提升农村饮水安全、道路硬底化、路灯、污水管网、公共厕所、绿化等配套基础设施。投入上级奖补资金56.88万元，改造或新建农村无害化卫生户厕325户，有4139户无害化卫生户厕，无害化卫生户厕普及率100%；投入上级资金3353万元，加强农村生活污水治理，完善农村生活污水处理设施建设。全镇有75个涉农自然村，全部建设雨污分流管网，74个自然村建设终端。是年，北草行政村、大路行政村创建生态宜居美丽乡村示范村项目投入400万元，入库项目17个，竣工13个，在建4个；人居环境整治提升类项目投入130万元，入库项目6个，竣工5个，在建1个；驻镇帮镇扶村乡村振兴项目投入1100万元，入库项目33个，竣工16个，其余在建。

【疫情防控】 2021年，江洪镇顺应疫情防控特点，坚持“外防输入、内防反弹”总体防控策略，坚持严防死守、精准防治；稳步推进新冠疫苗接种工作。全镇接种新冠疫苗第一针16568人次、第二针15163人次、加强针4341人次，共36072人次。

【脱贫攻坚成果巩固】 2021年，江洪镇有脱贫户242户621人，其中9户为防止返贫监测对象，其中有劳力户92户407人、无劳力户150户214人。巩固脱贫攻坚成果，江洪镇依托产业帮扶、就业帮扶、教育帮扶、危房改造、社会保障兜底、基础设施建设等为抓手，多措并举；对脱贫不稳定户、边缘户、突发困难户进行翔实排查，严格按照申报及审批流程，把存在返贫风险的原脱贫户9户34人纳为监测对象，进行经常性监测，并制定防止返贫监测工作机制和相对应的一系列帮扶措施。年内，没有出现返贫现象。

【扫黑除恶专项斗争常态化】 2021年，江洪镇投入扫黑除恶宣传资金10万多元，设立大中型宣传广告牌9个、宣传专栏26版，悬挂横幅230多条，设立举报箱25个，派发宣传手册等资料9000多份，张贴各种海报、标语700多张；查处涉赌案件1件，行政拘留1人；查处吸毒案件6件，行政拘留7人，强制隔离戒毒4人；查处涉黄案件1件，处理涉案人员7人；查处盗窃案件

7件，抓获涉案人员7人；查处抢劫案件1件，抓获涉案人员1人；查处诈骗案件1件，追回被骗资金3.2万元；处理行政案件20件，抓获违法嫌疑人30人；化解矛盾纠纷21宗。有刑释解教人员28人，进行跟踪帮教，帮教率100%，安置率100%，重新犯罪率为零。

【综治维稳】 2021年，江洪镇分别与全镇9个行政村签订综治、安全责任书，举办综治培训班8期，参训95人次；出平安建设专栏60多版，张贴平安宣传海报、标语700多条，悬挂宣传横幅230多条，出动宣传车巡回宣传40多辆次，发放各种宣传小册1.5万多本，举办法治讲座32场次；创建平安医院1个、平安学校11所、平安村（社区）7个；销毁“三无”渔船10艘、违规捕捞渔具3台、网具70多袋。全镇共受理调处各类矛盾纠纷49件，调解成功47件，调解成功率96%，其中镇综治信访维稳中心受理21件，成功调处20件，网上信访案件受理11件。

【文化教育】 2021年，江洪镇初中考上湛江一中5人、湛江二中9人、遂溪一中50人。江洪镇籍学生参加全国普通高考，考上硕士研究生14人，本科84人。

【江洪镇党委“光荣在党50年”纪念章颁发活动启动】 2021年6月28日，江洪镇启动“光荣在党50年”纪念章颁发活动，向健在的截至2021年7月1日党龄达到50周年、一贯表现良好的党员颁发纪念章，并在会后走访这些老党员。

【中国共产党江洪镇第十五次代表大会】 2021年7月28日，中国共产党江洪镇第十五次代表大会在镇政府第一会议室召开。全镇100多名党代表参加会议。大会听取并审议通过江洪镇第十四届委员会所作《把握乡村振兴之机，为建设国家一级渔港经济区，打造滨海旅游特色小镇而努力奋斗》工作报告和中共江洪镇纪律检查委员会所作的《从严治党、从严执纪，为推进江洪镇快速发展提供强有力的纪律保证》书面工作报告。会议以无记名投票方式，选举产生中国共产党江洪镇新一届党委委员7名、纪律检查委员会委员7名和出席中共遂溪县第十四次代表大会代表。陈耀明当选为中国共产党江洪镇第十五届党委书记，陈永联当选为中国共产党江洪镇第十五届纪律检查委员会书记。

【江洪镇第十八届人民代表大会第一次会议】 2021年9月23日，江洪镇第十八届人民代表大会第一次会议在江洪镇政府第一会议室召开，往届人大代表的镇领导班子成员、镇各部门负责人、村（社区）支部书记、机关单位主要负责人及镇副科以上离退休干部30人列席参会。会议听取和审议《江洪镇人民政府工作报告》《江洪镇人民代表大会主席团工作报告》。

（江洪镇）

2021年7月28日，中国共产党江洪镇第十五次代表大会在镇政府第一会议室召开

（江洪镇/供图）

人物·荣誉

新任县领导

陈　升　1979年1月生，广东遂溪人，2002年7月参加工作，2001年11月加入中国共产党，大学学历。1998年9月，在中山大学哲学系哲学专业学习，大学毕业，获哲学学士学位。2002年7月，任广州市海珠区委宣传部科员（其间，担任海珠区义务工作者协会理事、海珠区直属机关团委第一支部组织委员、海珠区青少年普法讲师团成员）。2004年10月，在湛江市委组织部办公室工作，任科员。2006年6月，在湛江市委组织部干部科工作，任科员。2007年6月，在湛江市委组织部干部科工作，任副科级组织员。2008年8月，在湛江市委组织部干部科工作，任副科长。2010年8月，在湛江市委组织部干部二科工作，任副科长（负责科室全面工作）。2010年12月，在湛江市委组织部干部二科工作，任科长（其间，2011年8月至2011年9月，参加市公选县处副职后备干部培训班学习；2014年12月至2015年5月，先后两次抽调参加中组部省部级后备干部专题调研工作）。2015年8月，在湛江市委办公室工作，任副主任。2016年8月，任湛江市坡头区委常委。2016年10月，任湛江市坡头区委常委、组织部部长。2017年12月，任湛江市坡头区委常委、常务副区长、组织部部长。2019年3月，任湛江市坡头区委常委、常务副区长。2019年6月，任湛江市委组织部副部长、市“两新”组织党工委书记（正处级）（其间，2021年2至5月，选派参加十二届广东省委第八轮巡视工作，担任省委第三巡视组副组长）。2021年8月，任遂溪县委副书记、县长候选人。2021年9月，任遂溪县委副书记，县政府党组书记、代县长。2021年11月，任遂溪县委副书记，县政府党组书记、县长。

许阮锋　1982年12月生，湛江麻章人，2005年9月参加工作，2004年3月加入中国共产党，大学学历。2001年9月至2005年7月，在湛江海洋大学食品科学与工程专业学习，大学毕业，获工学学士学位。2005年7月，在湛江市赤坎区寸金街道办事处工作。2005年9月，任湛江市赤坎区寸金街道办事处经济办科员（其间，2007年5月至2008年2月，借调到赤坎区委组织部工作）。2008年3月，任湛江市赤坎区委组织部组织组科员。2009年8月，任湛江市赤坎区委组织部组织组组长。2012年8月，任湛江市赤坎区委组织部副科级组织员、组织组组长（其间，2014年5月至2014年7月，借调到湛江市委组织部工作；2014年7月至2014年10月，借调到广东省委党的群众路线教育实践活动办公室工作）。2014年10月，任湛江市委组织部副科级组织员（其间，2014年10月至2016年1月，借调到广东省委组织部工作；2015年5月至2016年1月，抽调到广东省委组织部“三严三实”专题教育协调小组办公室工作）。2016年3月，任湛江市委组织部组织一科副科长。2016年

11月，任湛江市委组织部办公室副主任。2017年3月，任湛江市委组织部办公室主任。2019年12月，任湛江市委组织部办公室主任、一级主任科员。2020年3月，任雷州市委常委、组织部部长。2021年1月，任雷州市委常委、组织部部长、党校校长。2021年3月，任雷州市委常委。2021年4月，任遂溪县委常委，遂溪县政府党组副书记、常务副县长。

庞　宇　1977年5月生，遂溪杨柑人，1998年10月参加工作，大学学历。1995年9月，在湛江海洋大学农业技术与行政管理专业学习，大专毕业。1998年6月，在家待业。1998年10月，在遂溪县遂城镇政府工作。2002年5月，任遂溪县遂城镇计生办副主任（其间，2002年8月至2004年12月，在中央党校函授学院经济管理专业学习，大学毕业）。2003年12月，在遂溪县纪委监察局工作。2006年6月，任遂溪县黄略镇党委委员。2008年3月，任遂溪县黄略镇副镇长候选人。2008年5月，任遂溪县黄略镇副镇长。2009年3月，任遂溪县黄略镇党委副书记。2010年5月至2011年7月，任遂溪县岭北镇党委副书记。2011年7月，任遂溪县洋青镇党委副书记、镇长候选人。2011年9月，任遂溪县洋青镇党委副书记、镇长。2015年5月，任遂溪县草潭镇党委书记、人大主席候选人。2015年6月，任遂溪县草潭镇党委书记、人大主席。2016年10月，任遂溪县草潭镇党委书记。2018年12月，任遂溪县草潭镇党委书记、县委办公室主任。2019年3月，任遂溪县委办公室主任。2020年3月，任遂溪县委常委、县委办公室主任。2021年10月，任遂溪县委常委、县政府党组成员。2021年11月，任遂溪县委常委、县政府党组成员、副县长。

陶　媚　女，1982年8月生，广西融安人，2005年7月参加工作，2007年12月加入中国共产党，在职研究生学历。2001年9月，在广西民族学院中国语言文学学院汉语言文学专业学习，大学毕业。2005年7月，为广西壮族自治区融安县高级中学语文教师。2006年11月，任广西壮族自治区融安县高级中学团委书记、语文教师。2008年10月，任共青团广西壮族自治区融安县委员会副书记。2011年12月，任共青团广西壮族自治区融安县委员会书记。2014年4月，任广西壮族自治区融安县沙子乡党委副书记。2014年6月，任广西壮族自治区融安县沙子乡党委副书记、乡长（其间，2012年10月至2014年9月，在广西师范大学政治与行政学院行政管理专业学习，在职研究生毕业）。2016年4月，任广西壮族自治区融安县沙子乡党委书记。2016年5月，任广西壮族自治区融安县沙子乡党委书记、人民武装部政治教导员（其间，2016年9月至12月，在柳州市第28期中青班学习）。2020年4月，任广西壮族自治区融安县沙子乡党委书记、人民武装部政治教导员一级主任科员。2020年10月，任广西壮族自治区融安县沙子乡党委书记、人民武装部政治教导员，四级调研员。2021年5月，任广西壮族自治区融安县委办公室副主任，四级调研员。2021年6月，为广西壮族自治区融安县人民政府副县长提名人选，四级调研员。2021年7月，任广西壮族自治区融安县人民政府党组成员、为副县长提名人选，四级调研员。2021年9月，任广西壮族自治区融安县人民政府党组成员、副县长。2021年12月，任遂溪县委常委，遂溪县政府党组成员、副县长（挂职）。

方乐羽　1979年5月生，广东惠来人，2002年7月参加工作，2020年3月加入中国共产党，大学学历。1998年9月，在华南农业大学生命科学学院生物技术专业学习，大学毕业，获理学学士学位。2002年7月，为广东省经济贸易委员会技术进步与装备工业处试用期干部。2003年9月，任广东省经济贸易委员会技术进步与装备工业处科员。2004年3月，任广东省经济贸易委员会工业处科员（其间，2006年3月至2010年12月，在中山大学公共管理硕士专业学习，获公共管理硕士学位）。2006年10月，任广东省经济贸易委员会工业处副主任科员。2009年11月，任广东省经济和信息化委员会消费品工业处主任科员。2014年3月，任广东省经济和信息化委员会产业发展处（省稀土办公室）主任科员。2015年2月，任广东省经济和信息化委员会消费品工业处主任科员。2016年8月，任广东省经济和信息化委员会消费品工业处副调研员。2019年1月，任广东省工业和信息化厅消费品工业处副调研员。2019年6月，任广东省工业和信息化厅消费品工业处四级调研员。2021年6月，任遂溪县政府副县长（挂职）。

揭 琅 1986年9月生，广东廉江人，2008年5月加入中国共产党，2009年10月参加工作，大学学历。2005年9月，在广东工业大学经济管理学院电子商务专业学习，大学毕业获管理学学士学位。2009年6月，在家待业。2009年6月，任湛江市霞山区新园街道办事处科员、新园街道菉塘村党支部副书记。2010年11月，任共青团霞山区委员会组织部部长。2011年11月，任共青团霞山区委员会副书记。2012年1月，任共青团湛江市委员会青工青农部副部长（主持工作）、市青年联合会秘书长、市青年企业家协会秘书长（其间，2010年11月至2013年11月，在华南农业大学经济管理学院农业推广专业学习，获农业推广硕士学位）。2014年4月，任共青团湛江市委员会青工青农部部长、市青年联合会秘书长、市青年企业家协会秘书长。2015年11月，任共青团湛江市委员会组织部部长、市青年联合会秘书长、市青年企业家协会秘书长（其间，2016年3月至2016年5月，参加市委党校2016年中青年干部培训班）。2019年3月，任湛江市纪委监委组织部副部长（正科级）（其间，2019年3月，参加市委党校2019年中青年干部培训班）。2020年1月，任湛江市纪委监委组织部副部长（正科级）、一级主任科员（其间，2017年1月担任第十三届湛江市政协委员）。2021年8月，任遂溪县人民政府党组成员、副县长。

窦兴伟 1974年2月生，湛江坡头人，1997年8月参加工作，大学学历。1993年9月，在武汉测绘科技大学土地管理专业学习，大学毕业。1997年7月，为湛江市国土测绘大队测量员。2001年7月，为湛江市国土测绘大队助理工程师。2005年12月，为湛江市国土测绘大队测量工程师。2010年7月，任湛江市国土测绘大队副大队长、测量工程师（其间，2009年9月至2012年7月，在武汉大学工程测量与监理专业学习，本科毕业）。2012年2月，任湛江市国土测绘大队副大队长、测绘高级工程师。2015年3月，任湛江市土地整理中心主任。2021年8月，任遂溪县人民政府副县长。

刘桂兴 1975年11月生，广东高州人，1998年7月参加工作，2008年10月加入中国共产党，大学学历。1995年9月，在湛江海洋大学信息系计算机及应用专业学习，大专毕业。1998年7月，为湛江市气象科学研究所大众电脑开发公司干部。2002年4月，为湛江市气象科学研究所大众电脑开发公司经理（其间，2001年9月至2004年7月，在湛江海洋大学计算机科学与技术专业学习，大学毕业）。2007年11月，任遂溪县气象局局长。2013年11月，任遂溪县气象局局长、党组书记。2017年11月，任遂溪县人民政府行政服务中心主任。2019年2月，任遂溪县自然资源局党组书记、局长。2021年1月，任遂溪县自然资源局党组书记、局长、一级主任科员。2021年11月，任遂溪县人民政府党组成员、副县长，遂溪县自然资源局党组书记、局长。

全国公安机关成绩突出女民警

陈慧强 女，1969年2月生，中共党员，大学学历，1990年7月参加工作，遂溪县公安局刑侦大队教导员。自参加工作以来，她先后立三等功5次，被授予“全国五一巾帼标兵”，获湛江市五一劳动奖章，被评为湛江市“三打”先进个人、湛江市最美女警、十佳女警，多次被评为县、局先进工作者、优秀党员。陈慧强始终以坚定的政治立场、清晰的工作思路、出众的业务能力、开阔的侦查视野活跃在基层刑侦一线。她是刑侦内勤，在繁杂琐碎的刑侦政秘岗位上默默耕耘数十年；她是“知心姐姐”“定心丸”，及时解决民警后顾之忧，化解队伍中不稳定因素，暖警措施落在实处；她锐意创新、潜心钻研，熟练运用各种“网上作战”技战法，服务侦查破案，在命案、枪案、抢劫等有广泛社会影响的重特大案件侦破工作中屡有重大突破；她服务大局，倾力相助警种、部门，研判涉毒信息，深挖涉毒网络、链条，为县局禁毒部门打掉跨省、市特大团伙案件提供支撑。尤其在2020年新冠肺炎疫情防控期间，她随警作战，研判涉疫情电信诈骗案件信息，参与抓捕嫌疑人；投身“护苗”专项行动，为保护被性侵女童发挥积极作用；参与涉黑恶案件的研判、抓捕等工作；创新反诈宣传工作方法，有效压减当地涉电信诈骗犯罪前科人员总数。2021年，陈慧强被公安部、中华全国妇女联合会授予“全国公安机关成绩突出女民警”称号。

全国乡村振兴青年先锋

石家敏　1994年8月生，共青团员，遂溪县财政局遂城财政所一级科员，广东省大学生志愿服务山区计划志愿者。2018年6月毕业于岭南师范学院，同年8月参加广东省大学生志愿服务山区计划基层社会治理专项活动，服务于广东省遂溪县遂城镇政府，专门从事关爱留守儿童工作。2019年8月，申请延期继续服务两年，从事禁毒普法教育志愿服务和“一校一社工”专项工作。2021年，任遂溪县财政局遂城财政所一级科员，同年9月任驻遂城镇乡村振兴驻镇帮镇扶村工作队队员。他关爱留守儿童健康成长，积极参与基层社会治理，在遂城镇留守儿童“聚集”的学校——分界小学开展留守儿童关爱志愿服务活动。他了解一些困难青年个案，协助县禁毒办开展针对涉毒人员戒毒康复工作。他参与组建“遂溪县禁毒青年志愿者服务队”，在全县青年团员中广泛招募禁毒志愿者。在广东“i志愿”注册的禁毒青年志愿者服务队登记注册禁毒志愿者2273名。他率领禁毒志愿服务队，依托“留守儿童幸福家园”项目，推动禁毒教育进农村、进校园、进社区，不断扩大禁毒工作覆盖面。在2019年开展的禁毒相关活动被《湛江日报》《湛江晚报》等媒体共报道2次，志愿者的禁毒故事入选“湛江禁毒”微信公众号的《湛江禁毒故事（二十）》，遂溪县广播电视台报道2次，湛江共青团“湛团快讯”微信公众号报道遂溪县禁毒青年志愿者服务队开展相关活动5次。2021年，他被共青团中央委员会、农业农村部授予首届“全国乡村振兴青年先锋”称号。

全国法院人民法庭先进个人

黄石养　1960年8月生，中共党员，曾任遂溪县人民法院北坡人民法庭副庭长，遂溪县人民法院司法辅助人员。自1988年从部队转业后一直在遂溪法院北坡法庭工作，他始终坚持服务大局、司法为民、公正司法，是扎根基层30多年的“老黄牛”，在平凡的岗位上做出不平凡的贡献。办理各类民商事案件2327件，调解1123件，撤诉366件，调撤率高达64%，所办案件做到“六无”（无超审限、无发回重审、无改判、无执行不当、无当事人上访及无投诉）。即使在妻子病危时、个人被确诊患有多发性骨髓瘤后，也依然坚守岗位，埋头苦干，用法用情守护公平正义。湛江中院向全市法院、遂溪县委政法委，向全县政法系统发出向黄石养学习的决定，其先进事迹被广东电视台、《人民法院报》、中央电视台等多家新闻媒体报道。2020年8月退休后，他返聘回北坡法庭工作，协助法庭开展诉前和诉中调解。因工作突出，他被评为遂溪首届“十佳政法干警”，立个人三等功1次，个人二等功1次，获“湛江好人”“广东好人”“优秀共产党员”“全国法院人民法庭先进个人”等称号，2021年1月，他入选全国“平安之星”月度榜单。

湛江市2021年五一劳动奖章获得者

王翠娴　女，1988年11月生，广东廉江人，本科学历，2011年7月参加工作。湛江市美好家园职业培训学校副校长。从

2014年开始从事养老护理员培训工作。她不断学习提升教学的能力，考取高级职业培训教师专业技术上岗证、二级/技师级养老护理员和高级育婴员国家职业资格证、老年人能力评估专业培训证、国家中级社会工作师证、高级小儿推拿和催乳师证，并获得养老护理员、育婴员、妇婴护理考评员资格。她不计较得失，经常晚上和周六、周日加班培训，送教上门，到各乡镇（村）扶贫点、养老院、福利院等开展照护老年人的基础知识、生活照料、心理慰藉、康复护理和指导老年人功能康复训练、助行器的使用方法等培训，共培训4000多名养老护理员。她在扶贫点开展母婴护理就业技能培训、老年人护理就业技能培训、紧急救护技能培训，培训人数180人。她热心参与公益活动，对65岁以上的老人进行能力评估、生活技能指导、康复训练指导及心理慰藉等，并指导家属照顾好老人，预防老年痴呆、预防跌倒等意外伤害，确保老人安全，维护健康。她参与编写《养老护理员实用技能》，2017年1月由广东省出版集团广东经济出版社出版；参与编写《病患照护技能》，2015年4月由广东省出版集团广东经济出版社出版；参与编写养老护理员教材《基础知识》；参与编写四川省成都地方标准《居家养老入户服务规范》；以及编写《养老机构服务十大指引（2018—2019年）》。

叶林霞　女，1995年2月生，广东麻章人，本科学历，2014年11月参加工作。湛江市美好家园职业培训学校教辅主管、高级育婴员、高级养老护理员、高级小儿推拿师、高级催乳师，并获取妇婴护理考评员资格、广东省职业培训机构教师上岗资格。在教学工作过程中，她注重“理论与实操”相结合，得到学员的认可，曾被评为华邦美好家园养老集团先进个人，评为学校先进工作者。她积极参与扶贫点就业技能培训，为贫困村民就业、创业和兼职拓宽渠道。2014年12月，学校与广东医科大学附属医院的扶贫干部到遂溪县建新镇库竹村对贫困村民进行慰问，并在该村组织开展母婴就业技能培训。2015年2月，学校到该村开展老年人护理就业技能培训。2015年7月，学校再到该村开展紧急救护技能培训，为库竹村贫困村民就业、创业和兼职拓宽渠道。她为失业妇女提供家政服务培训，并将失业妇女推荐给湛江市帮扶家政有限公司。她参与养老服务类培训项目，送教下乡，送教上门，方便学员。积极为湛江的养老机构、社会服务机构免费培训。2020年8月，获湛江南粤医院赠送的锦旗。

表3　2021年遂溪县获国家级先进单位一览表

获奖单位/集体名称	荣誉称号	授予单位
中共遂溪县委宣传部	2021年度《党建》杂志宣传工作先进集体	中共中央宣传部 《党建》杂志社
遂溪县	全国青少年校园足球试点县	教育部全国青少年校园足球工作领导小组
遂溪县委老干部局	全国老干部工作先进集体	中共中央组织部 人力资源和社会保障部
遂溪县教育局	全国科普日优秀活动单位	中国科学技术协会办公厅
城月镇竹叶塘小学	第三批全国中小学中华优秀传统文化传承学校	教育部办公厅
广东省遂溪新海茂水产种业科技有限公司	国家级水产健康养殖和生态养殖示范区	农业农村部

续（表 3）

获奖单位 / 集体名称	荣誉称号	授予单位
遂溪县普法办	2016—2020 年全国普法工作先进单位	中央宣传部、司法部、全国普法办
遂溪县应急管理局	2021 年全国科普日优秀活动	中国科学技术协会办公厅
共青团遂溪县委员会	2021 年全国科普日优秀活动和组织单位	中国科学技术协会办公厅
遂溪县残疾人联合会	第五届全国残联专职委员知识竞赛组织奖	中国残疾人联合会
遂溪县科学技术协会	2021 年全国科普日优秀活动	中国科学技术协会办公厅
遂溪县第一中学	地理科普教育先进单位	中国地理学会
遂溪县气象局	全国气象部门创建模范机关先进单位	中国气象局党组
遂溪县气象局	气象科普剧《台风来了》获第五届校园气象科学展评活动气象科普剧小学组优秀奖	中国气象学会
遂城镇人民政府	遂城镇等 10 个单位联合开展的遂溪县 2021 年全国科普日暨科普大篷车进校园活动主场活动被评为“2021 年全国科普日活动优秀活动”	中国科学技术协会办公厅
遂溪县洋青镇文相村	全国村级议事协商创新实验试点单位	民政部办公厅
遂溪县第二人民医院	优质服务基层行	国家卫生健康委办公厅 国家中医药局办公室

表 4　2021 年遂溪县获省级先进单位一览表

获奖单位 / 集体名称	荣誉称号	授予单位
遂溪县	广东荔枝“12221”市场体系建设“我为荔农办实事”优秀政务服务奖	广东省农业农村厅
遂溪县教育局	广东省全国科普日优秀活动单位	广东省科学技术协会
御唐府生态农庄	2020 年度省级休闲农业与乡村旅游示范镇示范点	广东省农业农村厅 广东省文化和旅游厅
广东荔枝湛川河谷示范基地	广东荔枝品牌示范基地	广东省农业农村厅
洋青镇	第三批省级“一村一品、一镇一业”火龙果专业镇	广东省农业农村厅
洋青镇洋青村	广东省“一村一品、一镇一业”火龙果专业村	广东省农业农村厅
城月镇虎头坡村	第二批省级“一村一品、一镇一业”辣椒专业村	广东省农业农村厅
杨柑镇布政村	第二批省级“一村一品、一镇一业”火龙果专业村	广东省农业农村厅

续（表4）

获奖单位/集体名称	荣誉称号	授予单位
草潭镇北拉村	第二批省级“一村一品、一镇一业”金鲳鱼专业村	广东省农业农村厅
遂溪县应急管理局	广东省第一届应急管理优秀宣传作品图书类二等奖	广东省应急管理厅
遂溪县应急管理局	广东省全国优秀科普日组织单位和活动	广东省科学技术协会
遂溪县统计局	广东省第七次全国人口普查先进集体	广东省第七次全国人口普查领导小组
共青团遂溪县委员会	广东省灯塔工程优秀红色儿童大型剧目比赛第五名、省级优秀作品奖	共青团广东省委员会、广东省教育厅、广东省关心下一代工作委员会、少先队广东省工作委员会、广东广播电视台
共青团遂溪县委员会	2021年广东省全国科普日优秀组织和活动单位	广东省科学技术协会
遂溪县关心下一代工作委员会	广东省关心下一代工作先进集体	广东省关心下一代工作委员会、广东省精神文明建设委员会办公室
遂溪县关心下一代工作委员会	2021年度湛江市公益普法活动先进单位	中共湛江市委宣传部、湛江市司法局、湛江市教育局、共青团湛江市委员会、湛江市普及法律常识办公室
遂溪县科学技术协会	2021年广东省全国科普日优秀组织单位和活动	广东省科学技术协会
遂溪县科学技术协会	2021年基层科协组织建设及提升基层科协组织力“3+1”工作先进单位	广东省科学技术协会
湛江幼儿师范专科学校	2021年博鳌亚洲论坛年会志愿者钻石合作单位	中远海运博鳌有限公司、东屿岛旅游度假区运营管理中心
遂溪县第一中学	广东省绿色学校	广东省教育厅
遂溪县大成中学	广东省中小学教师校本研修示范培育学校	广东省教育厅
遂溪县大成中学生物科组	广东省中学生物教学优秀科组	广东教育学会中学生物教学专业委员会
广东省遂溪县气象局	2020年广东省全国科普日优秀活动	广东省科学技术协会
遂溪县气象局	《中小学生气象安全教育读本》获“广东省第一届应急管理优秀宣传作品评比展播活动”图书类二等奖	广东省应急管理局
中国邮政集团有限公司广东省遂溪县分公司	报刊专业县城营销转型“发展争先奖”	中国邮政集团有限公司广东省分公司
中国人民银行遂溪县支行	2018—2020年度中国人民银行广州分行文明单位	中共中国人民银行广州分行委员会

续（表4）

获奖单位 / 集体名称	荣誉称号	授予单位
广东遂溪农村商业银行股份有限公司	2021年移动支付示范镇建设先进单位	中国人民银行广州分行
中共广东遂溪农村商业银行股份有限公司附城支行支部委员会	先进党支部	中共广东省农村信用社联合社委员会
遂溪县人民医院骨一科	2021年广东省骨科医疗质量控制中心年度工作总结会暨第一届市县级骨科医师规范化同质化外科诊疗病例大赛三等奖	广东省骨科医疗质量控制中心
中国农业银行遂溪县支行	2020年“深耕乡村市场百日攻坚战”营销优秀组织支行	中国农业银行广东省分行
中国农业银行遂溪县支行营业部	2020年“深耕乡村市场百日攻坚战”营销优秀包村团队	中国农业银行广东省分行
中共中国农业银行遂溪支行营业部党支部	2021年度广东省分行五星级党支部	中共中国农业银行广东省分行委员会
中共中国农业银行遂溪西河支行党支部	2021年度广东省分行五星级党支部	中共中国农业银行广东省分行委员会
中共中国农业银行遂溪运营 / 综合 / 风险管理部党支部	2021年度广东省分行五星级党支部	中共中国农业银行广东省分行委员会
遂城镇退役军人服务站	2021年广东省五星级示范退役军人服务站	广东省退役军人事务厅
洋青镇退役军人服务站	2021年广东省星级示范退役军人服务中心（站）（五星级）	广东省退役军人事务厅
界炮镇退役军人服务站	广东省5星级退役军人服务站	广东省退役军人事务厅
界炮镇雷公村委会雷公塘村	广东省卫生村	广东省爱国卫生运动委员会
界炮镇界炮村委会内角村	广东省卫生村	广东省爱国卫生运动委员会
界炮镇金围村委会界炮湾村	广东省卫生村	广东省爱国卫生运动委员会
界炮镇山内村委会老虎头村	广东省卫生村	广东省爱国卫生运动委员会
界炮镇合沟村委会西瓜塘村	广东省卫生村	广东省爱国卫生运动委员会
界炮镇政府专职消防队	先进政府专职队	广东省消防救援总队
北坡镇人民政府	镇级全国示范型退役军人服务中心（站）	广东省退役军人事务厅
北坡镇	广东省卫生镇	广东省爱国卫生运动委员会

表5　2021年遂溪县获市级先进单位一览表

获奖单位/集体名称	荣誉称号	授予单位
遂溪县	湛江市2021年度平安建设优秀等次的县（市、区）	中共湛江市委平安湛江建设领导小组办公室
中共遂溪县委政法委员会	中国共产党成立100周年庆祝活动期间湛江市信访维稳安保工作先进单位	湛江市信访联席工作会议
中共遂溪县科工贸和信息化局总支部委员会	湛江市先进基层党组织	中共湛江市委员会
中共遂溪县气象局支部委员会	湛江市先进基层党组织	中共湛江市委员会
中共遂溪县界炮镇坦塘村支部委员会	湛江市先进基层党组织	中共湛江市委员会
中共遂溪县遂城镇五洲药业支部委员会	湛江市先进基层党组织	中共湛江市委员会
中共国家税务总局遂溪县税务局北坡税务分局支部委员会	湛江市先进基层党组织	中共湛江市委员会
中共遂溪县河头镇河头村总支部委员会	湛江市先进基层党组织	中共湛江市委员会
中共遂溪县洋青镇文相村总支部委员会	湛江市先进基层党组织	中共湛江市委员会
中共遂溪县科工贸和信息化局总支部委员会	湛江市先进基层党组织	中共湛江市委员会
中共遂溪县遂城镇礼村村支部委员会	湛江市先进基层党组织	中共湛江市委员会
中共遂溪县北坡镇新屋村支部委员会	湛江市先进基层党组织	中共湛江市委员会
中共遂溪县洋青镇下田头村支部委员会	湛江市先进基层党组织	中共湛江市委员会
中共遂溪县杨柑镇布政村支部委员会	湛江市先进基层党组织	中共湛江市委员会
中共遂溪县公安局岭北派出所支部委员会	湛江市先进基层党组织	中共湛江市委员会
中共遂溪县第一中学第二支部委员会	湛江市先进基层党组织	中共湛江市委员会
中共遂溪县岭北镇西塘村总支部委员会	湛江市先进基层党组织	中共湛江市委员会
中共遂溪县草潭镇新建村支部委员会	湛江市先进基层党组织	中共湛江市委员会
中共湛江幼儿师范专科学校直属机关第一支部委员会	湛江市先进基层党组织	中共湛江市委教育工作委员会

续（表5）

获奖单位/集体名称	荣誉称号	授予单位
中共湛江幼儿师范专科学校学前教育一系总支部委员会	湛江市先进基层党组织	中共湛江市委教育工作委员会
中共湛江幼儿师范专科学校直属机关第六支部委员会	湛江市先进基层党组织	中共湛江市委教育工作委员会
中共湛江幼儿师范专科学校科学教育系学生支部委员会	湛江市先进基层党组织	中共湛江市委教育工作委员会
中共湛江幼儿师范专科学校经济管理系学生支部委员会	湛江市先进基层党组织	中共湛江市委教育工作委员会
中共遂溪县疾病预防控制中心支部委员会	湛江市先进基层党组织	中共湛江市委员会
中共遂溪县人民医院委员会	湛江市先进基层党组织	中共湛江市委员会
遂溪县卫生健康局	湛江市抗击新冠肺炎疫情先进集体	中共湛江市委员会 湛江市人民政府
遂溪县公安局	湛江市抗击新冠肺炎疫情先进集体	中共湛江市委员会 湛江市人民政府
遂溪县科工贸和信息化局	湛江市抗击新冠肺炎疫情先进集体	中共湛江市委员会 湛江市人民政府
遂溪县人民医院	湛江市抗击新冠肺炎疫情先进集体	中共湛江市委员会 湛江市人民政府
遂溪县疾病预防控制中心	湛江市抗击新冠肺炎疫情先进集体	中共湛江市委员会 湛江市人民政府
中共遂溪县委组织部	湛江市文明单位	湛江市精神文明建设委员会
遂溪县人民法院	湛江市文明单位	湛江市精神文明建设委员会
中共遂溪县委组织部	湛江市乡村振兴先进集体	中共湛江市委实施乡村振兴战略领导小组
遂溪县农业农村局	湛江市乡村振兴先进集体	中共湛江市委实施乡村振兴战略领导小组
遂溪县公安局	湛江市扫黑除恶专项斗争先进集体	中共湛江市委员会、湛江市人民政府
遂溪县纪委监委案件审理室	湛江市扫黑除恶专项斗争先进集体	中共湛江市委员会、湛江市人民政府
遂溪县公安局扫黑办	湛江市扫黑除恶专项斗争先进集体	中共湛江市委员会、湛江市人民政府
遂溪人民法院刑事审判庭	湛江市扫黑除恶专项斗争先进集体	中共湛江市委员会、湛江市人民政府
遂溪县人民政府办公室	2020年度信息报送工作先进单位	湛江市人民政府办公室

续（表5）

获奖单位/集体名称	荣誉称号	授予单位
遂溪县公安局	中国共产党成立100周年庆祝活动期间湛江市信访维稳安保工作先进集体	湛江市信访工作联席会议
遂溪县教育局	湛江市2021年平安高考达标单位	湛江市招生委员会 湛江市教育局
遂溪县交通运输局	2021年度安全生产责任制和消防工作考核优秀单位	湛江市交通运输局
遂溪县工业园区管理委员会	湛江市2020年度产业园区发展先进单位	湛江市产业园区建设管理工作领导小组办公室
遂溪县科学技术协会	2021年度湛江市科普工作先进单位	湛江市科学技术协会
遂溪县公安局	2020年度全市公安机关“双提升”宣传工作考评先进单位	湛江市公安局
遂溪县公安局	集体嘉奖	湛江市公安局
遂溪县卫生健康局	2021年度湛江市公益普法活动先进单位	中共湛江市委宣传部、湛江市司法局、湛江市教育局、共青团湛江市委员会、湛江市普及法律常识办公室
遂溪县关心下一代工作委员会	2021年度湛江市公益普法活动先进单位	中共湛江市委宣传部、湛江市司法局、湛江市教育局、共青团湛江市委员会、湛江市普及法律常识办公室
遂溪县总工会	2021年“粤工惠：湛江号”会员普惠平台运营先进单位	湛江市总工会
中国人民银行遂溪县支行	中国人民银行湛江市中心支行先进基层党组织	中共中国人民银行湛江市中心支行委员会
遂溪县教育局	全市关心下一代工作先进集体	湛江市关心下一代工作委员会 湛江市文明办
遂溪县妇女联合会	湛江市“巾帼心向党 奋斗新征程”网络展示接力活动先进妇联	湛江市妇女联合会
遂溪县妇女联合会	湛江市姐妹情深献爱心活动先进妇联	湛江市妇女联合会
遂溪县教育局	毒品预防教育工作优秀等次单位	湛江市教育局
遂溪县扫黑除恶专项斗争领导小组及其办公室	先进单位通报表扬	湛江市扫黑除恶斗争领导小组
遂溪县公安局岭北派出所	枫桥式公安派出所	湛江市公安局
遂溪县公安局遂城派出所	集体三等功	湛江市公安局
遂溪县人民法院刑事审判庭	2020年度集体专项三等功	湛江市中级人民法院
遂溪县公安局交警大队县城中队	集体嘉奖	湛江市公安局

续（表5）

获奖单位 / 集体名称	荣誉称号	授予单位
遂溪县农业农村局	在2020年度高标准农田建设考核中取得优异成绩（表扬信）	湛江市农业农村局
遂溪县遂城畜牧兽医站	湛江市第二次全国污染源普查先进集体	湛江市人民政府
中共遂溪县纪律检查委员会、遂溪县监察委员会	湛江市纪检监察系统“我是纪检人 我为党加分”微视频大赛优秀奖	中共湛江市纪律检查委员会 湛江市监察委员会
中共遂溪县委党校	科研组织奖	中共湛江市委党校
中共遂溪县委党校	湛江市直属机关第四届改革创新大赛二等奖	中共湛江市直属机关工作委员会、中共湛江市委全面深化改革委员会办公室、湛江市总工会、共青团湛江市委员会、湛江市妇女联合会
遂溪县机关事务管理局	湛江市机关事务管理系统“学党史、强信念、跟党走”知识竞赛一等奖	湛江市机关事务管理局
遂溪县机关事务管理局	湛江市机关事务管理系统生活垃圾分类知识竞赛三等奖	湛江市机关事务管理局
遂溪县卫生健康局	2021年度湛江市基本公共卫生服务职业技能决赛团体三等奖	湛江市卫生健康局
遂溪县教育局	师德演讲比赛优秀组织奖	湛江市教育局
遂溪县教育局	湛江市教育系统师德建设主题教育月活动优秀组织奖	湛江市教育局
遂溪县教育局	广东省中小学生“民法典故事会”优秀组织奖	湛江市司法局、湛江市教育局、湛江市普法办
遂溪县教育局	“宪法小卫士”活动优秀组织奖	湛江市教育局
遂溪县总工会	2021年度《工人日报》《南方工报》发行工作特等奖	湛江市总工会
遂溪县总工会	2021年“玫瑰书香”湛江市女职工主题阅读线上活动优秀组织奖	湛江市总工会
遂溪县总工会	湛江市首届劳资沟通协商技能竞赛三等奖	湛江市总工会
中共中国农业银行遂溪西河支行党支部	2021年度湛江分行先进党支部	中共中国农业银行湛江分行委员会
中国农业银行遂溪县支行营业部党支部	2021年度湛江分行先进党支部	中共中国农业银行湛江分行委员会
中国农业银行遂溪县支行	2020年度湛江分行“服务三农先进支行”	中国农业银行湛江分行
中国农业银行遂溪县支行营业部	2020年度湛江分行“基础管理十大标杆网点”	中国农业银行湛江分行
中国农业银行遂溪西河支行	2020年度湛江分行“先进集体”	中国农业银行湛江分行

续（表5）

获奖单位/集体名称	荣誉称号	授予单位
中国农业银行遂溪县支行营业部	2020年度湛江分行“对公业务十佳网点”	中国农业银行湛江分行
中国农业银行遂溪县支行营业部	2020年度湛江分行“零售业务二十强网点”	中国农业银行湛江分行
中国农业银行遂溪县支行营业部	2020年度湛江分行“十佳网点”	中国农业银行湛江分行
洋青镇	湛江市2020年度民兵工作先进单位	中共湛江市委员会 湛江市人民政府
洋青镇	湛江市乡村振兴先进集体	中共湛江市委实施振兴战略领导小组
湛江幼儿师范专科学校	湛江市直关心下一代工作先进集体	湛江市直属机关下一代工作委员会
遂溪县第一中学	湛江市五四红旗团委	共青团湛江市委员会
遂溪县第一中学	中小学实验精品课优秀组织单位	湛江市教育局
遂溪县大成中学	湛江市中小学艺术展演活动二等奖	湛江市教育局
共青团遂溪县大成中学委员会	湛江市五四红旗团委标兵	共青团湛江市委员会
遂溪县大成中学	湛江市禁毒预防教育示范学校	湛江市教育局
遂溪县大成中学	湛江市中小学科技劳动教育实践活动优秀单位组织奖	湛江市教育局
遂溪县大成中学	湛江市中小学实验精品课遴选活动优秀组织奖	湛江市教育局
遂溪县大成中学	湛江市“市长杯”青少年校园足球联赛高中男子第二名	湛江市教育局
遂溪县大成中学	湛江市规范化家长学校	湛江市教育局
遂溪县大成中学	全国爱鸟周鸟类观察自然笔记大赛积极参与团体奖	深圳市红树林湿地保护基金会
广东医科大学附属医院遂溪医院	湛江市直机关第四届改革创新大赛机关党建项目类二等奖	中共湛江市直属机关工作委员会
遂溪县人民医院	湛江市第二届新生儿复苏技能竞赛团体二等奖	湛江市卫生健康局
遂溪县人民医院急诊科	2020年度优秀护理集体	湛江市护理学会
中国邮政集团有限公司广东省遂溪县分公司	邮政代理金融（2020—2021）跨年度开门红营销活动余额发展贡献奖	中国邮政集团有限公司湛江市分公司
中国邮政集团有限公司广东省遂溪县分公司	湛江寄递“开门红”2021年特快专递突出贡献奖	中国邮政集团有限公司湛江市分公司
中国人民银行遂溪县支行	2018—2020年度中国人民银行湛江市中心支行文明单位	中共中国人民银行湛江市中心支行委员会

续（表 5）

获奖单位 / 集体名称	荣誉称号	授予单位
中国人民银行遂溪县支行	中国人民银行湛江市中心支行 2020 年度重点研究课题二等奖	中国人民银行湛江市中心支行
中国工商银行遂溪支行	2021 年度综合考评奖（第三名）、资产质量奖（第三名）、内控合规业务奖（第一名）等湛江分行工银成就奖	中国工商银行湛江支行
中国工商银行遂溪启达世家支行	十佳网点奖	中国工商银行湛江支行
遂溪县国有资产经营公司	提前完成国有“僵尸企业”出清工作予以通报表扬	湛江市国有“僵尸企业”处置工作联席会议
广东粤电湛江生物质发电有限公司	二级甲等单位	湛江市档案局
遂溪粤海水务有限公司	三级甲等单位	湛江市档案局
遂城镇人民政府	全市关心下一代工作先进集体	湛江市关心下一代工作委员会 湛江市精神文明建设委员会办公室
遂城镇人民政府	全市污染防治攻坚工作表现突出的集体	湛江市污染防治攻坚战指挥部
遂城镇人民政府	中国共产党成立 100 周年期间湛江市信访维稳安保工作先进单位	湛江市信访工作联席会议
遂城镇人民政府	湛江市首届美丽乡村电视大赛评选活动一等奖	中共湛江市委农村工作办公室 湛江市农业农村局
遂城镇人民政府	《南方日报》、《南方》杂志、《湛江日报》发行工作先进单位	中共湛江市委宣传部
遂溪县建新镇	《南方日报》、《南方》杂志、《湛江日报》发行工作先进单位	中共湛江市委宣传部
北坡法庭	2020 年度集体三等功	湛江市中级人民法院
建新镇土札村	湛江市文明村	湛江市精神文明建设委员会
建新镇上流村	湛江市文明村	湛江市精神文明建设委员会
建新镇白水村	湛江市文明村	湛江市精神文明建设委员会
建新镇西洋村	湛江市文明村	湛江市精神文明建设委员会
界炮镇金围村委会黎村仔村	湛江市卫生村	湛江市爱国卫生运动委员会
界炮镇坦塘村委会大上岭坑村	湛江市卫生村	湛江市爱国卫生运动委员会
界炮镇界炮村委会崩塘村	湛江市卫生村	湛江市爱国卫生运动委员会
界炮镇大塘村委会中间岭村	湛江市卫生村	湛江市爱国卫生运动委员会
界炮镇大塘村委会陈太村	湛江市卫生村	湛江市爱国卫生运动委员会

续（表5）

获奖单位/集体名称	荣誉称号	授予单位
界炮镇大塘村委会老占村	湛江市卫生村	湛江市爱国卫生运动委员会
界炮镇周灵村委会学塘仔村	湛江市卫生村	湛江市爱国卫生运动委员会
界炮镇赤伦村委会上草仔塘村	湛江市卫生村	湛江市爱国卫生运动委员会
界炮镇赤伦村委会下草仔塘村	湛江市卫生村	湛江市爱国卫生运动委员会
界炮镇南山村委会埠头仔村	湛江市卫生村	湛江市爱国卫生运动委员会
界炮镇山内下洋塘村	湛江市卫生村	湛江市爱国卫生运动委员会
界炮镇芒溪村委会坡禾地村	湛江市卫生村	湛江市爱国卫生运动委员会
界炮镇芒溪村委会老月弓村	湛江市卫生村	湛江市爱国卫生运动委员会
界炮镇芒溪村委会新月弓村	湛江市卫生村	湛江市爱国卫生运动委员会
界炮镇芒溪村委会老下溪村	湛江市卫生村	湛江市爱国卫生运动委员会
界炮镇山家村委会老北村	湛江市卫生村	湛江市爱国卫生运动委员会
界炮镇西湾村委会上福建村	湛江市卫生村	湛江市爱国卫生运动委员会
界炮镇海田村委会屋仔村	湛江市卫生村	湛江市爱国卫生运动委员会
界炮镇老马村委会老马村	湛江市卫生村	湛江市爱国卫生运动委员会
界炮镇陷寮村委会黎村	湛江市卫生村	湛江市爱国卫生运动委员会
界炮镇雷公村委会石仔墩村	湛江市卫生村	湛江市爱国卫生运动委员会
界炮镇合沟村委会北边村	湛江市卫生村	湛江市爱国卫生运动委员会
界炮镇同文村委会海田仔村	湛江市卫生村	湛江市爱国卫生运动委员会
界炮镇同文村委会大湾村	湛江市卫生村	湛江市爱国卫生运动委员会
乐民镇松树村	湛江市文明村	湛江市精神文明建设委员会
乐民镇盐灶村	湛江市文明村	湛江市精神文明建设委员会
建新镇周成学家庭	湛江市最美家庭	中共湛江市委宣传部、湛江市精神文明建设委员会办公室、湛江市妇女联合会
乐民镇黄利国家庭	湛江市最美家庭	湛江市妇女联合会、中共湛江市委宣传部、湛江市精神文明建设委员会办公室

续（表5）

获奖单位 / 集体名称	荣誉称号	授予单位
乐民镇陈洪家庭	湛江市最美家庭	湛江市妇女联合会、中共湛江市委宣传部、湛江市精神文明建设委员会办公室
遂溪县个体劳动者协会界炮分会党支部	2020年度湛江市个私协会系统“小个专”党建工作先进单位	湛江市个体劳动者私营企业协会
广东富海渔业有限公司	2021年度新增湛江市重点农业龙头企业	湛江市农业农村局
湛江市水果之家贸易有限公司	2021年度新增湛江市重点农业龙头企业	湛江市农业农村局
遂溪县汇盈种养有限公司	2021年度新增湛江市重点农业龙头企业	湛江市农业农村局
广东小九生态农业科技有限公司	2021年度新增湛江市重点农业龙头企业	湛江市农业农村局
湛江百顺农业有限公司	2021年度新增湛江市重点农业龙头企业	湛江市农业农村局
正大食品（湛江）有限公司	2021年度新增湛江市重点农业龙头企业	湛江市农业农村局
遂溪盛昌生物科技有限公司	2021年度新增湛江市重点农业龙头企业	湛江市农业农村局
遂溪县大南种养有限公司	2021年度新增湛江市重点农业龙头企业	湛江市农业农村局
遂城镇官湖村	湛江市首届美丽乡村电视大赛一等奖	中共湛江市委农村工作办公室 湛江市农业农村局

表6　2021年遂溪县获国家级先进个人一览表

姓名	工作单位	荣誉称号	授予单位
陈慧强	遂溪县公安局刑侦大队	全国公安机关成绩突出女民警	公安部、中华全国妇女联合会
石家敏	遂溪县财政局	全国乡村振兴青年先锋	共青团中央委员会、农业农村部
陈秋跃	遂溪县教育局教研室	全国地理科普知识大赛优秀指导教师一等奖、全国优秀科技辅导员	中国地理学会
何海怀	遂溪县农业农村局	表扬	农业农村部畜牧兽医局
潘　民	遂溪县司法局	全国司法所模范个人	司法部
黄石养	遂溪县人民法院	2021年1月“平安英雄”	中国长安网、中央政法委长安剑
李非白	遂溪县人民法院	天平纪念章	最高人民法院
李　雷	遂溪县人民法院	天平纪念章	最高人民法院
何　连	遂溪县人民法院	天平纪念章	最高人民法院
庄丽仙	中共遂溪县委宣传部	2021年度《党建》杂志优秀通讯员三等奖	中共中央宣传部《党建》杂志社

续（表6）

姓名	工作单位	荣誉称号	授予单位
陈春燕	共青团遂溪县委员会	2020—2021年度“全国优秀共青团干部”	共青团中央
梁景贵	共青团遂溪县委员会	2020—2021年度“全国优秀共青团员”	共青团中央
陈堪非	遂溪县大成中学	第16届全国中青年教师（基教）优质课大赛论文评选活动三等奖	中国基础教育研究会
李冯宏 周　臻 赵卫国 袁华英 李燕玲	遂溪县大成中学	论文《浅议信息技术背景下的高中化学实验教学策略》在《少年科普报·科教论坛》（2021年9期）获一等奖	《少年科普报》报社

表7　2021年遂溪县获省级先进个人一览表

姓名	工作单位	荣誉称号	授予单位
陈慧强	遂溪县公安局刑侦大队	广东省优秀共产党员	中共广东省委员会
陈珲超	山内黄镜秋学校	广东省优秀共产党员	广东省委组织部
陈晓军	广前糖业发展有限公司	广东省五一劳动奖章	广东省总工会
罗明秋	杨柑镇人民政府	广东省乡村振兴先进镇委书记	广东省委实施乡村振兴战略领导小组
周炳辉	遂溪县应急管理局	2021年优秀共产党员	广东省气象局党组
周炳辉	遂溪县应急管理局	2020年度嘉奖奖励	广东省气象局
邹　婵	遂溪县第一中学	广东省“三八”红旗手	广东省妇女联合会
陈晓军	广前糖业发展有限公司	广东向上向善好青年	共青团广东省委员会
邓烈华	遂溪县人民医院	岭南名医	广东省家庭医生协会
戴　明	遂溪县人民医院	岭南名医	广东省家庭医生协会
吴垂超	乌塘镇人民政府（挂点融安扶贫干部）	全区脱贫攻坚先进个人	中共广西壮族自治区委员会、广西壮族自治区人民政府
陈慧强	遂溪县公安局刑侦大队	新时代南粤刑侦之星	广东省公安厅
李增翔	遂溪县公安局经侦大队	打击虚开骗税违法犯罪专项行动先进个人	广东省税务局
邹　婵	遂溪县第一中学	广东省名校长工作室主持人	广东省教育厅
邓应东	遂溪县人力资源和社会保障局	2019—2020年全省脱贫攻坚突出贡献个人	中共广东省委农村工作领导小组

续（表7）

姓名	工作单位	荣誉称号	授予单位
李　强	遂溪县农业农村局	广东省脱贫攻坚先进个人	广东省脱贫攻坚表彰大会
李　强	遂溪县农业农村局	2019—2020年广东省脱贫攻坚先进个人	中共广东省委农村工作领导小组
李苓莉	遂溪县农业农村局	2019—2020年广东省脱贫攻坚先进个人	中共广东省委农村工作领导小组
庞彩虹	遂溪县教育局教研室	广东省特级教师	广东省教育厅
陈珲超	山内黄镜秋学校	广东省特级教师	广东省教育厅
王　钦	遂城第四小学	广东省特级教师	广东省教育厅
刘　伟	遂溪县教育局教研室	南粤优秀教师	广东省教育厅
庞桂仙	遂溪县杨柑中学	南粤优秀教师	广东省教育厅
李春桃	草潭初级中学	南粤优秀教师	广东省教育厅
庞碧连	港门镇中心小学	南粤优秀教师	广东省教育厅
杨　露	遂溪县应急管理局	2019—2020年全省脱贫攻坚突出贡献个人	中共广东省委农村工作领导小组
苏　太	遂溪县总工会	2019—2020年脱贫攻坚工作中表现突出	中共广东省委农村工作领导小组
吴建峰	遂溪县人民法院	全省法院先进个人	广东省高级人民法院 广东省人力资源和社会保障厅
周志强	遂溪县农业农村局	2021年广东农技推广能手	广东省农业农村厅
陆有文	遂溪县农业农村局	广东省农业技术推广奖二等奖	广东省农业技术推广奖评审委员会
韩桂兰	遂溪县司法局	第四届全省法律援助工作先进个人	广东省人力资源和社会保障厅 广东省司法厅
支博儒	遂溪县应急管理局	珠海市石景山隧道“7·15”重大透水事故调查组感谢表扬	广东省应急管理厅、深圳市安全生产委员会、湛江市安全生产委员会
彭聪富	遂溪县统计局	广东省第七次全国人口普查金牌讲师	广东省第七次全国人口普查领导小组
陈　朗	遂溪县统计局	广东省第七次全国人口普查先进个人	广东省第七次全国人口普查领导小组
吴垂超	乌塘镇人民政府	2019—2020年脱贫攻坚工作中表现突出	中共广东省委农村工作领导小组
林春霞	遂溪县自然资源局	广东省首届垦造水田工作表现突出个人	广东省自然资源厅

续（表7）

姓名	工作单位	荣誉称号	授予单位
彭　伟	遂溪县总工会	2021年度《南方工报》发行工作优秀个人	广东省总工会
宋雪莲	遂溪县总工会	在城市困难职工解困脱困工作中作出重要贡献个人	广东省总工会
梁景贵	共青团遂溪县委员会	优秀战疫志愿服务典型	广东省精神文明建设委员会办公室、共青团广东省委员会、广东省志愿者联合会
杨景迪	共青团遂溪县委员会	广东共青团政治软弱涣散基层组织三年行动“命脉工程”优秀工作者	共青团广东省委员会
李晓培	湛江幼儿师范专科学校	广东省南粤优秀教育工作者	中共广东省委教育工作委员会、广东省教育厅、广东省人力资源和社会保障厅、广东省总工会
袁文荣	广东遂溪农村商业银行股份有限公司	广东农信系统优秀共产党员	中共广东省农村信用社联合社委员会
戴椿兴	广东遂溪农村商业银行股份有限公司	广东农信系统优秀党务工作者	中共广东省农村信用社联合社委员会
蔡骏伟	遂城镇人民政府	广东省第七次全国人口普查先进个人	广东省第七次全国人口普查领导小组
陈　武	洋青镇人民政府	在2019—2020年脱贫攻坚工作中表现突出	中共广东省委农村工作领导小组
林子杰	界炮镇人民政府	广东省第七次全国人口普查先进个人	广东省第七次全国人口普查领导小组
郭锦晖	杨柑镇人民政府	广东省第七次全国人口普查先进个人	广东省第七次全国人口普查小组
劳华文	草潭镇人民政府	2019—2020年全省脱贫攻坚突出贡献个人	中共广东省委农村工作领导小组
吕爱莲	港门镇贷湖村委会	广东最美妇联执委	广东省妇女联合会
黄旭东	河头镇人民政府	广东省第七次全国人口普查先进个人	广东省第七次全国人口普查领导小组
李　蕾	遂溪县第一中学	广东省中小学实验教学说课竞赛一等奖	广东省教育厅
周秋静	遂溪县第一中学	广东省中小学实验教学说课竞赛一等奖	广东省教育厅
黄秋波	遂溪县大成中学	2021年广东省中学生篮球锦标赛优秀教练员	广东省学生体育艺术联合会
林木英	遂溪县大成中学	2021年作品《静物》在“献礼建党一百周年”广东省教师书画展获优秀奖	广东省教育厅
梁小丽	遂溪县第三中学	广东省中学生物教学设计与教学论文暨微课（2021年）三等奖	广东教育学会

续（表 7）

姓名	工作单位	荣誉称号	授予单位
徐一澄	遂溪县大成中学	青少年校园足球教学暨广东省第十届中小学体育与健康教学展示活动二等奖	广东省教育厅
张　遥	遂溪县人民法院	广东法院第三十二届学术讨论会论文《论居住权的设立方式——简评〈民法典〉物权编第十四章》优秀奖	广东省高级人民法院
张　遥	遂溪县人民法院	论文《让规范性文件走向规范：略论人民法院规范性文件备案审查》被评为第六届广东省人民代表大会制度研究会 2021 年度优秀研究成果	广东省人民代表大会制度研究会
杨运萍	广前糖业发展有限公司	广东省农业技术推广奖二等奖	广东省农业技术推广奖评审委员会
陈　静	中国邮政集团有限公司广东省遂溪县分公司	“邮政保险，守护美好”广东邮政保险暨中邮保险第二届风险合规知识竞赛选拔赛三等奖	中国邮政集团有限公司广东省分公司
陈嘉元	中国邮政集团有限公司广东省遂溪县分公司	广东邮政 2021 年度十佳理财经理大赛“全省十佳理财经理”	中国邮政集团有限公司广东省分公司
杨倩钰	中国邮政集团有限公司广东省遂溪县分公司	广东省邮政庆祝建党 100 周年暨“学党史、悟思想”员工朗诵比赛三等奖	中国邮政集团有限公司广东省分公司
陈芷茜	中国人民银行遂溪县支行	“粤心融”志愿服务标志征集活动三等奖	中国人民银行广州分行精神文明建设指导委员会办公室

表 8　2021 年遂溪县获市级先进个人一览表

姓名	工作单位	荣誉称号	授予单位
卜小明	中共遂溪县妇女联合会党组	优秀党务工作者	中共湛江市委员会
吕爱莲	中共遂溪县港门镇货湖村总支部委员会	优秀党务工作者	中共湛江市委员会
陈振国	中共湛江市碧海湾水产科技有限公司支部委员会	优秀党务工作者	中共湛江市委员会
李　志	中共遂溪县岭北镇西塘村总支部委员会	优秀党务工作者	中共湛江市委员会
周炳辉	中共遂溪县气象局党组	优秀党务工作者	中共湛江市委员会
宋　宁	中共遂溪县洋青镇洋青村支部委员会	优秀党务工作者	中共湛江市委员会
陈鸿杰	中共中国电信股份有限公司遂溪分公司城北支部委员会	优秀党务工作者	中共湛江市委员会
招志慧	中共遂溪县遂城镇城南社区支部委员会	优秀党务工作者	中共湛江市委员会

续（表8）

姓名	工作单位	荣誉称号	授予单位
李娇梅	中共遂溪县市场监督管理局党组	优秀党务工作者	中共湛江市委员会
黄秋波	中共遂溪县大成中学总支部委员会	优秀党务工作者	中共湛江市委员会
王华强	中共遂溪县直属机关工作委员会	优秀党务工作者	中共湛江市委员会
杨楚荣	广东省广前糖业发展有限公司	优秀党务工作者	中共湛江市委员会
梁煜萍	湛江幼儿师范专科学校	湛江市优秀党务工作者	中共湛江市委员会
梁虎泉	遂溪县公安局	湛江市优秀共产党员	中共湛江市委员会
曾俊民	遂溪县公安局治安大队	湛江市优秀共产党员	中共湛江市委员会
赖智勇	遂溪县公安局指挥中心	湛江市优秀共产党员	中共湛江市委员会
周劲松	遂溪县司法局	湛江市优秀共产党员	中共湛江市委员会
陈晓军	广前名优水果公司	湛江市优秀共产党员	中共湛江市委员会
黄石养	遂溪县人民法院	湛江市优秀共产党员	中共湛江市委员会
劳华文	遂溪县草潭镇农业农村办	湛江市优秀共产党员	中共湛江市委员会
苏　娟	遂溪县遂城宝珠林药店	湛江市优秀共产党员	中共湛江市委员会
梁　春	遂溪县人民医院	湛江市优秀共产党员	中共湛江市委员会
李太谦	遂溪县水务局	湛江市优秀共产党员	中共湛江市委员会
刘　伟	遂溪县第三中学	湛江市优秀共产党员	中共湛江市委员会
黄伟民	遂溪县人民检察院	湛江市优秀共产党员	中共湛江市委员会
林　军	遂溪县人民医院	湛江市优秀共产党员	中共湛江市委员会
刘桂兴	遂溪县自然资源局	实施乡村振兴战略先进工作者	中共湛江市实施乡村振兴战略领导小组
林益炳	中共遂溪县纪律检查委员会、遂溪县监察委员会	2020年度湛江市脱贫攻坚先进工作者	湛江市扶贫开发领导小组
袁家敬	中共遂溪县纪律检查委员会、遂溪县监察委员会	嘉奖（湛江市扫黑除恶专项斗争表现突出乡科级及以下干部）	湛江市扫黑除恶专项斗争领导小组、中共湛江市委员会组织部
李成文	中共遂溪县纪律检查委员会、遂溪县监察委员会	湛江市扫黑除恶专项斗争先进工作者	中共湛江市委员会 湛江市人民政府
王宇鸣	中共遂溪县委组织部	湛江市扫黑除恶专项斗争表现突出干部	湛江市扫黑除恶专项斗争领导小组、中共湛江市委员会组织部

续（表8）

姓名	工作单位	荣誉称号	授予单位
蔡德超	遂溪县自然资源局	表现突出个人	湛江市扫黑除恶专项斗争领导小组，中共湛江市委组织部
陈景纯	遂溪县人民法院	嘉奖	湛江市扫黑除恶专项斗争领导小组、中共湛江市委组织部
王　芬	遂溪县人民法院	嘉奖	湛江市扫黑除恶专项斗争领导小组、中共湛江市委组织部
李哲杰	遂溪县人民法院	湛江市扫黑除恶专项斗争先进工作者	中共湛江市委员会 湛江市人民政府
钟　腾	遂溪县公安局刑侦大队	湛江市扫黑除恶专项斗争先进工作者	中共湛江市委员会 湛江市人民政府
周昌飞	遂溪县公安局刑侦大队	湛江市扫黑除恶专项斗争先进工作者	中共湛江市委员会 湛江市人民政府
陈光汉	遂溪县公安局刑侦大队	湛江市扫黑除恶专项斗争先进工作者	中共湛江市委员会 湛江市人民政府
周昌飞	遂溪县公安局刑侦大队	嘉奖（湛江市扫黑除恶专项斗争表现突出乡科级及以下干部）	湛江市扫黑除恶专项斗争领导小组、中共湛江市委员会组织部
陈光汉	遂溪县公安局刑侦大队	嘉奖（湛江市扫黑除恶专项斗争表现突出乡科级及以下干部）	湛江市扫黑除恶专项斗争领导小组、中共湛江市委员会组织部
麦观清	遂溪县人民政府办公室	2020年度信息报送工作先进个人	湛江市人民政府办公室
梁虎泉	遂溪县公安局	湛江市抗击新冠肺炎疫情先进个人	中共湛江市委员会 湛江市人民政府
陈　君	遂溪县公安局治安大队	湛江市抗击新冠肺炎疫情先进个人	中共湛江市委员会 湛江市人民政府
曾俊民	遂溪县公安局治安大队	湛江市抗击新冠肺炎疫情先进个人	中共湛江市委员会 湛江市人民政府
危富强	遂溪县公安局指挥中心	中国共产党成立100周年庆祝活动期间湛江市信访维稳安保工作先进个人	湛江市信访工作联席会议
梁瑜文	遂溪县公安局巡警大队	中国共产党成立100周年庆祝活动期间湛江市信访维稳安保工作先进个人	湛江市信访工作联席会议
陈连虹	遂溪县农业农村局	湛江市乡村振兴先进个人	中共湛江市委员会实施乡村振兴战略领导小组
李　强	遂溪县农业农村局	湛江市脱贫攻坚先进个人	中共湛江市委员会实施乡村振兴战略领导小组
邓　平	遂溪县农业农村局	湛江市脱贫攻坚先进个人	中共湛江市委员会实施乡村振兴战略领导小组
赵海洋	遂溪县农业农村局	湛江市脱贫攻坚先进个人	中共湛江市委员会实施乡村振兴战略领导小组

续（表8）

姓名	工作单位	荣誉称号	授予单位
卜晓媚	遂溪县农业农村局	湛江市第二次全国污染源普查先进个人	湛江市人民政府
陈汉沙	遂溪县司法局	个人嘉奖	湛江市扫黑除恶办 中共湛江市委员会组织部
周炳辉	遂溪县应急管理局	2020年优秀民兵干部	中共湛江市委员会、湛江市人民政府、湛江军分区
林　军	遂溪县人民医院	湛江市抗击新冠肺炎疫情先进个人	中共湛江市委员会 湛江市人民政府
宋雪琴	遂溪县人民医院	湛江市抗击新冠肺炎疫情先进个人	中共湛江市委员会 湛江市人民政府
王　霞	遂溪县疾病预防控制中心	湛江市抗击新冠肺炎疫情先进个人	中共湛江市委员会 湛江市人民政府
何海怀	遂溪县农业农村局	全市污染防治攻坚工作表现突出个人	湛江市污染防治攻坚战指挥部办公室
卜永佳	遂城镇人民政府	全市污染防治攻坚工作表现突出个人	湛江市污染防治攻坚战指挥部办公室
陈　波	遂城镇人民政府	2018—2020年度全面实施乡村振兴战略先进工作者	中共湛江市委员会实施乡村振兴战略领导小组
黄志辉	建新镇坡塘村委会	精武民兵	中共湛江市委员会、湛江市人民政府、湛江军分区
周艺华	洋青镇人民政府	优秀基层武装部部长	中共湛江市委员会、湛江市人民政府、湛江军分区
徐东仔	草潭镇新建村委会	爱国拥军模范	中共湛江市委员会、湛江市人民政府、中国人民解放军广东省湛江军分区
陈　启	乐民镇人民政府	湛江市脱贫攻坚先进个人	中共湛江市委员会实施乡村振兴战略领导小组
劳华文	草潭镇人民政府	湛江市乡村振兴先进工作者	中共湛江市委员会实施乡村振兴战略领导小组
吴垂超	乌塘镇人民政府	脱贫攻坚先进工作者	湛江市扶贫开发领导小组
周景辉	乌塘镇人民政府	脱贫攻坚先进工作者	湛江市扶贫开发领导小组
袁伟强	杨柑镇人民政府	2020年度湛江市脱贫攻坚先进工作者	湛江市扶贫开发领导小组
马陕燕	乌塘镇人民政府	湛江市新型农村和城镇居民社会养老保险工作先进个人	湛江市人民政府
周　全	城月镇人民政府	2021年度《南方日报》、《南方》杂志、《湛江日报》发行工作先进工作者	中共湛江市委员会宣传部
吕爱莲	港门镇货湖村委会	湛江市优秀百姓宣讲员	中共湛江市委宣传部

续（表8）

姓名	工作单位	荣誉称号	授予单位
周炳辉	遂溪县应急管理局	湛江市科普工作先进工作者	湛江市科学技术协会
林向农	遂溪县应急管理局	湛江“最美应急管理人”	湛江市应急管理局
陈　勇	遂溪县信访局	中国共产党成立100周年庆祝活动期间湛江市信访安保工作先进个人	湛江市信访工作联席会议
刘岱川	遂溪县信访局	中国共产党成立100周年庆祝活动期间湛江市信访安保工作先进个人	湛江市信访工作联席会议
陈华明	遂溪县信访局	中国共产党成立100周年庆祝活动期间湛江市信访安保工作先进个人	湛江市信访工作联席会议
苏　进	河头镇人民政府	中国共产党成立100周年庆祝活动期间湛江市信访维稳安保工作先进个人	湛江市信访工作联系会议办公室
陈康保	遂溪县工业园区管理委员会	湛江市2020年度产业园区发展先进个人	湛江市产业园区建设管理工作领导小组办公室
朱　璇	遂溪县人民法院	个人2020年度三等功	湛江市中级人民法院
郑光武	遂溪县人民法院	个人2020年度三等功	湛江市中级人民法院
莫伟勤	遂溪县人民法院	2020年度个人专项三等功	湛江市中级人民法院
郑光武	遂溪县人民法院	2020—2021湛江市优秀共青团干部	共青团湛江市委员会
黄佼佼	遂溪县人民法院	2020—2021湛江市优秀共青团员	共青团湛江市委员会
龙沛贤	遂溪县人民法院	2020—2021湛江市优秀共青团员	共青团湛江市委员会
黄石养	遂溪县人民法院	湛江市政法战线英雄模范	湛江市委政法队伍教育整顿办公室
吴建峰	遂溪县人民法院	湛江市政法工作先进个人	湛江市委政法队伍教育整顿办公室
陈春燕	共青团遂溪县委员会	2019—2020年湛江共青团整治软弱涣散基层组织三年行动“命脉工程”工作优秀个人	共青团湛江市委员会
周远声	遂溪县科学技术协会	2021年度湛江市科普工作先进个人	湛江市科学技术协会
陈仲彦	遂溪县科学技术协会	2021年度湛江市科普工作先进个人	湛江市科学技术协会
梁李兴	乌塘镇人民政府	乡村振兴先进个人	湛江市农业农村局
苏　太	遂溪县总工会	2020年度湛江市脱贫攻坚先进工作者	湛江市扶贫开发领导小组
陈良文	遂溪县公安局	个人三等功	湛江市公安局
袁天赐	遂溪县公安局指挥中心	个人三等功	湛江市公安局
容　帆	遂溪县公安局反诈中心	个人三等功	湛江市公安局

续（表8）

姓名	工作单位	荣誉称号	授予单位
邵剑星	遂溪县公安局国保大队	个人三等功	湛江市公安局
李增翔	遂溪县公安局经侦大队	个人三等功	湛江市公安局
郑达峯	遂溪县公安局附城派出所	个人三等功	湛江市公安局
王汉谋	遂溪县公安局治安大队	个人三等功	湛江市公安局
杨　锋	遂溪县公安局交警大队	个人三等功	湛江市公安局
孔祥勉	遂溪县看守所	个人三等功	湛江市公安局
林文亮	遂溪县公安局遂城派出所	个人三等功	湛江市公安局
钟达航	遂溪县公安局城东派出所	个人三等功	湛江市公安局
郑　强	遂溪县公安局沙古派出所	个人三等功	湛江市公安局
林书铁	遂溪县公安局河头派出所	个人三等功	湛江市公安局
李剑锋	遂溪县公安局岭北派出所	个人三等功	湛江市公安局
韩　盛	遂溪县公安局塘口派出所	个人三等功	湛江市公安局
李　昌	遂溪县公安局强制隔离戒毒所	个人三等功	湛江市公安局
陈建中	遂溪县公安局刑侦大队	个人三等功	湛江市公安局
曹智敏	遂溪县公安局治安大队	个人三等功	湛江市公安局
凌志华	遂城第四小学	湛江市名校长工作室主持人	湛江市教育局
王志建	遂城第十小学	湛江市名校长工作室主持人	湛江市教育局
庞彩虹	遂溪县教育局教研室	湛江市名教师工作室主持人	湛江市教育局
陈丽丽	遂溪县教育局教研室	湛江市名教师工作室主持人	湛江市教育局
王　钦	遂城第四小学	湛江市名教师工作室主持人	湛江市教育局
曾　凤	遂城第一小学	湛江市名教师工作室主持人	湛江市教育局
陈秋跃	遂溪县教育局教研室	湛江市名教师工作室主持人	湛江市教育局
李海艳	遂溪县第一中学	湛江市名教师工作室主持人	湛江市教育局
庄立勋	遂溪县第一中学	湛江市名班主任工作室主持人	湛江市教育局
黄成书	遂溪县第三中学	湛江市名班主任工作室主持人	湛江市教育局
欧天养	遂溪县第一中学	湛江市优秀教师	湛江市教育局

续（表8）

姓名	工作单位	荣誉称号	授予单位
陈成文	遂溪县第一中学	湛江市优秀教师	湛江市教育局
陈小冰	遂溪县第一中学	湛江市优秀教师	湛江市教育局
陈丽萍	遂溪县第一中学	湛江市优秀教师	湛江市教育局
麦景娣	遂溪县大成中学	湛江市优秀教师	湛江市教育局
罗碧梅	遂溪县大成中学	湛江市优秀教师	湛江市教育局
黄秋波	遂溪县大成中学	湛江市优秀教师	湛江市教育局
陈秋永	遂溪县第三中学	湛江市优秀教师	湛江市教育局
黄成书	遂溪县第三中学	湛江市优秀教师	湛江市教育局
郑玉桂	遂溪县第三中学	湛江市优秀教师	湛江市教育局
庞忠连	遂溪县职业技术学校	湛江市优秀教师	湛江市教育局
林　能	黄学增纪念中学	湛江市优秀教师	湛江市教育局
杨静妹	黄学增纪念中学	湛江市优秀教师	湛江市教育局
蔡　军	遂溪县教师发展中心	湛江市优秀教师	湛江市教育局
何　柳	遂城第二初级中学	湛江市优秀教师	湛江市教育局
周丽锦	遂溪县大成初级中学	湛江市优秀教师	湛江市教育局
冯春华	遂城第一小学	湛江市优秀教师	湛江市教育局
黎伟英	遂城第四小学	湛江市优秀教师	湛江市教育局
李晓燕	遂城第八小学	湛江市优秀教师	湛江市教育局
陈汉冲	河头中学	湛江市优秀教师	湛江市教育局
欧瑜圣	杨柑中学	湛江市优秀教师	湛江市教育局
陈燕英	附城初中	湛江市优秀教师	湛江市教育局
麦华娇	港门初中	湛江市优秀教师	湛江市教育局
唐娱常	乐民初中	湛江市优秀教师	湛江市教育局
何静波	杨柑镇中心小学	湛江市优秀教师	湛江市教育局
陈晓霞	港门镇中心小学	湛江市优秀教师	湛江市教育局
杨日娣	界炮镇赤伦小学	湛江市优秀教师	湛江市教育局
戴华清	城月镇竹叶塘小学	湛江市优秀教师	湛江市教育局
邓东雅	乌塘镇后发小学	湛江市优秀教师	湛江市教育局

续（表8）

姓名	工作单位	荣誉称号	授予单位
邓海英	遂溪县第一幼儿园	湛江市优秀教师	湛江市教育局
罗国荣	遂溪县第二幼儿园	湛江市优秀教师	湛江市教育局
陈雪清	北坡镇中心幼儿园	湛江市优秀教师	湛江市教育局
袁舒婷	遂溪县大成中学	湛江市优秀教师	湛江市教育局
庞秀丹	岭北初级中学	湛江市优秀教师	湛江市教育局
林婷婷	遂溪县大成中学	湛江市优秀班主任	湛江市教育局
陈勇志	遂溪县第一中学	湛江市优秀班主任	湛江市教育局
杨珍慧	遂溪县第一中学	湛江市优秀班主任	湛江市教育局
曹　燕	遂溪县第三中学	湛江市优秀班主任	湛江市教育局
施鸿景	黄学增纪念中学	湛江市优秀班主任	湛江市教育局
陈怡君	大成初级中学	湛江市优秀班主任	湛江市教育局
劳　珍	遂城第二小学	湛江市优秀班主任	湛江市教育局
庞　军	附城初级中学	湛江市优秀班主任	湛江市教育局
陈南海	西溪初级中学	湛江市优秀班主任	湛江市教育局
朱其华	沙古中心小学	湛江市优秀班主任	湛江市教育局
沈惠琼	遂城镇榄罗小学	湛江市优秀班主任	湛江市教育局
周小桃	遂溪县第二幼儿园	湛江市优秀班主任	湛江市教育局
廖堪文	遂溪县第一中学	湛江市优秀教育工作者	湛江市教育局
陈秋跃	遂溪县教育局教研室	湛江市优秀教育工作者	湛江市教育局
张景良	遂溪县特殊教育学校	湛江市优秀教育工作者	湛江市教育局
郑　伍	遂城第三小学	湛江市优秀教育工作者	湛江市教育局
庄立勋	遂溪县第一中学	湛江市2020—2021学年度考务工作积极分子	湛江市招生委员会 湛江市教育局
李鹏程	黄学增纪念中学	湛江市2020—2021学年度考务工作积极分子	湛江市招生委员会 湛江市教育局
徐梦龙	遂溪县教育局	湛江市2020—2021学年度考务工作积极分子	湛江市招生委员会 湛江市教育局
梁燕娟	遂溪县大成中学	湛江市2020—2021学年度考务工作积极分子	湛江市招生委员会 湛江市教育局
朱远扬	遂溪县第三中学	湛江市2020—2021学年度考务工作积极分子	湛江市招生委员会 湛江市教育局

续（表8）

姓名	工作单位	荣誉称号	授予单位
李湛荣	湛江幼儿师范专科学校	湛江市教育系统优秀教师	湛江市教育局
全卫贞	湛江幼儿师范专科学校	湛江市教育系统优秀教师	湛江市教育局
王文诚	湛江幼儿师范专科学校	湛江市教育系统优秀教师	湛江市教育局
郑　民	湛江幼儿师范专科学校	湛江市教育系统优秀教师	湛江市教育局
邓双全	湛江幼儿师范专科学校	湛江市教育系统优秀班主任	湛江市教育局
朱源湖	湛江幼儿师范专科学校	湛江市教育系统优秀班主任	湛江市教育局
欧宗耀	湛江幼儿师范专科学校	湛江市教育系统优秀教育工作者	湛江市教育局
梁小娟	湛江幼儿师范专科学校	优秀共产党员	中共湛江市委教育工作委员会
梁盛龙	湛江幼儿师范专科学校	优秀共产党员	中共湛江市委教育工作委员会
樊永华	湛江幼儿师范专科学校	优秀共产党员	中共湛江市委教育工作委员会
全卫贞	湛江幼儿师范专科学校	优秀共产党员	中共湛江市委教育工作委员会
杨越明	湛江幼儿师范专科学校	优秀共产党员	中共湛江市委教育工作委员会
全文贵	湛江幼儿师范专科学校	优秀党务工作者	中共湛江市委教育工作委员会
黎　明	湛江幼儿师范专科学校	优秀党务工作者	中共湛江市委教育工作委员会
关　冰	湛江幼儿师范专科学校	优秀党务工作者	中共湛江市委教育工作委员会
胡国伟	湛江幼儿师范专科学校	优秀党务工作者	中共湛江市委教育工作委员会
蔡　军	遂溪县教师发展中心	2021年湛江市教育系统优秀教师	湛江市教育局
陈华永	遂溪县教师发展中心	2021年度湛江开放大学系统优秀校领导	湛江开放大学
郑华强	遂溪县教师发展中心	2021年度湛江开放大学系统优秀教师	湛江开放大学
庞开富	遂溪县教师发展中心	2021年度湛江开放大学系统优秀教师	湛江开放大学
樊桂明	遂溪县教师发展中心	2021年度湛江开放大学系统优秀教师	湛江开放大学
陈　新	遂溪县教师发展中心	2021年度湛江开放大学系统优秀班主任	湛江开放大学
李一梅	遂溪县教师发展中心	2021年度湛江开放大学系统优秀班主任	湛江开放大学
蔡　辉	遂溪县教师发展中心	2021年度湛江开放大学系统先进教育工作者	湛江开放大学
陈　峭	遂溪县教师发展中心	2021年度湛江开放大学系统先进教育工作者	湛江开放大学

续（表 8）

姓名	工作单位	荣誉称号	授予单位
卜　永	遂溪县教师发展中心	2021 年度湛江开放大学系统先进教育工作者	湛江开放大学
吴亚玲	遂溪县大成中学	湛江市中学生“民族团结一家亲”主题征文比赛优秀指导老师	湛江市教育局
陈晓慧	遂溪县大成中学	2021 年湛江市中小学艺术展演优秀指导教师	湛江市教育局
罗晓霞	遂溪县大成中学	2021 年湛江市中小学艺术展演优秀指导教师	湛江市教育局
李艳蕾	遂溪县大成中学	第一届鸟类观察自然笔记大赛优秀指导老师	深圳市红树林湿地保护基金会
黄凤婵	遂溪县大成中学	第一届鸟类观察自然笔记大赛优秀指导老师	深圳市红树林湿地保护基金会
林木英	遂溪县大成中学	第一届鸟类观察自然笔记大赛优秀指导老师	深圳市红树林湿地保护基金会
许惠连	遂溪县大成中学	第一届鸟类观察自然笔记大赛优秀指导老师	深圳市红树林湿地保护基金会
许丽梅	遂溪县大成中学	第一届鸟类观察自然笔记大赛优秀指导老师	深圳市红树林湿地保护基金会
陈宇妍	遂溪县第三中学	2021 年湛江市“童心向党”歌咏比赛中学组二等奖指导老师	湛江市教育局
甄彩虹	遂溪县第三中学	2021 年湛江市“童心向党”歌咏比赛中学组二等奖指导老师	湛江市教育局
叶小华	遂溪县第三中学	2021 年湛江市“童心向党”歌咏比赛中学组二等奖指导老师	湛江市教育局
陈子忠	遂溪县第三中学	湛江市 2020—2021 学年度国家教育统一考试监考工作积极分子	湛江市教育局
戴荣智	遂溪县第三中学	湛江市 2020—2021 学年度国家教育统一考试监考工作积极分子	湛江市教育局
甄彩虹	遂溪县第三中学	湛江市 2020—2021 学年度国家教育统一考试监考工作积极分子	湛江市教育局
甘亚娇	遂溪县人民医院	湛江市好医生	湛江市医师协会
杨家明	遂溪县人民医院	湛江市好医生	湛江市医师协会
叶　兵	遂溪县中医院	湛江市抗击新冠肺炎疫情先进个人	中共湛江市委员会、湛江市人民政府
江传远	遂溪县中医院	2020 年度湛江市脱贫攻坚先进工作者	湛江市扶贫开发领导小组
梁小霞	遂溪县中医院	优秀护士	湛江市护理学会

续（表8）

姓名	工作单位	荣誉称号	授予单位
罗小荣	遂溪县中医院	优秀护士长	湛江市护理学会
陈全盛	遂溪县中医院	湛江好医生	湛江市医师协会
李　明	中国人民银行遂溪县支行	中国人民银行湛江市中心支行优秀党务工作者	中国人民银行湛江市中心支行工会工作委员会
全秀丽	中国人民银行遂溪县支行	中国人民银行湛江市中心支行优秀共产党员	中国人民银行湛江市中心支行工会工作委员会
陈美如	中国人民银行遂溪县支行	中国人民银行湛江市中心支行优秀共产党员	中国人民银行湛江市中心支行工会工作委员会
雷广平	湛江市住房公积金管理中心遂溪办事处	2021年度管理服务工作先进个人	湛江市住房公积金管理中心
雷广平	湛江市住房公积金管理中心遂溪办事处	2021年度学习积极分子	湛江市住房公积金管理中心
雷广平	湛江市住房公积金管理中心遂溪办事处	2021年度优秀信息员	湛江市住房公积金管理中心
杨运萍	广东省广前糖业发展有限公司	2020—2021年度湛江市青年岗位能手	共青团湛江市委员会
林东连	遂溪县个体劳动者协会界炮分会党支部	湛江市个私协会系统推进“小个专”党建工作先进个人	湛江市个体劳动者私营企业协会
罗明秋	杨柑镇人民政府	湛江市关心下一代工作者	湛江市关心下一代工作委员会
林益炳	中共遂溪县纪律检查委员会、遂溪县监察委员会	湛江市纪检监察系统“我是纪检人我为党加分”微视频大赛一等奖	中共湛江市纪律检查委员会 湛江市监察委员会
郑日强	遂溪县农业农村局	《红土乡音　党史故事——雷州方言讲党史微故事》大赛三等奖	中共湛江市委员会网信办、中共湛江市党史研究室、湛江市老区建设促进会、湛江市广播电视台经济频率
吕爱莲	港门镇货湖村委会	湛江市百姓微宣讲决赛金奖	湛江市委宣传部
何子为	洋青镇人民政府	作品《遂溪县洋青镇人大代表用路灯“照亮”民心》获第十四届湛江人大新闻奖（报刊新闻类）三等奖	湛江市人大常委会办公室 湛江市新闻工作者协会
张　遥	遂溪县人民法院	作品《管制与自治：村民委员会处分村集体财产的合同效力判断规则》入选《法治湛江》杂志	法治湛江杂志社
盛艳培	遂溪县人民法院	作品《基层法院认罪认罚案件量刑分歧解决机制研究——以Z市S县人民法院为样本》入选《法治湛江》杂志	法治湛江杂志社
蔡景恩	遂溪县人民法院	作品《从原告穆某诉被告汪某、穆某海一案看〈民法典〉居住权的设立制度》入选《法治湛江》杂志	法治湛江杂志社
谢景玲	中共遂溪县委党校	湛江市党校系统“庆祝中国共产党成立100周年”理论研讨会征文一等奖	中共湛江市委员会党校

续（表 8）

姓名	工作单位	荣誉称号	授予单位
黄景平	中共遂溪县委党校	湛江市党校系统“庆祝中国共产党成立100周年”理论研讨会征文三等奖	中共湛江市委员会党校
劳　芸	中共遂溪县委党校	“玫瑰书香”湛江市女职工主题阅读线上活动征文类优秀奖	湛江市总工会女职工委员会
黄毅娟	中共遂溪县委党校	“玫瑰书香”湛江市女职工主题阅读线上活动征文类优秀奖	湛江市总工会女职工委员会
莫汝娜	遂溪县第三中学	2021 年“玫瑰书香”征文比赛优秀奖	湛江市总工会
黄楚莹	遂溪县第三中学	2021 年“玫瑰书香”征文比赛三等奖	湛江市总工会
苏文茂	中国人民银行遂溪县支行	2021 年湛江市金融系统“青春心向党，金融勇担当”金融系统青年理论知识竞赛二等奖	中国人民银行湛江市中心支行 湛江市金融系统青年联合会 湛江市金融文学艺术联合会
黄丹瑜	中国人民银行遂溪县支行	2021 年湛江市金融系统“青春心向党，金融勇担当”金融系统青年理论知识竞赛三等奖	中国人民银行湛江市中心支行 湛江市金融系统青年联合会 湛江市金融文学艺术联合会
陈芷茜	中国人民银行遂溪县支行	“学党史　强信念　跟党走”演讲比赛活动优秀奖	中国人民银行湛江市中心支行
苏文茂	中国人民银行遂溪县支行	2021 年广东省金融消费者权益保护工作技能竞赛湛江赛区决赛二等奖	中国人民银行湛江市中心支行
陈美如	中国人民银行遂溪县支行	2020 年度青年课题暨青年论坛活动优秀奖	中国共产主义青年团中国人民银行湛江市中心支行委员会
黄丹瑜	中国人民银行遂溪县支行	2020 年度青年课题暨青年论坛活动优秀奖	中国共产主义青年团中国人民银行湛江市中心支行委员会
陈丽珊	中国人民银行遂溪县支行	2020 年度青年课题暨青年论坛活动优秀奖	中国共产主义青年团中国人民银行湛江市中心支行委员会
苏文茂	中国人民银行遂溪县支行	2020 年度青年课题暨青年论坛活动优秀奖	中国共产主义青年团中国人民银行湛江市中心支行委员会
伍建玲	遂溪县人民医院	“静彩非凡，等你开讲”演讲竞赛二等奖	湛江市护理学会
李景涛	遂溪县人民医院	“静彩非凡，等你开讲”演讲竞赛三等奖	湛江市护理学会
苏　进	中共河头镇委员会	中国共产党成立100周年庆祝活动期间湛江市信访维稳安保工作先进个人	湛江市信访工作联系会议办公室
黄厚坚	中国农业银行遂溪支行	2021 年湛江分行优秀共产党员	中共中国农业银行湛江分行
陈土连	中国农业银行遂溪支行	2021 年湛江分行优秀共产党员	中共中国农业银行湛江分行
李文军	中国农业银行遂溪支行	2021 年湛江分行优秀共产党员	中共中国农业银行湛江分行
邓晓鹏	中国农业银行遂溪支行	2021 年湛江分行优秀共产党员	中共中国农业银行湛江分行

续（表8）

姓名	工作单位	荣誉称号	授予单位
李德胜	中国农业银行遂溪支行	2021年湛江分行优秀共产党员	中共中国农业银行湛江分行
梁　益	中国农业银行遂溪支行	2021年湛江分行优秀党务工作者	中共中国农业银行湛江分行
黄雅山	中国农业银行遂溪支行	中国农业银行湛江分行“党旗在基层一线高高飘扬”主题征文一等奖	中国农业银行湛江分行
梁　益	中国农业银行遂溪支行	中国农业银行湛江分行“党旗在基层一线高高飘扬”主题征文三等奖	中国农业银行湛江分行
黄厚坚	中国农业银行遂溪支行	2020年度湛江分行先进工作者	中国农业银行湛江分行
肖翠琳	中国农业银行遂溪支行	2020年度湛江分行先进工作者	中国农业银行湛江分行
陈丽梅	中国农业银行遂溪支行	2020年度湛江分行先进工作者	中国农业银行湛江分行
张秋连	中国农业银行遂溪支行	2020年度湛江分行先进工作者	中国农业银行湛江分行
庞丽华	中国农业银行遂溪支行	2020年度湛江分行先进工作者	中国农业银行湛江分行
陈丽梅	中国农业银行遂溪支行	2020年度湛江分行十佳客户经理	中国农业银行湛江分行
张盈盈	中国农业银行遂溪支行	2020年度湛江分行文明服务十佳标兵	中国农业银行湛江分行
黄厚坚	中国农业银行遂溪支行	2020年度湛江分行个人存款营销能手	中国农业银行湛江分行
黎　明	中国农业银行遂溪支行	2020年度湛江分行对公存款营销能手	中国农业银行湛江分行
曹晓红	中国农业银行遂溪支行	2020年度湛江分行财富管理先进个人	中国农业银行湛江分行
黄厚坚	中国农业银行遂溪支行	2020年度湛江分行对公扩户提质先进个人	中国农业银行湛江分行
肖翠琳	中国农业银行遂溪支行	2020年度湛江分行十佳运营主管	中国农业银行湛江分行
詹　媚	中国农业银行遂溪支行	2020年度湛江分行十佳运营主管	中国农业银行湛江分行
张秋连	中国农业银行遂溪支行	2020年度湛江分行优秀柜员	中国农业银行湛江分行
黄少红	中国农业银行遂溪支行	2020年度湛江分行优秀柜员	中国农业银行湛江分行
郑　卫	中国农业银行遂溪支行	2020年度湛江分行优秀柜员	中国农业银行湛江分行
麦景娣	遂溪县大成中学	湛江市班主任能力大赛一等奖	湛江市教育局
李春丽	遂溪县大成初级中学	湛江市班主任能力大赛二等奖	湛江市教育局
朱晓芳	港门镇中心小学	湛江市班主任能力大赛三等奖	湛江市教育局
陈怡君	遂溪县大成初级中学	湛江市“同上一节党史课”百节课例征集活动初中组一等奖	湛江市教育局
杨增丽	遂溪县大成中学	湛江市“同上一节党史课”百节课例征集活动高中组一等奖	湛江市教育局

续（表8）

姓名	工作单位	荣誉称号	授予单位
招小琼	遂城第二小学	湛江市“同上一节党史课”百节课例征集活动小学组一等奖	湛江市教育局
郑永俊	遂溪县第一中学	湛江市“同上一节党史课”百节课例征集活动高中组二等奖	湛江市教育局
赵丽华	遂城第二中学	湛江市“同上一节党史课”百节课例征集活动初中组三等奖	湛江市教育局
戴荣智	遂溪县第三中学	湛江市“同上一节党史课”百节课例征集活动高中组三等奖	湛江市教育局
彭理富	岭北初级中学	湛江市“同上一节党史课”百节课例征集活动初中组三等奖	湛江市教育局
王玉纯	遂城第四小学	湛江市“同上一节党史课”百节课例征集活动小学组三等奖	湛江市教育局
黄柳贤	遂城第六小学	湛江市“同上一节党史课”百节课例征集活动小学组三等奖	湛江市教育局
董开业	遂溪县大成中学	2020年遂溪县中小学幼儿园优秀论文评选二等奖	湛江市教育局
麦劲伟	遂溪县大成中学	2020年遂溪县中小学幼儿园优秀论文评选二等奖	湛江市教育局
欧彩明	遂溪县大成中学	2021年“玫瑰书香”湛江市女职工主题阅读活动征文类优秀奖	湛江市总工会女职工委员会
霍洁婷	遂溪县大成中学	2022年“玫瑰书香”湛江市女职工主题阅读活动征文类优秀奖	湛江市总工会女职工委员会
霍洁婷	遂溪县大成中学	2023年“玫瑰书香”湛江市女职工主题阅读活动摄影类优秀奖	湛江市总工会女职工委员会
麦　穗	遂溪县人民法院	作品《书法·楷书》入选“庆祝中国共产党成立100周年暨湛江市第四届女书法画家艺术作品展”	湛江市女书法家协会
麦　穗	遂溪县人民法院	作品入选“永远跟党走”——湛江市书法作品展	湛江市书法家协会
孔文静	遂溪县大成中学	2021年湛江市中小学科技劳动教育实践活动指导老师一等奖	湛江市教育局
徐　连	遂溪县大成中学	2021年湛江市中小学科技劳动教育实践活动指导老师一、三等奖	湛江市教育局
李燕玲	遂溪县大成中学	2021年湛江市中小学科技劳动教育实践活动指导老师二、三等奖	湛江市教育局
黄洁怡	遂溪县大成中学	湛江市教育“双融双创”2021年教师教育教学信息化交流活动（课件）二、三等奖	湛江市教育局
李燕玲	遂溪县大成中学	2021年湛江市中小学信息技术学科教师论文评比三等奖	湛江市教育局

续（表8）

姓名	工作单位	荣誉称号	授予单位
袁　妮	遂溪县大成中学	2021年湛江市中小学实验教学说课活动高中生物组三等奖	湛江市教育局
徐金生	遂溪县大成中学	2021年湛江市中小学实验精品课遴选活动高中生物组三等奖	湛江市教育局
梁月清	遂溪县大成中学	2021年湛江市中小学实验精品课遴选活动高中生物组三等奖	湛江市教育局
黄洁怡	遂溪县大成中学	2021年湛江市中小学实验精品课遴选活动高中化学组三等奖	湛江市教育局
蓝海清	遂溪县大成中学	2021年湛江市中小学实验精品课遴选活动高中物理组三等奖	湛江市教育局
戚华冲	遂溪县大成中学	2021年湛江市中小学实验精品课遴选活动高中物理组三等奖	湛江市教育局
朱伟强	遂溪县大成中学	2021年湛江市中小学实验精品课遴选活动高中生物组二等奖	湛江市教育局
赵卫国	遂溪县大成中学	2021年湛江市中小学实验精品课遴选活动高中化学组二等奖	湛江市教育局
黄有慧	遂溪县大成中学	2021年湛江市中小学实验精品课遴选活动高中化学组二等奖	湛江市教育局
梁　波	遂溪县大成中学	2021年湛江市中小学实验精品课遴选活动高中物理组一等奖	湛江市教育局
麦劲伟	遂溪县大成中学	获2021年湛江市首届美育教师教学基本功比赛美术类中小学组二等奖	湛江市教育局
董开业	遂溪县大成中学	2021年湛江市首届美育教师教学基本功比赛书法类中小学组二等奖	湛江市教育局
黄美霞	遂溪县第一中学	湛江市青年教师教学能力大赛一等奖	湛江市教育局
王永威	遂溪县第一中学	湛江市青年教师教学能力大赛一等奖	湛江市教育局
李宇英	遂溪县第一中学	湛江市青年教师教学能力大赛一等奖	湛江市教育局
刘丽英	遂溪县第一中学	湛江市青年教师教学能力大赛一等奖	湛江市教育局
白金华	遂溪县第一中学	湛江市青年教师教学能力大赛一等奖	湛江市教育局
李金娃	遂溪县第一中学	湛江市青年教师教学能力大赛一等奖	湛江市教育局
谢日进	遂溪县第一中学	湛江市青年教师教学能力大赛二等奖	湛江市教育局
方杏蕴	遂溪县第一中学	湛江市青年教师教学能力大赛二等奖	湛江市教育局
梁燕清	遂溪县第一中学	湛江市青年教师教学能力大赛二等奖	湛江市教育局
陈　碧	遂溪县第一中学	湛江市青年教师教学能力大赛二等奖	湛江市教育局

经济社会统计资料

2021年遂溪县国民经济和社会发展统计公报

遂溪县统计局

2021年以来，全县认真贯彻落实上级决策部署，坚持稳中求进工作总基调，科学统筹疫情防控和经济社会发展，扎实做好“六稳”“六保”工作，国民经济持续恢复，发展预期目标较好完成。

一、综合

经湛江市统计局统一核算，2021年全县实现地区生产总值415.48亿元，按可比价计算，同比增长2.3%。其中，第一产业增加值141.55亿元，比上年增长10%，对地区生产总值增长的贡献率为3.6%；第二产业增加值90.08亿元，增长9.3%，对地区生产总值增长的贡献率为3.0%；第三产业增加值182.86亿元，增长7.6%，对地区生产总值增长的贡献率为2.2%。三次产业结构比重为34.1∶21.9∶44.0。人均地区生产总值50301元，增长9.1%。

全县年末户籍人口112.47万人。其中，城镇户籍人口34.19万人，农村户籍人口78.28万人。

全年地方一般公共预算收入9.31亿元，下降8.1%。其中，税收收入4.99亿元，增长16.8%。全年一般公共预算支出4.79亿元，下降19.8%。全年民生类支出40.84亿元，占一般公共预算比重85.31%。

年末城镇新增就业3859人，失业再就业2309人，登记失业率2.08%，低于3.5%的控制目标。

二、农林牧渔业

全年完成农林牧渔业总产值233.96亿元，比上年增长12.6%。其中，种植业产值113.51亿元，增长10.2%；林业产值4.42亿元，增长4.6%；畜牧业产值50.66亿元，增长23.4%；渔业产值57.95亿元，增长9.9%；农林牧渔服务业产值7.42亿元，增长15.2%。

全年粮食总播种面积70.16万亩，比上年增长3.0%；甘蔗种植面积67.08万亩，下降8.3%；油料作物种植面积21.80万亩，增长3.2%；蔬菜及食用菌种植面积41.44万亩，增长5.8%。园林水果20.44万亩，增长31.2%。

全年粮食产量24.68万吨，比上年增长2.2%；甘蔗产量437.08万吨，下降7.8%；油料作物产量6.11万吨，增长7.5%；蔬菜及食用菌产量99.29万吨，增长7.1%；园林水果产量45.01万吨，增长43.0%。

全年猪牛羊禽肉产量11.78万吨，比上年增长19.3%。其中，猪肉产量7.24万吨，增长38.8%；禽肉产量4.27万吨，下降2.8%；奶类产量0.65万吨，下降7.6%；天然蜂蜜产量130吨，下降3.0%；禽蛋产量0.80万吨，增长1.4%。

全年育苗面积0.30万亩，增长13.0%；造林面积5.97万亩，比上年增长4.0%；木材采运量36.38万立方米，增长8.1%。

全年全县水产品总产量36.04万吨，增长4.0%。其中，海水产品34.21万吨，增长4.1%；淡水产品1.83万吨，增长2.4%。

三、工业和建筑业

2021年，全部工业增加值比上年增长7.4%。全县规模以上工业企业102家，有49家工业企业产值超亿元。规模以上工业增加值28.76亿元，增长10.5%。其中，国有及国有控股企业下降5.9%；民营企业增长17.8%；外商及港澳台投资企业增长15.5%；股份制企业增长11.4%。分轻重工业看，轻工业增长11.9%，重工业增长12.1%。分企业规模看，中型企业增长32.5%，小型企业增长5.9%。

全年全社会建筑业增加值24.97亿元，比上年增长15.6%。全年具有资质等级的建筑企业14个。

四、服务业

全年批发和零售业增加值29.29亿元，比上年增长9.8%；住宿和餐饮业增加值7.18亿元，同比增长11.7%；金融业增加值13.07亿元，同比增长2.3%；房地产业增加值37.30亿元，同比增长5.8%。

全年规模以上服务业企业实现营业收入6.2亿元，比上年增长7.3%；利润总额9739万元，增长21.3%。

全年交通运输、仓储和邮政业实现增加值17.10亿元，比上年增长15.1%。

五、固定资产投资

全年完成固定资产投资98.49亿元，比上年增长16.6%。其中，项目投资67.69亿元，增长15.4%；房地产投资30.80亿元，增长19.3%。

全年商品房销售面积50.62万平方米，下降9.6%；商品房销售额30.85亿元，下降9.1%。

六、国内贸易

全社会消费品零售总额141.31亿元，增长9.4%。分行业看，批发业销售额增长13.0%；零售业销售额增长24.4%；住宿业营业额增长15.1%；餐饮业营业额增长22.4%。

七、对外贸易

2021全县完成货物进出口总额约22.9亿元，同比下降4.6%。其中，出口14.8亿元，同比下降17.7%；进口8.1亿元，同比增长34.1%。实际利用外资为420万元，完成进度8.4%。

八、金融

全年实现金融业增加值13.07亿元，增长2.3%，年末全县金融机构存款余额324.97亿元，增长4.8%。其中，居民储蓄存款余额264.12亿元，增长8.6%；金融机构贷款余额181.26亿元，增长17.9%。

九、教育和科技

全县共有各级各类学校586所。其中，完全中学1所，高级中学2所，职业学校1所，初级中学37所（其中九年一贯制学校8所），小学271所（其中完全小学205所，教学点66所），特殊教育学校1所，幼儿园273所（公办幼儿园112所，民办幼儿园161所）。全县各类学校在校生共有166363人，其中高中学生11826人（其中女生5914人），职业技术学校学生882人，初中学生30434人（其中女生14387人），小学学生81677人（其中女生38637人），在园幼儿41404人（其中女生19383人），特殊教育学校学生140人。基础教育教职员工12532人（其中女教职工8783人）。全年新增高新技术企业15家、总数44家，2家企业成功揭榜市“揭榜挂帅”制人才团队项目，累计获省市认定高新技术产品154个。

十、文化、旅游、卫生和体育

年内启动建设县文化中心、文化馆、镇级综合文化站分别达国家、省二级馆（站）或以上标准，出版发行《遂溪人物志》。

遂溪醒狮之乡历史文化游径入选省第一批历史文化游径名单，“孔子文化城—螺岗岭—螺岗小镇”入选省森林旅游特色线路，“螺岗小镇”获评国家AAA级旅游景区。文旅体消费提质升级，孔子文化城、螺岗小镇分获省科普教育基地、省乡村民宿示范点，全年旅游人数116.4万人次，旅游收入14.3亿元。

年末，全县共有各类医疗卫

生机构484个。其中，医院11个，基层医疗卫生机构464个［卫生院15个，村卫生站335个，诊所（含门诊部）112个，卫生室2个］，专业公共卫生机构5个（卫生监督所、疾控中心、慢病站、妇幼保健院、皮防院），1家中小学保健所，1家计划生育服务站，2家血液透析中心。各类医疗机构拥有床位3469张；执业医师1350人，注册护士1970人。疫情防控持续保持“零感染”，全人群全程接种覆盖率超过72%。

大力发展体育竞技，广泛开展全民健身活动，提升国民身体素质。太极拳全民健身硕果累累，遂溪县入选省民间文化艺术之乡，龙湾龙狮团获评全国群众体育先进单位。

十一、人民生活和社会保障

年末全县居民人均可支配收入24003元，比上年增长10.1%。其中，城镇居民可支配收入28454元，增长9.8%；农村居民可支配收入21596元，增长10.8%。

年末基本医疗保险参保人数94.96万人，其中居民参保886498人，先后获评省市严重精神障碍管理治疗工作先进县。

十二、环境保护

全县功能区噪声、道路交通噪声、区域环境噪声均符合相关标准要求，大气中二氧化硫、二氧化氮、可吸入颗粒物年日平均值均达到国家《环境空气质量标准》（GB 3095—2012）二级标准；饮用水水源水质达标率为100%，地表水水质达到国家《地表水环境质量标准》（GB 3838—2002）Ⅲ类以上标准。建成国内首个以生物质能为主题的环境教育基地。遂溪河罗屋田断面水质持续改善，农村生活污水收集率、处理率分别达90.8%、83.3%，高位池尾水处理设施建设建成率、集中式饮用水水源地水质达标率实现“两个100%”，畜禽养殖粪污综合利用率达97.5%。加强大气污染物排放管控，公交车电动化率达80%，环境空气质量优良率达98%。

公报注释：

1. 公报中2021年数据为初步统计数。

2. 地区生产总值、相关行业产值、增加值绝对数按现行价计算，增长速度按可比价计算。

3.2018年地区生产总值根据第四次全国经济普查结果进行修订，农业相关历史数据根据第三次农业普查结果进行修订。

表9 居民人均可支配收入表

指标	2020年		2021年	
	总量	增速（%）	总量	增速（%）
居民人均可支配收入（元）	21803.6	9.1	24003.0	10.1
其中：城镇常住居民人均可支配收入	25922.2	8.2	28454.0	9.8
农村常住居民人均可支配收入	19483.8	9.3	21596.0	10.8

表 10　居民消费价格指数表

指　标	2020 年		2021 年	
	上年同月=100	上年同期=100	上年同月=100	上年同期=100
一、居民消费价格总指数（%）	100.0	102.1	100.2	100.6
（一）食品烟酒	100.0	108.3	99.0	99.2
粮食	102.7	101.1	98.1	99.8
鲜菜	104.6	104.6	106.7	102.3
畜肉类	95.5	144.1	77.7	82.7
水产品	102.2	102.7	101.6	102.9
蛋类	92.5	95.9	103.6	102.6
在外餐饮	104.4	102.8	100.6	103.4
（二）衣着	109.9	98.2	93.7	102.1
（三）居住	97.8	97.1	101.7	100.7
（四）生活用品及服务	99.0	99.4	99.3	99.6
（五）交通和通信	95.9	96.1	104.5	103.6
（六）教育文化和娱乐	102.6	102.5	102.3	103.7
教育	103.4	103.9	101.5	103.8
（七）医疗保健	101.3	102.1	99.2	100.2
（八）其他用品和服务	101.9	103.8	97.4	96.4
二、服务项目价格指数（%）	100.0	99.4	100.3	100.7
三、商品零售价格指数（%）	98.8	100.7	101.9	101.8

注：本表数据来源国家统计局湛江调查队

表 11　2021 年各镇主要经济指标汇总表

单位：万元

镇	生产总值		农业总产值		工业增加值		固定资产投资		公共财政收入	
	绝对数	增长（%）	绝对数	增长（%）	绝对数	增长（%）	绝对数	增长（%）	绝对数	增长（%）
遂城	1020932	10.7	237625	13.9	154015	10.5	542525	8.3	35387	8.1
黄略	427929	11.0	162634	6.9	83257	18.0	22356	11.0	4102	70.3
岭北	285232	14.8	78881	6.9	121155	26.5	67877	43.1	4537	11.4
杨柑	311599	9.8	182119	12.1	24952	-18.2	40034	26.3	1050	-1.4
城月	597884	14.3	119151	14.9	42792	29.5	61691	27.9	2449	17.8
洋青	305784	11.5	145990	10.3	56542	10.8	30850	4.9	1595	15.3
建新	95407	9.2	46800	7.7	3839	-7.7	56200	358.6	412	15.1
北坡	207198	9.8	123558	12.5	7432	-9.7	27910	4.2	925	-8.1
草潭	257731	9.8	167702	9.2	3988	2.2	29925	8.5	211	6.6
河头	189442	9.8	61047	10.8	8301	15.0	29710	3.6	517	-22.6
乌塘	88986	9.1	52342	9.7	745	-56.1	7398	0.4	241	25.5
界炮	230874	10.4	134078	10.5	3802	-27.5	20553	17.3	194	54.0
港门	171068	10.6	139982	16.0	13149	86.0	12460	3.0	139	-74.6
乐民	142968	9.7	91826	9.2	2275	2.2	18702	3.9	391	-9.9
江洪	123132	9.3	119539	9.5	217	-86.7	16712	1.2	62	-31.9

表 12　2021 年遂溪县农林牧渔业总产值、中间消耗结果表

单位：万元

指标名称	代码	本年	结构	上年	结构	发展速度（%）	可比价	本年消耗率（%）	上年消耗率（%）	全年合计
农林牧渔业产值	1	2303768.29	100.00	2110575	100.00	110.64	2335153.00			2339618.00
农业产值	2	1095786.32	47.56	1035309	49.05	106.45	1102094.92			1135095.00
林业产值	3	43091.85	1.87	38611	1.83	100.96	38981.97			44173.00
牧业产值	4	475715.73	20.65	492803	23.35	121.68	599651.61			506646.00
渔业产值	5	614970.38	26.69	479454	22.72	108.63	520809.43			579503.00
农林牧渔专业及辅助性活动产值	6	74204.00	3.22	64398	3.05	114.31	73615.08			74204.00
农林牧渔业中间消耗	7	853729.09	100.00	791079	100.00			37.06	37.48	871381.13
农业中间消耗	8	338269.24	39.62	320645	40.53			30.87	30.97	351549.67
林业中间消耗	9	11044.44	1.29	9933	1.26			25.63	25.73	11363.87
牧业中间消耗	10	245374.17	28.74	254690	32.2			51.58	51.68	261844.33
渔业中间消耗	11	215424.12	25.23	167959	21.23			35.03	35.03	203007.47
农林牧渔专业及辅助性活动中间消耗	12	43617.11	5.11	37852	4.78			58.78	58.78	43615.79

文献选编

乘势而上　跨越发展　奋力打造湛江市域副中心城市

——2022年3月25日在中共遂溪县委十四届四次全会上的报告

中共遂溪县委员会书记　骆华庆

同志们：

现在，我代表县委常委会向大会作报告，请予审议。

一、回顾2021年，我们在建党100周年的重要历史时刻取得了令人振奋的新成绩

过去一年，是党和国家历史上具有里程碑意义、必将载入史册的一年，也是遂溪发展定位和综合实力大幅提升的一年。我们深入学习贯彻习近平新时代中国特色社会主义思想和习近平总书记对广东系列重要讲话精神、重要指示批示精神，深入落实省委、省政府“1+1+9”工作部署，全面贯彻市委“三化三大”发展理念，全面实施“1+3+6”行动计划，湛遂同城化发展取得重要突破；我们讴歌党的百年光辉历程，赓续传承红色基因；我们喜迎十九届六中全会胜利召开，感悟初心、汲取力量；我们铭记决战决胜脱贫攻坚、全面建成小康社会彪炳史册的人间奇迹，感恩奋进、笃定前行；我们统筹疫情防控和经济社会发展，圆满完成各项目标任务，经济社会发展取得了显著成效。

（一）我们悟思想、办实事，党史学习教育走深走实

将党史学习教育活动作为贯穿全年的重大政治任务抓紧抓实，教育引导全县党员干部学党史、悟思想、办实事、开新局。全面落实“第一议题”制度，深入学习贯彻习近平总书记系列重要讲话特别是“七一”重要讲话精神、十九届六中全会精神，全年累计召开县委常委会（扩大）会议46次、县委理论学习中心组学习会11次，全县各级党组织召开理论学习中心组学习会1000多场。举办庆祝建党百年系列活动8943场，创作红色主题文艺作品1755个。精心打造下洋东征革命史馆等一批党史教育阵地。扎实开展“我为群众办实事”实践活动，截至今年2月，完成民生实事项目257项，县四套班子认领实施完成重点民生项目75个。通过“学思悟行”全面发力，全县党员经受了一场全面深刻的政治教育、思想淬炼和精神洗礼，各级党组织的创造力、凝聚力、战斗力显著提升。

（二）我们聚合力、克时艰，疫情防控有力有效

坚持“外防输入、内防反弹”总策略和“动态清零”总方针不动摇，把握“物理隔离＋闭

环管理＋人物环境同防”三个关键，加强隔离场所管理，严格管控重点场所、重点环节，切实加大对“三非人员”、走私货物等打击力度，保持“三人小组”高效运转，强化重点地区来遂返遂人员排查管理。持续推进新冠疫苗大规模接种，全县累计接种疫苗125.41万剂次。开展新冠疫情应急处置演练和大规模核酸筛查演练，着力加强核酸检测与大筛查能力、医疗救治队伍建设、应急物资储备体系建设等，牢牢守住“四无”战果。

（三）我们抓项目、兴产业，经济发展稳中向好

经济发展呈现新亮点。2021年，全县地区生产总值415.5亿元，同比增长8.8%，增速排名全市第二，规模以上工业增加值28.76亿元，增长10.5%，连续4年保持双位数增长。居民人均可支配收入达24003元，增长10.1%。实施重点项目挂图作战，重大工业产业项目达产增效计划考核排名全市第二。产业集聚效应持续凸显，形成九大支柱产业体系，集聚天地壹号、海螺水泥、五洲药业等一批各行业支柱龙头企业。产业发展迸发新活力，坚持创新驱动，搭建“研究院所＋企业研发机构”创新平台，建立专精特新培育库，涌现出恒润机械、汇通等一批行业“单打冠军”。粤西最大电商产业园落户遂溪，电商产业新业态新模式发展势头强劲。

产业发展取得新突破。全县新增规模以上工业企业17家，任务指标完成率位列全市第一，立足本县优势特色产业，聚焦“大项目—产业链—产业集聚”思路，成功打造百亿元级农副食品加工产业。工业园区提质增效明显，规划建设北潭港工业园，初步形成“一园六区”发展新格局，推进配套基础设施建设，提升园区项目承载能力。

农业农村凸显新成就。全县农林牧渔业总产值234亿元，增长12.6%，增速排名全市第二。积极引导农村土地经营权规范有序流转，累计流转土地64.16万亩，占耕地总面积的51%。粮食生产实现面积、产量“双增”。特色农业加快发展，火龙果、生猪省级现代产业园带动特色农业产业集群加速形成，成功创建遂溪火龙果省级特色农产品优势区，湛江市深海网箱养殖优势产区产业园基本建成。香蕉国际大数据中心建设加快推进，农业数字化初见成效。传统农业加速转型升级，新增3个全国名特优新农产品，成功创建1家国家级、3家省级水产健康养殖和生态养殖示范区。

营商环境展现新气象。农产品“12221”市场体系建设成效显著，荣获广东荔枝“12221”市场体系建设“我为荔农办实事”优秀政务服务奖。招商引资成效显著，全年签约优质项目20个，签约额61.12亿元，超额完成招商项目签约额和到位资金年度任务。政务服务交出优秀答卷，大力推进审批服务“三集中、三到位”，助推企业、群众线下办事实现“只进一扇门”，在2021年湛江市“四个全面”绩效考核中营商环境专项考核得分排名全市第二。

全域旅游擦亮新品牌。全年旅游接待人数116.4万人次，增长21.12%；旅游收入14.3亿元，增长8.4%。深挖红色旅游资源，精心打造下洋东征革命史馆、孔子文化城“红色文化之路”等红色主题景点，开发推出遂溪南路革命、粤桂边革命发源地休闲旅游线路等红色“游学路线”。打造区域特色文化品牌，长寿文化、醒狮文化、儒家文化、滨海文化等旅游特色品牌日益凸显，入选2021—2023年度“广东省民间文化艺术之乡”，“遂溪醒狮”成为响亮名片走向全世界。

（四）我们强治理、提品质，城乡风貌显著提升

城镇建设特色彰显。立足打造市域副中心城市崭新定位，紧扣“一核三区”工作思路寻求突破，挖掘“滨海城镇”发展建设进位优势。以“创建省文明城市”为重点目标，重拳整治城市“脏乱差”现象，城市卫生面貌得到明显改善。国道重点路段及县城城区已完成路灯改造建设，群众夜间安全出行条件有力改善。滨河新区建设已现雏形，滨海新区城市规划加紧编制，北部湾旅游新区开发稳步推进。

乡村振兴成效凸显。谋实谋细巩固拓展脱贫攻坚成果同乡村振兴工作有效衔接，着力补短板、强弱项，坚决守牢不发生规

模性返贫底线，建立健全返贫监测、扶贫资产管理、驻镇帮镇扶村等相关工作机制，持续推进“广东扶贫济困日”活动，全面深化新一轮遂融协作。乡村振兴战略加速推进，下洋村、墩文村成为全市基层党建引领乡村振兴典型。率先在下洋等村探索推进“数字+”乡村治理模式，官湖村、高明村、布政村3个特色乡村已顺利通过市级验收，遂城镇官湖村荣获市首届美丽乡村电视大赛一等奖。乡村建设迈出坚实步伐。在省农村人居环境整治三年行动检查验收中获评“优秀”等次，2001个自然村基本完成人居环境基础整治任务。农村无害化卫生户厕基本普及，自然村集中供水实现全覆盖，建制村及自然村100%实现水泥路连通。

生态建设佳绩再显。建成国内首个以生物质能为主题的环境教育基地，抓实遂溪河罗屋田省考断面水质达标攻坚各项工作，开展饮用水水源保护区定界立标和水质监测工作，确保饮用水水源地水质稳定达标。1817条自然村建成污水管网、1667条自然村建成污水处理设施终端，大幅提高自然村雨污分流管网收集率。空气质量优良天数比例达98%，北坡、岭北、杨柑被评为“广东省卫生镇”。

（五）我们强基础、惠民生，社会事业蓬勃发展

我们始终心怀“国之大者”，牢记江山就是人民、人民就是江山，用心用情保障和改善民生。

社会事业繁荣发展。全面实施“县管校聘”，实行全县教师“一盘棋”管理。高考中考成绩刷出新纪录，中考县（市）总分平均分连续两年居五县（市）第一，遂溪一中教育质量实现新的跃升。深入推进文化惠民，村级综合性文化服务中心建设覆盖率达100%。进一步推进敬老院公建民营改革，社会事务、慈善福利事业各项工作有序开展。

社会治理步履不停。持续推进安全生产专项整治三年行动，深化推进事故预防“减量控大”工作，常态化开展扫黑除恶斗争，持续加大对电信网络诈骗等网络犯罪的打击治理力度。全面加强和规范镇村综治信访维稳中心建设，平安建设暨推进市域社会治理现代化试点工作取得新成效。2021年，全县刑事案件立案数同比下降10.6%，全县重大刑事治安案件、重大群体性事件零发生。

（六）我们转作风、勇担当，党的建设全面加强

牢牢抓住党建“牛鼻子”，严格执行省委坚决落实“两个维护”十项制度机制。顺利完成县、镇、村三级领导班子换届工作，大力实施新一轮基层党建三年行动计划，深化拓展“基层党建+”工作，乐民镇墩文村纳入全国红色美丽乡村先行试点。建立健全“一站多区+全域性乡村振兴人才驿站”建设模式，在今年1月24日市委人才工作会议上作为全市唯一县、市、区代表作交流发言。驰而不息正风肃纪反腐，精准运用“四种形态”严管厚爱各级干部。在全市率先实现9件自办追逃案件全部清零。扎实做好省委巡视反馈问题整改，高质量有序推进巡察工作。县委老干部局荣获“全国老干部工作先进集体”称号。精神文明再上台阶，意识形态责任制全面落实，保密工作规范化标准化水平进一步提高。坚持和加强党的全面领导，积极支持人大依法监督、政府依法行政、政协民主监督、司法机关公正司法，不断巩固和发展爱国统一战线，大力支持各人民团体、各民主党派和工商联开展工作，认真贯彻落实党的民族宗教政策。党管武装以及各部门工作都取得新的进步。

同志们，我们以思想破冰引领发展突围，我们以规范治理引领改革攻坚，我们以扩大开放引领开拓创新。艰难方显勇毅，磨砺始得玉成，这些成绩的取得，是市委、市政府正确领导的结果，是全县上下团结拼搏的结果，是各民主党派及工商联、社会各界大力支持的结果。在此，我代表县委向为遂溪振兴发展付出心血和汗水的全县干部群众、社会各界人士，表示衷心的感谢！

我们深深体会到：只有坚持党建引领，才能实施“大美遂溪”宏伟蓝图！只有坚持厚植民心，才能凝聚“筑梦遂溪”磅礴力量！只有坚持创新发展，才能成就“腾飞遂溪”破茧而出！

与此同时，我们也要清醒看到工作中的不足，主要是：发

展的质量和效益还不够高，产业发展支撑功能不强，经济总量偏小，发展内生动力不强；发展不平衡问题仍然突出，县域经济基础较为薄弱，农村经济社会发展仍然比较滞后；主城区基础设施老化，难以承载城市化发展需求；对外开放水平不高，外贸进出口企业少，与海南对接合作还有待加强；乡村振兴任务艰巨，农村治理任务繁重。

二、深入学习贯彻党的十九届六中全会精神，从党的百年奋斗历程中汲取智慧和力量，以更加昂扬的姿态奋进新征程、建功新时代

深刻把握“两个确立”的决定性意义，更加坚定自觉地把做到“两个维护”落到实际行动上。我们党确立了以习近平同志为党中央的核心、全党的核心地位；确立了习近平新时代中国特色社会主义思想的指导地位；反映了全党、全军、全国各族人民共同心愿。对新时代党和国家事业发展、对推进中华民族伟大复兴历史进程具有决定性意义。我们要坚定拥护和维护习近平总书记的核心地位，在中华民族伟大复兴战略全局和世界百年未有之大变局深度演进互动的复杂条件下，坚持正确前进方向、乘风破浪不迷航，把握发展规律，运用科学世界观和方法论谋划事业发展、应对风险挑战，为中华民族伟大复兴光明前景贡献力量。

深刻把握习近平新时代中国特色社会主义思想的真理伟力，坚持不懈用以武装头脑、指导实践、推动工作。思想就是力量，一个民族要走在时代前列，就一刻不能没有理论思维，一刻不能没有思想指引。习近平新时代中国特色社会主义思想，是党的十八大以来实践经验的集中总结，是改革开放 40 多年、新中国成立 70 多年、中国共产党成立 100 年来历史经验的深刻凝练，既是在新时代伟大斗争中锻造，又在指导新时代的伟大实践中彰显出磅礴伟力，广大党员、干部要抓住感悟思想伟力这个首要，进一步学懂、弄通、做实习近平新时代中国特色社会主义思想，进一步用马克思主义中国化最新成果把全党武装起来、凝聚起来。

深刻把握党的百年奋斗的历史意义和历史经验，在新征程上把遂溪发展路子走对、走实、走好。准确把握遂溪面临的新形势新挑战，保持定力办好自己的事，以打造湛江市域副中心城市为奋斗目标，深入推进“1+3+6”行动计划，以大交通大数据“两个+”串联遂溪全盘规划，全面激活“1+1>2”的叠加效应，推动遂溪发挥比较优势，坚持在发展中保障和改善民生，奋力走出一条体现中央精神、顺应时代趋势、切合遂溪实际的现代化建设之路。

深刻把握习近平总书记、党中央向全党发出的以史为鉴、开创未来的伟大号召，更好肩负起新时代赋予遂溪的使命任务。党员干部要树立“一枝一叶总关情”的人民情怀，将学习成效转化为干事创业的强大动能，体现到解决人民群众“急难愁盼”问题上，推出一批实招硬招、政策举措、项目工程，把实事办好、把好事办实，切实增强人民群众的获得感、幸福感、安全感。把贯彻落实十九届六中全会精神同落实“十四五”规划重点任务结合起来，同破解经济社会发展难题、推动高质量发展结合起来，同全面加强党的建设、增强党组织创造力、凝聚力、战斗力结合起来，以“功成不必在我”的精神境界、“功成必定有我”的责任担当，推动遂溪在社会主义现代化建设新征程上迈出更加坚实的步伐。

三、展望 2022 年，奋力在湛遂同城化新征程上展现新作为、干出新气象

2022 年是党的二十大和省第十三次党代会召开之年，也是深入实施“十四五”规划的关键之年，做好全年工作责任重大、使命光荣。我们要坚持以习近平新时代中国特色社会主义思想为指导，全面贯彻落实党的十九大和十九届历次全会及中央经济工作会议精神，深入贯彻习近平总书记对广东系列重要讲话和重要指示批示精神，弘扬伟大建党精神，坚持稳字当头、稳中求进，立足新发展阶段，完整、准确、全面贯彻新发展理念，积极融入新发展格局，推动高质量发展，坚持统筹疫情防控和经济社会发展，坚持统筹发展和安全，认真落实省委、省政府“1+1+9”工作部署，践行市委“三化三大”

发展理念，深入推进“1+3+6”行动计划，谋好做实“三个协同”“四个对接”，推动实现湛遂同城化发展、建设湛江市域副中心城市迈出更加坚实的步伐。

（一）坚持不懈破难题促发展，加快释放经济动能

因势而谋，才能顺势而为。越是形势复杂挑战严峻，越要从当前的困难中跳出来，抬头看大局、放眼望长远。要把遂溪地理区位优势、自然资源禀赋、三产基础等发展潜力转变为现实生产力，坚持把发展全县经济的着力点放在实体经济上，加快推动全县经济工业化、生态化、数字化融合，实现工业经济高质量发展。以农业发展为基础、以工业建设为抓手、以现代服务业提质为方向，引导企业创新产品和服务供给模式，着力打通生产、分配、流通、消费各个环节，逐步构建县内循环、对外开放的新发展格局。

推动产业换挡提速。农业上要紧跟“规模、高价、品牌、绿色”四大发展趋势，深挖遂溪农业发展活力，加快发展现代农业。坚持以农业园区建设为载体，以数字农业、电商产业为抓手，积极培育区域特色优势产业集群，打造遂溪“农海产品区域公用品牌”。更加注重质量安全、资源环境、科技创新，以深化农村改革创新为动力，着力强化农业物质技术支撑，进一步推进农产品“12221”市场体系建设。探索“公司连基地，基地带农户”的产业发展路子，支持打造“一县多园、一镇一业、一村一品”现代农业产业体系。大力培育新型农业经营主体，健全农业专业化社会化服务体系，发展一批省市级示范家庭农场和农民专业合作社。持之以恒把农业支柱产业做大、把农副产品品质做优、把农业龙头企业做强。实施“农业+”战略，深化农业与精深加工、旅游、电商、康养等一、二、三产业融合发展，推动产业链、价值链、供应链整合重构，提升农产品质量及附加值。工业上要加快构建现代产业体系，强力推进产业基础高级化、产业链现代化。大力培育产业集群，以数字化赋能产业转型升级，加快实现产业规模化发展。支持农海产品加工业稳步发展、建材产业技术不断升级，推动天地壹号、正大集团、统实集团等链主企业加快延链、补链、强链，打造海螺集团、华润集团、鱼峰水泥等一批建材龙头企业。要紧抓“健康中国”战略契机，大力培育发展战略性新兴产业。重点发展医疗医药、疫情防控应急等生物医药产业，支持逢春制药、汇通公司、五洲药业做大做强，发展遂溪特色大健康产业。坚持创新引领，盯紧装备制造业、现代物流业和新能源领域，提高先进材料和装备制造两个产业耦合协同发展能力，培育新的经济增长点。对标粤港澳大湾区先进制造业重点领域和海南自由贸易港重点产业，积极对接中建材，推进屋顶分布式光伏开发试点工作，建成一批风电、光伏发电项目，大力发展新能源产业。旅游业上主动融入雷州半岛滨海旅游产业带，以打造江洪镇文旅项目为核心，布局建设西海岸购物中心、曲水湾、阳光沙滩、度假公寓、湿地公园、沙滩越野赛车基地等功能区域，形成独特的“商业+娱乐+文化+旅游+生态”全域旅游格局，提升区域旅游品牌影响力。大力发展“红情绿意蓝韵古韵”全域旅游，以“八大美景”“十大文旅潜力景点”“最佳自驾游目的地”为四梁八柱，结合遂溪醒狮文化、民俗文化开展研学旅游，聚焦资源整合、元素融合、模式创新，重点推动孔子文化城创建国家AAAA级旅游景区，激活全县旅游活力，争创省全域旅游示范区。

专业化精准化招商引资。加快内连外通基础设施建设，打造高水平产业发展平台，建设大型产业集聚区，引进大项目、培育大产业，提高遂溪招商引资的“高度”和“速度”。一是依托主导产业推进产业招商。密切关注国家产业政策和资金投入导向，围绕智慧产业园整体定位，以工业化、生态化、数字化发展理念统筹规划六大园区，加快推动洋青、岭北、城月工业园区扩容增效及白坭坡、燕子窝工业园区提质改造，实现传统产业和新兴产业精准定位、差异发展、协同推进，切实发挥产业园区集聚效能。对标粤港澳大湾区先进制造业重点领域及海南自由贸易港

重点产业，引进一批税收贡献高、科技含量高、产业关联度高的项目，推进产业集聚发展。二是坚持不懈招大引强。加强项目谋划、招引、落地和推进，实现一盘棋谋划、一体化推进。继续加强与中国能源建设集团、中国文化传媒集团等重点企业对接力度。强化招商项目要素保障，全力推动我县急需引进的高新项目、投资额大且具有龙头带动性的重大项目招引落地。三是持续优化营商环境。加快实现由“招商引资”向“招商选资”的转变，推进各项政务服务改革优化，简化服务事项申请、受理、审查、决定、送达等流程，进一步完善遂溪县投资审批绿色通道服务站运行机制。以更高要求打好服务“组合拳”，不断提升政务服务水平，改善投资软环境，实现招商工作一办到位、一帮到底。以更精准的招商方向、更有力的招商举措、更专业的招商队伍统筹做好招商工作，把招商与优化产业结构、推进经济增长方式转变结合起来。主动迈入国际化合作，积极实现与海南跨域合作，把握湛江建设综合保税区战略契机，大力发展食品加工和冷链仓储等产业，以香蕉贸易为支点谋划搭建RCEP国际交易平台。

（二）持之以恒推进城乡融合，构建协同发展新格局

深入推进“一核三区”建设。聚焦打造湛江市域副中心城市，完善区域空间布局，谋定“主城区强芯提质＋三个新区联动开发”发展思路，以“两河三岸”扩容提质项目为抓手，扎实推进新城建设与旧城提升，加快建成省级城乡融合发展示范区、湛江市域副中心城市。一是推进主城区强芯提质。加快完善城市功能布局和城市生产生活配套服务设施，重点推进国道228连接线和国道228、207线穿城路段改线工程，拓宽城市发展空间。有序推进城镇老旧小区改造提升，修缮一批、亮化一批、新建一批城市设施，加强城区排污排水管道建设、疏通，逐步补齐公共服务短板。运用县城地标开展城市建设，以城市环境塑造阐述深层次的城市历史和集体记忆，带动人民参与到文明城市创造中去，整体提升城市功能品质。二是扎实推进滨河新区建设。加快完善城市功能布局和城市生产生活配套服务设施，重点推进遂溪大道今年上半年和湛江大道同步建成通车，加快构建湛遂半小时交通圈；推进大型商住项目建设，规划建设县第二中学、体育中心、科技馆、五星级酒店等，布局以县中医院为核心中医药康养和休闲养老产业，打造高品质公共服务体系，大力提升城市吸引力和承载力。三是加快建设滨海新区。以城产一体、城景联动和打造全产业链模式为主攻方向，与市区规划、交通、项目、服务功能、城市管理精准对接，实现线路共组、要素共建、品牌共塑、客源互动，推动产业升级，稳步推动片区项目开发和配套设施建设，积极打造产城人文融合滨海新城。四是全力打造北部湾旅游新区。整合滨海旅游资源，推进旅游基础设施和配套服务体系建设，重点规划建设西城快线，国、省道545线里光至港门段改建工程，大力配合推进广东滨海旅游公路建设，打通交通脉络，推动北部湾沿海镇直达市区。

统筹推进新型城镇化进程。抢抓城乡融合发展省级试点县契机，支持城月、北坡、杨柑等中心镇建设，加快推动实现差异化、集约化发展。以科技赋能焕发城市“新颜”，对接市区“智慧城市”管理规划，集约建设“城市智能综合体”，依托全省一体化数字政府基础底座，基于湛江市政务云平台、政务网、政务大数据中心等基础设施，打造一网统管应用体系，实现县、镇、村三级治理资源集中整合，线上线下协调联动，跨部门、跨层级、跨区域一体运行，实现县领域“一网感知态势、一网纵观全局、一网决策指挥、一网协同共治”。

持续推进乡村全面振兴。围绕“产业兴旺、生态宜居、乡风文明、治理有效、生活富裕”总要求，牢牢守住保障国家粮食安全和不发生规模性返贫两条底线，扎实做好乡村发展、乡村建设、乡村治理重点工作。一是坚决守住不发生规模性返贫底线。全面加强扶贫资产管理，实现扶贫资金资产资源安全稳定、收益效益利益持续提升。健全防止返贫动态监测和帮扶机制，开展“百企兴百村”行动，

重点推动实现“五项提升”。二是全力保障粮食安全。严守耕地保护红线和粮食安全底线，推进撂荒耕地复耕复种，提升高标准农田建设标准和质量。抓紧推进遂溪地方粮食中心储备库项目建设，深入开展粮食产量和价格调研，按时保质完成储备粮轮换购销工作。强化“12325”粮食流通监管、粮食质量安全监测监管，整治消除粮食行业安全隐患。持续做好军粮供应工作。进一步加强粮食市场监测，构建粮食安全生产工作长效机制。三是深入推进乡村建设。接续实施农村人居环境整治提升五年行动，深化“千村示范、万村整治”行动。完善农村公共基础设施建设，加快农村生活污水处理设施及配套管网建设。因地制宜、梯次推进特色精品村和红色示范村建设，实施乡村风貌带建设工程，连片连线建设美丽乡村。深入开展“四小园”建设，启动“五美”专项行动。四是推动农村一、二、三产业融合发展。大力发展数字农业和高效农业，提高农业质量效益和竞争力。深化农业供给侧结构性改革，引导更多资源要素向农产品加工业聚集，推动特色优势农产品精深加工、特色加工，培育优势特色产业集群。着力打造乡村“微旅游”模式，实现从观光式旅游向体验式旅游转变。持续深耕电商农业，推动冷链物流服务网络向农村延伸。五是着力提升乡村治理效能。健全党组织领导的自治、法治、德治相结合的乡村治理体系，持续排查整顿软弱涣散村党组织，发挥驻村第一书记和工作队抓党建促乡村振兴作用。推动“数字+”与乡村治理融合。充分用好“四议两公开”工作法，规范完善新时代文明实践示范所（站）建设，有效发挥村规民约、家庭家教家风作用，积极培育文明乡风。加强农村法治宣传教育，切实维护农村社会平安稳定。

加快推进生态建设步伐。坚定走生产发展、生活富裕、生态良好的文明发展道路，解决经济发展与自然资源、生态环境之间的矛盾关系，走出一条可持续高质量发展之路。全面做好大气污染综合防治。以保护水资源、防治水污染、改善水环境、修复水生态为主要任务，深入推进遂溪境内河流、水库污染治理，加快遂溪河罗屋田省考断面环境问题整改落实，确保县级以上集中式饮用水水源地水质100%达标，维护好群众饮水安全。调整高能耗高排放的经济结构和能源结构，继续推进环保基础设施建设，推动同畅环保科技船舶废物处理中心、湛江市综合利用多循环环保等重点项目建成投产见效，构建低碳循环的产业体系、激励约束并举的生态文明制度体系、政府企业公众共治体系，实现城市绿色发展和经济转型的长远变革、深度变革。推进海洋生态和湿地保护修复。提炼“红树林之城”精神内核，擦亮“红树林之城”文化名片，讲好“红树林之城”共建故事，保护好、利用好、发展好红树林，推动红树林资源可持续发展。

（三）坚定不移增进民生福祉，用心答好民生考卷

持续抓好疫情防控。坚持“外防输入、内防反弹”总策略和“动态清零”总方针不动摇，慎终如始抓好各项防控措施，坚决守住来之不易的疫情防控成果。扎紧扎牢反走私反偷渡、国际邮件快件、进口冷链三道防线，持续强化重点人群、重点场所、重点领域的疫情防控和医疗保障。及时更新完善应急预案，扎实开展疫情防控应急处置演练，进一步提高核酸检测、医疗救治、物资储备等能力，加快储备集中隔离场所，牢牢把握应急处置主动权。千方百计提高接种覆盖率，实现应接尽接，切实筑牢群体免疫屏障。

更好统筹安全和发展。全面贯彻落实总体国家安全观，以做好党的二十大安保维稳工作为主线，深入推进平安遂溪、法治遂溪建设，坚决维护国家安全和社会大局平安稳定。强化网络舆情治理，防范化解各类政治安全风险隐患。建立完善常态化工作机制，推动扫黑除恶常态化，打好“春风利剑”专项行动开局战，坚决防范和打击“新型网络诈骗”“黄赌毒”“食药环”等违法犯罪。扎实开展矛盾纠纷排查化解攻坚战，切实解决群众“急难愁盼”的问题，不断增强人民群众安全感。坚持和发展新时代

"枫桥经验"，坚持以项目化管理推进基层社会治理，推进"一村一（辅）警"全覆盖，全面夯实市域社会治理现代基层基础，努力打造具有遂溪特色的社会治理品牌。深化科技赋能，稳步推进"雪亮工程"和智能执法办案中心建设，提高社会治理科学化、精细化、智能化水平。完善应急管理系统，持续开展安全生产专项整治三年行动，积极推动县应急救援基地建设，坚决遏制重特大安全事故发生，建设更高水平的平安遂溪、法治遂溪。

提高社会保障水平。有序推进县人民医院、县中医院、县妇幼保健院整体搬迁升级建设项目，争取尽早建成并投入使用。深化公立医院综合改革，建立健全现代医院管理制度，推进中医传承创新发展、"互联网＋医疗健康"建设，构建优质高效的医疗服务体系。加快推进县域医共体建设，全面提升医疗技术水平和医疗服务质量，力争县人民医院达到三级综合医院水平、县第二人民医院达到二级综合医院水平。强化卫生健康行业综合监管，优化完善公共卫生服务体系，健全与民生幸福活力区功能定位相匹配的公共卫生服务体系，提升辖区公共卫生安全保障能力和应对突发重大公共卫生事件水平。

优化社会事业品级。全面实施《遂溪县教育发展"十四五"规划》，深入实施省市推动教育高质量发展行动方案，加强与广州黄埔区教育帮扶工作，全面提高教育教学质量。完善评价监测机制，建立更加科学公正的考试评价制度。全面改善办学条件，推动各级教育高水平高质量发展。在完成"5080"的基础上加快学前教育发展，有效保障特殊群体教育，有序推进遂城十三小项目建设。推进广东省"新强师工程"，建设高素质专业化教师队伍，加强师德师风建设。全面提升教育信息化应用水平，健全现代化教育治理体系。大力发展文化事业，积极打造具有遂溪本地民俗、地域、历史特色的群众性文化活动品牌。扎实推进高校毕业生就业促进计划和创业引领计划，深入实施"粤菜师傅""广东技工""南粤家政"三项工程，加快推进"农村电商""乡村工匠"培训工程。持续提高就业质量和居民收入水平，完善特殊困难群体的兜底保障制度。

四、加强党的建设，推动全面从严治党向纵深发展

求木之长者，必固其根本。办好遂溪的事，关键在党，关键在党要管党、全面从严治党，要坚定以伟大自我革命引领伟大社会革命，为推动遂溪高质量发展提供坚强政治保证。

（一）坚定不移加强政治建设

始终把党的政治建设摆在首位，深刻把握"两个确立"的决定性意义，进一步树牢"四个意识"，坚定"四个自信"，做到"两个维护"。持续深入学习贯彻习近平新时代中国特色社会主义思想，巩固拓展党史学习教育成果。进一步严明政治纪律和政治规矩，严守"五个必须"，严查"七个有之"，严格执行省委坚决落实"两个维护"十项制度机制，切实把总书记、党中央集中统一领导落实到遂溪工作的方方面面、里里外外。全面落实意识形态工作责任制，积极稳妥推进网络舆论生态治理，守好守牢意识形态安全"南大门"。

（二）党建引领基层治理效能提升

通过强化党建引领凝聚发展合力，把组织优势转化为项目推进优势。持续推进新一轮基层党建三年行动计划，完善上下贯通、执行有力的组织体系。要推进以"金点子"示范镇街、红色村、乡村振兴示范村为支点的示范带建设，推动"整镇推进、整县提升"；要深化城市基层党建"整区提升、示范引领"行动，积极开展模范机关建设，巩固拓展"两张网""双同步"工作成果。建立县、镇、村三级党组织书记责任清单，织密建强农村基层组织体系，强化农村党组织领导核心地位，以小切口推动大变化。锻造全面过硬党员干部队伍，深入实施党员先锋工程，加强农村基层骨干队伍建设，开展重点项目建立联合党委工作试点，着力提高"城市治理单元"和"一线战斗单元"能力。

（三）扎实推进新时代干部和人才队伍建设

要源源不断培养选拔德才兼

备、忠诚干净担当的高素质专业化干部，加强分析研判，跟踪掌握换届后领导班子运行情况，重点关注班子成员的岗位要求匹配度、干部群众认可度，强化能力提升。坚持“一盘棋”思维，全方位、多渠道了解干部，拓宽选人用人视野，促进干部资源整体优化配置。加强优秀年轻干部培养储备，建立持续发现、动态补充的长效机制，有计划地在重大任务一线、重大斗争前沿、吃劲要紧岗位“墩苗”。对女干部、党外干部要系统规划、长远培养。坚持严管厚爱激励干部担当作为，用好用活职级晋升政策。强化政治监督，深化选人用人专项检查。精准对接、“靶向”发力，大力引进生物医药、数字技术、高端制造、文旅商贸等领域人才。健全驿站管理制度及引才育才机制，构建“高校院所＋重大科技创新平台＋企业”全链条人才培养体系，聚焦产业布局优化人才布局，深入实施“海洋产业人才振兴计划”三年行动，积极拓展引才渠道，大力培养本土人才。

（四）持之以恒正风肃纪反腐

持续加固中央八项规定精神堤坝，驰而不息纠“四风”、树新风。保持反腐败高压态势，不断深化“室组地”协作模式，持续查处系统行业腐败问题，坚决整治发生在群众身边的不正之风和“微腐败”问题。贯彻巡视工作方针，推动新一届县委巡察工作高质量发展，推动省委巡视办专项检查反馈意见整改工作落实落细。坚持系统观念和整体思维，深化标本兼治，抓实新时代廉洁文化建设，一体推进不敢腐、不能腐、不想腐。构建形成以党内监督为主导、各种监督协调贯通的协同监督体系，突出加强对“一把手”和“关键少数”的监督，推动纪检监察体制改革优势更好转化为治理效能。

同志们，今日之遂溪，有可亲可敬的人民，有日新月异的发展，有赓续传承的事业。未来之遂溪，生机盎然、希望无限。遂溪振兴发展不是等得来、喊得来的，而是拼出来、干出来的。让我们更加紧密地团结在以习近平同志为核心的党中央周围，高举习近平新时代中国特色社会主义思想伟大旗帜，以伟大建党精神为引领，在省委、市委的坚强领导下，团结带领全县广大干部群众，蹄疾步稳建设湛江市域副中心城市，聚力推进遂溪跨越式发展，以新时代、新担当、新作为奋力谱写遂溪高质量发展新篇章，为加快与湛江市区同城化发展而努力奋斗，为湛江迈入全省第一方阵贡献遂溪力量，以优异成绩向党的二十大献礼！

遂溪县人民代表大会常务委员会工作报告

——2022年3月30日在遂溪县第十七届人民代表大会第二次会议上

遂溪县人大常委会主任　苏　琛

各位代表：

我受县人大常委会委托，向大会报告工作，请予审议，并请列席同志提出意见。

2021年工作回顾

一年来，县人大常委会在县委的坚强领导下，坚持以习近平新时代中国特色社会主义思想为指导，全面贯彻党的十九大、十九届历次全会以及中央人大工作会议精神，深入学习贯彻习近平法治思想、习近平总书记关于坚持和完善人民代表大会制度的重要思想，坚持党的领导、人民当家作主、依法治国有机统一，紧跟县委决策部署，紧贴人民群众对美好生活的期盼，紧扣建设市域副中心城市的目标要求，履职尽责作表率，担当作为促发展，人大各项工作取得新成效。

一、旗帜鲜明讲政治，政治引领作用更加彰显

县人大常委会自觉把政治建设摆在首位，坚定不移把坚持党的全面领导作为最高政治原则，确保人大工作正确方向。

始终强化理论武装。坚持落实“第一议题”制度，以开展党史学习教育为主线，把理论学习贯穿始终。全年开展党组理论学习中心组和常委会集体学习16次，全面学习党的十九届六中全会和习近平总书记“七一”重要讲话精神，系统学习中央和省委人大工作会议精神，深刻认识把握党的百年奋斗重大成就和历史经验，深刻领会“两个确立”的决定性意义，切实做到“两个维护”。

坚决落实县委决策。贯彻落实县第十四次党代会精神，把县委主张通过法定程序转化为全县人民的共同意志，作出决议决定36项，任命国家机关工作人员34人次，免去职务29人次。坚持重大事项向县委请示报告，全年向县委请示报告23次，确保人大工作与县委中心工作同频共振、同向发力。注重发挥人大常委会党组作用，高站位谋划推进决定、任免、监督、代表等工作，力促县委关于新时代人大工作的部署要求落地见效。

圆满完成换届选举。坚决贯彻各级换届选举部署，依法完成县镇两级人大换届选举工作。多层次培训，全过程指导，会同相关部门严把代表“入口关”、选举“组织关”和程序“监督关”，确保换届选举依法有序、风清气正。依法选举产生新一届市人大代表53名、县人大代表344名、镇人大代表1363名。

二、认真履行法定职责，监督工作实效更加精准

县人大常委会围绕全县工作大局，紧扣“1+3+6”行动计划，依法行使监督职权，听取审议工作报告33项，开展视察调研41次、执法检查3次，监督力度和实效进一步强化。

围绕全县重点工作开展监督。聚焦乡村振兴，配合省、市人大开展全面推进乡村振兴工作专题调研，开展现代农业产业园建设情况调研，推动巩固拓展脱贫攻坚成果与乡村振兴有效衔接。

聚焦优化营商环境，听取营商环境提升情况报告，落实减税降费政策，优化审批办理流程，营造更加优质的投资环境。聚焦守护碧水蓝天，听取环境状况和环境保护目标完成情况报告，调研视察遂溪河流域水质提升、污水处理设施建设运行情况，配合省、市人大开展固体废物污染环境防治法执法检查，督导环保工作整改落实情况，合力提升我县生态环境质量。

紧盯经济平稳运行开展监督。密切关注经济运行新态势，审查批准“十四五”规划和2035年远景目标纲要以及国民经济和社会发展计划执行、预算和预算执行调整、决算等报告，督促政府及有关部门积极应对财政经济运行中的问题，使财政收支结构更优。听取审议国有资产管理情况和审计查出突出问题整改情况报告。专题调研、听取审议生猪养殖产业、现代渔业发展情况，助力产业健康发展。对县财政局和县应急管理局开展工作评议。

着眼群众利益问题开展监督。把民生实事当作履职大事，首次实行县级民生实事项目人大代表票决制，并实现县镇人大票决制全覆盖。对人代会上票决的10件民生实事，做到明确责任，定期跟踪问效，运用调研、视察、测评等方式传导压力、激发动力，目前项目已完成9件，对未完成的遂城第十三小学新建项目继续跟踪监督。听取审议突发公共事件卫生应急体系建设情况报告。开展医疗保障基金筹集使用管理专题调研，回应人民群众医疗保障服务需求。

立足社会公平正义开展监督。坚持问题导向，对公共文化服务保障法、固体废物污染环境防治法、爱国卫生工作条例3部法律法规实施情况开展执法检查。听取审议“七五”普法决议贯彻落实情况报告。听取办理未成年人违法犯罪案件情况报告，推进做好未成年人犯罪综合治理和预防工作。首次听取审议县监委开展反腐败国际追逃追赃工作情况报告，推进人大监督程序化、制度化。听取审议县人民检察院贯彻落实认罪认罚从宽制度情况报告，强化适用认罪认罚从宽制度的责任和自觉。听取县人民法院开展环境资源保护审判工作情况报告，强化发挥好生态文明建设的司法保障作用。加强人大信访工作，全年共受理群众来信13件，接待群众来访28人次。

三、回应人民群众期盼，发挥代表作用更加充分

县人大常委会认真贯彻落实发展全过程人民民主的要求，坚持尊重代表、依靠代表、服务代表，使发挥人大代表作用成为人民当家作主的重要体现。

拓宽代表察民情、聚民智、惠民生渠道。坚持常委会组成人员联系代表制度，邀请代表列席县人大常委会会议167人次，推荐代表参加“一府一委两院”安排的调研、庭审、听证等活动175人次，为代表知情知政、依法履职创造条件。坚持代表联系群众制度，优化代表履职平台，升级15个中心联络站、182个村（社区）联络站建设，全年共有1260名人大代表进联络站接待群众2786人次，解决各类问题326个，发挥了“小站大作用”。

推进代表议案建议内容与办理双提质。建立议案建议提出前的沟通协调机制、集体审核把关机制，开展优秀议案建议评选表彰，对《关于加大力度解决镇干部公共租赁房建设的建议》等10件优秀建议进行表彰，议案建议质量明显提升。完善常委会领导牵头督办、各工委对口督办和人大代表全过程参与办理的工作体系。对洋青镇等10个先进办理单位进行表彰。县十六届人大七次会议期间代表提出的52件建议（含议案转建议）已办结，办结率100%，一批惠民举措得到落实。

开展主题活动推动解决难点堵点问题。扎实开展“更好发挥人大代表作用”主题活动，县四套班子人大代表带头进站、主动参与，在全市率先实现县级领导干部中的人大代表100%参加活动。骆华庆书记以人大代表身份到城月镇接待群众，群众提出改造城月镇朝阳路与城林大道交叉口逢雨必浸问题和城糖社区巷道硬底化建设问题都全部解决。城糖社区1693名群众实现了20多年的“修路梦”，并赠送了感谢信和锦旗。在主题日活动期间，700名代表进站接待群众1083人次，解决群众关心的难点堵点问题191个，得到群众的好评。

四、全面加强自身建设，依法履职能力更加夯实

扎实开展党史学习教育。按照中央部署和省、市、县委要求，认真组织开展专题学习、培训、红色现场教育和党课等系列活动，落实学习教育各项要求，举办“学党史、守初心、开新局”征文评选活动，开展“光荣在党50年”纪念章颁发和走访慰问老党员活动，深入推进“我为群众办实事”实践活动，推动解决安全饮水、教育、医疗等民生领域突出问题，做到学思用相结合。

加强人大新闻宣传工作。把握人大宣传舆论工作主动权，强化人大通讯员队伍建设和培训，定期通报信息报送采用情况，召开人大新闻宣传工作表彰会议，对先进集体和优秀通讯员进行表彰。抓好人大新闻采编工作，全年发布新闻信息910篇。其中，获省级媒体采用7篇、市级媒体采用97篇，获评“湛江人大新闻奖”二等奖2件、三等奖3件。县融媒体中心播出民生实事专题栏目7期，为推进我县新时代人大工作营造良好的舆论氛围。

坚持上下联动凝聚合力。坚持人大工作“一盘棋”思想，主动接受市人大常委会工作指导，积极配合开展履职活动。完善人大常委会领导挂点指导各镇人大工作制度，加强对镇人大工作特别是换届选举、例会和民生实事票决等工作的指导，定期召开县镇人大工作会议，提升县、镇两级人大依法履职能力。构建监督调研、代表履职上下协同机制，通过专项会议、履职培训、工作联动、日常指导等方式，推动县镇人大密切联动、同步增效。

各位代表！过去一年的成绩来之不易，是县委正确领导和关心厚爱的结果，是全县人大代表、常委会组成人员和人大机关干部履职尽责、主动作为的结果，是“一府一委两院”和各镇人大同心协力、密切配合的结果，是全

县人民和社会各界充分信任、大力支持的结果。在此，我代表县人大常委会，向所有关心和支持人大工作的同志和各界朋友，表示崇高的敬意和衷心的感谢！

我们也清醒认识到，对照新时代人大工作的新要求，常委会工作还存在一些差距，主要是：在改进方式方法、增强监督实效上还需要不断提升，在丰富代表活动、发挥代表作用上还需要积极探索，在转变工作作风、提升干事能力上还需要继续努力。我们将虚心听取代表和各方面意见建议，在今后工作中认真加以改进，更好履行宪法法律赋予的职责。

2022年主要任务

2022年县人大常委会工作的总体要求是：坚持以习近平新时代中国特色社会主义思想为指导，全面贯彻党的十九届六中全会精神、全国两会精神和中央人大工作会议精神，认真落实县委十四届四次全会精神，坚持和完善人民代表大会制度，不断发展全过程人民民主。在县委的坚强领导下，围绕县委中心工作，紧扣民生实事，依法履职、担当作为，切实提升人大工作质量和水平。

一、坚持党的领导，在坚定正确政治方向中体现人大担当

始终坚持党的全面领导，忠诚拥护“两个确立”，坚决做到“两个维护”，确保人大各项工作始终沿着正确政治方向前进。强化思想理论武装，全面落实“第一议题”制度，深入学习贯彻习近平总书记关于坚持和完善人民代表大会制度的重要思想，不断提高政治能力。发挥常委会党组把方向、管大局、保落实的作用，严格执行请示报告制度，依法行使人事任免权和重大事项决定权。坚决落实县委决策部署，坚决完成县委交办的各项工作任务。

二、服务中心大局，在正确有效依法监督中贡献人大力量

坚持人大监督的政治定位、法律定位，实行正确监督、有效监督、依法监督。一是聚焦落实“1+3+6”行动计划推动高质量发展。听取审议城市管理综合执法工作、自然资源国有资产管理情况报告。围绕主城区改造开展代表论坛，视察调研滨河新区和滨海新区规划建设、国道207和228线穿城段改线工程建设、县城供水、美丽乡村创建和乡村振兴推进情况。听取人才队伍建设、创文工作、北部湾旅游区建设、水产业高质量发展情况报告，审查批准县本级决算，听取审议计划、预决算、审计监督等情况报告。二是助力生态环境有效治理。调研听取“红树林”保护、环境状况和环境保护目标完成、第二轮中央生态环境保护督察整改情况报告。三是注重回应人民群众期待。听取审议民生实事项目实施、减轻义务教育阶段学生作业负担和校外培训负担、养老服务工作情况报告，视察调研医保资金使用情况。四是积极推进社会治理。调研知识产权保护情况，视察县人民检察院公益诉讼检察工作，听取退役军人事务管理、打击电信诈骗违法犯罪、县人民法院执行工作情况报告。五是推动法律法规有效实施。开展安全生产法、学校安全条例执法检查，听取审议社区矫正法实施情况报告，加强备案审查工作。六是持续强化跟踪问效。对2021年十大民生实事项目实施情况开展评估和满意度测评，对未完成的遂城第十三小学新建项目建设情况开展专题询问，对推动解决群众反映的“老大难”问题情况开展代表约见，对“一府一委两院”审议意见研究处理情况开展跟踪督办。七是强化机关效能监督。对县发改局、县民政局主要领导履职情况进行述职测评，对县住建局、市生态环境局遂溪分局开展工作评议。

三、激发履职动能，在深化拓展代表工作中凸显人大特色

尊重代表主体地位，充分发挥代表在全过程人民民主、推动高质量发展中的重要作用。一是继续抓好代表能力建设和履职管理工作。制订代表工作计划，加强代表履职培训，举办代表联系群众工作专题交流会，创建新一届县人大代表履职电子档案，提高代表履职管理数字化水平。二是继续抓好“双联系”工作。加强常委会与代表的联系，拓展代表参与常委会工作的深度广度，邀请代表参加执法检查、专题调研、集中视察等活动，为代表开展专题询问、约见国家机关负责人搭建平台。密切代表与群众的联系，深化代表主题活动和接待日活动，开展代表下基层走访服务群众活动，推进代表联系群众规范化、常态化、制度化。三是继续抓好代表联络站规范化建设。推进网上代表联络站建设，开展村（社区）代表联络站示范站创建活动，全方位提升联络站综合应用能力水平。四是继续抓好代表议案建议办理全流程管理工作。完善代表议案建议多层次督办机制，落实代表议案建议办理工作激励措施，全面提高问题解决率和代表满意率。五是继续抓好代表“六个一”创建活动。

四、注重强基固本，在推进“四个机关”建设中展现人大作为

切实把握“四个机关”定位要求，努力提升机关工作水平。完善人大常委会党组工作制度与议事规则，加强“智慧人大”建设。树立担当实干的用人导向，建设干净干事的人大队伍。履行全面从严治党主体责任，扎实推进党风廉政建设和反腐败工作，持之以恒改进工作作风。落实意识形态工作责任制，加强人大理论与实践研究和新闻宣传工作，讲好遂溪人大故事、传播人大声音。增强县镇人大联动合力，鼓励支持镇人大创新实践，打造基层人大工作创新案例和品牌。

各位代表！新时代赋予新使命，新征程要有新作为。让我们更加紧密地团结在以习近平同志为核心的党中央周围，在县委的坚强领导下，凝心聚力、勇毅前行，奋发有为推动新时代人大工作高质量发展，为深入推进“1+3+6”行动计划，全力加快与市区同城化发展，建设市域副中心城市作出新的更大贡献，以优异成绩迎接党的二十大胜利召开！

名词解释：

1. 两个确立：确立习近平同志党中央的核心、全党的核心地位，确立习近平新时代中国特色社会主义思想的指导地位。

2. 两个维护：坚决维护习近平总书记在党中央和全党的核心地位，坚决维护党中央权威和集中统一领导。

3. “1+3+6”行动计划：以围绕一个主城区，打造滨海新区、滨河新区、北部湾旅游新区三个特色片区，规划岭北工业园区、白坭坡工业园区、燕子窝工业园区、洋青工业园区、城月工业园区、北潭港工业园区六个功能产业园为抓手，贯彻大交通、大数据发展理念。

4. 代表票决制：在本级人民代表大会全体会议上，由人大代表以投票表决方式决定的民生实事项目，交由政府组织实施，并接受人大代表和人民群众监督的制度。

5. “更好发挥人大代表作用”主题活动：全省四级人大每年集中一个月，组织全省五级人大代表开展以“我为民、我履职、我行动”为口号的“更好发挥人大代表作用”的主题活动。

6. 双联系：人大常委会组成人员联系人大代表、人大代表联系人民群众。

7. 六个一：每位代表每年至少参加一次代表视察和调研活动；任职期间至少参加一期代表培训班；每年至少开展一次走访选民；每年就政府工作至少提一条建议；任期内至少为群众办一件实事好事；每位农民代表至少学习掌握一门致富技术。

8. 四个机关：习近平总书记在中央人大工作会议上强调，各级人大及其常委会成为自觉坚持中国共产党领导的政治机关、保证人民当家作主的国家权力机关、全面担负宪法法律赋予的各项职责的工作机关、始终同人民群众保持密切联系的代表机关。

9. 智慧人大：人大及其常委会依托互联网和信息网络技术实现人大常委会与人大代表间有机融合、人大代表与选民有机融合、人大机关各部门间有机融合、人大系统内部有机融合。

政府工作报告

——2022年3月30日在遂溪县第十七届人民代表大会第二次会议上

遂溪县人民政府县长　刘　剑

各位代表：

现在，我代表县人民政府向大会报告政府工作，请予审议，并请政协委员和其他列席同志提出意见。

一、2021年工作回顾

2021年是遂溪改革发展历史上具有重要里程碑意义的一年。我们隆重庆祝党的百年华诞，欣喜迎来党的十九届六中全会胜利召开，共同参与见证如期打赢脱贫攻坚战、全面建成小康社会、实现第一个百年奋斗目标的历史伟大成就。我们乘势而上、接续奋斗，以百年党史砥砺初心、汲取力量，奋力闯新路、开新局、抢新机、出新绩，昂首阔步迈向高质量发展新征程。

过去一年，极不平凡。面对疫情和经济下行压力的双重影响，我们始终坚持以习近平新时代中国特色社会主义思想为指导，深入贯彻党中央、国务院的决策部署和省市工作部署，在县委的正确领导下，在县人大及其常委会、县政协的监督支持下，以新发展理念引领发展全局，保持定力、攻坚克难、奋勇争先，一步一个脚印深入落实“1+3+6”行动计划，扎实打造新发展格局战略支点，以新担当新作为推动高质量发展取得新成效，全面完成年度目标任务，实现了“十四五”良好开局。

一年来，我们主要做了以下几方面工作。

我们争先进位奋力开篇破局，从服务全省全市战略高度推动发展，遂溪发展被赋予“新定位”。市委、市政府对遂溪发展高度重视、寄予厚望，刘红兵书记多次到遂溪调研指导，要求遂溪着眼同频共振、立足优势互补，加快推动与市区同城化发展“三个协同”，曾进泽市长对遂溪提出“四个对接”工作要求，赋予了遂溪新的重大机遇、新的重大使命。我们感恩奋进、谋定后动，主动把遂溪放在全省全市发展大局中进行战略考量和系统谋划，立足上级要求、遂溪所需所能，按照县委提出的“全力加快与市区同城化发展、建设市域副中心城市”新目标新定位，梳理完善发展思路，细化“1+3+6”行动计划具体任务。我们凝心聚力、谋定快动，深入开展“大学习、深调研、真落实”，成立六大工作专班，统筹推动加快与市区同城化发展，遂溪竞位优势凸显，经济综合实力持续保持全市第一方阵，遂溪建设市域副中心城市信心和底气前所未有。全县地区生产总值415.5亿元，增长8.8%，高于全国全省增速、位居全市第二；税收收入近5亿元，增长16.8%；居民人均可支配收入达24003元，增长10.1%，增速比全国高2个百分点、全省高0.4个百分点。三次产业比重调整为34.1∶21.9∶44，第二产业增加值首次突破20%、提高5个百分点，落实市“四个全面”绩效考核评价指标连续4年排名全市前列。

我们坚定不移实施扩内需战略，聚力攻项目扩投资促消费，经济发展释放“新动能”。发挥投资关键作用，争取债券资金超11亿元，主动谋划2022年提前批专项债项目申报打赢“翻身战”、46个总投资近260亿元项目获批、债券需求资金超124亿元，全年供应工业用地598亩，项目建设进入“快进”模式。实施重点项目挂图作战，重点项目完成投资超51亿元，工业投资增速强劲，增长90.4%，重大工业产业项目达产增效计划考核排名全市第二。加大精准招商力度，成功签约20个优质项目、签约额61.12亿元，到位资金46.4亿元，超额完成年度目标任务。新型基础设施建设加快，新建5G基站344座、累计建成729座，遂城、城月镇获评省移动支付示范镇。多样化促消费，市场活力和消费需求持续释放，社会消费品零售总额增长9.4%、增速位居全市第二。电商消费新业态新模式快速发展，完成国家级电子商务进农村综合示范县（一期）建设，建成粤西最大电商产业园，电商网络销售额达13.6亿元，增长10.3%。文旅体消费提质升级，孔子文化城、螺岗小镇民宿分获省科普教育基地、省乡村民宿示范点，全年旅游人数116.4万人次，旅游收入14.3亿元。

我们笃定心志大力发展制造业，培育壮大战略性产业集群，产业发展取得新突破。立足县域特色优势产业，以“大项目—产业链—产业集聚”发展思路，推行“链长制”，推动产业向高端化、规模化、集群化加快发展。全县新增17家规模以上工业企业、总数达115家，工业增加值占GDP比重提高2.3个百分点，规模以上工业增加值增长10.5%，连续4年保持双位数增长，我县在全市工业园区发展大会上作经验发言。大力培育“链主”企业，专班推动一批超亿元“链条”项目建设提速见效，成功打造首个百亿级农副食品加工产业集群、产值增幅超30%。园区扩能增效明显，新规划建设北潭港工业园区，初步形成“一园六区”发展新格局，用地规模扩增至2.6万亩，岭北、白坭坡园区基本达到“七通一平”，园区规模以上工业总产值增长28.1%。产业创新能力显著提升，15家企业获国家高新技术企业认定、总数达44家，2家企业成功揭榜市“揭榜挂帅”制人才团队项目。

我们群策群力推动乡村振兴，加快补齐“三农”领域短板弱项，农业农村发展呈现“新面貌”。全县农林牧渔业总产值达234亿元、增长12.6%，新增土地流转面积4.3万亩，粮食生产实现面积、产量“双增”。新增高标农田4.7万亩，撂荒耕地复耕复种1.8万亩，拆旧复垦1598亩、为乡村振兴“输血”3.6亿元。火龙果、生猪省级现代产业园引领带动种养领域实现园区化，新增3个全国名特优新农产品，5个村镇获省级专业村镇认定，成功创建1家国家级、3家省级水产健康养殖和生态养殖示范区、1个省级特色农产品优势区、1个省级农业标准化示范区，我县获评省级水产健康养殖和生态养殖示范县，农牧渔三大领域形成亿级特色优势农业产业带。农产品“12221”市场体系建设成效明显，荣获广东荔枝“12221”市场体系建设“我为荔农办实事”优秀政务服务奖。农村人居环境持续改善，新建“四好农村路”62公里，农村无害化卫生户厕基本普及，在全市率先实现农村集中供水全覆盖，北坡、岭北、杨柑镇获评“省卫生镇”，官湖村获市首届美丽乡村电视大赛一等奖，美丽宜居示范村和乡村风貌提升示范带建设成效初显。全面开展驻镇帮镇扶村，全域覆盖15个镇345个行政村。新一轮遂融协作取得新进展，落实融安协作资金200万元，实施产业发展、劳务就业等13个项目。

我们循序渐进推进品质营城，大格局拉开城市发展大框架，“一核三区”建设迈出“新步伐”。高标准编制国土空间总体规划，着力打造“一核三区”空间格局，推动城市向东向海发展。县域交通体系逐步完善，交通建设投资4.5亿元，遂溪大道完成主体工程量88%，国道207、228线穿城路段改扩建工程开展前期工作，配合推进调顺跨海大桥建成通车。以创文为抓手大力实施城市更新行动，完成“三旧”改造面积294亩，投入超亿元重拳整治主城区“脏乱差”现象，创新在新中心市场打造“网红流动摊贩经营点”，城市面貌明显改善，“中国醒狮之乡”城市文化元素韵味更足。28.49平方千米滨河新区建设加速推进，初步完成城市规划编制，城市交通、教育、医疗、绿廊、水电气通信等公共服务配套设施不断完善，吸引文化、商业、企业等要素和实体加快向城市集聚。划定20.42平方千米滨海新区城镇开发边界，以“五个一”工作模式推动北部湾旅游新区资源整合开发扎实起步。

我们勇于破题创新体制机制，优化提升营商环境，改革开放开创“新局面”。基本完成“营商环境提升年”64项目标任务，获市“四个全面”绩效考核营商环境专项政务服务单项第二名。“放管服”改革取得新进展，工程建设项目审批时间最多缩短55个工作日，企业开办只需“一网一窗”、实现0.5天办结。“数字政府”建设成效显著，县政务服务大厅服务事项增至809项、最多跑一次率达99.94%，实现省内通办政务服务事项30项，依申请事项网办率、“12345”热线满意率分别达97.6%、99.4%，我县获评市“12345政务服务便民热线先进单位”。新增市场主体4691户，总量突破3万户，新登记企业增长34.84%。积极把握“核+副中心”深度合作契机，借助越秀区对口帮扶“东风”，推动“新三高”农业发展稳步开局。农业对外开放不断深化，遂溪县RCEP香蕉国际采购交易中心入选首批农产品国际采购交易中心，1家企业获RCEP原产地证书，“正大菠萝猪”高铁专列将生猪省级产业园辐射效应扩至湾区市场。以跨境电商为引领促进外贸发展，完成进出口总额22.9亿元。

我们攻坚克难打好污染防治攻坚战，强力整治生态环境突出问题，绿色低碳发展取得“新成效”。聚焦水、大气、土壤等重点领域攻坚，抓好第二轮中央生态环保督察反馈问题整改，生态环境稳步向好。全面实施河长制，大力开展“清四乱”行动，清理河道50.26公里，治理河长30.5公里，遂溪河罗屋田省考断面水质持续改善。完成14个镇级污水处理设施及配套管网建设，农村生活污水收集率、处理率分别达90.8%、83.3%，畜禽养殖粪污综合利用率达97.5%。加强大气污染物排放管控，公交车电动化率达80%，环境空气质量优良率达98%。强化危险废物监管，新增危险废物利用处置能力13.8万吨/年。严守耕地保护红线，整治违法用地625亩，完成造林6428亩。大力推行绿色制造、清洁生产，推动3个总投资22.2亿元风电项目建设、填补风电开发领域空白，累计建成20兆瓦分布式光伏项目、位居全市第一，新能源产业链项目总投资突破百亿元。

我们深耕厚植人民至上情怀，扎实办好民生实事，民生改善迈上“新台阶”。扎实开展“我为群众办实事”实践活动，基本完成县十大民生实事。城镇新增就业3859人，失业再就业2309人，登记失业率2.08%、低于3.5%控制目标。建成全市一流县级人才驿站，县、镇两级人才驿站实现全覆盖。低保、特困人员等困难群众生活保障标准再提标。城乡居民和职工医保参保实现全覆盖。基础教育高质量发展全面提速，新增公办学前教育学位780个、义务教育阶段学位5445个、高中学位1000个，完成县职业技术学校东校区建设，动工建设遂城第十三小学，“双减”工作扎实推进，中高考再创佳绩，我县成功入选全国青少年校园足球试点县名单。疫情防控持续保持“零感染”，累计完成新冠疫苗接种159.4万剂次，县妇幼保健院整体搬迁升级建设项目门诊综合楼建成使用，广东医科大学附属医院成功托管县人民医院、实现出院人次及次均费用“一增一降”。我县获评省严重精神障碍管理治疗工作先进县。太极拳全民健身硕果累累，我县入选省民间文化艺术之乡，龙湾龙狮团获评全国群众体育先进单位。完成县“信访超市”建设。常态化扫黑除恶成效显著，有效防范化解重大安全风险，实现刑事警情、治安警情、交通事故“三降”目标，省摩电交通安全问题挂牌整治重点地区如期“摘牌”，全县安全生产形势总体平稳，获全市平安建设考评第二名，食品安全指数并列排名全市第一。星级退役军人服务中心（站）创建比例达100%。完成第七次全国人口普查。县老干部局获评全国老干部工作先进集体。保密、供销、统计、殡改、地震、工商联、文联、科协、地方志、气象、档案、老龄、老区、统战、对台、外事侨务、民族宗教、工青妇、志愿服务、国防动员、人防、预备役、海防打私、打假打传等工作取得了新成绩。

一年来，我们持续深入学习贯彻习近平新时代中国特色社会主义思想，扎实开展党史学习教育，深刻领悟“两个确立”的决定性意义，不断增强“四个意识”，坚定“四个自信”，做到“两个维护”。我们着力转变政府职能，优化政府机构设置和职能配置，稳步推动遂城镇行政区划变更，稳妥有效推进综合执法改革，政府行政效能更加高效。我们坚持依法行政，全面启动“八五”普法，严格规范公正文明执法，大力推行政务公开，法治政府建设全面提速向纵深推进。我们自觉接受人大和政协监督，办理各级人大代表建议70件、政协委员提案40件，推动政府工作不断取得新进步。我们落实全面从严治党主体责任，认真落实中央八项规定精神，大力纠正“四风”，坚持常态化过紧日子，加强纪律监察和审计监督，政府作风持续转变。

各位代表！过去一年奋斗的成果来之不易、弥足珍贵。这些成绩的取得，是以习近平同志为核心的党中央坚强领导下的结果，是全县人民在上级党委政府和县委正确带领下凝心聚力、拼搏奋进的结果。在此，我代表县人民政府，向全县干部群众，向各位人大代表和政协委员，向驻遂部队和各民主党派、各人民团体、各界人士，向所有关心和支持遂溪改革发展的老领导、老同志和港澳台同胞及海外侨胞，表示衷心的感谢和崇高的敬意！

同时，我们也清醒地认识到，遂溪发展还面临一些困难和挑战：经济总量依然偏小，产业结构不优，主导产业不够突出，产业集聚效应还不明显，园区建设质量和产城融合程度有待提升；区位空间优势尚未充分发挥，城乡发展不够协调，镇域经济基础薄弱，交通网络仍需大力完善；优质教育医疗、养老托幼服务离群众期盼还有差距，公共服务供给需进一步加强；一些领域风险隐患不容忽视，统筹发展和安全任务依然艰巨；加快发展的意识和能力还不够强，政府治理能力仍需提升，改革攻坚能力有待加强等等。对于这些问题，我们必须采取有力措施，切实加以解决。

二、2022年工作安排

2022年是党的二十大召开之年，也是新一届政府履职的开局之年，更是谋划高质量发展的突破之年，做好今年工作意义重大、责任重大。新年伊始，市委、市政府主要领导到遂溪调研指导，对遂溪工作给予了充分肯定，鼓励我们抢抓机遇，全方位推动与市区同城化发展，充分体现了市委、市政府对遂溪的高度重视和大力支持，全县上下备受鼓舞、倍感振奋、倍增信心。当前，遂溪发展驶入快车道，我们要倍加珍惜大有可为、大有作为的重要战略机遇，立足新起点、聚焦新任务、谋划新突破，以行稳致远的定力、劈波斩浪的魄力，牢牢把握新征程高质量发展的历史主动，扎扎实实办好遂溪的事，推动经济社会高质量发展迈出更大步伐。

今年经济社会发展的总体要求是：以习近平新时代中国特色社会主义思想为指导，全面贯彻党的十九大和十九届历次全会精神，深入贯彻习近平总书记对广东系列重要讲话和重要指示批示精神，认真落实省委十二届十五次全会、市委十一届十五次全会和县委十四届四次全会精神，按照省委、省政府“1+1+9”、市委、市政府“三化三大”和县委工作部署，坚持稳字当头、稳中求进，完整、准确、全面贯彻新发展理念，统筹疫情防控和经济社会发展，统筹发展和安全，深入实施“1+3+6”行动计划，扎实推进湛遂同城化发展“三个协同”“四个对接”工作，继续做好“六稳”“六保”工作，持续改善民生，保持经济运行在合理区间，保持社会大局和谐稳定，奋力推动新时代遂溪振兴发展实现新跨越新突破，为湛江迈入全省第一方阵贡献遂溪力量。

今年经济社会发展的主要预期目标是：地区生产总值增长7%左右，规模以上工业增加值增长10%左右，固定资产投资增长20%，社会消费品零售总额增长7%，一般公共预算收入增长20%左右，居民人均可支配收入增长与经济增长基本同步，居民消费价格指数涨幅控制在3%左右。

围绕实现上述年度目标，重点抓好八个方面工作。

（一）全力扩投资促消费，释放更加强劲内需增长潜力

更强决心扩大有效投资。充分发挥投资在稳增长中的关键作用，紧抓重大项目“牛鼻子”，突出“两新一重”建设，实施重点项目49个，年度计划投资

74.87亿元。坚持要素跟着项目走、服务跟着项目转、工作跟着项目干，落实“五个一”工作机制，全面清理盘活闲置用地，推行“交地即开工”供地新模式，积极争取和用好专项债，以信息化手段、专业化管理提升项目管理和调度水平，推动项目早开工、早投产、早达效。加强项目谋划储备，做深做细项目前期工作，发挥前期工作经费作用，推动项目盘子良性滚动。更好撬动社会资本促投资，推动工业、能源、交通、农业、水利、旅游等重点领域投资保持较快增长。

更大力度激发消费潜力。大力发展文旅康养，启动湛江党建红色影视文化城建设，推动孔子文化城创建国家AAAA级旅游景区，发挥孔子文化城、螺岗小镇旅游龙头拉动作用，依托红色资源带旺“红色经济”、农旅资源发展“绿色经济”、滨海资源做大“蓝色经济”、人文资源做活“古色经济”，推动旅游精品路线“串珠成链”，打造一批“网红打卡点”及休闲体验产品，积极开展旅游推介，推进遂溪“中国天然康养胜地”品牌创建，促进全域旅游大发展快发展，争创省全域旅游示范区。推动传统商贸转型升级，培育壮大新型零售、智慧餐饮等新业态。推进国家级电子商务进农村综合示范县（二期）建设，推动线上线下消费有机融合，培育农村电商实体，发展网络直播带货，完善县镇村三级物流配送体系，加快将白坭坡名邦物流城打造成为湛江电商物流仓储中转示范仓，带动更多遂溪农特产品上行。

更硬举措稳外资外贸。用好用活RCEP规则，全力服务企业搭乘RCEP快车，促进家具、电饭锅、白砂糖、机械设备等优势工业产品出口，扩大对东盟国家市场贸易份额。发挥好特色农产品资源禀赋，精准推进遂溪农业领域对接RCEP十大行动计划，加快RCEP香蕉国际采购交易中心建设，推动更多农业企业积极对接融入RCEP，助力更多优质农产品“走出去”。强化政策扶持，支持外贸企业开拓市场和发展新业务，拓展与“一带一路”沿线国家经贸往来，推动外贸促稳提质。

更实作风提升招商实效。完善招商工作激励考评机制，强化“一把手”招商，加快形成大招商工作格局，实现由“招商引资”向“招商选资”转变，力争全年引进项目签约额75亿元，到位资金57亿元。创新招商方式，强化驻点招商、以商招商、以企引企，发挥政府、企业、驻镇帮镇扶村工作队合力招商作用，拓宽招商引资渠道。聚焦主导产业明确招商方向，坚持问需“链主”精准招商，实施“链长制”招商，着力引入一批产业链长、带动力强、产出效益好的优质大项目，促进产业“集群化、链条化”发展。完善招商项目全链条管理，推动项目开工率达70%以上。

（二）聚焦振兴实体经济，培育更具优势特色产业集群

提升产业集群竞争力。深入实施重点产业“链长制”，推动战略性支柱产业向高端化、绿色化、智能化发展，战略性新兴产业上规模、延链条、集群化。突出做好资源转化大文章，促进“原字号”精深化发展，支持正大、恒兴、逢春等企业强化精深加工、产品研发和品牌包装，加大“链主型”项目招引力度，向种植业、养殖业多品种延伸、高端化发展，做大做强农副食品加工产业集群，推动食品加工向健康食品产业升级；深入挖掘矿产资源及配套产业潜力，推动总投资超百亿元的湛江新能源产业园项目落地，着力打造优势资源深度开发、特色产业链基本形成、龙头企业引领作用突出的临港产业，“港区联动”推动临港经济加速“起航”。加快制造业数字化改造，推动2家企业数字化转型。发挥五洲药业、恒润机械、汇通等企业科技优势，以创新链紧密衔接上下游企业，推动产业集聚成群，新增国家高新技术企业3家以上。

增强产业园区承载力。把握市建设大型产业集聚区重大机遇，优化完善园区重点产业发展规划，提质“一园六区”产业集聚新平台，扩大省级产业转移产业园核准范围，启动省级高新区、经开区和特色产业园申报工作。着力拓展园区发展空间，开展闲置建设用地、工业低效土地“全域治

理”，实施“腾笼换鸟、二次招商”，提升土地节约集约利用水平，争取园区工业用地储备1000亩，园区规模以上工业增加值增长10%以上。实施年度投资超亿元的园区基础设施项目建设，建成园区企业服务中心，推进园区“七通一平”标准化和企业发展管理服务平台建设，推动北潭港工业园区建设从“概念”走向“落地”，统筹推进六大园区“建园”向“建城”转变。

激发民营经济新活力。下大力气优化民营经济发展环境，积极构建亲清新型政商关系，毫不动摇支持民营经济发展壮大。落实新的减税降费政策，深化政银企合作，发挥中小企业公共服务平台作用，健全领导干部联系重点企业机制，“一业一策”“一企一策”实行精准帮扶，推动生产要素向工业集聚，助力企业减负纾困、健康发展。建立工业企业梯度培育机制，扎实推进“个转企、企升规、规改股、股上市”，力争年内新增规模以上工业企业8家以上，支持“单打冠军”企业上市，推动亿级工业企业数量规模实现“双突破”，带动规模以上工业总产值突破两百亿元大关。

（三）强化城市建设管理，建设更高水平魅力品质城市

高质量推进城市建设。加快国土空间规划编制，强化三大片区规划管控，拓宽优化城市发展空间，主动融入同城化发展格局。打通城市“交通动脉”，建成遂溪大道，开工建设河东大道，推进国道207、228线穿城路段改线等工程前期工作，配合推进合湛高铁、沈海高速公路茂湛段（二期）改扩建等项目建设，加速“一核三区”深度融合。推进主城区强芯提质，着力“微改造、精提升”，稳妥处理旧中心市场历史遗留问题，加快老旧小区改造，持续完善文教体卫、休闲娱乐、商务办公等配套设施，精心打造休闲片区、特色街区，塑造“中国醒狮之乡”城市特色风貌。加快滨河新区建设，以打造遂溪中医药特色小镇为核心，加快建成遂城第十三小学、县中医院、“一河两岸”休闲精品等工程，布局星级酒店、健康疗养、餐饮零售等功能设施，与主城区协调融接，集聚城市人气商气。坚持拥湾发展，向东加快建设滨海新区，推动智慧产城融合基础设施项目建设，强化对市中心城区配套服务功能；向西加快北部湾旅游新区建设，推进文旅多路径融合，构建集“吃住行游购娱”于一体的滨海旅游综合体。

高效能提升城市治理。统筹智慧城市、海绵城市建设，以数字赋能城市治理，新建5G基站430座以上，以“绣花”功夫提升城市精细化管理水平。加快筹建全域覆盖、全网融合、全局可视的遂溪智慧城市实体指挥中心，整合“云端数据”，打破“信息孤岛”，以“一网统管”提升城市治理效能。推进城市文明创建十大行动，强力整治“六乱”，落实“门前三包”，科学“划行规市”，持续规范市场秩序。实施重点区域综合治理，推进农贸市场改造升级，合理增设城市公厕、垃圾中转站等市政配套设施，大力推行垃圾分类，增加城市绿地供给，推动城市环境秩序、公共服务、市民素质实现明显改善，为创成省文明城市打实基础。

高水平推进新型城镇化。以建设省级城乡融合发展试点县为依托，加快推进新型城镇化，增强城镇人口承载力、内需带动力、发展竞争力。推进遂城镇“一镇一街道”行政区划变更，以行政区域规模“减法”转化为高质量发展“乘法”，继续领跑镇域经济发展；支持黄略镇建设滨海新区，拓宽城镇发展空间，打造与市区同城化发展先行区；支持江洪、乐民、港门、草潭、界炮、杨柑等沿海镇融入北部湾旅游新区发展战略，打造个性鲜明、各具特色、富有魅力的滨海城镇；支持岭北、建新、洋青、城月、界炮等镇因地制宜优化产业空间布局、打造产城融合示范镇，北坡镇打造城乡融合样板镇；支持乌塘镇发展“美丽经济”，河头、乐民等镇发展“红色经济”，巩固提升特色小镇建设质量和水平。

（四）全面推动乡村振兴，走出更强示范强村富民路径

全力抓好稳产保供。扛稳粮食安全责任，落实耕地保护任务，推进撂荒耕地复耕复种，稳定种

粮农民补贴和加强动植物疫病防控，新建高标准农田3.55万亩、垦造水田860亩，粮食播种面积稳定在68万亩以上，粮食产量达到23万吨以上。着力抓好“三个稳定”，确保生猪全年出栏在95万头以上，水产养殖和蔬菜种植面积分别稳定在10.5万亩、40万亩以上。大力推进番薯、对虾等良种培育及农技推广，推动农作物良种覆盖率达95%以上。强化科技保障支撑，稳步实施农机购置与应用补贴政策，加快补齐农机装备短板，推广水稻精量穴直播技术应用，提升农业综合生产能力。建成县地方储备粮油中心库。

壮大特色优势农业。着力调结构、扩规模、抓龙头、延链条、促融合、创品牌，深入推进“四级联创”，促进种植业创新提级、畜牧业转型提速、水产业优化提效。大力发展特色高效农业，推动火龙果、生猪产业园提档升级，创建南药省级现代农业产业园和农业标准化示范区，推动深海网箱养殖优势产区和藿香、广藿香标准化示范区提质增效，推进万亩圣女果产业示范基地建设，带动特色农业产业集群提质发展。大力发展农产品精深加工，配合谋划建设预制菜产业园，推动珍稀食用菌产业链项目落地建设，推动更多农产品由卖“原字号”向卖“制成品”转变。实施渔港建设攻坚行动，完成江洪海域国家级海洋牧场示范区人工鱼礁建设项目，扩大健康养殖示范规模。加强数据赋能农业，打造智慧型火龙果种植、荔枝高标准生产、智慧水产等农业示范基地，推进智慧小镇建设。突出品牌强农，深化“12221”市场体系建设，新增全国名特优新农产品4个，打造遂溪“农海产品区域公共品牌”。加快发展休闲农业，推动以河头镇为核心辐射带动周边镇业态融合发展的遂溪半岛生态田园综合体建设，争创全市首个国家级田园综合体。支持北坡镇全国首个甘蔗主题公园提档升级。

建设生态宜居美丽乡村。深化乡村建设行动，持续改善农村人居环境，推进村庄“洁化绿化美化”。统筹推进农村生活垃圾、污水、厕所“三大革命”，全面完成问题厕所整改，实现自然村生活污水处理全覆盖。提档升级“四好农村路”，深入推进村内道路建设攻坚行动，力争所有自然村主干道全部实现硬化。实施农村饮水安全提升工程，保障农村饮水安全。深化“千村示范、万村整治”工程，持续打造35条县级美丽宜居示范村和下洋村市级美丽宜居示范村。加快农房管控和乡村风貌提升示范带建设，打造1条岭南特色农村建筑风貌示范带，支持各镇建设1～2条乡村风貌提升示范片，以点带面连线成片打造一批精美乡村。

大力推进驻镇帮镇扶村。完善驻镇帮镇扶村组织体系、制度体系和工作机制，深入开展“百企兴百村”行动，因地制宜开展和推进帮扶项目，促进资源禀赋有效转化为产业优势、经济优势，不断完善联农带农机制，带动村庄建设及农民就业增收。继续狠抓责任、政策和工作落实，加强防止返贫动态监测和常态化帮扶，着力防风险、抓衔接、促发展，持续巩固拓展脱贫攻坚成果。

深化农业农村综合改革。巩固提升土地流转试点工作成效，多形式流转承包地经营权。深入推进农业水价综合改革。深化农村集体产权制度改革，积极引导集体经济组织参与市场经营。探索宅基地“三权分置”实现形式，引导更多社会资本流向乡村，推动改革试点政策与乡村振兴有效衔接。完成“房地一体”农村不动产登记发证工作。推进乡村治理数字化管理项目，在45条自然村先行先试“积分制”基层治理模式。大力开展基层农技、高素质农民培育，发挥人才驿站效能，培养乡村振兴生力军。

（五）持续深化改革开放，打造更富活力营商环境高地

更大魄力推进营商环境提升。深化“放管服”改革，推进政务服务标准化、规范化、便利化，推动更多政务服务事项“一网通办”及重点高频民生事项“掌上办”。完善无差别或分领域办事窗口，实现“一窗受理、综合服务”，深化“省内通办、跨省通办”。加快推动数字政府县域治理“一网统管”，提升网络安全防护能力。深化商事制度改革，

纵深推进“证照分离”“一照通行”，完善企业注销便利化，更大激发市场活力。推进基层综合行政执法改革，下放第二批85项综合行政执法事项至镇级，整合基层执法力量，提升基层执法效率效能。推进“双随机、一公开”跨部门联合监管和“互联网+”监管，加快构建以信用为基础的具有遂溪特色的新型监管机制。

更深层次推动重点领域改革。坚持优化协同高效，持续优化机构设置和职能配置，稳妥推进事业单位改革。积极发挥财政职能，以全面实施预算绩效管理为突破点和关键点，加强财政资源统筹，增强财政保障能力。推进“数字财政”建设，深化税收征管改革，构建“以数治税”税收共治新格局。积极创新融资方式，拓宽融资渠道，引导金融机构加大对实体经济的支持，提升金融服务普惠性。持续推进国有企业改革，建立健全国有资产管理体系和制度，摸清和盘活国有资产，增强国有企业“造血”功能。

更宽领域深化区域交流合作。积极融入“双循环”发展新格局，充分利用两个市场、两种资源。落实“核+副中心”动力机制，以驻镇帮镇扶村为“桥梁”，加强在产业、教育、医疗等多领域务实合作。主动对接融入“双区”和两个合作区建设，积极承接优势产业转移，打造服务湾区高端绿色农产品供应基地。谋划推动与海南在食品加工、冷链仓储等领域跨域合作。强化农业对外合作交流，延续粤陕、粤黑结对合作模式，深化与富县、望奎县合作，打造南北内循环新格局，扩大遂溪农业“朋友圈”。加快推进广东北部湾农产品流通综合示范区建设，促进农产品大流通。持续深化遂融协作，推动两地实现共享发展。

（六）践行生态文明理念，擦亮更美颜值绿色发展底色

深入打好污染防治攻坚战。坚定不移打好碧水、蓝天、净土保卫战，以实现减污降碳协同增效为总抓手，以更大力度推进污染防治攻坚，从严从实推进环保督察反馈问题整改，持续改善生态环境质量。深化水环境综合治理，完成遂溪河流域水质提升工程，推进8.6公里碧道建设和28公里中小河流治理，推动遂溪河罗屋田省考断面水质稳定达标。推进日处理污水6万吨的滨河新区污水处理厂及配套管网工程建设，补齐县城污水收集及处理能力短板。加强近海岸高位池水产养殖综合治理，守护好美丽海湾。聚焦臭氧和细颗粒物协同控制，强化工业源深度治理和移动源污染治理减排，全面提升空气质量。强化土壤污染源头管控，严厉打击非法转移倾倒固体废物违法行为，推动建成粤绿环保医疗废物无害化处理项目扩建工程、同畅环保科技船舶废物处理利用中心等项目，提升危险废物监管和利用处置能力。

加快生态修复治理。统筹划好划实划优三条控制线，加强国土空间生态保护修复，让生态环境保护有颜值更有品质。全面推行林长制，开展新一轮国土绿化行动，完成碳汇林抚育、热带季雨林造林600亩。推进海洋生态和湿地保护修复，积极参与共建“红树林之城”，保护好、利用好、发展好红树林，推动红树林资源可持续利用。严守生态保护红线，从严管控围填海，筑牢生态环境安全防线。

有序推进减排降碳。紧扣“双碳”目标，科学有序推进碳达峰碳中和，加快推进经济绿色转型，促进资源全面节约、集约和循环利用。大力发展绿色能源，加快推进整县屋顶分布式光伏开发试点工作，建成一批风电、光伏项目，全产业链培育加速打造新能源产业高地。大力推行绿色生产方式，坚决遏制“两高”项目盲目发展，推动传统制造业节能降碳，发展装配式建筑节能环保产业。大力倡导简约适度、绿色低碳的生活方式，深入开展节约型机关、绿色家庭、绿色学校、绿色社区、绿色出行等绿色生活创建行动，加快实现生产生活方式绿色变革。

（七）着力保障改善民生，创造更有质感幸福美好生活

打造更高品质社会保障。扎实办好十大民生实事。千方百计稳定和扩大就业，纵深推进“粤菜师傅”“广东技工”“南粤家政”三项工程，加大重点人群就业保障。健全保障农民工工资支

付长效机制，构建和谐劳动关系。全面实施全民参保计划。推进多层次医疗保障体系建设，稳步提高医疗保障待遇水平，强化医保基金风险管控。完善住房保障体系，增加保障性住房供给。深化兜底民生服务社会工作“双百工程”。完善社会救助制度，升级县救助站，稳步提高困难群体生活保障水平。积极应对人口老龄化，优化养老服务供给，提高养老服务质量，用心、用情、用力做好新时代老干部工作。强化未成年人保护和心理健康教育。落实“三孩”生育政策和配套支持措施，持续优化妇女儿童发展环境。加强全民国防教育，深入开展双拥共建，扎实做好退役军人服务保障，巩固军政军民团结。

构建更高质量教育体系。落实立德树人根本任务，持续深化教育综合改革，推动各类教育高质量发展。增加普惠性学前教育资源供给，推动河头、附城、洋青镇沙古中心幼儿园及城月镇第二幼儿园建设，巩固提升学前教育“5080”攻坚成果。持续推进“双减”工作，对接落实与广州黄埔区和相关院校教育对口帮扶，谋划建设遂城第十四小学和1所县城初中，推进北坡实验学校建设，新增中小学学位3665个，促进义务教育优质均衡发展。规范民办教育，办好特殊教育、继续教育，推动县职业技术学校西校区和实训基地建设。实施“新强师工程”，落实中小学校长、教师交流轮岗制度，年内至少招聘300名教师充实教师队伍。

建设更高水平健康遂溪。深入实施健康遂溪行动，加强卫生应急体系和核心能力建设，推进县公共卫生医院和县人民医院、县妇幼保健院整体搬迁升级建设项目建成使用，力争县人民医院达到三级综合医院水平、县第二人民医院达到二级综合医院水平。深入推进县域医共体建设，完善分级诊疗制度，推动河头、杨柑、黄略、北坡镇卫生院全面升级，打造成县域次级医疗卫生中心，促进更多优质医疗卫生资源下沉到基层。深化医养结合，拓展康养服务供给，推动中医药传承创新发展。推进“互联网+医疗健康”，提高家庭医生签约服务覆盖率和服务质效。广泛开展爱国卫生运动，营造健康和谐环境。

提供更高层次文体服务。充分挖掘和利用文化资源，扎实做好文旅、文创、文艺融合文章，以打造富有遂溪特色“文化品牌”讲好“遂溪故事”，高质量推进“文化强县”建设，彰显城市人文魅力。加快推进城乡公共文化服务体系一体化建设，完善公共文体设施，建成县文化中心，启动万年桥湿地文化公园建设。创新实施文化惠民工程，大力开展新时代文明实践活动，支持醒狮、粤剧、曲艺等领域文艺精品创作。大力发展体育竞技，广泛开展全民健身活动，全力备战第十六届省运会，建设“活力遂溪”。加强文物和“非遗”挖掘保护利用，推动遂城韩盈、钟竹筠纪念园建设和苏二村古民居、河头红色古街保护修缮，完善黄学增纪念园、遂溪东征文化村建设，推进烈士纪念设施提质改造。支持乌塘芳流墩作家村建设。扎实抓好志鉴编纂。深入开展科普活动，持续加强科普公共服务能力，推进全国科普示范县创建工作。创新打造志愿服务“遂溪品牌”。

（八）防范化解重大风险，营造更趋和谐稳定社会环境

坚持不懈抓好常态化疫情防控工作。坚持“外防输入、内防反弹”总策略和“动态清零”总方针，健全完善常态化疫情防控机制，压实“四方责任”，坚决打好打赢疫情防控硬仗，巩固来之不易的防控成果。严格落实全流程闭环管理措施，坚持“人、物、环境”同防，坚决从源头阻断疫情传播渠道。加强社会面管理，全力推进疫苗接种扩面提速，高效完成加强免疫接种工作，织密织牢防控网络。提高大规模核酸检测能力，确保全域开展全员核酸检测在24小时内完成。加强应急物资和力量储备，切实做到“宁可备而不用、不可用而无备”。

坚决有效防范化解经济领域重大风险。积极应对各方面风险挑战，全力保障产业链供应链安全稳定。完善金融监管体系和金融风险处置机制，严厉打击非

法集资、金融诈骗等非法金融活动，加大金融机构不良资产处置力度，增强金融机构稳健性。加强政府债务管理，坚决遏制新增隐性债务，稳妥化解存量隐性债务。坚持“房住不炒”，完善地产项目风险处置机制，妥善解决房地产领域突出问题，支持商品房市场更好满足购房者的合理住房需求，促进房地产业良性循环和健康发展。

久久为功提升平安遂溪法治遂溪建设水平。全面贯彻落实国家安全观，深入开展平安遂溪、法治遂溪建设，扎实做好迎接党的二十大安保维稳工作。打好“春风利剑”专项行动开局战，常态化开展扫黑除恶，重拳打击治理电信网络诈骗，抓好反偷渡、反走私工作，坚决打赢禁毒人民战争。坚持和发展新时代“枫桥经验”，创新基层社会治理模式，加快推进“雪亮工程”建设，推进“一村一（辅）警”全覆盖，深入开展初信初访事项和重复信访专项治理，实现信访案件“控增量减存量”。深入开展安全生产专项整治三年行动，推动遂城镇火灾隐患重点地区整治顺利“摘牌”。推进应急管理体系和能力现代化，启动建设县应急救援基地，大力发展“智慧气象”，提升防灾、减灾、救灾水平，强化食品药品安全监管，坚决防范和遏制重大特安全事故发生。推进质量强县工作，强化知识产权保护，促进质量能力提升。

与此同时，持续推进保密、供销、统计、地震、工商联、文联、档案、老龄、统战、对台、外事侨务、民族宗教、工青妇、国防动员、人防、预备役、海防打私、打假打传等工作。

各位代表！完成全年目标任务，关键在落实。我们将始终以“赶考”的清醒和坚定，不忘初心使命，矢志担当作为，勇于自我革命，以久久为功、利在长远的耐心和耐力，一件事情接着一件事情办，脚踏实地把既定目标任务变成现实成果，充分彰显实干政府执行力度，建设人民满意的服务型政府。始终筑牢忠诚之魂。坚持把学懂、弄通、做实习近平新时代中国特色社会主义思想作为头等大事和首要政治任务，落实“第一议题”制度，巩固深化党史学习教育成果，严守党的政治纪律和政治规矩，忠实践行“两个确立”，坚决做到“两个维护”，牢记“国之大者”，不断提高政治判断力、政治领悟力、政治执行力，自觉把党的领导落实到政府工作各方面全过程，引领和保障高质量发展行稳致远。始终夯实法治之基。深入践行习近平法治思想，落实全过程人民民主，严格执行重大行政决策法定程序，健全政府法律顾问制度，深入实施“八五”普法，主动接受县人大及其常委会监督、县政协民主监督以及各方面监督，高质量办理人大代表建议和政协提案，加强审计监督和政务公开，着力提升依法行政水平，推动新时代法治政府建设再上新台阶。始终弘扬实干之风。牢固树立正确的政绩观，坚持以学促干，持之以恒加强干部思想淬炼、政治历练、实践锻炼、专业训练，加强历史、经济、科技等领域知识学习，厚植文化底蕴、强化生态观念，不断提高专业能力和解决实际问题能力，建立完善激励约束机制，强化督查、严格问效，以雷厉风行、说干就干的作风赢得发展主动，让强执行、抓落实成为政府最鲜明的底色。始终绷紧廉洁之弦。扛稳扛牢管党治党政治责任，深入推进党风廉政建设和反腐败斗争，严格落实中央八项规定精神，驰而不息纠“四风”、树新风，落实政府过紧日子要求，注重节用裕民，持续为基层松绑减负，以反面典型为镜鉴开展警示教育，坚决整治腐败问题和不正之风，持续营造风清气正、干事创业的良好政治生态。

各位代表！风正时济，自当破浪前行；任重道远，更需快马加鞭。让我们更加紧密地团结在以习近平同志为核心的党中央周围，在县委的坚强领导下，踔厉奋发、笃行不怠，以跨越赶超的奋斗姿态，奋力推动加快与市区同城化发展、全力建设市域副中心城市，在构建新时代遂溪高质量发展新格局中开新局谱新篇，以优异成绩迎接党的二十大胜利召开！

名词解释：

1.“1+3+6”行动计划：以围绕一个主城区，打造滨海新区、滨河新区、北部湾旅游新区三个特色片区，规划岭北工业园区、白坭坡工业园区、燕子窝工业园区、洋青工业园区、城月工业园区、北潭港工业园区六个功能产业园为抓手，贯彻大交通、大数据发展理念。

2. 三个协同：指规划、交通和城市协同。

3. 四个对接：指规划、交通、产业规划、城市管理对接。

4. 七通一平：指道路通、给水通、电通、排水通、热力通、电信通、燃气通及土地平整。

5.“12221”市场体系：即建立“1”个农产品的大数据，以大数据指导生产引领销售，组建销区采购商和培养产区经纪人“2”支队伍，拓展销区和产区“2”大市场，策划采购商走进产区和农产品走进大市场“2”场活动，实现品牌打造、销量提升、市场引导、品种改良、农民致富等“1”揽子目标。

6. 一核三区：“一核”指县城主城区，“三区”指滨海新区、滨河新区、北部湾旅游新区。

7. 三旧：指旧城镇、旧厂房、旧村庄。

8.“五个一”工作模式：指打造“一镇、一业、一品、一节、一条精品路线”建设模式。

9. 核 + 副中心：指珠三角核心区、省域副中心。

10.RCEP：指区域全面经济伙伴关系。

11.“新三高”农业：指高产、高质、高经济效益农产品或项目。

12. 清四乱：指清理乱占、乱采、乱堆、乱建等突出问题。

13. 双减：指减轻义务教育阶段学生日常作业和校外培训负担。

14. 四个意识：政治意识、大局意识、核心意识、看齐意识。

15. 四个自信：道路自信、理论自信、制度自信、文化自信。

16. 两个维护：坚决维护习近平总书记在党中央和全党的核心地位、维护党中央权威和集中统一领导。

17. 四风：形式主义、官僚主义、享乐主义和奢靡之风。

18. 两新一重：指新型基础设施建设、新型城镇化建设及交通、水利等重大工程建设。

19.“五个一”工作制度：指一个项目、一个领导、一个专班、一张作战表、一抓到底。

20. 一带一路：指丝绸之路经济带、21 世纪海上丝绸之路。

21. 六乱：指乱搭乱建现象、乱停乱放现象、乱摆摊现象、乱拉挂现象、乱堆挖现象、乱张贴现象。

22. 四级联创：指现代农业产业园、农业产业强镇、特色农产品专业村、重点农业龙头企业。

23. 四好农村路：指建设好、管理好、保护好、运营好农村公路。

24. 三权分置：指所有权、承包权、经营权分置。

25. 双区：指粤港澳大湾区和深圳先行示范区。

26.“双碳”目标：指二氧化碳排放力争于 2030 年达到峰值，努力争取 2060 年实现碳中和。

27.“两高”项目：指高能耗、高污染项目。

28. 双百：指社会工作服务站（点）100% 覆盖、困难群众和特殊群体社会工作服务 100% 覆盖。

29.“5080”：指实现公办幼儿园在园幼儿占比达 50%，公办幼儿园和惠普性民办幼儿园在园幼儿占比达 80%。

30. 四方责任：指全面落实属地、部门、单位、个人的四方责任。

31. 两个确立：指确立习近平同志党中央的核心、全党的核心地位，确立习近平新时代中国特色社会主义思想的指导地位。

中国人民政治协商会议第十一届遂溪县委员会常务委员会工作报告

——2022 年 3 月 29 日在政协第十一届遂溪县委员会第二次会议上

遂溪县政协主席　潘汝权

各位委员：

我受中国人民政治协商会议第十一届遂溪县委员会常务委员会的委托，向大会作工作报告，请予审议，并请列席会议的同志提出意见。

一、2021 年以来工作回顾

2021 年是党和国家历史上具有里程碑意义的一年，也是遂溪发展定位和综合实力大幅提升的一年。政协遂溪县委员会及其常务委员会在中共遂溪县委的领导下，坚持以习近平新时代中国特色社会主义思想为指导，深入学习贯彻落实中共十九大和十九届历次全会精神，深入学习贯彻习近平总书记重要讲话精神，认真贯彻落实中央政协工作会议精神和省委十二届十次全会精神以及市委十一届十次全会精神，紧紧围绕中共遂溪县委十三届六次全会和县十四次党代会提出的目标任务，全面加强党的建设，充分发挥人民政协独特优势和协商民主的重要作用，在克服疫情影响基础上认真履行职能，全力助推我县经济社会高质量发展和各项工作落实，推动实现遂湛同城化发展，为实现我县“十四五”良好开局作出了积极贡献。

一年来，常委会紧扣全县中心大局，结合政协实际，突出抓了如下重点工作。

（一）强化理论武装，不断夯实思想政治基础。按照县委的部署，我们把学习习近平总书记在党史学习教育动员大会上的重要讲话、“七一”重要讲话精神作为贯穿全年的大事抓实抓好，扎实开展党史学习教育，引导中共党员委员学党史、悟思想、办实事、开新局。组织委员赴西柏坡革命圣地重温党的伟大历史，深化思想教育；结合视察调研就近参观黄学增故居、遂溪西南革命使馆、下洋东征革命史馆等红色教育基地。通过学习培训，使政协委员从中国共产党百年重大成就和历史经验中汲取不竭奋进力量，以史为鉴、开创未来，斗志昂扬踏上向第二个百年奋斗目标进军的新征程。

（二）提高政治站位，高效圆满完成换届工作任务。2021 年是换届年，根据县委的统一部署，县政协党组与县委组织部、统战部等部门紧密配合，严肃换届纪律，严格按照有关规定和程序开展换届工作。严把政协委员入门关，使新一届政协委员的产生更具有代表性、影响力和参政议政能力。通过换届选举，产生了新一届政协领导班子，完善县政协内部组织机构，成立提案委等 8 个专门委员会，任命了各专委会主任和副主任。圆满完成换届工作任务，为完成新时代赋予人民政协新的历史使命、推动人民政协事业创新发展打下坚实的政治基础和坚强的组织基础。

（三）创新协商形式，紧扣遂溪高质量发展建言献策。一是利用政协全会议政建言。在政协全体会议期间，我们采取书面发言方式，围绕“抓好疫情防控，推动经济发展”“借鉴兴义市工作经验，推进我县公共卫生服务工作”“着力推动乡村振兴战略和农村土地经营权流转工作健康发展”三个专题，向县委、县政府提出 13 条发展对策，引起了县委、县政府领导的高度重视和采纳；二是积极开展调研考察议政建言。县政协认真贯彻新发展理念，紧紧围绕县委、县政府中心工作和关乎人民福祉的社会热点难点问题，外出参观学习，深入调查研究。2021 年共组织主席、常委会以及专委会外出调研视察 10 次，形成调研视察和外出考察报告 8 份，向县委、县政府及县职能部门提出建议 42 条，为党政决策提供了参考，助推了我县民生事业改善和经济社会高质量发展。

（四）忠实履职尽责，全力参与县委、县政府重点工作。县政协常委会围绕工作，忠实履行职能，全力参与，主动作为，全力参与和统筹推进县委县政府各项重点工作，取得了显著成效。一是协调推进遂溪大道重点工程项目建设。根据县委分工，遂溪大道是县政协跟踪推进的县重点工程，全长6.76公里，总投资7.2亿元，是促进我县与湛江市区同城化发展的“生命线”，目前基本完成大道主体工程建设。二是积极推进下洋红色基地示范点建设。下洋村红色基地示范点是市委组织部挂点，县主要领导亲自挂帅的项目。县委抽调县政协一名副主席专抓该项工作，在各职能部门及工作组全体成员的积极配合和全力推动下，先后完成了红旗广场、革命史馆、东征饭堂、绿道开通、黄晶果种植、国防教育基地等项目建设，取得了阶段性成果；三是积极参与“1+3+6”行动计划实施。按照县委的工作安排，县政协9名班子成员中有8名参加行动计划指挥部工作，有5名副主席分别担任“1+3+6”行动计划工作专班副组长兼办公室主任或副主任工作。他们积极主动、全力以赴助推“1+3+6”行动计划的全面实施。

（五）重视提案督办，切实提高民主监督质量。一是着力推动提案办理落实。年内，共收到委员提案29件，经审查立案交办27件，其中被列为重点提案9件。县政府办公室按照归口交办的原则，分别交有关部门进行了办理。在我们的协调和推动下，已办复27件，办复率100%。二是政协主席牵头督办重点提案。我们始终坚持政协主席领衔督办重点提案，取得明显实效。如政协主要领导领衔对《关于进一步推进垃圾分类工作方面的建议》重点提案跟踪督办，有效推进提案的办理落实，受到广大市民的好评。

（六）广泛凝聚共识，汇聚团结奋斗正能量。我们把凝聚共识、增进团结作为重大政治责任，进一步加强各民主党派、工商联、各人民团体之间的合作共事，健全发扬民主、增进团结、建言参政的双向发力机制，着力推进我县社会主义民主政治建设。一是召开工作座谈会和开展走访活动。今年初，县政协召开各民主党派、工商联负责人工作座谈会，通报县政协上一年的工作情况，畅谈新一年工作思路，大家在团结友好的气氛中坦诚交流，凝聚共识。同时，县政协领导还经常带队深入各镇、县直机关、企事业单位、驻遂单位、个私协会调研协商及开展走访委员活动，密切了联系、增进了团结。二是关心支持外地遂溪商会发展。2021年，广州和东莞遂溪商会理事会进行换届，受县委委托，县政协主要领导出席广州遂溪商会第三届理事会和东莞遂溪商会第二届理事会就职典礼，带上县委县政府对乡贤、企业家的亲切关怀和问候，使他们深受鼓舞，激发对家乡的感恩情怀，勉励他们把自身发展与支持家乡建设结合起来，积极为家乡振兴贡献力量。还深入商会会员企业进行走访调研，了解遂商企业发展情况，听取他们对家乡建设的意见建议，鼓励乡贤企业做大做强。三是积极开展扶贫济困活动。县政协动员和鼓励政协委员参与“6·30”扶贫济困、社会公益、爱心资助、奖教奖学、新农村建设等捐款活动，一年来，共有164名委员参与捐款活动，为促进我县慈善事业发展作出积极贡献。四是积极实施乡村振兴战略。根据县委、县政府的工作安排，2021年8月，县政协办公室作为牵头单位，组织县科协等9个成员单位进驻杨柑镇，县政协领导经常带队深入该镇现场指导，并给予资金支持，有效推动了该镇人居环境整治工作开展，在年终考核中排名前三，受到县的通报表扬。五是认真做好疫情防控工作。自上年12月18日以来，县政协按照县委对疫情防控的统一部署，安排6名副主席参与轮流值班，目前，已有3名副主席担任“遂溪县新冠肺炎疫情防控集中隔离观察点”组长，负责管理、统筹、协调工作，为县委县政府分忧解难。六是注重文史资料收集整理工作。编印《委员风采》1册，较好地发挥文史资料“存史、资政、团结、育人”的功能作用。完成湛江市政协《湛江村庄简史（遂溪分卷）》史料文稿的终审工作，共录入我县348个村委会1800多条村庄数百万字的珍贵史料；七是支持委员在各自岗位建功立业。县政协注重发挥委员的特长和优势，全面提升委员参政议政能力，涌现出一批勇担当、善作为、有本领的优秀委员。如政协委员杨建伟，投资900万元建设国家级农业产业强镇甘蔗主题公园，向西安疫区捐赠30吨价值92.6万元的古法自产红糖，《湛江日报》以《遂溪暖心红糖千里驰援西安》为题报道了这一感人善举。谢艾宏委员在国家级优秀期刊《教育科学》发表论文《刍议绘本阅读教学的实践与研究》获全国教育成果一等奖。据不完全统计，一年来，获得县、市、省乃至国家级荣誉证书及专业技能职称的政协委员共18名。这些委员不忘初心，建功立业，彰显了新时代政协风采。

（七）坚持党建引领，切实加强政协自身建设。一是成立政协机关党总支。为更好地做好党建工作，2021年成立了县政协机关党总支，进一步发挥党建引领和战斗堡垒作用。二是注重政协理论研究。我们结合党史学习教育，通过对中央政协工作会议关于人民政协工作的重要论述的学习领会，并在理论与实践的结合上融会贯通，取得了较高质量的研究成果，撰写了《学党史悟思想聚共识办实事全面开创新时代遂溪政协工作创新发展新局面》理论文章。该文在县委党史学习教育主题征文评选活动中荣获二等奖。

（八）注重制度建设，促进人民政协事业创新发展。一是切实加强履职制度建设。政协换届后，为加强政协和政协机关制度建设，在县委书记骆华庆同志的关心支持下，2021年12月，县政协组团赴佛山市三水区、河源市东源县考察调研，认真学习和借鉴两地政协工作经验。回来后新修订内部管理制度10项，强化制度规范的执行力，切实把制度优势转化为履职实效。二是加强机关效能建设。优化机关运行机制，有效提高政协机关在会议组织、活动保障、委员服务等方面工作的能力和水平，促进政协工作科学化水平的进一步提升。

各位委员、同志们，县政协一年来的工作成绩，是习近平新时代中国特色社会主义思想科学指引的结果，是省、市政协指导，中共遂溪县委坚强领导，县人大常委会，县人民政府以及各镇和县各有关部门大力支持的结果，是政协各参加单位，全体政协委员勇于担当、团结奋斗的结果，是老领导、老同志关心支持的结果。各界委员坚守人民政协为人民的初心使命，对遂溪发展倾注热情，为政协事业作出无私奉献，以实际行动彰显了为县分忧、为县解难、为县尽责的情怀，体现了新征程上政协委员的新风貌。在此，我代表县政协常委会向所有关心、支持政协工作的各级领导、各界人士，向为政协事业发展作出贡献的各党派团体、各界委员，致以崇高的敬意和衷心的感谢！

同时，我们也清醒地认识到工作中还存在诸多不足：一是做好经常性思想政治引领工作的制度机制还不够完善；二是建言资政和凝聚共识“双向发力”还不够充分；三是策划委员履职活动还不够精细；四是调动委员履职积极性、主动性还不够有力；五是因受疫情影响，部分调研考察课题未能完成。这些问题需要在今后的工作中认真研究解决。

二、2022年工作思路

2022年，是中共二十大召开之年，也是实施“十四五”规划承上启下的重要一年，大事多、喜事多，做好遂溪各项工作意义重大。我们要坚持以习近平新时代中国特色社会主义思想为指导，认真贯彻落实中共十九大和十九届历次全会精神以及中央政协工作会议精神，紧紧围绕县委十四届四次全会和本次县两会提出的目标和任务，凝心聚力，履职尽责，为加快我县与湛江市区同城化发展，交出助推遂溪高质量发展的“政协答卷”，以优异成绩迎接中共二十大胜利召开。

（一）强化思想政治建设，在筑牢团结奋斗共同思想基础上再下实功。坚定不移地坚持和加强党的全面领导，是中国特色社会主义最本质的特征，也是做好新时代政协工作的根本政治保证。我们要更加紧密地团结在以习近平同志为核心的党中央周围，进一步增强“四个意识”，坚定“四个自信”，做到“两个维护”，在推动学习贯彻新思想走深走实中筑牢共同思想政治基础。一要始终坚持和加强中国共产党的领导。始终把坚持和加强党的全面领导作为根本政治原则和重大政治责任，不断强基固本，提高政治判断力、政治领悟力、政治执行力，聚焦遂溪高质量发展目标，围绕县委、县政府的中心工作、重点任务和人民群众关心关切的焦点问题，通过政协协商制度的实践，把党的主张转化为社会各界的共识和行动。自觉接受县委领导，确保政协工作始终与县委工作同频共振，始终围绕县委中心工作履职尽责。切实发挥政协党组领导核心作用，把政协党的组织体系和党员队伍建设好，把党组织和党员的作用发挥好。二要加强委员素质和议政能力培训。通过集体学习、政协讲坛、外出调研，加强对政协各专委主任（副主任）、常务委员、委员和机关干部的轮流培训，不断提高他们的综合素质和参政议政能力。要组织委员深入社区，向群众宣讲阐释党和国家重大决策部署，利用委员自身影响力把党的主张转化为社会各界的共识，推动政协工作再上新台阶。

（二）*强化协商监督机制，在助力“1+3+6”行动计划上再献新良策。*要牢牢把握新发展阶段这一定位，坚决贯彻新发展理念，主动融入新发展格局，坚持稳中求进总基调，以推动经济社会更高水平发展为主线，充分发挥政协专门协商机构作用，在“争当表率、争做示范、走在前列”中展现政协作为。一要精选议题开展深度协商。坚持把推动改革创新、促进高质量发展作为建言资政的主题，重点围绕县委提出的“1+3+6”行动计划，谋好做实“三个协同”“四个对接”等议题协商议政，确保政协履职与大局合拍、与发展同频。二要突出重点组织视察调研。选择“遂溪历史文化保护与利用”“生态文明建设”“建设食品安全示范区”“构建和谐劳动关系”“聚力建设两个副中心”“滨海新区建设”等课题开展重点调研，就我县文旅产业发展、生活垃圾分类、疾病防控、网格化治理、区域污染防治等工作进行专题视察。三要依托新平台协商民生事项。紧扣群众最关心的教育、医疗、养老、就业等民生问题，利用“有事好商量”协商议事室和委员工作室定期开展协商活动，努力协商出共识、出办法、出成效，使群众幸福感、获得感和满意度不断提升。

（三）*强化民主团结理念，在广泛凝聚共识上再谱新篇章。*推动遂溪高质量发展、跨越式发展，需要充分调动一切积极因素，广泛团结一切可以团结的力量。县政协将有效发挥“坚持和加强党对各项工作领导的重要阵地”“用党的创新理论团结教育引导各界代表人士的重要平台”“在共同思想政治基础上化解矛盾和凝聚共识的重要渠道”作用，充分发挥全过程人民民主的独特优势，在更高层次、更大范围内汇聚各界人士的共识，汇聚建设“幸福美丽新遂溪”的强大合力。一要加强走访密切联系。落实县政协党组成员联系民主党派制度，就促进地区发展、联合履职等听取意见建议。积极开展“助推委员所在企业做大做强，促进遂溪经济高质量发展”主题活动，力所能及帮助委员所在企业协调纾困解难。主动接受省市政协工作指导，进一步密切联系、拓展联动履职渠道。二要加强联谊增进感情。充分利用“政协委员活动之家”、委员工作室等平台，积极开展履职活动，切实打造联系群众的新载体、凝心聚力的新纽带。组织开展形式多样、内容丰富的委组联谊活动，进一步激发委员们的政协情、遂溪情。同时，要加强与港澳委员联谊和联系，共同为遂溪经济社会发展献计出力。三要加强团结凝聚共识。要以协商聚共识、以共识促团结。人民政协要坚持党的领导，在党的旗帜下巩固和壮大爱国统一战线，形成广泛的、紧密的大团结。要建立委员联系界别群众制度，以委员为纽带，进一步完善政协同党外知识分子、非公有制经济人士的沟通联络机制。加强团结宗教界人士和信教群众，积极引导宗教与社会主义相适应，共同为中华民族复兴事业贡献智慧和力量。

（四）*强化机制制度建设，在体现新时代人民政协价值上再展新风采。*要时刻不忘人民政协为人民的初心使命，团结带领全体政协委员，为遂溪全面开启社会主义现代化建设新征程凝心聚力、贡献力量。一要继续深化制度建设。要对原有制度补短板强弱项，努力构建更加完善、更具整体效能的履职制度体系。从制度机制上引导和激励政协委员在本职岗位上建功立业，在政协履职中展现风采。二要不断提升委员履职能力。坚持落实委员履职考评机制，用好考评结果，客观反映委员履职成效。线上线下推进“书润政协、香溢遂溪”委员读书活动，适时组织委员集中培训，提升建言献策的层次与高度。通过“政协出题、委员领题”等方式，提高委员撰写提案和社情民意信息的能力和水平。三要积极打造“四型”机关。围绕建设学习型、服务型、创新型、效能型机关，着力打造高素质专业化机关干部队伍，提升服务协商、调查研究、信息化建设、办文办会“四个质量”，为县政协发挥专门协商机构作用提供坚实保障。四要推进“数字遂溪政协”建设。“数字遂溪政协”建设是落实市“三化三大”要求，加快政协业务数据智能化的举措，我们必须按级政协统一部署稳步推进。五要大力宣传政协履职成效。通过线上线下主流媒体平台，积极宣传政协履职成果、委员履职风采，拓宽政协影响。继续编印《委员风采》，创编视频《委员风采》，为推进政协事业发展营造良好氛围，推动政协工作再上新高度。

（五）强化履职担当责任，在人民政协队伍建设上再树新形象。一要持续加强委员队伍和机关干部队伍建设。坚持有为有位的工作导向，注重在实践中培养锻炼干部，提高政协委员和政协机关干部的综合素质和能力。二要加强对委员的服务和管理。建好用好委员履职平台，健全委员履职情况统计、评价及激励机制，加大对委员的人文关怀力度，激励委员保持一如既往的干劲和热情，以奋发有为的精神状态履职尽责。三要加强党风廉政建设。严格落实中央八项规定，从严正风肃纪，引导政协委员和政协机关干部按照“懂政协、会协商、善议政，守纪律、讲规矩、重品行”的要求，在勤勉履职中展现政协委员的责任担当。

各位委员，“天行健，君子以自强不息”。新的一年，面对新的更高的目标和期望，人民政协肩负的责任更加重大，使命更加光荣。让我们更加紧密地团结在以习近平同志为核心的党中央周围，在中共遂溪县委的正确领导下，同心同德，埋头苦干，创新履职，努力助推我县加快与湛江市区同城化发展，为全力建设市域副中心城市，谱写遂溪幸福美好新篇章而努力奋斗！

表 13　2021 年遂溪县人民政府印发文件一览表

文件号	文件名称	印发时间
遂府〔2021〕10 号	遂溪县国家级电子商务进农村综合示范县项目实施方案	4 月 16 日
遂府〔2021〕9 号	遂溪县 2021 年省民生实事推进农村集中供水工作方案	6 月 30 日
遂府〔2021〕21 号	遂溪县扶持村级集体经济试点工作实施方案（试行）	7 月 1 日
遂府〔2021〕134 号	遂溪县人民政府 2021 年度重大行政决策事项目录、遂溪县人民政府 2021 年度重大行政决策事项听证目录	10 月 14 日

表 14　遂溪县人民政府 2021 年制定、修改、废止的规范性文件一览表

文件号	文件名称	印发时间
遂府〔2021〕3 号（遂府规 -2021-001）	遂溪县建设项目征地拆迁补偿安置方案的通知	2 月 24 日
遂府〔2021〕5 号（遂府规 -2021-002）	遂溪县河道采砂暂行办法（修正案）的通知	2 月 26 日
遂府告〔2021〕4 号（遂府规 -2021-003）	遂溪县人民政府森林防火禁火通告	4 月 2 日

索引

说明

一、本索引采用主题分析法，款目按汉语拼音字母（同音字按音调）顺序排列。

二、文中的类目题、分目题用黑体字标明，其余用宋体字排印。

三、索引款目后的数字表示内容所在页码，数字后的英文字母（a、b、c）表示栏别（版面的1、2、3栏）。

四、同一主题的内容在文中多处出现的，在其款目后用不同的页码标明。

五、本索引对“大事记”“人物·荣誉”“文献选编”等不做内容主题分析。

数字

A

B

C

D

F

G

H

J

K

L

M

N

P

Q

R

S

Y

题集

2023-② QZBZ